Philipper · Biographische Dimensionen der Migration

Ingeborg Philipper

Biographische Dimensionen der Migration

Zur Lebensgeschichte von Italienerinnen der ersten Generation

DEUTSCHER STUDIEN VERLAG
Weinheim 1997

Über die Autorin:
Dr. phil. Ingeborg Philipper, Jg. 51, Italianistin und Sozialwissenschaftlerin, unterrichtet z. Zt. an einem Gymnasium in Nordrhein-Westfalen.

Diese Arbeit entstand im Rahmen des von der Deutschen Forschungsgemeinschaft Bonn-Bad Godesberg geförderten Graduiertenkollegs »Geschlechterverhältnis und sozialer Wandel. Handlungsspielräume und Definitionsmacht von Frauen« an der Universität Dortmund in Zusammenarbeit mit der Universität Bielefeld, der Ruhr-Universität Bochum und der Universität Essen, dem die Autorin vom 1. 1. 1993 bis zum 31. 6. 1995 angehörte.

Alle Rechte, insbesondere das Recht der Vervielfältigung und Verbreitung sowie der Übersetzung, vorbehalten. Kein Teil des Werkes darf in irgendeiner Form (durch Photokopie, Mikrofilm oder ein anderes Verfahren) ohne schriftliche Genehmigung des Verlages reproduziert oder unter Verwendung elektronischer Systeme verarbeitet, vervielfältigt und verbreitet werden.

Druck nach Typoskript (DTP)

© 1997 Deutscher Studien Verlag · Weinheim
Zugl. Phil. Diss. Universität-Gesamthochschule Paderborn 1996
Druck: Druck Partner Rübelmann, 69502 Hemsbach
Seriengestaltung des Umschlags: Federico Luci, 50674 Köln
Printed in Germany

ISBN 3 89271 710 9

Inhaltsverzeichnis

Vorwort   9

0.   Einleitung   11

1.   Forschungszusammenhang und Fragestellungen der vorliegenden Untersuchung   14

1.1.	Zusammenfassung	14
1.2.	Sozialwissenschaftliche Migrationsforschung	15
1.3.	Literatur zur italienischen Migration	19
1.4.	Sozialpsychologische Ansätze in der Migrationsforschung	22
1.5.	Forschungsansätze zum Thema Migration und weiblicher Lebenszusammenhang	22
1.6.	Forschungsansätze zum Thema Migration und Alter	25

2.   Migrationsforschung als Biographieforschung: Theoretische Grundlagen, Methode, Typenbildung   28

2.1.	Die Biographie als theoretisches Konzept qualitativer Sozialforschung	28
2.2.	Die Biographie als Gegenstand alltagsweltlicher Artikulation	32
2.3.	Erzähltheoretische und handlungstheoretische Implikationen des narrativen Interviews	34
2.4.	Theoretische Deutung und Typenbildung	38

3.   Methodisches Vorgehen und Gang des Forschungsprozesses   40

3.1.	Methodisches Vorgehen	40
3.2.	Die Kontaktaufnahme zu den Informantinnen	42
3.3.	Entscheidungen während der Datenerhebung	44
3.4.	Die Interviews	46
3.5.	Die Analyse des vorliegenden Datenmaterials	47

4.   Lokale Präsenz und "kulturelle Zwischenwelten": ItalienerInnen in Kassel   49

4.1.	Zur Vorgeschichte der italienischen Nachkriegsmigration	49
4.2.	Italienische Arbeitsmigration in Kassel und Umgebung	50
4.3.	Entwicklung "kultureller Zwischenwelten"	55
4.4.	Geschlechterverhältnisse und soziale Differenzierung	61

Transkriptionszeichen   69

5.	**Biographische Rekonstruktionen**	
5.1.	**Migration als "Zugvogelphänomen" auf dem Hindergrund des sozialen Aufstiegs im Herkunftsmillieu: Biographieanalyse Benedetta A.**	**70**
5.1.1.	Kontaktaufnahme mit Frau A.	70
5.1.2.	Übersicht über die biographische Entwicklung	71
5.1.3.	Interpretation des ersten Interviews	72
5.1.3.1.	Frau A. stellt sich vor	72
5.1.3.2.	Tod des Ehemanns, Verlust der Familie	81
5.1.3.3.	"Nie wieder Deutschland"	84
5.1.3.4.	Das Ideal von der großen Familie	87
5.1.3.5.	Sizilien: "Alle freu'n sie sich" - Hier: "'Guten Morgen' kostet Geld"	91
5.1.3.6.	Nach dem Interview: Gespräch der Freundinnen über das, was Frauen können und dürfen	91
5.1.4.	Interpretation des zweiten Interviews	93
5.1.4.1.	Frau A. erzählt von einem Beinahe-Unglück am Arbeitsplatz	94
5.1.4.2.	Versorgen und Versorgtwerden	96
5.1.4.3.	Frau A. will nur noch schwarz tragen	96
5.1.4.4.	Kindheit und Jugend in Sizilien: "Manchmal wir haben nix zu essen gehabt"	108
5.1.4.5.	"Keiner, keiner kehren mehr zurück dahin": Einsetzen des Migrationssogs	120
5.1.4.6.	Zweierlei Heimat: Die Häuser in Sizilien	123
5.1.4.7.	"Wir war drei Personen un habe schön geschafft"	124
5.1.4.8.	Die Heiratsgeschichte	126
5.1.4.9.	Erste Migrationserfahrung: "Frankreich war miserabel"	129
5.1.4.10.	Bilanzierungsaspekte der zweiten Migrationserfahrung	130
5.1.4.11.	Verankerung in Sizilien - Fremdheit in Deutschland	133
5.1.4.12.	Kontakte außerhalb des Arbeitsplatzes	138
5.1.4.13.	Rückkehrvorbereitungen als Teil der Lebensorganisation	139
5.1.4.14.	Die gestörten Beziehungen zu den Verwandten aus Deutschland	142
5.1.5.	Interpretation des dritten Interviews	144
5.1.5.1.	Kurz vor der Remigration nach Sizilien: Erinnerung und Bilanz	144
5.1.5.2.	"Hier bleibe ich" - der "richtige" Arbeitsplatz und die Abschiedsfeier nach 28 Jahren	148
5.1.6.	Auseinandersetzung mit Form und Verlauf der Interviews	151
5.1.7.	Analytische Abstraktion der Biographie von Benedetta A.	152
5.1.7.1.	Überblick über die biographische Gesamtformung	153
5.1.7.2 .	Wissensanalyse: Autobiographische Eigentheorien	166
5.1.7.2.1.	Autobiographische Thematisierungen, die das ganze Leben betreffen	166
5.1.7.2.2.	Bilanzierungen biographischer Phasen	167
5.1.7.2.3.	Veränderungen in der Lebenswelt, die Frau A. wahrnimmt	171
5.1.7.2.4.	Wandlungen und Kontinua der Selbstsicht	172
5.1.8.	Zusammenfassung: Konstitutive Merkmale der Biographie von Benedetta A.	175

5.2.	**Migration, sozialer Aufstieg und Individualisierung auf dem Hintergrund des Verbleibens im Migrationsland: Biographieanalyse Nunzia C.**	
5.2.1.	Kontaktaufnahme mit Frau C.	176
5.2.2.	Übersicht über die biographische Entwicklung	178
5.2.3.	Interpretation des narrativen Interviews	180
5.2.3.1.	*Kindheit in Sizilien: "Wie ich da gelebt und uns're Zustände*	180
5.2.3.2.	*Schul- und Ragazzajahre: "... so hab'n wer gelernt"*	183
5.2.3.3.	*Heirat, Familiengründung, Landarbeit: "...aber mir ging immer schlecht"*	188
5.2.3.4.	*Die Trennung der Familie*	192
5.2.3.5.	*"Des war so kalt, trotzdem bin ich hierhergekommen"*	196
5.2.3.6.	*"Ich hab' gesagt, Arbeit is' hier, kommst du 'runter"*	202
5.2.3.7.	*"Des hatte kein Mensch so von Neue anfange, daß er sowas kriegt, 'ne Familie"*	207
5.2.3.8.	*"Du machst alles, un' du machst das auch"*	212
5.2.3.9.	*"Da war ich in mein' Beruf"*	220
5.2.3.10.	*Herr C. verliert seinen Arbeitsplatz: "wegen mir"*	223
5.2.3.11.	*Das Abenteuer des Hauskaufs*	226
5.2.3.12.	*Die Entwicklung in der Textilfabrik: "Ich war da Mädchen für alles"*	228
5.2.3.13.	*"Mach, was du gelernt hast" : Frau C. macht sich selbständig*	240
5.2.3.14.	*"...ich mein', die Deutsche sin' au' net so un' die Italiener genauso"*	249
5.2.3.15.	*Die Erzählung von den "bösen Leuten"*	269
5.2.3.16.	*Nunzia C.s Befreiungsversuche, "diese Mauer zu durchbrechen"*	280
5.2.4.	Auseinandersetzung mit Form und Verlauf der Interviews	289
5.2.5.	Analytische Abstraktion der Biographie von Nunzia C.	291
5.2.5.1.	Überblick über die biographische Gesamtformung	291
5.2.5.2.	Wissensanalyse: Autobiographische Eigentheorien	303
5.2.5.2.1.	Autobiographische Thematisierungen, die das ganze Leben betreffen	303
5.2.5.2.2.	Autobiographische Thematisierungen zu einzelnen Lebensbereichen	304
5.2.5.2.3.	Wandlungen und Kontinua der Selbstsicht	311
5.2.5.2.4.	Veränderungen des symbolischen Universums, die sichtbar werden	312
5.2.6.	Zusammenfassung: Konstitutive Merkmale der Biographie von Nunzia C.	317
5.3.	**Kontrastierung der Biographieanalysen von Benedetta A. und Nunzia C. im Hinblick auf die unterschiedlichen Handlungsmuster der Migrationsverarbeitung**	319

6.	**Die Migrationserfahrung im Licht einer spezifischen Generationenlagerung:** **Überlegungen zu einer Migrationstheorie**	322
6.1.	Die Generationenlagerung der in den 60er Jahren eingewanderten Frauen	323
6.2.	Überblick über zentrale Aspekte der Migrationsbiographien	326
6.3.	Raumidentifkationen und Bewegungsräume der italienischen Migrantinnen	334

Literatur   339

Vorwort

Diese Studie konnte entstehen, weil zahlreiche Italienerinnen und Italiener aus Kassel und Umgebung bereit waren, mir ausführliche Mitteilungen über ihr eigenes Leben, aber auch über ihr professionelles und ehrenamtliches Engagement für nordhessische Bürger aus Italien zu machen. Ihnen danke ich für ihr Vertrauen. Ihre großzügige Bereitschaft, sich mit mir auf ein Unternehmen in einem ihnen wie mir so fremden Terrain einzulassen, hat mich immer wieder in Erstaunen versetzt; ihre Erzählfreude und ihre "augenzwinkernde" Distanzierungsfähigkeit den eigenen Erfahrungen gegenüber wurden oft unversehens zum ästhetischen Vergnügen wie auch zu einem Lehrstück sozialer Kompetenz. Von ihnen lernte ich, daß während einer wissenschaftlichen Recherche auch gelacht werden darf. Ich erfuhr, daß mein 'professionelles' Interesse an den InterviewpartnerInnen bei ihnen - unbeeindruckt von den "hehren" Zielen der Wissenschaft - die Neugier an der Person der Forscherin hervorrief und sie unsere Gespräche als wechselseitigen Kommunikationsprozeß verstehen wollten. Diesem Wunsch nach Reziprozität stellte ich mich nicht nur deshalb, weil ich die Interaktionsgrundlagen unserer gemeinsamen Arbeit nicht gefährden wollte, sondern weil es mir zunehmend fragwürdig wurde, mich allein als "Subjekt" der Forschung zu sehen.

"Wir Heutigen" müssen wissenschaftliche Ergebnisse dank institutioneller Absicherung und biographischer Begleitung nicht im Elfenbeinturm erarbeiten: so fand meine Arbeit einen institutionellen Ort im DFG-Graduiertenkolleg "Geschlechterverhältnis und sozialer Wandel", dem ich als materiell und ideell geförderte Kollegiatin von Anfang 1993 bis Mitte 1995 angehören durfte. Im Gedankenaustausch, der sich als frauenfördernder wie - fordernder erwies, habe ich im wachen und engagierten Diskurs mit den beteiligten Hochschullehrerinnen der Universitäten Bielefeld, Bochum, Dortmund und Essen und den Kollegiatinnen gelernt, über den "Tellerrand" meiner eigenen Untersuchung hinauszublicken und sie theoretisch wie methodisch zu fundieren.

Aus diesem Arbeitszusammenhang ergab sich die Förderung meines Vorhabens durch Sigrid Metz-Göckel, Dortmund, die ich im Graduiertenkolleg wie auch im Kolloquium ihrer Doktorandinnen als anregende und stets konstruktiv denkende Mentorin erlebt habe. Im Prozeß dieser Arbeit war mir Arno Klönne, Paderborn, ein verläßlicher und ermutigender Begleiter, der mich vor Sackgassen im Forschungsprozeß bewahrte, es aber auch vermochte, in Gesprächen über Forschungsdetails immer wieder die Freude an der soziologischen "Tiefenbohrung" zu wecken.

Im Verlauf dieser Untersuchung stieß ich auf den Arbeitszusammenhang von Fritz Schütze, der eben dabei war, von Kassel nach Magdeburg umzusiedeln. Ich hatte das Glück, noch in den letzten "Kassel-Semestern" an der Forschungswerkstatt seines Mitarbeiters Peter Straus teilnehmen zu können, dem ich persönlich wie auch den Teilnehmerinnen der Forschungswerkstatt für das Erlernen des Handwerkszeugs qualitativer Sozialforschung und eines spezifischen Forschungsstils außerordentlich viel verdanke. Im Sommersemester 1995 konnte ich am Forschungskolloquium von Fritz Schütze und Mitarbeitern in Magdeburg teilnehmen. In all diesen Arbeitszusammenhängen erlebte ich die Vorteile des kollektiven Forschungsprozesses, ohne die ich m.E. dem Material in seiner Fülle möglicher Untersuchungsperspektiven nicht in gleicher Weise hätte gerecht werden können. In dieser Hinsicht war mir auch Richard Schwaderer, Kassel, ein verläßlicher und interessierter Leser während der verschiedenen Etappen der Arbeit, der als Inhaber des Lehrstuhls für Italianistik bereit war, ein Projekt wissenschaftlich-kritisch zu begleiten, das über sein eigentliches Fachgebiet, die Literaturwissenschaft, hinausging. Von seinen landeskundlichen und philologischen Hinweisen habe ich zahlreiche Anregungen bezogen. Auf seine Empfehlung hin war es mir zudem möglich, im Rahmen des Erasmus-Programms 1993 drei Monate an der Universität Urbino zu verbringen. Die Teilnahme an einschlägigen Seminaren, aber auch Gespräche mit dortigen HochschullehrerInnen (genannt sei hier v.a. Peter Kammerer) ermöglichten es mir, die Grenzen der "deutschen" Migrationsforschung zu überschreiten und mich mit der Erfahrung des "Fremdseins" persönlich zu konfrontieren. Den Mitarbeiterinnen vom Frauendokumentationszentrum in Bologna bin ich für ihre Unterstützung bei der Literaturrecherche besonders verpflichtet.

Schließlich danke ich den Freundinnen und Freunden, die mich durch ihre Neugierde und Hartnäckigkeit zum Schreiben dieser Arbeit ermutigt und mich durch geduldiges Lesen und Zuhören in den verschiedenen Etappen des Forschungsprozesses begleitet haben. Sylvia Buchen, Freiburg, habe ich für wichtige konzeptuelle Hinweise besonders zu danken.

I. Philipper

0. Einleitung

Im Zentrum dieser Studie steht die Analyse biographischer Verläufe bei italienischen Migrantinnen, die in den sechziger Jahren als erwachsene Frauen in die Bundesrepublik gekommen sind.

Ausgehend von einem Gesamtdatenkorpus der Selbstdarstellungen von 15 Informantinnen in biographischen Interviews habe ich zwei maximal-kontrastive Fälle zur strukturrekonstruktiven und analytischen Bearbeitung ausgewählt. Gegenstand der Untersuchung ist der gesellschaftliche Transformationsprozeß durch Migration unter dem Aspekt der subjektiven Synthese von historisch Gegebenem und historisch Neuem. Dabei werden einzelne Lebensgeschichten in ihren Erlebnis- und Ereignisdetails möglichst genau rekonstruiert, um aus deren Singularität Strukturen herauszuarbeiten, die ein Verständnis jener Wandlungsprozesse (trajectories) vermitteln, die für die Vorgeschichte und biographische Bearbeitung der Migration bei Frauen dieser Einwanderungsgeneration kennzeichnend sind.

Ich habe diesen Zugang gewählt, weil es mir so ergiebig wie geboten erscheint, in der Migrationsforschung auch hinsichtlich der ersten Einwanderungsgeneration zu biographischen Differenzierungen zu kommen, um häufig auftauchende Stereotypen, diese hätte sich "auf die hiesige Gesellschaft nicht eingelassen und in ihrer Heimat den Anschluß verpaßt", also in zweifacher Hinsicht Integration nicht zustandegebracht, überwinden zu können. Zu Beginn meiner Untersuchung ging ich von der Frage nach der lebensgeschichtlichen Bewältigung des Wechsels kultureller Kontexte – von einer traditionalen agrarischen Gesellschaft wie der Süditaliens in eine moderne Industriegesellschaft – aus. Bereits nach den ersten Interviews konnte ich aber feststellen, daß diese Frauen aus einer sich ihrerseits bereits wandelnden Gesellschaft kamen, in der die traditionellen Lebensgrundlagen, Familienstrukturen und Rollenbilder in Bewegung geraten waren und oft keinen sicheren Rahmen mehr abgaben, um den Lebensunterhalt von Familien zu garantieren bzw. wachsenden Ansprüchen zu genügen (so z.B. nach einer Erwerbsarbeit der Frauen oder einem entsprechenden Bildungsangebot für die nachwachsende Generation). Die "Abstimmung mit den Füßen", die in Süditalien, aber auch in ländlichen Regionen Mittel- und Norditaliens in den fünfziger Jahren einsetzte und sich in den sechziger Jahren verstärkte, führte auch zur Entleerung sozialer Räume, die wiederum die Einzelnen unter Zugzwänge setzte, die (familien)biographische Neuorientierungen und Entscheidungen notwendig machten.

Wie dieser Erfahrungsbestand aus der Vormigrationszeit ist das, was die Frauen erlebten, als sie nach Deutschland kamen, nicht nur biographisch, sondern darüber hinaus auch sozialgeschichtlich hochinteressant. Gerade in einer Stadt wie Kassel – aus der meine Interviewpartnerinnen kommen – hatten Migrantinnen bei der Niederlassung noch Anfang der sechziger Jahre mit den Folgen der kriegsbedingten Wohnungsnot zu kämpfen, während es offensichtlich kein Problem war, einen Arbeitsplatz zu finden: in der Textil- und Elektroindustrie, als Küchen- und Stationshilfen der Krankenhäuser, als Reinigungskräfte. Nahezu alle meine Informantinnen, die heute zwischen fünfzig und sechzig Jahre alt sind, haben ein fast dreißigjähriges Arbeitsleben hinter sich, wobei nicht wenige schon in der Heimat als Kinder, häufig auf Kosten des Schulbesuchs, zum Lebensunterhalt ihrer Familien beitrugen. Sie befinden sich heute in einer Lebensphase, in der ein Wechsel in den Ruhestand bereits vollzogen ist bzw. unmittelbar bevorsteht. Ihre Kinder haben inzwischen meist selbst wieder Familien gegründet und die Herkunftsfamilie verlassen.

Hinsichtlich der biographischen Verläufe bildeten sich für mich im Zuge der Einzelanalyse folgende übergreifende Fragestellungen heraus:

Inwieweit kann im Zusammenhang mit der Migration rückblickend von einer Entfaltung der Subjektpotentiale im Sinne der Entfaltung eigener und/oder familienbiographischer Orientierungen gesprochen werden?

Welche Zusammenhänge zwischen Migration und persönlichen Wandlungsprozessen bzw. Verlaufskurvenprozessen (im Sinne von A. Strauss und F. Schütze) lassen sich entdecken?

Mit welchen inneren Ressourcen konnte jeweils den Anforderungen an biographische Umorientierungen in der Migration begegnet werden, und wo sind in der Bewältigung der "biographischen Kosten" noch heute Problemfelder zu erkennen (etwa dort, wo die Frauen in den Interviews über längere Passagen in eine "Argumentation mit sich selbst" eintreten)?

Und schließlich: Wie gelingt den Frauen der Übergang in den Ruhestand auf dem Hintergrund ihrer bisherigen Erfahrungen und biographischen Entwürfe?

Die Rekonstruktion lebensgeschichtlicher Abläufe anhand biographischer Interviews kann verstehen helfen, in welcher Weise Migrationsprozesse für Frauen biographisch relevant werden und wie die Biographieträgerinnen ihre veränderten Erlebnismöglichkeiten erfahren (haben). Die Erfahrungen und Kenntnisse der Vormigrationszeit können in ihrer Aufrechterhaltung oder ihrer Veränderung betrachtet werden. Die Individualität der einzelnen Frauenbiographie ergibt sich aus der Unterschiedlichkeit, mit der ähnliche Lebensumstände jeweils verarbeitet werden.

In den zwei Biographieanalysen, die ich vorgenommen habe, zeigen die Migrantinnen in ihren biographischen Profilen unterschiedliche Varianten biographischer Entwicklung in der Migration, die in hohem Maße gebunden sind an biographische Vorerfahrungen bzw. Ressourcen. So ließ sich rekonstruieren, daß etwa die Informantin Frau A. im Laufe ihres Lebens zunehmend zur Protagonistin ihrer eigenen Lebensgeschichte wurde, indem sie eigene biographische Orientierungen entwickelte und realisierte, nachdem bei ihr Kindheit und Jugend bis ins Erwachsenenalter hinein durch eine ökonomische Mangelsituation, "prekäre Alltagsbalancierung" und Fremdbestimmung geprägt waren. Sie entspricht daher trotz leidvoller Erfahrungen des Verlusts der Familie in der Migration und damit einer dramatischen Aufschichtung von Verlaufskurvenpotentialen dem Konzept von persönlichen Wandlungsprozessen als Handlungskapazitätszugewinnen, wie A. Strauss und F. Schütze es in ihren Analysen entwickelt haben. Anders die Informantin Frau C.. Sie kann zum Zeitpunkt der mit ihr geführten Interviews zwar feststellen, über die Jahre "eine ganz andere geworden" zu sein, sich "total verändert" zu haben, sie arbeitet sich aber als Sechzigjährige in hohem Maße an den Kosten ihrer biographischen Entwicklung ab, in deren Zentrum ihr Weg von der "Modellarbeiterin" in der Textilindustrie zur selbständigen Betreiberin einer Schneiderei steht. Im Gegensatz zu Frau A. ist sie weit entfernt davon, ihre Situation so zu deuten, daß sie eine Lebensphase vor sich habe, in der sie sich verdientermaßen "zur Ruhe setzen" könnte. In ihrer Phantasie, zu arbeiten bis zuletzt, verbleibt die "modern" wirkende Frau C. deutlich in den Altersenwürfen einer agrarisch strukturierten Gesellschaft, während die "traditionell" wirkende Frau A. mit ihren Phantasien zu ihrem Rentnerinnenalltag in Sizilien eine Orientierung an institutionellen Lebensablaufmustern der sozialstaatlich "abgefederten" Industriegesellschaft entwickelt hat.

An beiden Biographien läßt sich zeigen, daß Individualisierungs- und Modernisierungsprozesse nicht erst im Migrationsland einsetzen, sondern hier vielmehr harten Bewährungsproben ausgesetzt, wenn nicht gar in ihrer Weiterentwicklung behindert werden können. So wird etwa eine "postkonventionelle Identität" (J.Habermas) im Sinne der Fähigkeit zur Perspektivenübernahme zwar von den Migrantinnen erwartet, ihnen selbst jedoch nur unzureichend entgegengebracht. Die den Migrantinnen oft unterstellte "Modernitätsresistenz" ist insofern Bestandteil des kulturellen und gesellschaftlichen Kontextes, in den diese sich mittels erheblicher Modernitätsleistungen begeben haben. Zu einem kreativen Umgang mit verweigerter Sozialität und verweigerter Perspektivenübernahme gehört die Organisation und Nutzung kollektiver Zusammenhänge, in denen über die Kultivierung von Familien- und Verwandtschaftsbeziehungen hinaus die Teilhabe am "symbolischen Universum" (E.Cassirer) ethnisch wie religiös geprägter sozialer Zusammenhänge biographische Arbeit ebenso ermöglicht wie die Aufhebung konstruierter Marginalität (R.E.Park).

Um die Subjektleistungen in einen überindividuellen Zusammenhang einordnen zu können, kam es mir darauf an, zu verdeutlichen, auf welchem breiter angelegten Hintergrund in der Migration sich diese Biographien entfalteten. Hierzu wurden ExpertInneninterviews mit besonders exponierten VertreterInnen der spezifischen "kulturellen Zwischenwelten" im lokalen Kontext (Stadt Kassel) durchgeführt und ausgewertet. Aus der Beschäftigung mit den Einzelbiographien ergab sich zunehmend die Frage, wo sich aus den erzählten Biographien des Samples Hinweise auf Gemeinsamkeiten in den Lebensbedingungen und Bewußtseinslagen einer Generation von Frauen abzeichnen, die vorwiegend aus dem italienischen Süden in die Bundesrepublik migriert sind. Was bedeutete für die Frauen, die unter den Bedingungen von Faschismus und Krieg aufgewachsen sind, Mobilität, und in welcher Weise konnten sie unter schwierigsten Bedingungen ihre Subjektpotentiale entfalten?

Die Studie erkundet weibliche Migrationsbiographien auch in der Absicht, Anregungen für die Sozial- und Bildungsarbeit mit italienischen Migrantinnen der ersten Generation zu geben, sowohl für die Hilfe bei der Alltagsbewältigung im Alter und bei der Bearbeitung geschlechtsspezifischer Benachteiligungen oder migrationsspezifischer Verletzungen, als auch im Sinne der Weitervermittlung "kulturellen Kapitals".

1. Forschungszusammenhang und Fragestellungen der vorliegenden Untersuchung

1.1. Zusammenfassung

Gegenstand der Untersuchung ist die italienische Migration von Frauen der ersten Generation, soweit sie die Bundesrepublik als Zielland betrifft. Die Ausländerbeauftragte der Bundesregierung stellte in ihrem jüngsten Jahresbericht (Dezember 1995) fest, daß 8,4 % aller EU-AusländerInnen über 60 Jahre alt sind. Ende 1994 lebten 571.900 ItalienerInnen in der Bundesrepublik (d.h. 8,2 % der hiesigen ausländischen Wohnbevölkerung); Ende 1993 stellten davon diejenigen, die seit 20 und mehr Jahren in der BRD leben, den höchsten Anteil (122.200) in dieser Bevölkerungsgruppe. Im Hinblick auf die ehemaligen Anwerbeländer gehören sie damit zur drittstärksten Gruppe mit dieser Aufenthaltsdauer. Der Wanderungssaldo aus den ehemaligen Anwerbeländern ist zwar insgesamt "relativ gering", im Unterschied zu den SpanierInnen gibt es nach den jüngsten Erhebungen bei den ItalienerInnen trotz eines starken Rückgangs nach dem "Mauerfall" jedoch noch einen schwach positiven Wanderungssaldo (1993: + 713). (Beauftragte der Bundesregierung für die Belange der Ausländer (Hg.): Bonn, Dezember 1995, S.10, 11 und 29.)

Mein Versuch, lebensgeschichtliche Dimensionen der Migrationserfahrung bei Italienerinnen der ersten Generation zu erfassen, geht aus von der erzählten Biographie als subjektiver Auswertung eines Migrationsprozesses aus der Rückschau des Alters, ggf. kurz vor der Rückkehr ins Herkunftsland. Frauen sollen explizit als Subjekte im Prozeß des sozialen Wandels, an dem sie teilhaben, betrachtet werden. Nicht in erster Linie konzentriert auf die Thematik des "Alterns in der Fremde", sie aber doch berücksichtigend, soll untersucht werden, ob angesichts einer Lebenssituation, die mehrfache Diskriminierungen möglich macht (als Angehörige des weiblichen Geschlechts, einer ethnischen Minorität, ggf. der sozialen Unterschicht, der älteren Generation), dennoch im Zusammenhang mit der Migration von einem biographischen "Gewinn" gesprochen werden kann. Zu fragen ist also nach den Auswirkungen des Wechsels kultureller Kontexte, d.h. des Wechsels von einer (meist) ruralen Gesellschaft in eine mit industriegesellschaftlichen Norm- und Wertvorstellungen.

Das bedeutet im einzelnen, Phänomenen wie dem der Beibehaltung, aber auch der möglichen Umverteilung bestehender Macht- und Entscheidungsprozesse in der Familie ebenso nachzugehen wie den möglichen Handlungsanforderungen an die Migrantin, Quelle der Regeneration für die anderen Familienmitglieder (gewesen) zu sein, um die Widrigkeiten des Migrationsalltags für die Familie zu kompensieren, sich aber etwa auch mit der Abwertung oder Ablehnung der Normen der Herkunftsgesellschaft durch ihre Kinder auseinandersetzen zu müssen. Zu reflektieren ist außerdem, wie jeweils vorhandene oder wahrgenommene Fremdenfeindlichkeit das Lebensgefühl im Aufnahmeland prägt bzw. geprägt hat.

Motive der Emigration, spezifische Konfliktstrukturen und Verarbeitungsmuster sollen vor dem Hintergrund mehr oder weniger expliziter Lebensentwürfe aus den Interviews erschlossen und soziobiographisch interpretiert werden. Dabei geht mein Forschungsinteresse dahin, auch Erkenntnisse über weibliche Migrationsprozesse mit typischen Konflikten bei unterschiedlichen sozialisatorischen Erfahrungen zu gewinnen. Beiläufig sollen Probleme einer Erhebung auf der Basis biographischer Erzählungen reflektiert werden (ForscherInnenrolle, ethische Fragen bezüglich des Schutzes der Befragten z.B.).

Ziel meiner Untersuchung ist die Erstellung einer – wenn auch zunächst nicht weit gefächerten – Typologie von Migrationsbiographien, und zwar v.a. im Hinblick auf die Verläufe psychosozialer Integrationsprozesse und entsprechender Handlungsmuster. Hierbei spielen die im Herkunftsland ausgebildeten Identitätskonstellationen eine nicht unwichtige Rolle. Mittels individueller Rekonstruktion der Lebensgeschichte von Migrantinnen der ersten Generation, die (noch) in Kassel und Umgebung leben, möchte ich Aufschluß erhalten über Biographie, Wanderungsmotivation und Erfahrungen in der Bundesrepublik. Hier sollen die Ausbildung und die Veränderung von Identitätsstrukturen hinsichtlich der Chancen und Probleme der Integration, wie auch die Entwicklung eigener Lebensentwürfe im jeweiligen sozialen Kontext untersucht und in Beziehung gesetzt werden zu grundlegenden Lebensentscheidungen im Alter, insbesondere der Entscheidung zur Rückkehr oder zum Verbleib im Aufnahmeland.

1.2. Sozialwissenschaftliche Migrationsforschung

In jüngster Zeit ist durch die Diskussion um die "multikulturelle" Gesellschaft das Thema der Einwanderungen in Westeuropa neu belebt worden; die "multikulturelle Gesellschaft" nicht als Zustand, sondern als Prozeß wird zunehmend dahingehend verstanden, daß es keinen Integrationszwang geben dürfe, sondern eine offene Gesellschaft es Menschen ermöglichen sollte, die ethnische Gemeinschaft, in die sie hineingeboren sind, deren Kultur, Religion, Wertesystem etc. als Disposition, nicht unbedingt als lebenslange Festlegung zu betrachten (Leggewie, C. 1992, S.15). Neben der dennoch sich aktuell immer wieder stellenden Frage nach einer bestätigenden Gruppenidentität, die den ethnisch-kulturellen Werten der Heimat verpflichtet bleibt – und wie könnte diese aussehen: trägt sie lokale, regionale oder nationale Züge? – wird die Möglichkeit mitbedacht, "mentale und emotionale Beheimatungen in Bündeln von Werten" (Th. Hotz, Schweizerische Unesco-Kommission) zu sehen, primär oder als gewonnene Erfahrung im Sinne einer offenen, vielleicht auch weniger verbindlichen Identität. In diese Richtung geht auch Lyotards Prognose "L'identité de l'identité du post-modernisme est la non-identité".

Kritiker des "Multikulturalismus-Konzepts" in der Migrationsforschung warnen davor, kulturelle Aspekte in der Analyse von Lebensbedingungen und -perspektiven der Migranten überzubetonen und damit einer Ethnisierung sozialer Probleme Vorschub zu leisten (so etwa F.O.Radtke). Diesen Kritikern gibt St. Gaitanides durchaus recht, wenn er feststellt, "sozialstrukturelle Probleme auf dem Wohn- und Arbeitsmarkt" würden so nicht mehr zur Kenntnis genommen. "Die sozialen Probleme der Immigrantenbevölkerung sind völlig aus dem Bewußtsein der Öffentlichkeit verschwunden, und die sozial verursachten Probleme werden meist ethnisiert" (Gaitanides, St. 1992, S.322). An der einzelnen Biographie läßt sich m.E. durchaus zeigen, wie individuelle oder familiale Planungen und Entwürfe an sozialstrukturellen Gegebenheiten sich abzuarbeiten haben, an welche Grenzen sie stoßen, welche Kurskorrekturen vorgenommen werden (mußten), wie mit den Folgen etwa gesundheitsschädlicher Arbeitsbedingungen umgegangen wurde und wird. Gerade in der Frage der Altersgestaltung der Migrantinnen wird deutlich, daß es hier eben nicht nur um die individuelle Gestaltung der "empty-nest"-Problematik geht, sondern auch um den Umgang mit chronischen Krankheiten als Folge eines verzehrenden Arbeitslebens, der Doppelbelastung, möglicherweise der sozialen Isolation. Insgesamt bilden die sozialstrukturellen Bedingungen die Basisvoraussetzungen zur Gestaltung des Lebens in der Migration und, nicht zu vergessen, des Lebens **vor** der Migration, das zu diesem Schritt erst geführt hat. Im individuellen Umgang mit diesen Voraussetzungen muß aber m.E. insoweit differenziert werden, als schon bei der Migrationsmotivation, der Planung und Niederlassung biographische Alternativen sichtbar gemacht werden können. Zudem spielen bei der Analyse des Aufbaus familialer, verwandtschaftlicher und regionalspezifischer, weltanschaulich gebundener, aber auch geschlechtspezifischer Netzwerke im Migrationsland kultureigene Gegebenheiten eine ebenso große Rolle. Traditionen, Bindungen und Orientierungen dürfen aber als "kulturelles Kapital" (P. Bourdieu), das zur Gestaltung und Bewältigung des Lebens im Migrationsland eingesetzt wird, nicht außer acht gelassen werden: es überlagert u.U. die Grenzen der Zugehörigkeit zu Klasse und Geschlecht. Ein Wertekanon, der nicht wie in den hochentwickelten Sektoren der westlichen Industriegesellschaften die individuelle Autonomie in den Vordergrund stellt, sondern – und sei es in den Grenzen familiärer Bindungen – positive "universalistische Tugenden" im Sinne Kants wie "Mitgefühl, Fürsorge und Solidarität" umfaßt (St. Gaitanides), gehört in eben diesen Zusammenhang, gerade wenn es um die "Grundschichten alltäglicher Deutungsarbeit" geht, in der nach Gramsci die "handlungssteuernden Motive, Einstellungen und Wertorientierungen" gebildet werden (in: Uesseler, R. 1992, S.340).

F. Biondi, der italienische Psychologe und Schriftsteller mit "Gastarbeitererfahrung", kritisiert ebenfalls den "ausländerpädagogischen", und damit ethnozentristischen Bias, der noch heute in der wissenschaftlichen Beschäftigung mit "Interkulturalität" (F. Biondi) herrscht. Er verweist am Beispiel der Studien zur "zweiten" oder "dritten" Einwanderungsgeneration darauf, daß hier zwar Analysen vorliegen, "meist aber mit engumgrenzten Fragestellungen, wodurch sie wohl kaum verallgemeinerungsfähige Schlüsse erlauben", und daß diese meist nicht über die Feststellung von Verhaltensauffälligkeiten und Identitätsstörungen hinauskommen. Er fordert deshalb, die "Koexistenz zweier Kulturen in einer Gesellschaft und daher in einem Menschen" zur Kenntnis zu nehmen und regt an, daß Institutionen wie etwa die Schule als Sozialisationsinstanz die Möglichkeiten nutzen sollten, die in den Ressourcen von Menschen auch zur "Interkulturalität" liegen (Biondi, F. 1994, S.2).

Inzwischen sind in der Bundesrepublik einige konzise empirische und theoretische Studien zum Thema Migration (v.a. unter dem Gesichtspunkt der Arbeitsmigration) erschienen, die sich bewußt vom kritisierten "ausländerpädagogischen Blick" abheben und auf die spezifischen Handlungskapazitäten, die im Zusammenhang mit der Migration entfaltet werden, hinweisen, die sich aber auch mit den diese begrenzenden sozialstrukturellen

Gegebenheiten auseinandersetzen, Problemlagen also eher im Aufnahmeland lokalisieren (s. dazu die Arbeiten von W. D. Bukow, R. Llaryola, A. Schmidt-Koddenberg, A. Treibel).

In der Migrationsforschung werden traditionell zwei methodische Zugangsweisen verwendet: Aggregatstudien, die regionale Merkmale und Wanderungsströme analysieren, und Individualstudien, die die Migration als eine Form von Handeln, das auf einem Entscheidungsprozeß basiert, betrachten. Die bislang vertretenen theoretischen Ansätze, die jeder dieser Zugangsweisen zugrunde liegen können, lassen sich in sozialstrukturell-holistische und handlungstheoretisch-individualistische unterteilen, wie sie exemplarisch in den derzeit prominentesten Theorien der deutschsprachigen Migrationssoziologie vorliegen (s. dazu B. Nauck 1988): der Theorie struktureller und anomischer Spannungen von H. J. Hoffmann-Nowotny (1973, 1987) und der auf der Wert-Erwartungs-Theorie aufbauenden Entscheidungstheorie von H. Esser (1980, 1985). Im Rahmen dieser Forschung ist insbesondere zum Problemkreis der Eingliederung von MigrantInnen in das aufnehmende Gesellschaftssystem eine differenzierte Begrifflichkeit entwickelt worden, die ich für meine Analyse zur Hilfe nehmen konnte. Das gilt insbesondere für den Begriff der Assimilation und Integration sowie für den neuerdings zunehmend in Anspruch genommenen Begriff der Identität.

In der Auseinandersetzung mit verschiedenen Versuchen, Migration zu definieren, stellt P. Marschalk fest: "Es scheint (...) leichter, eine Definition für eine Migrationsform, einen Migrationstyp zu finden als für das Phänomen der Migration selbst. Eine allgemeine Definition für eine Typologie der Wanderungen könnte etwa lauten: Migration ist räumliche Mobilität, die mit der aktiven Gestaltung der Lebensperspektive (Familie, Arbeit, Wohnen etc.) der Wandernden zusammenhängt bzw. Konsequenzen dafür hat und – obwohl häufig individuell geplant und vollzogen – aufgrund von Ursache, Form, Richtung, Dauer und Konsequenzen von einer über die rein biographisch-individuellen Belange hinausweisenden Bedeutung ist" (Marschalk, P. 1994, S.9 f.).

Vierzig Jahre Arbeitsmigration in die Bundesrepublik ermöglichen im Rückblick den Versuch, die Wanderungen und ihre Folgeprozesse auf makrosoziologischer, mikrosoziologischer, aber auch auf sozialpsychologischer Ebene zu resümieren. Davon ausgehend, daß Migration keine "vorübergehende oder außeralltägliche Angelegenheit mehr ist" (Esser, H. 1990, S.33), können aus der rückblickenden Analyse der Migration Probleme und Perspektiven so formuliert werden, daß sie erlauben, Konzepte für eine Ausländer- und Einwanderungspolitik zu entwickeln und zu bewerten.

C. Leggewie (1992, S.19) deutet auf eine sich verändernde Betrachtungsweise der retrospektiven Bewertung der Migrationsprozesse der letzten Jahrzehnte hin, wenn er die Migration seit dem Ende der fünfziger, Anfang der sechziger Jahre als eine "Erfolgsstory" bezeichnet, und zwar in ökonomischer Hinsicht wie auch im Hinblick auf die Integration. Er belegt seine These zwar im wesentlichen mit den gestiegenen Bildungs- und beruflichen Aufstiegschancen der zweiten und dritten Generation, wehrt sich aber generell dagegen, "das Bild des Ausländers, des Einwanderers in Deutschland nur unter dem Elendsaspekt, des Integrationsscheiterns, abzubilden. Der Integrationserfolg ist auch da" (ebd.).

H. Esser und J. Friedrichs sind in ihrer Studie zu "Eingliederungsprozessen von Arbeitsmigranten" davon ausgegangen, daß "Prozesse der Eingliederung (...) nur über

Generationen hinweg verlaufen" (Esser, H. / Friedrichs, J. 1990, S.38). In ihrer vergleichenden Studie (TürkInnen und JugoslawInnen der ersten und zweiten Generation) haben sie im Hinblick auf meinen Untersuchungsgegenstand zwei bemerkenswerte Aspekte herausgearbeitet: die strukturelle bzw. kognitive Assimilation und die Geschlechtsrollenorientierung. Systematische Benachteiligung ausländischer Frauen machen sie v.a. in den Jahren der Schulbildung und bei den Sprachkenntnissen der türkischen Frauen der ersten Generation aus, auch im Vergleich zu den Männern. Was die Geschlechtsrollenorientierung angeht, so findet ein Abweichen vom Traditionalismus hiernach am ehesten bei den Frauen statt, und die Autoren kommen zu der Schlußfolgerung, daß die Eingliederung der Frauen für die Männer da eine Grenze zu haben scheint, wo patriarchale, normativ-traditionale Sonderpositionen gefährdet erscheinen. Wiederholt weist Esser in seiner Darstellung der Ergebnisse seiner Studie auf die Bedeutung der individuellen Variablen hin. "Alles, was geschieht, hängt in erster Linie von den individuellen Merkmalen und der familiären Situation ab" (a.a.O., S.48). Auch H. J. Hoffmann-Nowotny (1992, S.99) fordert, daß Panel-Untersuchungen zum Verlauf von Prozessen wie z.B. Integration/Desintegration, Individualisierung, Rückwanderungsabsichten etc. zu ergänzen seien durch Untersuchungen, die am Individuum ansetzen und sich weiterer Instrumente der Sozialforschung wie Intensivinterview, Gruppengespräch, teilnehmende und nichtteilnehmende Beobachtung bedienen. Nur so sei es möglich, den "Chancen" und "Risiken" der Migration "angemessen zu begegnen", wozu "eben nicht zuletzt die Möglichkeit des Entstehens einer durch Einwanderung bedingt 'multikulturellen Gesellschaft' zu zählen" sei (a.a.O., S. 100).

Mit dem innerhalb und außerhalb der Wissenschaft verwendeten Begriff der Einwanderungsgeneration setzt sich F. Biondi kritisch auseinander. In einem Kommentar bedauert er, daß die deutsche Gesellschaft den ethnozentristischen Begriff "zweite Generation" und "dritte Generation" durchgesetzt habe (Biondi F. 1994). Gewiß ist dieser Begriff aus der Perspektive der Einwanderungsgesellschaft formuliert – so erstmals im "Kühn-Memorandum" von 1979, in dem aus der Rückschau festgestellt wird, daß die Kinder der Einwanderer bereits in Deutschland geboren sind und von daher so etwas wie eine "zweite Generation" darstellen". Ging es hier zunächst um die Frage der politischen und ausländerrechtlichen Regelung des Familiennachzuges, so hat sich dieser Begriff sehr schnell auch in der Wissenschaft eingebürgert als Kennzeichnung für die Jahrgangskohorten, die in Folge der Anwerbeverträge ab Mitte der fünfziger Jahre bis etwa zum Zeitpunkt des Anwerbestops 1973 als Arbeitsmigranten – damals mit den bekanntermaßen problematischen Begriff "Gastarbeiter" belegt – in die Bundesrepublik kamen. In den letzten Jahren haben einschlägige Arbeiten in den Sozialwissenschaften jedoch gezeigt, daß der Begriff auch anders, nämlich im weitesten Sinne K. Mannheim folgend, verstanden und verwendet werden kann: So bestimmt etwa R. Sackmann in seinem Beitrag auf dem Soziologentag 1992 "'Generation' (...) als eine Gruppe von Geburtskohorten, deren Erfahrungsräume und soziale Lagen durch gesellschaftlichen Wandel bedingte Unterschiede aufweisen" (Sackmann, R. 1993, S.62).

1.3. Literatur zur italienischen Migration

Was die Forschungslage zur Geschichte der italienischen Migration angeht, so hat E. Pichler (1991) in einem ausführlichen Literaturbericht darauf hingewiesen, daß nur wenige Monographien über die italienische Migration in die Bundesrepublik vorliegen (anders als über die Migration nach Frankreich und in die Schweiz, aber auch in die USA), wenn auch thematisch breit gefächert. Sie verweist hier v.a. auf S. Ronzani (1980) Dieser kommt nach einer "Analyse der Bevölkerungsstruktur, politischer, wirtschaftlicher und sozialer Konstellationen, der Sozialisationsfiguren, Lebensqualität und der Migrationsbewegungen" (...) "zu dem Ergebnis, daß die Abwanderung schwerste Sekundärprobleme hervorbringt, und zwar individueller wie sozialstruktureller Art": "Abwanderung hat also vor allem eine große Bedeutung als Problem-Indikator" (Ronzani, S. in: Pichler, E. 1991, S.6). Eine frühe Studie über die Arbeitsmarktdimensionen der italienischen Emigration in den 60er und 70er Jahren von P. Kammerer ist in der Bundesrepublik bis heute wenig rezipiert worden (Kammerer, P., Milano 1976).

Inzwischen konnten hinsichtlich der Geschichte der italienischen Migration nach Deutschland wichtige Forschungslücken geschlossen werden: so erschien vor kurzem eine Studie über die italienische Arbeitswanderung nach Süddeutschland im Zeitraum 1870/71 bis 1918 (Del Fabbro, R. 1995), und die "Italiener im Rheinland und Westfalen des späten 19. und frühen 20. Jahrhunderts" wurden ebenfalls zum Gegenstand einer migrationshistorischen Untersuchung (Wennemann, A. Osnabrück 1996).

Eine deutsch-italienische Konferenz der Friedrich-Ebert-Stiftung und der Fondazione Turati, Florenz, beschäftigte sich im Herbst 1992 mit dem Thema der historischen, politischen und ökonomischen Dimensionen der Migration zwischen Italien und Deutschland im 19. und 20. Jahrhundert (s. dazu der Tagungsband, hg. v. Petersen, J. 1993).

E. Pichler (1992) hat inzwischen in einigen Beiträgen die Geschichte und Gegenwart der italienischen Gewerbemigration in Deutschland aufgearbeitet. Es wird deutlich, daß die recht spät in Schwung gekommene Erforschung der italienischen Migration in Deutschland inzwischen eine Spezialisierung qua Konzentration auf einzelne Etappen der Migrationsgeschichte, aber auch auf regionale Besonderheiten erfahren hat, daß zunehmend auch der volkswirtschaftliche Stellenwert der selbständig erwerbstätigen MigrantInnen in der Bundesrepublik thematisiert wird.

Individuelle Auswirkungen der italienischen Migration für die Kinder der zweiten Generation in Deutschland hat in jüngerer Zeit A. Cavalli-Wordel (1989) in einer Fallstudie herausgearbeitet, die sich v.a. mit der problematischen Schullaufbahn italienischer Migrantenkinder beschäftigt. Studien dieser Art haben inzwischen Zeit eine fruchtbare Erweiterung durch ethnographische Untersuchungen von Familienbiographien erfahren. A. Lanfranchi (1993) nimmt die statistisch ausgemachten "Schulschwächen" italienischer Kinder in deutschen und deutschschweizerischen Schulen zum Anlaß, die Bildungsverläufe italienischer Kinder mittels einer Rekonstruktion der Genese dreier italienischer Familien in einem deutschschweizer Kanton in ethnographisch-systemorientierten Einzelfallanalysen zu untersuchen. Hier werden auch die Bewältigungspotentiale von Frauen im sozio-kulturellen und familienbiographischen Kontext berücksichtigt.

Für die Erforschung der Migration aus Süditalien nach dem zweiten Weltkrieg ist allerdings die umfangreiche, soziologisch wie sozialanthropologisch ausgerichtete italienische Forschungsliteratur unverzichtbar, die hier nicht im einzelnen aufgeführt werden kann (s. Literaturverzeichnis) und von mir zur Analyse spezieller Aspekte in den jeweiligen biographischen Rekonstruktionen herangezogen wurde (so z.B. die Arbeit von F. Piselli über die Veränderung der Familien- und Verwandtschaftsbeziehungen durch die Migration). Es ist bemerkenswert, wie wenig die deutsche Migrationsforschung solche Studien aus einem "klassischen" Auswanderungsland in Europa, das inzwischen selbst zum Einwanderungsland geworden ist, bisher zur Kenntnis genommen hat, von denen auch in methodischer Hinsicht m.E. viel zu lernen ist. Qualitative familiensoziologische und frauenspezifische Forschungen über die Lebenslagen und vorherrschende Wertvorstellungen im italienischen Süden, soweit sie das Geschlechterverhältnis betreffen, sind bisher nur spärlich vorhanden: immerhin haben italienische Historikerinnen inzwischen begonnen, den sozialen Wandel in seiner Bedeutung für Frauen im 19. und 20. Jh. zu untersuchen (hier spielt die interdisziplinäre Zeitschrift "Memoria" (Roma/Torino 1981 bis 1991) eine herausragende Rolle). Qualitative Studien über Frauen in Kampanien und Kalabrien liegen für den Zeitraum vor, der als Hintergrund für meine eigene Untersuchung interessant ist (Siebert, R. 1991, Piccone Stella, S. 1979).

Über die Lebensbedingungen und Wertvorstellungen von Menschen im italienischen Süden in den Zeiträumen, welche die von mir untersuchte Gruppe entscheidend geprägt haben, informieren – wenn auch oft auf fiktionaler Ebene – die literarischen Texte der italienischen AutorInnen, die auf Grund ihres sozialrealistischen Konzepts eine Verständnisbasis liefern können, um ein spezifisches soziales Klima zu erfassen, das außerhalb qualitativer ethnologischer oder soziologischer Studien "aus der Ferne" so schwer zu erfassen ist: hier seien die Prosa von G. Deledda, L. Sciascia oder die verschrifteten biographischen Erzählungen der InformantInnen D. Dolcis beispielhaft genannt.

Die in den 70er Jahren avancierte "Rückkehrerforschung" hat für den Bereich der italienischen Arbeitsmigration im Kern folgende Ergebnisse erarbeitet: A. Schulte hat in der Auswertung eines studentischen Projekts Anfang der 80er Jahre die "produktive Rückkehr" in eine Gemeinde der Provinz Salerno untersucht und stellte dabei fest, daß die Reetablierung in den heimischen Arbeitsmarkt über Kooperativen nur dann gelingen könne, wenn "Eimigrations- bzw. Remigrationsgebiete von abhängig entwickelten zu eigenständig entwickelten Gebieten umgeformt werden können und damit das Problem der strukturellen Arbeitslosigkeit bzw. Unterbeschäftigung in grundlegender Weise gelöst wird" (Schulte, A. 1986).

In ihrer Studie "Rückkehr nach Monopoli" (1989) hat K.Bechtle-Künemund Arbeitsbiographien von Rückkehrern untersucht; die Ergebnisse können zum Teil für die Auswertung der Migrationsbiographien von Italienerinnen der ersten Generation herangezogen werden, soweit es um die Motive für die Rückkehr in die Heimat geht.

Ein wesentlicher Unterschied zu den Zielen meiner Untersuchung besteht darin, daß die Rückkehr bei den Personen der von mir anvisierten Gruppe, soweit sie in Erwägung gezogen wird, für das Ende des Arbeitslebens geplant ist bzw. kurz vor der Realisierung steht. Die von K. Bechtle-Künemund festgestellten "Spielregeln" für eine gelungene Rückkehr und Reintegration gelten in der biographischen Phase der Vor- Rückwanderung nur insoweit, als sie für eine Überprüfung der Realitätsangemessenheit der erwarteten Umstellung auf das Leben in Italien herangezogen werden können. Die Gewöhnung an bestimmte Formen sozialer Kontrolle, Elemente zur Konstruktion von sozialem Konsens, also das Beachten traditioneller Werte und Normen der Gemeinde, das Erwerben von "Vertrauen" im sozialen Gefüge durch Selbstdisziplinierung und -kontrolle gehören zu diesen Spielregeln. Ältere Migrantinnen, die in ihre Heimat zurückkehren, haben diese Spielregeln zwar nicht mehr zur Wahrung der materiellen Existenzbasis einzuhalten, sehr wohl aber, um eine emotionale Distanzierung der sozialen Umgebung, nicht nur der eigenen Familie und Verwandtschaft, zu vermeiden.

In der o.g. Studie wie auch in anderen Untersuchungen zur Rückwanderung von MigrantInnen innerhalb des europäischen Raums werden familiäre und private vor ökonomischen Motiven zur Rückkehr genannt: so etwa Schwierigkeiten der familiären Situation als häufigstes Rückkehrmotiv, auch Schulschwierigkeiten der Kinder, gesundheitliche Probleme von Familienmitgliedern oder in der Heimat zurückgebliebene Angehörige (s. die Untersuchungen von R. Bernitt, K. Unger und Ch. Luetkens). Das Dominieren persönlicher Motive vor "zweckrational-ökonomischen" führt demnach dazu, daß ein rational geplantes Rückkehrprojekt fehlt und die Wiedereingliederung in den Arbeitsmarkt des Herkunftslandes nicht selten scheitert oder mit dem Eingehen prekärer Beschäftigungsverhältnisse bezahlt werden muß.

Das Zurückstellen "zweckrational-ökonomischer" Orientierung zugunsten "privategoistischer Orientierung" hat nach E. C. Banfield seine Ursachen darin, daß MigrantInnen oft aus traditionellen, d.h. "familienegoistischen" Gesellschaften mit entsprechenden Wertorientierungen stammen (1958/1976: "amoral familism"). E. Reyneri und C. Mughini (1980) vertreten gar die These, daß sich "familienegoistische" Orientierungen in der Emigration verstärken können durch Kontakt mit dem individualistischen Wertsystem der Massengesellschaft, v.a. bei gleichzeitiger individueller Isolation oder Ghettoisierung während der Migrationszeit.

Für Migrantinnen, die in ihrer konkreten Lebensplanung eine Rückkehr vorsehen, können zwar gewisse Hypothesen zum subjektiven "Erfolg" des Remigrationsprozesses entwickelt werden. Diese können sich an Studien über die Erfahrungen von zurückkehrenden MigrantInnen orientieren, die u.a. aus Italien vorliegen. So spricht z.B. E. Reyneri von dem krass erfahrenen Kontrast zwischen der im Ausland als emanzipatorisch erfahrenen Industriearbeit und den Bedingungen des heimischen Arbeitsmarktes bei den "als Hausfrauen zurückgezwungenen" Rückkehrerinnen, die sich vor Ort eine neue Beschäftigung suchen (E. Reyneri 1979). Dem Ziel und der Methode meiner Arbeit entsprechend möchte ich allerdings die Rückkehrabsichten und -projekte der befragten Frauen eher auf dem Hintergrund der individuellen und familiären Migrationsbiographie deuten und untersuchen, inwiefern diese Perspektive von den Frauen selbst gewählt wurde und ob sie von diesen als Ausdruck des Scheiterns oder des Erfolgs des Migrationsverlaufs gesehen werden kann.

1.4. Sozialpsychologische Ansätze in der Migrationsforschung

Neuere sozialpsychologische Untersuchungen (Grinberg, L. / Grinberg, R. 1990 und Castelnuovo, D.F. / Risso, M. 1986) sehen in der Migration ein Phänomen tiefgreifender Umwälzung für die wandernden Individuen, die mit einem "heftigen Angriff auf die kulturelle Identität des Emigranten" verbunden sei (ebd., S.121). L. Grinberg / R. Grinberg deuten Migration als potentiell traumatische Erfahrung, die die Integrität des Subjekts bedrohe. In ihren Überlegungen zur "Migration als Trauma und Krise" gehen sie davon aus, daß nur ein stabiles Ich mit entsprechenden sozialen und sozialisatorischen Erfahrungen der Vormigrationszeit die Verarbeitung von Verlusterfahrungen leisten und der Angst vor Unbekanntem entgegentreten könne. Die Migration stelle eine Veränderung von solchem Ausmaß dar, daß die Identität dabei gefährdet werden könne. Mit dem Verlust bisher wertvoller Objekte seien die Beziehungen zu ihnen und manchen Anteilen des Selbst bedroht. Beide Ansätze gehen davon aus, daß psychische Störungen über Jahre zur Normalität des Lebens in der Migration gehören können.

Um die Bewältigung und Verarbeitung von Krisen im Verlauf des menschlichen Lebenszyklus erklären zu können, bietet sich ein Rückgriff auf G.H. Meads These an, die besagt, daß prinzipiell von der Offenheit eines (lebenslangen) Entwicklungsprozesses ausgegangen werden könne, da der Mensch vor dem Hintergrund seiner Identifikations- und Reflexionsfähigkeit dazu in der Lage sei, immer "neue Objekte" in sich hineinzunehmen: der Mensch setzt sich nach Mead stets aktiv mit seiner Umwelt auseinander und bleibt sich nie gleich (s. dazu Joas, H. 1980, S.188). E. Erikson definiert die "Identitätsbildung als eine sich entwickelnde Konfiguration", "die allmählich konstitutionelle Gegebenheiten, höchst persönliche Bedürfnisse, bevorzugte Fähigkeiten, wichtige Identifikationen, wirksame Abwehren, erfolgreiche Sublimierungen und konsequente Rollen integriert" (Erikson, E. 1988, S.97). Eine Erweiterung des Eriksonschen Ansatzes ist aber notwendig, um Identitätsentwicklung als Ausdruck und Ergebnis interaktiver Prozesse begreifen und damit auch soziale Prozesse im Erwachsenenalter erfassen zu können, wie dies A. Strauss in seiner Arbeit „Spiegel und Masken" (1968) vorschlägt, die explizit E. H. Eriksons Lebenszyklusmodell für das fortgeschrittene Lebensalter zu ergänzen und in der Tradition Meads um die Handlungsdimension zu erweitern sucht. Nach meiner Auffassung wäre es methodisch gewagt, Identitätsveränderungen – es sei denn, in der Auswertung von Äußerungen aus der Selbstsicht – empirisch erfassen zu wollen: die Biographie als soziologische Strukturkategorie erlaubt es m.E. sehr viel präziser, Entwicklungsverläufe im Sinne einer sozialen Handlungsgeschichte von Erwachsenen im Zusammenhang mit der Migration in ihrem Prozeßcharakter zu erkennen (s. Kap.2).

1.5. Forschungsansätze zum Thema Migration und weiblicher Lebenszusammenhang

Meine Eingrenzung auf eine bestimmte Gruppe: italienische Migrantinnen der ersten Generation, die 25 und mehr Jahre in der Bundesrepublik leben, hat zunächst einmal zum

Ausgangspunkt, daß individuelle Perspektiven und soziokulturelle Realität zu stark eingeebnet würden, nähme man gleichzeitig die männlichen Vertreter einer Migrationsgeneration der entsprechenden Ethnie mit ins Blickfeld. Sie erfordert andererseits aber auch eine Auseinandersetzung mit dem Begriff "Frau" und den aktuellen Diskussionen um Geschlechterverhältnis und Geschlechterdifferenz. Der Begriff "Frau" ist ein Abstraktum (s. dazu auch Rohde-Dachser, Chr. 1991, S.24/25), und die Frauenforschung hat m.E. gut daran getan, die philosophische Suchbewegung, die im 19. Jahrhundert vom "Verhalten" (Feuerbach) zu den „Verhältnissen" (Marx) führte, bezüglich ihres Forschungsgegenstandes nachzuvollziehen. "Was also die Kategorie 'Frau' und die Kategorie 'Mann' in einer konkreten gesellschaftlichen Situation bedeuten, kann nicht theoretisch vorausgesetzt oder angenommen, sondern muß jeweils erforscht werden"; dies jedoch erfordert "die Focussierung der Analyse auf die je konkret historischen Lebensbedingungen von Frauen" (Krüger, M. 1991, S.163).

Das bedeutet, sich nicht mit "ausländerpädagogischem Blick" des "Opferstatus" von Migrantinnen zu anzunehmen (s. dazu auch kritisch Leggewie, C. 1991, Bommes, M. / Scherr, A. 1991, Klönne, A. 1990), auch nicht italienische Migrantinnen nur als mehr oder weniger gut funktionierende Mütter von Kindern mit signifikant problematischen Schullaufbahnen wahrzunehmen (s. dazu Cavalli-Wordel, A. 1989) oder als Patientinnen mit "typischen" psychosomatischen Beschwerden (s. dazu Schmidt-Koddenberg, A. 1989 sowie Modena, E. 1989). Frauen sind, soviel hat die Frauenforschung der letzten 20 Jahre zur Kenntnis nehmen müssen, nicht "gleich". "Ihre Lebensumstände, ihre Interessen, ihre erfahrenen Diskriminierungen und ihre Hoffnungen, ihre Arbeit und ihre Ausbeutung sind höchst unterschiedlich, und zwar nicht nur als Individuen, sondern auch als Angehörige von sozialen Klassen, ethnischen Minderheiten und verschiedenen Kulturen. Wir müssen untersuchen, wie sich in einer Gesellschaft Geschlechterverhältnis, Klassenstruktur, ethnische Stratifikation, Rassismus und geschlechtliche Identität durchdringen" (Krüger, M. 1991, S.164). Es sind also die unterschiedlichen Kontexte zu berücksichtigen, in denen sich die "Variability of Gender" (Gerson, J. M. 1990) ausprägt und erlebt wird.

In der Lebensgestaltung wie den Lebensentwürfen von Migrantinnen aus dem italienischen "mezzogiorno" spielt das "Dasein für andere", so sagt uns das Alltagswissen, eine besondere Rolle. So sind die einzelnen Biographien und ihre Interpretation durch die jeweiligen Subjekte daraufhin zu untersuchen, wie weit in ihnen eine "Ethik der Fürsorglichkeit und Verantwortlichkeit" (Gilligan, C.) besonders ausgeprägt ist, ob Frauen in der Migration in ausgeprägter Weise durch die Übernahme "diffuser Rollen" zur "Interpretation positiver Pflichten" (Nunner-Winkler, G. 1991, S.149) besonders neigen.

Weibliche Einwanderung und ihre subjektiven Auswirkungen waren bis Ende der 70er Jahre kaum Gegenstand der Forschung. So wurden z.B. in Arbeiten, die familiäre und/ oder schulische Sozialisationsbedingungen von Einwandererkindern zum Gegenstand hatten, Frauen oft nicht einmal zur familialen Situation befragt, geschweige denn zu ihren eigenen Lebensbedingungen. In späteren Untersuchungen zur Situation von MigrantInnen findet sich oft ein klischeehaftes Rollenbild – besonders da, wo es um die Migrantinnen der ersten Generation geht. (Ein Beispiel: "Wir finden hier das Phänomen der älteren Generation, die in ihren Wertvorstellungen und Normen 20 Jahre zurückgeblieben ist; und

zwar sowohl was die deutschen als auch was die italienischen Verhältnisse betrifft – da sie sich hier gesperrt und dort zu wenig Zeit verlebt hat". Cicconelli-Brügel, S. 1986, S.14).
Die aktive Rolle dieser Frauen als "Migrations-Pionierinnen" wurde oft zugunsten der Feststellung ihrer unterdrückten Stellung in der Familie (patriarchalische Familienstrukturen) übersehen (s. dazu Herwartz-Emden, L. 1991).

Im Rahmen der Analyse psychosomatischer Probleme bei Migrantinnen, die seit den 80er Jahren systematischer angegangen wurde, werden – in unterschiedlichen Variationen – folgende Ursachenkomplexe herausgestellt:

- Rechtsunsicherheit nachgewanderter Ehefrauen;
- Mangel an gesellschaftlicher und sozialer Akzeptanz, verstärkt durch wachsende Ausländerfeindlichkeit;
- unsichere Zukunftsperspektiven für die Familien mit der Folge für die Familienfrauen, Quelle ständiger psychischer Regeneration für alle Familienmitglieder zu sein;
- die Erfahrung, auf dem "Ausländerarbeitsmarkt" wie auf dem "Frauenarbeitsmarkt" jeweils am unteren Ende der Stellungshierarchie zu verbleiben;
- soziale Isolation bei nicht erwerbstätigen Frauen;
- der Wechsel des kulturellen Kontextes mit Sprach- und Kommunikationsproblemen als Folgen, aber auch Schwierigkeiten mit industriegesellschaftlichen Norm- und Wertvorstellungen;
- Mangel an Konfliktbewältigungsmöglichkeiten bei Rollen- und Identitätskonflikten (restriktive soziale Normierung innerhalb der eigenen Ethnie);
- Mangel an institutionellen Hilfen in der eigenen Subkultur, Sprachprobleme, die die Inanspruchnahme deutscher Beratungsangebote erschweren.
(Schmidt-Koddenberg, A. 1989, S.59/60)

Einige der hier genannten Problemkonstellationen mögen eher für die erste Generation zutreffen als für die nachfolgenden. So realitätsgerecht sie in einzelnen Aspekten auch sein mögen, sind sie m.E. dennoch zu stark vom Klischee der Stigmatisierung und Unterprivilegierung geprägt, was Herkunft und Geschlechtsrollenverständnis angeht.

Ich verspreche mir demgegenüber mehr von Zugängen, die den Aspekt "Wechsel des kulturellen Kontextes / Auseinandersetzung mit industriegesellschaftlichen Norm- und Wertvorstellungen" focussieren und das Rollenverständnis als eine zentrale Frage im Rahmen von Einwanderung und Niederlassung behandeln und auf diesem Hintergrund eine andere Sicht auch auf Migrantinnen der ersten Generation entwickeln: nämlich als europäische "Migrations-Pionierinnen" (Herwartz-Emden, L.), als Subjekte im Prozeß des sozialen und kulturellen Wandels in der Aufnahmegesellschaft, aber auch in der Veränderung der eigenen Identität in Folge der Wanderung von einer ruralen in eine Industriegesellschaft. So weist etwa I. Lenz darauf hin, daß in den westlichen Sozialwissenschaften mit "eurozentristischem Blick" die "nichtwestlichen" Frauen lange Zeit zu Vertreterinnen der "Tradition" erklärt wurden, während "neuere entwicklungssoziologische Arbeiten zeigen, daß viele als 'traditionell' bezeichnete Sozialverhältnisse erst im Zusammenhang mit der Modernisierung entstanden sind" – z.B. die Orientierung auf die Rolle als Hausfrau und Mutter (Lenz, I. 1995, S.23).

Neuere Studien über türkische Frauen und Mädchen bleiben nicht mehr bei hergebrachten Erklärungsmustern stehen und gehen über den Allgemeinplatz hinaus, daß Migrationsprozesse eine Auswirkung auf individuelles Geschlechtsrollenverständnis, Geschlechter- und Generationenverhältnis wie Familienstruktur haben; sie beleuchten genauer, wie Veränderungen in Rolle und Selbstbild sich lebenspraktisch darstellen und von den jeweiligen Frauen selbst gesehen werden (s. dazu Grottian, G. 1991). Sie "widerlegen das Klischee von der untergeordneten und abhängigen Migrantin und stellen fest, daß die Frau z.B. in der Familie eine aktive und bedeutsame Rolle für den Niederlassungsprozeß spielt, stärker an der Eingliederung interessiert ist als ihr Mann (und weniger an der Rückwanderung), weniger traditionelle Erziehungsvorstellungen hat als dieser, für eine Berufsausbildung der Töchter kämpft, weniger auf rigider Geschlechtsrollentrennung insistiert und für eine größere Autonomie der nachfolgenden Generation eintritt" (Herwartz-Emden, L. 1991, S.18). In diese Richtung gehen auch die Ergebnisse der Studie von A. Schmidt-Koddenberg (1989) über Akkulturationsprozesse von Ausländerinnen in der Bundesrepublik oder auch von M. Morokvasic (1987) über jugoslawische Frauen in der Migration.

K. Ley hat in ihrer Untersuchung über italienische Migrantinnen in der Schweiz (1979) gezeigt, daß Frauen die Erweiterung ihrer Handlungsspielräume durch bezahlte Lohnarbeit durchaus zu schätzen wissen, ohne dabei die Nachteile der Mehrfachbelastung ausblenden zu müssen.

Insgesamt ist eine Hinwendung zum Einzelfall auch in der Erforschung weiblicher Migrationsprozesse vorteilhaft, weil sie biographische und damit auch soziale Differenzierungen ermöglicht bzw. Differenzen zwischen Frauen zur Kenntnis nimmt (s. dazu die Arbeit von U. Apitzsch zu den Bildungs- und Ausbildungsverläufen junger Frauen der zweiten Migrationsgeneration; im Erscheinen).

Bei alledem ist zu berücksichtigen, daß das Thema der weiblichen Arbeitsmigration und ihrer biographischen Bedeutung immer wieder auf die Frage nach geschlechtsspezifischen Ausprägungen sozialer Ungleichheit verweist; Forschungsdesiderata in grundsätzlicher Hinsicht können durch die Behandlung eines Teilbereichs dieser übergreifenden Problemstellung ans Licht gehoben, aber kaum ausgefüllt werden.

1.6. Forschungsansätze zum Thema Migration und Alter

Das Thema Migration und Alter wurde von der sozialwissenschaftlichen Migrationsforschung, aber auch von der Sozialgerontologie erst vor kurzer Zeit aufgegriffen. Offensichtlich gingen Aufnahmeland wie MigrantInnen lange Zeit davon aus, daß die Bundesrepublik nur "vorübergehender Aufenthaltsort zum Zwecke der Erwerbstätigkeit" sein sollte (Boos-Nünning, U. 1990). Die Migrationsforscherin M. Dietzel-Papakyriakou schätzt die

Entscheidung, den Lebensabend in der Bundesrepublik zu verbringen, für viele als "Notlösung" ein: Für die Mehrheit der ersten Generation sei "das Altern (...) im Immigrationsland nicht Ausdruck des 'Bleibenwollens', sondern des 'Nicht-mehr-zurückkehren-Könnens'" (Dietzel-Papakyriakou, M. 1988, S.42, aber auch 1993).

Als Gründe für das 'Nicht-mehr-zurückkehren-Können' werden in neueren Untersuchungen u.a. wirtschaftliche Bedingungen genannt – das in der Bundesrepublik verdiente Geld reicht nicht immer aus, um sich in der Heimat neu zu etablieren (Umzug, fehlendes Wohnungseigentum). Ausländische Erwerbstätige werden im Durchschnitt früher erwerbsunfähig als ihre deutschen Kolleginnen und Kollegen – mit geringerer Altersversorgung als Resultat. Als weitaus gravierender werden allerdings familiäre Gründe angesehen (Bergs, A. 1991, S.4). Die Kinder der MigrantInnen der ersten Generation wollen häufig nicht in die Heimat (der Eltern) zurückkehren. Aber auch eine mögliche Entfremdung von der Heimat mag hier im Alter eine Rolle spielen.

Ob man von einem "Rückzug in die ethnischen Enklaven" sprechen kann, also einem Wiederaufleben der Ethnizität im Alter (nach Kontakten außerhalb der ethnischen Gruppe im Berufsleben), mag neben den Migrationsentwürfen von der Existenz einer "geliehenen", weniger kompakten Identität im Berufsleben abhängig sein, die abgestreift wird, wenn der Zwang zu interkulturellen Kontakten mit Kolleginnen und Kollegen nicht mehr besteht (Dietzel-Papakyriakou, M. 1990, S.347). Der These vom Leben in ethnischen Enklaven steht in der Forschung diejenige von der Annäherung der ethnischen Minderheit an die Werte und Normen der Aufnahmegesellschaft gegenüber, die sich vor allem im Alter (positiv) bemerkbar mache (assimilationstheoretischer Ansatz). Als spezifisches Problem stellt sich die Frage der Existenz und Tragfähigkeit der "schützenden Großfamilie" dar, wenn intergenerationelle Konflikte sich verschärfen, weil die jüngeren Familienangehörigen sich stärker an die Normen und Werte des Aufnahmelandes anpassen, also die "Atomisierung" in kleinste soziale Einheiten die "Alten" aus dem gemeinsamen Lebenszusammenhang ausschließt. (Meine eigenen Beobachtungen in italienischen Familien, die ich kennenlernen konnte, haben gezeigt, daß die nachwachsende Generation die Konzentration auf die Kernfamilie bevorzugt.)

Die Sichtweise, daß die Möglichkeiten und Grenzen der individuellen "Bewältigung" des Alters von einem "vielfältigen Geflecht sozialer, biographischer und gesundheitlicher Bedingungen" abhängen (Thomae, H. 1983, S.147), erfordert die historisch-kulturelle Präzisierung für den Einzelfall, um daraus typisierende Schlußfolgerungen für eine Gruppe zu entwickeln. Lebensgeschichtlich notwendige Orientierungen und Umorientierungen im Alter hängen sicherlich in der Selbst-und Fremdeinschätzung davon ab, wie Krankheit und Alter in einer Ethnie "typischerweise" definiert und bewertet werden, ob hier eher von einem Altersabbau (Defizitmodell) ausgegangen wird oder die Entwicklungschancen im Alter berücksichtigt werden, und inwieweit die MigrantInnen hier noch an das (möglicherweise inzwischen generell nicht mehr dominierende) Wert- und Normensystem der eigenen Gruppe gebunden sind (Wilbers, J. / Lehr, U. 1988, S.77-83). Für Migrantinnen der ersten Generation wird es sich hier als entscheidend erweisen, ob sie es schaffen, die Orientierung auf andere hin nicht nur familienzentriert zu gestalten, das "Sorgen für sich selbst" in ihr Lebenskonzept hineinzunehmen, sich aus geschlechtsspezifischen Zwängen im Generationenaustausch zu lösen, statt sich in der Polarität von "niemand zur Last fallen wollen" einerseits und "sich nützlich machen" andererseits (Rosenmayr, L. / Rosenmayr, H. 1978) aufzureiben. Gerade für Frauen könnte sich die Illusion von der "schützenden Großfamilie" als fatal erweisen, wenn die Reziprozität der Leistungen in der innerfamilialen Interaktion nicht mehr gegeben ist.

G.M. Backes / E.-M. Neumann weisen in ihrer Studie über "Ältere und alte Frauen in Berlin" (1991) darauf hin, daß gerontologische Forschungen lange Zeit Aspekte sozialer Ungleichheit ausgeblendet und somit geschlechtsspezifische Bedingungen des Alter(n)s zu wenig zur Kenntnis genommen hätten. Ihr nach "sozialstrukturellen Bedingungen und individuellen Voraussetzungen differierendes Lebenslagenkonzept" (a.a.O., S.2) geht davon aus, daß die konkrete Ausprägung der wichtigsten Indikatoren der Lebenslage ("materielle Lebenssituation", "immaterielle Lebenssituation bzw. psychosoziale Lebenssituation und soziale Integration") sich ergibt "aus Wechselwirkungen objektiver sozialstruktureller und subjektiver Interpretationen, Lebensbilder und Bedürfnisse sowie Kompetenzen des Umgangs mit der objektiven Situation" (a.a.O., S.3).

Somit kann sich die Lebenslage für Frauen im Alter sehr unterschiedlich darstellen: subjektive Zufriedenheit ist offensichtlich nicht nur an befriedigende materielle Absicherung gebunden, sondern hängt in vielfacher Hinsicht mit vorher gemachten Erfahrungen, Lebensentwürfen und weiteren biographischen Besonderheiten zusammen. Es wäre im Einzelfall zu versuchen und erscheint angesichts des sozialen Wandels familialer Strukturen immerhin nicht abwegig, Forschungsergebnisse der sozialen Gerontologie für die Typologie von Migrantinnenschicksalen im Alter mit heranzuziehen, so etwa die Beobachtung, daß Benachteiligungen kumulieren können, wenn z.B. bei im Alter allein lebenden Frauen geringfügige berufliche Qualifizierung und "typisch weibliches" Arbeitsleben (mit diskontinuierlicher Erwerbstätigkeit oder geringfügigen Beschäftigungen, schlechter Bezahlung) sowie Mehrfachbelastung durch Familien- und Erwerbsarbeit koinzidier(t)en.

2. Migrationsforschung als Biographieforschung: Theoretische Grundlagen, Methode, Typenbildung

Wenn ich die "lebensgeschichtlichen Dimensionen der Migrationserfahrung bei Italienerinnen der ersten Generation" zum Thema einer eingehenden Untersuchung mache, so geht dem die Feststellung von Forschungsdesiderata in mehrfacher Hinsicht voraus. Obwohl die Italienerinnen zur ersten großen Einwanderungsgruppe gehören, die im Rahmen der "Völkerwanderung" aus den Anrainerstaaten des Mittelmeers in Folge der Anwerbeverträge und -maßnahmen der Bundesrepublik ab Mitte der 50er Jahre in dieses Land kam, wurden sie weder aus migrationssoziologischer noch aus landeskundlicher Sicht zu "Objekten" wissenschaftlicher Monographien, es sei denn, unter der Optik der in den 70er Jahren einsetzenden "Ausländerkinderforschung" oder in Untersuchungen zu pschosozialen und psychosomatischen Folgen der Migration. Über italienische Migrantinnen der ersten Generation in der Bundesrepublik liegt bisher – anders als über Jugoslawinnen oder Türkinnen – keine größere Untersuchung vor. Der biographische Prozeß von Frauen, die Lebensphase vor der Migration miteinbeziehend, ist insgesamt in der Frauen- und Migrationsforschung bisher eher vernachlässigt worden. Für die Untersuchung sozialer Veränderungen, darauf weist auch U. Apitzsch (1993) hin, wie sie sich in den Lebens- und Arbeitsbedingungen von Emigrantinnen darstellen, bieten sich jedoch gerade prozeßorientierte Fragestellungen an. Diese erfordern qualitativ interpretative Vorgehensweisen. Das bedeutet, die Erhebung und Auswertung des Materials nicht möglichst umfangreich, sondern so gut fundiert und so intensiv wie möglich anzulegen. Dazu sind, so Apitzsch, Analysen autobiographisch-narrativer Interviews geeignet, da sie die Rekonstruktion persönlicher, etwa beruflicher Werdegänge und die Herausarbeitung typischer Ablaufmuster der Entwicklung bzw. Blockierung von Handlungsinitiativen sowie von Verlaufskurven ermöglichen.

2.1. Die Biographie als theoretisches Konzept qualitativer Sozialforschung

Sich mit biographischen Prozessen einzelner Individuen zu beschäftigen, verweist auf den Gegenstandsbereich der Biographieforschung. Sind mit der Bezeichnung "Biographieforschung bzw. -analyse" zunächst Untersuchungen gemeint, die mit qualitativen, hermeneutischen Verfahren der Sozialwissenschaft arbeiten, so steht demgegenüber die Lebenslaufforschung, die sich unter Verwendung quantitativer Verfahren mit objektiven Daten wie Geburt, Orts- und Wohnungswechsel, Schullaufbahn, Berufsentwicklung, Eheschließung etc. beschäftigt. Gegenüber der institutionen- und ereignisorientierten Sichtweise der Lebenslaufforschung versteht sich der Gegenstand der Biographieforschung schon bei Ch. Bühler (1959 (1932), S.94 f.) als "Bericht über einen Lebenslauf".

Die Hinwendung zur Biographie in den Sozialwissenschaften hängt mit der Aufwertung des Alltags als wissenschaftlichem Gegenstandsbereich zusammen. In dieser Hinsicht hat die Frauenforschung entscheidende Impulse geliefert, im Anschluß an eine wichtige Devise und Forderung der neuen Frauenbewegung: "Das Persönliche ist politisch". Die Hinwendung zum Individuum in der Sozialwissenschaft hat aber auch zu tun mit der

Erkenntnis einer neuen Stufe im Vergesellschaftungsprozeß, bei der die Biographie als eine Ordungs- und Regeldimension sozialer Prozesse in den Blick kam (vgl. Beck, U. 1983, Kohli, M. 1985). Biographieforschung stellte einen Versuch dar, den "Faktor Subjektivität" analytisch aufzuwerten, wo "objektive" Kategorien bei der Erklärung sozialer Prozesse und Probleme sich zunehmend als unzureichend herausstellten.

Wie G. Rosenthal in einem Forschungsüberblick zeigt, kam es in den 70er Jahren zu einem Aufschwung biographischer Forschung, die sich inzwischen – davon zeugen zahlreiche Publikationen, aber auch die Etablierung entsprechender Forschungssektionen z.B. der Deutschen Gesellschaft für Soziologie, der Deutschen Gesellschaft für Erziehungswissenschaft – zu einem über einen modischen Trend hinausgehenden Wissenschaftszweig entwickelt hat. In den verschiedenen geistes- und sozialwissenschaftlichen Disziplinen scheine die Arbeit mit biographischem Datenmaterial "Einsichten in bestimmte Milieus und die Perspektive der Handelnden" zu versprechen (Rosenthal, G. 1994, S.125). In der Soziologie ist, so G. Rosenthal, eine zunehmende Fundierung von theoretischen Konzepten wie auch von Methoden der Biographieforschung zu beobachten (Alheit, P., Fischer-Rosenthal, W., Kohli, M., Schütze, F., Becker-Schmidt, R., Rosenthal, G.). Mochte L. Löwenthal 1955 noch von "der" biographischen Methode sprechen, wurden inzwischen verschiedene methodische Zugangsweisen im Zusammenhang mit hermeneutischen, phänomenologischen, aber auch wissenssoziologischen Forschungsrichtungen entwickelt und differenziert.

Innerhalb der Soziologie wird inzwischen die Biographie als soziales Konstrukt (Alheit, P.) bzw. als soziale Realität eigener Art verstanden und ist damit zum Gegenstand von Analysen in unterschiedlichen Gegenstandsbereichen geworden. Die Ausdifferenzierung der entsprechenden Forschungskonzepte, die es seit Mitte der 80er Jahre gegeben hat, läßt sich ablesen an

– Untersuchungen über Erwerbs- und Berufsbiographien auf dem Hintergrund durchgreifender Strukturveränderungen (hier v.a. Berufsbiographien von Frauen, s. dazu die Arbeiten von H. G. Brose und M. Wohlrab-Sahr, H. Krüger und C. Born, R. Becker-Schmidt)

– Biographiestudien über die Folgen von Nationalsozialismus und Krieg (Rosenthal, G.)

– Arbeiten über lebensgeschichtliche Erfahrungen und Orientierungsmuster von Menschen aus "anderen Kulturen" (Apitzsch, U., Mihciyazgan, U., Maurenbrecher, Th.).

Es sei daran erinnert, daß freilich die Beschäftigung mit der "Thematisierung der wechselseitigen Konstitution lebensgeschichtlicher und gesellschaftlicher Prozesse und die Erarbeitung darauf abzielender Untersuchungsverfahren (...) kein Novum in der Soziologie" ist (Riemann, G. 1989, S.248): wichtige Monographien der Chicago-School und der polnischen Soziologie entstanden schon in den zehner und zwanziger Jahren dieses Jahrhunderts; genannt sei nur die Studie von W. I. Thomas und F. Znaniecki, die bereits 1918 biographische Veränderungsprozesse im Zug der Migration zum Thema machte und der Migrations- und Biographieforschung entscheidende Impulse lieferte, die erst in jüngerer Zeit wieder aufgegriffen wurden (Hoffmann-Riem, Ch. 1994).

In einer Untersuchung zum Thema Migration erzählte Lebensgeschichten oder biographische Interviews zu Grunde zu legen, ermöglicht es, den Prozeß der Migration analytisch in den Gesamtlebenslauf einzubinden. Die Erfahrungen und das Wissen der Vormigrationszeit können so als Ressourcen zur Bewältigung der Anforderungen in der Migration berücksichtigt werden. Auch mitgebrachte Leitbilder können in ihrer Aufrechterhaltung oder ihrer Veränderung betrachtet werden.

Für meine Studie sind Veränderungsprozesse vor und in der Migration interessant, die Aufschluß geben können über Differenzierungen innerhalb einer ethnischen Gruppe. Für die positive Bewältigung der Altersphase scheint mir die Übereinstimmung mit der eigenen Migrationsentscheidung von besonderer Bedeutung. Die lebensgeschichtliche Bedeutung der Migration, die eine fundamentale Veränderung in den Sozialbeziehungen und der Alltagsorganisation mit sich bringt, kann in der Retrospektive unter dem Schwerpunkt der Krise oder der positiven Verlaufs gesehen werden. Migration spielt eine Rolle für die "Balance in der Gegenwart", die "Übereinstimmung des Menschen mit sich selbst", für die Wahrnehmung "einer biographischen Linie durch die Zeit, die den Begriff der 'eigenen Geschichte' zuläßt" (Ammann, A. 1990, S.187).

R. Becker-Schmidt weist darauf hin, daß in biographischen Interviews die Dimensionen Alltag, Familie, Nachbarschaft erfaßt werden können, aber auch die "objektiven Rahmenbedingungen", die für die Frauen als Genus-Gruppe gelten, darüber hinaus als Angehörige einer Klasse, Schicht, Ethnie. Neben diesen "objektiven Rahmenbedingungen", so Becker-Schmidt, gelte es aber auch, zur Kenntnis zu nehmen, daß ähnliche Lebensumstände in unterschiedlicher Weise verarbeitet werden können. Daraus ergebe sich die Individualität der einzelnen Frauenbiographie. Der biographische Ansatz könne die Vielfalt von weiblichen Lebenslagen deutlich hervortreten lassen, indem die Komplexität weiblicher Lebensläufe untersucht werde. Erfahrungsqualitäten würden nicht nur über die Analyse der inhaltlichen Aussagen aufgeschlossen, sondern auch über die der formalen Textstruktur, der spezifischen erzählerischen Mittel (Becker-Schmidt, R. 1993).

Ist nun, was die Seite der subjektiven Veränderungen angeht, zunächst an einen Wandel der Identität zu denken, der sich in alltagstheoretischen Äußerungen der Befragten im Sinne des "Meinens und Denkens" manifestiert, in Selbstinterpretationen zur eigenen Person und ihrer Bezüge zur sozialen Welt, so muß doch festgehalten werden, daß biographische Verläufe, welche die Ebene der "Dingwelt" und der sozialen Prozesse mit beinhalten, mit einem Identitätskonzept, das heuristische Selbstkonzeptionen analysiert, allein nicht zu erfassen sind. G. Rosenthal sieht den Wert einer biographietheoretischen Analyse in der "Rekonstruktion der Handlungsgeschichte eines Subjekts und deren Auswirkungen auf die gelebte Gegenwart", da sie die "Erfahrungsgeschichte vor dem Hintergrund einer Familiengeschichte, die eingebettet ist in die soziale Welt, und die handlungspraktische Wahl verschiedener, wenn auch begrenzter Möglichkeiten repräsentiert" – und hier konstituiere sich eben auch Identität (Rosenthal, G. 1993, S.58 f.).

Biographie als Handlungsgeschichte zu verstehen, bedeute demnach, die Subjekte als agierende Menschen zu konzeptualisieren. Trotz vielfältiger Formen der in Passivität verweisenden Benachteiligung von Frauen der hier untersuchten Gruppe darf ihnen ihre Handlungsfähigkeit nicht abgesprochen werden, sollen sie nicht ein weiteres Mal ihrer subjektiven Potenzen enteignet werden.

Lebensgeschichtliche Erfahrung ist "biographisch artikuliert"; unser biographisches

Wissen ist jeweils besonders und einzigartig. Es wird in je spezifischen, biographisch artikulierten Situationen erworben. Ein großer Teil davon lagert sich ab als Routine- und Gewohnheitswissen. "Bestimmte Erfahrungen jedoch sind auslegungsbedürftig. Sie passen sich dem Profil des biographisch akkumulierten Wissens nicht widerstandslos an, entsprechen nicht den Deutungsschemata und Typisierungen bisher erworbener Erfahrungen. Solche Erlebnisse, die die Situationen, in welchen sie gemacht werden, 'problematisch' erscheinen lassen, verlangen eine Neugestaltung des Wissensvorrats – sei es, daß neue Wissenselemente hinzugefügt, sei es, daß vorhandene Wissenselemente verändert werden" (Alheit, P. / Hoerning, E.M. 1989, S.9 f.). Dies gilt in besonderer Weise für die Verarbeitung "neuer" Erfahrungen in der Migration. Das Spezifische der "Aufschichtung des eigenartigen Wissensvorrats" fassen Alheit und Hoerning in der Formulierung von der "biographischen Konstruktion der Erfahrung". Wie steht es aber nun um die nicht beeinflußbaren Handlungszwänge? P. Bourdieu (1990) hat darauf hingewiesen, daß die Erfahrungen, die wir machen, die Lebenswege, die wir beschreiten, sich in einem bereits strukturierten Feld bewegen. Wir machen eben auch deshalb nicht "alle möglichen" Erfahrungen, weil unsere Biographien gesellschaftlichen Konstitutionsbedingungen unterliegen. Der "Verteilungsmechanismus" von Erfahrungen ist nicht zufällig (Alheit, P. / Hoerning, E.M. 1989, S.13). Die "Ordnungsstruktur" unserer Erfahrungen "hat etwas mit den gesellschaftlichen und historischen Prozessen zu tun, deren Wirksamkeit wir erfahren und verarbeitet haben". Biographien zeugen von Klassen- und Geschlechterverhältnissen, von ethnischen Ausschließungsprozessen – also davon, wie Personen sich an strukturellen Gegebenheiten abarbeiten, aber auch wie sie "(oft, aber nicht immer durch die entsprechenden Klassenstrukturen vermittelt) ihrerseits auf ihre determinierte Situation handelnd einwirken" (Thompson, E.P. 1980, S.225). Alheit und Hoerning plädieren deshalb dafür, die lebensgeschichtliche Erfahrung unter zwei Perspektiven zu sehen: als biographische im Sinne der inneren Struktur der Lebenswelt, und unter der Optik der Faktoren, die gleichsam "hinter dem Rücken" der Menschen wirksam werden und "bestimmte Erfahrungshorizonte überhaupt erst konstituieren" (ebd., S.15). Das heißt in unserem Falle, zu berücksichtigen, daß lebensgeschichtliche Erfahrung sich in bestimmten historischen, sozialen, aber auch lokalen Rahmenbedingungen konstituiert, und daß sie nicht geschlechtsneutral ist. Die lebensgeschichtliche Erzählung einer Sizilianerin wird von der "Piazza" kaum in der Weise handeln, wie das bei ihrem Ehemann der Fall wäre, und die der italienischen Hochschullehrerin zeugt von Erfahrungen in anderen sozialen Räumen als die ihrer Reinemachefrau, mögen auch beide aus Palermo stammen. Auch die Erfahrung der italienischen Studentin der zweiten Generation unterscheidet sich von der der Mutter durch das Aufgewachsensein in Deutschland, durch veränderte Bildungschancen etc., nicht zuletzt durch die Konfrontation mit einer von ihr selbst nicht getroffenen Lebensentscheidung, eben der Migration.

Gesellschaftliche Wandlungsprozesse schließlich gehen in die Lebensgeschichten ein als Erfahrung und biographisches Wissen: auch da, wo es scheint, daß jemand "von vorn anfangen muß", wenn er oder sie etwa in die Migration geht und sich auf ungewohnte Fabrikarbeit einstellen muß: die Lebensgeschichte selbst erscheint als Sozialisationsinstanz, und deshalb macht es m.E. mehr Sinn, nach "biographischen Anschlüssen" als nach biographischen Brüchen zu suchen.

In der praktisch-hermeneutischen Erforschung biographisch relevanter Erfahrungen, Handlungsprozesse, Orientierungen und der damit verbundenen Entwicklungen des Wissens und Fühlens geht es nicht zuletzt grundlagentheoretisch um die Ebene der sprachlichen Konstruktion von Wirklichkeit. Wo Subjekte sich selbst und das eigene Leben thematisieren, konstruieren und rekonstruieren sie ihre Biographie. In biographischen Erzählungen haben wir es mit kognitiven Konstruktionsprozessen zu tun. Im Medium der Sprache wird "die Realität unserer lebensgeschichtlichen Vergangenheit und das in dieser Realität verwurzelte Selbst- und Wirklichkeitsverständnis" konstruiert (Straub, J. / Sichler, R. 1989, S.223). Diese Konstruktionsleistung darf nun selbstverständlich nicht gedacht werden als eine unhistorische, außerhalb aktueller Orientierungen und Interaktionsbezüge liegende. Mead hat gezeigt, daß jeweils "neue Gegenwarten neue Vergangenheiten konstituieren" (1934, 1987). So wird etwa eine Remigrantin ihre Erfahrungen in Deutschland anders präsentieren als eine, die sich an ihrer Gegenwart, die an Deutschland gebunden ist, sehr viel verbindlicher abzuarbeiten hat. Ich möchte Straub und Sichler auch in einem nächsten Gedankenschritt folgen: Das Ausgehen von der subjektiven Konstruktion lebensgeschichtlicher Erfahrungen impliziert keineswegs, von einem emphatischen Subjektbegriff im Sinne einer Monadologie auszugehen. Sie verweisen auf Meads Entwicklung eines Subjektbegriffs, der von der sozialen Konstitution des Subjekts ausgeht. Das heißt, "daß die subjektive Konstruktion der biographischen Wirklichkeit als ein Prozeß der sprachlichen Selbstthematisierung notwendigerweise **sozial vermittelt** ist: Der Sinn, den ein Individuum mit seiner lebensgeschichtlichen Vergangenheit, mit der aktuell erlebten Gegenwart und der subjektiv antizipierten Zukunft verbindet, ist das Produkt einer kommunikativ strukturierten, sozialen **Praxis**. Die Präsentation des vergangenen Lebens, aber auch die Zustandsbeschreibung des gegenwärtigen, ist jeweils das Ergebnis einer Interpretation, die es zu entschlüsseln gilt". Die im Prozeß der autobiographischen Erinnerung produzierten Texte sind Ausdruck lebensgeschichtlicher Erfahrungswelten, sind "sinnhaltige Äußerungen, mit denen Menschen auch ihre lebensgeschichtlichen Erfahrungen zur Sprache bringen und in einer für das Selbstbewußtsein, die Ausbildung biographischer Wissensbestände und die alltägliche Lebenspraxis relevanten Weise konzeptionalisieren, deuten und strukturieren können" (a.a.O., S.224/225).

Die kognitiven Strukturierungsleistungen, die in biographischen Erzählungen zum Vorschein kommen, hat F. Schütze zum Gegenstand der Interpretation lebensgeschichtlicher Interviews gemacht, nachdem eine große Anzahl von Stegreiferzählungen analysiert wurde.

2.2. Die Biographie als Gegenstand alltagsweltlicher Artikulation

"Eine Konzeption der Biographie als soziales Gebilde, das sowohl soziale Wirklichkeit als auch Erfahrungs- und Erlebniswelten der Subjekte konstruiert, und das in dem dialektischen Verhältnis von lebensgeschichtlichen Erlebnissen und Erfahrungen und gesellschaftlichen Mustern sich ständig neu affirmiert und transformiert", so G. Rosenthal (1994,

S.125 f.), kann uns Antworten auf die immer wieder formulierte Grundfrage nach dem Verhältnis von Individuum und Gesellschaft näherbringen. Wir finden in erzählten Erlebnissen, die wir analysieren, die Möglichkeit, die Dichotomie zwischen Privatheit und Öffentlichkeit, Individuellem und Allgemeinen zu überwinden, weil es sich jeweils um die Geschichte(n) handelnder Menschen handelt, die in der sozialen Wirklichkeit agieren und interagieren und diese damit produzieren. Diese Erzählungen tragen allemal Spuren des "Sozialen" wie der Geschichte. Es kommt darauf an, sie zu entdecken und zu verstehen, ob sie den je beteiligten Subjekten "zum Bewußtsein gekommen" sind oder nicht. G. Rosenthal schlägt vor, im Verstehensprozeß von einem "strukturalistisch-handlungstheoretischen Verständnis der Konstitution sozialer und damit auch historischer Wirklichkeiten" auszugehen und nicht eine "idealistische, an die subjektiven Intentionen einzelner Subjekte" gebundene Konzeption zu verfolgen, um erzählte Lebensgeschichte als Rekonstruktion der sozialen Realität zu begreifen, "die keine Fiktion, sondern die erzählte Wirklichkeit repräsentiert und jenseits der Intentionen der Subjekte liegt". Dies bedeutet in einem zweiten Schritt, "die Rekonstruktion des Allgemeinen am konkreten Einzelfall" vorzunehmen (a.a.O., S.128).

Das setze zunächst voraus, auch Diskrepanzen in der Repräsentation sozialer Wirklichkeit herauszuarbeiten und zu analysieren, und zwar nicht zuletzt in der Bedeutung für die jeweilige Erzählerin, was detailgenaue Interpretationsarbeit erfordert. Die genaue Analyse des Erzählens selbststrukturierter Handlungsabläufe biete die Möglichkeit, Entstehungs- und Entwicklungsprozesse sozialer Realitäten zu verstehen. "Um der erzählten Lebensgeschichte sui generis gerecht zu werden, bedarf es keiner Suche nach Realitäten außerhalb, sondern vielmehr innerhalb der Erzählung" (a.a.O., S.131). Erkenntnisleitend bleibt die Suche nach interessanten sozialen Realitäten, die fundiert ist durch das theoretische Konzept der Lebensgeschichte als eines sozialen Gebildes, "das sowohl soziale Wirklichkeiten als auch Erfahrungs- und Erlebniswelten der Subjekte konstituiert" (Fischer-Rosenthal, W.). Die Methode hermeneutischer Fallrekonstruktionen entspricht diesem Konzept.

Für die konkrete Analyse bedeutet dies, an Formen des Alltagshandelns anzusetzen, die sich in vielfältigen Formen von Selbst- und Fremdthematisierung realisieren. Läßt man die Form dieser Realisierungen nicht außer acht, dann wird deutlich, wie es F. Schütze als Ergebnis der Analyser zahlreicher alltagsweltlicher Kommunikate formuliert, daß Rekapitulationen selbst erlebter Erfahrungen eine "autobiographische Tiefendimension" besitzen, weil sie Wissens- und Erfahrungsaufschichtungen transportieren, die in sich durchaus nicht kontingent sind.

Damit ist das Problem alltagsweltlicher und wissenschaftlicher Rekonstruktion angesprochen: nicht nur die Ethnomethodologie, auch die phänomenologische Soziologie hat sich mit Formen alltagsweltlicher Kommunikation und deren wissenschaftlicher Bearbeitung beschäftigt. So interessiert es A.Schütz, "die Beziehungen zu erhellen, die zwischen sozialwissenschaftlichen Methoden und Theorien und ihrem Fundament, der Alltagswelt herrschen" (Schütz, A. / Luckmann, Th. 1979, S.13), und Schütz entwickelte ein Modell der Konstruktionen erster und zweiter Ordnung, um alltagsweltliches Wissen von wissenschaftlichen Analyservorgängen zu unterscheiden, die in der Lage sind, auf Theorien hinzuführen, ohne "die elementaren Handlungsprobleme" außer Acht zu lassen, „die bearbeitet werden, wenn Gesellschaftsmitglieder miteinander über biographische Sachverhalte kommunizieren" (Schütz, A. 1971).

Varianten der biographischen Selbst- und Fremdthematisierung werden im wissenschaftlichen Vorgehen methodisch kontrolliert untersucht, und zwar auf der Basis der biographischen Arbeit im doppelten Sinn, die „normale Gesellschaftsmitglieder" hervorbringen. In alltäglichen Kommunikationssituationen wie auch im biographisch-narrativen Interview tritt eine Ordnung der mitgeteilten Sachverhalte und Entwicklungen zutage, die immer wieder auffindbare kognitive Figuren enthält (Schütze, F. 1983, 1984).

2.3. Erzähltheoretische und handlungstheoretische Implikationen des narrativen Interviews

Wird in der interpretativen Sozialforschung die Methode des narrativen Interviews gewählt, so kann sie auf hiermit inzwischen gewonnene erzähltheoretische und biographiewie handlungstheoretische Erkenntnisse zurückgreifen (vgl. Bohnsack, R. 1993, S.91 ff.). Diese hat D. Nittel (1991, S.105 ff.) in einem Überblick über die Forschungslage prägnant zusammengefaßt, dem ich hier folge: Um biographische Entwicklungsprozesse und damit lebensgeschichtliche Dimensionen von Erfahrungen erfassen zu können, wird demnach mit Datenmaterialien gearbeitet, die subjektive Sinnzusammenhänge wie objektive Ereignisverkettungen beinhalten und so den Zusammenhang zwischen äußeren Ereignisverläufen und ihrer inneren Verarbeitung erkennbar machen. F. Schütze ist mittels eigener Erhebungen zu der Annahme gelangt, daß das "autobiographische narrative Interview (...) Datentexte" hervorbringt, "welche die Ereignisverstrickungen und die lebensgeschichtliche Erfahrungsaufschichtung des Biographieträgers so lückenlos reproduzieren, wie das im Rahmen systematischer sozialwissenschaftlicher Forschung überhaupt nur möglich ist", weil die Erfahrungen der erzählenden Personen mit bestimmten Ereignissen ebenso wie deren interpretative Verarbeitung eingehend dargestellt werden. "Das Ergebnis", so Schütze, "ist ein Erzähltext, der den sozialen Prozeß der Entwicklung und Wandlung kontinuierlich, das heißt ohne exmanente, aus dem Methodenzugriff oder den theoretischen Voraussetzungen des Forschers motivierte Interventionen und Ausblendungen, darstellt oder expliziert" (Schütze, F. 1983, S.285 f.). Die Korrespondenz von Erfahrungs- und Erzählkonstitution, von der hier ausgegangen wird, und die sich als Ergebnis zahlreicher empirischer Analysen von Erzähltexten darstellt, ist freilich in der Biographieforschung nicht unumstritten. So zweifelt H.Bude etwa an, daß die Erfahrungsaufschichtung unterschiedlichen Darstellungsprinzipien entspricht (so etwa dem Argumentieren oder Erzählen) und stellt damit grundsätzlich in Frage, ob die Grundstruktur eines Falls sich immer wieder reproduziert – eine Auffassung, die das Ausgehen vom "Fall als Totalität" letztlich ablehnt (Bude, H. 1985, S.329 f.).

Die Annahme einer "Ordnung" rekonstruktiver Verfahren bildet indessen eine wesentliche Basis für das Schützesche Theorie- und Analysemodell. Als elementarste Orientierungs- und Darstellungsraster für das, was in der sozialen Welt an Ereignissen und entsprechenden Erfahrungen "der Fall ist" und was Gesellschaftsmitglieder als die Basis gemeinsamen Welterlebens wechselseitig unterstellen, gelten die folgenden Figuren des autobiographischen Stegreiferzählens: "Biographie- und Ereignisträger nebst der zwischen ihnen bestehenden bzw. sich verändernden Beziehung; Ereignis- und Erfahrungsverkettung; Situationen, Lebensmilieus und soziale Welten als Bedingungs- und Orientierungsrahmen sozialer Prozesse; sowie die Gesamtgestalt der Lebensgeschichte" (Schütze, F. 1984, S.81).

Die Analyseressourcen des biographisch-narrativen Interviews voll auszuschöpfen, erfordert also, sowohl die formalen wie die inhaltlichen Textphänomene sowie deren gegenseitige Abhängigkeit voneinander zu untersuchen. Grundlage einer entsprechenden Analyse hat deshalb eine Transkription zu sein, die so genau wie möglich die sprachlichen Vorgänge erfaßt und dokumentiert und dabei auch parasprachliche Erscheinungen berücksichtigt. Sie erfordert aufwendige Detailanalysen textueller Phänomene wie Einlagerung, Kommentar, und die Differenzierung verschiedener Darstellungsformate wie Erzählung, Beschreibung oder Argumentation.

Interpretative Biographieforschung enthält biographietheoretische wie sprachwissenschaftliche Implikationen, wenn sie einen bestimmten Forschungsstil wählt. Eine wesentliche biographieanalytische Kategorie, die zur Anwendung kommt, um eine biographische Entwicklung nach geleisteter Sequenz- und Detailanalyse gleichsam aus der Vogelperspektive zu rekonstruieren und zu betrachten, ist die der Prozeßstruktur. Sie ist als solche nicht neu, wir finden sie schon bei Ch.Bühler (1932, 1959). Während aber nun bei Bühler der Versuch gemacht wird, Phasenabfolgen im menschlichen Lebenslauf biologisch wie innerpsychisch zu begründen, dabei aber auch institutionelle Ablaufmuster zu berücksichtigen, versucht die Kategorie der Prozeßstruktur in der neueren soziologischen Biographieanalyse, zwischen dem Sinnzusammenhang der Lebensgeschichte und faktischen Ereignisprozessen zu vermitteln. Insofern dient sie als definitorischer Bezugspunkt, um Lebensgeschichte begrifflich zu erfassen. "Die Lebensgeschichte", so F. Schütze, "ist eine sequentielle geordnete Aufschichtung größerer und kleinerer in sich geordneter Prozeßstrukturen" (1984, S.284). In Prozeßstrukturen kommen basale Haltungen der ErzählerInnen ihren lebensgeschichtlichen Erfahrungen gegenüber zum Ausdruck; sie sind elementare Aggregatzustände persönlicher Erfahrungs- und Aktivitätswelten, "die in der Stegreiferzählung voneinander durch geordnete Verfahren der Einleitung und Ausleitung abgetrennt sind und komplexe Binnenstrukturen aufweisen" (a.a.O., S.93).

Vier zentrale Prozeßstrukturen lassen sich demnach erkennen:

A. Institutionelle Ablauf- und Erwartungsmuster

Dies sind z.B. bestimmte Einschnitte im Familienzyklus, aber auch in der Bildungs- und Berufslaufbahn oder in sozialen Welten. Als "biographische Fahrpläne" gehören sie zum Wissensbestand der BiographieträgerInnen. Sie werden aber auch in sozialen Welten (neu) geprägt. Interessant sind etwa beschleunigte oder verzögerte Erwartungserfüllungen hinsichtlich institutioneller Ablaufsmuster (z.B.: Was beschleunigt oder verzögert das Schreiben einer Dissertation in der "sozialen Welt" eines Graduiertenkollegs, das eigens zur Förderung wissenschaftlichen Nachwuchses eingerichtet wurde? Oder, bezogen auf biographische Verläufe in der Migration: was fördert oder hemmt in der Biographie älterer Migrantinnen das sozial abgesicherte Eintreten in den Ruhestand?).

B. Biographische Handlungsschemata

Hier haben wir es mit meist intentional gesteuerten, langfristigen wie kurzfristigen Projekten wie Lebensplänen oder Entwürfen zu tun (auswandern, ein Haus bauen, den Arbeitsplatz wechseln, eine Qualifikation erwerben), die formal eine geordnete Struktur aufweisen (Ankündigung, Durchführung, Ergebnissicherung bzw. Bewertung); (ebd., S.70-88).

C. Verlaufskurven

Hier geht es um Prozesse des Erleidens, weniger des Handelns. Auf einsetzende "Ereigniskaskaden" (Schütze, F.) können die Betroffenen nur noch reagieren, ihre Kompetenzen und strukturellen Möglichkeiten werden nach Beginn der Verlaufskurve wesentlich und zunehmend systematisch ausgehöhlt. In einer "klassischen" Verlaufskurve finden sich die Aufschichtungen des Verlaufskurvenpotentials, Transformationen der Verlaufskurve in andere Lebensbereiche (z.B. Krankheit), Prozesse des sich selbst gegenüber Fremdwerdens, Orientierungszusammenbrüche, Höhepunktsereignisse, Balancierungen des Alltags und theoretische Verarbeitungen (Argumentieren mit sich selbst); (Riemann, G. 1987).

Das Konzept der Verlaufskurve (trajectory) wurde im Rahmen der Analyse von Patientenkarrieren entwickelt (Strauss, A.L./ Glaser, B. 1970). Allgemeiner formuliert, sind Verlaufskurven aber auch als soziale Prozesse anzusehen. "Soziale Verlaufskurven sind besonders dichte, eine globale Struktur sequentieller Geordnetheit auskristallisierende konditionelle Verkettungen von Ereignissen. 'Konditionell' meint in diesem Zusammenhang, daß die soziale Einheit (Person, Wir-Gruppe, Organisation) die Ereignisse nicht in Form intentionaler, willentlich zugänglicher Orientierungsbestände erfährt, sondern daß diese ihr als intentionsäußerliche Auslösebedingungen gegenübertreten" (Schütze, F. 1982, S.580).

Diese Kategorie als theoretisches Konzept wurde aus der Erkenntnis heraus entwickelt, daß es keine soziologische Theorie des Erleidens gibt, um so die "Bedingtheit individueller (und kollektiver) sozialer Aktivitäten durch sozialstrukturelle Konstellationen erfassen zu können" (ebd., S.568). Ch. Hoffmann Riem spricht etwa im Zusammenhang der Arbeitsmigration von Prozessen kollektiver Prozessierung, die ein erhebliches Verlaufskurvenpotential aufweisen, weil die Bedingungen der Niederlassung im Migrationsland den Einzelnen zunächst konditionell fremd gegenüberstehen. Der sozialstrukturelle Bedingungsrahmen selbst muß in diesem Sinne als kollektiver sozialer Prozeß gesehen werden, in den individuelle Veränderungsprozesse als mitkonstitutive Momente verwoben sind. Es bedarf jeweils der Klärung, inwieweit diese Verlaufskurven dem individuellen oder dem kollektiven Schicksal der von diesen Wandlungsprozessen Betroffenen eindeutig zurechenbar sind.

D. Wandlungsprozesse

Biographische Wandlungsprozesse lassen sich in der Weise charakterisieren, daß einer Person plötzlich neue Kompetenzen, Fähigkeiten und Handlungsmöglichkeiten zur Verfügung stehen, wobei der oder die Betroffene durch diese Entwicklung überrascht, eventuell sogar überwältigt wird. Wandlungsprozesse der Selbstidentität gehen häufiger auf Suchprozesse zurück, weniger auf äußere Impulse, wie sie etwa in Anregungsmilieus vermittelt werden. In dem Maße, wie eine von Wandlungsprozessen betroffene Person im Zuge desselben "eine andere" wird, ändert sich auch ihre grundlegende Haltung zur Vergangenheit (s. dazu Berger, P. / Luckmann, Th. aber auch Becker-Schmidt, R. zur Bedeutung von "nachträglichen Änderungen"). G. Rosenthal (1987) hat die theoretische Konzeption der Prozeßstruktur der biographischen Wandlung noch weiter ausdifferenziert und unterscheidet zwischen totaler Verwandlung (Konversion), partieller Verwandlung und latenter Wandlung. Wandlungsprozesse ermöglichen durch die Setzung neuer sozialer Positionierungen neue Handlungsräume und entsprechende Aktivitäten und damit Entfaltungsmöglichkeiten der betroffenen sozialen Einheit.

Wie tritt aber nun in eigenstrukturierten Stegreiferzählungen selbst erlebter Erfahrungsprozesse die Struktur des faktischen Handelns, über das erzählt wird, zutage? Nach A. Schütz ist der kognitive Bezugsrahmen unmittelbarer Ausdruck der raumzeitlichen Position des Handelnden bzw. Interpretierenden innerhalb einer aktuellen Interaktionssituation. Sowohl das Relevanzsystem zur Motivation von Handlungen und zur Bewertung von Ereignissen als auch der innere Zeitstrom, in welchem routinisierte Praktiken abgewickelt werden, drücken die sozialstrukturelle Positionierung des Handelnden bzw. des die aktuellen Handlungen Interpretierenden aus. "Da der Zuhörer den Gehalt der narrativen Erfahrungsaufbereitung (...) nicht miterleben konnte, muß der Erzähler in seiner narrativen Erfahrungsaufbereitung sein handlungsrelevantes Indexikalitätssystem (H. Garfinkel) explizieren. Ohne die Explizierung des Indikalitätssystems würde der Zuhörer die erzählte Geschichte nicht als Rekapitulation persönlicher Erfahrungen, sondern allerhöchstens als relativ unsystematische Auflistung theoretisierender und sekundär legitimierender allgemeiner Formulierungen verstehen" (Schütze, F. 1982, S.578). Mit indexikalen Sprachformen sind Kennzeichnungen von Orten, Zeitbezügen, Personen etc. gemeint.

Ausdruck der Struktur faktischen Handelns ist aber vor allem die Darstellungsweise, die aus dem "dreifachen Zugzwang des Erzählens" (F. Schütze) resultiert: dem Detaillierungszwang, dem Gestaltschließungs- und Kondensierungszwang (s. dazu Schütze, F. 1982, S.574 ff.). In alltagsweltlichen Erzählungen finden sich Kombinationen aller drei genannten Zugzwänge des Erzählens. Ein bewußtes Ausschalten von Handlungsorientierungen und Ereignissen aus Gründen der anhaltenden Verstrickung führt die jeweiligen ErzählerInnen in einen circulus vitiosus von Widersprüchen, die sie zu vermeiden bestrebt sind. Sie haben bzw. ergreifen die Möglichkeit, den Narrativitätsgrad ihrer Darstellung zu reduzieren, aber auch die Ebene der narrativen Darstellung zu verlassen (Umsteigen auf's Argumentieren) oder gar die Kommunikation abzubrechen.

2.4. Theoretische Deutung und Typenbildung

Lebensgeschichtliche Erfahrungen von Migrantinnen im Vorfeld und im Zusammenhang mit der Migration und ihren Folgen für das weitere Leben bilden in dieser Untersuchung den Ausgangspunkt der biographieanalytischen Überlegungen. Erst in einem nächsten Schritt kann dann analytisch erfaßt werden, "welche unterschiedlichen prinzipiellen individuellen Lebenslinien sich innerhalb der kollektiven Bedingungskonstellationen entfalten konnten" (Schütze, F. 1988, S.92).

Auf der Grundlage dieses Ansatzes wird ein Modell der Theoriebildung gewählt, das sich nicht in erster Linie an Schemata von Ursache und Wirkung oder Zweck und Mittel orientiert, sondern die Verläufe soziobiographischer Entwicklungen über lange Zeiträume in den Blick nimmt, die von den Betroffenen meist nicht voll zu antizipieren waren. Ferner soll berücksichtigt werden, daß sich die grundsätzliche Haltung zum Prozeß der Migration und der daraus entstehenden unerwarteten Folgen ändern kann, daß z.B. ursprünglich vorhandene Intentionen, Haltungen und Orientierungen, aber auch eigene Aktivitäten verloren gehen können oder erst allmählich entwickelt werden, daß "hinter dem eigenen Rücken Geschehenes" ausgeblendet werden muß, Idealisierungen aufgelöst oder aufgebaut werden. Es soll aber auch aufgedeckt werden, wie kollektive und biographische Abläufe sich durchdringen, und wie die einzelnen Menschen an der Entwicklung bestimmter sozialer Rahmenbedingungen mit ihren Biographien beteiligt sind.

Von "Ablaufsfolien" auszugehen, gehört zu den Theoriekonstruktionsprizipien der "natural history", wie sie von der klassischen Chicago-School betrieben wurde, die ja die rapiden Veränderungsprozesse im Zusammenhang mit Migration und Urbanisierung zum Untersuchungsgegenstand hatte. Hier ging es um die Frage nach den Ordnungsprinzipien in der Veränderung von sozialen Abläufen in unterschiedlichen Lebensbereichen, die einzelnen Stationen und Etappen solcher Abläufe und um das Interesse an den Bedingungen, die sich daraus für die Gestaltung der unterschiedlichen Lebensführung ergaben (Schütze, F., Rosenthal, G.). Für meine Untersuchung ist es interessant, zu fragen, welche alternativen Ausprägungen und Realisierungen von Migrationsbiographien es gibt auf einem jeweils spezifischen biographischen Hintergrund, zu fragen also nach erkennbaren biographischen Prozeßstrukturen und ihrer jeweiligen sozialen Bedingtheit und Formung.

Ich möchte hinsichtlich der Typenbildung und Verallgemeinerung noch einmal die Vorteile der qualitativen rekonstruktiven Analyse von biographischen Interviews zusammenfassen.

Gegenstand der rekonstruktiven Erzählanalyse ist die Erfahrungskonstitution in ihrer Vielschichtigkeit und Mehrdeutigkeit. In Orientierung an F. Schütze gehe ich davon aus, daß Erzählungen eigenerlebter Erfahrungen "soziologisch interessierende, vom faktischen Handeln und Erleben abgehobene Texte" sind, die diesem am aber nächsten stehen und die Orientierungsstrukturen des faktischen Handelns und Erleidens auch unter der Perspektive der Erfahrungsrekapitulation in beträchtlichem Maße rekonstruieren.

Die Rekonstruktionen der lebensgeschichtlichen Konstellationen ermöglichen es, das Erleben und dessen heutige Darstellung zu verstehen und zu erklären. Das Ergebnis einer entsprechenden Fallanalyse kann dann die Verallgemeinerung zum Typus des Erlebens und Verarbeitens sein, den die jeweilige Erzählerin repräsentiert.

G. Rosenthal faßt diese Art von Typenbildung so zusammen: der hier gemeinte Typus ist zu verstehen im Sinne einer "fallerzeugenden Struktur", nicht im Sinne einer Zuordnung zu bestimmten Gruppen, und auch nicht im Sinne einer quantitativen Verteilung qua Korrelation einzelner Variabler. "Die Struktur der Lebenserzählung und die ihr zugrundeliegenden Regeln ihrer Konstitution werden rekonstruiert und nicht wie bei einer deskriptiven Typenbildung summativ zusammengefaßt. (...) Fallrekonstruktionen erzählter Lebensgeschichten dienen dem Aufspüren von Wirkungsmechanismen am einzelnen konkreten Fall. Deshalb kann vor dem Hintergrund einer dialektischen Konzeption von Individuellem und Allgemeinem von einer prinzipiellen Auffindbarkeit des Allgemeinen im Besonderen ausgegangen werden. Die Folgerung vom Einzelnen auf das Allgemeine geht aus von der Rekonstruktion der einzelnen Phänomene in Absonderung der fallspezifischen Besonderheiten. Die Typik eines Falls bedeutet also nicht, daß dieser Fall häufig auftritt, sondern sie repräsentiert vielmehr einen möglichen Umgang mit der Wirklichkeit. Dazu gehört natürlich auch das in den Blick nehmen der Ausblendungen" (Rosenthal, G. 1994, S. 139). Dabei ist es von Interesse, so G. Riemann (1989, S.253), "nach Kategorien für die Zusammenhänge von kollektiver Geschichte, sozialem Rahmen und persönlicher Geschichte zu suchen".

Es sollte deutlich geworden sein, daß rekonstruktive Biographieforschung weit mehr ist als eine Methode, die sich an einem spezifischen Gegenstand abarbeitet. In Anlehnung an G. Rosenthal (1994) ging es mir darum, zu zeigen, daß es vielmehr um eine theoretische "Konzeption des Verstehens und Erklärens sozialer Wirklichkeiten" geht, "die über die etablierten Theorien der verstehenden Soziologie hinausgehend" versucht, "der Prozeßhaftigkeit und Genese sozialer Handlungssysteme theoretisch und auch methodologisch gerecht zu werden". Die Analyse von erzählten Lebensgeschichten hat also zum Ziel die "theoretische Verallgemeinerung über die Wirkungsmechanismen erlebter und erzählter Wirklichkeiten" (Rosenthal, G. 1994, S.136). So werden dann auch Selbstdeutungen von BiographieträgerInnen nicht mitübernommen, sondern ebenfalls zum Gegenstand der Analyse.

3. Methodisches Vorgehen und Gang des Forschungsprozesses

3.1. Methodisches Vorgehen

Die differenzierte lebensgeschichtliche Rekonstruktion, die Aufschluß gibt über die Motive und Erfahrungen der Migration und des Niederlassungsprozesses, die Zukunftsvorstellungen bezüglich der Lebensplanung und des Alters, den Umgang mit Desillusionierungen, das Verhältnis zur eigenen Ethnie im Herkunfts- und Zielland sowie zu Angehörigen des Migrationslandes, erfordert eine Forschungsmethode, die in der Lage ist, sowohl die manifesten wie auch die "stillen" Mitteilungsinhalte zu erfassen, es aber auch ermöglicht, das Zusammenspiel zwischen Probandin und Interviewerin zu reflektieren.

Mit einem interpretativen Verfahren zu arbeiten, bedeutet für mich, biographische Rekonstruktionen von Individuen nicht nur hinsichtlich der darin enthaltenen "biographischen Handlungsorientierungen" hermeneutisch aufzuschlüsseln. Ebenso wichtig ist es mir, "über biographische Interpretationen hinauszugehen und faktische lebensgeschichtliche Ereignisabläufe zu erfassen" (Riemann, G. 1987, S.21). Die Arbeiten der "Oral History"-Forschung in den letzten Jahrzehnten zeigen, daß es durchaus möglich ist, über kollektive Prozesse auch anhand biographischer Zeugnisse Aufschluß zu erhalten, selbst wenn die Perpektivität der Erzählung nicht vom Interaktionszusammenhang des Interviews abgelöst werden kann (s. dazu v.a. die Arbeiten von Passerini, L.). Hier ist eine methodisch fundierte und erprobte Methode der Datenerhebung und -analyse notwendig, die eben diese Auswirkungen ständig präsent macht und mitreflektiert.

Bei der detaillierten Analyse der Texte von narrativen Interviews lassen sich, wie erwähnt, Prozeßstrukturen auffinden wie etwa "institutionelle Ablaufmuster und -erwartungen des Lebenslaufs" (Familienzyklus, Berufsbiographie), "Handlungsschemata von biographischer Relevanz" (z.B. Migration als Initiative zur Veränderung der Lebenssituation), "Wandlungsprozesse der Selbstidentität" (Veränderungen in den Erlebnis- und Handlungsmöglichkeiten, soweit sie von den BiographieträgerInnen wahrgenommen werden (a.a.O., S.28; grundsätzlich dazu Schütze, F. 1981, S.76 ff.).

Die Orientierung an dem von F. Schütze entwickelten Konzept der Prozeßstrukturen kann bei der Analyse von narrativen Interviews helfen, soll ihr – im Sinne der grounded theory – aber nicht vorausgehen. Eher ist der Blick grundsätzlich gerichtet auf Prozesse der Individualisierung, des Erlebens und der Verarbeitung von individuellen und sozialen Übergangsprozessen (Statuswechsel, Wechsel des kulturellen Kontextes).

Das Ausgehen vom Einzelfall begründet F. Schütze in folgender Weise: "Bei einer sozialwissenschaftlichen Einzelfallanalyse geht es nicht darum, die Lebensgeschichte des einzelnen Menschen zum Zwecke der Kritik an seiner Persönlichkeit bzw. seinem Verhalten, zum Zweck der möglichst lebendigen Erinnerung an sie, zum Zweck der Steigerung ihrer Reputation oder zum Zweck der persönlichen Bewertung ihres Handelns zu analysieren. Zwar ist es in sozialwissenschaftlichen Einzelfallstudien entscheidend, die einzelne Lebensgeschichte in ihren Erlebnis- und Ereignisdetails möglichst genau und sachangemessen auf der empirischen Grundlage der Transkription des jeweiligen narrativen Interviews zu untersuchen. Dies geschieht aber gerade nur deshalb, um aus der detaillierten Singularität der untersuchten Ereignisse, in die der einzelne Informant verwickelt war, und aus seinen Erlebnissen allgemeine Situations- und Prozeßmerkmale analytisch herauszuarbeiten, die ein Verständnis der Situations- und Prozeßstrukturen vermitteln, die für das Untersuchungsfeld kennzeichnend sind." Wie also von den an der Migration Beteiligten dieser Prozeß initiiert und/oder erfahren wurde und wie sie mit den biographischen Veränderungen umgehen, die sich daraus für sie ergeben, "läßt sich nur begreifen, wenn man einzelne Lebensgeschichten genau untersucht hat". "Gerade hinter den Besonderheiten in einer speziellen Lebensgeschichte tauchen dann bei genauerer Analyse tieferliegende Allgemeinheiten auf" (Schütze, F. 1991, S.208).

Als eine zentrale Aufgabe bei der Erhebung und Analyse meines Datenmaterials habe ich es angesehen, die unterschiedlichen Erfahrungshorizonte zwischen "Subjekt" und "Objekt" der Erforschung zu überwinden. So wurde es unumgänglich, den Forschungsprozeß als Lernprozeß zu begreifen und in der Arbeit mit dem vorliegenden Material hermeneutische Kompetenz zu entwickeln. Die alltagssprachliche Bedeutung des Mitgeteilten sollte auf dem Hintergrund eines allgemeinen lebensweltlichen Zusammenhangs interpretierbar gemacht werden. Dazu mußten Kenntnisse der überindividuellen Kontexte gewonnen und genutzt werden, die erst die Wahrnehmung der Verknüpfung individueller und kollektiver Prozesse ermöglichen. Das heißt in diesem Fall, daß sich die Analyse biographischer Erzählungen von italienischen Migrantinnen auch auf die "Rekonstruktion des Ensembles von Beziehungen als sozialer Praxis" zu konzentrieren hat (ich folge hierin den thoretisch-methodologischen Überlegungen in: Buchen, S. 1991).

Die Bewältigung spezifischer Problemstellungen in der Migration erfordert Handlungsstrategien, die von individuellen wie auch überindividuellen Strukturen bestimmt sind. Daher muß das handelnde Subjekt in seinem Verhältnis zu den sozialen, auch den politischen und rechtlichen Handlungszusammenhängen gesehen werden. (Muß z.B. die Aufenthaltserlaubnis jährlich neu beantragt werden, so ist das Fehlen einer längerfristigen Planung des Niederlassungsprojektes nur realitätsgerecht.) Die Kontrastierung von Fällen, die sich in wesentlichen Merkmalen unterscheiden (Rückkehrorientierung, Verbleib im Migrationsland etc.) sollte ermöglichen, Handlungsabläufe von Individuen sowohl in ihrer Besonderheit als auch in spezifischen Gemeinsamkeiten zu verstehen und herauszuarbeiten, und damit soziobiographische Profile weiblicher Migration (bezogen auf eine bestimmte historische Phase) identifizierbar zu machen (ebd.).

Da biographische Erzählungen sich als kommunikative Handlungen sprachlich präsentieren, bildet die verschriftete Form des Interviews eine mögliche Datenbasis. Mit hermeneutischen Verfahren kann das im Text vergegenständlichte biographische Erfahrungspotential realisiert werden. Zunächst kann dem Wortlaut des Erzählten wie einem narrativen Text gefolgt und Auswahl, Anordung und Bedeutung der verwendeten Begriffe analysiert werden, wobei die Berücksichtigung affektiv-körperlicher Ausdrucksformen der mündlichen Erzählsituation Rechnung trägt (ebd.) – dies gilt auch für die "Komplikationen der Erlebnisaufschichtung und Ereignisverwicklung" im aktuellen Kommunikationsgeschehen (Schütze, F. 1987, S.257).

Die Lebensgeschichte zu erzählen, ist biographische Arbeit. Die Erzählerin muß sich auf die großen Formen ihrer Lebensgeschichte noch einmal einlassen. Manche Erkenntnis wird erst im Rahmen dieser Rekonstruktionsarbeit entwickelt. Daß sich die Erzählerin in das damalige Erleben einfühlt, ist wichtige Grundlage für ein gelungenes Interview. Anders als in Interviewformen mit stark intervenierendem Interviewerverhalten wird den Informantinnen in der biografischen Stegreiferzählung jedoch eine größere Autonomie in der biographischen Arbeit ermöglicht (s. dazu auch Schwalm, G. 1983).

In dem von F.Schütze und seinen MitarbeiterInnen erprobten Interviewverfahren besteht der erste Teil einer generierten Erzählung gewöhnlich aus einer Aushandlungs- bzw. Einleitungsphase sowie einer Haupterzählung, die markant mit einer Koda abgeschlossen wird. Der Nachfrageteil sollte zunächst noch einmal auf der Erzählebene ansetzen und dann von beschreibungsgenerierenden bis zu argumentationsevozierenden Impulsen voranschreiten.

Nach einer sorgfältigen, auch parasprachliche Zeichen vermerkenden Transkription des Textes werden dessen große formale Strukturen festgelegt und die einzelnen Segmente inhaltlich beschrieben. Letztere können anhand erzählorganisatorischer Äußerungen wie Ergebnissicherungen, Evaluationen oder Ankündigungen voneinander abgetrennt und unterschieden werden. Die Feinsegmentierung und die analytische Betrachtung des inhaltlich Dargestellten bieten die Voraussetzung für eine strukturelle Beschreibung der Kette der Hauptsegmente, die biographische Zusammenhänge rekonstruiert. Die Herausarbeitung der biographischen Gesamtformung einer Person kann auf der Grundlage dieser Textanalyse vorgenommen werden. Im Theoriegenerierungsprozeß sollten die Spezifika einzelner biographischer Verläufe eher in den Hintergrund treten (s. dazu auch Schwalm, G. 1983).

3.2. Die Kontaktaufnahme zu den Informantinnen

Insgesamt habe ich fünfzehn Interviews mit italienischen Migrantinnen durchgeführt. Die Kontexte, in denen ich die Interviewpartnerinnen kennenlernte, waren zunächst der Sozialdienst der Caritas, der in Deutschland für die Betreuung italienischer MigrantInnen zuständig ist, dann eine "Frauengruppe" bei der "Missione Catholica". Daneben stützte ich mich auf Empfehlungen aus dem Bekanntenkreis, wobei sich als signifikantes und hartnäckiges Datum erwies, daß meine (weiblichen) italienischen Bekannten, Angehörige der zweiten Migrationsgeneration, sich selbst und andere Italienerinnen aus ihrem Bekanntenkreis für ein Interview anempfahlen, ihre Mütter aber – bis auf eine Ausnahme – für ein solches Unternehmen durchweg für ungeeignet erklärten. Mit der telefonischen Kontaktaufnahme auf Grund von Empfehlungen Bekannter hatte ich nicht immer Erfolg: eine Frau, die für meine Studie interessant gewesen wäre, weil sie als Kaufhausangestellte Repräsentantin gelungener vertikaler Mobilität hätte sein können, erklärte mir, daß sie außer zum Arbeitsplatz nie aus dem Haus ginge und deshalb einfach nichts zu erzählen hätte. Als ich sie darauf verwies, daß sie mir doch ein wenig von ihrer Vormigrationszeit in Italien erzählen könnte, antwortete sie mir, daß sie davon (= von Italien) nichts mehr hören wolle. (Was ich zum damaligen Zeitpunkt nicht wußte: sie befand sich in einer biographisch schwierigen Phase – ihr Sohn, der nach Italien zurückgegangen war, um sich dort eine Existenz aufzubauen und später die restliche Familie nachzuholen, scheiterte mit diesem Vorhaben.)

Insgesamt erwies es sich bei Empfehlungen aus dem Bekanntenkreis als sinnvoll, darauf zu achten, daß es sich dort um freundschaftliche Beziehungen und nicht lediglich um "entfernte Bekanntschaften" handelte, um genügend Vertrauen und Motivation für ein Interview vorzufinden.

Meine Kontaktaufnahme mit dem derzeitigen Sozialberater der Caritas erwies sich insofern als fruchtbar, als dieser den Sinn meines Vorhabens sehr schnell einsah und feststellte, daß ihm eine solche Studie für die eigene Beratungstätigkeit sehr nützlich sein könnte. Dies bezog sich vor allem auf den Aspekt der zukünftig anstehenden Angebote für italienische RentnerInnen. Der Sozialberater stellte den Kontakt zu zwei Informantinnen selbst her; eine dritte, die "Organisatorin" der "Frauengruppe" bei der Missione Cattolica, nannte er mir, so daß ich zu ihr selbst Kontakt aufnehmen, ein Interview mit ihr vereinbaren und Zugang zu der Gruppe erhalten konnte, wo ich dann weitere sechs Frauen als Informantinnen gewann.

Über die Kontaktaufnahme zu meinen Interviewpartnerinnen zu schreiben und den Aspekt der wechselseitigen Fremdheit nicht zu erwähnen, würde wichtige Bedingungen dieser Forschung außer Acht lassen. Gelungene Interviewkontakte herzustellen, kostet Zeit und bedarf günstiger Voraussetzungen. Mir wurde erst nach und nach deutlich, was es bedeutet, mit der Erhebung beschäftigt zu sein, möglichst parallel dazu mit der Auswertung des Materials, und gleichzeitig neue Informantinnen zu suchen. Einige meiner Interviewpartnerinnen legten Wert darauf, mich vor dem Interview näher kennenzulernen bzw. mich einer "Bewährungsprobe" zu unterziehen: so mußte ich bei einer Informantin erst gemeinsam mit dem italienischen Pfarrer am Sonntag zum Mittagessen kommen, und als dieser mich offensichtlich für vertrauenswürdig hielt, stand einem biographischen Interview nichts mehr im Wege. Andere Informantinnen hatten schlicht Angst vor dem Interview und versetzten mich beim ersten Mal. Schließlich haben viele von ihnen nur sehr wenig Zeit für sich selbst, und in "familienintensiven" Phasen wie den Wochen vor Weihnachten konnten sie nicht ausreichend Zeit für ein Interview erübrigen. Zudem waren Migrantinnen, welche enge Kontakte zum Herkunftsort pflegen, wochenlang nicht in Kassel.

Die Interviews mußten sich für die Frauen in ihrer Freizeit realisieren lassen – dies war bei den Frauen, die bereits in Rente gegangen oder gerade krankgeschrieben waren, weniger ein Problem (sie waren oft froh über jede Unterbrechung ihrer Einsamkeit) als bei den Berufstätigen. Nach einem Arbeitstag in der Fabrik sind sie erschöpft, es warten weitere Pflichten, und das Wochenende gehört oft den Kindern und Enkeln. Schließlich waren die Ehemänner nur bereit, ihre Frauen für die Zeit des Interviews zu entlasten oder einfach "in Ruhe zu lassen", wenn sie die Mitarbeit der Frauen an meiner Untersuchung grundsätzlich akzeptierten.

Einige der hier genannten Bedingungen brachten mich zu der Erkenntnis, daß stundenlange Interviews oft nicht machbar waren, so daß es notwendig wurde, sich auf mehrere Sitzungen einzustellen. Dies hatte auch den Vorteil, daß die Frauen von Mal zu Mal mehr Sicherheit und Vertrauen gewannen. Im Fall einer Interviewpartnerin führte das dazu, daß ich sie in mehren Stationen bis zur endgültigen Rückkehr nach Sizilien "begleiten" konnte. Das "Motto" unserer letzten Sitzung, "28 Jahre" (in Deutschland), ermöglichte uns beiden, diesen langen Lebensabschnitt noch einmal retrospektiv zu betrachten, auf der anderen Seite erinnerte die Interviewpartnerin sich nun detaillierter an vormigratorische Erfahrungen, an ihr Leben in Sizilien, war aber auch zunehmend als vorher bereit, ihre idealisierten Vorstellungen vom Leben nach der Rückkehr, und damit als Rentnerin, einer genaueren Realitätsprüfung zu unterziehen.

3.3. Entscheidungen während der Datenerhebung

Mit B.G. Glaser / A.L. Strauss sehe ich den Zweck meiner Untersuchung nicht im Überprüfen von im Vorhinein entwickelten Hypothesen, sondern im "Prozeß des Entdeckens von Konzepten und Hypothesen" (Glaser, B.G. / Strauss, A.L. 1979, S.91) im Bereich meines Forschungsgegenstands, also der biographischen Voraussetzungen, Erfahrungen und Verarbeitungsmöglichkeiten weiblicher Migration. Deshalb habe ich meinen "analytischen Bezugsrahmen" – die biographische Bedeutung des Wechsels von sozialen Strukturen – sehr weit gefaßt, um im Verlauf der Erhebung und der Analyse für neue Perspektiven offen sein zu können.

Dem Prozeßcharakter der Arbeit entsprechend legte ich jeweils zwischen einzelne Interviews Auswertungsphasen ein, um meine gewonnenen Erfahrungen und auch das Datenmaterial selbst zu überdenken und beim Fortschreiten der Arbeit zu berücksichtigen. So bin ich beim Führen der Interviews unterschiedliche Wege gegangen. Hatte ich mit offenen, leitfadengestützen Interviews begonnen (s. die Interviews mit Benedetta A.), kam ich in einer nächsten Phase dazu, den Informantinnen mehr Raum zu geben, indem ich sie zu spontanen Stegreiferzählungen ihrer Lebensgeschichte veranlaßte (s. die Interviews mit Nunzia C.). Ich hatte mich für die offene Interviewform entschieden, weil sie mir der alltäglichen Kommunikationspraxis der Interviewpartnerinnen näher zu kommen schien, das Interview selbst also Teil der notwendigen Vertrauensbildung sein konnte. Bei der Auswertung der ersten Interviews stellte ich dann allerdings fest, daß diese Interviewform ein Nebeneinander von Orientierungen und damit Handlungs- und Kommunikationsschemata enthielt, ebenso ein deutliches Übergewicht argumentierender Darstellungspassagen gegenüber erzählenden (Schütze, F. 1987, S.256). Ein insistierendes Nachfragen, das sich nicht wie im Nachfrageteil zur spontanen Stegreiferzählung auf bereits Mitgeteiltes bezieht, kann bei dieser Vorgehensweise Unverarbeitetes, kann Widersprüche bei den Informantinnen evident werden lassen, womit sie u.U. nach dem Interview irritiert zurückgelassen werden (s. dazu Schwalm, G. 1983, S.5).

Allerdings haben sich auch in der methodengerechten Durchführung eines narrativen Interviews als spontaner Stegreiferzählung Probleme ergeben: erfolgte die Kontaktaufnahme mit den Informantinnen per Telefon und eine erste Begegnung erst zum Interviewtermin, so bestand die Gefahr, daß die Frauen auf Grund mangelnder Vertrautheit die Erzählung ihrer Lebensgeschichte sehr knapp hielten. Der Versuch aber, die so notwendige Vertrauensbeziehung vor der eigentlichen Erzählung der Lebensgeschichte in persönlichen Gesprächen aufzubauen, kann mit dem unerwünschten Effekt verbunden sein, daß wichtige Daten schon vor dem Interview mitgeteilt werden und dann, weil als Wissen vorausgesetzt, nicht mehr Bestandteil der lebensgeschichtlichen Erzählung sind – außerdem kann bei einer längeren Vorbereitung auf ein narratives, biographisches Interview nicht mehr von einer "spontanen" Stegreiferzählung ausgegangen werden.

Aus meinen Erfahrungen lernend, bin ich dazu übergegangen, auf Gesprächsimpulse da nicht zu verzichten, wo die Frauen nach meinem Eindruck darauf angewiesen waren oder verbale Reaktionen meinerseits auch einforderten – schließlich handelt es sich bei einem narrativen Interview nicht um eine Therapieform mit absolutem Abstinenzgebot, sondern um eine Form des Gesprächs. Auch direkten, etwa auf ausländerfeindliche Handlungen bezogene Fragen an mich wie: "Was sagen Sie zu dem, was jetzt in Deutschland passiert?" hätte ich mich nur schwerlich mit einem Vertrösten auf die Zeit nach dem Interview entziehen können – es hätte die Vertrauensbeziehung, die sich gerade aufbaute, womöglich nachhaltig gestört. Schließlich habe ich in spontanen Stegreiferzählungen da interveniert, wo die Frauen sich bei der Mitteilung offensichtlich traumatischer Erfahrungen im Wiedererleben der damaligen Gefühle zu verlieren drohten. Hier hat es sich als sinnvoll erwiesen, meinen Impuls auf die "andere", die aktive oder positive Seite der Erfahrungen zu lenken.

Nachdem ich es bei den ersten Interviews eher zufällig mit Angehörigen einer bestimmten Gruppe, nämlich alleinlebenden Frauen (verwitwet und/oder geschieden) zu tun hatte, machte ich mich auf die Suche nach Vergleichsgruppen, um ein möglichst breites Spektrum von Biographien unter den italienischen Migrantinnen der ersten Generation zu erfassen. Dies waren nun verheiratete Frauen (entweder noch mit Familie oder mit dem Ehemann lebend); nach einigen Interviews mit lohnabhängig beschäftigten Frauen suchte ich solche auf, die selbständig tätig sind. In ihrem Fall erschien mir das Zusammentreffen von "mitgebrachten" beruflichen Qualifikationen (v.a. im Bereich personenbezogener Dienstleistungen), aus der Herkunftsregion vertrauten Mobilitätsmustern ("mettersi in proprio", sich selbständig machen als ein berufliches Erfolgsziel) und dem persönlichen Erfolg auf dem lokalen Markt biographisch bedeutsam. Hier ist Migration nicht mit Proletarisierung verbunden, sondern entspricht auch in der Heimat anerkannten Erfolgszielen und – zumindest in bestimmten Bereichen – beruflichen Handlungsspielräumen für Frauen. Nach den Interviews mit einer zur Rückkehr entschlossenen Migrantin wurden für mich angesichts einer dominierenden Anzahl von Frauen, deren Entschluß, ihr Alter in Deutschland zu verbringen, bereits feststand, zwei Frauen interessant, die ihre Rückkehr nach Italien bereits vollzogen hatten. So konnte ich eine Frau aus Apulien bei einem Verwandtenbesuch in Kassel interviewen, die andere in ihrem kurz zuvor bezogenen Haus in der Emilia Romagna. Manche "Kontrastfälle" ließen sich nicht von vornherein gezielt ausmachen: daß Frauen etwa nicht in Folge einer Eheschließung in Italien nach Deutschland gekommen waren, sondern allein, stellte sich erst im Verlauf der biographischen Erzählung heraus.

Der Konzeption von B.G. Glaser / A.L. Strauss folgend, sollte sich das "theoretical sampling" auf der Grundlage der sich während der Forschung entwickelnden Kategorien und Konzepte entwickeln. Dies stellte sich in meinem Fall als nicht ohne weiteres umsetzbar heraus: zum Teil hätte ich oft schon Genaueres über die Biographien der Frauen kennen müssen, die ich dann als Informantinnen zu gewinnen suchte, zum anderen hatte ich natürlich keine unendliche Anzahl von Frauen zur Verfügung, mit denen sich Interviews durchführen ließen. Auch erforderte die Analyse der Daten sehr viel Zeit, und Kategorien, die sich aus einer differenzierten sequenziellen Analyse ergaben, entwickelten sich teilweise erst einige Monate nach der jeweiligen Erhebung. Andererseits stellte ich in der Protokollierung und ersten inhaltlichen Auswertung von Interviews, die ich als "Memos" festhielt, schon Überlegungen zu den Besonderheiten und möglichen Vergleichen und Verallgemeinerungsmöglichkeiten an und vermerkte, in welcher Richtung die Suche nach weiteren Informantinnen gehen könnte.

Nach einer Literaturrecherche in Italien wurde es mir möglich, für mich interessantes biographisches Material von Vergleichsgruppen, das nicht von mir selbst erhoben wurde, heranzuziehen: es sind dies die Lebensgeschichten von italienischen Migrantinnen in Belgien (Schiavo, M. 1986) und drei Generationen von Frauen aus Kalabrien (Siebert, R. 1991), die in etwa den Alterskohorten der von mir untersuchten Frauen entsprechen.

Zum Bestandteil meines Forschungsprozesses gehörte es, über die Interviewsituation hinaus Einblicke in das soziale Leben der Informantinnen zu gewinnen, indem ich an Gruppentreffen und Veranstaltungen im Rahmen ihrer sozialen Netzwerke teilnahm. Ethnographische Protokolle, die ich von meinen Besuchen dort anfertigte, waren mir nützlich, als ich Informationen zu den lokalen Lebensbedingungen von Italienerinnen in Kassel benötigte.

3.4. Die Interviews

Bis auf wenige Fälle hatte ich mit den Frauen, die bereit waren, mir ihre Lebensgeschichte zu erzählen, einen Interviewtermin telefonisch vereinbart. In der Regel empfingen sie mich bei sich zu Hause – eine Interviewpartnerin war bei ihrer Nichte zu Gast, und so mußte ich das Interview mit ihr in einer Einzimmer-Wohnung durchführen, in der sich ebenfalls ihre Schwester und ein Kleinkind befanden. Damit ist ein Problem angesprochen, mit dem ich bei der von mir untersuchten Gruppe sehr häufig zu tun hatte: Trotz des Aushandlungsgesprächs am Telefon, in dem ich den Frauen als Gesprächsvoraussetzung nannte, daß wir für das Interview Zeit und Ruhe bräuchten, bedurfte es beim ersten Treffen, wenn die Frauen nicht allein lebten, einer erneuten Aushandlung, was die Umstände des Interviews anging. Ganz offensichtlich waren weder die Frauen noch die anderen Familienmitglieder es gewöhnt, daß sie, die Frauen, allein Besuch haben. Aus diesem Grunde verbrachte ich z.B. einen ethnographisch sehr interessanten Sonntagnachmittag-Kaffeebesuch bei einer Familie aus Sizilien, ein narratives Interview mit der Frau allein kam indes nicht zustande. Um ein Interview durchführen zu können, bedurfte es also bei nicht allein lebenden Migrantinnen nicht nur der Motivation der betreffenden Frau, sondern auch – mindestens – der ihres Ehemannes – ein interessantes Datum am Rande meiner Forschung. Nicht zufällig finden sich in italienischen qualitativen Untersuchungen, die mit Interviews arbeiten, sehr häufig Formulierungen wie: "ich besuchte zahlreiche Familien" – auch, wenn es speziell um die Frauen geht. Daß eine erzählte Lebensgeschichte eine andere Perspektive bekommt, wenn nahestehende Personen dabei sind, ist in diesen Fällen schwer zu vermitteln. Ich führe diese Schwierigkeiten auf zwei Gründe zurück. Zum einen ist in der süditalienischen Dorfgemeinschaft – und das ist der sozialisatorische Hintergrund, aus dem die meisten Migrantinnen kommen – der Mann für die Präsentation der Familien(interessen) in der Öffentlichkeit zuständig. Ein Interview zu geben, das der wissenschaftlichen Arbeit dient, hat für die Betreffenden zunächst Öffentlichkeitscharakter. Sehr häufig mußte ich intensive Überzeugungsarbeit leisten, um "die Familie" davon zu überzeugen, daß das Interview nicht in die Zeitung komme. Ich denke, es hat sehr viel mit sozialer Kontrolle zu tun, wenn die Ehemänner sich nicht überzeugen lassen wollen, daß es sinnvoll und ungefährlich sei, wenn ihre Frau mir ein Interview gibt – und nicht sie selbst, denn sie würden ja nur allzugern erzählen und tun dies auch, wann immer die Gelegenheit sich bietet.

Einen weiteren Grund, sich auf einen bestimmten Interviewkonktrakt nicht einzulassen, sehe ich darin, daß es sich bei einer erzählten Lebensgeschichte um die Mitteilung sehr persönlicher Erfahrungen und Sachverhalte handelt. Diese nun spielen wiederum sowohl in den sozialen Herkunftskontexten als auch in den ethnisch geprägten Beziehungsnetzen in Deutschland – soweit man davon sprechen kann – eine wichtige Rolle: sie könnten als Klatsch wieder auftauchen. Klatsch und üble Nachrede wurden von meinen Interviewpartnerinnen nicht selten angeführt, wenn es um die Begründung ging, weshalb sie sich bei Kontakten mit anderen ItalienerInnen zurückhalten. (Ein Blick in anthropologische Untersuchungen zum sozialen Leben in sizilianischern Dörfern zeigt, daß angesichts zunehmender Brüche zwischen sozialen Normen einerseits und alltäglicher Praxis andererseits die Informationen über Normverstöße von Personen anwachsen, mit denen man wiederum zur Verfolgung eigener persönlicher oder Gruppeninteressen arbeiten kann: Die Informationen bilden ein "Kapital", wie H. Friese schreibt, das man jeweils gezielt einsetzen kann.) (Friese, H. 1991, S.331)

Ein Grund, den Interviewkontrakt zu durchbrechen, mag auch darin bestanden haben, sich die Definitionsmacht über die Situation von einer fremden Person nicht einfach aufnötigen lassen zu wollen: die Frauen wollen sich nicht zum ohnmächtigen Objekt der Forschung machen lassen, sondern die Bedingungen der Zusammenarbeit mitbestimmen. Es gehörte für mich aber auch zu den interpretationswürdigen Rahmenbedingungen für ein Interview, wenn in anderen Fällen die Migrantinnen selbst die Anregung, sich auf ein lebensgeschichtliches Interview einzulassen, positiv aufnahmen und von sich aus Zeit und Raum dafür zur Verfügung stellten, um mit mir ungestört dieses Unternehmen durchzuführen.

3.5. Die Analyse des vorliegenden Datenmaterials

Die spezifische Qualität der sprachlichen Kompetenz der Informantinnen hatte Konsequenzen für die Interviewführung: so mußten Mißverständnisse durch Nachfragen bzw. durch Impulse zur Verständnissicherung ausgeräumt werden, wenn die Frauen sich in

"Gastarbeiterdeutsch" oder ihrem regionalen italienischen Dialekt äußerten. Dies brachte in der Auswertung des Interviewmaterials da Probleme mit sich, wo die sprachliche Form zu Uneindeutigkeiten in der Aussage führte. Hier mußten dann in besonderer Weise Gestus und Tonfall des Vorgetragenen, die in der Interviewsituation selbst bedeutungstragend waren, berücksichtigt werden. Angesichts der Fülle des vorliegenden Materials im Einzelfall (mehrere Interviews als Grundlage einer biographischen Rekonstruktion) mußte schließlich eine Entscheidung hinsichtlich der näher zu analysierenden Textpassagen getroffen werden. Eine flächendeckende Interpretation einzelner Interviews hätte den Rahmen dieser Arbeit gesprengt, wurde aber dennoch von mir zunehmend angestrebt.

Das Material selbst wurde hinsichtlich seiner sprachlichen Auffälligkeiten (Satzbrüche, Wiederholungen, Schlüsselbegriffe, Abtönungspartikel etc.) analysiert, aber auch jeweils in den biographischen Gesamtzusammenhang eingeordnet, soweit er sich bis dahin sukzessive entfaltet hatte. Gerade da, wo es sich um thematische Felder überindividueller Art handelte, wurden soziologisch oder ethnographisch aufschlußreiche Texte zur Fundierung der Interpretation herangezogen. Dies allerdings möglichst erst dann, wenn der Prozeß der "textimmanenten" Interpretation so weit wie möglich vorangetrieben worden war. Konversationsanalytische Gesichtspunkte wurden da berücksichtigt, wo der Gesprächsverlauf auf Grund der Dialogsituation Besonderheiten in der sprachlichen Interaktion aufwies (z.B. Risiko des Kommunikationsabbruchs, Sicherung der Interaktionsgrundlagen im Interview). Gerade angesichts der mit der "Gastarbeitersprache" verbundenen Verständnisprobleme schien es mir zunehmend notwendig, auf Elemente der dokumentarischen Methode im Sinne K. Mannheims (reaktualisiert v. R. Bohnsack 1993) zurückzugreifen und im Anschluß an die Präsentation von Transkriptauszügen eine Kurzfassung des Ausgeführten zu geben, in das freilich jeweils die eigene Interpretation einfließt.

Die Interpretation zentraler Passagen des Datenmaterials basiert auf der Präsentation dieses Materials in methodisch kontrollierten Arbeitszusammenhängen. Ich hatte die Gelegenheit, sowohl mein Material im Doktorandinnenkolloquium von S. Metz-Göckel, Dortmund, vorzustellen, als auch in einer Forschungswerkstatt am Lehrstuhl von F. Schütze in Kassel (Leitung: P. Straus) mitzuarbeiten, später im Forschungskolloquium von F. Schütze in Magdeburg. Für die Interpretation der Interviews von Benedetta A. und Nunzia C. habe ich hier entscheidende Anregungen erfahren. Ein kommunikatives Arbeitsverfahren dieser Art ermöglicht die Multiperspektivität, die notwendig ist, um den Aussagen der Biographieträgerinnen und der Qualität des Materials so weit wie möglich gerecht zu werden (zum Verfahren der kollektiven Bearbeitung qualitativen Datenmaterials s.: Riemann, G. / F. Schütze, 1987, S.54-70). Einseitigkeiten in der Interpretation, die aus dem spezifischen Interaktionsprozeß zwischen den Interview-Akteurinnen resultieren können, sollten auf diese Weise sowohl offengelegt als auch bearbeitet werden.

Die ExpertInneninterviews wurden nicht in gleicher Weise ausgewertet wie die biographischen Interviews, sollten sie doch eher Hintergrundwissen liefern über die Geschichte und Gestaltung der ethnisch geprägten kulturellen und sozialen "Zwischenwelten" in Kassel, in denen die Migrantinnen sich bewegen. Geschichte und Selbstverständnis der AkteurInnen, Koalitionen und Gruppenbildungen in dieser sozialen Welt eingehend zu untersuchen, wäre ein ergiebiges Unternehmen für eine Studie eigener Art.

4. Lokale Präsenz und "kulturelle Zwischenwelten": ItalienerInnen in Kassel

4.1. Zur Vorgeschichte der italienischen Nachkriegsmigration

Die italienische Migration begann nicht erst im Deutschland jenes "Wirtschaftswunders", das die Anwerbung ausländischer Arbeitskräfte notwendig machte. Bereits im Kaiserreich hatte es unter den "ausländischen Wanderarbeitern" Italiener gegeben: im Ziegeleigewerbe, im Tiefbau, im Bergbau und in der industriellen Produktion, aber auch in der Landwirtschaft. Die wenigsten von ihnen arbeiteten in "gelernten" Stellungen. Bis in die Weimarer Republik hinein wurden die italienischen Bauarbeiter neben den polnischen in Gewerkschaftskreisen zum Synonym für Lohnsklaverei, für Lohndrückerei und Streikbrecherei (Bade, K.J 1992, S.312 u. S.319).

Die auf Autarkie ausgerichtete Wirtschaftspolitik des faschistischen italienischen Staates suchte die Arbeitsmigration italienischer Bürger zunächst so weit wie möglich zu verhindern. Ab 1940 wurden von Deutschland in den verbündeten Staaten wie Italien "Gastarbeitnehmer" (so die damalige Bezeichnung) im Rahmen einer verstärkten "Arbeiter-Werbung" rekrutiert (a.a.O., S.356). Wurden bis Sommer 1941 ausländische Zivilarbeiter überwiegend in der Landwirtschaft beschäftigt, so war spätestens seit Anfang 1942 auch die Rüstungsindustrie entscheidend auf die ausländischen Arbeiter, in der überwiegenden Mehrzahl Zwangsarbeiter, angewiesen (a.a.O., S.356 u. S.366).

Nach dem Sturz Mussolinis und der Kapitulation Italiens vor den Alliierten am 8.September 1943 sowie dem damit verbundenen Bruch des Bündnisses zwischen Deutschland und Italien war die deutsche Bevölkerung den Italienern zunehmend mit offenem Haß und Verachtung entgegengetreten, und das, obwohl ItalienerInnen als Arbeitskräfte gerade in diesem Zeitraum den personellen Engpaß auch in der Kriegsindustrie auszugleichen halfen. Halfen? Helfen mußten. Denn es gehört zu den Spezifika der Rache Nazideutschlands am ehemaligen Bündnispartner, nach der Gründung der Republik von Salò 1943 ItalienerInnen, die man mit "Sklavenjagdmethoden" (so der Sprachgebrauch) zusammengetrieben hatte, in deutsche Zwangsarbeit zu pressen.

Im Frühjahr 1945 endete der Aufenthalt für die meisten der italienischen "Arbeitssklaven" (G. Schreiber in Anlehnung an entsprechende Formulierungen der Nationalsozialisten) auf deutschem Territorium. "Militärinternierte, Zwangsarbeiter, Exinternierte und freiwillige Arbeiter" (Schreiber, G. 1990, S.382) konnten nach Italien zurückkehren, nachdem 500 bis 600 von ihnen noch im letzten Moment grausamen Massakern zum Opfer gefallen waren: so wurden noch am Ostersamstag, dem 31. März 1945, am Wilhelmshöher Bahnhof in Kassel 78 italienische Gleisarbeiter hingerichtet, nachdem man die Halbverhungerten bei Lebensmittelplünderungen "ertappt" hatte, die freilich ebenso von Deutschen vorgenommen worden waren (a.a.O., S.559/60).

Inzwischen ist als Folge auch wissenschaftlicher Aufarbeitung des Nationalsozialismus in Kassel das Schicksal der italienischen Zwangsarbeiter durchaus in das Bewußtsein der kommunalen Öffentlichkeit getreten (zur Situation in Kassel s. im Detail: Frenz, W., Kammler, J., Krause-Vilmar, D. (Hg) 1987, S.388-414). Dies wird jedoch nicht unbedingt verknüpft mit einer Wahrnehmung der Belange der aus Italien stammenden Minderheit Kasseler Bürger in der Gegenwart. Als der Zentralausschuß der italienischen Vereine in Kassel im Frühjahr 1995 die jährlich übliche Kranzniederlegung am Erschießungsort der italienischen Zwangsarbeiter vorbereiten wollte, mußte er feststellen, daß zum gleichen Zeitpunkt der Bürgermeister der Stadt ebenfalls im Rahmen einer kleinen Gedenkfeier einen Kranz zum 50. Jahrestag der Ermordung der Zwangsarbeiter einen Kranz niederlegen wollte, ohne allerdings mit den italienischen Migrantenorganisationen hierüber einen Kontakt hergestellt zu haben. Erst ein Beschwerdebrief der Vereinsvertreter führte zu einem Gesprächsangebot. Angesichts dieser Ausschließungserfahrung entschloß sich der Zentralausschuß, eine eigene Erinnerungsveranstaltung im November 1995 vorzubereiten, zu der – über italienische Medien hinreichend informiert – zahlreiche ehemalige Zwangsarbeiter, die in Kassel und Umgebung gelebt hatten, und Angehörige der Ermordeten sowie Zeitzeugen aus Kassel eingeladen werden konnten. Ob dieser Vorgang symptomatisch ist für den Umgang der kommunalen Öffentlichkeit mit "italienischen" Belangen in der Gemeinde, muß an dieser Stelle offenbleiben. Das Beispiel verweist jedoch darauf, daß nach 40 Jahren italienischer Arbeitsmigration ein selbstverständliches Miteinander im Sinne einer Integration im öffentlichen Bereich auch in dieser Stadt noch nicht erreicht ist.

4.2. Italienische Arbeitsmigration in Kassel und Umgebung

Begonnen hatte die Migration aus Italien wieder, als gut zehn Jahre nach Kriegsende erneut italienische BürgerInnen in die Bundesrepublik geholt wurden, um personelle Lükken auf dem Arbeitsmarkt auszugleichen. "Am 20. Dezember 1955 unterzeichneten Vertreter der deutschen und der italienischen Regierung eine Anwerbevereinbarung, so daß ein Jahr später offiziell die ersten ausländischen Arbeitskräfte in die Bundesrepublik kommen konnten" (Meier-Braun, K.-H. 1995, S.15). Italienische Migranten der ersten Generation thematisieren heute eine Kontinuität im Einsatz italienischer Arbeitskräfte. Sie ist auch nicht zu übersehen in einer Stadt, in der die ersten angeworbenen Italiener in ehemaligen Zwangsarbeiterbaracken in der Nähe von Firmen untergebracht wurden, in denen bereits ihre Landsleute während des Krieges gearbeitet hatten. Die italienische Zwangsarbeit in Kassel muß als historischer Hintergrund gesehen werden, auf dem sich – wenn auch unter anderen Bedingungen – die Entwicklung italienischer Arbeitsmigration und Einwanderung nach dem Zweiten Weltkrieg vollzog. Im folgenden soll v.a. der Entwicklung der italienischen Migrantenorganisationen und Kristallisationskerne in Kassel nachgegangen werden. Soweit es um die Frauen geht, kommt es mir vor allem darauf an, zu überprüfen, inwiefern es diesen gelingt, in den Formen von herkunftsspezifischer Öffentlichkeit, "kulturellen Zwischenwelten", wie A. Hettlage-Varjas / R. Hettlage sie nennen, präsent zu sein. Die Darstellung, die angesichts der Beschränkung auf einzelne InformantInnen nicht beansprucht, eine erschöpfende Aufarbeitung des italienischen Vereinslebens zu liefern, stützt sich zu einem kleinen Teil auf "graue Literatur", zum größeren Teil auf Expertengespräche mit einer Pfarrassistentin bei der italienischen Kirchengemeinde in Kassel, die von 1966 bis 1978 in Kassel, später in Fulda tätig wurde; einem italienischen Betriebsrat und Vorsitzenden des Zentralausschusses der italienischen Vereine in Kassel Stadt und Land mit Sitz im Ausländerbeirat einer Nachbargemeinde; einem italienischen Rentner, der seit über 40 Jahren in Kassel lebt, aktiv am italienischen Vereins- und Gemeindeleben mitgewirkt hat und die Entwicklung der italienischen Kommunität von Anfang an miterlebt hat, sowie die teilnehmende Beobachtung eines Treffens einer italienischen "Frauengruppe". Auf deutscher Seite wurden v.a. Informationen von MitarbeiterInnen des Arbeitsamtes berücksichtigt, die Einblicke in die Anfangszeit der italienischen Arbeitsmigration in Kassel hatten.

In der zweiten Hälfte der 50er Jahre wurden vom Arbeitsamt Kassel in Folge der Anwerbevereinbarung zwischen Deutschland und Italien Arbeitskräfte für das Baugewerbe und die Landwirtschaft angeworben: körperlich kräftige, gesunde junge Männer bis Mitte Dreißig. Sie wurden in Italien u.a. in Verona (Anwerbezentrum) rekrutiert, kamen häufig aber auch als "Touristen" ins Land. Die Verdienstmöglichkeiten gerade in der Baubranche waren für die Männer, gemessen an dem, was sie in ihrer Herkunftsregion verdienen konnten, attraktiv, ebenso – zumindest für einige – die zeitlichen Einsatzmodalitäten. Es handelte sich zunächst quasi um Saisonarbeit, die von den Monaten Oktober/November bis März einen Aufenthalt im Herkunftsland und somit in gewisser Weise ein Aufrechterhalten des gewohnten Familienlebens ermöglichte. Untergebracht waren die italienischen Arbeiter häufig in Bauwagen, die ihnen kostenlos oder für wenig Geld zur Verfügung gestellt wurden. Die Arbeitsverträge wurden jährlich erneuert, ebenso die Aufenthaltserlaubnis: wie der Saisonarbeitscharakter trugen die rechtlichen Rahmenbedingungen zunächst dazu bei, die Migration als vorübergehende, nicht auf Dauer gestellte Möglichkeit, zu betrachten.

Ab Mitte der 60er Jahre konnten die bürokratischen Anwerbeverfahren den Bedarf an ausländischen Arbeitskräften allein nicht mehr decken, auch wenn inzwischen vom Arbeitsamt Kassel Anwerbestellen in Italien eingerichtet worden waren. Die "frühen" italienischen "Gastarbeiter" hatten – im Unterschied zu den ab 1960 angeworbenen anderen ausländischen Arbeitnehmern – zunächst die Funktion, daß sie nun den Arbeitgebern als "Gewährsleute" für die informelle, unbürokratische Anwerbung weiterer Landsleute zur Verfügung standen. Diese kamen also über Vermittlung von Nachbarn, Freunden und Verwandten nach Kassel und Umgebung und sorgten für eine sozial-kommunikative Bereicherung der "Migrationspioniere" (Kettenmigration qua "Mundpropaganda"). Wurden sie erst in Kassel formell angeworben, wurden sie vom Arbeitsamt einer ebenso gründlichen wie oft demütigenden Gesundheitsüberprüfung zugeführt, wie dies auch in den Anwerbebüros in Italien selbst üblich war. Der Zeitraum, für den sie angeworben wurden, betrug zunächst ein Jahr – eine Tatsache, die sich lohnmindernd und disziplinierend auswirken konnte, wenn sie selbst, was häufig der Fall war, angesichts fehlender Beschäftigungsmöglichkeiten in der Herkunftsregion ein Interesse daran hatten, daß der Arbeitsvertrag erneuert wurde. Nur wenige kamen ohne persönliche Kontakte nach Kassel, um sich beim Arbeitsamt nach einer Beschäftigung umzusehen.

Mitte der 60er Jahre verließen viele italienische "Gastarbeiter" den landwirtschaftlichen Arbeitssektor und das Baugewerbe, da sich immer stärker besser bezahlte Tätigkeiten im verarbeitenden Gewerbe, bei Thyssen-Henschel, in der Kfz- und Elektroindustrie

(VW und AEG) sowie im Textilbereich (Spinnfaser, Gottschalk) auftaten. Bei fehlendem Familiennachzug setzte eine erste größere Rückkehrbewegung ein. Anders als in den ersten Jahren der Anwerbung kamen nun aber immer mehr Frauen, sei es, um ihren Ehemännern nachzufolgen, sei es, um erwerbstätig sein zu können. Sie fanden Arbeit in der Gastronomie, aber auch in der Textilbranche. Nach wie vor hatten die Migranten nur eingeschränkte Wohnterritorien zur Verfügung. Sie lebten in von den Firmen zur Verfügung gestellten Wohnwagen oder Baracken, die – wie im Falle des ehemaligen Flugzeugbaus Henschel am Mattenberg, in Waldau, in Ihringshausen –, nicht selten zuvor Zwangsarbeiterunterkünfte gewesen waren, von hohen Stacheldrahtzäunen umgeben, mit vier Personen in einem Raum und mit einer Küche für dreißig Personen. Daß hier zuvor Zwangsarbeiter gelebt hatten, auch Landsleute, war zwar bekannt, wurde aber zunächst eher verdrängt. In der Erinnerung des Betriebsrats C., eines profilierten Aktivisten der italienischen Migrantenszene und avancierten "Gastarbeiters" der Anwerbephase, stellten diese Fabrikunterkünfte sicheren Wohnraum dar. Es waren kleine soziale Arenen, die vor der Isolation bewahrten, "wo manches Problem gemeinsam angepackt werden konnte". Hier entstanden, so Herr C., "brüderliche, solidarische Freundschaftsverbindungen". Anfang bis Mitte der 70er Jahre lösten sich diese Wohnunterkünfte sukzessive auf. Das Leben in den Baracken wurde für Ehepaare oder Familien oft deshalb schwierig, weil es auf die Bereitstellung von Unterkünften für männliche, alleinlebende Arbeitskräfte abgestellt und an den Arbeitsplatz in einer Firma gebunden war. Folgten die Frauen ihren Männern nach – die allein gekommenen Frauen zogen zumeist zunächst zu Verwandten – war das Problem der Isolation oder auch des "Familienersatzes" qua Wohngruppe nicht mehr akut. Allmählich begann man, sich auf dem Wohnungsmarkt umzutun, da Verheiratete oder Familien die Wohnunterkunft der Fabrik nur als Übergangslösung nutzen konnten. Die Lage auf dem immer noch problematischen Wohnungssektor besserte sich allmählich. Einige machten es den anderen vor, luden Freunde zu sich nach Hause ein, die angesichts der "verbesserten" Wohnungssituation ebenfalls diesen Schritt wagten. Das Verlassen des gewohnten Wohnverbandes fiel manchem schwer, der sich vor der Herauslösung aus einem ethnisch geprägten kleinen Subsystem fürchtete. Dennoch kam es in Kassel nicht zu einer erneuten Ghettobildung: die Familien fanden Wohnungen weit verstreut über die Stadt, in den Vororten und Nachbargemeinden. Wer billigen Wohnraum suchte und "aufnahmewillige" Vermieter, konnte nicht lange wählen. Insgesamt erreichte die Ansiedlung italienischer MigrantInnen in Kassel Stadt und Landkreis zu keiner Zeit eine zahlenmäßige Ausdehnung und Konzentration wie etwa in der Rhein-Main-Region Hessens oder bestimmten Regionen Baden-Württembergs oder Bayerns. (Im Jahr 1995 leben nach einer Grobeinschätzung der Caritas-Sozialberatungsstelle noch etwa 3500 bis 4000 italienische Staatsangehörige in Kassel Stadt und Landkreis (erhoben auf der Basis amtlicher Zahlen der Stadt und des Landkreises Kassel sowie des Italienischen Konsulats in Frankfurt.)) Es gab aber eine gewisse Konzentration italienischer ArbeitnehmerInnen in Firmen wie AEG, VW, Thyssen-Henschel, zunächst für die Frauen auch in der Textilindustrie, die auf Grund des Strukturwandels in den letzten Jahren allerdings eine weitaus höhere Flexibilität zeigen mußten als ihre männlichen Landsleute. Sie hatten sich umzustellen auf Arbeitsplätze im Reinigungsgewerbe, im Dienstleistungsbereich, einige wenige von ihnen wagten den

Schritt in die Selbständigkeit (Lebensmittel, Restaurant, Änderungsschneiderei). (Hierzu einige Zahlen: Ende September 1994 waren im Arbeitsamtsbezirk Kassel ItalienerInnen von allen nichtdeutschen Nationalitätengruppen am geringsten vom Anstieg der Arbeitslosigkeit betroffen, die bei den ItalienerInnen 8,5 % betrug, während es bei den deutschen sozialversicherungspflichtig Beschäftigten 5,9 % waren. In absoluten Zahlen waren dies Ende September 1994 196 Personen italienischer Herkunft. Nach den TürkInnen und Ex-JugoslawInnen stellen sie mit 821 Personen die drittgrößte Gruppe nichtdeutscher ArbeitnehmerInnen im Arbeitsamtsbezirk Kassel. Italienische Frauen sind derzeit erwerbstätig in den Wirschaftsabteilungen Dienstleistungen, Gaststätten und Beherbergung, verarbeitendes Gewerbe, Reinigungsgewerbe und Handel. Dies sind 193 Frauen gegenüber 628 Männern, die in den Bereichen Dienstleistungen, Straßenfahrzeug und verarbeitendes Gewerbe tätig sind – der Häufigkeit nach geordnet. Zahlen: Arbeitsamt Kassel, 1995.) Wurden zunächst, wie erwähnt, Arbeitserlaubnis, Arbeitsverträge und Aufenthaltserlaubnis jährlich gegen die Zahlung einer Gebühr erneuert, so gab es nach der Gründung der EWG 1957 (Italien war Gründungsmitglied) die unbefristete Aufenthaltserlaubnis nach fünf Jahren. Wenn die italienischen BürgerInnen sich selbst darüber nicht hinreichend informiert hatten, zahlten sie noch nach acht Jahren Gebühren für die jährliche bürokratische Prozedur, weil sie von den entsprechenden Stellen nicht auf die veränderten Bedingungen im Rahmen des gelockerten EWG-Aufenthaltsgesetzes aufmerksam gemacht wurden. Um die Arbeitserlaubnis kümmerte sich in der Regel der Arbeitgeber in eigenem Interesse.

Bei behördlichen oder sozialen Problemen (z.B. mit dem Familiennachzug) galt als Anlaufstelle zunächst das Arbeitsamt, bis 1964 eine italienische Kirchengemeinde mit Pfarrer und Sozialbetreuer der Caritas ihre Arbeit aufnahm. Diese kamen zunächst in die Wohnunterkünfte und führten Gemeinschaftsberatungen durch. Dies war nicht mehr möglich, als die Familien sich auf dem Wohnungsmarkt etabliert hatten. Ein Mitarbeiter des Arbeitsamtes, das in den ersten Jahren der Anwerbung für die Beratung in rechtlichen und sozialen Fragen zuständig war, aber auch für die Kontrolle der Wohnbedingungen der ausländischen Familien (dies war zugleich ein aufenthaltsrechtliches Problem), leistete in den 60er und 70er Jahren erhebliche ehrenamtliche interkulturelle Vermittlertätigkeit. Er schlichtete Konflikte in Betrieben und Wohnunterkünften und dolmetschte bei Gericht, machte sich süditalienische Dialekte und "gergo" (die Sprache spezifischer Subkulturen) zu eigen, suchte die Treffpunkte der italienischen "Gastarbeiter" auf.

Etwa ab Mitte der 60er Jahre wurden in Kassel wie in anderen großen Städten der Bundesrepublik "Suborganisationen" der italienischen Parteien und Gewerkschaften aktiv. Anfang der 70er Jahre begann das "patronato", die "Mitbetreuung" durch italienische Gewerkschaften, die eingesehen hatten, daß die politische und soziale Abstinenz des italienischen Staates hinsichtlich der Situation der "Gastarbeiter" im Ausland ausgeglichen werden mußte, auch wenn weite Teile der italienischen Linken der Migration weiterhin kritisch bis ablehnend gegenüberstanden und den unerwünschten Zustand der Lösung arbeitsmarktpolitischer Probleme durch Arbeitsmigration nicht noch organisatorisch zementieren und reproduzieren wollten. Es wuchs die Einsicht in die Folgen mangelhafter Strukturpolitik vor allem in den südlichen Regionen Italiens.

Obwohl, so der italienische Betriebsrat, schon zuvor die Organisationsbereitschaft unter den italienischen Arbeitnehmern hoch war, begannen sie erst nach 1972, sich stärker gewerkschaftlich zu organisieren: durch die Novellierung des Betriebsverfassungsgesetzes, mit der das passive Wahlrecht auch für ausländische Arbeitnehmer eingeführt wurde, konnten nun erstmals Vertrauensleute gewählt werden, mit denen sie in der Landessprache kommunizieren konnten.

Auch auf Grund des verwandtschaftsbedingten Zuzugs von ItalienerInnen kam es in den 70er Jahren zu einer weiteren Konzentration auf drei Betriebe: AEG, VW und Thyssen-Henschel. Daneben waren die "Spinnfaser", Mercedes-Benz, der Schlachthof und Kattus Betriebe mit vergleichweise großer Zahl von Arbeitskräften italienischer Herkunft. Der Anteil erwerbstätiger Italienerinnen erhöhte sich seit dem Anwerbestop 1973 und dem damit verbundenen Familiennachzug. Die Kindergeldzahlungen für im Ausland lebende Kinder verringerten sich und fielen schließlich ganz aus – ein Anlaß für zahlreiche Frauen, den Schritt zu wagen und in Deutschland die Familienzusammenführung zu realisieren: Dieser Schritt war aber auch Ausdruck gewachsener Ängste der in Italien verbliebenen Familienangehörigen, durch die Migration des Ehemannes und Vaters der Kinder auf Dauer getrennt leben zu müssen. Demgegenüber kann die gemeinsame oder auch wenig später erfolgte Migration der Frauen als Ausdruck der Motivation gesehen werden, sich nicht in einem Leben als "vedova bianca", als "Migrationshinterbliebene" mit allen sozialen Folgen einrichten zu wollen, und schließlich die "Segnungen" einer regelmäßigen und berechenbaren Erwerbstätigkeit nicht allein den Männern zu überlassen. Dieser Gesichtspunkt wurde von den männlichen Informanten weitgehend außer Acht gelassen, wurde aber deutlich in den Ausführungen der italienischen Pfarrassistentin und gestützt durch die Aussagen in den Einzelinterviews mit älteren Migrantinnen, die bereits in den 60er Jahren nach Kassel gekommen waren.

Hatten zunächst das Arbeitsamt Kassel und der italienische Pfarrer der Missione Cattolica sowie der Sozialbetreuer der Caritas, der seine Sprechstunden mangels eigener Räumlichkeiten und zur Entlastung des dortigen Personals auch im Arbeitsamt abhielt, die Hauptlast der Beratung in sozialen und rechtlichen Fragen getragen, wurde mit der Gründung der Casa Verde, eines Zentrums für italienische, spanische, portugiesische und kroatische MigrantInnen katholischer Konfession, ein wichtiger Anlaufpunkt und Kristallisationskern der lokalen italienischen Kommunität geschaffen. An der Finanzierung beteiligten sich die Caritas und das Arbeitsamt, aber auch Stadt und Landkreis Kassel. Ein solcher organisatorischer Schritt war v.a. für die Aktivisten der italienischen Kommunität ein lang erwarteter "qualitativer Sprung", die Bündelung und Konzentration bestimmter Migrantengruppen hat aber auch im Interesse der deutschen Stellen gelegen. Diese wollten im sozialen Feld der nationalen Gruppierungen "geordnete Verhältnisse" im Sinne der Bearbeitung und Befriedung sozialer Konflikte, brauchten verläßliche, kontinuierlich arbeitende Ansprechpartner, und zielten ab auf eine überschaubare Bündelung der Aktivitäten der einzelnen ethnischen Gruppen.

Die "Casa Verde", das Grüne Haus in der Frankfurter Straße, die außerhalb des eigentlichen Stadtzentrums eine gewisse Kumulation italienischer Wohnbevölkerung kennzeichnete, wurde zum Ausdruck der lokalen Präsenz der verschiedenen Gastarbeitergruppen und zum Territorium für die Etablierung sozialer und kultureller "Zwischenwelten", ein Ort, der der italienischen Migrantengruppe in Kassel bisher verweigert worden war, und wo die italienische Kirchengemeinde, die bisher nur geduldeter – und zuweilen als "zu laut" empfundener Gast deutscher Pfarreien war, ihren Platz finden konnte. Die Einrichtung der "Casa Verde" war gleichzeitig Ausdruck der Tatsache, daß die italienischen Migrantenfamilien selber, aber auch die mit ihrer Betreuung befaßten Stellen, zunehmend erkannten, daß der Aufenthalt im Ausland kein kurzzeitiger war: die Regionen, aus denen die "Gastarbeiter" gekommen waren, Sizilien, Kalabrien, Kampanien, Abbruzzen, Molise, Apulien, konnten kaum Möglichkeiten für eine ökonomische Absicherung der Rückkehr bieten und waren damit keine echte Alternative zur Migration. EG-Gelder, die zum Aufbau von Existenzen oder einer geeigneten arbeitsplatzrelevanten Infrastruktur dienlich sein konnten, "versandeten" im Netz von Bürokratie und Administration. Zumindest war es für Rückkehrerfamilien schwierig, für beide Ehepartner eine Arbeit zu finden, so daß mit dem Verzicht auf Verdienst und Erwerbstätigkeit wenigstens für einen von beiden gerechnet werden mußte. Außerdem ergab sich eine schwierige Unterbrechung der Schullaufbahn für die noch schulpflichtigen Kinder.

4.3. Entwicklung "kultureller Zwischenwelten"

Der Aufbau und die Entwicklung kultureller "Zwischenwelten" wurden um so notwendiger, als sich angesichts der Verweigerung politischer Mitspracherechte in Deutschland, aber de facto auch in Italien (fehlende Briefwahlmöglichkeit) die Notwendigkeit zeigte, den Migrantenstatus kulturell wie organisatorisch zur Basis der Teilnahme am öffentlichen Leben zu machen. Selbst das kirchliche Leben als Bestandteil einer weltanschaulich-konfessionell orientierten Öffentlichkeit erforderte die Möglichkeit der Konzentration kulturspezifischer Art: katholische Ausländer in der Diaspora, in einer protestantisch geprägten Umgebung fanden gerade in der ersten Generation oft nicht den Zugang zu den katholischen Kirchengemeinden in der Stadt, die häufig auch nicht in ihrem Wohnviertel präsent waren. So wurden die 70er Jahre mit ihren Initiativen in den Erinnerungen eines Informanten, der zu den ältesten Aktivisten der italienischen Kommunität in Kassel gehört, zu den "anni felici", den "glücklichen Jahren", für die Kasseler Bürger italienischer Herkunft. Ähnlich stellt sich diese Zeit in den Erzählungen interviewter Migrantinnen dar. Es begann eine Zeit intensiver seelsorgerischer und sozialbetreuerischer, aber auch kulturspezifischer Aktivitäten. Hierbei waren drei Personen im konfessionell gebundenen Bereich besonders engagiert: der Pfarrer der Missione Cattolica, seine Assistentin (gleichzeitig Konsularkorrespondentin) und der Sozialbetreuer. Letzterer hatte durch seine laizistisch-politische Orientierung und sein soziales Engagement auch im Bereich der Jugendarbeit die wichtige Funktion, die beiden Pole der migrantenspezifischen Aktivitäten und die hier tätig werdenden Akteure miteinander zu verbinden bzw. durch verschiedene Ämter und Funktionen die beiden Seiten – "polo laico" und "polo clericale" – in Personalunion zu repräsentieren. Bei einer kirchlichen Organisation wie der Caritas beschäftigt zu sein und sich gleichzeitig politisch zu engagieren und auch mit "linken" Organisationen wie der FILEF (PCI-nahe Organisation italienischer Arbeitnehmer und ihrer Familien im Ausland) zusammenzuarbeiten bzw. in ihnen tätig zu sein, hatte für seine berufsbiographische Entwicklung gravierende Folgen. Er mußte sich in mehreren arbeitsrechtlichen Auseinandersetzungen gegen Kündigungen zur Wehr setzen. Ende der 70er Jahre endete das erfolgreiche Arbeitsbündnis zwischen dem bis dahin amtierenden Pfarrer und der Pfarrassistentin, die ein ähnliches Konzept von Gemeindearbeit verfolgte. Der – wie dies in den Interviews mit den italienischen Migrantinnen immer wieder deutlich wurde – den Sorgen und Nöten seiner Gemeindemitglieder gegenüber besonders aufgeschlossene Pfarrer, der Seelsorge in der Migration vor allem als soziale Arbeit verstand, verstarb. Seine Mitarbeiterin, die Pfarrassistentin F., wurde in einer anderen Gemeinde Nordhessens tätig. Diese Frau war in ihrem professionellen Selbstverständnis ebenfalls an praktischer Arbeit interessiert und in besonderer Weise Ansprechpartnerin für die italienischen Frauen gewesen. Die italienische Kirchengemeinde in Kassel "verwaiste" gewissermaßen, wechselnde Pfarrer kamen und gingen, die Kontinuität seelsorgerischer und sozialpflegerischer Arbeit war unterbrochen. Mitte der 80er Jahre wurde die kontinuierliche Arbeit in der Pfarrei wieder aufgenommen von einem Pfarrer, der aus dem italienischen Norden kam. Er verfolgte weniger das Konzept der "Seelsorge als Sozialarbeit", sondern mehr das der kulturellen Öffnung dem Migrationsland gegenüber: er unternahm mit interessierten Gemeindemitgliedern Reisen durch Deutschland, damit sie mehr kennenlernten als nur den Ort des Arbeitens und Lebensalltags in der Migration. Für soziale und persönliche Anliegen fühlte er sich weniger verantwortlich. Er wurde 1993 abgelöst durch einen Pfarrer, der als Missionspfarrer reiche Erfahrung in der Migrationsseelsorge der Missione Cattolica gesammelt hat und dem die Bedeutung der Seelsorge als biographische Begleitung in der Migration vertraut war. Die Caritas-Sozialbetreuung konnte nach dem gravierenden Verlust des engagierten Sozialarbeiters, der 1985 verstarb, zunächst nur durch sporadische Übernahme der Aufgaben durch VertreterInnen fortgesetzt werden. Erst seit 1990 wird das Amt wieder kontinuierlich durch einen neuen italienischen Sozialarbeiter bekleidet, der der "zweiten Generation" entstammt und sein Amt weniger politisch versteht als sein Vorgänger, der jedoch eine fundierte Sozialarbeiterausbildung in Süditalien erfahren hat und neben Sozial- und Rechtsberatung auch in der Lage ist, konfliktbezogene Einzelfall- und Familienberatung durchzuführen. In diesem Zusammenhang ist er mit den Problemlagen älterer MigrantInnen besonders befaßt – z.B. dann, wenn es um Rentenanträge geht. Seinem Selbstverständnis nach liegen seine Schwerpunkte eher in der Betreuung des individuellen Falls, weniger in der Initiierung kollektiver Prozesse und der Bearbeitung gruppenspezifischer Konflikte und Problemlagen. Darin wie auch in der Gesamtkonzeption seelsorgerischer Arbeit innerhalb der Migrantengruppe wird einerseits zunehmenden Individualisierungsprozessen bei den Migrantinnen und ihren Familien selbst Rechnung getragen, andererseits wird auch eine Arbeitsteiligkeit innerhalb der italienischen Kommunität deutlich, die den politischen und "landsmannschaftlichen" bzw. regional orientierten Vereinen und Gruppierungen die Beschäftigung mit überindividuellen Aspekten des Migrantenstatus zuweist.

Waren also die 70er Jahre durch vergleichsweise "opulente" Betreuung und Aktivitäten der Missione Cattolica und Caritas in der italienischen Kommunität gekennzeichnet, durch die Arbeit engagierter Akteurinnen und Akteure bei Missione Cattolica und Caritas, sind die 80er Jahre, so der italienische Betriebsrat in einem Rückblick, geprägt von einer desolaten Situation, von personellen Vakanzen und Diskontinuitäten im kirchlichen Bereich, der bis dahin Kristallisationskern von Sozialbetreuung und kulturellen Eigenaktivitäten war. Es schlug die Stunde des "polo laico", der laizistischen, politisch-gewerkschaftlichen und außerkirchlichen Vereinsaktivitäten und ihrer Aktivisten. Sie ergriffen die Initiative, im für viele Nationalitätengruppen und kulturelle Aktivitäten offenen multikulturellen Kulturzentrum "Schlachthof" in der Kasseler Nordstadt, einem Stadtviertel mit einer hohen Konzentration der ausländischen Wohnbevölkerung, auch ein Angebot für die MigrantInnen aus Italien zu entwickeln. Für das Nachholen italienischer Schulabschlüsse, etwa die Absolvierung der scuola media (Hauptschule), wurde der "Schlachthof" eine wichtige Adresse. In Zusammenarbeit mit dem DGB, zu dem der Betriebsrat C. als aktiver IG-Metaller besonders intensive Kontakte hatte, wurden die Möglichkeiten der Finanzierung eruiert, außerdem wurde beschlossen, parallel zur Sozialbetreuungsstelle der Caritas eine Sozial- und Rechtsberatung mit ehrenamtlichen Kräften aufzubauen, für die auch Gelder des italienischen Konsulats beantragt und genehmigt wurden. Dies brachte allerdings den gravierenden Nachteil mit sich, ein kompliziertes Punktesystem der einzelnen Beratungsleistungen einführen zu müssen, um mit dem Konsulat entsprechend abrechnen zu können. Dennoch gelang es, in "eigener Regie" eine Beratungsstelle einzurichten, die von italienischen MitbürgerInnen aufgesucht werden konnte, wenn es um die Verlängerung der Aufenthaltserlaubnis ging, um Rentenanträge, Kindergeldanträge, um die Vorbereitung einer Rückkehr nach Italien. Die "unglaublich bürokratische Verfahrensweise", die den ehrenamtlichen Beratern auferlegt wurde, so der Betriebsrat C., erschwerte die Einholung finanzieller Unterstützungszahlungen durch das italienische Konsulat erheblich. Seiner Ansicht nach wurden ehrenamtlich Tätige entmutigt, wenn sie sich in ihrer Freizeit zu einem nicht unerheblichen Teil dem Ausfüllen amtlicher Fragebogen über ihre Tätigkeit widmen sollten, statt wie intendiert, in erster Linie den Betroffenen selbst. Dennoch sind insgesamt die 80er Jahre davon geprägt, daß die durch mangelnde Präsenz und mangelnde personelle Kapazität der italienischen Kirchengemeinde einschließlich Caritas entstandene Lücke gefüllt werden konnte und für kulturelle Aktivitäten außerhalb des kirchlichen Bereichs neue Handlungsräume entstanden.

Für den italienischen Betriebsrat und Vereinsaktivisten C. ist es in der Zeit des "klerikalen Vakuums" gelungen, die Aktivitäten auf laizistischer Seite zu verstärken. Italienische Fußballvereine wurden gegründet und am Leben erhalten, es wurden Angebote für Jugendliche entwickelt. Die Betreuung von Familien in schwierigen Situationen wurde von italienischen Vereinen übernommen, die sich inzwischen gegründet hatten, so Pirandello, ein sizilienbetonter Kulturverein, ACILEF (Verein für italienische Arbeitnehmer und Familien im Ausland) etc. Eine Folkloregruppe, deren Hauptprotagonistinnen einige junge Mädchen der italienischen Kommunität waren, wurde gegründet. Zu den "an der Caritas vorbei" (Herr C.) organisierten Aktivitäten gehört auch heute noch das Engagement eines ehrenamtlichen Mitarbeiters, der im Kulturzentrum "Schlachthof" an mehreren Tagen in der Woche mit Interessierten und Betroffenen auf die Modalitäten von Konsulatsterminen beim konsularischen Vertreter der italienischen Botschaft vorbereitet,

Paßverlängerungen, Scheidungsanträge und "Behördenkram" für die Rückkehr nach Italien zu regeln hilft. Die Etablierung einer Frauengruppe war an den Einsatz einer deutschen ABM-Kraft gebunden, die dem Kulturzentrum für drei Jahre zur Verfügung stand. So gab es eine "Nähgruppe" für italienische Frauen, die sich nach Beendigung der Tätigkeit der ABM-Kraft auflöste. Heute besteht die Frauengruppe weiter als ein Zirkel von Frauen, die sich einmal monatlich treffen, um sich auszutauschen und gemeinsam essen zu gehen. Diese Frauen beteiligen sich an den öffentlichen Aktivitäten der italienischen Kommunität mit Ideen und Zuarbeit: so übernahmen sie die Gestaltung des Buffets bei der Feier zum 30jährigen Bestehen der italienischen Kirchengemeinde in Kassel.

In den Augen des Betriebsrats C. entwickelte sich die Arbeit im multinationalen Kulturzentrum im Lauf der Jahre zu einer "wirklichen Alternative" zu den Angeboten der Kirchengemeinde und Caritas, die mit der Verfügung über Räumlichkeiten (Büro, Sitzungsraum, Fernsehraum mit italienischen Zeitungen) ein spezifisches Territorium fand, das weitgehend von der Stadt Kassel finanziert wurde. "Hunderte von Italienern" kamen hierher in der Zeit, als das katholische Kirchenzentrum keine echte Anlaufstelle für italienische MigrantInnen mehr bot. Es wurden Wochenendseminare zu Schwerpunktthemen wie Arbeitsrecht, Mutterschutz, Aus- und Weiterbildung organisiert. Damit übernahm der "laizistische Flügel" der italienischen Kommunität eine wesentliche Bündelungsfunktion für Aktivitäten und Bedürfnisse kollektiver Art, während die Sozialbetreuung der Caritas zunehmend die Aufgabe der konkreten Einzelfallhilfe übernahm und bis heute wahrnimmt. Kollektive Themensetzungen, "die auf Integration abgezielt hätten", so der italienische Betriebsrat, wie die Bildungs- und Ausbildungssituation der Kinder und Jugendlichen (der signifikant hohe Anteil italienischer Kinder an der Schülerpopulation der Sonderschulen etwa), die Jugendarbeitslosigkeit, die Situation der Frauen, wesentliche Aspekte also, die mit dem endgültigen Verbleib in Deutschland verbunden waren, blieben seiner Ansicht nach in der Arbeit der italienischen Kirchengemeinde "außen vor", es fehle eine Schwerpunktsetzung in der Arbeit mit den italienischen MitbürgerInnen, die über die Einzelfallhilfe hinausginge. Zu sehr seien pastorale Betreuung und Caritas am individuellen Problemfall orientiert. Der Vertreter des "polo laico" kritisiert, daß die italienische Pfarrei "jahrelang leergestanden" hätte, weil sie die Vergabe ihrer Räumlichkeiten zu restriktiv gehandhabt hätte. Trotz "phantastischer Rahmenbedingungen" (Büro, Sekretärin, Telefon) habe man zu wenig die Möglichkeiten zu weiterreichenden, das Kollektiv einbeziehenden Initiativen genutzt und sich zu sehr auf die pastorale Arbeit im engeren Sinn beschränkt. Daß die italienische Kirchengemeinde seit Mitte der 80er Jahre Raum bietet als Treffpunkt für "Familien" – gemeint ist eine selbstorganisierte Frauengruppe – erwähnt der Betriebsrat am Rande: hier erscheint ihm die Nähe zum Pfarrer zu groß, der von den Frauen ab und an "aus Höflichkeit" zum Essen eingeladen wird. Daß die Frauen, italienische Migrantinnen der ersten Generation, die heute zwischen 50 und 60 Jahren alt sind, in kluger Weise leerstehende Räume für sich zu nutzen begannen, kann er unter der Optik, "was Strukturiertes, was Organisiertes" für die italienische Kommunität zu erwarten, nicht recht würdigen. Dies entspricht einer Perspektive von außen; während in der Darstellung einer Informantin, die an der Gründung dieser "Frauengruppe" mitbeteiligt war, erkennbar wurde, welche Bedeutung diese Gruppe für die beteiligten Frauen selbst hat: es sei eine Gruppe, wo die "Männer zwar mitkommen, aber nicht mitreden" dürften. Gemeint ist die Programmgestaltung, vierzehntäglich stattfindende Treffen an den Wochenenden, wo sich die Frauen um einen Kaffeetisch versammeln und die Männer sich für kurze Zeit dazusetzen, um sich dann an den Rand des Saales in der Missione Cattolica zu Bier und Gespräch zurückzuziehen. Die Frauengruppe unternimmt Ausflüge, die für die beteiligten Personen allein nicht machbar wären. Sie stellt eine wichtige "kulturelle Zwischenwelt" gerade auch für ältere Frauen dar, die allein leben und auf diese Weise ihrer Isolation entkommen können. Sie bietet ein soziales Netzwerk, das trägt, wenn sich Frauen in gesundheitlichen oder psychischen Krisensituationen befinden und auf Besuch oder Hilfe angewiesen sind, eine Möglichkeit, außerhalb des engen Rahmens familiärer oder verwandtschaftlicher Beziehungen Kontakte und biographische Begleitung zu finden. Sie bietet eine Grundlage dafür, sich in der italienischen Kirchengemeinde "a casa nostra" zu fühlen – anders als in den oft als zu sachlich oder rein auf den Gottesdienst bezogen empfundenen deutschen Kirchengemeinden. Offensichtlich ist diese Gruppe v.a. für ältere Frauen so attraktiv, daß sie in jüngster Zeit auch einige Frauen des Kulturzentrums angezogen hat, die ihre gemeinsamen Aktivitäten von dort in die Missione Cattolica verlegt haben.

Diese selbstorganisierten Möglichkeiten unter dem Dach der italienischen Kirchengemeinde sind dem Betriebsrat allerdings kein Ersatz für "strukturierte Angebote", die der Integration dienen. Ihm fehlen Aktivitäten beispielsweise im Bereich der Suchtprävention für italienische Jugendliche, auch eine Zusammenarbeit mit deutschen Behörden. Er gibt sich jedoch optimistisch, was die Zukunft angeht: mit dem seit zwei Jahren tätigen Pfarrer, der noch zwei weitere Gemeinden zu betreuen hat, könne man "immerhin reden"; der italienische Sozialbetreuer beteilige sich im Rahmen der qua Arbeitsplatzbeschreibung eingeschränkten Möglichkeiten.

Die "sehr passive Rolle", so Herr C., der italienischen Kirchengemeinde und Caritas v. a. in den 80er Jahren hat zweifellos dazu geführt, daß im begrenzten Rahmen ehrenamtlicher Tätigkeit Möglichkeiten zu einer aktiveren Rolle der italienischen Vereine und Organisationen genutzt wurden. Gegenwärtig ist eher ein Zustand des "Gleichgewichts der Kräfte" erreicht; auf beiden Seiten ist offenkundig das Bewußtsein gewachsen, daß die Aufgaben sich geändert haben und die dünne Decke der Finanzierung allenthalben Kooperation einerseits und Arbeitsteilung andererseits erforderlich macht. Organisatorischer Ausdruck dieser Zusammenarbeit ist ein Zentralauschuß, in dem alle wesentlichen Institutionen und Organisationen vertreten sind (Sportvereine, Caritas, Missione Cattolica, "Schlachthof", Pirandello, VertreterInnen des Ausländerbeirats). Diese Zusammenarbeit geschieht auf ehrenamtlicher Basis und mit dem Ziel, unterschiedliche Aktivitäten innerhalb der italienischen Kommunität zu unterstützen. Eine erste Realisierung dieser neuen Kooperation bestand in der gemeinsamen Organisation der Feiern zum dreißigjährigen Bestehen der italienischen Kirchengemeinde. Es werden ein- bis zweimal jährlich Kulturfeste organisiert, bei denen die italienische Kommunität bisher noch weitgehend unter sich bleibt. Im Jahr 1995 sind sowohl der "polo clericale" als auch der "polo laico" gefährdet: hat die Missione Cattolica gerade abwehren können, daß sie auf Grund mangelnder Finanzierungsmöglichkeiten und – so sah es die Kirchenadministration – fehlender

Betreuungsnotwendigkeiten geschlossen würde, so steht das Kulturzentrum "Schlachthof" in der Gefahr, mit der Streichung der bisher von der Stadt Kassel übernommenen Kostenanteile nicht mehr wie gewohnt weiterarbeiten zu können. Die für die Dauer von drei Jahren gewährte ABM-Stelle, die der italienischen Gruppe im "Schlachthof" zur Verfügung gestanden hatte, wurde bereits 1994 gestrichen. Unterstützungsleistungen der italienischen Gewerkschaften fielen der politischen Wende in Italien zum Opfer. Stehen kostenträchtige Aktivitäten an, so werden diese aus den Mitgliedsbeiträgen der Vereine (die von den männlichen Mitgliedern für die ganze Familie entrichtet werden), aber auch aus Zuschüssen von Caritas und Ausländerbeirat finanziert.

Die Aktivitäten der zahlreichen Vereine leiden aus der Sicht dieses Informaten unter schwer berechenbarer, diskontinuierlicher Beteiligung. Es gibt längere Durststrecken, in denen nur "zwei bis drei Familien", so der Betriebsrat, mitarbeiten, die sich wieder zurückziehen, wenn jemand krank wird oder die Arbeitsbelastungen einzelner zu groß werden, während zu anderen Zeiten die Beteiligung groß ist. So nutzen die Aktivisten etwa auch das Prinzip der Reziprozität der "favori", des gegenseitigen Gefallens. Ist jemandem in einer Notsituation geholfen worden, versucht man ihn darauf zu verpflichten, sich an gemeinsamen Aktivitäten zu beteiligen ("...daß manche mit diesem Druck nicht nein sagen können. Von sich aus, da spüren wir immer noch 'ne bestimmte Passivität", so Herr C.). So sei es schwierig, italienische MitbürgerInnen für Informations- und Weiterbildungsangebote zu gewinnen; die bestehenden Infrastrukturen würden stärker genutzt, wenn geschlechts- und kulturspezifische Freizeitaktivitäten wie das Kartenspielen in den bestehenden Einrichtungen erlaubt wären: Caritas und Kulturzentrum wären "jeden Tag voll Männer", würden diese Betätigungen nicht "kategorisch" unterbunden. "Diese Dinge laufen bei uns kategorisch nicht. Wenn ihr kommt, guckt Fernsehen, lest die Zeitung, diskutiert mit uns, oder laßt uns Ideen entwickeln, was wir noch machen könnten – aber da ist wenig (Interesse)". Die Tendenz sei groß, die eigenen Probleme zunächst einmal allein zu lösen und sich erst im Falle akuter Notwendigkeit an die jeweilige Beratungsstelle oder die "Aktivisten" zu wenden. Ansonsten sei es schwierig, MitbürgerInnen zur Teilnahme an thematischen Veranstaltungen zu bewegen, um Probleme schon im Vorfeld anzugehen und Themen wie die Schullaufbahn der Kinder, ihre Berufswahl, oder auch die Situation der Frauen offen zu diskutieren. Der Betriebsrat bedauert die mangelnde Aktivität seiner Landsleute und erklärt, sie seien "sehr deutsch geworden". Die Familien seien "zerspalten" durch die Erwerbstätigkeit beider Eheleute, "er Spezialist für VW oder Mercedes, und die Frau am Putzen an zwei, drei Stellen".

In der Darstellung des Betriebrats gibt es zwei Problemgruppen, die auch durch die Angebote der "Kristallisationskerne" Caritas/Missione Cattolica und Kulturzentrum Schlachthof nicht erreicht werden könnten: Erstens die Kinder mit problematischen Schullaufbahnen, die weder in der deutschen Schule noch im muttersprachlichen Unterricht hinreichend gefördert werden können; zweitens die älteren Arbeitnehmer, die bereits in den Vorruhestand oder in Rente gegangen sind. Hier gehe es um diejenigen, die in Deutschland verbleiben müßten, bis sie das Rentenalter (60 Jahre) erreicht hätten, und in noch größerer Anzahl um diejenigen, die sich entschieden hätten, nicht ins Herkunftsland zurückzukehren. "Die treffen sich jeden Tag in der Königsstraße, vor Karstadt, Kaufhof, und das ist so ihr Leben". Eine erste Initiative, diese Männer alternativ zu einem unzulänglichen "Piazza-Ersatz" in einer Seniorengruppe im Kulturzentrum zu organisieren, sei gescheitert, dabei sei der Bedarf, für diese Gruppe Angebote zu entwickeln, "massiv". "Bei den Frauen sehen wir das Problem noch nicht so groß" auf Grund der geringen Anzahl älterer Frauen, die nicht mehr erwerbstätig sind. Angesichts der Gefährdung des Kulturzentrums wegen mangelnder Finanzierung durch die Stadt Kassel zieht der Betriebsrat es nicht in Betracht, öffentliche Stellen für die Bereitstellung von Geldern für die Seniorenarbeit anzugehen. Weil in deutscher Sicht ausländische Mitbürger auf ihre Funktion als Arbeitskraft reduziert würden, verwundert es ihn nicht, daß auf kommunaler oder übergeordneter Ebene keine besonderen Maßnahmen für ausländische Senioren vorgesehen sind, den "verbrauchten" Arbeitskräften nichts anderes angeboten wird als die allgemeinen "Altenveranstaltungen", die es in der Stadt bereits gibt. "Ich glaube objektiv, wer erwartet, daß die da was tun, ist verloren. Ich habe nicht die Hoffnung, daß die da was auf die Beine stellen. Die sagen, es gibt unterschiedliche Organe und Strukturen für Deutsche, könnt ihr euch anschließen. Ihr seid 20, 30 Jahre hier, da braucht ihr nicht 'ne eigene Struktur, geht doch 'rein da, ihr seid integriert, so wird das dargestellt". Herr C. baut auch hier auf die Eigeninitiative seiner Landsleute, "zwei, drei Leute", die unterstützt und motiviert werden, denen ein "paar Ideen verkauft" werden, um dann selbst tätig zu werden. Er sieht allerdings das Problem, daß die "Ehrenamtlichen" damit überfordert sind, vor allem, wenn "große Aktivitäten" wie die Feier zum dreißigjährigen Bestehen der Kirchengemeinde oder das Gedenken an die Ermordung der Zwangsarbeiter vor 50 Jahren organisiert werden müssen und die Kräfte gebunden sind. Jeder Ehrenamtliche sei multifunktional eingesetzt und damit sei "irgendwo eine Grenze erreicht"; deshalb sei er froh, wenn die italienische Pfarrei mit Sekretärin und Telefon die geplanten Aktivitäten mittrage: in Zeiten schmaler Ressourcen gelte es, zusammenzurücken. "Ideen haben wir 'ne ganze Menge, der Wille ist auch da, aber es hängt dann an zuwenig Leuten, an zuwenig aktiven, fähigen Leuten", trotz eines reichen Vereinslebens.

Angesprochen auf die Frage der behördlichen finanziellen Unterstützung kultur- und landesspezifischer Aktivitäten, und sei es durch bezahlte ABM-Kräfte, verweist der Betriebsrat auf das ungleiche Verhältnis von aufgewendeten Mitteln und den von italienischen Migranten erbrachten Steuerzahlungen. Die Bedürfnisse auf Grund der "sozialen, kulturellen und sprachlichen Besonderheit" würden nicht berücksichtigt, vielmehr gehe im Augenblick die Tendenz dahin, Mittel für das multikulturelle Zentrum zu streichen. Die italienische Kommunität werde allerdings beansprucht, wenn es gelte, für offizielle Auftritte, bei denen die Stadt zu repräsentieren habe, Übersetzer zu engagieren oder eine italienische Folkloretanzgruppe auftreten zu lassen: "da sind wir immer gut".

4.4. Geschlechterverhältnisse und soziale Differenzierung

In der Darstellung des Betriebsrats bleiben im wesentlichen zwei Aspekte offen, die möglicherweise der Perspektive des männlichen, avancierten Aktivisten der italienischen Kommunität entgehen. Dazu gehört zum einen die Frage nach einem "Generationenvertrag" im Sinne der Rekrutierung des Nachwuchses für landesspezifische Aktivitäten unter den Jugendlichen, zum anderen die der Beteiligung der Frauen am öffentlichen Leben. Die Darstellung der Mängel und Bedarfslagen hinsichtlich der älteren Generation von italienischen MigrantInnen ist bei ihm von Resignation getragen, die durch eine Überschätzung der individuellen Eigeninitiative überdeckt wird, die für den Typus des "selfmademan" kennzeichnend ist, der in der Migration gelernt hat, nur auf die eigene Kraft zu vertrauen, weil der "verloren" sei, der noch auf Unterstützung durch deutsche Stellen hoffe. Die Perspektive der Frauen im Kollektiv der Landsleute kann von ihm nur unzureichend eingenommen werden. Dies gilt z.T. auch für die Engagementbereitschaft von Jugendlichen, wiewohl die Misere der schulischen und betrieblichen Ausbildungssituation durchaus gesehen und auf der Folie der Strukturveränderungen im Herkunftsland (Benachteiligung italienischer Jugendlicher in der Migration gegenüber denen im Herkunftsland) kritisch beurteilt wird.

Äußert sich der Betriebsrat und Aktivist der italienischen Kommunität befriedigt darüber, Frauen als "Küchenspezialistinnen" in die Organisation von "Großaktivitäten" einbeziehen zu können, so macht er hiermit deutlich, daß ihm die klare Unterscheidung zwischen Akteuren und "Hintergrundskräften", die das herkömmliche Geschlechterverhältnis zementiert, nicht als Problem gilt, obwohl er ein vergleichbares Gefälle zwischen deutschen kommunalpolitischen Akteuren und italienischen "Zulieferkräften" bei offiziellen Anlässen in der Stadt durchaus kritisch vermerkt. Frauen als Produzentinnen von Gestaltungsideen, was Feste angeht, und mit Küchenarbeiten für größere Veranstaltungen einzuspannen und sich gleichzeitig verwundert darüber zu zeigen, weshalb sich weibliche Beteiligung an kollektiven Prozessen nicht "vielleicht ein bißchen mehr entwickelt", mag dem "Gedankenspagat" männlicher Logik entsprechen. In der Darstellung des Betriebsrats ist jedoch bereits deutlich geworden, wie sehr die kleine Gruppe von männlichen Aktivisten, die die Öffentlichkeitsarbeit der italienischen Kommunität trägt, auf jede "helfende Hand" angewiesen ist – wobei dann übersehen werden mag, wie sich in der italienischen Gemeinde das Geschlechterverhältnis reproduziert. So lieferten die Frauen zur hochsymbolischen 30-Jahrfeier der italienischen Kirchengemeinde im Sommer 1994 zwar das Buffet, aber keinen Redebeitrag (die einzige weibliche Rednerin war die Kasseler Sozialstadträtin). Die Hauptlast der Organisation hatte ebenfalls eine Frau getragen – die seit 1994 tätige Pfarrsekretärin der italienischen Kirchengemeinde, die ihrer Berufsrolle gemäß keineswegs in der Öffentlichkeit die Protagonistinnenrolle einnahm, die ihrem sachlichen Engagement entsprochen hätte.

Soziale Schließung in einer ethnisch reglementierten Gesellschaft reproduziert sich also auch innerhalb einer ethnischen Gruppe durch die üblichen Rekrutierungsmechanismen von Aktivisten, wobei die Betreiber der Organisationen und Vereine – durchweg Männer mittleren Alters – verbal bedauern, daß sie zu häufig "unter sich" bleiben, oder daß Frauen oder Jugendliche nicht "nachziehen". Diese von den männlichen Aktivisten konstatierten Defizite müssen aber als Folgen von Funktionalisierungsprozessen gesehen werden, wenn die Betreffenden, sei es als Küchenkräfte, sei es als "dekorative" Folkloristen, lediglich marginale Positionen besetzen können. In der migrantenspezifischen Öffentlichkeit spiegelt sich freilich auch eine Bipolarität zwischen Privatheit und Öffentlichkeit wider. Aktivitäten in der Öffentlichkeit werden oft nur ergriffen, wenn sie dem eigenen Interesse oder dem der Familie dienen, wenn über die Familie hinausreichende Solidaritätsbeziehungen gebraucht werden. Deckt sich die Mitgliedschaft in Vereinen mit Freundschafts- oder Klientelbeziehungen, handelt es sich um außerfamiliäre Koalitionen mit stark persönlichem Charakter. Werden diese Koalitionen dominant zwischen Männern in den Vereinen oder Organisationen geschlossen, bleibt wenig Raum für Jugendliche oder Frauen. Im traditionellen Normensystem des italienischen Südens wird die Präsenz von Frauen in der Öffentlichkeit, verbunden gar mit aktivem Handeln, häufig als Verstoß gegen die weibliche Ehre verstanden. Deshalb werden Frauen, wenn überhaupt, eher im kirchlichen Raum aktiv: durch die Schutzfunktion des "Pfarrpatronats" ist gewährleistet, daß ihre Aktivitäten in einem kontrollierten und moralisch unverwerflichen Rahmen stattfinden. Wird diese Schutzfunktion von den "Amtsträgern" erkannt, können diese in starkem Maße dazu beitragen, gerade den Frauen der erste Generation, die noch mit einem traditionsbeherrschten Normenkodex aufgewachsen sind, Bewegungs- und Handlungsspielräume aufzuschließen, die diese dann eigenständig nutzen können.

Nimmt man die Ausführungen einer Expertin für die soziale Welt der italienischen Kommunität am Ort zur Kenntnis, gewinnt man detailliertere Einsichten in die Art des Geschlechterverhältnisses, die besser verständlich werden lassen, warum die italienischen Migrantinnen kaum Anteil am öffentlichen Leben ihrer Kommunität gewinnen konnten. Aus der Sicht der befragten langjährig in Kassel tätig gewesenen Pfarrassistentin, die sich in ihrer Arbeit besonders intensiv mit der Konfliktlage der Familien in der Migration auseinandergesetzt hat, ist es zunächst wichtig, herauszuarbeiten, wie die betroffenen Frauen lebensgeschichtlich mit dem Phänomen "Migration" umgegangen sind. Hier spiegelt sich erneut der stärker individuumsbezogene Ansatz der seelsorgerischen und sozialpraktischen Arbeit der kirchlichen AkteurInnen wider. Aus ihrer Sicht nämlich gab es durchaus zwei Möglichkeiten für die Frauen der ersten Migrationsgeneration, sich zur Migration zu verhalten. Erstaunlicherweise nennt sie als eine Möglichkeit die, sich der Migration zu entziehen, indem die Frau sich entschied, als "vedova bianca" ("weiße Witwe") ihr Leben weiter im Herkunftsland zu führen, sich mit (meist) regelmäßigen Überweisungen aus dem Ausland von seiten des Ehemannes zu begnügen und sich in einem Leben als alleinerziehende, aber verheiratete Frau einzurichten ("die leben gar nicht mal schlecht"), was aber nur gelingen konnte, wenn die Frauen sich über Mißtrauen und Eifersüchteleien des im Ausland lebenden Ehemannes und der verstärkten sozialen Kontrolle der dörflichen Verwandtschaft und Nachbarschaft hinwegzusetzen in der Lage waren. Als andere Möglichkeit nennt sie die, als verheiratete Frau dem Mann in die Migration zu folgen, wie das viele Frauen insbesondere in der Familiennachzugsphase Anfang der 70er Jahre getan haben. Die Pfarrassistentin ist der Ansicht, daß diese Frauen, die in den 60er und 70er Jahren in die Bundesrepublik gekommen sind, "una vita doppiamente castigata", ein in zweierlei Hinsicht belastetes Leben hätten führen müssen: als Erwerbstätige wie als Ehefrauen und Mütter, die für den Familienalltag und damit für die Integration der Familienmitglieder in den Alltag der Migration verantwortlich gewesen seien, während die Ehemänner oft aushäusig und gegenüber der Übernahme gemeinsamer Verantwortlichkeiten abstinent gewesen seien. Für die Frauen aus dem italienischen Süden galt zudem zunächst das kulturspezifische Prinzip der Ausschließung aus der Öffentlichkeit, so daß sie nur den Weg zur Arbeit allein zurücklegten. Sie erinnert sich aus ihrer Betreuungsarbeit in der italienischen Pfarrei an dramatische Fälle, die "nicht die Regel, aber doch Realität" gewesen seien. Hier erlebte sie, wie Frauen ihre Würde als Mensch sowohl am Arbeitsplatz als auch von seiten des Ehemannes verweigert wurde. Hinzu kam ihre dreifache Belastung als Arbeiterin, Mutter und Beziehungsarbeiterin in der Familie, letzteres eine Funktion, die durch die Migration besonders notwendig und aufwendig geworden war.

Die Frauen seien zeitlich außerordentlich beansprucht gewesen, so daß es ihnen kaum möglich gewesen sei, auch nur die Sonntagsmesse, in der italienischen Gemeinde ein Ritual von hoher sozialer Intensität, zu besuchen. Es sei in den ersten zehn, zwanzig Jahren für Frauen kaum denkbar gewesen, aktiv am Gemeindeleben teilzunehmen. Darin sieht sie auch den Grund für das spät, aber um so lebendiger erwachende Interesse älterer Migrantinnen, hier etwas nachzuholen, wenn die Lasten der Familienversorgung geringer geworden seien. Sie selbst hätte oft nur Kinder als GesprächspartnerInnen gehabt, die qua Schulbesuch und wachsender Sprachkenntnis zu Vermittlungsagenten in die komplizierte und sprachlich unzugängliche Welt des Migrationslandes wurden. Die Migrantinnen hätten oft nur über den lokalen Dialekt verfügt und die italienische Hochsprache in ihren grammatischen Grundzügen nicht erlernen können. Mit einer mangelhaften sprachlichen Grundbildung versehen, hätten sie größte Mühe gehabt, die wichtigsten sprachlichen Versatzstücke für das Bestehen des Arbeitsalltags in oft multinationalen Arbeitskollektiven zu erlernen. So war über die Beanspruchung durch vielfältige Aufgaben im familiären Bereich hinaus zusätzlich die Möglichkeit beschränkt, sich im regional heterogenen italienischen Kollektiv wie in der deutschen Gesellschaft sprachlich zu bewegen, sich mit anderen auszutauschen, so daß selbst die italienische Pfarrhelferin aus dem Norden des Landes oft Schwierigkeiten hatte, mit den Frauen aus dem Süden, die sie verstehen und denen sie helfen wollte, differenzierte Beratungsgespräche zu führen. Grundlegende Prinzipien des Zusammenlebens und spezifische Wertvorstellungen der Menschen aus den klassischen Auswanderungsregionen Italiens seien den pastoralen BetreuerInnen oft unvertraut gewesen. Man habe auch auf symbolischer Ebene "nicht die gleiche Sprache" gesprochen, die Vertrauensbildung habe sich als schwierig erwiesen. Das Schweigen über Probleme habe oft erst von den Kindern gebrochen werden können, die in der pastoralen Arbeit oft ihre schlimmen Erfahrungen thematisieren und "loswerden" mußten, trugen doch auch sie die Konsequenzen konflikthafter innerfamiliärer Entwicklungen in der Migration. Dramatische Entwicklungen in der Familie, Angriffe auf Leib und Leben der Frauen, hätten dadurch jedoch nicht immer rechtzeitig vermieden werden können. In der Betreuungsarbeit der Pfarrer und der pastoralen MitarbeiterInnen, so die Expertin Frau F., erwies es sich gerade in den ersten Jahren als Problem, daß sie für diese Aufgabe nicht immer adäquat vorbereitet waren. Nicht jeder habe "das Glück" gehabt, "mit einer pädagogisch-psychologischen Ausbildung" hierherzukommen wie Frau F. selbst. So hätten sich "Wahrnehmungsantennen und Sensibilitäten", Möglichkeiten zur Perspektivenübernahme und professionelle Verhaltensweisen in der pastoral-sozialen Arbeit erst auf Grundlage der praktischen Betreuungsarbeit, der täglichen Erfahrung mit den MigrantInnen herausbilden können.

Als Spezifikum für die italienische Kirchengemeinde in Kassel nennt Frau F. die von Anfang an ausgeprägte Zentrumsfunktion der Missione Cattolica, die nicht nur ethnisch geprägter, sondern auch kultureller Kristallisationskern mit religiöser Orientierung gewesen sei. Grund dafür sei die religiöse und ethnische Diasporasituation der hier lebenden ItalienerInnen gewesen, da es hier sowohl eine geringere Konzentration der italienischen, als auch der katholischen Wohnbevölkerung gegeben habe als in anderen Städten oder Regionen der Bundesrepublik. Die Bindung an die italienische Kirchengemeinde habe allerdings weniger eine religiöse Komponente als eine soziale: das religiöse Wissen, die Kenntnis der Inhalte der Religion hätten sich sehr zurückentwickelt. Dies gelte aber auch für politische und kulturelle Inhalte, die das Herkunftsland betreffen: "Wir sind eine Ansammlung von indifferenten Menschen", stellt sie fest. Dies führt sie nicht zuletzt auf die Ausschließung aus dem politischen Leben sowohl in Italien als auch in Deutschland zurück. Im Unterschied zu den MigrantInnen türkischer Herkunft hätten die ItalienerInnen der ersten und zweiten Generation "sogar ihre Lieder vergessen". Sie sieht dennoch positive Momente der biographischen Begleitung durch die pastorale Arbeit in der italienischen Kirchengemeinde; gerade den Angehörigen der zweiten Generation, die bereits mit einer fundierteren Schulbildung, einem besser entwickelten "bagaglio culturale" (kulturellen Gepäck bzw. Ressourcen) hierhergekommen seien, habe man "eine Richtung geben können", und es gebe erfreuliche Beispiele für eine kontinuierliche Anbindung an die Missione Cattolica: vor einigen Wochen habe die Gemeinde die Taufe eines Kindes der dritten Migrationsgeneration feiern können, dessen Eltern auch bereits hier getauft worden waren.

Hinsichtlich der Angebote für ältere MigrantInnen sieht Frau F. einen deutlichen Unterschied zwischen Kassel, das sie durch eine ethnische "Diasporasituation" geprägt sieht, und Städten mit einer größeren Kozentration an italienischer Wohnbevölkerung wie etwa Stuttgart, wo es schon weiter entwickelte Programme gibt, die allerdings nicht eine Rundumversorgung wie etwa durch Altersheime vorsehen, die in ihren Augen in die biographische Planung italienischer MigrantInnen nicht "hineinpassen", da es undenkbar sei, das Alter nicht in der Familie oder der eigenen Wohnung zu verbringen ("al di fuori della concezione italiana"). Als positives Beispiel der Selbstorganisation unter dem Dach der italienischen Kirchengemeinde verweist auch sie auf die "Frauengruppe" der Missione Cattolica. Diese Frauen hätten in den Jahren, als die Kinder klein gewesen seien, nicht am Gemeindeleben teilnehmen können. Heute hätten sie so gut wie keine "finanziellen Probleme mehr" (– hier läßt sie die materielle Lage der alleinlebenden Frauen außer acht –), hätten eine Wohnung oder gar ein eigenes Haus, die Familie sei "a posto", die Kinder verheiratet. Jetzt sei es ihnen möglich, sich zu treffen, Beziehungen untereinander aufzunehmen, Kontakte zu haben, "die sie sich früher nicht einmal erträumt hätten". In ihrer selbstgeschaffenen Kollektivität "entsteht wirklich Gemeinschaft, engagieren sie sich". Dafür sei in den ersten Jahren des Lebens in der Migration keine Zeit gewesen, weil finanzielle und familiäre Sorgen dominierten. Heute schafften die Frauen es, sich in einem sozialen Zusammenhang zu engagieren, der ihren Bedürfnissen nach Austausch, Unterstützung, aber auch nach der Teilnahme am außerfamiliären Leben im italienischen Kollektiv entgegenkomme. Frau F. stellt fest, daß diese Frauen sich heute so verstehen, daß sie sagen können, "sono una

Signora". Das sei "in gewisser Weise eine Errungenschaft", und eine solche Situation sei durchaus verbreitet. "Sie sagen: mir ist es noch nie so gut gegangen wie heute". Sie hätten den Rücken frei, wollten etwas lernen, aktiv werden, seien neugierig. "Sie quälen den Pfarrer, weil sie dies und das wissen und erklärt haben wollen. Das ist schön. Wir müssen diesen Wissenshunger stillen". Frau F. hat sich angesichts dieses Wandels selbst schon gefragt, warum diese Frauen nicht, wie sie selbst während ihrer Zeit in Kassel, die Volkshochschule aufsuchen. Als Erklärung verweist sie auf die Schichtzugehörigkeit. "Man darf nicht vergessen, daß sie Arbeiterinnen sind". Die Frauen würden das Sprachproblem schon lösen, aber Zeitmangel und soziale Unterschichtung seien viel gravierendere Ausschließungskomponenten als die Defizite in der deutschen Sprache. Es gehe darum, nicht "la figura del deficiente" spielen zu müssen, was sie befürchten, wenn ihre mangelnde Schulbildung zu Tage tritt, und sie seien mißtrauisch, ob sie dennoch akzeptiert würden. Aus den genannten Gründen sieht Frau F. die Notwendigkeit, daß die Missione Cattolica den Frauen in ihren Wissens- und Aktivitätsbedürfnissen entgegenkomme und Räume zur Verfügung stelle, die diese selbst nutzen können. Sie sieht jedoch in Angeboten für die älter gewordenen Männer der ersten Generation ebenfalls eine dringende Notwendigkeit, um die Frauen zu entlasten.

Oft sei es erst die Abwesenheit der Männer gewesen, die den Frauen den eigenen Haushalt als Handlungsraum gesichert habe. Nachdem sie schon den Haushalt stets alleinverantwortlich hätten führen müssen, komme es ihnen im Alter darauf an, nicht einen unbeschäftigten Ehemann "tra i piedi" zu haben, der die Alltagsroutine störe. Damit eröffne sich ein weiterer Konfliktbereich für italienische MigrantInnen im Rentenalter. Die Aussage von Frau F. deckt sich mit der des italienischen Betriebsrates, der ebenfalls darauf verweist, daß die Frauen die "Aktivisten" der italienischen Kommunität zunehmend bedrängten, Angebote für die Männer im Ruhestand zu entwickeln. Selbstorganisierte "Clubs" in angemieteten Lokalen, die dem unkontrollierten Spielvergnügen dienen, werden von den Frauen höchst ungern gesehen. Sie sind in ihren Augen gegenüber dem Aufenthalt in Gasthäusern freilich noch das kleinere Übel, weil dort oft um Geld gespielt wird, und der Alkohol zu unkontrolliertem Verhalten führt. Ein wichtiges Motiv der Forderung von Frauen nach spezifischen Öffentlichkeitsbereichen für Migranten sehen beide in der Notwendigkeit für die Frauen, ihre Männer "versorgt" außer Haus zu wissen, da diese es nicht gelernt hätten, vernünftig mit ihrer Freizeit umzugehen, und sie sich nicht an der Haushalts- und Familienarbeit beteiligten. Die Frauen, so Frau F., seien daran interessiert, daß die Männer sich in "kulturelle Zwischenwelten" integrieren, wo sie zwar Kommunikationsräume nutzen können, diese aber einer verantwortlichen Kontrolle unterliegen, die ein Verhalten ausschließt, mit dem die Männer die soziale Situation ihrer Familie gefährden, etwa durch das Kartenspielen um Geld, da die Frauen die Konsequenzen einer unberechenbaren Entwicklung der Familienökonomie zu tragen haben.

Alle befragten Experten verweisen wie Frau F. auf soziale Differenzierungen in der italienischen Kommunität, die es mit sich bringen, daß landesspezifische Angebote der Kirchengemeinde eher von Unterschichtangehörigen genützt werden. "Die ItalienerInnen, die ihren Weg gemacht haben, sich erfolgreich selbständig gemacht haben, wollen sich nicht mehr unter das popolino, das einfache Volk, mischen. Wer studiert ist, den treffen

Sie in der Missione Cattolica selten. Auch wenn er Italiener ist". Damit wird die schichtspezifische Segmentierung der "kulturellen Zwischenwelten" thematisiert: so finden sich akademisch Gebildete eher in der Deutsch-Italienischen Freundschaftsgesellschaft, die eine nationale Identität im Hinblick auf das "Kulturland" Italien repräsentiert, während die Unterschichtangehörigen sich eher weiterhin mit ihren lokalen und regionalen Herkunftskontexten identifizieren. Ausdruck der schichtspezifischen Segmentierung in der italienischen Kommunität in Kassel ist die geringe Präsenz der akademisch Gebildeten und Selbständigen darin, für die das Angebot einer regionalen Identität nicht ausreicht, um als aktiver Teil der italienischen Kommunität tätig zu werden. Für diese Personengruppen sind italienische Vereine oder auch die italienische Kirchengemeinde offenbar auch deshalb wenig interessant, weil dort häufig neben dem Migrationsstatus Probleme des Arbeitnehmerstatus eine Rolle spielen. Die "Höherschichtigen" wollen weder beraten noch betreut werden, und gerade die Selbständigen haben einen engen Zeitrahmen, der ihnen an den Abenden oder Wochenenden kaum eine Teilnahme an Veranstaltungen ihrer Landsleute zu ermöglichen scheint. Es ist freilich auch eine Frage der sozialen Distinktion, sich nicht mit dem "popolino" an einen Tisch zu setzen.

Wo aber liegen in den Augen der befragten ExpertInnen heute noch die Notwendigkeiten einer kollektiven Assoziation und Unterstützung italienischer MigrantInnen durch landesspezifische Organisationen und Institutionen? Der größere Teil, so die Befragten, sei "gut integriert", wobei allerdings eher gemeint ist, daß sie ohne größere soziale Probleme leben. Die Anzahl der gut verdienenden Selbständigen, die schon in früheren Jahren an einem aktiven landesspezifischen Vereins- und Gemeindeleben wenig Interesse zeigten, wachse an. Es wächst aber offenkundig auch das Bedürfnis, nach Jahren der politischen Anlehnung an Italien ein eigenes Selbstverständnis als kulturelle Minderheit in der Migration zu entwickeln, als ItalienerInnen im Ausland die italienische Kultur, die von den Deutschen zumeist geschätzt wird, nach außen hin selbstbewußt zu vertreten. Es wächst das Bewußtsein des spezifischen "kulturellen Kapitals" (Bourdieu) und damit die Tendenz, die Lücke zwischen der italienischen "Geschmackskultur" und der mitgebrachten, bäuerlich-regionalen Kultur zu schließen und damit eine nationale Identität als italienische Migranten zu konstruieren. Die touristische Perspektive, die von Deutschen auf Italien hin entwickelt wird, liefert durchaus Motivationen, mit "fremdem" Blick auf das "Eigene" zu schauen und Stolz darauf zu entwickeln.

Die italienischen Migrantenorganisationen und -institutionen, Kristallisationskerne der italienischen Kommunität in Kassel, repräsentieren also eine Form kulturspezifischer Öffentlichkeit, stellen "kulturelle Zwischenwelten" dar. Sie sind nicht integraler Bestandteil der kommunalen Öffentlichkeit geworden, soweit diese über migrationsspezifische Arbeitsfelder hinausreicht. Migrationsspezifische Organisationen und -Institutionen wurden um so wichtiger, je mehr die italienischen ArbeitsmigrantInnen kollektive Wohnzusammenhänge verließen. Gab es im Arbeitsleben vorübergehend eine ethnische Konzentration ausländischer ArbeitnehmerInnen in einzelnen Betrieben und auch Gewerkschaften, so stellten die italienischen Migrantenorganisationen und -institutionen zunehmend Möglichkeiten bereit, einer Isolation im Wohn- und Freizeitbereich entgegenzuwirken. Diese Möglichkeiten wurden und werden größtenteils von italienischen Männern genutzt. Insgesamt wandelten sich die Organisationen von Einrichtungen und Anlaufstellen zur unmittelbaren Betreuung des Alltagslebens in der Migration zu kulturellen und sozialen Institutionen, die die Identität als Migranten konstruieren helfen und stützen konnten. Dabei konnten Angebote unterschiedlicher Art entwickelt werden. Stand in den 60er und 70er Jahren die Beratung in Fragen des Familiennachzugs im Vordergrund, ging es später um Beratung bei Statuspassagen wie Rückkehr, Ehescheidung, Berentung. Obwohl die Casa Verde zunächst stark durch Kirche und Caritas bestimmt war, stellte sie ganz allgemein einen wichtigen Anlaufpunkt für die italienischen MigrantInnen dar, was der religiösen wie ethnischen Diasporasituation entsprach. "Polo laico" und "polo clericale" entwickelten sich getrennt, so daß religiös und weltanschaulich weniger an die katholische Kirche (und ihr politisches Umfeld) Gebundene und auch Arbeitnehmerinteressen in die italienische Kommunität integriert werden konnten. In Zeiten geringer werdender Migrantenaktivitäten wird es von den Beteiligten offenbar als notwendig angesehen, diese Aufspaltung zu überwinden, um mit knappen finanziellen und personellen Ressourcen noch Räume und Angebote für diejenigen bereitzustellen, denen der Migrantenstatus nach wie vor die Teilnahme am öffentlichen Leben verwehrt und denen andere politische, soziale und kulturelle Partizipationsmöglichkeiten fehlen. Sind die Migrantenorganisationen und -institutionen auch kein Ersatz für Mitsprache und Partizipation im Rahmen politischer Prozesse – s. das Fehlen des aktiven und passiven Wahlrechts – , so sind sie doch als "kulturelle Zwischenwelten" dazu geeignet, biographische Kontinuität bewahren zu helfen. Dies gilt im starken Maße für die MigrantInnen der ersten Generation, die sich endgültig zum "Bleiben" entschlossen haben, aber auch für die kleine Anzahl von Angehörigen der zweiten und dritten Generation, die die regional- und landesspezifischen Herkunftskulturen der Eltern und Großeltern (wieder)entdeckt haben und die sich eine binationale Identität konstruiert haben. Gerade für diejenigen, die auf Verwandtschafts- und Freundschaftsbeziehungen am Ort verzichten müssen, weil viele Menschen aus ihrem sozialen Umfeld nach Italien zurückgekehrt sind, bietet sich hier die Entwicklung neuer außerverwandtschaftlicher Bezüge an. Besonders ältere Menschen wollen angesichts der Streuung der aus Italien stammenden Bewohner über das Stadtgebiet und den Landkreis soziale Kristallisationskerne herkunftsspezifischer Orientierung vorfinden und nutzen.

Allerdings hat das Erstarken des "laizistischen Flügels" der italienischen Kommunität in Kassel den Frauen offenbar keine verstärkten Partizipationsmöglichkeiten eingebracht: die Ursachen dafür mögen in der Dominanz männlicher Aktivisten liegen, aber auch im Mangel an Erfahrungen der Frauen, für sich selbst etwas zu organisieren. Offenbar finden gerade die Älteren unter dem "Dach" der italienischen Kirchengemeinde, in der individuumsbezogenen Arbeit von Caritas und Missione Cattolica eher Räume und biographische Begleitung, die das Anknüpfen an kulturspezifisch vertraute Präsenzformen in der Gemeindeöffentlichkeit ermöglichen. Ist in Zeiten knapper gewordener finanzieller Ressourcen das Engagement Einzelner in der ehrenamtlichen Arbeit zunehmend gefragt, so zeigt sich hier eine alters- und geschlechtsspezifische Segmentierung in besonderem Maße. Wo Frauen und Jugendliche bisher nur marginale Positionen besetzen konnten, wäre es wichtig, ihren Bedürfnissen einen Raum für Betätigungen zu geben, die über Zuarbeit und Folklore hinausgehen.

Transkriptionszeichen

. ,	Interpunktionszeichen, die die Phrasierung des Satzes markieren
? !	Intonationszeichen
+	kurze Pause
++	2-3 Sek. Pause
+++	längere Pause (ab 3 Sek.)
<u>sofort</u>	auffällige Betonung, z.B. durch Lautstärke
(freudig)	Kommentar: bezieht sich auf die vorhergegangene Äußerung / Darstellungseinheit, sowohl nonverbaler als auch paraverbaler Art, aber auch auffällige Sprechaktivitäten und -qualitäten
(lauter werdend:)	Kommentar: bezieht sich auf die unmittelbar folgende Äußerung
aber-aber	Zusammenziehung
da-, das	Stottern, Abbrechen eines Wortes
(...)	nicht verständlich
(___)	Anonymisierung
angelernt (kennengelernt)	Paraphrasierung zur Verständnissicherung

5. Biographische Rekonstruktionen

5.1. Migration als "Zugvogelphänomen" auf dem Hintergrund des sozialen Aufstiegs im Herkunftsmilieu:
Biographieanalyse Benedetta A.

5.1.1. Kontaktaufnahme mit Frau A.

Frau A. lernte ich im August 1992 durch den Sozialberater der Caritas kennen. Er rief Frau A. in meiner Anwesenheit an und fragte sie, ob sie sich zu "einem Gespräch über das Leben" mit mir bereitfinden würde. Sie erklärte sich einverstanden und schlug vor, ich solle doch gleich am nächsten Tag kommen. Wohl weil er mir helfen wollte, fügte der Sozialberater nun noch hinzu, sie solle doch ihre Freundin gleich miteinladen, sie sähen sich doch ohnehin sehr häufig. Damit wollte er vielleicht möglichen Ängsten vorbeugen und helfen, die Situation zu entspannen, mir aber auch die Möglichkeit geben, gleich zwei Personen interviewen zu können. Da ich beabsichtigt hatte, ein Einzelgespräch zu führen, mußte ich fürchten, über ein bloßes Kennenlernen der beiden Frauen hinaus zunächst nichts ausrichten zu können. Es kam dann aber anders: die Freundin von Frau A. verspätete sich, so daß ich sie zunächst etwa eine Stunde allein sprechen und ein wenig kennenlernen konnte. Als später die Freundin dazukam, erzählte diese nach kurzer Zeit ebenfalls die Geschichte ihrer Migration. Vor allem kam es zu einer interessanten Gegenüberstellung der jeweiligen Zukunftsplanung: Frau A. als Vertreterin der Rückkehr- ihre Freundin, Frau B., als Vertreterin der Bleibeperspektive. Beide Frauen erklärten sich zu weiteren Einzelinterviews bereit.

Mit Frau A. hatte ich insgesamt drei Interviewsitzungen, wobei das erste Interview von der Präsentation ihrer "großen biographischen Linien" geprägt war, das zweite von der Trauer um ihre soeben verstorbene Schwester, der Darstellung ihrer Verwandtschaftsbeziehungen und ihrer Rückkehrpläne. Das dritte Interview machte ich mit ihr kurz vor ihrer Rückkehr nach Sizilien. Es hatte sowohl das Datum der "28 Jahre Deutschland" zum Thema, als auch Details aus der Vormigrationszeit, an die sich Frau A. nun erinnerte.

Frau A. empfing mich bei unserer ersten Begegnung in ihrer Wohnung im Schwesternwohnheim mit dem Hinweis, daß diese "miserabel" aussehe, da sie wegen des bevorstehenden Umzugs nach Sizilien ihre besten Möbel schon mit der Spedition habe in ihre Heimat bringen lassen. Sie wirkte zurückhaltend, aber nicht abweisend und hatte auf mich auf Grund ihrer Statur eine "mütterliche" Ausstrahlung. Die Zeitspanne, die ihr in Deutschland noch verbleiben sollte, ("zehn Monate noch, nach 27/28 Jahren") bestimmte von Anfang an das Gespräch. Zu ihrer äußeren Erscheinung – Kittelschürze, vom Kopfschutz in der Krankenhausküche zerdrückte Frisur – gerieten die Fotos aus Sizilien in Kontrast, die sie mir später zeigte, auf denen sie ein entspanntes Lächeln zeigte und wohlfrisiert, ja schick wirkte. Ihre Gesichtszüge wirkten zu Beginn recht unbeweglich, wenn nicht starr, ein Glanz kam aber in ihre Augen, wenn sie von ihrer Arbeit im Krankenhaus und vor allem "ihrem Haus" in R. sprach. Meinem Wunsch, das Gespräch per Cassette aufzuzeichnen, stimmte sie gelassen zu.

Ich versuchte sie auf das Interview einzustimmen, indem ich ihr erzählte, warum ich gerade an den Biographien italienischer Migrantinnen interessiert sei, die schon so lange in Deutschland lebten wie sie. Sie ließ sich auf das Thema ein, indem sie mich darauf verwies, wie viele italienische Kolleginnen sie gehabt habe, die inzwischen fast alle zurückgegangen seien. Angesichts des Themas "so lange Jahre in Deutschland" entschuldigte sie sich für ihre, wie sie meinte, mangelhaften Deutschkenntnisse.

Das Interview mit Benedetta A. führte ich so, daß ich zwar von einem losen Gesprächsleitfaden ausging, mich aber weitgehend daran orientierte, ihren Äußerungen eher zu folgen als zu stark zu intervenieren. Es wurde hier also noch nicht, wie im weiteren Erhebungsprozeß, eine Stegreiferzählung initiiert.

5.1.2. Übersicht über die biographische Entwicklung

1933 wird Frau A. in A., einer Kleinstadt in der Nähe der mittelgroßen südsizilianischen Stadt Agrigento, geboren. Der Vater und die Brüder arbeiten im Schwefelabbau in der Nähe von A.. Als Frau A. 7 Jahre alt ist, beginnt sie, zum Unterhalt der großen Familie (7 Kinder) beizutragen. Zum Schulbesuch fehlen Zeit und Geld. Die Eltern sind zu diesem Zeitpunkt bereits zu krank, um die Familie allein zu ernähren.

1958 heiratet sie einen Mann, der aus einem anderen Dorf in der Nähe von Agrigento stammt. Er hat sie über ein Bild kennengelernt, das ihm Verwandte von ihr gezeigt haben, die mit ihm in der Arbeitsmigration in Lothringen leben (Bergbau). Sie folgt ihrem Mann nach Lothringen, wo sie zwar eine Wohnung finden, aber nicht genügend Geld verdienen, um zu sparen. Sie gehen nach Sizilien zurück. Die Geschwister von Frau A., die bis auf einen Bruder alle ebenfalls nach Lothringen emigriert sind, bleiben in Lothringen. Im Heimatort des Mannes pachten Frau A. und ihr Mann ein Stück Land und bewohnen eine Zweizimmerwohnung "auf Kredit"; das Projekt, selbständig vom Gemüseanbau zu leben, muß jedoch aufgegeben werden, da wegen zu großer Trockenheit die Ernten nicht ausreichen, um von dem Ertrag zu leben. Ein Sohn, der noch in Frankreich geboren wurde, ist inzwischen 5 Jahre alt.

1964 geht der Mann nach Deutschland; er arbeitet in der Nähe von Karlsruhe auf dem Bau. Ein halbes Jahr später folgen Frau und Kind ihm nach: in Kassel hat der Bruder von Frau A., der hier bereits lebt und arbeitet, für die Familie eine Wohnung gefunden. Frau A. beginnt, in einem großen Krankenhaus als Küchenhilfe zu arbeiten. Zu der Zeit hat sie noch zahlreiche weitere KollegInnen aus Italien; 1992 hat sie nur noch eine italienische Kollegin. Die Stelle wird sie bis zum Ende ihrer Berufstätigkeit beibehalten. In 27 Jahren feiert sie kaum krank; im Interview weist sie darauf hin, daß es insgesamt kaum 6 Monate gewesen seien. Ihr Ehemann arbeitet zehn Jahre lang auf dem Bau; danach nimmt er eine Arbeit auf dem Schrottplatz an. Eine andere, besser bezahlte Arbeit in der Fabrik akzeptiert er trotz entsprechender Bemühungen von Frau und Sohn nicht: er möchte an der frischen Luft arbeiten.

Ein weiteres Kind der Familie stirbt nach wenigen Wochen.

1978 verunglückt der inzwischen 19jährige Sohn, der im Anlernberuf des Schweißers gearbeitet hat, mit dem Motorrad. Nach sechsmonatiger Bewußtlosigkeit stirbt er.

1982 wird das Haus, das sich die Familie in langen Jahren nach und nach im Heimatort des Mannes gebaut hat, fertig.

1987 stirbt der Mann von Frau A.; der letzte ihr noch verbliebene Familienangehörige in Kassel, ihr Bruder, stirbt 1991. Frau A., die sich entschieden hat, die Zeit bis zur Rentenanwartschaft durchzuhalten, lebt nun ohne nähere Verwandte in Kassel. Sie plant und realisiert, im Sommer 1993 endgültig nach Sizilien zurückzukehren: in den Geburtsort ihres Mannes, wo ihr Haus steht und sie noch Verwandte hat.

5.1.3. Interpretation des ersten Interviews

5.1.3.1. Frau A. stellt sich vor

Auf meinen Eingangsimpuls hin, wo sie denn herkomme, informiert mich Frau A. in recht globaler Weise: "Sizilien" (I,1: Textstelle im Interviewtranskript). Anschließend nennt sie das Geburtsjahr -1933- und das auf den Tag genaue Datum der Verheiratung: 21.6.1958. Es folgt eine kurze Sachinformation über den Tod des Mannes vor fünf Jahren, des Sohnes vor vierzehn Jahren, eines weiteren Kindes, das "nur zwei Jahre gelebt" hat (später präzisiert sie: "zwei Monate") und – etwas ausführlicher – über den Tod des Bruders, der auch in Kassel gelebt hat. Sie präsentiert sich also unmittelbar in ihren familiären Bezügen. Mit der Äußerung "Meine Familie ist alles weg von Sizilien" schließt Frau A. unmittelbar an: das Thema der Herkunftsfamilie ist mit dem Bruder eingeführt worden. Sie informiert mich über die Anzahl ihrer noch lebenden Geschwister in Frankreich, um zu dem Schluß zu kommen: "Ich habe nur meinen Eltern, nur meinen Mann seine Familie" (I,2). Deutet man die Aufzählung "meinen Eltern, meinen Mann" nicht als Versprecher, kann man die beiden familiären Bezugspunkte von Benedetta A. erkennen: die Herkunftsfamilie und die Familie ihres Mannes, in die sie hineingeheiratet hat. Das einschränkende "nur" bezeichnet ihre Verluste: eine eigene Familie hat sie nicht mehr. Damit deutet sich schon eine bedeutsame Umorientierung in der Biographie von Frau A. an: die Herkunftsfamilie ist in Frankreich (in Lothringen), also "weg" – obwohl geographisch näher als Sizilien. Geblieben ist ihr in Kassel nur noch die Familie ihres verstorbenen Bruders – die sie hier zunächst nicht erwähnt – , und in Sizilien die Familie ihres verstorbenen Mannes. Sogleich hinzugefügt wird nun die zentrale Aussage: "Ich habe gebauen + habe schön gebauen in Italien, ganze Möbel habe ich nach Italien, und jetzt gehen zurück" (I,2). Damit verknüpft sie den Hinweis auf einen familiären Bezugspunkt, der in Sizilien liegt, mit der Aussage über das "Wurzelschlagen" in ihrer eigenen Biographie: sie hat in Sizilien gebaut, nicht in Frankreich, nicht in Deutschland.

Nach der Erwähnung eines weiteren wichtigen Themas aus ihrer aktuellen Lebenswirklichkeit, ihres Arbeitsplatzes im Krankenhaus, schließt sie den Einleitungsteil ab mit der Ergebnissicherung "bis jetzt habe ich geschafft (aufseufzend), jetzt habe noch zehn Monate, mal gucken" (I,3). Sie arbeitet als Küchenhilfe im Krankenhaus, eine "schöne Arbeit", aber "schwer, schwer" (I,3), die Kolleginnen und Kollegen, auch die deutschen, sind "gut": sie haben ihr "schön" geholfen. Dennoch, so schließt sie an, sei sie allein. "Keiner kommt, keiner" (I,3). Alle sind beschäftigt, haben ihre Familien. "Kollegen arbeiten, nich, hat Familie, hat keine Zeit für mich" (I,4).

Aus der aktuellen Realität führe ich sie mit meiner Frage nach der Entscheidung für das

Migrationsland Deutschland anstelle von Frankreich, wo ihre Geschwister leben, wieder in den Verlauf der Migrationsbiographie zurück. Hier beginnt nun die Haupterzählung. Benedetta A. hat ihren Mann, mit dem sie im Anschluß an die Heirat nach Frankreich gefolgt war, sehr schnell dazu bewogen, nach Sizilien zurückzugehen, da man dort nicht sparen konnte: "meine Schwester war da, ne, aber wir haben nix gespart, gar nix, ne" (I,4). Dieser Aspekt hat, wie im folgenden hinreichend deutlich werden wird, für die "biographische Gesamtformung" von Benedetta A. eine herausragende Bedeutung. An dieser Stelle sei nur darauf hingewiesen, daß sie ihre Entscheidung über den weiteren Lebensort der (zukünftigen) Familie nicht vom Lebensmittelpunkt ihrer Geschwister abhängig machen wollte, sondern von der ökonomischen Effizienz des Aufenthaltes in der Fremde. Die daraufhin folgende Sizilien-Episode wird retrospektiv zusammengefaßt: "zweieinhalb Jahre nach Sizilien" – dann folgt bereits der Impuls, nach Deutschland zu gehen: "eine collega gesagt: 'Komm nach Deutschland, Deutschland ist gut'" (I,4). Daß inzwischen der Sohn geboren ist und sich die familiäre Situation grundlegend geändert hat, erwähnt sie an dieser Stelle nicht: ihre Erzählung ist bestimmt vom Thema "Wahl des Migrationsortes" und seiner ökonomischen Begründung. Die Entscheidung für Deutschland wird kommentiert durch die Äußerung "Gott sei Dank hier" (I,4) – womit sie wohl ihre Zufriedenheit mit der Wahl der Stadt Kassel ausdrückt – und die Evaluation "bis jetzt toi toi toi hat alles gut geklappt" (I,4) unterstreicht die positive Bewertung in einer Art Klimax, die freilich unterschiedliche Deutungen zuläßt (die Entscheidung war bis zu diesem Zeitpunkt richtig – oder: die Entscheidung war unter ökonomischen Gesichtspunkten richtig). Denn der Gegensatz folgt unmittelbar: "Pech, mein Mann tot, und Junge auch tot" (I,4). Die zeitliche Reihenfolge der Todesfälle wird hier umgekehrt. Inwiefern dies tatsächlich einer Gewichtung der Personen entspricht, die sie selbst vornimmt, wird sich im Verlauf der Textanalyse deutlicher zeigen.

Die Andeutung der Schicksalsschläge wird in ihrer Schwere relativiert durch die nochmalige Unterstreichung des Positiven, das die Äußerung "hat alles gut geklappt" präzisiert und gleichzeitig das Segment "Arbeit" einführt: "ich hab es gut gehabt" (I,5) – im Gegensatz zu ihrem Mann, der auf dem Schrottplatz eine "schwere Arbeit, schlechte Arbeit" hatte (I,5). Eine schlechte Arbeit war es, nicht nur weil sie schwer war, sondern weil er dort schlecht verdiente. In die Fabrik wollte er aber nicht, weil er an der frischen Luft arbeiten wollte und zu ängstlich war, sich eine andere Arbeit zu suchen. In der folgenden Erzählsequenz wird deutlich, wie die Bedenken des Mannes, sich eine besser bezahlte Arbeit zu suchen, und sein früher Tod das Planungskonzept von Frau A., ja, ihre lebenszyklische Sinnquelle, sobald wie möglich gemeinsam nach Sizilien zurückzukehren, zu Fall brachten: "Ich habe gesagt, versuche eine andere Arbeit, ne + und mein Mann hat Angst gehabt und gesagt, nächste Jahr weg, + ich immer nächste Jahr weg, nächste Jahr weg + wann mein Mann tot, ich kann zurück, ne, ich habe gesagt, ach Gott, was soll ich machen hier, ne, ich gerne zurück (schneller, fast freudig), und dann hab ich gesagt, na ja ++ hab ich wenig Rente gekriegt" (I,5). Die mangelnde Bereitschaft (oder Fähigkeit?) des Mannes, sich eine besser bezahlte Arbeit zu suchen, führt zunächst Benedetta A. dazu, die Erfüllung ihres Wunsches "nächste Jahr weg" immer wieder aufschieben zu müssen. Die freudig und eifrig vorgetragene Konsequenz aus dem Tod des Mannes "ich kann zurück"

73

erweist sich zum damaligen Zeitpunkt bei genauerer Realitätsprüfung als nicht haltbar: die hinausgeschobene Rückkehr ist erst realisierbar, wenn sie selbst ihre Rentenberechtigung (60 Jahre) erreicht hat.

Die Durchhaltekraft wird dann jedoch "wann Gott will" – wichtiges Lebensordnungsprinzip – belohnt werden: dann "kriegt" sie "mehr wie verdien" (I,5). Daß es für sie nicht einfach war, hier allein durchzuhalten, kommentiert sie selbst: "Woll'n mal so sagen, ich hab Angst gehabt wann alleine geblieben, jetzt gut" (I,5). Zur Ergebnissicherung "jetzt gut" kommt sie wohl, weil die Zeit bald überstanden ist, aber auch, weil sie von ihrer Verwandtschaft in Frankreich nicht allein gelassen wurde, was sie gleich anschließend erwähnt. Eingeschränkter schon stellt sie die Bindungen zu ihrem Verwandtenkreis in Kassel dar: die Kinder ihres verstorbenen Bruders kommen selten. Die argumentative Begründung liefert sie selbst: "sind sie jung, ne?" (I,5) und verweist damit auf die Distanz zwischen den Generationen. (Da sie aber andererseits an anderen Stellen im Interview von Kontakten zu ihren Nichten und Neffen in Sizilien und Frankreich erzählt und gar an einer späteren Stelle der Sohn des verstorbenen Bruders sogar als möglicher Verursacher von dessen Tod in Augenschein genommen wird, hat die Aussage an dieser Stelle eher den Charakter einer Hintergrundskonstruktion, die an (hier noch) Verdrängtes denken läßt.)

Die folgende Gesprächssequenz wird – eingeleitet durch meine eingrenzende Frage, aus welcher Gegend in Sizilien sie denn herkomme, bestimmt vom Vorstellen ihrer räumlichen und sozialen Bezugswelt. Sie nennt zwei Orte: R. und A.; der erstgenannte ist der Herkunftsort ihres Mannes. Die biographische Umorientierung von A., ihrem Herkunftsort, auf den ihres Mannes, wird schon daran deutlich, daß sie diesen Ort zuerst nennt. Sie findet diesen Ort so "schön", daß sie dieses Adjektiv gleich viermal in einer Erzählphase gebraucht (I,6). Eingebettet in die Markierung des dörflichen Standorts folgt die Information, daß sie dort gebaut habe: "schön" gebaut. Warum sie hier nicht die erste Person Plural verwendet, muß im Verlauf der Analyse geklärt werden. Denkbar ist an dieser Stelle eine Rückführung des nun angebrachten "ich" – ihr Mann ist ja tot – auf den damaligen Status quo, als das Haus gebaut wurde. Denkbar ist aber auch eine Anspielung auf den für sie geschlechtsspezifischen Zuständigkeitsbereich, das Haus.

Die Thematisierung des Wohnortes und des Hauses in Sizilien bringt Benedetta A. dazu, aufzuspringen und mir Fotos zu zeigen: von ihrem Haus, ihren Verwandten, von der Hochzeit einer Schwester und zuletzt von ihrer Hochzeit. In einem späteren Abschnitt des Gesprächs kommen Bilder von ihrer Großmutter und ihrer Schwiegermutter dazu. Angesichts der karg eingerichteten, halb ausgeräumten Wohnung, in der wir sitzen, erscheint der Unterschied zum gediegen ausgestatteten Haus von Frau A. besonders evident. Meine Reaktion: "Das ist ja schön, wirklich!" (I,6) (auf die ich später noch einmal zurückkommen werde) bringt sie denn auch dazu, mit stolzer Stimme zu versichern: "Ich gehe zurück!" Anhand der Fotos informiert mich Frau A. über familienhistorisch bedeutsame Ereignisse – die Eltern sind tot, die Schwiegermutter lebt noch und ist 89 Jahre alt. Sie erzählt mit weicher Stimme, daß sie bei ihrem letzten Aufenthalt in Sizilien Schmerzen an den Armen gehabt habe – "und mit seine kleine Hände mir hier (zeigt auf die Stelle) Salbe gemacht " (...) "Ja, wirklich, die ist lieb, ist sehr lieb" (I,7). Sie bettet damit in die Präsentation des erreichten Wohlstandes die Vermittlung der affektiven Bezüge dort ein. Und zwar hier am Beispiel des Genusses weiblicher Fürsorge und Zuwendung durch die Schwiegermutter.

Gleich darauf kommt sie aber auf die materielle Ebene zurück und erläutert in einem resümierenden biographischen Kommentar das Spar- und Askeseprogramm, das Voraussetzung für den erreichten Wohlstand bildet: "Ich eh siebenundzwanzig Jahre hier + nie einmal nach ++ nie raus, ne, nix Gasthaus, <u>gar</u> nix, nur sparen für die Wohnung und wir haben dann zurückgegangen" (I,8). Wie fern ihr mögliche Zerstreuungen oder Freizeitbeschäftigungen außer Haus liegen, wird daran deutlich, daß ihr ein möglicher Ort, an dem das hätte stattfinden können, nicht einfällt. Der Öffentlichkeitsbereich "Gasthaus" wird von ihr in den Interviews sonst nur im Zusammenhang mit männlichen Handlungsräumen erwähnt. Auf meine Frage, ob sie damit zufrieden sei, daß sie immer gespart habe, reagiert sie mit heftigem Kopfnicken: "Heute ja, heute" (I,8). In der Betonung der zeitlichen Perspektive der Gegenwart macht sie auf die möglichen Kosten der jahrelangen Zukunftsorientierung aufmerksam und präsentiert ihre biographische Orientierungstheorie. "Sonst ++ wohin ich geh jetzt, was mit mir passieren, ne, wo ich sollen gehen? Ja, wann fertig, ich habe schöne Rente, aber + wo? Ich habe es gut gemacht" (I,8). Die Argumentation, mit der die Ergebnissicherung "Ich habe es gut gemacht" abgeschlossen wird, verweist auf die nicht allein quantitativ-materielle Ebene der Bedeutung des Hauses. Das "Hier"bleiben wird nicht in Betracht gezogen, und einen anderen Ort, an den sie gehen könnte, gibt es für sie nicht. Das Sparen hat sich in ihren Augen gelohnt, ihre biographische Planung erweist sich nun, da sie allein ist, erst recht als klug.

Das Thema des Alleinseins wird im folgenden fortgeführt durch eine Hintergrunderzählung vom Tod – und damit Verlust – zweier Brüder. Sie erzählt, daß ein Bruder in Frankreich bei einem Grubenunglück gestorben sei – sie präsentiert hier nur die Fakten und markiert das Datum, 1973, um dann gleich überzuleiten zum Tod des anderen Bruders. "(...) und <u>das</u> eh + Montag hiergewesen, ne, von vier bis neun + am Dienstag angerufen + ist zu Gasthaus + Mittwoch angerufen + vielleicht Gasthaus + am Freitag ++ Samstag, komme von Arbeit, angerufen, der Bruder ist tot. Drei Tage tot in die Tür . Und war ganz allein hier, hat selber Haus gehabt in G., war ganz alleine, wir denken, ist zu Gasthaus. Hatte + kaputte Hand gehabt und nix arbeitet, wir denken ist zu Gasthaus. Wenn seine Tochter dahin gewesen, war schon schwarz ++ zweiundfünfzig Jahre, <u>drei</u> Tage in die Tür gelegen + so schlimm +++" (I,9). Zunächst fällt auf, daß in diesem narrativen Darstellungsteil die Erzählung vom Tod des zweiten Bruders sehr viel ausführlicher ausfällt als die vom Tod des ersten; mit dem Übergang "und das" (=und der) wird ihre Stimme auch deutlich lauter. Dieser Bruder bzw. das Ereignis seines Todes vor eineinhalb Jahren (so erläutert sie an anderer Stelle) scheint ihr sehr präsent zu sein – sie führt ihn nicht mit Namen oder einem sonst ihn näher bezeichnenden Datum ein. Zum Verständnishintergrund für mich scheint ihr zu reichen, daß sie mich gleich zu Beginn des Interviews über seinen Tod informiert hatte. Das Erzählsegment "Tod der Brüder" gewinnt nun an Dramatik durch das Benennen der Wochentage bis zur Realisierung seines Todes, das Datum der drei Tage, an denen er schon tot war, ohne daß dies bemerkt worden wäre, und die Erwähnung der antithetisch vorgetragenen Vermutung, er sei im Gasthaus. Die Verknüpfung der Aussagen über das Eintreffen seiner Tochter, seinen bereits erreichten Zustand und sein Alter unterstreicht die Dramatik des Ereignisses, verbindet aber auch die Familienverhältnisse mit seinem Schicksal. (An anderer Stelle bringt sie die Einsamkeit des Bruders mit seinen ungünstigen Familienverhältnissen in Verbindung. Er hatte gegen ihren Rat eine deutsche Frau mit vielen Kindern geheiratet, die Alkoholikerin war und früh starb. Die Kinder verließen das Elternhaus sehr bald, und der Bruder von Frau A. blieb allein. Nach dem Tod des Ehemannes war dieser Bruder der einzige familiäre Bezugspunkt am Ort. Da dieser Bruder an anderen Stellen im Interview immer wieder auftaucht, wird auf seine Bedeutung für Benedetta A.s Leben in der Migration noch zurückzukommen sein.)

Im Interview schließt sich an die Erzählsequenz "Tod der Brüder" unmittelbar ein biographischer Kommentar an, den ich im folgenden exemplarisch im Hinblick auf die biographische Gesamtformung analysieren möchte, und zwar nicht nur relativ textimmanent, sondern unter Einbeziehung weiterer relevanter Daten aus den Darstellungen von Frau A. sowie der Ergebnisse von anthropologischen und sozialwissenschaftlichen Studien, die zur Klärung einzelner Aspekte der vorliegenden Biographie dienen können.

"A: Hier, Arbeit ist gut, ne. Aber ich hab viel mitgemacht, viel, viel (leiser).
I: Mhm
A: Jetzt bin ich kaputt + jetzt ich gehe nur zurück, wann Gott will. Was soll ich machen hier?" (Sie zeigt zur Decke.) (I,9)

Der biographische Kommentar von Benedetta A. hat sicherlich aus zwei Gründen Resümeecharakter. Zum einen steht eine "first biographic closure" (A.Strauss) bevor: sie bereitet sich darauf vor, den langen Lebensabschnitt, den sie in Deutschland verbracht hat, zu beenden. 28 Jahre, fast die Hälfte ihres Lebens. Zum anderen mag sie durch die Interviewsituation veranlaßt sein, im Erzählen über ihr Leben in der Migration Bilanz zu ziehen. Die Aussage plaziert Frau A. zwischen die Erzählung vom Tod der Brüder die vom Mietpreis, den sie hier zahlen muß.

In diesem biographischen Kommentar drückt sie zunächst ihre Zufriedenheit mit der Arbeit aus, und zwar in generalisierender Weise. Sie sagt nicht: "meine Arbeit ist/war gut". Sie verbindet mit "hier" – Kassel, Deutschland – den positiven Aspekt der Arbeit, hat die Erfahrung gemacht, daß sie, ihr Mann, ihr Sohn und ihr Bruder hier problemlos Arbeit gefunden haben. Bezogen auf die Migrationsentscheidung, die offensichtlich auf den ersten Blick aus ökonomischen Gründen getroffen wurde ("wann ich habe Geld für Möbel, ich gehe weg") (II,17), kann sie sich sagen, daß es richtig war, hierher zu gehen. Die Berufstätigkeit hier hat ihr ermöglicht, "schön" zu sparen. Ein bescheidener Wohlstand wurde erreicht: nicht nur eigene Möbel, sondern sogar ein eigenes Haus. Was die Arbeitsbedingungen angeht, äußert sie sich in den Interviews differenziert: durch die Einführung des Fließbandsystems in der Krankenhausküche ist die Arbeit "schwer, schwer, schwer" geworden (I,3), sie hat inzwischen nur noch eine italienische Kollegin, und sie hat auch Erfahrungen von geringer Rücksichtnahme auf ihr Alter, ("muß ich machen wie eine zwanzigjährige Frau – oder will oder nix") (II,18) emotionaler Kälte ("keine einzige Beileid gesagt") (II,18) und Ausländerfeindlichkeit gemacht. Dennoch hält sie ihre Arbeit für eine "schöne Arbeit" (I,3) – im Unterschied zu vielen Migrantinnen, die sie kennt, hat sie eine in ihren Augen vergleichsweise gute Arbeitsstelle: keine (versteckte) Putzarbeit, keine Fabrikarbeit. Die Arbeit in der Küche entpricht in ihrem kulturellen Herkunftskontext den traditionellen Anforderungen an weibliche Berufstätigkeit, wenn diese denn schon sein muß (s. dazu Laudani, S. 1992, S.113 ff.).

Die Äußerung "Aber ich habe viel mitgemacht" schränkt die Bewertung in der vorher getroffenen Feststellung ein durch den Verweis auf das persönliche Schicksal. Die Biographie von Benedetta A. ist in der Lebensphase der Migrationszeit geprägt durch den Tod ihrer Kinder (ein Kind starb als Säugling, der 19jährige Sohn verunglückte mit dem Motorrad), den Tod ihres Mannes und ihres Bruders. Von den Geschwistern, die alle in Lothringen leben, starb ein Bruder 1973 bei einem Grubenunglück, und wenige Tage vor unserem zweiten Interview ihre älteste Schwester. Das Thema "Tod" durchzieht beide Interviews. Frau A., für die eigentlich nur die familiären Bezüge etwas gelten, (nichtverwandte Personen fungieren eher als Helfer in den verschiedenen Lebenslagen) ("schön gehelfen") (I,3) gab damit auch immer ein Stück ihrer personalen und sozialen Identität weg. Erst als Mutter, dann als Ehefrau, zuletzt als Schwester. Zu ihrem Lebensentwurf als Frau hatte es gehört, eine Familie zu haben – dafür hatte sie sich sogar in das Abenteuer gestürzt, einen Mann zu heiraten, den sie nicht kannte ("verheiratet mit Bild, so war das damals in Sizilia"!) und Sizilien zu verlassen.

Traumatische Erfahrungen dieser Art hätten sicherlich auch Nicht-Migrantinnen in schwere persönliche Krisen gestürzt. Dennoch müssen die Verluste und ihre Verarbeitung im Kontext des Lebens in der Fremde und vor einem historisch-kulturellen Background, der für Frauen kaum "ehrenhafte" Lebensentwürfe außerhalb der Familie vorsah (dazu ebenfalls Laudani, S., a.a.O.), als noch stärkere Bedrohung des inneren Gleichgewichts angesehen werden. Es mögen bei einer solchen Anzahl von Verlusten Erklärungstheorien auftauchen, die Antwort geben auf die Frage: "warum ist das gerade mir passiert?" Frau. A. nennt in diesem Zusammenhang das "Pech"- anders bei ihren prospektiven Überlegungen "wann Gott will". Mit dem "Pech" als Ursache für erlittenes Unglück greift Frau A. auf das traditionelle "destino"-Modell zurück, das nach S. Mafai in Sizilien lange Zeit jeglichen Mißerfolg, Glück oder Unglück, auf das "Schicksal" zurückführte, dem man sich ausgesetzt sah. Inzwischen, so Mafai, habe in der modernen sizilianischen Gesellschaft "la società" "il destino" als Erklärungsmuster ersetzt, das traditionelle Modell überlebe jedoch noch als Bodensatz im Bewußtsein und könne bei unerwarteten Schwierigkeiten oder Unglücksfällen wieder aufleben (Mafai, S. 1980, S.45 f.). Den Tod des Sohnes führt Frau A. nun direkt auf die Lebensweise in Deutschland zurück: in Sizilien wäre das vielleicht nicht passiert, dort sei ihr Mann auch immer nur Fahrrad gefahren (II, 16). Eine Hintergrundserklärung, die augenscheinliche Wahrnehmungen, die sie sicherlich bei ihren Besuchen in Sizilien gemacht hat, ausblenden muß. In diesem Zusammenhang werden also Zweifel an der Entscheidung, nach Deutschland gegangen zu sein, deutlich.

"Jetzt bin ich kaputt" – diese Äußerung ist als unmittelbares Resultat der vorher gemachten Aussage zu sehen. "Kaputtgemacht", also zerstört, haben sie nicht nur die Arbeit und das Sorgen für die Familie. Über gesundheitliche Beeinträchtigungen klagt sie in den Interviews kaum, sondern betont eher, wie wenig sie krank gefeiert habe. "Kaputtgemacht" haben sie die Verluste ihrer Familienmitglieder. Ich notierte mir als Eindruck nach unserem ersten Gespräch, sie habe auf mich gewirkt wie "eingesponnen wie in einen Kokon von Trauer" – etwas Starres, Tieftrauriges ging von ihr aus, das sich allerdings während unseres zweiten Gesprächs auflöste – obwohl sie nun einen neuen Todesfall zu bewältigen hatte. Ihre Stimme war deutlich weicher und lebendiger als beim ersten Mal. Dies ist wohl nicht nur auf eine gewachsene Vertrautheit zu mir als Gesprächspartnerin zurückzuführen. Sie hat gelernt, in der Trauer zu leben, sich vielleicht nur da noch zu spüren. Zum anderen scheint ihr der Trauerfall Zuwendung von Seiten ihrer Verwandten zu erbringen – nicht unbedingt die ihrer Kolleginnen und Kollegen. Am Ende des zweiten Interviews teilte sie mir mit, daß sie den (sonst seltenen) Besuch ihrer jüngeren Schwester aus Lothringen erwarte, die ein paar Wochen bei ihr bleiben wolle. Mit dem Verlust eines Familienmitgliedes allein fertigwerden zu müssen, ist, wie sie erzählt, in Sizilien unüblich: so zog beispielsweise ihre Nichte für einige Zeit zu ihr, als sie sich nach dem Tod ihres Mannes in ihrem Haus aufhielt.

Sie benennt die Belastung durch die vielen Todesfälle sehr deutlich: "nur eine, nur zwei, aber drei, vier, das war zuviel" und hebt an anderer Stelle hervor, daß bereits nach dem Tod ihres Sohnes, "alles kaputt" gewesen sei. Sie hatte nun keine Familie mehr. Was ist – ihrer Erfahrung nach – aber eine Frau ohne Familie? In Sizilien ist sie immerhin konkret Teil des Verwandtschaftssystems ihres Ehemannes, das nun im Leben "hier" vor allem nach außen hin keine Rolle spielt. (Sie hat patrilokal geheiratet, die Eltern sind gestorben, die noch lebenden Geschwister alle in Lothringen.) Bestandteil ihres kulturellen Erfahrungshintergrunds ist es wohl, daß der ehelichen Beziehung als Paarbeziehung sowohl von den Beteiligten selbst als auch von der sozialen Umgebung keine große Bedeutung zugemessen wird. Im Vordergrund stand die Lebens- und Produktionsgemeinschaft (zumindest im ländlichen Raum), Ort der Pflege des Nachwuchses – dies waren ihre zentralen Funktionen, auf deren Hintergrund sich die familiäre Rollenverteilung etablierte. Fallen diese Aufgaben weg, ist die eheliche Gemeinschaft ihres wesentlichen Sinnes beraubt. (G. Lo Cascio und C. Gugino weisen in ihrem Aufsatz über die Veränderungen der Position der Frauen in den sizilianischen Familienstrukturen darauf hin, daß bis in die 70er Jahre hinein die nicht auf sich selbst bezogene Paarbeziehung der Ehepartner zum traditionellen Familienmodell gehörte, was dazu führte, daß die Dominanz der prokreativen und edukativen Funktion der Familie die Beziehung zwischen Eltern und Kindern in den Vordergrund stellte.) (Lo Cascio, G. / Gugino, C. 1980, S. 101).

Solange der Bruder von Frau A. noch lebte, konnte sie ihre familiären Pflichten in gewisser Weise aufrechterhalten. Er war Witwer, und seine Kinder fühlten sich nicht für seine Versorgung zuständig. Also kochte und wusch sie für ihn. Als auch er gestorben war, gab es diesen Bezugspunkt nicht mehr, und er konnte auch nicht durch jemand anders ersetzt werden, da niemand mehr mit den hierfür geeigneten Merkmalen da war. In diesem Sinne ist durch das Wegsterben der Familienmitglieder nicht nur ihre individuelle Identität traumatisiert, sondern ihrer sozialen Identität, soweit sie von ihrer Rolle in der Familie gespeist wurde, der Boden entzogen worden.

"Jetzt ich gehe nur zurück": mit "jetzt" meint Benedetta A. den Zeitpunkt ihrer Berentung: im Sommer 1993. Aber sie sitzt schon über ein Jahr vor dem geplanten Rückkehrtermin in einer halb ausgeräumten Wohnung. Gleich zu Beginn unserer ersten Begegnung in ihrer

Wohnung entschuldigt sie sich für deren Zustand ("ist miserabel, ne") mit dem Hinweis, sie gehe in wenigen Monaten zurück, und thematisiert die Organisation der Rückkehr: am liebsten nur mit einem Koffer und mit dem Flugzeug (ein Luxus, den sie sich niemals geleistet hat, außer für "ihre" Toten).

Das Thema der Rückkehr durchzieht unsere Gespräche und vermutlich in weiten Teilen ihr Leben "hier" – "habe immer gesagt, nächste Jahr zurück". Sie erzählt, daß sie schon in ihrer ersten "Wohnung", einer Baracke an einer der tristen Ausfallstraßen der Stadt, immer gesagt habe: nächstes Jahr gehen wir zurück. Der Wunsch, so lange zu arbeiten, bis man wenigstens die Möbel für eine (Miet-)Wohnung habe, stand am Anfang dieser Migrationsphase. Nach einigen Jahren begann die Familie aber auf ein eigenes Haus in Sizilien zu sparen. Die Rückkehr rückte paradoxerweise immer weiter in den Hintergrund: Sieben Jahre war es der Familie nicht möglich, die Heimat zu besuchen. Man mußte sparen.

Ob der Mann die Rückkehrwünsche seiner Frau teilte, konnte ich im Gespräch nicht eindeutig klären. Frau A. beschreibt allerdings sehr ausführlich, daß er an seinem Herkunftsort begraben werden wollte. Da er sich keine besser bezahlte Arbeit suchen wollte – Frau A. äußert die Vermutung er habe Angst gehabt – konnte er von sich aus wohl nicht dazu beitragen, durch eine besser bezahlte Arbeit eine schnellere Rückkehr zu ermöglichen. Der Sohn, so Benedetta A., wollte auf keinen Fall in das Dorf und das Haus der Eltern zurück: "In das Loch? Niemals!" zitiert sie ihn mehrfach. Wäre er am Leben geblieben, hätte seine divergierende Lebensplanung womöglich zu gravierenden Problemen geführt.

Als ihr Mann gestorben war, wäre sie am liebsten sofort nach Sizilien zurückgekehrt. Sie hatte sich aber damit abzufinden, daß sie in Deutschland weiterarbeiten mußte, um sich ihre Rente und damit einen angemessenen Lebensstandard im Alter zu sichern. Über sizilianische Lebensverhältnisse, die sie am Beispiel eines Familienfestes, an dem sie teilgenommen hat, illustriert, kann sie nur staunen: "Die leben besser wie hier, ich weiß nicht, wie machen die das?" (Mit dem Phänomen der scheinbaren Sinnlosigkeit ökonomisch motivierter Migration angesichts sichtbar wachsenden Wohlstands in der Herkunftsregion beschäftigt sich schon G. Fofi in seiner Studie über Migranten in Turin in den 60er Jahren. Hier äußern sich die Befragten allerdings trotz allem zufrieden mit ihrer Migrationsentscheidung angesichts besserer Ausbildungs- und Berufschancen für die Kinder. Vgl. dazu Fofi, G. 1964.) Ob sich das Leben in der Migration, "nur Arbeiten und nach Hause, Arbeiten und nach Hause, nie einmal raus", gelohnt hat, muß sich Benedetta A. wohl fragen. Sie ist davon überzeugt, daß sie heute diesen Schritt nicht mehr tun würde: "Nee, nee, nie wieder (...) Ich besser in Italien" (I,22).

Die letzte Aussage aus der vorliegenden Interviewpassage: "Was soll ich machen hier?" erklärt sich aus den obigen Ausführungen. An anderen Stellen in den Interviews sagt Frau A.: "Was soll ich machen hier <u>allein</u>" oder "Keiner kommt, keiner".

Zunächst einmal wäre, bliebe sie hier, das entbehrungsreiche "Sparen, um zu leben", der Hauptzweck der Migrationszeit, in Frage gestellt. Sie hätte sich umsonst geschunden. D. Barazzetti hat in ihrer anthropologischen Untersuchung einer kalabresischen Kolonie in einer westdeutschen Kleinstadt hinsichtlich der Bedeutung des Hauses folgende Deutung entwickelt: Das Haus ist die Idee vom "aufgeschobenen Leben", die Synthese des Modells "sacrificarsi oggi, per vivere domani" ("sich heute opfern, um morgen zu leben"), die aber gleichzeitig in der Gegenwart wichtig ist als Referenzpunkt, der dem Leben in Deutschland und den erbrachten Opfern "Sinn" gibt. Daraus ergibt sich eine widersprüchliche Bedeutung: auf der einen Seite werden so die Opfer gerechtfertigt, die auf der anderen Seite so erst notwendig werden (Barazzetti, D. 1983, S.45).

Dort, wo das Haus steht, im Heimatort ihres Mannes, hat Benedetta A. noch Verwandte: die Schwiegermutter, ihre Hauptbezugsperson dort, Schwager und Schwägerin, ihre Nichten. Sie ist dort, wenn auch allein in ihrem großen Haus lebend, eingebunden in den familiären Rahmen, dem sie sich zugehörig fühlt und in dem sie aus Sicht der dörflichen Gemeinschaft einen Platz hat. Sie gewinnt an sozialer, vielleicht auch an individueller "Vollständigkeit", sie ist wieder "jemand", nämlich die Frau ihres verstorbenen Mannes, die Schwägerin, die Tante, und kann sich seiner Verwandtschaft zuordnen.

Sie hat sich in Deutschland über die Jahre wegen ihrer Konzentration auf enge familiäre, ja blutsverwandtschaftliche Bezüge, und ihrer Rückkehrorientierung kaum freundschaftliche Kontakte aufgebaut: sie geht nicht in fremde Wohnungen, "bin ich no nit so gewöhnt", sagt sie und erläutert damit, warum sie Einladungen von Arbeitskolleginnen nicht folgt. Die Resistenz, was die Bewegung in bestimmten Räumen angeht, mag mit ihren sozialisatorischen Vorerfahrungen erklärbar sein. Die freie Bewegung im Ort, die für sie als Bäckersgehilfin notwendig war, so erzählt sie mir in unserem letzten Interview, endete mit ihrer Pubertät. H. Friese beschreibt die Aufteilung der sozialen Räume im Rahmen der Geschlechtersegregation in sizilianischen Dörfern: "Der als vorwiegend weiblich angesehene Raum befindet sich, außerhalb des eigenen Hauses, in der Nachbarschaft" (Friese, H. 1989, S.335, Übers. I. Ph.). S. Laudani (a.a.O.) differenziert hier allerdings zwischen "symbolischer Ordnung" der Geschlechtersegregation und Alltagspraxis.

Der Traum vom Leben "danach", also nach der Rückkehr, haben sie wohl Entbehrungen aushalten, vielleicht auch oberflächlich die erlittenen Verluste verkraften lassen, die sie aber nicht verdrängt: "Sind wir arm geworden". Hier: das ist der Ort der Arbeit, des sich Abrackerns, der Schicksalsschläge. "Hier" zu bleiben, hieße, am Ort des Unglücks zu verharren. Daß mit dem "Hier" nur Arbeit außerhalb und innerhalb der Familie gemeint ist, kann aber auch bedeuten, daß sie sich auf die "neue" Umgebung nie vollkommen hat einlassen können. Der Traum von der Rückkehr hätte es ihr dann verwehrt, im Hier und Jetzt zu leben. Die sporadischen Besuche – sie ist über die Jahre wohl zehn-, zwölfmal in Sizilien gewesen, meint sie, hätten sie aber, was die Lebensverhältnisse und Lebensgewohnheiten in der Heimat angeht, fremd werden lassen, auch wenn sie sich den dort in der Nachbarschaft lebenden Verwandten verbunden fühlt ("Ich weiß nit + ich schon <u>lange</u> weg, ne". II,19).

Nach dem ersten Interview gibt sie der Unsicherheit über die angemessene Realisierung des Traums Ausdruck: "Habe ich keine Angst, bin ich alt, sterbe ich sowieso".

Dennoch erhofft sie sich noch ein paar schöne Jahre in ihrem Haus. "Alle freu'n sie sich, wenn ich komme zurück, alles, alles" (I,31). Die Vorbereitungen sind getroffen, was das "weg von hier" angeht. Ihre Verhältnisse in Sizilien vorzuklären, etwa durch einen vorbereitenden Besuch, hat sie nicht geplant: "Muß ich meine Schwägerin sagen" (II,27), antwortet sie mir, als ich sie nach Details der Rückkehrplanung frage. Der Analyse späterer Interviewteile vorgreifend, möchte ich hier auf einen Aspekt eingehen, der diesen Widerspruch – Orientierung an der Rückkehr, gleichzeitig offenkundig fehlende Initiativen, das Leben am Ort der Rückkehr organisatorisch vorzubereiten –, erklären hilft: E. Modena hat in seiner Arbeit mit italienischen MigrantInnen in der Schweiz die Beobachtung gemacht, daß die Idealisierung der Rückkehr das "reale Leben" ersetzen und den "Charakter einer überwertigen Idee bekommen kann". Die "Idealisierung der 'Rückkehr' helfe "maßgebend, das reale Leben zu verleugnen". Er zieht daraus die Schlußfolgerung, "daß keine der verschiedenen Lebensphasen wirklich intensiv im Hier und Jetzt gelebt" werden könne (Modena, E. 1989, S.23). Betrachtet man das Leben von Benedetta A. in der Migration, mag die Verleugnung von Aspekten des realen Lebens ihr sicher das Einlassen auf das "Hier und Jetzt" erschwert haben – mit allen Folgeproblemen. Andererseits muß dies wohl gesehen werden als ihre ganz eigene Art, mit der Zerstörung des Traums vom "besseren Leben" per Migration umzugehen.

Doch zurück zum konkreten Interviewverlauf. Wie erwähnt, folgt dem gehaltvollen biographischen Kommentar die Information über den Preis der Mietwohnung im Schwesternwohnheim. Die Frage "Was soll ich machen hier?" wird somit in den Kontext der materiellen Aufwendungen für die Kasseler Wohnung gestellt. Ihr bis hierhin schon auffällig gewordenes biographisches Orientierungsprinzip des Sparens und Rechnens kommt hier erneut zum Tragen. Wozu die teure Miete ausgeben, die sie übrigens für nicht unangemessen hoch hält, weil die Wohnung "aber gut ist" (I,8)? Sie hat ja ihr Haus in Sizilien. Unser Gespräch wird in dieser Phase weitgehend strukturiert durch die Bilder, die sie mir zeigt – sie stellt sich mir auch vor durch das, was "unbeschreiblich" ist, und Bilder mögen ihr als weitgehender Analphabetin als treffliches Medium für die Vermittlung ihrer Geschichte und ihrer Zukunft ("ich gehe zurück") besonders geeignet scheinen. Keines der präsentierten Fotos ist in Kassel entstanden. Informationen und Kommentare zum Leben der ihr wichtigen Personen folgen nun: anläßlich des Hochzeitsbildes ihrer Schwester erfahre ich, daß diese ebenso in Frankreich (Lothringen), wo sie seit 30 Jahren lebt, bleiben will wie auch die übrigen Geschwister. "In Frankreich hat sie selber gebauen", "sind die Kinder da geboren" (I,9). Die biographische Umorientierung auf Frankreich wertet Benedetta A. nun so: "In Italia hat nix geschafft, keiner hat was geschafft" (I,9). Die Schwester hat also in Frankreich "selber gebauen", hat insofern ein von Benedetta A. geteiltes Ziel erreicht, aber es unterliegt in ihrer Sicht der Einschränkung, daß dieses Ziel eben nicht "in Italia" erreicht wurde. "Keiner hat was geschafft" von den Geschwistern – außer Benedetta A. Sie hat ihr Haus in Sizilien. "Unter'm Strich", so entsteht der Eindruck, bilanziert sie das Migrationsresultat der Geschwister in Frankreich negativ, zumindest in ökonomischer Hinsicht.

5.1.3.2. Tod des Ehemanns – Verlust der Familie

Die Einzige zu sein – freilich in spezifischem Sinne – ist auch das Ergebnis der nun folgenden Erzählung. Mit der Präsentation des eigenen Hochzeitsbildes wird für Frau A.

das Thema "Tod" wieder aktuell; "vierunddreißig Jahre, vierunddreißig Jahre" (I,9) war sie mit ihrem Mann verheiratet. Eine längere nachdenkliche Pause folgt, und dann resümiert sie knapp: "Schade, tot ++ und alleine, ne, schade". Erneut wird der (hier indirekte) Verweis auf das, was sie "geschafft" hat (s.o.), eingeschränkt durch das Bedauern über ihr Alleinsein, die Verluste. Nur wenige Textstellen in den Interviews zeigen ein vergleichbar explizites Bedauern über den Tod ihres Ehemannes und ein Eingehen auf die biographische Phase ihrer Ehe mit ihm ("vierunddreißig Jahre"). So wird auch das durch das Hochzeitsbild ausgelöste Erzählsegment "Tod des Ehemanns" nicht allein durch die Erinnerung an seinen Tod bestimmt, obwohl es sich auf dieses Thema konzentriert. Das Resümee "Schade..." wird zunächst ergänzt durch die Äußerung "Genug meine Junge tot, ne, das hat gereicht" (I,9), und mit dem angefügten "meine auch bißchen" (I,9) werden Protest oder Ansätze von Auflehnung gegen die erlittenen Verluste formuliert. Statt "meine ich" wählt sie die sprachlich auffälligere Kombination mit gleich zwei Abtönungspartikeln, die Spuren einer persönlichen Auseinandersetzung mit den Todesfällen zeigt. Sie vermittelt nun die Ereigniskette, die bis in die unmittelbare Gegenwart führt:

"A: (...) wann ich habe gehen Krankenhaus (um den schwerkranken Mann zu besuchen) + hat immer Hoffnung mir gegeben + und eh acht Tage vorher nix mehr sprechen + wann nix mehr sprechen ich mit den Doktor gesprochen + hat gesagt eh, na ja, da haben sie erst zu mir gesagt + ich habe Hoffnung, wann ich weiß mein Mann nach Italia wieder tot bringen + Junge nach Italien + gebracht, mit die Flugzeug + mein Mann wieder nach Italien + au + wann ich habe gehört dies + die zweite nach Italia bringen ++ ich habe gesagt zu mein Schwager: Wie soll ich schaffen? Eh langsam, bißchen Geduld! Langsam!' (sehr schnell gesprochen) + Das war schlimm (leiser) + das war ++ zwei Tote nach Italia bringen, das war schlimm + und die Kleine (=den Kleinen) habe ich hier in (__)straße, gestern besucht ++ war ganz klein geboren + ein Kilo und sechshundert Gramm, ganz klein " (I,9). Er lebte nur "zwei Monate, im Krankenhaus, selbe Tag wann geboren, selbe Tag tot" (I,10).

Das Erzählsegment beginnt mit der "Hoffnung" (daß der Mann die Krankheit überleben möge) und spannt einen Bogen zur Gegenwart des Friedhofsbesuches in Kassel; es faßt noch einmal den Verlust der Familie von Benedetta A. zusammen. Im engeren Sinne endet das Erzählsegment "Tod des Ehemannes" mit dem beruhigenden Rat des Schwagers, zieht einen Kommentar sowie eine Erinnerung an den verstorbenen Säugling nach sich. Liest man die gesamte Textpassage als ein Segment, könnte sie ebensogut den Titel "Verlust der Familie" tragen. Dann könnte sie verstanden werden als Darstellung einer negativen Verlaufskurve (s. dazu Schütze, F. 1991, S.214). Die Anordnung der Informationen "Hoffnung gegeben" – "acht Tage vorher nix mehr sprechen" – habe Hoffnung" – "wann ich weiß (...)" verweist auf die Wechselbäder, die Frau A. in dieser Zeit durchgemacht haben muß. Das erneute Hoffnungmachen der Ärzte kurz vor dem Tod kann hier auch einen leisen Vorwurf enthalten – mit dem "na ja" mag eine laxe Haltung der Ärzte angedeutet sein.

M. Mitscherlich schreibt in ihrem Aufsatz "Die Toten antworten nicht mehr" (in:

Mitscherlich, M. 1993, S.72) von der Möglichkeit, daß mit der Trauer Aggressionen einhergehen. "Die Klagen, die in uns in dem Menschen gegenüber wüten, der uns alleingelassen hat, können im Angesicht des Todes, der Endgültigkeit des Verlustes nur selten geäußert werden" – sie müssen sich individuell wie gesellschaftlich akzeptablere Bahnen suchen. Die (enttäuschte) Hoffnung, an die sich Frau A. hier erinnert, war immerhin durch die Ärzte genährt worden. Daß Frau A. aber nicht bei den Gefühlen in der Situation des unmittelbaren Todesfalls stehengeblieben ist, zeigt die Erwähnung des Friedhofsbesuches am Ende dieser Passage: der Tod ist Teil ihres Lebens geworden, sie hat ihn als solchen anerkannt. (Auch wenn denkbar ist, daß sie bei dem Kind, das nur zwei Monate gelebt hatte, eine Trennung eher akzeptieren konnte.)

Wie ist aber ihr ergebnissichernder Kommentar "zwei Tote nach Italia bringen, das war schlimm" zu deuten? Daß sie Ratschläge von ihrem Schwager (dem am Herkunftsort des Mannes lebenden Bruder) einholt, verweist darauf, daß sie in Kassel mit dem organisatorischen Problem der Überführung recht allein stand. Aber einmal hatte sie es schließlich schon "geschafft", sie hatte schon Erfahrung. Auch die Rückführung des verunglückten Sohnes mit dem Flugzeug nach Sizilien hatte sie organisiert. Dieses erste Mal muß ihr nun wieder sehr präsent geworden sein. Und schließlich: zwei Tote nach Italien zu bringen, bedeutete, sie nicht mehr – weder tot noch lebendig – in der Nähe haben zu können, die Gewißheit zu haben, bei einer Rückkehr nach Sizilien "mit leeren Händen" zu kommen.

Die Verzweiflung in der damaligen Situation – die Darstellung läßt die Vermutung zu, daß Frau A. die vergangenen Gefühle noch zugänglich sind – macht sich fest an der Äußerung "wann ich weiß mein Mann nach Italia wieder tot bringen". Das Adverb "wieder" bezieht sich wohl auf die Flugzeugaktion, die schon bei dem Jungen notwendig wurde. "(...) wann ich habe gehört dies", wiederholt sie in einem Erzählgerüstsatz, sich erneut auf den Moment der Gewißheit beziehend. Als sie erfahren hat, daß ihr Mann tot ist, hat sie wohl gleich an die Überführung des Leichnams mit dem Flugzeug gedacht. Die organisatorische Aufgabe, die vor ihr liegt, muß sie im Zustand der Trauer bewältigen. Sie muß Aktivitäten entwickeln, kann sich also nicht einfach ausschließlich ihrem Schmerz hingeben, ihrer Mutlosigkeit, einem Mechanismus des Erleidens, und sie muß den Toten weiter weggeben als nur auf einen Friedhof in der Nähe.

Dieser erste Interviewteil endet mit der Erzählung vom Tod des Mannes und dem Verlust der Familie. Meine Nachfrage nach Details zum Tod des Säuglings bleibt ohne Antwort: Frau A.s Freundin, Frau B., die sich verspätet hat, kommt dazu und liefert nach kurzer Begrüßung auf die Frage von Frau A. "Che c'era?" (Was gab es?) in einem furiosen Auftritt eine lebhafte Erklärung für ihre Verspätung. Als Frau A. wieder zu Wort kommt, stellt sie mir ihre Freundin auf ihre Weise vor: "Die Frau auch, 26 Jahre hier! ++ Wir sind ma sowieso wie Schwestern, ich habe gerne, ja". Nachdem Frau B. dies bestätigt hat, fährt sie fort: "Is auch alleine, ne, hat Kinder, hat ja Kinder, aber seine Mann is auch tot" (I,12). Unterschiede und Gemeinsamkeiten im Vergleich mit Frau B. sind damit markiert und die "Schwesternschaft" zu Frau B. andeutungsweise motiviert. Es fällt auf, daß Frau A. für die Kennzeichnung eines nahen Menschen die Familienkategorie "Schwester" und nicht "Freundin" wählt.

5.1.3.3. "Nie wieder Deutschland"

Ich entscheide mich – obwohl Frau B. gewiß über das Schicksal ihrer Freundin unterrichtet ist –, der Situation entsprechend das Interview nicht an der Stelle fortzusetzen, wo wir unterbrochen worden waren. Immerhin ist Frau B. ja in der Erwartung erschienen, von jemand interviewt zu werden, der etwas über ihre Migrationserfahrung wissen möchte. Ich beziehe nun also Frau B. ins Gespräch mit ein, indem ich sie frage, wie lange ihr Mann schon tot sei, wann sie nach Deutschland gekommen sei etc. Während des Gesprächs mit Frau B., in dem ich von ihr erfahre, warum sie aus Sizilien ausgewandert ist, und in groben Zügen über ihr Leben in der Migration informiert werde, schaltet sich Benedetta A. nur einmal kurz ein, um zu bestätigen, wie tüchtig ihre Freundin ist, die trotz großer Schwierigkeiten mit dem Ehemann ihre vier Kinder so großgezogen hat, daß sie heute alle ökonomisch auf eigenen Füßen stehen können. Nachdem sich einige zentrale Linien der Biographie von Frau B. für mich gezeigt haben, konfrontiere ich beide Frauen mit der argumentativen Frage, ob sie die Entscheidung, nach Deutschland zu gehen, wiederholen würden. Hier antwortet Frau A. nun sehr spontan und als erste. "Nee, nee (laut), nie wieder" (I,19). Im folgenden kurzen Dialog präzisiert sie das, angeregt durch meine Reaktion:

"I: Sie würden nie wieder gehen?
A: Nee ++ Trotzdem habe ich nichts zu sagen in (=gegen) Deutschland + mein Mann hatte Arbeit + mein Junge hatte Arbeit + mein Junge hat Schweißer gelernt + aber ich + nie wieder Deutschland (starkes Kopfschütteln) + <u>ich</u> besser in Italien
I: Würden Sie nicht mehr machen
A: Ich persönlich + Ich habe Schwager in Italien + Schwägerin + alle leben + alles gut leben da + sogar besser wie hier ++ Mein Schwager hat in Mülleimer (=bei der Müllabfuhr) gearbeitet und hat verdient mehr wie einige Leute hier + und anderer Fall + hat großes Gasthaus + die Leute + hat besser wie uns +++ ich habe gesehen hier, ne was + Gott, wer kann arbeiten, ne + wer nicht kann arbeiten, schlecht". (Sie fügt eine Äußerung hinzu, die für mich unverständlich bleibt, bis auf "giocato a carte" – Karten gespielt, die ich so deute, daß der, der nur Karten gespielt hat, es weder hier noch dort zu etwas gebracht hat.) (I,19)

Mit ihren Äußerungen reagiert Frau A. nicht nur auf mein insistierendes Nachfragen, sondern auch auf die zuvor gemachten Einlassungen von Frau B., die erklärt hat, warum sie ihren Lebensabend in Kassel verbringen und nicht nach Sizilien zurückgehen wolle (drei ihrer Kinder leben hier, in Sizilien hat sie kein Haus und nur noch wenig Kontakt zu ihren Schwestern, da ihr dieser vom Ehemann über lange Jahre verwehrt worden war.). Deshalb bezieht Frau A. ihre Argumentation explizit nur auf die eigene Person ("ich besser in Italien", "ich persönlich".). Obwohl andere Stellen in den Interviews nahelegen, daß sie mit Deutschland das verbindet, "was zu mir ist passiert", setzt sie sich mit der biographischen Entscheidung, nach Deutschland gegangen zu sein, vornehmlich auf der ökonomischen Ebene auseinander. Dies steht im Einklang zur ebenfalls ökonomischen Begründung ihrer eigenen Migrationsentscheidung. Als auf ihr entschiedenes "nie wieder" meine erneute Intervention folgt, die sie auch als ungläubiges Nachfragen, das der weiteren Versicherung bedarf, verstanden haben könnte, differenziert sie ihre Aussage. Damit macht sie ihre deutliche Ablehnung für mich als deutsche Gesprächspartnerin wohl erträglicher. In der Gegenüberstellung Deutschland-Italien, um die es hier geht, bewegt sie sich jenseits von Pauschalurteilen, obwohl der hier von ihr verwendete Begriff "Italien" statt "Sizilien" eine Ausweitung ihres auch für sie bedeutsamen regionalen Bezugsrahmens bedeutet. Sie verweist auf das Positive, Mann und Sohn hatten Arbeit, der Sohn hat einen Beruf gelernt. Sie erwähnt hier nicht, daß sie selbst auch Arbeit gefunden hat, was auf eine an dieser Textstelle auftretende "sizilianische Perspektive" hindeutet – Frauen arbeiten heutzutage ihrer Meinung nach in Sizilien fast nie außer Haus, wie sie später im Interview äußert. Sie will sich über Deutschland also nicht beschweren, da die Männer in ihrer Familie Arbeit hatten. Für das Urteil über Sizilien "alles gut leben da" zieht sie konkrete Beispiele aus ihrer (angeheirateten) Verwandtschaft heran. Und man lebt dort nicht nur gut, sondern "besser wie uns" – wie wir. Da das Thema dieser Sequenz die Auswanderung nach Deutschland ist, kann das "wir" hier auf die ausgewanderten ItalienerInnen bezogen werden. Denkbar ist freilich auch ein Bezug auf Frau B., die Freundin, und sich selbst. In der folgenden Äußerung: "ich habe gesehen hier, was", ist die Lokalisierung "hier" wohl noch auf die "sizilianische Perspektive" zu beziehen. Sie hat mit eigenen Augen gesehen, wie gut es den Leuten geht – mit der Einschränkung: wenn sie Arbeit haben; seien es nun abhängig Beschäftigte oder Selbständige. In einer späteren Interviewpassage (I,21) kommt sie noch einmal auf den Aspekt "Arbeit in Sizilien" zurück, und bezieht den Beweis "ich habe gesehen" auf ihren letzten Urlaub in Sizilien. Die Problematik des vergeblichen Opfers für einen Wohlstand, den man auch hätte erreichen können, wenn man zu Hause geblieben wäre, klingt hier an. Dennoch zeigt Frau A. im Verlauf des Interviews, daß sie sehr wohl zwischen den Lebenslagen "heute" und "damals" zu unterscheiden weiß.

Der Argumentation der Freundin, sie bliebe lieber in Deutschland, weil sie sich hier frei fühle, auch weil sie hier niemand frage, wo sie hingehe, stellt Frau A. antithetisch gegenüber: "Ich 27 Jahre + (laut) nach Haus, arbeiten + nach Haus, arbeiten (Wiederholung leise gesprochen)" (I,20). Hier werden zwei Lebensentwürfe miteinander konfrontiert, zumindest aber sehr unterschiedliche biographische Verläufe. Frau B.s Betonung, ihre Freiheit genießen zu können, setzt Frau A. ein ganz anderes Programm entgegen: die Arbeit außer Haus und (vermutlich, solange "ihre Männer" noch lebten) im Haus. Die Freiheit, sich ohne soziale Kontrolle bewegen zu können, von der die Freundin spricht, hatte in diesem Leben keinen Platz und wohl auch keinen Wert. Als Frau B. mir die Differenz in der unterschiedlichen Altersplanung zu erklären versucht – Benedetta A. habe schließlich weder Mann noch Kinder – greift Frau A. den Aspekt der fehlenden Kinder auf.

"Kinder ++ Wenn Kinder, vielleicht ja. Wenn Kinder, ja. Mein Junge hat gesagt: lieber in Deutschland ++ ich meine, Urlaub, ja + Und ich immer sage: Wir haben so schön gebauen für dich, ne, 'In das Loch? Nie im Leben!' + Mein Junge hat gerne hier gehabt. Nur ich immer sage: nächste Jahr, nächste (lacht) Jahr, immer, ne" (I,20).

Die Unterschiedlichkeit der Orientierungen und Lebensentwürfe, die in der Konfrontation mit Frau B.s Orientierung schon sichtbar wurde, verdeutlicht Frau A. nun, indem sie das Beispiel ihres Sohnes anführt. Und auch hier benennt sie wieder ihre persönlichen Wünsche. Taucht an dieser Stelle das Haus als Moment der elterlichen Zukunftsvorsorge für den Sohn auf ("schön gebauen für dich"), läßt das Zitat der Äußerung des Sohnes auch an eine Abwertung des von den Eltern Erreichten sowie ihrer Zukunftspläne denken. Vielleicht wäre Frau A. geblieben, oder auch gewiß, wenn Kinder dagewesen wären. Wie schon angedeutet, hätte dieser Sachverhalt ihrem nie aufgegebenen Wunsch, "nächste Jahr" zurückzugehen, entgegengestanden, hätte sie zumindest zu einer schwierigen Entscheidung gezwungen. Ohne Kinder in die Heimat zurück, das Erreichte genießen können, oder hierzubleiben und die Kinder in der Nähe zu haben: eine Entscheidung, die ihr nun, da sie allein ist, erspart wurde.

In einem biographischen Kommentar faßt Frau A. noch einmal zusammen, daß sie "von den Leuten, was ich kenne, (...) nichts Schlechtes sagen" könne, Deutsche und Italiener hätten ihr "viel geholfen", aber "drei Tote sind drei Tote, mit meinem Bruder vier", das sei "zuviel". Und noch einmal: "Sonst, von die andere, Arbeit, ich schön sparen, schön gebauen, nach Italien schöne Wohnung, das ist von meine Geld (schnell gesprochen) + aber habe Pech gehabt" (I,21). Hier wird die Rückkehrentscheidung noch einmal persönlich, von ihrer biographischen Verlaufskurve her begründet. Es lag nicht an Deutschland (Leute, Arbeit, ökonomischer Erfolg), daß sie nicht bleibt, sondern daran, daß vier Tote "zuviel" sind, daß sie "Pech gehabt" hat. In der Verwendung der 1. Person als Subjekt wird in der Benennung des Erreichten durchaus auch Stolz sichtbar. Sie persönlich hat die Leistungen dafür erbracht, daß alles hätte gut werden können.

Das Gespräch bewegt sich nun noch einmal in der biographischen Phase der Vormigrationszeit. Als sie aus Sizilien weggingen, "weil nix sparen", "war gar nix", nur "zu essen" und "schöne Luft", "für meinen Mann war da keine Arbeit" (I,21). Daß ihr Mann alles versucht hat, um die junge Familie zu ernähren – sie erzählt an anderer Stelle von den Versuchen, sich als Landwirt selbständig zu machen – bereitet den Boden für eine klare Entscheidung, deren Notwendigkeit nicht mehr in Zweifel gezogen werden muß. So kann sie mit dem, was ihr Mann in Sizilien getan hat, um seinen Beitrag zum Unterhalt der Familie zu leisten, im Reinen sein: im Gegensatz zu seinen ökonomischen Resultaten in der Migration. Hier sollte sich ihr Beitrag zum erreichten Wohlstand als entscheidend erweisen. Sie ist sich ihrer Bedeutung für den sozialen Aufstieg der Familie wohl bewußt.

Frau A. gehört, obwohl sie nie eine andere Perspektive für sich sah, als zurückzugehen, nicht zu denen, die ihre Heimat in der Erinnerung, aus der biographischen Perspektive, überwiegend idealisieren. Dies gilt auch nicht für ihre Kindheit und Jugend, wie sich noch zeigen wird. Das Positive setzt sie in der Gegenwart an:

"Und ich + manchmal hasse Sizilia, sagen, guck mal, drei Leute, nix arbeiten + Mein Mann hatte selber in Land gearbeitet, ne + aber war miserabel + war gar nix (...) Aber heute ist anderes. Heute können die leben, und alles ist gut da. Ich habe gesehen + bin eh 20. Juni nach Italien gewesen + Habe die Leute gesehen (...) Ist gut, wie die Leute leben" (I,21).

Hier artikuliert sie ihren Zorn auf das Land, das seinen Bewohnern nicht mehr zu bieten hatte als gute Luft und zu essen, in dem keine Arbeit zu finden war und deshalb nicht gespart werden konnte. Mit den "drei Leuten" sind möglicherweise sie selbst, ihr Mann und ihr Sohn gemeint, oder aber auch ihr Mann, ihr Schwager und der Nachbar (den sie im dritten Interview erwähnt). Sie geht auch noch einmal auf die vergeblichen Versuche ihres Mannes ein, sich nach dem Frankreichaufenthalt eine Existenz in der Landwirtschaft aufzubauen. Sollte mit den "drei Leuten", die "nix arbeiten" konnten, tatsächlich die eigene Familie gemeint sein, könnte dies davon zeugen, daß sie sich nicht nur immer wieder gewünscht hat, "nächste Jahr" zurückzukehren, sondern auch die Möglichkeiten konkret überdacht hat, dort Arbeit zu finden und damit ihren biographischen Entwurf entsprechend in die Tat umzusetzen.

Mit der Äußerung "heute können die leben, und alles ist gut da" wird eine Kontrastanordnung in ihrer Argumentation erkennbar. Die konkrete Erfahrung, daß es in Sizilien außer guter Luft und "zu essen" nichts gab, löst sie für die Gegenwart verallgemeinernd auf.

Zusammenfassend kann gesagt werden, daß in ihren Urteilen über Frankreich und Sizilien das Kriterium des "Sparens" eine entscheidende Rolle spielt. Da man "in Frankreich" auch nicht mehr hatte als "nur zu essen" (I,21), ging es zurück nach Sizilien – und dies war schon besser als Frankreich, "schöne Luft" und vertrautes Terrain, aber zum Sparen gab es ebensowenig her. Damit kristallisiert sich (erneut) das Sparen als einziges und entscheidendes Motiv für die Emigration heraus. "<u>Heute</u> ist anderes", heute ist es anders: Benedetta A. verallgemeinert das, was sie bei ihrem letzten Besuch – und wahrscheinlich schon bei anderen Besuchen in den letzten Jahren – in R. wahrgenommen hat. Um glaubwürdig zu argumentieren, führt Frau A. einen im weitesten Sinne empirischen Beleg an. Woran sie das "bessere Leben" dort festmacht, präzisiert sie an dieser Stelle nicht weiter, hat dies aber vorher schon angedeutet (I,19/20) und kommt in anderen Interviewpassagen darauf zurück.

5.1.3.4. Das Ideal von der großen Familie

Frau B. schaltet sich nun wieder in das Gespräch ein und begründet in längeren Erzählpassagen, warum sie für sich keine Perspektive darin sieht, nach Sizilien zurückzukehren. Frau A. entfernt sich, um einen Kaffee zu kochen, und kommt wieder dazu, als ihre Freundin traurig feststellt, daß sie dort weder eine Wohnung habe wie Frau A., noch ähnlich feste Bezüge, da, so erzählt sie, der Ehemann ihr jahrzehntelang verboten habe, zu ihren zahlreichen Schwestern Kontakte zu halten, und sie diese erst wieder aufnehmen konnte, als er gestorben sei. Frau A. schaltet sich in das Gespräch ein, indem sie resümierend feststellt: "Ja, sind wir arm geworden + was soll man machen? Große Familie vorher + groß + zehn Personen" mit der Großmutter (I,25). Sie spielt hier wieder an auf die biographischen Verluste im Verlauf des Lebens. Das, was für sie "schön, schön, schön" war, wie sie begeistert feststellt, eine große Familie, hat sie nun nicht mehr (I,25). Sie bezieht in ihre Feststellung auch Frau B. ein, die zwar vier Kinder hat, aber ebenfalls Witwe ist und den Kontakt zu ihrer Herkunftsfamilie, zu ihren sieben Schwestern, nahezu verloren hat. Interessant ist, daß dem "Armgewordensein" als Orientierungsgröße die Herkunftsfamilie gegenübergestellt wird, die – wie Frau A. an anderer Stelle ausführen wird – nicht einmal alle Familienmitglieder ausreichend zu ernähren vermochte. Mit der Heirat hat sie ihre eigene große Familie verlassen müssen, wie dies vor ihr und nach ihr auch die anderen Geschwister getan haben, die den Herkunftsort verließen und nach Lothringen auswanderten: zumindest bei den Schwestern ist dies wohl wie bei Frau A. im Zusammenhang mit der Verheiratung geschehen.

Frau A. holt die Bilder von ihrer Großmutter und ihrer Schwiegermutter herbei – die Großmutter sei verstorben, "und jetzt habe meine Schwiegermutter + auch klein (zeigt es) so kleine Frau (lacht) aber lieb" (I,25). (Dafür hatte sie schon in den ersten Sequenzen des Interviews ein Beispiel angeführt.) Damit stellt sie heraus, daß die Familie, in die sie hineingeheiratet hat, ihr die eigene Familie ersetzt. Als Reaktion auf meine fragend vorgetragene Feststellung, daß große Familien wohl "früher" üblich gewesen seien, kommt sie wieder auf ihre Verluste zurück:

"A: Und verheiratet dann mit meinem Mann + dann + dann komme die Junge + und dann bißchen besser + Junge tot, <u>alles</u> kaputt, <u>alles</u> kaputt (...) Das war schlimm (...) Weil, wollen mal sagen, nur ein, nur zwei, ne, aber <u>komme noch zwei Tote</u> + das habe ich nicht +++" (I,26).

Mit der biographischen Klammer "Und verheiratet ..." knüpft sie an das vorher angeklungene Thema von der großen Familie an. Ein "bißchen besser", so ist anzunehmen, wurde es nach der Trennung von ihrer Herkunftsfamilie, die aus der Heirat folgte, als sie ihren Sohn bekam. Auf ihren Kommentar, daß nach dem Tod ihres Sohnes "alles kaputt" gewesen sei, bin ich an anderer Stelle bereits eingegangen. Da diese Formulierung im Anschluß an das Thema der "großen Familie" auftaucht, das sie offensichtlich positiv besetzt hat, wird hier der Kontrast zwischen ihrem Familienideal und der erlebten Realität offensichtlich. Angesichts ihres Ideals von der großen Familie erhebt sich die Frage, warum Benedetta A. "nur" zwei Kinder geboren hat. Mit der Zahl von zwei Kindern bewegt sich die Familie, soweit ich feststellen konnte, im unteren Durchschnitt des in sizilianischen Migrantenfamilien, die ich in Kassel kennengelernt habe, Üblichen. Es ist denkbar, daß z.B. das Projekt "sozialer Aufstieg qua Hausbesitz" eine entsprechende Familienplanung notwendig machte, es ist aber auch nicht unwahrscheinlich, daß Frau A. nach dem Tod ihres Säuglings darauf verzichtete, ein entsprechendes Risiko noch einmal einzugehen. Und schließlich hat sie selbst, wie erwähnt, die Erfahrung gemacht, daß gerade die Familiengröße das Ausmaß der ökonomischen Mangels bestimmen kann. (Ich habe angesichts ihrer tragischen Verluste darauf verzichtet, meine Interviewpartnerin danach zu fragen, ob sie sich etwa mehr Kinder gewünscht hätte, und mich mit ihren Informationen, was Realität und Ideal angeht, begnügt.) Es ist zu vermuten, daß das Festhalten am Ideal der großen Familie einerseits und die Orientierung am sozialen Aufstieg andererseits, der die Migration notwendig machte, Frau A. in ein Orientierungsdilemma gestürzt hat.

Eingebettet in die biographischen Kommentare, die uns inzwischen vertraut sind, weil sie von Benedetta A. fast formelhaft wiederholt werden, präsentiert sie im folgenden das erlebte Unglück von einer anderen Seite: unter dem Aspekt der Belastung der (sich) sorgenden Ehefrau und Mutter.

"A: Von Arbeit, ich kann nichts sagen, ich spreche normal (=ehrlich) + mein Mann hatte schlechte Arbeit gehabt ++ mein Mann hat gearbeitet, immer gearbeitet, die Junge hat <u>immer</u> auch Arbeit, mein Junge, <u>immer</u> gearbeit + Schweißer ++ Mein Mann Schrott, ne, wenig verdient, wenig nach Hause bringen, ne, aber zuviel mit<u>gemacht</u>, zuviel, war zuviel ++ Mein Mann hat Nasenoperation gekriegt und Leber + Krankenhaus drei Monate + bin zehmal mit Taxi hin zu besuchen + fertig Arbeit + zu mein Mann + das war schrecklich ++ Mein Junge sechs Monate bewußtlos hier in Krankenhaus + möchte zu meine Junge + möchte zu meine Junge (weinerlich, wiederholt den Tonfall von damals) + um drei Uhr bis zehn Uhr zu meine Junge + das war schlimm, sehr schlimm +++ Von Arbeit und Kollege + und hier, ne, Deutschland mir gefällt + warum nicht, ne, aber zuviel + war zuviel" (I,26).

Wie gestaltet Frau A. die Erzählung "Variationen zum Thema 'Tod der Männer'", die sie durchsetzt mit Ergebnisssicherungen wie "aber zuviel <u>mitgemacht</u>", zuviel, war zuviel" oder "das war schrecklich"? Sie geht zunächst noch einmal wertend auf die Arbeitsplatzsituation von Mann und Sohn ein; eventuell ist der Beginn des biographischen Kommentars auch auf sie selbst bezogen, "ich kann nichts sagen, ich spreche normal", könnte die Zufriedenheit mit ihrem eigenen Arbeitsplatz zum Ausdruck bringen. Das würde den Kontrast zwischen "normal und "schlechte Arbeit" erklären. Mann und Sohn haben immer gearbeitet, der eine auf dem Schrottplatz, der andere als Schweißer, der Mann hat wenig verdient. Eine "normale", wenn nicht im Ganzen positive Situation, trotz der "schlechten Arbeit" des Mannes. Mit der Ergebnissicherung "aber zuviel mitgemacht" kündigt sie nun an, was "zuviel" war: Dieses "Mitmachen" im Sinne des Erleidens bestand eben nicht nur im Verlust von Mann und Sohn, in der Konfrontation mit deren Tod, sondern auch in der Zeit der Sorge, der psychischen und physischen Belastungen für sie selbst in den Monaten davor. Einen schwerkranken Angehörigen zu haben, bedeutete für sie, in einem monatelangen "Ausnahmezustand" zu leben. Nicht "Arbeit und nach Hause" war nun das Ordnungsprinzip des Alltagslebens, sondern "Arbeit und ins Krankenhaus" . An ihrer Devise "nur nicht krankfeiern" festhaltend, wird sie davon abgesehen haben, sich die Betreuungsarbeit durch Abwesenheit vom Arbeitsplatz zu erleichtern. Von Urlaub, den sie sich hätte in dieser Zeit auch nehmen können, spricht sie hier nicht. (An einer anderen Stelle im zweiten Interview erfahre ich, daß sie sich nach dem Tod ihres Mannes einige Wochen in Sizilien aufgehalten hat.) Der Mann wurde, so präzisiert sie hier erstmals, im Krankenhaus an Nase und Leber behandelt, die Zeit, in der sie ihn nach der Arbeit besuchen mußte, "war schrecklich". Das Taxi wird sie sich nur gegönnt haben, um Zeit und Energie zu sparen. Ein Taxi zu nehmen, ist für sie eine außergewöhnliche Maßnahme, die für sie offensichtlich zum dramatischen Geschehen gehört und deshalb hier erinnert wird. Die Besuchs- und Betreuungsphase vor dem Tod des Sohnes wird wesentlich emotionaler vermittelt: die Gefühle aus dieser Zeit sind ihr offenbar noch zugänglich. Daß sie die belastenden Situationen der hier angesprochenen Lebensphasen nicht ausblenden muß, weist auf eine realistische Wahrnehmung und Auseinandersetzung mit den zu bewältigenden Aufgaben hin: vor dem Verlust der Personen stand ein Verlust von Normalität im Alltagsleben. Der monatelange Krankenhausaufenthalt ihrer Angehörigen ermöglichte ihr – wenn auch zeitweilig irritiert durch die von den Ärzten geweckten Hoffnungen – , sich auf den bevorstehenden Ernstfall des Todes dieser Menschen einzustellen.

An der Darstellung fällt zunächst auf, daß Frau A. es nicht dabei beläßt, den Tod des Sohnes und des Mannes zusammenfassend zu kommentieren, sondern zwei getrennte Phasen aus der Verlaufskurve ihrer Biographie als Ehefrau und Mutter vermittelt. Das zentrale Ereignis dieser Phasen, den Tod, markiert sie hier nicht mehr ausdrücklich, was wohl weniger mit einer Degression in der Darstellung zu tun hat, als vielmehr mit dem hier dominant werdenden Thema der Belastung, des "Mitgemachthabens". Die Umkehrung der Chronologie der Ereignisse – sie erwähnt hier zuerst den Mann, dann den Sohn – könnte erzähllogisch sowohl mit der Eröffnung des Segments "Und verheiratet mit mein Mann" (I,26) zu tun haben als auch mit dem vorgelagerten biographischen Kommentar, in dem sie erst von ihrer Arbeit, dann von der des Mannes, dann der des Sohnes spricht. Daß sie die beiden Phasen als getrennte präsentiert, erinnert an ihre Darstellung von der mehrfachen Rückführung von Familienangehörigen per Flugzeug nach Sizilien. Da mußte sie mehrfach etwas "schaffen", allein, und es fragt sich, wer ihr in dieser Zeit zur Seite gestanden hat.

Zentral und bemerkenswert für die Darstellung in dieser Erzählpassage bleibt das Nichtausblenden der Belastungen, die sie zu tragen hatte. Die "selbstlose Aufopferung" für die Kranken, die zum Ideal der guten Mutter und treusorgenden Ehefrau gehört, müßte diesem Verständnis nach die Auswirkungen auf das Subjekt des sorgenden Verhaltens unberücksichtigt lassen. Bezieht man den kulturellen Herkunftskontext von Benedetta A. in die Interpretation der Textstelle mit ein, so ist zweierlei zu berücksichtigen: Zum Alltagswissen von Frau A. mag es gehören, daß in ihrer Heimat der Krankenhausaufenthalt von Personen einen Pflegeeinsatz von Angehörigen, und meistens der Frauen, rund um die Uhr notwendig macht. Mit Besuchen nach der Arbeitszeit ist es nicht getan, die familiären Pflichten der Frauen müssen um diese Aufgabe der Frauen "herumorganisiert" werden; auf diesen Tatbestand wurde ich verschiedentlich von anderen Interviewpartnerinnen aufmerksam gemacht. Dennoch formuliert Frau A. weder an dieser Stelle noch sonst in den Interviews die Entlastung durch das Pflegesystem in deutschen Krankenhäusern. Denkbar ist, daß ihr dieser Sachverhalt durch ihre eigene Tätigkeit in der Institution Krankenhaus bereits selbstverständlich geworden war, möglich auch, daß sie selbst in Sizilien die Erfahrung als "pflegende Angehörige" noch nicht gemacht hat.

Die Fähigkeit, in der Erinnerung an die Trauer um verstorbene Familienmitglieder die Belastungen für die eigene Person im Bewußtsein zulassen zu können, mag mit der Sozialisation in einer Kultur zusammenhängen, in der angesichts der großen Bedeutung des Abschieds von den Toten, die sich in entprechenden Ritualen niederschlägt, die Probleme der Lebenden in diesem Zusammenhang nicht ausgeblendet werden. L. Sciascia erinnert in einer Einlassung über den Umgang mit dem Tod in Sizilien daran, daß mit dem sizilianischen Sprichwort "Wir wissen, daß wir heute morgen erwacht sind, aber wir wissen nicht, was uns vor dem Dunkelwerden passieren kann", keineswegs die stets vorhandene Möglichkeit des eigenen plötzlichen Todes gemeint sei, sondern hier werde "die typische Klage, in der der Sizilianer nicht den Toten betrauert, sondern sich selbst, auf prekäre Weise lebendig" (Sciascia, L. 1979, S.30, Übers. I.Ph.).

5.1.3.5. Sizilien: "Alle freu'n sie sich" – Hier: " 'Guten Morgen' kostet Geld"

Das erste Interview endet mit einer Gegenüberstellung der Lebensbedingungen "dort" und "hier", soweit es die sozialen Kontakte angeht, ausgelöst durch meinen Impuls "Vielleicht haben Sie noch ein paar schöne Jahre in Sizilien in ihrem Haus". Dieser Impuls ist zu verstehen als Reaktion auf das Segment über die "Männer im Krankenhaus": ein Versuch, der sich im wahrsten Sinne des Wortes im Kreis drehenden Argumentation des vorhergehenden Segments einen Ausweg zu verschaffen. Das Interview neigt sich dem Ende zu, und ich möchte Frau A. nicht an der Stelle "es war schlimm" in ihrer biographischen Darstellung zurücklassen. Deshalb spreche ich die positive Seite, Frau A.s Zukunftsperspektive, hier an. Sie erzählt, daß sie einen Tag zuvor von ihrem Schwager scherzhaft eine Einladung zum Sonntagsessen erhalten habe. Das sei zu weit, stellt sie richtig, und formuliert als Konsequenz aus dem aktuellen Beispiel: "alle freu'n sie sich, wenn ich komme zurück, alles, alles" (I,26). Auf die Bedeutung der Verallgemeinerung, die sie hier vornimmt, und in der ein Stück Idealisierung der Situation stecken mag, die sie nach ihrer Rückkehr erwartet, bin ich bereits eingegangen. Im Schwesternwohnheim hingegen, wo sie lebt, so stellt sie kontrastierend fest, werde sie von manchen Mitbewohnern nicht einmal gegrüßt. Sie habe viel Kontakt mit Deutschen – hier ist wohl in erster Linie der Arbeitsplatz gemeint – , "aber hier", sagt sie kopfschüttelnd, auf das Mietsheim verweisend, " 'guten Morgen' kostet Geld". Sie empfindet es wohl so, daß sie außerhalb sachlicher Kontaktnotwendigkeiten kaum wahrgenommen wird, daß es eine zweckfreie Freundlichkeit nicht gibt. Dieses Vermissen von aufmerksamer Mitmenschlichkeit, zuweilen Empathie, wird sie in den nächsten Interviews wiederholt thematisieren.

5.1.3.6. Nach dem Interview: Gespräch der Freundinnen über das, was Frauen können und dürfen

Im Verlauf des Interviews im "Hier und Jetzt" angekommen, beginnen die beiden Frauen, sich leise auf sizilianisch zu unterhalten. Dies werte ich als Signal, das Interview zu beenden. Nachdem ich den Rekorder ausgeschaltet habe, beziehen sie mich in das Gespräch mit ein: es geht um die jüngere Generation. Die BewohnerInnen des Schwesternwohnheimes, von dem zuletzt die Rede war, sind jung, und es kommt das Thema Moral und Geschlechterverhältnis auf. Es ist möglich, daß dies ein Grund dafür war, daß Frau A. ihre Gedanken dazu nicht zum Bestandteil des Interviews machen wollte. "Hier ist alles möglich", ist Frau A.s Kommentar, und sie meint damit die in ihren Augen ungeordneten Beziehungen zwischen Männern und Frauen.

Das Gespräch kreist im folgenden um das selbständige Leben von Frauen und die Vor- und Nachteile einer Wiederverheiratung, die nun sehr pragmatisch ausgelotet werden. Als positives Beispiel für die Selbständigkeit von Frauen wird von Benedetta A. die eigenständige Renovierung der Wohnung durch Frau B. angeführt, die mir humorvoll geschildert wird. Frau A. habe ihrer Freundin zwar Gesellschaft geleistet, nicht aber selbst mit angefaßt. Im Gegensatz zu ihrer Freundin sei sie unpraktisch, behauptet sie. Benedetta A. beleuchtet nach dem so vorgetragenen Beispiel die Frage der möglichen Wiederverheiratung. Sie betont zunächst, daß sie nicht mehr heiraten wolle: die "schönen 417 Mark Rente" von ihrem Mann, die sie dann verlieren würde! Frau B. stimmt ihr nur sehr verhalten zu, und Frau A. beschäftigt sich nun mit der Möglichkeit untragbarer Verhaltensweisen von Männern. Energisch und mit entsprechenden Gesten verweist sie darauf, daß sie einem Mann, der ständig ins Gasthaus ginge oder Karten spielte, den Zutritt zu ihrer Wohnung verweigern würde. Ihr Mann habe zwar auch einmal etwas getrunken oder Karten gespielt, sei aber ansonsten immer bei ihr zu Hause gewesen. "Hat schwere Arbeit gehabt", begründet sie sein ruhiges Verhalten. Ich verstehe ihre Ausführungen als Versuch, ihre Freundin von den Vorteilen der Witwenschaft zu überzeugen und als indirekt vorgetragene Kritik an der Freundin, die es nicht vermocht hatte, ihren Ehemann von solchen Lastern abzubringen. Frau B. ändert nun die Richtung des Gesprächs, indem sie vom Thema "untragbare Männer" auf das Thema der "bösen Mutter" übergeht. Erzählt wird die Geschichte einer älteren Frau, ebenfalls Witwe, die "die ganze Familie kaputt gemacht" habe, weil sie aus egoistischen Gründen ihren in Deutschland lebenden Sohn mit seiner Frau zur Rückkehr nach Italien bewogen habe. Inzwischen habe sie aber ihre Pläne geändert, wolle sich wieder verheiraten und ziehe die Lebensperspektive mit einem "neuen" Ehemann der eigenen Familie (Sohn und Schwiegertochter) weitab vom bisherigen Lebensmittelpunkt vor. Nun sei der Umzug der jungen Leute, der eine schwierige neue Existenzgründung notwendig gemacht habe, umsonst gewesen. Frau A. bezieht das Thema Rückkehr nun auf sich selbst und gibt zu verstehen, sie habe keine Angst, zurückzugehen. "Was soll passieren. Sterbe ich sowieso". Das klingt wie eine Beschwörungsformel.

In der Unterhaltung der beiden Frauen nach dem Interview, in die ich mich nicht durch weitere Impulse einmische, in der meine Anwesenheit als Adressatin von "Botschaften" aber gewiß eine Rolle spielt, werden folgende Themenschwerpunkte deutlich:

– Die Auseinandersetzung mit unmoralischen Verhaltensweisen junger Menschen, mit denen Benedetta A. in ihrer unmittelbaren Wohnumgebung konfrontiert wird. Die mangelnde soziale Verbindlichkeit, von der im Interview die Rede war, wird thematisch verknüpft mit den Beziehungen zwischen den Geschlechtern.

– Die Auseinandersetzung mit den Vor- und Nachteilen des Alleinlebens als Witwe: der Alltag kann auch selbst organisiert werden, eine Beendigung des Witwenstatus birgt v.a. nach Ansicht von Frau A. die Gefahr neuer Partnerkonflikte und ökonomische Nachteile; nach Ansicht von Frau B. kann das Interesse an einer neuen Partnerschaft mit dem Wohl der erwachsenen Kinder kollidieren.

Frau B.s Position wirkt in diesem Gespräch, soweit es um die Wiederverheiratung geht, weniger gefestigt als die ihrer Freundin. Ihre ökonomische Basis für eine gesicherte Existenz im Alter ist prekärer als die von Frau A., und sie hat sich in ihren Einstellungen, so scheint es, deutlich weiter vom traditionellen Wertehorizont ihrer Herkunftsregion entfernt. Interessant ist die von ihr indirekt aufgeworfene Frage, wie weit eine Frau nach der Familienphase in der Verfolgung eigener Interessen gehen darf.

Frau A. wird im nächsten Interview noch einmal auf das Konzept "Ein Mann genügt für's Leben" zurückkommen. Möglichen Konflikten nach der Rückkehr sieht Frau A. offenbar gelassen entgegen, indem sie die biographische Phase des Rentnerinnendaseins, die sie in Sizilien verleben will, als begrenzt bezeichnet. In ihrer Formulierung "sterbe ich sowieso" steckt freilich ein Stück Verdrängung dessen, was auf sie zukommen mag, wenn sie als Witwe im Herkunftsort ihres Mannes lebt.

5.1.4. Interpretation des zweiten Interviews

Das zweite Interview mit Benedetta A. fand etwa drei Wochen nach unserer ersten Begegnung statt. Es stand unter dem Schatten des Todes ihrer ältesten Schwester, von dem sie mir bei dem Telefongespräch, das ich zwecks Terminabsprache mit ihr führte, gleich erzählt hatte. Frau A. wollte trotz des Todesfalles gerne, daß ich zu ihr käme, um die Interviewarbeit fortzusetzen. Als ich zu ihr ging, empfing sie mich schwarz gekleidet, mit starrem Gesichtsausdruck. Das Thema des Todes "stand im Raum", und sie begann von selbst, von ihrer Schwester zu erzählen. Die an einer Krebskrankheit verstorbene Schwester habe ihr sehr beigestanden, als ihr Mann im Krankenhaus gelegen habe und dann gestorben sei. So hätten sie sich in den Besuchen abwechseln können. Sie erzählte, daß sie in der Zwischenzeit für einige Tage in Frankreich gewesen sei, wohl, um ihre Schwester noch einmal zu sehen oder ihren Verwandten beizustehen. Bis zur Beerdigung habe sie aber nicht bleiben können. Meiner Absicht, in diesem Interview Genaueres über die Zeit vor der Migration zu erfahren, kam entgegen, daß sie im Zusammenhang mit der Schwester von Frankreich erzählen konnte.

Sie teilte mir mit, derzeit Besuch von einem Neffen aus Frankreich zu haben, der in Kassel auf Montage arbeite. Sie betonte, in Erinnerung an einen Besuch ihrer Nichte aus Frankreich vor wenigen Wochen, es sei leichter und schöner, von Frauen Besuch zu haben, da diese sich auch selbst versorgten. Für den Neffen müsse sie kochen – sie selbst bekomme ihre Mahlzeiten am Arbeitsplatz – , und es sei schwer, sich mit ihm zu verständigen, da er nur Französisch könne, nicht aber Italienisch oder Deutsch. Sie vermittelte mir das Gefühl, daß ihr der Neffe nicht so sehr eine Unterstützung in der aktuellen Situation war, obwohl er ihr eine vergleichsweise bequeme Reise nach Lothringen und zurück ermöglicht hatte, sondern eher eine Belastung: da war nun auch noch jemand, für den sie sorgen mußte.

Am Vormittag vor dem Interview war sie in die Stadt gefahren und hatte sich die nötigste Trauerkleidung besorgt, wie sie mir erzählte. Aber sie hatte auch preiswerte Kinderkleidung besorgt, die sie ihrer Nichte in Sizilien schicken wollte. Ich hatte den Eindruck, daß auch dies zur Vorbereitung ihrer Rückkehr gehörte: sie war nun einmal mehr daran interessiert, sich ihrer familiären Bindungen dort zu versichern.

Ihr Gefühl, jetzt noch mehr als vorher allein dazustehen, brachte Frau A. zum Ausdruck, indem sie mich auf verschiedenen Ebenen dazu anregte, mich um ihre Angelegenheiten zu kümmern. Zum einen zeigte sie mir – die kurze Pause des Bandwechsels nutzend – ein Paket, das gerade für den Versand nach Sizilien fertiggemacht wurde, und bat mich, die preisgünstigste Versandart dafür herauszubekommen. Hier holte sie mich aus meiner distanzierten Beobachterinnenrolle heraus. Im Interviewverlauf gab es weitere Appelle an meine Teilnahme, so z.B., wenn es darum ging, einen Traum zu entschlüsseln oder sprachliche Mitteilungen in ihr wichtigen Situationen. Die explizit oder implizit vorgetragenen Anliegen an mich konnte ich gut aufnehmen, weil sie die Situation lebendiger werden ließen und mir als Interviewerin, konfrontiert mit ihrer Trauer, in Maßen aus der neutralen Beobachterinnenrolle herauszutreten erlaubten. Was da von mir erwartet wurde, empfand ich nicht als unbillig. Daß sie klar eingegrenzte Erwartungen hatte und ihre Lage zu organisieren wußte, wurde bei einem nachfolgenden Telefongespräch deutlich, als ich ihr das Ergebnis meiner Erkundigungen mitteilte. Sie zeigte sich zufrieden, nun eine praktische Grundlage für die zu treffenden Vorkehrungen zu haben, und teilte mir mit, daß sie Besuch von ihrer Schwester aus Frankreich bekäme. Sie hatte also dafür gesorgt, in ihrer Trauer nicht allein sein zu müssen.

Dennoch führte die aktuelle Situation, der Zustand der akuten Trauer, in der sich meine Interviewpartnerin einige Tage nach dem Tod ihrer Schwester befand, auf zwei Ebenen zu Schwierigkeiten: die Gegenwartsorientierung von Frau A. machte es nicht immer leicht, narrative Darstellungen im biographischen Kontext zu evozieren – oft herrschte der Gegenwartsfokus vor. Zum anderen war es mir dort, wo sich Frau A. als besonders verunsichert zeigte, fast unmöglich, auf ihren Wunsch, eine Beraterin an der Seite zu haben, nicht einzugehen. Dies führte in manchen Sequenzen des Interviews durchaus zu einer Verwirrung der Handlungsschemata Interviewsituation – Beratungsgespräch. Ich hatte also auf durchaus ambivalente Anforderungen zu reagieren. Der Gratwanderung, die Interviewarbeit für Benedetta A. nicht zu belastend werden zu lassen und dennoch die Regeln der Reziprozität nicht zu verletzen, entzog ich mich gelegentlich durch ein Umlenken von einer emotional dichten auf eine weniger belastete Sachebene, um "heikle Territorien" verlassen zu können.

5.1.4.1. Frau A. erzählt von einem Beinahe-Unglück am Arbeitsplatz

Zu Beginn des Interviews erzählt Frau A., daß sie am Vortag am Arbeitplatz in eine gefährliche Situation geraten war. Sie war aus Versehen von einem Kollegen im Kühlraum der Krankenhausküche eingeschlossen worden. Zum Glück wurde dies kurz darauf, zu Beginn der Frühstückspause, noch rechtzeitig bemerkt, so daß sie sich befreien konnte. Daß die Tür auch von innen zu öffnen war, hatte sie nicht gewußt. In ihrer Darstellung macht sie deutlich, daß ihr der Schreck buchstäblich noch in den Gliedern steckt. Mit aufgeregter Stimme erzählt sie:

"Dadrinnen war schrecklich, war schrecklich, <u>oh</u> da war schrecklich! Mit zwei Hände so gemacht (zeigt die Drückbewegung) + Mach mal *auf*, hab ich gesagt (mit heller Stimme)

I: Hat er Sie gehört?

A: Und hat er gehört und eh "Grade war Frühstück" (laut) + Frühstück, konnte inne krepier (vorwurfsvoll) ++ no nit genug was passiert + muß no eine passieren (wehmütig, leiser)" (II,1).

Sehr lebendig vermittelt Benedetta A. hier ihren Schrecken, und in ihren Kommentaren macht sie deutlich, welche Gefühle diese Erfahrung in ihr auslöste: Während die anderen seelenruhig ihr Frühstück beginnen, bemerken sie nicht, daß die Kollegin fehlt. Eingeschlossen muß sie sich ausgeschlossen gefühlt haben. Auch, wenn es möglich ist, daß bei einem Frühstück am Arbeitsplatz Kolleginnen oder Kollegen erst später dazukommen, weil sie noch einen Arbeitsvorgang zu Ende zu bringen haben, ist ihr dominantes Gefühl aber doch, "krepieren" zu können, ohne daß die anderen es bemerken würden. Wichtig ist an der vorwurfsvoll vorgetragenen Behauptung, die besagt, sie hätte "krepieren" können, während die anderen gefrühstückt hätten, eine gegenüber dem ersten Interview veränderte Darstellung der Kontakte am Arbeitsplatz. Hatte sie sich dort eher positiv über ihre Kolleginnen und Kollegen geäußert, werden hier Mißtrauen und Fremdheitsgefühle deutlich. Frau A. wird im Verlauf des Interviews diesen Aspekt noch weiter veranschaulichen. Ich wurde an dieser Stelle ihrer Erzählung auch daran erinnert, daß es in ihrer Familiengeschichte nichts Neues ist, wenn jemand am Arbeitsplatz stirbt. Sowohl in der Kohlengrube in Lothringen, wo ihr Bruder tödlich verunglückte, als auch in Sizilien, wo einige Männer ihrer Familie im Schwefelabbau tätig waren, gehörte die Bedrohung von Leib und Leben zum Arbeitsalltag. Mit ihrer Äußerung "no nit genug was passiert + muß no eine passieren" markiert sie die Ahnung einer negativen Verlaufskurve, in der sie sich wieder einmal befindet. Auch, wenn das Wort "Schicksal" nicht fällt, kommentiert sie das Geschehen doch auf der Ebene der Unberechenbarkeit, der sie sich ausgesetzt sieht. Dennoch scheint sie nun nicht resignativ oder fatalistisch einer weiteren Kette von Unglücken entgegenzusehen. Vielmehr weist sie mich, als Reaktion auf meine wenig abstinente Äußerung, daß sie aufpassen müsse auf sich, bis sie zurückfahre, auf die von ihr offensichtlich so empfundene selbsterworbene Berechtigung zu einem besseren Leben hin: "Ja, habe ich meine Rente verdient (...) Ich hab + insgesamt ++ für viele Jahre + 28 Jahre no nicht ein Jahr krank (...) Ich habe immer gearbeit, immer gearbeit +++ Und jetzt wann Gott will ich schöne Rente kriegen, ne" (II,1). Die Belohnung für ihren kontinuierlichen Arbeitseinsatz hat sie noch nicht in der Hand, sie sieht ihn aber vor Augen – "wann Gott will". Hier wird ein Lebensordnungsprinzip deutlich, das es dem Einzelnen nicht allein überläßt, für ein "gutes Leben" erfolgreich zu sorgen, die Ernte für Fleiß und Zuverlässigkeit einfahren zu können. Sie hat in ihrem Leben schon häufiger erfahren, daß die eigenen Wünsche und Planungen nicht realisiert werden konnten und Wohlverhalten nicht immer durch Erfolg belohnt wurde, so daß sie möglicherweise vorsichtig geworden ist gegenüber dem, was das "Schicksal" noch für sie bereithalten könnte.

5.1.4.2. Versorgen und Versorgtwerden

Der weitere Gesprächsverlauf wird nun zunächst einmal davon bestimmt, daß Benedetta A. mich mit Espresso bewirtet. Das Thema "Versorgen" und "Versorgtwerden" kommt auf, bis sie mich wenig später von selbst auf das Thema Tod lenken wird. Als sie noch eine Familie hatte, hat sie in italienischen Lebensmittelgeschäften "viel gekauft", erzählt sie mir, jetzt ist sie allein. So kocht sie nur noch an ihren freien Tagen, da sie im Krankenhaus essen kann. Grundnahrungsmittel wie geriebenen Käse oder Kaffee bringt sie sich "für's ganze Jahr" aus Sizilien mit. Und momentan, teilt sie mir mit weicher, fast zärtlicher Stimme mit, schicke ihre Schwester ihr viel aus Frankreich, Brot, Gemüse, Tomaten. Für mich ist es bemerkenswert, daß Frau A. sich nicht über das Essen im Krankenhaus beschwert; andere Interviewpartnerinnen machten mir gegenüber deutlich, daß sie Kantinenessen oder das Essen des "fahrbaren Mittagstisches" nicht vertragen könnten. Zumeist wird das italienische oder regionalspezifische Essen unter zeitlichem und auch finanziellem Aufwand aufrechterhalten. Da die Zubereitung von Mahlzeiten auch in der Herkunftsregion eine Domäne weiblicher Arbeitstätigkeit ist, fiel mir an dieser Stelle wie auch in dem kurzen Gespräch vor dem Interview auf, wie leicht Frau A. offensichtlich darauf verzichten kann – im Gegenteil: sie genießt es außerordentlich, versorgt zu werden und nicht versorgen zu müssen.

5.1.4.3. Frau A. will nur noch schwarz tragen

Von der Darstellung ihrer Eßgewohnheiten leitet meine Interviewpartnerin also auf das Thema "Tod" über, das bereits vor dem Interview angeklungen war. Sie tut dies zunächst auf nonverbale Weise, indem sie beginnt, unaufhörlich und interessiert auf den Balkon zu schauen. Als ich darauf nicht reagiere, weist sie mich darauf hin, daß sie Wäsche gefärbt hat, und zwar schwarz. Sie erinnert an den letzten Anlaß, schwarz zu tragen: "(...) mit meinem Bruder habe bißchen, ne, und jetzt no eine tot, jetzt lassen ma so und basta + sowieso bin ich alt ++ nix mehr + bleibe immer schwarz" (II,3).
Auf der Ebene der Interaktion mit mir als Interviewerin fällt hier zunächst auf, daß Benedetta A. mich von dem für sie offenbar jetzt belanglosen Thema der Versorgung mit Lebenmitteln auf das verweist, was im Moment zentral für sie ist, die Beschäftigung mit ihrer Situation als wieder einmal "trauernder Hinterbliebener". Auf Frau A.s nonverbales Hinführen auf das Thema Tod reagiere ich nicht unmittelbar: der Signalcharakter der draußen hängenden Wäsche war für mich nicht sofort entschlüsselbar. Schwarze Kleidung hat im sozialen Kontext Signal- und Symbolcharakter: daß jemand trauert, wird so für die Umgebung sichtbar. Sie ist aber auch für die Trägerin selbst Symbol für ihre – wenn auch normalerweise zeitlich begrenzte – Identität als trauernde Hinterbliebene. Das Umfärben von Kleidung hat in diesem Fall darüber hinausgehende Bedeutung: die bunte Kleidung oder Wäsche wird hier nicht aufgehoben für den Tag, an dem die auch vom sozialen Umfeld erwartete Trauerphase beendet ist, sondern "bleibt schwarz". Die Farbe soll nicht mehr gewechselt werden. Auch, wenn es möglich wäre, anläßlich des Todes der Schwe-

ster nur zeitweise Trauerkleidung zu tragen, entschließt sich Benedetta A., bei dieser Farbe zu bleiben ("bleibe immer schwarz"). Diese Entscheidung mag auch im Hinblick auf das Leben in Sizilien getroffen worden sein, wohin sie als Witwe, als "alte" Frau zurückkehren wird. Es ist immerhin denkbar, daß von ihr erwartet wird, daß sie ihrem Status und ihrem Alter in dieser Weise Rechnung trägt. (Ich werde erinnert an die Erläuterung der Kleidung von Frau A.s Großmutter und Mutter, die sie mir anläßlich der Präsentation ihrer "sizilianischen Fotosammlung" im ersten Interview gab: "vorher" war es "immer so", daß die älteren Frauen schwarz trugen: die Großmutter trug schwarz, die Mutter allerdings nicht (I,25)). Mit dem "nix mehr" verabschiedet sie sich hier von der Buntheit der Kleidung, die ihr für die letzte Lebensphase, der sie entgegensieht, offensichtlich nicht mehr angemessen scheint. Gleichzeitig nimmt sie Abschied von einem Lebensabschnitt. Auf meine Frage, ob sie auch in Sizilien "immer schwarz" trage wolle, antwortet sie: "(...) so viele tot + ich bin alt, ne, warum (...) Und + warum ++ oder schwarz oder bunt is egal ++" (I,3). Die Gründe für ihre Entscheidung werden hier noch einmal genannt: die vielen Toten und das Alter – daran, so verstehe ich sie, ändere die Farbe auch nichts mehr. Auf mein insistierendes Nachfragen, ob sie denn noch "bunte Sachen" habe, gibt sie mir nachdenklich zu verstehen, daß sie in Italien noch "viel" hätte, sogar ein "schönes teures" (Kleid), "ma wann ich tot bin anzieh (lachend)" (I,3). Mit der Frage der Kleidung verbindet sie also nicht nur den Tod der anderen, sondern auch über ihr jetziges Alter hinaus die Beschäftigung mit dem eigenen Tod. Diese Interviewpassage ist gekennzeichnet durch einen Frage-Antwortstil, der sicherlich durch mein insistierendes Nachfragen geprägt wurde. Der lachend und lebendig vorgetragene Hinweis auf die "Aktion Wäschefärben" und der eigentliche Inhalt der Mitteilung waren für mich nur schwer zusammenzubringen, die Notwendigkeit, der Trauer mit Aktivität zu begegnen, sowie der Inhalt ihrer Mitteilungen nur schwer erträglich. Letztlich erwies sich die Tatsache, das Interview in einer Situation erneuten Verlustes für Benedetta A. zu führen, mehr für die Interviewerin als für die Interviewte als Schwierigkeit. Der Umgang mit Trauer wurde auch für mich in dieser Phase der Interviewarbeit zur Aufgabe.

Im weiteren Gesprächsverlauf erklärt mir Frau A. zunächst den Grund für ihre Entscheidung, von nun an nur noch schwarz tragen zu wollen, und ihre auf mich befremdlich wirkende Phantasie, das beste "bunte" Kleid für den eigenen Tod aufheben zu wollen: durch mein Nachfragen hatte ich sie offensichtlich in einen Erklärungsnotstand versetzt, der sie dazu brachte, mir ihre eigene Situation plausibel zu machen.

"A: Was soll ma machen, was soll man machen ++ Gestern habe ich so viel Tote geträumt (verwundert) + weiß nicht warum + viele Tote ++
I: Von Ihrer Familie?
A: Nee, nee, von eh eh meiner Mutti + ich geh zu mit meine Mutti zu Friedhof + und dann eh meine Mutti nit zeigen mir zu Friedhof meine Junge, war eine kleine Madonna, ich habe gesagt, ist nit hier + und meine Mutter hat gesagt: "Komm" + war so ein langer Gang + so viele Tote (laut) und wie die schlafen + und mit die Kopf verbunden ++ boh ++ was bedeutet das weiß ich nicht (langsamer und leiser) +
I: Was könnte es bedeuten?

A: ++ Tote ++ daß eh no schl- no wieder schlimmer ++ weiß ich nicht + viele zu (unverständlich) + aber schöne Gesichte, nicht Gesichte eh schwarz oder wie + schöne wie geschlafen
I: Mhm
A: Boh ++ (schaut mich fragend an)
I. So ganz friedlich
A: Friedlich geschlafen, schön" (I,4).

Zunächst werte ich die Traumerzählung im kommunikativen Zusammenspiel dieser Interviewsituation als Vertrauensbeweis: trotz meiner in der vorausgegangenen Interviewphase sicher nicht immer geglückten Interventionen stelle ich für sie offensichtlich ein Gegenüber dar, dem sie sich öffnen kann. Sie bietet mir den Traum nachgerade zur Deutung an – eine Aufforderung, die ich an sie zurückgebe und die sie zu einer eigenen Deutung veranlaßt. Mein verständnissichernder Begriff "friedlich" am Ende der Traumerzählung bzw. deren Deutung scheint die Stimmung bzw. Ausstrahlung, die die Toten im Traum für sie hatten, zu treffen, sie greift ihn schließlich auf.

Ohne im folgenden eine Traumdeutung im psychoanalytischen Sinne vornehmen zu wollen, möchte ich hier auf verschiedene Phänomene eingehen, die diesen Traum m.E. auf dem Hintergrund der bisherigen Informationen und eigentheoretischen Äußerungen aus den Interviews lesbar machen.

Die Traumerzählung ist positioniert an einer Stelle im Gesprächsverlauf, wo mir Frau A. argumentierend verdeutlichen will, warum sie jetzt "immer schwarz bleiben" will. In diesem Zusammenhang verweist sie auf den Erfahrungshintergrund "so viele tot" (I,3). Sie leitet ihre Erzählung ein mit der Formel "Was soll ma machen, was soll man machen", die ich verstehe als "was bleibt mir schon übrig". Das Thema "so viele Tote" ist nun Gegenstand des Traums, und es ist erstaunlich, daß Benedetta A. verwundert ist, wenige Tage nach dem Tod ihrer Schwester davon geträumt zu haben.

Die Nachfrage "von Ihrer Familie" negiert sie, weil im folgenden von ihrer Mutter die Rede ist, wie sie präzisiert. Mit ihrer Mutter geht sie also zum Friedhof, und diese zeigt ihr dort nicht, wie erwartet, ihren "Jungen" (ich nehme an, den verunglückten Sohn), sondern sie sieht eine "kleine Madonna" und merkt daran, daß es sich nicht um den Friedhof handeln kann, auf dem ihr Sohn in Sizilien begraben liegt. Die Mutter führt sie nun weiter in einen Gang, in dem sich offensichtlich mumifizierte Tote befinden, mit "schönen Gesichtern", nicht schwarz (wie der Bruder aus Kassel, der erst nach einigen Tagen tot in seiner Wohnung aufgefunden wurde). Auf dieses Thema wird sie wenig später noch einmal zurückkommen. Hier sind es nun "viele" Tote, die wirken, als schliefen sie, und die deshalb schön sind. Auch der in Lothringen in der Kohlengrube verunglückte Bruder, der eine Kopfverletzung gehabt hatte, wird nicht schön gewesen sein, auch er wird einen Verband am Kopf getragen haben, als sie ihn möglicherweise zum letzten Mal sah. In ihrem Traum schlafen die Toten jedoch friedlich, und sie sind beieinander. (Es ist gut vorstellbar, daß Frau A. hier Erinnerungen an sizilianische "tombe" oder Mumiengräber wiederaufleben läßt; diese gibt es auch in der Umgebung ihres Herkunftsortes.)

Bezieht man die vorhergehende Information, daß sie jetzt nur noch schwarz tragen wolle, und die Phantasie, das "gute" Kleid, das "teure, bunte" aus Sizilien nur noch auf dem Totenbett tragen zu wollen, mit ein, könnte die Frage auftauchen, ob es sich hier nicht um den Ausdruck einer Todessehnsucht handele. Die Toten sind nicht allein, und sie schlafen friedlich – alles irdische Leid, alles Unschöne ist von ihnen abgefallen. Den Zurückgebliebenen bleibt die Last: als Zurückgebliebene fürchtet Frau A. in ihrer eigenen Deutung des Traumes, daß es "noch wieder schlimmer" kommen könne. Der Umgang mit Trennung und Trauer ist, wie uns vielfältige wissenschaftliche Beschäftigung mit dem Phänomen zeigt, oft durch Angst, ja Panik geprägt (s. dazu M. Mitscherlich, 1993, S.69/70). Aber Benedetta A. schließt ihre Deutung ab mit dem Verweis auf die "schönen Gesichter" – und mit dem Begriff "friedlich", den ich ihr anbiete, führt sie denn auch ihre Darstellung fort. Die "schönen Gesichter", das friedliche Schlafen der Toten markieren das Tröstliche, ja Versöhnliche: die Toten sind gut aufgehoben. Ich verstehe den Traum – auch im Kontext der nachfolgenden Sequenz – als Ausdruck und Ansatz, sich mit den Verlusten auszusöhnen, sie ebenso anzunehmen wie das Alter, die eigene letzte Lebensphase, in der Frau A. der Tradition gemäß schwarz tragen will.

Für Frau A. ist also der erneute Todesfall Anlaß, von einem Lebensabschnitt Abschied zu nehmen. Sie setzt sich mit den "vielen Toten" in ihrem Leben auseinander, verbleibt nicht in einer stagnierenden Melancholie, und schafft sich so die Voraussetzungen für "Identifizierungen, mit denen gewöhnlich neue Lebensphasen eingeleitet werden" (M. Mitscherlich, ebd.). Die Auseinandersetzung mit dem Trauma der endgültigen Trennungen ist nach M. Mitscherlich ein "notwendiger seelischer Prozeß", in dessen Verlauf die Zuwendung zu den Lebenden wieder möglich wird" (a.a.O., S.69). Auch, wenn Frau A. einige Tage nach dem Tod ihrer Schwester noch geprägt ist von der Angst vor dem Kommenden – angesichts ihrer Erfahrungen immer wieder auftretender Verluste ist dies nicht verwunderlich – weicht sie der seelischen Bearbeitung des Verlorenen nicht aus. Im Traumbild von den "schönen Gesichtern" schafft sie sich die Möglichkeit, den Tod – auch für sich selbst – anzunehmen und langwierig quälender Verzweiflung und damit Handlungsunfähigkeit zu entgehen.

Offen muß an dieser Stelle noch die Frage bleiben, ob sie den Tod als Teil des Lebens empfindet oder als etwas davon Abgetrenntes. Scheint im oben vorgestellten Traum der Tod unter dem Aspekt von Ziel und Erlösung auf, werden wir durch die Darstellung des Folgenden aber – wie früher schon – an den Aspekt der Pflichten für die Zurückgebliebenen, und konkret, für die zurückgebliebenen Frauen herangeführt, das Leben weiterzuführen und die damit verbundenen, oft gewachsenen Aufgaben im Diesseits zu erfüllen.

Frau A. schließt, das von mir gelieferte Stichwort "friedlich" aufgreifend, die Beschäftigung mit ihrem Traum ab und leitet zum Thema "die verstorbene Schwester" über. Damit bleibt sie beim Thema des Todes, welches sie vornehmlich aus dem Gegenwartsfokus heraus behandelt.

"A: Meine Schwester ist eh auch schön friedlich jetzt, ne, mach drei + dreiunddreißig Jahren + zusammen mit sein Mann ++ selbe Platz + nach dreiunddreißig Jahren
I: Der Mann war schon tot (fragend)
A: Der war tot

I: Mhm

A: Hat gelassen + zweiunddreißig Jahre und nix mehr verheiratet

I: Mhm

A: Und eh fünf Kinder gehabt (mit sehr ruhiger, tiefer Stimme) + Die Frau hat <u>gearbeit</u> + die Frau hat <u>gearbeit</u> + in die Tag gearbeit, in die Nacht Pullover machen + für die Kinder ernähren + Kinder war so klein, eine war vierzehn Monate, wann sein Vater tot + schlimm, <u>schlimm</u>, schlimm, schlimm + hat garnix gehabt, ins Rathaus gegangen und sagen: "Meine Kinder muß essen, wie soll ich + was soll ich geben" Rathaus hat gehelfen.

I: Ja? Mhm

A: Nach Frankreich gefällt mir au nit + nach Frankreich, wissen Sie, + <u>arm</u>, ne, + is <u>nix</u> + arbeiten, essen und weiter nix" (I,4).

Das Adjektiv "schön", das für die Beschreibung des Aussehens und des Zustandes der Toten im Traum benutzt wurde, wird hier noch einmal im Ausdruck "schön friedlich" aufgegriffen, und es unterstützt den positiven Eindruck, der durch die Information hervorgerufen wird, daß die Schwester von Frau A. nach 33 Jahren mit ihrem Mann wieder "zusammen" ist, am "selben Platz". Die biographische Markierung der 33 Jahre wird mit dem Hinweis kombiniert, daß die Schwester in dieser langen Zeit nicht mehr geheiratet hat. Da die Möglichkeit des Wiederverheiratens zu Frau A.s Erfahrungsbereich gehört, scheint hier wohl diese Erklärung notwendig. Es ist für Benedetta A. nicht selbstverständlich, daß eine verwitwete Frau "allein" bleibt, wie auch ihre Überlegungen mit der Freundin, Frau B., nach dem ersten Interview verdeutlichten. Auch hier hatte sie allerdings schon die Position vertreten, sich nicht mehr verheiraten zu wollen. Es taucht erneut die Frage nach der Gültigkeit traditioneller Orientierungsmuster auf, die wir in der Analyse des weiteren Interviewverlaufs noch aufgreifen werden. Frau A. verwendet nun im folgenden nicht die Konjunktion "weil" (sie fünf Kinder gehabt hat) – denkbar ist immerhin, daß eine Witwe mit fünf Kindern wohl auch bei allem Willen dazu auf Schwierigkeiten gestoßen sein könnte, einen neuen Ehemann zu finden – sondern das verbindende "und". Sie blieb allein und hatte (damit) ihre fünf Kinder allein durchzubringen. Das schaffte sie mit einem Arbeitseinsatz "rund um die Uhr", und dennoch war sie noch auf öffentliche Hilfe angewiesen. In Benedetta A.s Darstellung steckt zweifellos die Anerkennung der Leistung der Schwester – nicht aber auch die der öffentlichen Unterstützungsmöglichkeiten des französischen Sozialsystems, denn an die Erwähnung "Rathaus", also die Gemeinde, "hat geholfen" schließt sie sehr unvermittelt ihre persönliche Bewertung in einem ergebnissichernden Kommentar an, die auf eigenen Erfahrungen in Frankreich basiert: "arbeiten, essen und weiter nix" bedeutete auch für sie selbst, in diesem Land nicht weiterzukommen. Obwohl, so deute ich Frau A.s Ausführungen, sich ihre Schwester den Anforderungen mit allen Kräften stellte, sich und ihre Kinder zu ernähren, war sie auf öffentliche Unterstützung angewiesen. Auffällig ist, daß Frau A. hier nicht die Segnungen eines wie auch immer entwickelten sozialen Netzes positiv hervorhebt, sondern die Leistungen der Schwester. Das Angewiesensein auf Unterstützungen dieser Art ist aus ihrer Perspektive offensichtlich nichts Positives, Entlastendes. Auch für sie selbst wurde ja der Frankreichaufenthalt nicht attraktiver dadurch, daß die Familie in Lothringen eine mietfreie Sozialwohnung zur Verfügung gestellt bekam. Wir werden späterhin eine genauere Gegenüberstellung der Vor- und Nachteile des Lebens in Frankreich einerseits und Sizilien andererseits geliefert bekommen, wie Frau A. sie aus der Retrospektive sieht.

Die Anerkennung der Leistung der Schwester greift Frau A. noch einmal auf, nachdem sie sehr plastisch geschildert hat, wie es den hinterbliebenen Töchtern nach dem Tod der Mutter geht. Eine sei "wie verrückt", denn sie sei schließlich ohne Vater, damit ausschließlich auf die Mutter orientiert aufgewachsen. Sie sind verheiratet, erzählt Frau A., haben etwas gelernt und arbeiten, "das ist gut " (II,5), sie sind qua eigener Arbeitstätigkeit und Heirat der Unterschicht "entwachsen", und Frau A. resümiert: "Ohne Vater habe gut gezogen (= erzogen) meine Schwester" (II,5). Ohne von sich aus näher auf die Umstände des Todes der Schwester einzugehen – die Umstände der Beerdigung und die Situation der Töchter haben Platz, die Krankengeschichte der Schwester jedoch kaum – schließt Benedetta A. das Segment ab mit der Formel "Was soll ma machen (aufseufzend, achselzuckend) + muß immer weiter leben + was soll ma denken + was soll man machen (monoton)" (II,5). Die Äußerung erinnert an immer wiederkehrende Muster, mit denen sie "traurige Geschichten" abschließt (s. I,3: "Was soll ma machen, was soll man machen"), sich jedoch nicht notwendigerweise auf das vorher Gesagte bezieht, sondern eher ihre gegenwärtige Befindlichkeit ausdrückt. Die Feststellung "muß immer weiter leben" drückt einmal mehr die von ihr offensichtlich empfundene Verpflichtung aus, als Hinterbliebene das Leben auch weiter zu gestalten. Denkbar ist an dieser Stelle allerdings auch ein Anschluß an die Erwähnung der Lebenssituation der Nichten im Sinne von "das Leben geht weiter", und darauf hat die Mutter ihre Töchter gut vorbereitet.

Wenn meine Informantin sich in der vorangegangenen Sequenz recht unvermittelt und kritisch mit Frankreich als Migrationsland auseinandersetzt, obwohl diese Migrationsphase in ihrem Leben über 30 Jahre zurückliegt, so mag dies darauf zurückzuführen sein, daß der Großteil der Geschwister dort gelebt hat bzw. dort bis zum Lebensende bleiben wird. Außer Frau A. und ihrem (inzwischen verstorbenen) Bruder, die die "Deutschland- bzw. Kassel-Fraktion" der Familie stellten, gab es nur noch Familienmitglieder in Lothringen. Kamen die Geschwister aus Frankreich gewöhnlich selten in Kassel zu Besuch, fuhr Frau A. mit ihrem Mann zu den Feiertagen und später mit dem Bruder häufig dorthin: "fast jeden Monat", "immer gewesen, immer" (II,5). Daß Benedetta A., für die traditionelle Feiertage eine besondere Bedeutung im Familienleben haben, zu den Feiertagen nach Lothringen fuhr und nicht nach Sizilien (in das eigene Haus, zu den Verwandten des Mannes), zeigt, daß für sie vor allem wohl nach dem Verlust des Sohnes und des Mannes ein wichtiger, wenn nicht der familiale Schwerpunkt in Lothringen liegt. Eine Rolle mag freilich auch die geographisch größere Nähe ihres Wohnortes zu Lothringen gespielt haben.

"A: Immer gewesen, immer + Mein Mann wann noch gelebt, Weihnachten, Ostern, ne, aber mein Bruder tot ++ wer bringen mir dahin (traurig) ++ Jetzt meine Schweschter tot ich gewesen drei Tage + mit die Junge (=mit einem Neffen) + mit das Junge zusammen fahren an Freitag und Sonntag wieder zurück + aber zur Beerdigung ich habe nicht geschafft
I: Mhm

A: Ich habe gesagt, entschuldigen, denken was will, aber ich schaff das nit
I: Mhm
A: Seine Kinder (=die Kinder der eben verstorbenen Schwester) war einverstanden, ich habe vorgestern angerufen (...)" (II,5).

Es wird offensichtlich, daß Frau A. durch den Tod ihres Bruders auch weitgehend von ihrem familialen "Hinterland" in Lothringen abgeschnitten wurde. Berücksichtigt man die Bedeutung dieses Familienteils für Frau A., ist es um so verwunderlicher, daß sie nicht an der Beerdigung ihrer Schwester teilnehmen will. Warum "schafft" sie es nicht, dorthin zu fahren? Es ist zwar möglich, daß hierzu eine erneute Anreise erforderlich wäre, da die Schwester, die bei einem Aufenthalt im ehemaligen Elternhaus in Sizilien verstorben ist, zunächst nach Lothringen überführt werden muß. Frau A. hätte sich also kurzfristig Urlaub nehmen müssen. Es mag ihr, die so stolz darauf ist, während ihres ganzen Arbeitslebens kaum krankgefeiert, also reibungslos funktioniert zu haben, schwergefallen sein, mit einem "Sonderanliegen" zu ihrem Chef zu gehen. Schließlich ist es auch denkbar, daß Frau A. sich emotional überfordert fühlte, an der Beerdigung teilzunehmen. Wir können die Frage letzlich nicht beantworten, da Frau A. selbst sich nicht klar dazu geäußert hat. Bemerkenswert ist dennoch folgendes: die Entscheidung, an der Beerdigung ihrer Schwester nicht teilzunehmen, bedurfte für Frau A. einer Begründung gegenüber ihren Nichten, die sie ihnen nicht bei ihrem Besuch in Lothringen, sondern einige Tage später telefonisch lieferte. Betrachtet man die Beerdigung als Ritual des Abschieds, das sie in ihrem kulturellen Herkunftskontext als "soziales Drama" (V. Turner) kennengelernt hat, das in seinen Abläufen eigene Gesetzlichkeiten hat, die zu beachten sind, Konventionen, die nicht ohne weiteres zu durchbrechen sind, bekommt ihre Entscheidung ein besonderes Gewicht. Es kann wohl davon ausgegangen werden, daß die Beerdigung als "soziales Drama" für Frau A. eine hohe Relevanz hat. In der an ihr Gegenüber gerichteten Formulierung "entschuldigen, denken was will" zeigt sich ihr Gefühl der Verpflichtung, aber es wird auch eine unwiderrufliche Entscheidung markiert, die zeigt, daß sie den Angehörigen gegenüber eine ganz klare Haltung einnehmen konnte.

Mit meinem nächsten Impuls führe ich sie noch einmal zur Krankengeschichte ihrer Schwester, von der sie mir nur kurz in unserem Telefongespräch vor dem Interview mitgeteilt hatte, sie sei schon länger krank gewesen. Und auch jetzt bleiben ihre Informationen merkwürdig lapidar: ich erfahre, sie habe Krebs gehabt, fünf Jahre, sie sei beim Arzt gewesen, "dann zweimal Intensivstation und dritte Mal gestorben" (II,6). Mit der kurzen Markierung der Stationen dieser Krankheit ist ihre Darstellung zunächst beendet, und sie kommentiert: "Schlimm + hat gar nix gehabt + nur fünf Jahre Rente, mehr nit + <u>immer gearbeit</u>, nur fünf Jahre Rente + und meine Bruder, <u>immer</u> gearbeit, immer + und + keine Tage + ist ++ 53 Jahre war er tot (sehr traurig)" (II,6). Daß die Krankengeschichte der Schwester so kurz abgehandelt wird, mag auf ein spezifisches Verhältnis zum Thema "Krankheit und körperliche Gebrechen" schließen lassen, das erst gesichert gedeutet werden kann auf dem Hintergrund weiterer Informationen aus dem biographischen Kontext. Interessant ist aber an der Darstellung, daß auch hier wieder der Aspekt der Rentenzeit als "Einfahren der Ernte" nach langem Arbeitsleben Geltung bekommt, wobei ich die Äußerungen meiner Informantin so deute, daß ihre Schwester nichts vom Leben gehabt habe, da sie während der endlich erreichten Rentenzeit schon krank war, und der Bruder erst recht nichts, weil er diese Lebensphase nicht einmal erreichte. Frau A. kombiniert die Darstellung der Situation ihrer Schwester mit der des Bruders, weil eben beide "immer gearbeitet" haben, und weil für sie ein wichtiges Kriterium des erreichten Lebensziels die wohlverdiente Rentenzeit ist. Frau A. erweist sich hier in ihrem Denken als durchaus zeitgemäß, da sie die Belohnung für die "guten Taten" nicht ins "aldilà", ins Jenseits verschiebt und sich nicht etwa damit tröstet, das dort schon jedem der gerechte Lohn zukomme.

Die große Nähe zu dem – so präzisiert sie – vor achtzehn Monaten verstorbenen Bruder ist auch in dieser Textpassage wieder deutlich spürbar; der Eindruck verstärkt sich, da die Darstellung seiner Geschichte sich nun vor die der Schwester schiebt. In der Gegenüberstellung der beiden Geschwisterschicksale steckt allerdings noch ein weiterer Aspekt: die Schwester ist nach längerer Krankheit gestorben, der Bruder erlag einem plötzlichen Tod. Wir haben es hier mit zwei unterschiedlichen Todesarten bzw. -typen zu tun, die an die des Mannes und des Sohnes erinnern. Auch hier ging dem Tod des einen eine wohl längere Krankheit voraus, während der andere plötzlich verunglückte – auch wenn er noch monatelang im Koma lag. Die Auseinandersetzung mit dem Tod von Angehörigen hängt mit der Art, wie sie zu Tode kommen, bekanntlich eng zusammen. Ermöglicht eine längere Krankheit die langsame Ablösung, das Sichabfinden mit dem Verlust eines Menschen, ist im Fall des plötzlichen Todes mit einem Schock bei den Hinterbliebenen zu rechnen, mit einer langen Orientierungsphase, in der jemand sich mit der so unvermittelten Lücke im Leben abfinden muß. Den Tod eher als eine Zufälligkeit denn als eine Notwendigkeit anzusehen, ist schließlich oft Teil der Verweigerung der Lebenden, sich mit dem Sterben auseinanderzusetzen. (s. hierzu wiederum M. Mitscherlich, a.a.O., S.81).

Das für sie immer noch Ungeklärte des plötzlichen Todes des in Kassel verstorbenen Bruders steht am Beginn einer längeren Erzählung, in deren Verlauf sich Benedetta A. schließlich doch noch einmal mit dem Tod der Schwester beschäftigen wird.

"A: Aber ich weiß nicht + mein Bruder war ganz alleine, ne, meine Bruder Montag war hier (= in Frau A.s Wohnung) + so stark, so stark + un eh die falsche Uhr ++ gewesen + bißchen hat da auch bei mir geblieben + un eh + "meine Junge so, mei-" ach, ärger dich nicht, hab ich gesagt (imitiert aufgeregt den Dialog mit dem Bruder) + is alles in Ordnung, war so stark, wann gesagt a Sonnamedi-Sonnamedich weiß meine Bruder tot, Freitag, Freitag, Karfreitag ich weiß mein Bruder tot + das war ganz schlimm + von Frankreich sind viele, von Frankreich sie hier kommen + aber wann habe ich gesehen, vergesse ich nie und machen ich nie für ganze Leben + immer so ++ so ich habe nie gesehn + viele Tote hab ich gesehn + aber nite so + ich weiß nit + war ganz alleine in ah G. + Nachbarn erzählen gar nix + ich weiß nit + war ganz alleine in ah G. + Nachbarn erzählen gar nix + ich weiß nich + die Kinder einmal so gezählen, einmal so gezählen (schnell) ++ keine Informatione gebe, keine richtige Informatione gegeben + un hat sie gesagt

I: Haben Sie nicht mit dem Arzt gesprochen

A: Nee, nee, hat selber (= gemeint sind die Kinder des Bruders) mit de Arzt gesprochen und hat gesagt, seine Herz war so kaputt, wanne + wanne Hilfe gehabt, ne, + kann eh nur ein Jahr leben un mehr nicht + hat die Kinder so zu mir gezählt, ich weiß nicht ++ ich allein, wo ich geh, wer kenn in G. + wer kennt die Leute +

I: Mhm + Hatte er es denn vorher schon mit dem Herzen gehabt

A: Gar nix gehabt, immer gesund, nie einmal Krankenhaus + nie einmal Krankenhaus + nur a-die zu mir gezählt + einmal hat sich lange gefunden in die Wohnzimmer, und ich habe gesagt, tri- hat bißchen getrunken ne (schnell) + trink net so viel hab ich gesagt + und das vielleicht passiert + aber kein-keine einzige Tablette von Arzt ++ dasse Schweschter (=die vor ein paar Tagen verstorbene Schwester) + Nacht machen "Aah", "Aah" (stöhnend) und dann Nachbar sofort gegangen in zu Hause + un eh gesagt "Na, C., wie fühlt dich", "schlecht" hat gesagt + M. seine Tochter gerufen, "M. ich sterben jetzt" (sehr laut und deutlich) hat gesagt, "ich sterben jetzt" in der eh "warte, warte hier" hat gesagt die Frau, "ich hol sofort Krankenwagen", ne, + in Toilette gegangen, zwei Minute gestorben + in Toilette gestorben + sitz und dann sterben + sitz und dann sterben +" (II,6/7).

Hatte Frau A. bereits im ersten Interview in der Sequenz "Tod der Brüder" auf den Tod des in Kassel gestorbenen Bruders Bezug genommen, greift sie diesen hier wieder auf und ergänzt die Erzählung mit weiteren Details: wir erfahren, daß es in der letzten Begegnung mit dem Bruder vor seinem Tod um einen Konflikt mit dessen Sohn ging, und daß sie die Ursache des Todes für sich noch immer nicht geklärt sieht bzw. akzeptiert hat. Der Tote hatte einige Tage unentdeckt in der Wohnung gelegen, bis er "schon schwarz" war, und seinen Anblick wird Frau A., die schon "viele Tote" in ihrem Leben gesehen hat, wohl nicht vergessen können.

Unerklärlich ist ihr der Tod auch deshalb, weil der Bruder noch bei der letzten Begegnung "so stark" war. Er war allein in seinem Haus, die Nachbarn erzählen ihr nichts, die Nichten und Neffen geben ihr "keine richtigen" bzw. nur widersprüchliche Informationen, meint sie. Der Diagnose des Arztes, von der sie durch die Kinder erfährt, traut sie nicht recht. An die Vorgeschichte für einen Herztod mag sie nicht glauben – er war nie im Krankenhaus, bekam nie Medikamente verschrieben: dies sind die Kriterien, an denen Frau A. eine ernstzunehmende Krankheit festgemacht hätte. Allenfalls habe er zuviel getrunken, "und das vielleicht passiert" – und so mag der akute Todesfall ausgelöst worden sein. Die Formulierung "ich weiß nicht" durchzieht die Erzählung und verdeutlicht das Mißtrauen Frau A.s gegenüber den erhaltenen Informationen über die Todesursache. Es wird aber auch deutlich, daß Frau A. sich wohl kaum häufiger im sozialen Umfeld des Bruders in einem Kasseler Vorort aufgehalten hat: "wer kennt die Leute", sondern daß offensichtlich er es war, der die Schwester immer besucht hat.

Die Andeutung des Konfliktes zwischen Vater und Sohn und die Erwähnung der widersprüchlichen Äußerungen der Kinder über den Tod des Vaters werden in Zusammenhang gebracht mit der unklaren Todesursache. Betrachten wir die hier miteinander verknüpften Aspekte für sich genommen, geht es einmal um ihr Verhältnis zum Bruder, um ihr Verständnis von Krankheit und Gesundheit, und um ihr Verhältnis zur nachwachsenden Generation in ihrer Familie.

Den Bruder bewunderte Frau A., weil er stark war. Daß er krank gewesen sein könnte, ist für sie unvorstellbar. Eine mögliche Herzkrankheit auf Grund jahrelanger Bergarbeit unter Tage sowohl in Sizilien als auch in Lothringen kommt ihr nicht in den Sinn – obwohl es zu ihrem Erfahrungsbereich sowohl in Sizilien als auch in Lothringen gehört haben muß, daß diese Tätigkeit gesundheitliche Beeinträchtigungen nach sich zog. Wer stark ist, kann nicht krank sein – und umgekehrt. (Auch in der Darstellung der eigenen Befindlichkeit spielt für Frau A. Krankheit keine Rolle. Im Gegenteil, sie ist stolz darauf, kaum je krankgefeiert zu haben. Erst gegen Ende des dritten Interviews wird sie mir von ihren gesundheitlichen Gebrechen erzählen, wenn es um die Nachteile des Umzugs nach Sizilien geht: an der gesundheitlichen Versorgung könne es dort hapern.)

Daß der Alkohol im Leben des Bruders eine Rolle gespielt haben könnte, deutete sich schon in der ersten Erzählung vom Tod des Bruders an, als sie von der Vermutung erzählte, er könne sich im Gasthaus aufhalten, da er zu Hause nicht erreichbar gewesen sei.

Hier nun erwähnt sie gegen Ende der Erzählung vom Bruder, daß er "bißchen getrunken" hat, und kommentiert lapidar, "das vielleicht passiert" – es könnte der Auslöser für seinen Tod bzw. tödlichen Sturz gewesen sein. Ihr Bild von seiner gesundheitlichen Stärke wird davon im Grunde nicht tangiert. Fast erscheint es so, daß ihr eine von dem Bruder selbst herbeigeführte gesundheitliche Beeinträchtigung erträglicher ist als zur Kenntnis zu nehmen, daß ihr Bruder an einer schweren Krankheit gelitten haben könnte, die dann zum Tode führte.

Ihr Mißtrauen gegenüber den Kindern des Bruders läßt sich auch aus anderen Stellen des Interviews erklären: daß es geradezu an ihr nagt, ist daran ablesbar, daß sie auf diese wieder und wieder zurückkommt, selbst bei Terminabsprachen am Telefon. Daß die einzigen (blutsverwandten) Familienmitglieder, die ihr in Kassel noch verblieben sind, so wenig ihren Vorstellungen entsprechen, enttäuscht sie offenbar tief, und ihre häufig vorgetragene Formel "keiner kommt, keiner" meint wohl offensichtlich gerade diese Verwandten, da sie andere BesucherInnen damit ausklammert, z.B. ihre Freundin, Frau B., die sie immerhin regelmäßig besucht. Die Nichten und Neffen aus Kassel zeigen der Tante gegenüber keinen Familiensinn und sind, wie sie erleben muß, nicht daran interessiert, blutsverwandtschaftliche Bezüge zur vorangegangenen Generation aufrechtzuerhalten. Daß in den Interaktionsgrundlagen zu den Kindern des Bruders etwas "nicht stimmt", wird in diesem Abschnitt sehr deutlich. Die Beziehung zur nachfolgenden Generation wird für sie in diesem Fall offensichtlich problematisch.

Benedetta A. schließt die Darstellung des Todes ihres Bruders ab mit der Feststellung "aber keine einzige Tablette von Arzt" (II,6) – damit betont sie im Grunde noch einmal, daß eine Krankengeschichte nicht existiert habe. Übergangslos kommt sie nun im gleichen Satz auf den Tod der Schwester zu sprechen. Daß diese Darstellung kontrastierend angelegt wird zu den im Vergleich längeren Ausführungen über den Tod des Bruders und dessen Ursachen, macht die Erzählklammer "und dann Nachbar sofort gegangen in zu Hause" (II,7) deutlich. Während der Bruder also allein in seinem Haus starb und erst nach mehreren Tage gefunden wurde, kam die Schwester unmittelbar in den Genuß nachbarschaftlicher Hilfe, wenn auch diese den Tod nicht mehr aufhalten konnte. Dieser Aspekt scheint für Frau A. sehr wichtig zu sein, denn sie kommentiert: "aber so schön Nachbarn in Italia, is nicht wie hier, ne + die Leute kümmern sie sich" (II,7).

Wir haben es also in den Erzählungen vom Tod der Geschwister und deren Vorgeschichte mit Kontrastierungen auf verschiedenen Ebenen zu tun: haben auch beide Geschwister in ihrem Leben in der Migration in Frankreich und Deutschland viel gearbeitet, so haben sie doch nur wenig oder "nix gehabt" davon, weil sie zu früh sterben mußten (der Bruder war 53, die Schwester etwa 60 Jahre alt). Dennoch hatte die Schwester immerhin noch 5 Jahre etwas von ihrer Rente, bilanziert Frau A., während der Bruder "leer ausging". Während dem Tod der Schwester, wenn er auch schnell eintrat, eine längere Krebskrankheit vorangegangen war, kam der Tod des "starken" Bruders lebensgeschichtlich noch früher, unerwartet und plötzlich. Von Frau A. kann er letztlich nicht akzeptiert werden, weil er auf für sie uneinsehbare Weise eintrat. Und schließlich verdeutlicht sie in ihren Ausführungen noch einen weiteren, für sie sehr wesentlichen Aspekt: Der Bruder mußte, obwohl er viele Kinder hatte, allein und ohne jede Hilfe sterben, während es in Italien die "gute Nachbarschaft" gibt, die schon dann auf den Plan tritt, wenn jemand nachts auch nur stöhnt. Daß man "krepieren" könne, ohne daß sich jemand darum kümmert, hat Benedetta A. vorher im Zusammenhang mit dem Schwesternwohnheim, in dem sie wohnt, ebenso erwähnt, wie anläßlich ihres "Beinahe-Unfalls" am Arbeitsplatz. Es ist denkbar, daß sie der Gedanke beruhigt, später nicht in Deutschland sterben zu müssen.

Ehe nun Benedetta A. für mich noch einmal die tragende Bedeutung der beiden Geschwister, von denen hier die Rede war, in einem neuen Segment umreißt, ergänzt sie die Todesgeschichte ihrer Schwester mit einem für sie sehr wichtigen Faktum: auch der Leichnam der Schwester mußte überführt werden, und zwar in diesem Falle von Sizilien nach Frankreich. Damit hatte nun die Tochter zu tun, die sich Frau A. gegenüber äußerte, es sei schlimm gewesen, die Versicherung habe nicht richtig "geholfen". Ihre eigene Reaktion in dem Gespräch teilt meine Informantin laut und energisch mit:

"A: un ich habe gesagt, ich ohne Versicherung habe ich zwei Tote nach Italien gebracht, ne, ich hab alle geschafft + allein, <u>allein</u> ohne Hilfe ohne gar nix + einmal eh Signorina X (Missione Cattolica) hat sie gesagt eh "Frau A., wir kann helfen, ne, aber in die Kasse is keine Geld", nee nee ich habe gesagt, ich habe Geld, ich habe Geld + wir haben <u>gearbeit</u> + mein Mann war sein Wunsch nach <u>Italien</u> und ich ihn auch nach Italia gebracht" (II,7).

Wird in der Äußerung "ich habe Geld, ich habe Geld + wir haben <u>gearbeit</u>" die Aufgabenverteilung nebenbei erwähnt – beide haben gearbeitet, aber sie hat das Geld verwaltet – so spielt diese jedoch als Grundlage für Frau A.s Stolz eine nicht unerhebliche Rolle: sie hat zum Haushaltseinkommen beigetragen und es so verwaltet, daß sie für die Wechselfälle des Lebens gerüstet war, und außerdem hat sie die anstehenden organisatorischen Aufgaben bewältigt. Daß ihr auch diese Ebene des Geleisteten wichtig ist, wurde mir im Interview klar, als sie anschließend erwähnte, sie habe auch die Möbel zurückgebracht nach Italien und die dafür erforderlichen Papiere vom Konsulat besorgt. Das Geleistete wird auch hier wieder auf dem Hintergrund grundlegender Orientierungsbestände sichtbar: Notlagen werden im Rahmen der Familie gemeistert, aus eigener Kraft, anstatt auf Angebote öffentlicher Fürsorge – so vorhanden – oder Versicherungen zurückzugreifen. In ihrem Herkunftskontext war das Zurückgreifen auf ein soziales Netz im Sinne öffentlicher Wohlfahrt schließlich nicht möglich. Todesfälle ziehen also, so wird hier erneut deutlich, nicht nur die erforderliche Trauerarbeit nach sich, sondern auch den Umgang mit bürokratischen Abläufen, was spezifische lebenspraktische Anforderungen an die Hinterbliebenen stellt.

Frau A. setzt ihre Darstellung fort mit Ausführungen zu den Konsequenzen ihrer Entscheidung, nach dem Tod des Mannes doch noch in Kassel zu bleiben und weiterzuarbeiten, und führt damit in gewissen Sinne das Thema der finanziellen Vorsorge sowie der eigenen Leistung fort. Auf meine Feststellung, daß sie ja nun "praktisch fünf Jahre alleine" sei (II,7), präzisiert sie, die Bedeutung der Geschwister unterstreichend:

"A: Fünf Jahre ganz allein + ganz allein + Februar fünf Jahre ganz allein + eh vorher (lauter) war bißchen besser + wie mein Bruder ab und zu bei mir geschlafen, hier gegessen, ne, de Abend meine Bruder zu mir kommen + vorher war besser, wie lange meine Bruder tot ist schlimm + das darfe nit passieren, ne + und abend, (lauter), ne, wenn ich Langeweile, angerufen un meine Schweschter + fast jede Abend + und sprechen ma zusammen was in Frankreich passiert, was du machen + was du heute gemacht + wie fühlst du dich ++ und jetzt meine Schweschter nix mehr da ++
I: Mhm
A: Au das weg ++ Das war die älter (=älteste Schwester), ne, und schön zusammen, + hier gewesen eh ein Mal, wann mein Mann tot meine Schweschter fast zwei Monate hier geblieben + und dann eh krank und selber habe ich Angst gehabt vielleicht was passiert, ne +++" (II,7/8).

Daß für Frau A. die Zeit, die sie allein in Kassel verbringen mußte, nach dem Tod des Bruders besonders hart war, verdeutlichte sie später noch einmal anläßlich unseren letzten Zusammentreffens kurz vor ihrer endgültigen Abreise nach Sizilien. Bis ihr Bruder gestorben sei, bilanzierte sie kurz nach der Begrüßung, sei es "hier" doch "ein bißchen besser" gewesen. In der oben zitierten Interviewpassage erwähnt sie denn auch für sie wichtige Aspekte des familialen Alltags, wie sie ihn mit dem ebenfalls verwitweten Bruder nach Feierabend gestaltete. Nachdem er gestorben war, fielen auch die Rudimente eines familialen Alltags in Kassel für sie weg. War vorher auf die beschriebene Weise das Leben noch erträglich, wurde es danach für sie "schlimm" – das durfte nicht passieren, resümiert sie, und diese Äußerung erscheint mehr als plausibel. Über die biographische Bedeutung für den Lebensabschnitt zwischen dem Tod des Mannes und der Rückkehr nach Sizilien hinaus geht es hier um den weiteren Verlust familialer Bezüge, und konkret für den Migrationsort Kassel um deren nahezu vollständigen Wegfall. Die familiale Alltagspraxis läßt sich nun mit der ältesten Schwester in Frankreich nur noch per Telefon fortführen; die Erzählklammer "und abend (...)" (II,8) läßt vermuten, daß hier ein neuer Erzählschritt vorgenommen wird, der darauf hindeutet, daß die Telefongespräche mit der Schwester in der Zeit nach dem Tod des Bruders für sie eine zentrale Bedeutung bekommen haben. Über die Schwester hält sie Kontakt mit der "Frankreich-Fraktion" der Geschwister; im imitierten Dialog wird aber auch das Interesse der beiden Schwestern am jeweilig erlebten Alltag lebendig. An die Feststellung, daß auch die Schwester nun nicht mehr da sei, knüpft Frau A. die Erinnerung an den Beistand durch die Schwester nach dem Tod ihres Mannes. Sie half ihr bei der Bewältigung einer außergewöhnlichen Lebenssituation, wie ihr dies aus Sizilien wohl vertraut war: daß Trauernde nicht alleingelassen werden.

Sie schließt die Sequenz ab mit der Erwähnung ihrer Vorahnung, daß der Schwester vielleicht etwas passieren könne – ein weiterer Hinweis darauf, daß sie mit dem Tod ihrer Schwester wohl gerechnet hatte.

Zusammenfassend sei noch einmal darauf hingewiesen, daß Frau A. mit den beiden hier erwähnten Geschwistern vor allem nach dem Verlust der eigenen Familie ein Bezugssystem verbunden hat, das ein mehr oder weniger intensives Teilen des Alltagslebens und Unterstützung in besonderen Notlagen einschloß. Beide hatten aus unterschiedlichen Gründen ein schweres Leben in der Migration (die frühe Witwenschaft der Schwester, die problematischen Familienverhältnisse des Bruders), durch einen starken Zusammenhalt konnten sich die Geschwister jedoch offenbar wirksam unterstützen. Zumindest in der Darstellung meiner Interviewpartnerin entsteht der Eindruck, als hätten auch für die Geschwister in der Migration die blutsverwandtschaftlichen Bindungen eine höhere Priorität gegenüber anderen, neuen sozialen Kontakten behalten.

Im Interviewverlauf ist es für mich nun an der Zeit, über die Geschichte dieser Bezüge von Frau A. etwas zu erfahren. War es mir wichtig gewesen, Frau A. angesichts der aktuellen Ereignisse Raum für die Darstellung der sie im Moment besonders bewegenden Themen zu geben, schien es mir nun möglich, den Themenkomplex "Vorgeschichte der Migration" zu eröffnen, den Frau A. von sich aus bis dahin eher aus dem Gegenwartsfokus heraus gestreift oder angedeutet hatte.

5.1.4.4. Kindheit und Jugend in Sizilien: "Manchmal wir haben nix zu essen gehabt"

Auch in der folgenden Sequenz des Interviews werden wir mit den unterschiedlichen Todesarten und -zeitpunkten von Angehörigen und ihrer entsprechend unterschiedlichen Bedeutung für die Informantin konfrontiert, so weit sich dies aus ihrer Darstellung ablesen läßt. Im Zentrum der biographischen Erzählung, die ich mit meiner Bitte an Frau A. auslöste, mir zu erzählen, wie sie in ihrem Herkunftsort in Sizilien gelebt habe, stehen die ökonomischen Bedingungen der Großfamilie, in der sie aufgewachsen ist, und die allmähliche Auflösung dieser Familie durch die Migration. Was sie zwischendurch immer wieder in dem Kommentar "war schlimm" bilanziert, kann einen plausiblen Hintergrund für das Verständnis der individuellen Beteiligung an einem kollektiven Prozeß und seiner Auswirkung für die Betroffenen liefern.

"A: Ja + mhm ++ Ich wollte Sie noch mal bitten, daß Sie einfach noch mal ein bißchen von <u>Sizilien</u> erzählen, wie Sie gelebt haben da, von Ihrem Dorf
    A: (lacht gerührt)
        I: Das fänd' ich schön
    A: Ja (lacht) + Ich geboren in A. + und war große Familie + zehn Personen + schlimm

+ normal sprechen + <u>schlimm</u> + ich nit in die Schule gewesen (schnell, etwas verschämt)

I: Mhm

A: Von sieben Jahre + helfen eine Frau seine Mann tot + nu hatte Bäcker gehabt + Bäcker + machen Brot für die Leute

I: Bäcker, ja mhm

A: Bäcker + un von sieben Jahre arbeite bis von sechs Uhr morgens bis zehn Uhr abends das Frau helfen

I: Mit sieben Jahren

A: Mit <u>sieben Jahre</u>, nit in die Schule gewesen, das ist wahr, ich nit lüge + un eh die Frau mir gegeben eine Kilo für viele Male in die Ofen, ne + drei ma + backen Brot + drei Kilo + zwei ma + zwei Kilo + Familie war groß, mein Vater war nervenkrank, immer so gemacht, ne (zeigt zitternde Hände) + un konnte eh nix eh richtig arbeiten + na Sizilia vorher schlimm + arbeit ++ in die Grub + in die Erde wo die Streichholz + wie heißt das, die, na, die gelbe Dinge

I: Holzkohle

A: Nee, nee, andere

I: Schwefel

A: Weiß ich nit wie heißt das, nit Kohle + andere + so gelbe

I: Schwefel? Wie heißt das auf Italienisch

A: eh zorfo, zorfo + zuffaro diciamo in siciliano, no, zuffaro (it. zolfo, Schwefel) + Un hatte viele Jahre dadrin gearbeit + 16 Jahre gearbeite-aber vorher lebe man nur von Kindergeld + <u>ja</u> nächste Monat, ja nächste Monat, <u>ja</u> nächste Monat (schneller werdend, imitiert den Tonfall des Vertröstens) un hat <u>immer</u> wenig Geld gekriegt + meine Mu-meine Vater + zehn Persone, meine Oma + seine Mann gestorben + eh hat gerutschen + meine Mutter gezählen war eine + so + Meloneschale, ne, und das hat gebrochen (zeigt auf den Rücken) + vorher war gar nix + kein Doktor gar nix + vorher, ne + und meine Opa dreißig Tage gestorben + meine Oma alleine geblieben + meine Mutti war <u>Einzelkind</u> (sehr deutlich ausgesprochen) + dreizehn Kinder hatte meine Oma gehabt + alles tot + vorher so zwei drei Monate und dann tot + un eh nur meine Mutti gelebt und meine Mutter hat seine Mutti nach Hause gebracht + egal, oder neun, oder zehn, oder neun, is egal + alle zusammen + meine Tante war + in Amerika + und meine Tante hat uns Paket geschicken + so Sachen und so, ne un sich bißchen + is gut, ne + meine Mutter selber gemacht + meine Vater das bißchen selber gearbeit + war was wir haben, ne + und mein Onkel hat gesagt manchmal "Ach kaufen etwas zum Frühstück für die Kinder" + un meine Vater hat gesagt "Na ja, was habe ich gebe was habe ich nit gebe ich nit", ne + mein Onkel war bißchen besser also + hatte nur drei Kinder gehabt + un eh so + geht weiter dann + Kinder erwachsen, ne, dann Kinder groß, eine + die erste verheiratet das jetzt gestorben + und dann ich hab eh eh meinen Mann nach Frankreich mit Bild ++ mit Bild <u>verheirate</u> + und dann verheirate no eine <u>Bruder</u> + dann eine Schwester und eh so die Familie ist + meine Mutter ziehen nach Frankreich + meine Mutti will nit eh alleine bleiben + dann an eine + eine einesechzig einundsechzig mein Vater tot + und meine Mutti nach Frankreich geblieben mit meine Schweste-Aber na Sizilia war schlimm + schlimm + schlimm + schlimm. (leiser:) Manchmal wir haben nix zu essen gehabt ++" (II,8/9).

Frau A.'s unmittelbare Reaktion auf meine Frage ist gerührte Verwunderung über mein Interesse, das für sie möglicherweise ungewohnt ist, und in dem sie vielleicht den Wunsch der jüngeren Interviewpartnerin nach "schönen Geschichten aus guten alten Zeiten" vermutet. Sie nennt mir, den Erzählauftrag ratifizierend, ihren Geburtsort und verbindet mit der Nennung des Faktums der zehnköpfigen, also großen Familie den Kommentar "schlimm". Sie versichert mir, daß sie die Wahrheit erzählt: "normal sprechen". Ich verstehe diese Äußerung so, daß sie weiß, daß sie mir keine "schönen Geschichten" liefern kann, wenn sie ehrlich ist. Damit bezieht sie sich m.E. direkt auf die Interaktionsgrundlagen des Interviews: schließlich könnte ich den Wahrheitsgehalt ihrer Aussagen, in denen für mich Ungewöhnliches zum Vorschein kommen könnte, im Hier und Heute nicht mehr überprüfen. Diese Versicherung, die auf ihre Glaubwürdigkeit als Erzählerin abhebt, taucht wenig später noch einmal auf, als die Äußerung "das ist wahr, ich nit lüge" im Zusammenhang mit ihrem fehlenden Schulbesuch fällt. Die Information, nicht in der Schule gewesen zu sein, trägt sie mit merklichen Zeichen der Scham in der Stimme vor, und sie plaziert sie an den Anfang der biographischen Erzählung von ihrer Familie in Sizilien, als wolle sie diese Mitteilung möglichst rasch hinter sich bringen. In ihre Sprechhaltung an dieser Stelle gehen sicherlich Erfahrungen ein, die sie in der Bundesrepublik gemacht hat: wer keine Schule besucht hat, fällt heraus aus der Normalität; ist damit Analphabetismus verbunden, führt dies zu Verhaltensauffälligkeiten, deren sich die Betreffenden schämen, oder die zumindest Ausgrenzungserfahrungen möglich machen. Dabei handelt es sich, wie Frau A. sicherlich von anderen Personen aus ihrer Herkunftsregion weiß, hier nicht um einen Einzelfall. Laut einer SVIMEZ-Statistik, die T. De Mauro zitiert, kann für den fraglichen Zeitraum von einer massenhaften Schulabstinenz und damit verbundenem Analphabetismus in vielen Regionen Italiens gesprochen werden: über 38% im Mezzogiorno 1931, nach 1951 immerhin noch 28 % (De Mauro, T. 1986, S.91). Würden diese Fakten geschlechtsspezifisch aufgeschlüsselt, ergäbe sich sicherlich für die weiblichen Schulpflichtigen eine weitaus höhere Zahl. V. De Grazia weist darauf hin, daß gerade in den ländlichen Gebieten Italiens in den dreißiger Jahren gesetzliche Verstöße gegen das Verbot der Kinderarbeit an der Tagesordnung waren, und für viele Mädchen vom Lande der Schulbesuch, wenn er denn stattfand, nach der 3. Klasse der Elementarschule endete und nicht, wie gesetzlich vorgeschrieben, nach der 5. Klasse. Gerade in den armen Landfamilien waren die Kinder als nützliche Arbeitskräfte unentbehrlich (De Grazia, V. 1992, S.155.).

Daß es sich beim fehlenden Schulbesuch, der zunächst in den Kontext über die große Familie gestellt wurde, für Benedetta A. um ein zentrales biographisches Faktum handelt, wird daran deutlich, daß sie nach der Darstellung ihres frühen und extensiven Arbeitseinsatzes als Bäckergehilfin erneut darauf zurückkommt und als Reaktion auf meinen ergebnissichernden Impuls ("mit sieben Jahren"), in dem sicherlich auch meine Erstaunen für sie spürbar wird, als Interaktionsgrundlage des Interviews die wahrheitsgemäße Darstellung betont. Das Verhältnis von Lohn und Leistung charakterisiert sie so, daß sie pro Backvorgang bzw. Arbeitseinsatz die entsprechende Anzahl an Kilo Brot bekam: auch späterhin wird sie mich darauf verweisen, daß es in ihren Verhältnissen im wahrsten Sinne des Wortes darum ging, sein Brot zu verdienen, und Geld im Handel und Wandel der Dorfbewohner untereinander kaum zirkulierte. (Im letzten Interview detailliert Benedetta A. ihre Arbeit für die Dorfbäckerei so, daß sie bis zum Beginn der Pubertät neben dem Brotbacken im Dorf unterwegs war, um von den Kunden das Mehl zu besorgen und die fertigen Brote zurückzubringen, außerdem Holz für den Backofen zu besorgen: hier wird deutlich, daß es sich eine arme Familie wie die ihre nicht leisten konnte, eine strenge Arbeitsteilung durchzuhalten, die es einem Mädchen in ihrem Alter verboten hätte, sich auf den Straßen des Dorfes allein zu bewegen, die nur im Haus der Mutter zur Hand zu gehen erlaubte.)

Die Begründung für ihren Arbeitseinsatz liefert sie noch einmal: die Familie war groß, und der Vater war "nervenkrank", hatte einen Tremor an den Händen und konnte "nicht richtig arbeiten" – die Begründung wird nicht kausal angeführt, sondern durch einen eingeschobenen Kommentar eingeleitet: die Arbeit in den Schwefelgruben war das, was "vorher", sprich früher, in ihren Augen in Sizilien schlimm war. Denkbar wäre hier eine detailliertere Begründung der gesundheitlichen Beeinträchtigung des Vaters durch die Arbeitsbedingungen in den Schwefelminen gewesen.

Bevor sie die Darstellung von der Arbeit des Vaters fortsetzen kann, muß sie zunächst noch sichern, ob ich auch wirklich verstanden habe, um was es sich handelt. Meine erste Assoziation, "Holzkohle", die nicht trifft, schließt sie aus, für "Schwefel" steht ihr nur der dialektale Ausdruck zur Verfügung – für mich ein Zeichen dafür, daß sie bisher weder mit anderen ItalienerInnen noch mit Deutschen über diese nicht unwichtige Phase ihrer Biographie eingehend gesprochen hat.

Im folgenden werden wir nach der Information über die Kinderarbeit und den fehlenden Schulbesuch mit einem weiteren, besonders bewegten Kapitel sizilianischer Sozialgeschichte konfrontiert. Sechzehn Jahre lang arbeitete der Vater in den Schwefelgruben in der Nähe von Agrigento und war damit prekären Beschäftigungsverhältnissen ausgesetzt: beim Schwefelabbau in dieser Region handelte es sich um eine bereits seit der Jahrhundertwende krisengeschüttelte Branche. Die Zahlungsmoral der Schwefelgrubenbesitzer war dergestalt, daß die "Zolfatai" nur unregelmäßig Geld für ihre Arbeit bekamen, häufig vertröstet wurden ("ja nächste Monat"), und das geringe Salär für ihre Arbeit nicht als fester und tragfähiger Bestandteil des Familieneinkommens betrachtet werden konnte. (Auf die dramatischen Arbeitsbedingungen der Schwefelarbeiter sind der aus Sizilien stammende Dichter L. Pirandello, später auch C. Levi und L. Sciascia eingegangen: erinnert sei hier an die Erzählung von Sciascia, "Antimon" (München 1989), in der ein junger Mann in den dreißiger Jahren aus Angst vor den Schwefelgasen aus einer Schwefelgrube flüchtet und sich sogar freiwillig zur Teilnahme am spanischen Bürgerkrieg meldet, um nie wieder seinen Fuß in eine solche Grube setzen zu müssen. Tatsächlich existierte im Umland von Agrigento mit dem Schwefelabbau ein Industriezweig, der auf unbarmherziger Ausbeutung menschlicher Arbeitskraft beruhte, wobei diese Arbeit der landlosen Bevölkerung wenig einbrachte. In den zeitweilig 200 Minen arbeiteten männliche Erwachsene und Kinder. Zwischen den Kindern, den "Carusi", und den erwachsenen "Picconieri" stabilisierte sich ein nahezu sklavenartiges persönliches Abhängigkeitssystem, das durchaus, wie der Journalist G. Bocca in seinem Buch "L'Inferno. Profondo sud, male oscuro" schreibt, auch sexuelle Ausbeutung der Kinder umfaßte (1992, S.6). Die "Carusi" hatten das abgebaute Material auf ihren Schultern die steilen Stufen hinauf ins Freie zu schaffen. Zu ihrer Kontrolle war der "Picconiere" von den Eltern autorisiert, die den Arbeitsvertrag über die Arbeit der Kinder abgeschlossen hatten (s. dazu: Romano, S.F., Bari 1959). Eine Modernisierung der Schwefelindustrie hatte unter Mussolini nicht stattgefunden. Zwar hatte ein Gesetz von 1927 "verfügt, daß öffentliches Eigentum sei, was unter dem Boden liege, doch wurde paradoxerweise gerade diese Regelung jeden praktischen Nutzens beraubt, als man die Minen auf alle Zeit ihren früheren Besitzern überantwortete" (Finley, M.I. / Mack Smith, D. / Duggan, Ch. 1989, S. 270). Die Eigentümer übernahmen selbst die Minen oder fanden fügsamere Verwalter: "in beiden Fällen blieb die Schwefelproduktion so rückständig wie zuvor" (ebd.). Im Krieg verschärfte sich die ökonomische Situation wegen der weitgehenden Schließung der Märkte für sizilianische Exportgüter (a.a.O., S.273).

Im dritten Interview wiederholt Benedetta A. die Vertröstungsformel "ja nächste Monat" und erklärt, daß es "immer a conto gegeben" habe: wohl lediglich Abschlagszahlungen, und erst Jahre später eine regelmäßige Bezahlung. Hier erinnert sie sich auch an Protestaktionen, an der Frauen und Kinder teilnahmen. Die Familien zogen mit dem Essen für die Männer und Söhne vor die Schwefelgruben und bewegten sich nicht weg, um endlich zum erarbeiteten Lohn zu gelangen. Die Polizei habe dann gewaltsam eingegriffen. Dies geschah in der Erinnerung meiner Informantin, als sie "noch ganz klein" war, also um die Mitte bis Ende der dreißiger Jahre. Auf die aktive Rolle der Frauen in diesen Auseinandersetzungen, die auch noch in den fünfziger Jahren stattfanden, verweist ebenfalls S. Mafai (1980, S.32). Das, was der Familie regelmäßig als Geldeinkommen zur Verfügung stand, belegt Benedetta A. in Ermangelung eines genauen sprachlichen Äquivalents mit einem Ausdruck, den sie hier in Deutschland kennengelernt hat und von dem sie annehmen kann, daß er auch mir vertraut ist: das "Kindergeld". Es muß sich hier um die seit 1928 den kinderreichen Familien per Gesetz zustehenden "assegni familiari" handeln, Familienzuwendungen für Familien mit mehr als fünf Kindern und Geburtsprämien, die freilich nicht annähernd die tatsächlichen Aufwendungen decken konnten, die nötig waren, um eine so zahlreiche Familie zu ernähren (s. dazu De Grazia, V. 1992, S.70).

Die Information, daß der Vater "immer wenig Geld gekriegt" habe, ergänzt Frau A. durch die Angabe der Anzahl der Personen, die die Familie umfaßte. Daß die Familie auf zehn Personen anwuchs, ist für meine Informantin erklärungsbedürftig: die Großmutter stieß zur neunköpfigen Familie dazu, als ihr Mann in Folge eines Sturzes verstorben war – wie bei ihrem "starken" Bruder aus Kassel ging dem Tod für Frau A. hier ebenfalls keine Krankengeschichte voraus. Der Großvater war nicht beim Arzt und auch deshalb nicht krank gewesen: der Tod trat nach einem plötzlichen Unglücksfall ein. Die Großmutter blieb nach dem Tod ihres Mannes allein. Wir finden hier wieder ein uns inzwischen vertrautes Motiv vor: das Alleinbleiben verwitweter Frauen. Später im Interview wird Frau A. im Kontext ihres Alleinbleibens nach 30 Jahren Ehe die Großmutter zitieren: "Wann eine kennenlernt, das reicht + meine Oma hat gesagt, wann Gott will, ne, bleibe zusammen + wann Gott wegnehmen, ma was wollen, ne +++" (II,26). Die explizite Ergebnissicherung "alleine geblieben", die sie hier und an anderen Stellen des Interviews im Zusammenhang mit ihrer eigenen Person, aber auch anderer Frauen (Schwester, Schwägerin) vornimmt, verweist auf eine Orientierung, die für sie nach wie vor zwar noch Gültigkeit hat, in der gelebten Praxis indessen schon brüchig geworden ist und nicht mehr als Selbstverständlichkeit gelten kann. Daß es sich um eine traditionelle Orientierung handeln muß, an der sie festhält, erfahren wir aus der biographischen Erzählung einer anderen Sizilianerin, der "Nonna Nedda" aus D. Dolcis "Racconti siciliani". In einer längeren Passage über die ihr vertraute Gestaltung des Geschlechterverhältnisses zitiert diese in ihrer biographischen Erzählung eine alte Weisheit: "Uno è Dio, e uno è il marito, si dice" – man sagt, es gibt nur einen Gott und nur einen Ehemann (Dolci, D. 1963, S.81, Übers. I.Ph.). Die Großmutter, so können wir Frau A.s Ausführungen verstehen, blieb aber auch deshalb allein, weil ihr von ihren dreizehn Kindern nur noch eines geblieben war. Frau A. verwendet hier den Terminus "Einzelkind", den sie im Zusammenhang mit ihrem Sohn oft gehört haben mag: an die bei uns gebräuchliche negative Konnotation des Wortes ist hier aber wohl weniger zu denken; zu verstehen ist "Einzelkind" im gegebenen Verwendungszusammenhang eher im Sinne von "einziges Kind". Auch hier wieder liefert Frau A. eine über den Einzelfall hinausgehende Erklärung: es war "vorher", also in den Jahren um die Jahrhundertwende, nichts Ungewöhnliches, daß Kinder bereits als Säuglinge starben. (Noch Mitte der dreißiger Jahre, schreibt V. De Grazia, waren 93 % der Geburten in ganz Italien Hausgeburten, und 901 von 1000 Geburten hatten keinen ärztlichen Beistand – die Kindersterblichkeit im ersten Lebensjahr war zu diesem Zeitpunkt noch um etwa ein Viertel höher als in Deutschland oder Frankreich – bis in die zwanziger Jahre hinein hatte sie noch sehr viel höher gelegen. Zu einer leichten Verbesserung der Lage kam es erst unter Mussolini, zu dessen Bevölkerungspolitik eine Professionalisierung des Hebammenberufs gehörte. De Grazia, V. 1992, S.65.)

Das Thema der Großfamilie wird weitergeführt mit dem Hinweis, daß Frau A.s Mutter ihre "Mutti" zu sich nahm: der Familienzusammenhalt gebot es, die Großmutter nicht allein zu lassen, "egal, oder neun, oder zehn, oder neun, is egal". Als Frau A. im dritten Interview noch einmal ihre Lebensbedingungen in der Herkunftsfamilie erläutert, teilt sie mir mit, daß die Großmutter als Näherin und Holzsammlerin für die Familie und andere Dorfbewohner bis zu ihrem Tode dazu beitrug, daß die Familie alle ernähren konnte. Man rückte buchstäblich zusammen: nun schlief man eben zu viert im Bett, drei Mädchen und die Großmutter, und diese sorgte in den kalten Winternächten für die Wärme des Feuers, erzählt Frau A. im dritten Interview. Der Gedanke des Familienzusammenhalts führt Frau A. wohl auch zur Erinnerung an die Tante aus Amerika. An Frau A.s Kommentar "is gut, ne" wird spürbar, daß sie an dieser Stelle weniger aus dem biographischen denn aus dem Gegenwartskontext erzählt: sehr präsent sind ihr offenbar noch die Wohltaten der Tante, die der Familie Stoffe und abgelegte Kleidungsstücke zum Umändern schickte. Im letzten Interview erfahre ich, daß die Tante schließlich das Haus, in dem die Familie von Frau A. wohnte, und das ihr wohl gehörte, schließlich ihrer Schwester, der Mutter von Frau A., schenkte und somit den "armen Verwandten" in Sizilien zu Hausbesitz verhalf. (Die "Tante aus Amerika" ist, wie nicht zuletzt L. Sciascias gleichnamige, in der Zeit des zweiten Weltkriegs angesiedelte Erzählung zeigt, ein vertrautes Phänomen sizilianischer Migrations- und Sozialgeschichte: viele arme sizilianische Familien waren Nutznießer der finanziellen und materiellen Zuwendungen, der Dollars und Pakete der Verwandten in Amerika. Diese Erfahrungen, die z. T. noch in das vergangene Jahrhundert hineinreichen, wurden Teil eines Mythos, der erklärt, warum Amerika bevorzugtes Migrationsziel war, aber auch, warum nach dem Krieg die Separatistenbewegung mit dem Ziel, amerikanischer Bundesstaat zu werden, nicht wenig Anklang in der Bevölkerung fand.) Im dritten Interview stellt Frau A. einer erneuten Beschreibung der Armut in ihrer Herkunftsfamilie, die sie mit "war schlimm, schlimme Zeit" bilanziert, die resümierende Feststellung gegenüber: "die beste Zeit, normal, ne, die beste Zeit was ich hab' geseh'n war hier in Deutschland. + Sonst ich habe nie gesehen, nie, nie nie +++ und wann meine Tante das Paket geschicken +" (III,7). Hier wird die Bedeutung der Zuwendungen der Tante noch einmal prägnant, und es ist auffällig, daß die "beste Zeit", die sie erlebt hat, im Kontext der Armutsschilderung mit dem Phänomen der Migration verbunden wird. Die Verbindung der Informationen über die "beste Zeit", die sie in Deutschland "gesehen" hat, mit den Zuwendungen der Tante aus Amerika bekommt im Interviewverlauf noch eine ganz eigene Bedeutung, als Frau A. mich bittet, mir die Pakete anzusehen, die sie gerade für die Post vorbereitet, und die für ihre Nichte und deren Kinder in Sizilien bestimmt sind.

Im weiteren Verlauf des zweiten Interviews ist nun bemerkenswert, daß anschließend an die erwähnte Leistung der Mutter, aus den Zuwendungen der Tante selbst etwas zu machen, der Beitrag des Vaters ebenfalls thematisiert wird: auch der Vater stellte "das bißchen selber" her, was sie hatten – vermutlich Teile des Hausstandes. Beide Elternteile wußten sich also offenbar in der Not zu helfen. Es wird nun der Onkel eingeführt, dem es besser ging, weil – wie Benedetta A. begründend anfügt – er eine kleinere Familie, nur drei Kinder gehabt habe – dieser Zusammenhang von Lebensstandard und Kinderzahl ist für das biographische Selbstverständnis von Frau A. und vielleicht auch für ihre eigene Lebensplanung eine sicher nicht zu vernachlässigende Größe. Bevor aber die Kinderzahl des Onkels und seine günstigere Lebenslage erwähnt werden, zitiert Benedetta A. dessen Anregung, den Kindern etwas zum Frühstück zu kaufen. Ob diese Anregung mit einer finanziellen Unterstützung der Familie verbunden war, wissen wir nicht; wichtiger ist hier die verbale Reaktion des Vaters: er "gibt, was er hat". Diese Äußerung des Vaters kommentiert meine Interviewpartnerin hier nicht, sondern läßt die Information über die ökonomische Situation des Onkels folgen; eine indirekte Begründung der familiären Armut durch die Kinderzahl. Auch hier führt eine Erläuterung weiter, die mir Frau A. in unserem letzten Interview gegeben hat: hier präzisiert sie, die Bedeutung ihrer Aussagen mit "ich vergesse das nit" unterstreichend, daß es oft nur trockenes Brot gegeben habe, wenn überhaupt, und als der Onkel das gesehen habe, habe er den Vater gefragt, ob er nicht den Kindern "Ölsardinen oder was" anbieten wolle. Der Vater habe geantwortet: "Meine Kinder sind so zufrieden, laß geh'n (heiser)" (III,7). Anders als im zweiten Interview wird hier eine gewisse Bitterkeit dem Vater gegenüber deutlich, die zwar durch den Verweis auf den überfamiliären historischen Kontext des Krieges relativiert wird, die Aussage des Vaters aber auch in Frage stellt: die stattliche Figur des Bruders mit den Händen markierend, erzählt sie leise und sich dabei bekreuzigend, sie vergesse nie, wie sie dem Bruder ihr Brot gegeben habe, weil er ihr leid getan habe (III,7). Verzicht und Einschränkungen werden hier als Themen deutlich, die Frau A.s Leben schon als Kind bestimmt haben – erinnern wir uns an ihre Beschreibung des Lebens in Deutschland "nur arbeiten und nach Hause", konturiert sich hiermit eine biographische Linie, die zumindest bis zum Beginn des Ruhestands durchgehalten wird.

Die Kindheitsgeschichte als Teil der Familiengeschichte wird von Frau A. nun zunächst abgeschlossen mit dem Rahmenschaltelement "un eh so geht weiter dann": mitteilenswert ist für sie nun als nächste Phase in der Familiengeschichte, wie die Geschwister nacheinander heiraten und nach Frankreich auswandern – wobei sie voraussetzen kann, daß ich zu diesem Zeitpunkt darüber informiert bin, daß alle ihre Geschwister bis auf einen Bruder und sie selbst in Lothringen geblieben sind. Die abgebrochene Ergebnissicherung "und eh so die Familie ist" könnte mit "nach Frankreich gegangen" ergänzt werden. Frau A. faßt nun grob die Heiratsfolge zusammen, die sie mir später noch einmal eingehender erläutern wird: sie mußte warten, bis die älteren Schwestern verheiratet waren, das "war ganz streng". Wir erfahren hier, daß sie ihren Mann "mit Bild" geheiratet hat und ihm nach Frankreich gefolgt ist; ein Datum, das ihr als Information für mich immerhin so bemerkenswert erscheint, daß sie es nach einer kurzen Pause wiederholt. Auf dieses Thema wird sie später noch einmal eingehen; an dieser Stelle ist die Information plaziert als Teil der Verheiratungs- und Migrationskette der Geschwister, die damit endet, daß die Mutter, nachdem der Vater 1961 gestorben ist, bei einer Schwester in Frankreich bleibt: Die Mutter wollte nicht allein bleiben und zog der Familientradition (s. die Großmutter) und wohl auch den überfamiliären Gepflogenheiten folgend, zu einem ihrer Kinder. Dieses Faktum könnte für Benedetta A.s eigene biographische Planung, die Ruhestandszeit in der Nähe ihrer (angeheirateten) Verwandten in Sizilien zu verbringen, von Bedeutung gewesen sein – aber auch für die Bewertung der Interaktionsgrundlagen in der Familie ihres "Kasseler" Bruders, der nach dem Tod seiner Frau trotz vieler Kinder allein in seinem Haus zurückblieb, als diese schließlich erwachsen waren. Das Segment abschließend, bilanziert meine Informantin diesen Lebensabschnitt "in Sizilien", der Kindheit und Jugend umfaßt, mehrfach als "schlimm" – in diese Bilanz fügt sie noch einmal die Information ein, daß diese Zeit für sie auch mit Hunger verbunden war. Sehr anschaulich schildert sie im dritten Interview, wie mühsam sich der Kampf um den Lebensunterhalt für die Familie in den Jahren des Krieges und der ersten Nachkriegszeit gestaltete: man suchte sich Mandeln im Wald, bekam ab und zu ein "paar Weizen und paar Bohnen", die andere übrig gelassen hatten. In den Mitteilungen von Frau A. spiegelt sich die schlechte Versorgungslage der den Großteil der Bevölkerung ausmachenden landlosen Arbeiterfamilien Siziliens insbesondere während des Krieges, die in dieser Zeit weit mehr zu leiden hatten als die Grundeigentümer oder die landbesitzenden Bauern: wie erwähnt, waren die Märkte für den Export sizilianischer Güter meist geschlossen, und es bestand die Schwierigkeit, zu Nahrungsmittelimporten zu gelangen (Finley, M.I. / Mack Smith, D. / Duggan, Ch. 1989, S.273 u. 275).

Die Informationen der vorangegangenen Segmente über die mit dem geringen Familieneinkommen verbundene Armut führten mich im folgenden zu der Nachfrage, ob denn auch die Mutter gearbeitet habe. Obwohl es korrekter Weise hätte heißen müssen "außer Haus gearbeitet", versteht Frau A., was gemeint ist, reagiert aber ob der kulturellen Distanz, die durch diese Frage zutage tritt, mit Verwunderung in der Stimme. Sie begründet dennoch ihre Antwort, daß ihre "Mutter nix gearbeit" habe, nicht mit dem generalisierenden Hinweis, daß die Frauen in Sizilien nicht außer Haus gearbeitet hätten, wie sie das an späterer Stelle für die Gegenwart behauptet, auch nicht mit dem hier erwartbaren Hinweis auf die große Kinderzahl der Familie, die eine ständige Präsenz der Mutter im Haus notwendig gemacht hätte oder der strengen Arbeitsteilung in Familien, deren Männer den überwiegenden Teil des Tages zur Grubenarbeit aushäusig waren. Stattdessen führt sie die eingeschränkte Gesundheit der Mutter an, die "schlechte Augen" und "immer Magenschmerz" gehabt habe. Daß Frau A. von mehreren möglichen Begründungen den Gesundheitszustand der Mutter als Erklärung wählt, könnte darauf hindeuten, daß sie hier auf einer Ebene argumentiert, die auch in der deutschen Gesellschaft als einer, in der die Berufstätigkeit der Frauen zur Normalität gehört, Plausibilität und Akzeptanz aufweist. Möglicherweise hat sie hinter meiner Frage noch eine zweite, unausgesprochene Ebene vermutet, die des Zweifels, ob denn auch wirklich alle dazu fähigen Familienmitglieder das Ihre dazugetan haben, die Familienernährung zu sichern. Denn sie faßt im folgenden noch einmal die verschiedenen Einkommensquellen zusammen: die Arbeit des Vaters und das "Kindergeld", und präzisiert dann, das Thema des Familieneinkommens weiterverfolgend, daß ein Bruder mit elf Jahren und ein anderer mit vierzehn Jahren angefangen habe, in der "Kohlengrube" (gemeint ist hier ebenfalls der Schwefelabbau, wie sie mir später erläutert) zu arbeiten. Sie erinnert sich genauer:

"A: Un die + wie heißt das + die Chef, ne + habe Angst wann kommen controllo + un hat verstecken meinen Bruder mit die eh Jacke + hat Angst gehabt wann controllo, meine Bruder war ganz-ganz war ganz klein + und das was gestorben hier (=der Bruder aus Kassel) + vierzehn Jahre (=mit vierzehn Jahren) hat in Kohlengrub gearbeitet na Sizilia" (II,10).

Wir finden in den Ausführungen von Benedetta A. also wieder den Hinweis auf die Kinderarbeit, die in den Schwefelgruben Siziliens eine berüchtigte Tradition in einem speziellen System der Arbeitsorganisation hatte. Immerhin zeigt die Erwähnung der Angst des "Chefs" vor der Kontrolle, daß die Kinderarbeit in den Gruben als verboten galt und wohl auch vom Auge des Gesetzes verfolgt wurde. Es ist wahrscheinlich, daß die durch die Kriegsteilnahme von Grubenarbeitern fehlenden Arbeitskräfte während des Krieges durch Kinder und Jugendliche ersetzt wurden und diese deshalb in der Kriegsphase zum "unentbehrlichen" Arbeitskräftebestand der Gruben wurden. In der Betonung, daß einer der Brüder noch "ganz klein" war, hebt Benedetta A. hervor, daß es für sie, aus dem Gegenwartsfokus betrachtet, ein außerordentliches Faktum darstellt, daß der Bruder als Kind in der Schwefelgrube arbeiten mußte, und sie zeigt mir in der Erwähnung des Arbeitseinsatzes der Brüder sehr plastisch auf, daß im Grunde alle Familienmitglieder zur Ernährung der Familie beitragen mußten, (auch, wenn sie von den Kindern außer ihrer eigenen Person hier nur exemplarisch die beiden Brüder anführt).

Im dritten Interview informiert sie mich darüber, daß die Brüder nach Lothringen gingen, als die Schwefelminen in der Nähe von A. (Provinz Agrigento) geschlossen werden mußten: "Dann war zu, dann war noch schlimmer! (laut) Ham' sie zugemacht!" (III,6) Wie die Brüder den Herkunftsort verließen, hatte sie mir kurz vorher so erklärt:

"A: Von A.-von A. ++ war ++ war so, ne (langsam, sich erinnernd), clandestino (=heimlich) sagen wir, vorher, ne, zahlt man soundsoviel Geld und Beerge (gedehnt), war zu Fuß gelaufen, mit die Berge, hatte mein Bruder, lebe noch, ne, sechzehn Jahre mein Bruder weg von zu Haus, sechzehn Jahre war alt + und no einer war achtzehn Jahre alt, und no einer war verheiratet + alles ist zu Fuß, Kilometer und Kilomeeter, bis die Schuhe kaputtgegangen in die Straße, und dann nach Frankreich" (III,5).

An der Darstellung fällt auf, daß sie die Umstände der Migration der Brüder noch genau erinnert: heimlich verließen sie ihr Dorf, mußten wohl für die Reise, vielleicht aber auch für die Anwerbung Geld bezahlen, das sie offensichtlich im Schwefelabbau verdient hatten, denn "später", so sagt Frau A., habe es Geld gegeben – und zu Fuß ging es in der ersten Etappe der Reise "durch die Berge". Ihr Hinweis "Kilometer und Kilomeeter" zeichnet sehr deutlich die Mühen des Weges nach, von denen die Brüder später erzählt haben müssen, außerdem muß eine solch weite Reise auch für die zurückbleibenden Familienangehörigen etwas Ungewöhnliches gewesen sein, deren Aktionsradius sich von A. aus üblicherweise nur bis zum dreißig Kilometer entfernten Agrigento erstreckte. Die Nennung des Alters zumindest zweier Brüder läßt als Zeitraum der Migration in etwa das Jahr 1954 rekonstruieren. Frankreich hatte bekanntlich bereits früher als Deutschland mit der Anwerbung italienischer Arbeitskräfte begonnen, die vor allem die bis dahin in den Bergwerken Lothringens beschäftigten Kriegsgefangenen ersetzen sollten: hier tat sich eine mögliche Alternative für die sizilianischen "minatori" auf, die gewöhnlich für zunächst fünf Jahre angeworben wurden. Daß diese Möglichkeit ergriffen wurde, verweist darauf, daß es in Sizilien selbst keine gleichwertige Alternative für die entlassenen Bergarbeiter gab.

Das heimliche Verlassen des Dorfes, von dem Frau A. berichtet, deutet darauf hin, daß die Auswanderung, die ja nach dem Ende des Krieges nicht mehr verboten, sondern von Regierungsseite sogar öffentlich empfohlen wurde, von der Dorfgemeinschaft zunächst nicht akzeptiert wurde. A. Blok zeigt in seiner Studie über ein Dorf in Westsizilien, daß noch in den 60er Jahren der Migrant, der mitsamt seiner Familie das Dorf verließ, als Versager eingestuft wurde (Blok, A. 1981, S.267). Und L.Siascia zitiert in seinem sizilianischen Tagebuch "Nero su nero" die Äußerung eines kommunistischen Abgeordneten Ende der 60er Jahre über die massenhafte Abwanderung aus Sizilien: es handle sich um unruhige Leute, solche, die weggelaufen seien aus purer Lust am Abenteuer (Sciascia, L. 1979, S.5).

Die Brüder von Frau A. gehörten wohl der Gruppe an, die von der ersten Auswanderungswelle der Nachkriegszeit erfaßt wurde: dies waren zunächst Männer zwischen 18 und 45 Jahren, Menschen ohne Arbeit oder in unsicherer Beschäftigungslage (Blok, A.: a.a.O., S.266). Angesichts der Schließung der Schwefelminen in ihrer Region und der Tatsache, daß die Familie wohl nicht über Besitz oder persönliche Verbindungen im landwirtschaftlichen, handwerklichen oder kaufmännischen Bereich verfügte, kann davon ausgegangen werden, daß mit der Migration zunächst das kurzfristige Ziel der Sicherung des Lebensunterhalts verbunden war. Dennoch wurde mit der Auswanderung offensichtlich ein ökonomisches Ziel über die Sicherung des bloßen Überlebens hinaus verbunden: im Anschluß an die zitierte Stelle im dritten Interview erwähnt Frau A. die Äußerung eines der Brüder, "Frankreich lohnt nicht" (III,5). "Ja, geben die Wohnung umsonst, aber s-nur Mann arbeit nach Frankreich, ist noch schlimmer wie nach Sizilien (schnell)" (III,5/6). Obwohl es also für die angeworbenen Arbeiter eine kostenlose Sozialwohnung gibt, lohnt sich in den Augen des zitierten Bruders und wohl auch Frau A.s das Migrationsprojekt nicht, wenn die Frau nicht arbeitet. Zwei der Brüder, so informiert sie mich, ziehen nach einiger Zeit von Lothringen nach Kassel und verlassen damit in ihrer Arbeitsbiographie den Bergbausektor. (Einer der beiden Brüder kehrte allerdings bald zurück nach Lothringen, weil er eine Kalabresin geheiratet hatte, deren Verwandte ebenfalls dort wohnten.)

Haben wir also, den aktuellen Interviewkontext im zweiten Interview überschreitend und auf Informationen aus dem dritten Interview vorgreifend, Frau A.s Ausführungen zum Beginn der Arbeitsbiographie zweier Brüder verlassen, soll nun wieder dem Verlauf ihrer Darstellung im 2. Interview gefolgt werden.

Meine Informantin bilanziert zunächst die Arbeit der Brüder in der Schwefelgrube als "schlimm, schlimm" und kommt auf ihre eigene Situation, genauer, ihre eigene Arbeitsbiographie zurück: Thema ist also weiterhin der Beitrag der Familienmitglieder zum Familienunterhalt. Mit dem biographischen Zeitmarkierer "ich a-eh hinterher, was soll ich machen, ne" (II,10) leitet sie eine kurze Information über ihre berufliche Sozialisation und Tätigkeit ein, die von einer Bewertung des elterlichen Sorgeverhaltens im Kontext der Armutssituation abgeschlossen wird:

"War schlimm, schlimm + ich a-eh hinterher, was soll ich machen, ne + habe gelerne eh zu Maschine + zu Feine machen + Feinzeug mit de Maschine + Nähmaschine + und das für die Leute gemacht + was geben weiter leben, ne, war schlimm, schlimm, schlimm + Aber (veränderte Stimme, zärtlich) mein Vater war so lieb (lauter), wirklich so lieb un meine Mutti au, ne (schneller) + was habe, uns gebe, was wir habe nix gehabt, habe nix gehabt, ne + und so weiter geht (leiser) +++" (II,10).

Mit dem "hinterher" schließt sie die Darstellung einer biographischen Phase ab, über die sie zuvor schon durch die Erwähnung der eigenen Heirat und die der Geschwister, also des sukzessiven Verlassens des Elternhauses, hinausgegangen war. Allerdings geht es ihr offensichtlich jetzt, meinen Erzählauftrag durch die Frage nach der <u>Arbeit</u> der Mutter ratifizierend, weiterhin um die Arbeit der Familienmitglieder. Sie erzählt also, sie habe gelernt, auf der Nähmaschine zu nähen – das "hinterher, was soll ich machen" lese ich als Hinweis darauf, daß ihr nichts anderes übrig blieb. Auf welche Situation bezieht sie sich hier? Zum einen sicherlich auf die Notwendigkeit, zum Familieneinkommen beizutragen, zum anderen, implizit und nicht ausgesprochen, auf die geschlechtsspezifische Rollenerwartung, mit Eintritt in die Pubertät "von der Straße weg" zu müssen, sich nicht mehr allein in der dörflichen Öffentlichkeit zu bewegen und sich auf eine Beschäftigung im Haus und somit im sozial kontrollierten Rahmen zu beschränken. Die "Lehrjahre" bei einer Schneiderin des Dorfes durchziehen die Biographien fast aller meiner sizilianischen Interviewpartnerinnen, mit denen ich gesprochen habe: die Institution des "andare dalla sarta", des "zur Schneiderin Gehens" stellte eine Kombination aus funktionierender sozialer Kontrolle und geschlechtsspezifischem Qualifikationserwerb dar, der sowohl auf einen Broterwerb durch Heimarbeit als auch auf die Textilproduktion für den Bedarf in der eigenen Familie oder die eigene Aussteuer vorbereitete. (Diese Qualifikation verlieh den Frauen übrigens in der Migration später manchmal einen Vorteil gegenüber den Männern, die sich auf Grund des Fehlens einer komplementären beruflichen Vorsozialisation als ungelernte Arbeiter auf dem Arbeitsmarkt anbieten mußten.) Die Situation des "von der Hand in den Mund Lebens" wird von Benedetta A. mit der Formulierung "was geben weiter leben" beschrieben; man lebte von dem, was man für die Arbeit bekam, und das waren, wie sie an anderer Stelle erläuterte, meist Naturalien. Sie bilanziert wieder mit der Formel "schlimm, schlimm, schlimm" – sie verweist damit, so verstehe ich sie, auf Arbeitsbedingungen, die nichts mit einem geregelten und bezahlten Beschäftigungsverhältnis zu tun hatten, wie sie es später kennengelernt hat.

Wird nun die positive Bewertung des elterlichen Verhaltens als "so lieb" in einer lebendig und gefühlvoll vorgetragenen Passage mit der einschränkenden Konjuktion "aber" eingeführt, so geht es im Kontext der vorliegenden Thematik wohl um eine Lossprechung der Eltern von der Verantwortung für die ökonomische Misere der Familie. Der Vater wird zuerst genannt: gedacht werden kann hier an seine Rolle als Familienoberhaupt, aber auch an seine Verpflichtung als Hauptnährer der Familie. Interessant ist im folgenden, daß die in der "Kindheitspassage" (I,9) zitierte Äußerung des Vaters "Na ja, was habe ich gebe, was habe ich nit gebe ich nit" hier in veränderter Form wieder auftaucht. Und zwar dergestalt, daß hier von der Perspektive der Kinder aus ("uns gebe") formuliert wird und im nächsten Schritt möglicherweise die Perspektive auf die Gesamtfamilie ausgedehnt wird, indem Frau A. kommentiert: "was wir habe nix gehabt, habe nix gehabt, ne" (II,10). Damit wird die Haltung der Eltern, ihr Möglichstes getan zu haben, als Faktum dargestellt, während die vorher zitierte Äußerung des Vaters zunächst als individuelle Meinungsäußerung verstanden werden konnte. Mit der biographischen Klammer "und so weiter geht" als "Zeitraffer" schließt Frau A. dieses Segment ab. (Gedacht ist wohl ihrerseits daran, daß diese Situation sich hinzog, bis die Kinder aus dem Haus gingen: ein Lebensabschnitt, den sie kurz zuvor schon erwähnt hatte.)

Die Verknüpfung der thematischen Aspekte der ökonomischen Basis der Familie und ihres Anteils daran mit dem Verhalten des Vaters erfährt ebenfalls im dritten Interview eine Präzisierung, die uns an dieser Stelle beim Verständnis ihrer Situation und ihrer Sicht der Dinge weiterhelfen kann. Hier erklärt mir Frau A., daß sie, nachdem sie bis zum Alter von 14 Jahren der Bäckersfrau geholfen hatte, im Alter von "sechzehn, siebzehn Jahren" (III,1) begann, mit der Nähmaschine "feine Sachen zu machen", Heimtextilien wie Gardinen, Tischdecken, Handtuchhalter. Sie habe dies bei einer "italienischen collega nach Sizilien" gelernt, "die <u>weiß</u>, die hat gelernt und dann hat mir angelernt" (III,3). Der Vater habe ihr eine Nähmaschine bei Singer in Agrigento gekauft, und dort sei ihr angeboten worden: "Kannst bei uns arbeiten". Frau A. unterstreicht die Berechtigung des Angebots mit stolz vorgetragenem Verweis auf ihre Tätigkeit: "So schöne weiße, so schöne + diese Zeit, das habe ich gemacht (stolz), und eh "Kann hier arbeiten!" Mein Vater gesagt: "Nee, meine Kinder bei mir bleiben!" (klopft auf den Tisch) "Will nix ich in die Stadt die Kinder, gefällt mir nit!" (...) Hat mir nix geschickt + "Meine Kinder muß bei mir bleiben" (leiser als vorher, klopft wieder auf den Tisch) + Wann klein, ja, ne, (lauter), zu helfen + <u>zehn Personen</u> + war zu schwer, ohne Schuhe" (III,3). Im stolzen Hinweis auf die erworbenen

Fähigkeiten, die sogar zum (unerwarteten) Angebot eines Arbeitsplatzes in der Stadt führen, wird der Kontrast zu den familiären Verhältnissen deutlich: autoritär – darauf deutet das die Rede begleitende Klopfen auf den Tisch hin – verfügt der Vater, die Tochter nicht in die Stadt gehen zu lassen. So lange sie "klein" war, durfte sie sich außer Haus bewegen, so verstehe ich ihre Äußerungen, um zum Familienunterhalt von "zehn Personen" beizutragen – mit dieser Freiheit ist es nun, da sie ein junges Mädchen und im für damalige Verhältnisse heiratsfähigen Alter ist, vorbei. Frau A. führt noch einen weiteren Aspekt an, der erklärt, warum sie das Angebot nicht annehmen konnte: die fehlenden Schuhe. Die Armut selbst setzt in dieser Argumentation Grenzen bei dem Versuch, in den bescheiden prosperierenden Verhältnissen der Nachkriegszeit (Ansteigen des privaten Verbrauchs, Möglichkeiten der Kreditaufnahme, s.S. Mafai) aus der Armut herauszukommen. Die Ordnung der innerfamilialen Entscheidungskompetenzen wird nicht angetastet: die Stimme der Mutter wird hier ebensowenig erwähnt wie die eigene Position angesichts der angebotenen Möglichkeiten, einen bezahlten Arbeitsplatz außer Haus zu erhalten. M.E. wird aus der hier angeführten Passage des dritten Interviews aber deutlich, warum Frau A. im Kontext der ersten Erwähnung ihrer Schneiderinnentätigkeit betonen muß, daß der Vater "so lieb" war: fast scheint es, als müsse sie hier noch einmal etwas rechtfertigen, was entweder im erwähnten Handlungszusammenhang des Stellenangebots bereits nicht mehr selbstverständlich war, oder ihr von heute aus gesehen, wo sie gelernt hat, sich ökonomisch rational zu verhalten und aus der Erfahrung heraus, daß ihr ein fast dreißig Jahre währendes festes Arbeitsverhältnis eine sichere Einkommensbasis verschafft hat, nicht mehr ohne weiteres sinnvoll oder akzeptabel erscheinen mag.

5.1.4.5. "Keiner, keiner kehren mehr zurück dahin": Einsetzen des Migrationssogs

Die Zusammenfassung "(...) und so geht weiter", mit der Benedetta A. in ihrer Darstellung der Lebenssituation in ihrer Familie bis zur Nachkriegszeit gelangt ist, bringt mich dazu, das Thema Migration anzusprechen. Ich frage sie, ob "denn damals eigentlich schon viele Leute aus Sizilien ausgewandert" seien. Meine generalisierende Frage beantwortet sie mit Bezug auf den sozialen Raum, der zu ihrem Erfahrungswissen gehört: Nachbarschaft, Verwandtschaft, Familie. Sie beschreibt, daß von den elf Familien in der Nachbarschaft, die "um einen Hof herum" wohnten, "nur drei alte Leute, mehr nicht" (I,10) übriggeblieben seien: die Cousine etwa zog samt Vater und Mutter nach Belgien, andere nach England, "alle weg", "ieberall" (hin). "Sogar die Wohnung" wurde verlassen, "keiner, keiner kehren mehr zurück dahin" (II,10), schließt sie das Segment ab. Sie beschreibt hier den Migrations"sog" in ihrer Umgebung, einen Prozeß, der in den fünfziger Jahren einsetzte und der zur Entvölkerung ganzer Orte führte. Die Weise, wie meine Informantin hier Verlusterfahrungen in Dorf und Hof thematisiert, macht deutlich, daß Migration nicht nur Folge einer längerfristigen individuellen oder familiären Planung sein kann, sondern auch als Teil eines kollektiven Prozesses gesehen werden muß, dessen Sogwirkung sich der Einzelne nicht unbedingt entziehen kann. Ist dieser Prozeß erst einmal im Gang, geht es u.U.

nicht mehr so sehr darum, eine Perspektive zu entwickeln, weshalb man weggeht, also z.B. um ein Haus zu bauen, sondern zu vermeiden, sich irgendwann in der Situation zu befinden, zu vereinzeln und das Leben "zu Hause" nicht mehr weiterführen zu können wie bisher, weil alle anderen gehen. So kann durch die Auflösung der sozialen und kulturellen Zusammenhänge ein sozialer Druck entstehen, ebenfalls auszuwandern. Auf dem Hintergrund dieser Erfahrungen ist es bemerkenswert, daß Frau A.s Familie das eigene Wohnhaus nicht für immer aufgab und sie selbst ja später immer wieder auf eine Rückkehr nach Sizilien orientiert war. Mit meiner präzisierenden Frage, warum ihre Eltern denn nicht ausgewandert seien, nötige ich Frau A. dazu, ein Argumentationsschema zu entwickeln, das sie auf den Vater beziehen muß – die Mutter zog ja noch im fortgeschrittenen Alter zu ihren Kindern nach Lothringen. Der Vater habe es "mit der Galle gehabt", "hatte drei Zimmer gehabt" (das von der Tante geerbte Haus), "un alte Leute, ne, is so, is schön mit den Nachbarn und so ne" (I,10). Der Vater habe das Weggehen "nicht gern gehabt", und wenn er manchmal weggewesen sei, dann nur für "zwei, drei Monate" – wahrscheinlich, um seine Kinder in der Migration zu besuchen. Sie argumentiert also hier auf der Ebene individueller Bedingungen: Krankheit, Hausbesitz, für die "Alten" noch funktionierendes soziales Umfeld in der Nachbarschaft. Anschließend greift sie die vorher gegebene Information, über die ich mit meiner Frage hinweggegangen war, noch einmal auf: die Mutter sei nach Frankreich gezogen, als der Vater (1961) gestorben war. Die Möglichkeit der Migration auch der Eltern, die ich im Nachtrag zu ihrer Beschreibung der Situation in der Nachbarschaft und Verwandtschaft angesprochen hatte, wird also in erster Linie auf die Perspektive des Vaters konzentriert und zeitlich offensichtlich in der Nachkriegszeit bzw. in den fünfziger Jahren situiert.

Als die Mutter also, Witwe geworden, zu einem ihrer Kinder nach Frankreich zieht, gibt es, so können wir aus ihren Informationen schließen, niemanden mehr im Herkunftsort, zu dem sie eine nähere Beziehung hätte. Am Ende des Segments zum Thema "Migration" konstatiert sie, daß nach dem Tod der ältesten Schwester, die das Elternhaus geerbt hatte, nun auch die Zukunft des letzten Residuums der Familie im Herkunftsort ungewiß ist. Doch zuvor führt sie die von mir aufgeworfene Thematik "Eltern und Migration" weiter: die Mutter zog also nach Frankreich, wo sie auch starb. (Wie schon erwähnt, folgte die Mutter dem Modell ihrer eigenen Mutter, nämlich als Witwe zu ihrer Tochter zu ziehen: auf Grund des Fehlens des primärfamilialen Rahmens wird diese Möglichkeit Frau A. selbst nicht mehr zur Verfügung stehen.) Das Sterben der Mutter wird von Frau A. nicht weiter kommentiert, wir erfahren weder von der Todesursache etwas, noch davon, wo sie begraben wurde: es ist denkbar, daß sie neben ihrem Ehemann auf einem Friedhof in A. liegt. Im fortgeschrittenen Alter zu sterben, mag einen Normalitätsgrad für die Informantin haben, der für sie hier weitere Erklärungen überflüssig macht – genausowenig ist sie auf den Tod des Vaters oder den einer weiteren "signifikanten Anderen", der Großmutter, näher eingegangen. Um so auffälliger ist es nun, daß auf die kurze Information, die Mutter sei "nach Frankreich gestorben, hat da gewohnt + da gest-+" (II,11) unmittelbar eine eingelagerte Darstellung folgt, die sich wieder mit dem "Tod eines Bruders" beschäftigt; erst dann kommt sie wieder auf das Thema "Elternhaus" zurück. Bruchstückhaft, weil ihr die Beschreibung des Vorgangs auf deutsch offensichtlich schwerfällt, und weil sie ja hier auf die Erzählungen anderer zurückgreifen muß, erzählt Frau A. vom Tod eines Bruders in Lothringen, den sie schon im ersten Interview erwähnt hatte. Er sei mit anderen Kumpels in der "Kohlengrube" verunglückt, wo er eine Kopfverletzung erlitten habe, als er die anderen verbinden wollte, verstehe ich sie. "(...) die Kopp dahin un mein Bruder nach Frankreich gestorben + mit 44 Jahre un hat sieben Kinder gelassen" (II,11). Die Schwägerin sei 37 Jahre alt gewesen und habe nicht mehr geheiratet : "hier mein Mann + tot ist tot + un bleiben ma so", schließt sie die eingelagerte Episode vom Tod des Bruders ab. Bemerkenswert ist, daß Benedetta A. das Ende der Auswanderungsgeschichte der Familie aus dem Herkunftsort mit dem Tod der Mutter in der Fremde vorübergehend abschließt, der dominante Aspekt "Herkunftsort" durch den Verweis auf das Elternhaus aber erst wieder aufgegriffen wird nach der Erzählung vom Tod des Bruders in Lothringen. Es liegt nahe, die Verbindung des Migrationsthemas, also der weitgehenden Auflösung des sozialen Herkunftskontextes mit dem Tod – und zwar dem unzeitigen, unerwarteten, "häßlichen" Tod durch die Kopfverletzung bei einem Arbeitsunfall – als einen für die Informantin hier wesentlichen Zusammenhang zu begreifen: schon im ersten Interview hatten wir in Frau A.s Bilanzierungen die Verknüpfung der Aspekte "Tod" und "Migration" vorgefunden. Die Tatsache, daß Frau A. im Anschluß an die Erwähnung vom Tod der Mutter bruchlos und unvermittelt zum Tod des Bruders überwechselt, ohne vorher etwas von dessen Lebensgeschichte zu erwähnen, hat etwas Eigentümliches, das der näheren Erklärung bedarf. Die zentrale Blickrichtung auf den Tod hin ist angesichts des Zeitpunktes des Interviews, wenige Tage nach dem Tod der Schwester, mit all den Aktualisierungen, die für die Informantin darin liegen mögen, plausibel. Ich denke, Frau A.s Erzählstrategie an dieser Stelle öffnet aber auch den Blick für eine negative Bilanz, für die Kosten der Migration. (Bedenkt man, daß für Benedetta A. die Migration etwas Temporäres ist, das dem übergeordneten Zweck dient, die Grundlagen zu schaffen, wieder zurückzukehren, so werden diese Planungen durch den Tod desavouiert. Damit ist die Gesamtbilanz nicht mehr stimmig zu machen, ebensowenig wie beim Modell der Rentenzahlungen, in dem der, der nicht mehr davon profitieren kann, weil er zu früh stirbt, im Grunde der Betrogene ist.)

Zum anderen taucht wieder das Frau A. häufiger beschäftigende Thema der Nichtwiederverheiratung auf: obwohl die Schwägerin mit 37 Jahren noch jung war, obwohl sie viele Kinder durchzubringen hatte ("un muß verstehen, meine Bruder tot bißchen Brot, ne" (II,11), war es selbstverständlich, daß sie nicht mehr heiratete ("sowieso nit verheirat"), argumentiert meine Informantin, und sichert, wie oben bereits erwähnt, gerade das in meinen Augen nicht Selbstverständliche. In der Bilanzierung "hier mein Mann + tot ist tot + und bleiben ma so" taucht die Formulierung "tot ist tot" wie eine feststehende Redewendung auf, die überindividuelle Gültigkeit hat – also nicht nur für die Schwägerin, sondern auch für sie selbst. Wir bleiben so, wir heiraten nicht wieder, verstehe ich sie. Es entsteht der Eindruck, daß der Tod des Ehemannes als etwas Schicksalhaftes angesehen wird, genauso wie die Heirat, wobei die Wiederverheiratung als illegitimer Eingriff in dieses Schicksal verstanden werden könnte. An der Darstellung des Todes des Bruders fällt weiterhin auf, daß Frau A. auch hier wieder explizit auf die Belastungen für die weiblichen Hinterbliebenen eingeht – auch dieses Motiv ist mittlerweile vertraut.

5.1.4.6. Zweierlei Heimat: Die Häuser in Sizilien

Nach dem Exkurs zum Tod des Bruders greift Frau A. das Thema der Wohnung bzw. des Hauses im Herkunftsort wieder auf. Sie schließt damit im Grunde an ihre Darstellung von den verlassenen Wohnungen vor meiner Frage nach Wanderungsbewegungen der Eltern an und verknüpft sie mit Aussagen zur aktuellen Situation.

"A: (...) na Sizilia jetzt haben wir so zwei Zimmer (= in A.) + meine Mutter + un eine no + no eine Zimmer oben + wo jetzt meine Schwester gestorben + und vielleicht seine Kinder verkaufen weiß ich nit (langsamer) ++
I: Ach, vielleicht fahren die in den Ferien dort auch mal gerne hin
A: Nee, nee, nee (tiefe Stimme, Brustton der Überzeugung) + is klein, ne, + die junge Leute nit gerne + oh wann jetzt meine Schwester tot, ne, ich habe sofort angerufen na Italia, geh, geh zu mir + geh bei mir (hohe Stimme) + Wohnung, ne, war zufrieden, ne (stolz) bei mir is guut ich habe schöne Wohnung, schöne Wohnung ++ mal gucken wann ich lebe bißchen dahinne weiß ich nit + scheene Mobel, alles scheen" (II,11).

Die Ausführungen zum Haus in A. sind noch Teil der Darstellung, die mit meinem Stimulus ausgelöst wurde, der sich auf das Thema "Eltern und Migration" richtete. Frau A. ging hier auf die Gegenstandsbereiche "Bezug zu Sizilien" und auch "Migration" ein. Frau A. kommt nach der Erzählung vom Tod des Bruders und der Situation der verwitweten Schwägerin wieder auf Sizilien zurück. Weiterhin geht es um ihre Bezüge bzw. die der ausgewanderten Familie zu Sizilien. Das Schicksal des Elternhauses ist für sie ein aktuelles Thema, da sie Sorge haben muß, daß die Kinder der Schwester, die als Älteste das Haus geerbt hatte, nach deren Tod die letzten Spuren der Familie in A. aufgeben. Es sei daran erinnert, daß die verstorbene Schwester eben nicht in A., sondern in Lothringen begraben werden soll: ein weiterer Hinweis darauf, daß die "Frankreich-Fraktion" der Familie ihren Lebensmittelpunkt dort gefunden hat, während für Frau A. selbst weiterhin Sizilien der entscheidende Bezugsraum blieb. (Wir haben es also mit unterschiedlichen räumlichen Orientierungen in der Familie zu tun. Die Frage des Begräbnisortes der Angehörigen muß für Frau A. als religiös gebundene Sizilianerin eine hohe Relevanz haben und ist deshalb geeignet, uns Aufschluß zu geben über ihre biographischen Orientierungen.)

In meinem Impuls, der aus der Perspektive der begeisterten Italienurlauberin verständlich wird, aber auch auf dem Hintergrund der Informationen von Frau A., daß ihr Sohn und ihre Neffen und Nichten aus Kassel gern in Italien Urlaub machten, formuliere ich die Idee, die Kinder der Schwester könnten im Haus in A. Ferien machen – ein Gedanke, der von meiner Interviewpartnerin offensichtlich als abseitig empfunden wird. Das Elternhaus erscheint ihr offensichtlich "zu klein" und auch zu wenig komfortabel für die "jungen Leute". Es ist möglich, daß sie hier auf Informationen der Verwandten zurückgreift, welche sie jedoch nicht explizit als Beleg anführt. Stattdessen erwähnt sie ihre eigenen Aktivitäten: sie hat offensichtlich aus eigenem Antrieb die Nichten angerufen, die nach A. gefahren sind, um die Überführung der verstorbenen Mutter nach Lothringen vorzubereiten, und diesen angeboten, doch während dieser Zeit in ihr Haus in R. zu gehen. So, wie ich Benedetta A.s Ausführungen verstehe, hat sie ex ante mit der Unterstellung gearbeitet, das ehemalige Elternhaus sei unzureichend. Mit der Feststellung "war zufrieden" markiert sie die Annahme ihres Vorschlags, der immerhin für die Nichten zur Folge hatte, zwischen dem Herkunftsort der Mutter und dem sizilianischen Wohnort der Tante (etwa 30 km) hin- und herpendeln zu müssen. Vorstellbar ist es immerhin, daß Frau A. die Orientierung ihrer Angehörigen nicht realisiert und ihre eigene Einstellung auf die nachfolgende Generation überträgt, ohne irgendeine Resonanz von dieser Seite zu haben.

Die zitierte Textstelle ist freilich noch unter einem anderen Gesichtspunkt von hohem Interesse: es wird deutlich, daß Frau A. aus der Sicht der stolzen Hausbesitzerin argumentiert. Es scheint die Möglichkeit auf, als allein Zurückgebliebene das Leben in Sizilien positiv zu gestalten. (In einer späteren Interviewpassage wird mich Frau A. darauf hinweisen, daß sie nach dem Tode ihres Mannes entscheidende Eingriffe in die Gestaltung des Hauses in R. vorgenommen hat, die eher mit ihrem Geschmack zu tun haben als mit baulichen Verbesserungsnotwendigkeiten: "(...) nur wann mein Mann tot, ne, die Tür gefällt nir nit, war Holz, jetzt ist modern, so Metall, ganze Tür weggemacht", später wurde den Zimmern eine "andere Farbe" gegeben, ein großes Zimmer ausgebaut und eine "schöne" Terasse erstellt.) Sie weiß zwar nicht, wie lange sie dort noch leben wird, aber dieses Leben wird sie in ihrem Haus verbringen, wo es gut und schön ist. Denkbar ist es, daß sie gern sieht, daß ihr Haus von den jungen Verwandten mit Leben erfüllt wird, wenn sie schon über weite Zeiträume im Jahr dort vorläufig nicht selbst anwesend sein kann. Wir können die Darstellung in diesem Segment aber auch als Kontrastierung verstehen: das Elternhaus hat zwar eine Bedeutung als "geronnene Vergangenheit", als Objekt der Erinnerung, das nicht aufgegeben werden sollte, gewachsenen Ansprüchen entspricht aber eher das neue, ihr eigenes Haus. Es taucht die Frage auf, ob es hier nicht auch wieder um die Sinngebung der Opfer für das Haus geht. Jahrelang hat sie mit ihrer Familie dafür gespart, ein großes Haus zu bauen (zwei Stockwerke mit vielen Zimmern). Das Elternhaus hingegen wurde von der ältesten Schwester geerbt, ohne daß diese dafür vergleichbare Opfer hätte auf sich nehmen müssen.

5.1.4.7. "Wir war drei Personen un habe schön geschafft"

Meine Reaktion auf die stolz vorgetragene Erwähnung des eigenen Hauses besteht nun darin, Frau A. in ihrer positiven Gestimmtheit zu bestärken – angesichts des bisherigen Interviewverlaufs, in dem so auffällig viel von Tod, Entbehrungen und Verlusten die Rede war, empfand ich das Herausarbeiten der positiven Seiten ihrer Existenz bzw. des positiven Resultats der eigenen Migration als Erleichterung, und tatsächlich ist für meine Interviewpartnerin über die Darstellung der Attraktivität des eigenen Hauses zunächst ein Stimmungswechsel möglich. Als ich ihr mit der Formulierung "da haben Sie ganz schön was geschafft" (II,11) zu erkennen gebe, wie ihre Darstellung des "schönen Hauses" auf mich wirkt, differenziert sie den Hinweis auf die eigene Leistung, der in meiner Äußerung steckt, aus. Sie erwähnt zunächst ihre eigene Rede, wenn ihr Mann einmal besonders viel Geld mit nach Haus gebracht hat ("Ich loben 'Armer Mann'") und bringt im folgenden zum

Ausdruck, daß das Erreichte das Ergebnis großer vereinter Anstrengungen ist. "Wir haben gekriegt eh mein Mann hat gearbeit bei Schrott, Schrottplatz + und tausenddreihundert, tausendzweihundert, tausendeinhundert + wie die Monat läuft, ne + mein Junge hat auch Arbeit, ne, un ich Krankenhaus, wir war drei Personen un habe schön geschafft, <u>schön geschafft (leiser)</u>" (II, 11/12).

Zunächst wirkt die "Lobesformel" für den in ihren Augen in dieser Situation wohl tüchtigen Mann befremdlich. Die Formulierung "armer Mann", in der ja eher Mitleid zum Ausdruck kommt, gebrauchte sie vorher im Zusammenhang der Erwähnung ihres Vaters oder des in Lothringen verunglückten Bruders. Ein "armer Mann" ist in ihren Augen offensichtlich einer, der sich für seine Familie abmüht und dennoch nichts vom Leben hat – es mag in die Erzählung eine retrospektive Bewertung des Schicksals ihres Mannes eingehen, der "immer" gearbeitet hat und seine Rente nicht mehr genießen konnte. Die Eingangsformulierung "Wir haben gekriegt" zeigt, daß die Männer ihren Verdienst in den Familienhaushalt eingebracht haben: eine Anstrengung, die sie, nun unter Einbeziehung der eigenen Person, mit "schön geschafft" resümiert. Daß ihre Stimme an dieser Stelle deutlich leiser wird, deute ich in der Interviewsituation so, daß ihr hier bewußt wird, daß es dieses "wir" nun nicht mehr gibt.

Mit meiner nächsten Frage führe ich Frau A. noch einmal zur Berufsbiographie ihres Mannes zurück: ich möchte wissen, ob er denn die ganze Zeit auf dem Schrottplatz gearbeitet hat. Ich erfahre, daß er zunächst zehn Jahre auf einer Baustelle arbeitete, "und dann die Baustelle war pleite + und dann bei Schrott + und meine Junge gesagt eh + Vati wir su- versuchen dir eine Fabrik + aber mein Mann gerne in die Luft + besser <u>raus</u>, und dann is + <u>12 Jahre</u> hat gearbeitet" (II,12). Wie schon erwähnt, ist es wahrscheinlich, daß Frau A. daran interessiert war, daß ihr Mann in der Fabrik arbeitete, um schneller nach Sizilien zurückkehren zu können: die Verdienstmöglichkeiten wären in der Fabrik wohl besser gewesen. Obwohl der Sohn die Rückkehrorientierung nicht teilt, macht auch er den Vorschlag, der Vater solle in die Fabrik wechseln. Daß er mithelfen will, für den Vater einen Industriearbeitsplatz zu finden, mag damit zusammenhängen, daß er selbst als Schweißer in einer Fabrik arbeitet, mag aber auch auf die Vermittlerfunktionen seiner Generation gegenüber den Eltern verweisen. Denkbar ist es, daß der Mann den Vorschlag ablehnt, weil er, aus der Landwirtschaft kommend, die Arbeit an frischer Luft bevorzugt. Andererseits ist zu berücksichtigen, daß er in Lothringen schließlich fünf Jahre im Bergbau unter Tage gearbeitet hatte. Wenn Frau A. an anderer Stelle erwähnt, der Mann habe Angst gehabt – entweder die Arbeitsstelle zu wechseln oder überhaupt in die Fabrik zu gehen, könnte dies auch mit der Furcht, dem Zeitdruck in der Fabrik nicht gewachsen zu sein, zusammenhängen, dem er auf dem Schrottplatz offensichtlich nicht so ausgesetzt war. Interessant ist hier, daß Frau A. den Aspekt der Angst an dieser Stelle nicht aufgreift: es geht um das, was die Familie geschafft hat, und den Anteil des Mannes daran. In die positive Darstellung seiner Arbeitsleistung paßt denn auch, daß Frau A. anschließend die Verwaltung des Geldes in der Familie erwähnt: "(...) wann ich sage gehe ma zu Bank Geld holen hat geschimpft + du mußt gehen + ich nit" (II,12). Der Mann überläßt also seiner Frau, wie im Herkunftskontext Siziliens üblich, auch hier in Deutschland die Verwaltung der familiären Finanzen; ein Datum, daß Frau A. als Beleg für das positive Verhalten des Mannes anführt und mit "Nix, nix, s'gut" abschließend bewertet (II,12).

5.1.4.8. Die Heiratsgeschichte

Da Frau A. von selbst das Verhalten des Mannes und in Ansätzen ihre Beziehung thematisiert und bewertet hat, gehe ich an dieser Stelle noch einmal auf eine Information zurück, die sie mir vorher gegeben hat: "verheiratet mit Bild".

"I: Wie haben Sie ihren Mann eigentlich kennengelernt?
A: Meine Schwester war nach Frankreich + hat meine Bild gezeigt + eh meine eh eh eh + Schwager seine Bruder arbeite zusammen mit meine Mann + und meine Mann gesagt ich verheirat-ich will verheiraten und so un "Ich habe schöne Mädchen für dich" ah is' vorher so + (lauter:) vorher weiß was <u>machen</u> nach Sizilien? Verheirate mit Bild! + + Und suche die Männer naa + England
I: Aha
A: Mhm (die Aussage unterstreichend) ++ (wartet auf meine Reaktion) + so war in Sizilien + vorher
I: So war das (feststellend)
A: Vorher, vorher
I: Nicht, die Leute konnten nicht
A: Nee, nee, immer eh (lauter) aber + aber auch + find ich, <u>heute</u> find ich das nix gut + mein Mann komme Mittwoch,ne + un S-Frei-Samstag verheirat
I: Mhm, so war das
A: So war das" (II,12/13).

Die Darstellung ihrer "Heiratsgeschichte", die auf einen erzählgenerierenden Impuls folgt, präsentiert Benedetta A. in einer Kurzfassung, die stakkatoartig beginnt. Frau A. hatte schon erwähnt, daß einige Geschwister bereits vor ihr nach Frankreich gegangen waren. Im Kontext des "sizilianischen Heiratsmarktes" in Lothringen wird zuerst die Schwester erwähnt: ein Schwager arbeitete zusammen mit dem späteren Ehemann von Frau A. im Kohlebergbau. Offensichtlich bei einem Besuch in der Wohnung der Familie der Schwester von Frau A. wird ihm das Bild von Benedetta A. gezeigt. Der Erzählsatz "Meine Schwester war nach Frankreich + hat meine Bild gezeigt" wird durch eine Hintergrundskonstruktion ergänzt, da meine Informantin davon ausgehen muß, daß sie mir hier von unbekannten, ja erstaunlichen Sachverhalten berichtet. In dieser Hintergrundskonstruktion kommt zum Ausdruck, daß das Anbieten der Schwester durch das Zeigen des Bildes "Ich habe schöne Mädchen für dich" im Zusammenhang steht mit der Suche des sizilianischen Migranten nach einer Frau, die er heiraten kann. Diese Suche stellt Frau A. nun ihrerseits in den Kontext üblicher Verfahrensweisen "in Sizilien" – gemeint sind die sizilianischen Männer in Frankreich, England (und wohl auch anderen Ländern), die sich ihre sizilianischen Ehefrauen "mit Bild" aussuchten. Nicht zum ersten Mal stellt Frau A. hier ein wichtiges lebenszyklisches Ereignis in den Zusammenhang mit individuellen oder – wie in diesem Fall – kollektiven Migrationsprozessen. Sie setzt an dieser Stelle sehr früh ein, mich auf das Erstaunliche des Vorgangs hinzuweisen, und ihr ist es außerordentlich wichtig, daß ich meinerseits dieses Erstaunen auch zum Ausdruck bringe. Sie setzt eine Distanzierung auf zweierlei Ebenen an: einmal, indem sie betont, daß es "vorher, vorher", also damals so war – heute nicht mehr, kann ich daraus schließen. Zum anderen, meine Frage nach dem Handlungsspielraum und den Entscheidungsmöglichkeiten unterbrechend, detailliert sie ihre Einstellung zu dem Verfahren aus der Gegenwartsperspektive "heute find ich das nix gut" mit der Erwähnung des Geschehensablaufs: "mein Mann komme Mittwoch, ne + un S-Frei-Samstag verheiratet". Auffällig ist, daß die Darstellung in diesem Segment wieder im Stakkatoton abgeschlossen wird. Die Modalität des Erzählens entspricht dem damals geringen Handlungsspielraum der Informantin. Sie hatte im Grunde keine Wahl. In einem Zustand heiterer Gelassenheit im dritten Interview wiederholt sie ihre Wertung: "War so, ne (lachend), aber nie wieder (lachend), nix gut, nix gut. N-einfach so (stotternd), eh-gucken den Mann, und du hast ihn. So, ne. Am Mittwoch kommen, s-eh-So-Sonnabend verheiratet.(...) Nee, nix gut (gedehnt). Ja, hinterher (laut, lebhaft), muß nehmen was kommt, ne" (III,8). Fast erweckt die Erzählerin den Eindruck, als müsse sie bei der Benennung der Wochentage, die zwischen der Ankunft des Mannes in Sizilien und der Heirat lagen, noch heute deshalb stottern, weil es so schnell ging. Ihre Äußerung "Ja, hinterher, muß nehmen was kommt, ne" habe ich im Interview selbst so verstanden, daß diese Art von Eheschließung eine Art Glücksspiel war: erst hinterher stellte sich für die Frau heraus, wen sie da geheiratet hatte.

Im dritten Interview wiederholt und ergänzt sie ihre Darstellung, indem sie auf die gemeinsame Bekanntschaft im lothringischen Verwandtenkreis hinweist. Sie erwähnt den Ehemann der Schwester, die "nach Frankreich" geheiratet hatte; ebenfalls erwähnt sie den Besuch ihres Mannes bei ihrem Schwager.

"Mein Mann zusammenarbeit + mit eh das + mein Schwager seine Bruder, ne + und hatte die Bild geseh'n und hat gesagt: "Ja, ich gerne diese Frau" (leise) und war war sieben Januar, vergessen ich nie ++ und dann meine Schwiegermutter bei mir gewesen, mein Schwiegervater bei mir gewesen + in eh in Kirche gewesen mit meinem Vater ++ vorher die Leute ohne gehen (laut) + nix gehen, und gehn nach England, nach Amerika, überall + und verheiratet mit dem weißen Kleid und der Mann war dahinten (=im Ausland)). ++ Aber nee (leiser), Gott sei Dank jetzt machen nix mehr
I: Mhm
A: und (lauter) komme an (überlegt) ++ 16. Juni, und verheiratet 21. Juni. Und dann vier Tage und nach Frankreich, nach Frankreich" (III,12).

An dieser "zweiten Version" der Heiratsgeschichte ist auffällig, daß sie hinsichtlich der Präsentation des Bildes einen Perspektivenwechsel vornimmt: hatte sie in der zitierten Textstelle im zweiten Interview die "Angebotsseite" im Blick, die Verwandten, die ihr Bild zeigen, kommt sie nun zur "Nachfrageseite" und der Darstellung der Reaktion ihres Mannes, um dann die Ergebnisse, die aus dieser Feststellung erfolgen, zu schildern. Das ist zunächst der siebte Januar, ein Datum, dessen biographische Bedeutung sie unterstreicht. Dies könnte so verstanden werden, daß mit den anschließend erwähnten Heiratsverhandlungen ihre "Brautzeit" begann, und ihr das Datum deshalb unvergeßlich bleibt. Es folgen in ihrer Darstellung die Verhandlungen mit den Schwiegereltern – die Schwiegermutter wird zuerst genannt. Wenn wir hier nicht an Zufälligkeit glauben wollen, mag in der Formulierung die kulturspezifische Rollenverteilung in der sizilianischen Familie zum Ausdruck kommen, die den Müttern eine besondere Rolle bei der Aushandlung von Eheschließungen zukommen ließ. Daß Frau A. ihre eigenen Eltern nicht erwähnt, ist ein interessantes Datum; allerdings ist der Feststellung, mit dem Vater "in der Kirche" gewesen zu sein, dessen Einverständnis mit der Heirat zu entnehmen. (Im dritten Interview erwähnt Frau A. die konfliktreiche Verlobung und Verheiratung eines Bruders, weil der Vater mit der Wahl der Braut nicht einverstanden war.) Warum Frau A. bzw. ihre Eltern mit dem Heiratsantrag, der letztlich von einem Unbekannten aus der Ferne kam – und noch nicht einmal dem Herkunftsort der Familie entstammte – einverstanden waren, wissen wir nicht. Die Heirat geschah aber zu einem Zeitpunkt, an dem bereits die massenhafte Abwanderung aus Sizilien eingesetzt hatte, und sicherlich viele andere junge Männer wie die Brüder von Frau A. und zumindest die älteste Schwester nach Norditalien oder ins Ausland gegangen waren. Das schmälerte die Möglichkeit für eine junge Frau, einen Ehepartner in ihrer vertrauten Umgebung zu finden. Und da sich ein Teil der Nachkommenschaft der Familie schon in Lothringen befand, konnte Frau A. wie ihre Eltern davon ausgehen, mit der Heirat in die Nähe der Geschwister kommen zu können. Aber es ist hier auch die große Armut in Rechnung zu stellen: eine umfangreiche Aussteuer oder – wie in besser gestellten Familien üblich – gar ein Haus konnte die junge Frau nicht in die Ehe einbringen. Sie war also alles andere als eine "gute Partie", und so wird es unter dem Gesichtspunkt des "Versorgtseins" auch zu pragmatischen Grundlagen dieser Entscheidung gekommen sein. Die Herkunft des Mannes, der aus bäuerlichem Milieu mit kleinem Landbesitz, einem Dorf südlich von Agrigento stammte, erwies sich offensichtlich nicht als Hindernis für die Entscheidung – vielleicht erschien sie den Beteiligten sogar attraktiver als die eines landlosen Arbeiters.

Es war zu dieser Zeit keine Seltenheit, daß zumindest die kirchliche Hochzeit "in Stellvertretung" stattfand; das Geld für die Heimreise wurde auf diese Weise gespart. So steht also Frau A. mit ihrem eigenen Vater vor dem Traualtar. Mit ihrer Verallgemeinerung "vorher die Leute ohne gehen + nix gehen" macht sie mich darauf aufmerksam, daß es üblich gewesen sei, eine Ehe ohne vorherige Liebesbeziehung einzugehen. (Tatsächlich finden sich auch in den autobiographischen Erzählungen von Italienierinnen in Belgien Hinweise auf diese Praxis. Vgl. Schiavo, M.,1986.) Auf diese Weise kamen die jungen Frauen "nach England, nach Amerika, überall" hin. (Reyneri verweist in seiner Studie über die "catena migratoria", die Migrationskette, gleich auf zwei Gesichtspunkte, die auch auf das Schicksal von Frau A. zutreffen: das Zusammenfallen von Migration und Eheschließung, das bei den Frauen, nicht aber so sehr bei den Männern verbreitet war; und das Modell des "Nachziehens" von Familienangehörigen oder Dorfnachbarschaften. Reyneri, E. 1979) Frau A. bezieht sich sicherlich auf den ihr vertrauten Bereich in A. bzw. später in Lothringen. Denn, wie schon erwähnt, gab es ja auch die andere Möglichkeit, als "vedova bianca", als "weiße Witwe" in Sizilien zu bleiben und die Landwirtschaft weiterzuführen, wenn der Mann im Ausland oder in den Industriezentren Norditaliens war. In ihrem Bericht über die damaligen Gepflogenheiten fährt Frau A. fort, indem sie bildhaft auf das Paradox hinweist, daß die Frauen "vorher" "mit dem weißen Kleid" heirateten und "der Mann war dahinten". An dieser Stelle erreicht sie den Höhepunkt ihrer Darstellung, in der sich der Bericht über überindividuelle Gepflogenheiten vermischt mit der Erzählung der persönlichen Geschichte. Sie schließt den aufschlußreichen Kommentar "Gott sei Dank, jetzt machen nix mehr" an, dem noch anzumerken ist, wie bedrückend die damals praktizierte Form der Eheschließung für sie war, auch wenn sie später – wie sie an verschiedenen Stellen in den Interviews betont – im großen und ganzen mit ihrem Ehemann zufrieden war. Sie kommt nun wieder auf wichtige biographische Daten zurück, denen wir entnehmen können, daß der Ehemann sich etwa eine Woche in Sizilien aufgehalten hat – wahrscheinlich während seines Sommerurlaubs – , Frau A. vier bis fünf Tage Zeit hatte, ihn vor der standesamtlichen Hochzeit kennenzulernen, und dann mit ihm nach Frankreich ging. Auch wenn die Darstellung Frau A.s in den beiden vorgestellten Segmenten bei genauerer Nachfrage und Analyse noch wesentlich mehr Erkenntnisse zu Tage fördern könnte, sei hier zumindest festgehalten, daß sie in beiden Fällen die Darstellung der Heiratsgeschichte mit ihrer ersten Abwanderung nach Frankreich verbindet: der Akt der standesamtlichen Eheschließung war für sie mit der Migration untrennbar verbunden. Ein anderes auffälliges Datum ist die vollkommene Abwesenheit explizit formulierter Gefühlszustände oder wertender Äußerungen über den Ehemann. Kann man die soziale Welt ihrer Kindheit und Jugend als "Reich der Notwendigkeit" kennzeichnen, so ist der formale Eintritt in den Erwachsenenstatus davon ebenso geprägt.

In ihrer durch Zeitmarkierer wie "vorher" und "heute", "jetzt" unterstrichenen Kontrastierung wird die Konfrontation oder zumindest das Erleben zweier divergierender Sinnwelten sichtbar; von der ersten distanziert sie sich in den "Heiratssegmenten". Denken wir aber an ihre Äußerungen zum Thema "Wiederverheiratung" im Witwenstatus, wird deutlich, daß das Nicht-Wählen, die Anpassung an das von Schicksal oder Gott gewollte, also das "destino"-Modell, als Ressource für die lebenszyklische Planung nach wie vor Gültigkeit hat: als wolle sie sagen, ich habe ihn mir nicht ausgesucht, und gerade deswegen bleibt es dabei.

5.1.4.9. Erste Migrationserfahrung: "Frankreich war miserabel"

Frau A. schließt sowohl im zweiten als auch im dritten Interview an die Erzählung bzw. den Bericht von der Eheschließung die "Frankreichepisode" an, die zweieinhalb Jahre dauerte. In beiden Erzählungen findet sich die zweifache Kennzeichnung der Situation dort als "miserabel". Diese negative Bilanzierung belegt sie mit Informationen zur finanziellen Situation. Man habe gerade ein "bißchen Brot kaufen können" (I,13), aber wenig Geld gehabt. Die Wohnung, die sie bekamen, nachdem sie zunächst in Baracken gewohnt hatten, sei zwar schön gewesen, "ohne bezahlen ohne gar nix", aber als der Junge geboren wurde, wäre die finanzielle Situation noch prekärer geworden. So habe sie zu ihrem Mann gesagt: "Jetzt müssen mal zurück (leiser, entschieden), jetzt nix hierbleiben" (III,9). Im zweiten Interview entfaltet sie noch einmal das Argumentationspotential, das sie damals ihrem Mann gegenüber einsetzte, um auch ihn zum Zurückgehen zu bewegen: "(...) dann ich gesagt: Wenig Geld hier zu leben (lauter) und ++ zu Hause + immer nach Hause + nach

Sizilien kann ich rausgehen, kann zu meine Schwiegermutter in Garten geh + kann nehmen was ich will + mein Schwager schenken mir so viel + da besser leben + mein Mann gesagt + komm nach Sizilien zurück (Stimme senkt sich)" (II,13). Offensichtlich hatte sie bei Besuchen die Erfahrung der freundlichen Aufnahme durch die Verwandten gemacht, und die freie Verfügung über die Erträge des Gartens der Schwiegermutter (zu der sie, wie sie zuvor schon erwähnte, eine ähnlich herzliche Beziehung entwickelte wie vorher zu ihrer Großmutter) schien ihr eine Verbesserung gegenüber dem Lebensstandard in Lothringen zu ermöglichen. An anderer Stelle hatte sie mich darauf hingewiesen, daß die Frauen der Bergarbeiter in Lothringen nicht arbeiteten, und ihr als Vermittlung der Kontrasterfahrung zu Lothringen angelegter Hinweis "nach Sizilien kann ich rausgehen" läßt vermuten, daß sie in Lothringen allein in der Wohnung saß, während ihr Mann arbeitete. Unter dem Gesichtspunkt der ökonomischen Effizienz muß ihr das Fernsein von Sizilien nicht lohnend erschienen sein, wenn sie nicht arbeiten konnte. Am Ende der "Frankreichepisode" im dritten Interview verweist sie mich argumentativ darauf, daß ihre Schwestern zwar dort geblieben seien, es aber zu nichts gebracht hätten. Daß sie angesichts ihrer Umorientierung von Lothringen weg zum Herkunftsort des Mannes ein Argumentationsschema benutzen muß, liegt auf der Hand: sie trennt sich mit ihrer Entscheidung bewußt von der eigenen Herkunftsfamilie, die sich inzwischen nahezu vollständig in Lothringen angesiedelt hatte. Der endgültige Umzug der Mutter nach dem Tod des Vaters muß im gleichen Jahr stattgefunden haben (1961). Sie zieht es indessen stark "nach Hause", auch wenn dieses "Zuhause" nicht mehr in ihrem Herkunftsort liegt, sondern in dem des Mannes, wo sie ja bisher nicht gelebt hat. Interessant ist, daß sie die Position des Mannes an dieser Stelle nicht erwähnt: er hatte offenbar die Möglichkeit, seine Stelle als Bergarbeiter nach insgesamt über fünf Jahren der Beschäftigung zu kündigen und eine mit dem Fünfjahresvertrag verbundene Abfindung zu erhalten.

5.1.4.10. Bilanzierungsaspekte der zweiten Migrationserfahrung

Frau A. hat sich im Anschluß an die Beschreibung der Situation in Frankreich auf die "Sizilien-Ebene" begeben, die sie, auf ihre damaligen Vorstellungen eingehend, positiv kennzeichnet (großzügige Verwandte, "besser leben"). Ohne zunächst zu erzählen, wie es tatsächlich in Sizilien weiterging, kontrastiert sie das vorher Gesagte mit der Vermutung, ihr Sohn sei vielleicht in Sizilien nicht gestorben.

"A: Vielleicht wenn na Sizilia geblieben meine Junge nix tot + wer weiß das (zweifelnd)
I: Oh, das weiß man nicht (unbestimmt, eher zweifelnd)
A: Wer weiß das (fragend)
I: Auch in Sizilien fahren die jungen Leute mit dem Motorrad
A: Eh (Ausdruck von Ungewißheit)
I: Ist auch gefährlich, ne, ist so
        A: Weiß ich nicht (langsam, zweifelnd)

I: Meinen Sie nicht

A: <u>Wann</u> kein Geld gehabt + <u>keine Motorrad</u> (helle, laute Stimme) + gehabt dann nix eh gest-ich weiß nicht + weiß ich nicht (sehr lebhaft)

I: Ja

A: Leben ma so + Mein Mann hat auch kein Auto gehabt + mein Mann hat Fahrrad gehabt +

I: Kein Auto

A: <u>Kein</u> Auto (leiser, langsamer) na Sizilien gehabt + nie + no nit die Möbel gehabt zu leben (lacht) / I: Mhm" (I,13/14).

Der Dialog, in dem es um die Frage geht, ob der Sohn am Leben geblieben wäre, wenn die Familie nicht nach Deutschland gegangen wäre, ist unter dem Aspekt des Zusammenspiels zwischen beiden Gesprächspartnerinnen von hohem Interesse. Wie erwähnt, kommt Frau A. möglicherweise über die Darstellung ihrer Argumentation, weshalb es besser sei, nach Sizilien zurückzugehen, in eine so positive "Sizilienstimmung", daß ihr nun einfällt, mir ihre Orientierungstheorie von den wahren Ursachen des Todes ihres Sohnes zu vermitteln. Über deren für mich mangelnden Realitätsbezug bin in nun so verblüfft, daß ich sie durch meine Reaktion verunsichere und zur Entwicklung eines Argumentationsschemas nötige. Meinerseits tappe ich durch ihr fragendes "Wer weiß das" in eine Kommunikationsfalle, da sie im Grunde keine Antwort von mir haben will, oder zumindest keine, die sie in ihrer bisherigen Einstellung verunsichern würde. In ihrer Argumentation, die die Überlegung enthält, wenn der Sohn kein Geld gehabt hätte, hätte er sich auch kein Motorrad kaufen können und wäre also nicht gestorben, wird ein moralisches Dilemma offenkundig. (Zur Entdeckung "moralischer Dilemmata" in argumentativen Sequenzen von MigrantInnenerzählungen s. die Überlegungen von G. Riemann 1989, S.254) Wie später noch herauszuarbeiten sein wird, war sie durchaus dafür, nach Deutschland zu gehen und hier zu arbeiten, um der Familie, und damit auch dem Sohn, in Sizilien einen bescheidenen Wohlstand ermöglichen zu können. Damit setzte sie sich einerseits, als dieser älter wurde, in einen Gegensatz zu den biographischen Planungen des Sohnes, der "niemals" in das mühsam ersparte Haus in Sizilien ziehen wollte; zum anderen muß es ihr so scheinen, als habe der Sohn in Sizilien nicht über so viel eigenes Geld verfügen können, um sich das Motorrad zu kaufen, mit dem er dann tödlich verunglückte. Die Argumentationskette Deutschland – Geld – Motorrad – Tod wird kontrastiert mit den bescheidenen Lebensverhältnissen in Sizilien, wobei die Verkehrsmittel "Fahrrad" und "Motorrad" an dieser Stelle Symbolcharakter erhalten. Ob der Mann später in Deutschland ein Auto hatte, erfahren wir nicht: wichtig ist, daß er in Sizilien "nie" eines hatte. Der Vater wird also dem Sohn kontrastierend gegenübergestellt; damit spricht Frau A. auch das Generationenthema an, das sie hier aber nicht weiter ausführt. (Wir erinnern uns jedoch, daß sie in der Frage der Unterbringung der Nichten ungefragt davon ausgegangen war, daß diesen auch für einen kurzen Aufenthalt in Sizilien ein minderer Wohnstandard nicht zuzumuten sei.) Vielmehr führt sie das Thema des "Nicht-Habens" weiter, indem sie – sich offensichtlich auf den zeitlichen Kontext der in Sizilien verbrachten Zeit vor der Migration nach Deutschland beziehend – erwähnt, daß sie damals nicht einmal eigene Möbel hatten. Auffällig ist es, daß sie in ihrem Vergleich der divergierenden Lebens- und Sinnwelten einen zeitlichen Sprung macht: das Leben im Sizilien zu Anfang der 60er Jahre wird verglichen mit dem Leben im Deutschland Ende der 70er Jahre. Betrachten wir die Konstrastanordnung in Frau A.s Darstellung (Sizilien-Tod des Jungen), entsteht der Eindruck, als enthalte die Argumentation zum Tod des Sohnes Aspekte einer negativen Bilanzierung, als gehöre für sie der Tod des Sohnes zu den biographischen Kosten der Migration – ein Phänomen, auf das wir zuletzt bei der Schilderung des im Bergbau verunglückten Bruders in Lothringen gestoßen waren.

Benedetta A. hatte mich am Ende des schwierigen Dialogs über den Tod des Sohnes schon lachend auf die Mangelsituation der fehlenden Möbel aufmerksam gemacht. In einer Stimmung von "arm, aber zufrieden" setzt sie ihre Darstellung fort:

"A: (lacht weiter:) Ich vergessen das nie: Schlafzimmer, Bett, Tisch, alles zusammen + un eh Miete bezahlen + die Frau war so nett + manchmal schaffe ich + manchmal nit + "Ach", sagt sie, "keine Angst + komme noch" + Gott sei Dank ich habe immer gute Leute gefunden + immer + immer ++ bis heute + weiter nix (nachdenklich) ++" (II,14).

Sie knüpft mit dieser Schilderung, die sie mit einer positiven Bilanzierung abschließt, an die Hoffnungen, die sie in Sizilien gesetzt hatte und von denen vorher die Rede war, an, so daß von hier aus betrachtet die Sequenz "Tod des Sohnes" als Einlagerung in ein Gesamtsegment zum Thema "Sizilien" verstanden werden kann. Geschildert wird eine Mangelsituation, die durch die Existenz einer Vermieterin als "verständnisvoller Anderer", wenn nicht gar Helferin, erträglicher wurde. Ihre Bilanzierung, die die "guten Leute" betrifft, verstehe ich an dieser Stelle so, daß sie bei allen Schwierigkeiten immer noch jemand gefunden hat, der ihr hilft – bis heute. Ob sich diese "Helfer" auch auf Erfahrungen in Deutschland beziehen, ist hier nicht zu klären. Entscheidend scheint mir hier als grundlegende Orientierung, daß sie nicht das Gefühl hat, all ihre Probleme allein bewältigt haben zu müssen.

Ich gehe nun in meinem nächsten Impuls noch einmal auf die Frage des erneuten Aufbruchs aus Sizilien ein. Hier beziehe ich mich auf ihre Information, daß der Mann mit einem Stück eigenem und weiter dazugepachtetem Land versucht hatte, sich im Obst- und Gemüseanbau selbständig zu machen, und daß dies, so Benedetta A., fehlgeschlagen war, weil zwei Jahre hintereinander große Trockenheit herrschte und die Erträge nahezu ausblieben. (Denkbar sind hier auch noch weitere Gründe: der Mann hätte nach jahrelanger Abwesenheit auf dem örtlichen Markt wieder Fuß fassen müssen, zum anderen hätte er es sicherlich mit preiswerter, weil rationeller arbeitenden Großanbieter-Konkurrenten zu tun gehabt.)

"I: Aber Sie konnten nicht in Sizilien bleiben, ne? Ging nicht, war zu wenig, schlechte Ernte

A: Schlecht, schlecht + war nix zu leben + muß man anziehn, muß man paar Schuh kaufen, muß man für'n Winter etwas kaufen, muß man essen + mein Mann eh rauchen + wie kann man das schaffen (fragend)

I: Ja
A: War schlimm, schlimm, schlimm (leiser)" (I,14).

Die fast argumentative Darstellung der Mangelsituation in Sizilien, die auf meinen sicherlich nicht erzählgenerierenden Impuls folgt, wird negativ bilanziert, und ihr fast formelhaftes "war schlimm, schlimm, schlimm" erinnert an ähnliche Bilanzierungen im Zusammenhang der Kindheitserfahrungen in der Herkunftsfamilie. Die Notwendigkeiten des Lebensunterhalts für den Alltag stellt sie in einer fast poetischen Redeweise (Parallelismus, Anapher) eindringlich heraus. Wieder sind es die Probleme der Ernährung, des Vorrats für den Winter (wenn der Garten der Schwiegermutter nichts mehr hergab, nehme ich an), der Kleidung, der Schuhe, mit denen sie sich beschäftigen muß. Es ist anzunehmen, daß sich die ökonomische Lage der Familie etwas anders dargestellt hätte, wenn Frau A. ebenfalls hätte außerhalb des Hauses arbeiten können. Anders als im Fall "Frankreich" äußert sie sich nicht dazu, so daß wir nicht wissen, ob es für die Frauen an ihrem Wohnort keine Arbeit gab, oder ob auch hier ein Arbeitstabu für verheiratete Frauen galt. An einer späteren Stelle im Interview weist sie mich jedenfalls darauf hin, daß "Frauen in Sizilien nicht arbeiten". Festzuhalten ist jedoch aus den Informationen dieses Abschnitts, daß die menschliche Ebene für Frau A. in Sizilien zwar "stimmte" und insofern ihre Erwartungen, die sie zur Rückkehr aus Lothringen bewegt hatten, nicht enttäuscht wurden: die Phantasie, der Garten der Schwiegermutter werde die nötigsten Lebensmittel abwerfen, mußte sich angesichts akuten Geldmangels als nicht realitätsgerecht erweisen. Warum Frau A. in dieser Situation nicht auf ihrer Qualifikation als Schneiderin "für das Feine" zurückgriff, oder dies zumindest nicht erwähnt, bleibt unklar. Die zum Leben notwendigen Dinge konnten wohl jedenfalls mit der Tätigkeit des Mannes als selbständiger Landwirt nicht erwirtschaftet werden.

5.1.4.11. Verankerung in Sizilien – Fremdheit in Deutschland

Die ökonomische Begründung für die Migration nach Deutschland, die Frau A. in der vorangegangenen Passage liefert, wird sie in einer weniger argumentierenden und mehr aus der biographischen denn aus der Gegenwartsperspektive geleisteten Erzählung im dritten Interview präzisieren. An dieser Stelle im Interviewverlauf gebe ich ihr zunächst Anlaß, sich der Stimmung zu erinnern, in der sie Sizilien damals verließ.

"I: Sie sind + sind Sie denn gerne weggegangen damals oder waren Sie traurig, daß Sie wegmußten? Oder haben Sie gedacht: ach, für kurze Zeit, und dann kommen wir zurück
A: Ich habe gespüre + ich habe gesagt (traurig klingend) vorher, wann ich von Sizilia hier, ich habe gewohnt na (---)straße, ich habe gesagt wann ich habe Geld für Möbel, ich gehe weg + ich geh weg von hier + jedes Jahr sagen: nächste Jahr geh ich weg + nächste Jahr geh ich weg + ich eh ja (laut) + ja gerne aber ++ mir besser na Sizilien + ich weiß nit + Vielleicht habe au Langeweile dahinte, ne, aber momentan was mir hier passiert, ne, besser na Sizilien

I: Mhm, mhm
A: Wann meine Mann + sterben, meine Schwiegermutter eine Monat geblieben
I: Ja? Hier?
A: Naa, in Sizilien + <u>Jeden Tag</u> mit mir zusammen + meine <u>Schwager</u> + meine Nichte hat bei mir oben gewohnt + <u>hier</u> dreiunddreißig Familien ++ kann krepier + <u>keiner</u> grüßt dich, <u>keiner</u>, keiner (leiser) + Hier (deutet auf das Haus) sind sie <u>schlecht</u> eh manche Deutsche sind sie bißchen + ich <u>weiß</u> nit + sind sie so bißchen + wann ich so bißchen antworte + in Krankenhaus, non è + sofort sind sie beleidigt + sofort sind sie beleidigt (leiser) ++" (II,13/14).

Formal fällt an diesem Dialog zunächst auf, daß die Informantin nicht auf die suggestive Richtung der Fragestellung angewiesen ist – so kommt es bei der dritten der angesprochenen Möglichkeiten zu einer verfrühten Redeübernahme. Sie ratifiziert zunächst die Frage nach der damaligen Stimmung mit dem Verb "gespürt", das sich auf ihre damalige Gefühlslage bezieht. Dies erläutert sie nun jedoch nicht näher, sondern sie illustriert ihre Stimmung mit der Erwähnung der Sprechhandlung, in der sich ihre Rückkehrorientierung ausdrückt. Ihre Betonung "ich gehe weg" markiert ihre persönliche Einstellung; möglicherweise war sie damals diejenige in der Familie, die die stärkste Rückkehrorientierung zeigte. Daß sie nicht die einzige war, belegen Äußerungen ihres Mannes, die sie zitiert und in denen er zum Ausdruck bringt, daß er den Wunsch, bald nach Sizilien zurückzukehren, teilt – und sei es nur, um seine Frau zu trösten. In die Satzfrequenz eingebaut wird nun nicht die Begründung, warum sie dann doch geblieben ist, sondern es wird nach kurzem Bezug auf die Möglichkeit, zu bleiben ("ja gerne aber") die Bilanz gezogen, nach Sizilien zu gehören. Diese Bilanz fällt nicht eindeutig und vereinfachend aus, sondern berücksichtigt Ungewißheiten bei einem künftigen Aufenthalt ("Langeweile"). Zur Begründung führt sie an, was ihr "hier passiert ist", um in einer Hintergrundskonstruktion den Beleg für die Richtigkeit der Entscheidung anzufügen: die Erfahrung, daß ihre Verwandten sie nicht allein ließen, als ihr Mann gestorben war. In einer Kontrastanordnung werden die Erfahrungen in Sizilien denen im Mietshaus in Kassel gegenübergestellt – das Familienthema wird weitergeführt, obwohl es sich bei den BewohnerInnen des Schwesternwohnheims in erster Linie um Einzelpersonen handelt. Thema der Kontrastierung ist die Verweigerung von Selbstverständlichkeiten, aber auch das Gefühl, in der Kommunikation mit Deutschen Vorsicht walten lassen zu müssen, da Äußerungen im Zweifelsfall negativ ausgelegt werden. Diese Vorsicht hat Frau A. offensichtlich schon so weit habitualisiert, daß sie sie auch mir gegenüber walten läßt, wo es um das Thema "Deutsche" geht. Sie verwendet Differenzierungen wie "manche" und Abtönungspartikel wie "bißchen"; ein klares Adjektiv für das "so"-Sein der Deutschen wird vermieden. Ihre dennoch eher negativen Äußerungen über die Deutschen stehen im Kontrast zu positiven Wertungen gleich zu Beginn des ersten Interviews. Auch im dritten Interview wird es zu einer differenzierenden Schilderung von Begegnungen mit "den Deutschen" kommen, die zeigen, daß sie im Verlauf der gemeinsamen Interviewarbeit Vertrauen gewinnt und auch angesichts einer deutschen Interviewerin die Scheu verliert, "Klartext" zu reden. Das Ereignis, das ihr das Gefühl gibt, "sofort sind sie beleidigt", wird aber nicht sogleich detailliert, sondern erst im dritten

Interview. In der aktuellen Situation führt sie als Beleg für die Verweigerung von Selbstverständlichkeiten die Darstellung eines Konfliktes an, den sie am Vortag am Arbeitsplatz hatte.

"Jetzt eh (lauter) muß ich machen wie eine zwanzigjährige Frau muß ich machen + oder will oder nix + eine Frau gesagt + (kommentierend:) ist für die Küche <u>schweer</u>, ist für die Küche schweer, die Topf und alles, ne + un eh eine Frag gesagt eh + "Mach ma weg!" ne, + ich fast sechzig Jahre, ne + "Selbe Geld, selbe Arbeit!" ++ (wiederholt lauter:) "Selbe Geld, selbe Arbeit!" (stöhnt) + Vorgester, gester habe nicht richtig mitgekriegt, ne, wann ich richtig mitgekriegt + habe zwei Leute ge-gesagt (erregt) "Was passier?" Chef hat gesagt: "Jeder wird alt, jeder wird alt. Ich sage nur euch das: Jeder wird älter". Hat gesagt, ne + ich bin die Älter dadrin, is keine andre da (laut) un ich habe gesagt: "Was passier, wa-was bedeuten das?" "Nee, ha, so, <u>nix</u>" + Hat mir nix erzählt + Vielleicht denken ich habe getrunken oder was + ich <u>weiß</u> nit ++ Meine Schwester tot + Montag + Dienstag Arbeit, Montag habe nix geschafft + Dienstag Arbeit + keine einzige Beileid gesagt
I: Fürchterlich
A: <u>Keine</u> einzige ++
I: Und die italienische Kollegin?
A: Italienische Kollegin hat mich gedrückt (Brustton der Überzeugung) + italienische Collega ja, die jugoslawische auch + eine deutsche Frau + aber + sogar die Chef keine Hand gegeben: "Beileid", einfach so + und keine Hand gegeben, gar nix ++
I: War das immer so dort oder ist das schlimmer geworden
A: Nee eh jetzt ++ deutsche so ++ zu viele Leute, ne + is bißchen nervös
I: Mhm
A: Zu viele Leute" (II,15).

Das zitierte Segment setzt die auf die Darstellung der Solidaritätserfahrungen in Sizilien folgende Kontrastierung zum Thema "soziale Kälte in Deutschland" fort. Die Feststellung, "wie eine zwanzigjährige Frau" arbeiten zu müssen, wird ergänzt durch den eingelagerten Kommentar zur Schwere der Arbeit in der Küche: offensichtlich müssen große, schwere Töpfe gehoben werden. Die Redeerwähnung "Mach ma weg" wird zunächst kommentiert durch den Hinweis auf das eigene Alter. Dies ist einmal zu verstehen als Hinweis darauf, mit fast 60 wie eine zwanzigjährige Frau arbeiten zu müssen, denkbar ist aber auch eine Thematisierung der mangelnden Achtung der älteren Kollegin gegenüber – wie in der Passage deutlich wird, ist Frau A. die Älteste im Kolleginnenkreis. Daß sie für "dasselbe Geld dieselbe Arbeit" zu erbringen hat, erbost Frau A.: die Gegenüberstellung "20 Jahre – 60 Jahre" verweist auf die lebenszyklische Ordnung, an die man sich in ihrem Arbeitsmilieu nicht hält. Nicht genau mitbekommen zu haben, was gesagt wurde, beschäftigt Frau A. so sehr, daß sie später im Interview noch einmal auf diesen Sachverhalt zurückkommt. Es wird deutlich, daß gerade in Konfliktsituationen die eingeschränkten sprachlichen Möglichkeiten ihre Handlungsfähigkeit in der Interaktion mit anderen deutlich schwächen. Erinnern wir uns, daß Frau A. das erste Interview eröffnete mit der Bemerkung, ihr Kollegen seien der Ansicht, es sei "in Deutschland nicht so wichtig", deutsch zu sprechen.

Die Ansicht der "Kollegen" als "Gewährsleute" wird nicht genauer hinterfragt: sie gelten als "Experten" für die Verhältnisse in Deutschland. Daß darinsteckt, es genüge, hier zu arbeiten, verweist auf eine Sichtweise, die wenig Interesse an der Person als Ganzer zeigt – sie trifft sich auf fatale Weise mit der Orientierung von Frau A., schließlich nur in Deutschland zu sein, um zu arbeiten und so bald wie möglich zurückzukehren, auch wenn aus diesem "bald" eine Lebensspanne von mehreren Jahrzehnten wurde.

In der realen Konfliktsituation hat die eingeschränkte Ausdrucksmöglichkeit offensichtlich dazu geführt, daß Benedetta A. das, was ihre Kolleginnen wohl in ihrer Gegenwart über sie äußerten, nicht verstanden hat und sich entsprechend nicht zur Wehr setzen konnte, wo sie das Gefühl hatte, dies tun zu müssen. Sie muß annehmen, daß Negatives über sie gesagt wurde: einen Beweis dafür hat sie nicht. Ihre Phantasie knüpft sich daran, daß sie bei "richtigem Verstehen" (das, wie sie annimmt, Negatives zutage gefördert hätte) am nächsten Tag zum Arzt gegangen wäre, um, wie sie später erläuterte, sich eine Krankschreibung, den "gelben Schein" zu holen. Die Situation wird zwar vom "Chef" entschärft, der als Gruppenleiter für sie eintritt. Er äußert Verständnis für ihr Alter, ist in ihren Augen jedoch nicht empathisch genug, was seine Reaktion auf den Todesfall der Schwester angeht.

Die Verknüpfung des Konfliktes um den mangelnden Arbeitseinsatz von Frau A. mit der Reaktion auf den Todesfall der Schwester ist vom realen Ablauf der Situation her, wie sie hier geschildert wird, schwer zu rekonstruieren. Daß Frau A. in eine Episodenschilderung hereingerät, die sie offensichtlich nicht geordnet, der Reihe nach präsentieren kann, verweist wie die Häufung von direkten Redewiedergaben auf große innere Bewegung. Ich deute die Darstellung aber auch als Vermittlung eines Grundgefühls qua Schilderung von Situationen, in denen die Erwartungen an selbstverständliche Nähe und Zugewandtheit, die sie in Sizilien erfüllt sieht, in Deutschland enttäuscht werden und Frau A. das Gefühl hat, "außen vor" zu bleiben (es sei in diesem Kontext an die "Kühlraumepisode" erinnert). So scheint mir auch die Widersprüchlichkeit ihrer Aussagen erklärlich, als sie auf mein Nachfragen hin einräumen muß, daß ihre von einem Schwarzweißschema bestimmte Darstellung "keine einzige" (habe ihr Beleid gesagt) nicht ganz zutrifft.

Ihre Position in der geschilderten Situation stellt sich als eine marginale dar, in der es zu fundamentalen "Sozialitätsverletzungen" (Ch. Hoffmann-Riem) kommt. Ohnehin in einer im klassischen Sinn hierarchisch strukturierten Institution wie dem großen Krankenhaus, in dem sie arbeitet, auf unterster sozialer Stufe positioniert, ist sie in einer Arbeitsgruppe mit überwiegend Frauen, der ein Mann als Gruppenleiter vorsteht, auch durch ihre eingeschränkten Kommunikationsmöglichkeiten isoliert. Es kann verstärkend hinzukommen, daß es ihr in Konfliktsituationen nicht gelingt, ihre eigenen Interessen adäquat zu vertreten. Dies kann Ohnmachtsgefühle auslösen, die von Aggressionen begleitet werden. Dafür spricht ihre Phantasie, sich krankschreiben zu lassen, sich also zunächst einmal der Situation zu entziehen, obwohl sie an mehreren Stellen in den Interviews darauf verweist, wie wenig sie stets krankgefeiert habe. Ein ähnlich gelagertes Problem wird in einer Sitationsschilderung deutlich, die sie am Ende des dritten Interviews liefert, wo es um die Bilanz ihrer Erfahrungen am Arbeitsplatz am Ende ihres Arbeitslebens geht. Hier schränkt sie ihre Aussage, man habe immer gut zusammengearbeitet, mit der Darstellung eines

Konfliktes ein, als dessen Folge sie in das Personalbüro gerufen wurde. Ihrer Schilderung nach hatte sie eine Kollegin mit den Worten "Mach dich weg da" aufgefordert, beiseite zu treten, um den Flur wischen zu können. Sie habe sich damit die Erwiderung eingehandelt, jetzt kämen schon die Ausländer, "um zu kommandieren". Daraufhin habe sie der Kollegin das Putzwasser über die Füße geschüttet, was ihr eine Verwarnung durch das Personalbüro eingetragen habe. Erinnern zwar ihre Worte fast wörtlich an die Ausdrucksweise der Kollegin im oben zitierten Segment, wird hier aber deutlich, daß sie, wenn auch am Arbeitsplatz ein "rauher Ton" herrschen mag, selbst nicht in der Lage ist, sich differenzierter auszudrücken – mit den entsprechenden Folgen (s. oben: "gleich beleidigt"). Es ist denkbar, daß in Konflikten mit deutschen Kolleginnen den ausländischen Frauen nicht in gleicher Weise zugestanden wird, energisch aufzutreten.

Stellen wir die generalisierenden Äußerungen in obigem Segment zusammen ("keiner grüßt dich", "hier sind sie schlecht", "keine einzige Beileid gesagt", "keine Hand gegeben, gar nix"), so verdichtet sich der Eindruck, daß das vereinfachend-formelhafte Sprechen nicht nur dem eingeschränkten sprachlichen Ausdrucksvermögen der Informantin geschuldet ist, sondern mit ihrem System der subjektiven Verortung in der sozialen Welt in der Migration zu tun hat: Vertraut- und Angenommensein wird Sizilien und damit den familiären Zusammenhängen zugeordnet, das Fremdsein, das Draußen-Bleiben aber Deutschland. Mit dem Wohnhaus und dem Arbeitsplatz ist im wesentlichen ihr Aktionsradius umrissen, in dem sie sich hier bewegt ("Arbeit und nach Hause").

Kommen wir abschließend auf das Ende des Segments zurück, so ist zunächst festzustellen, daß ich als Interviewerin durch meine Frage, "ob das immer so dort (war) oder das schlimmer geworden (ist)", die Informantin in die schwierige Situation bringe, von ihrer aktuellen Darstellung abgehen und eine Reflexion der Entwicklung des sozialen Klimas am Arbeitsplatz vornehmen zu müssen. Sie weicht auf eine weitere Verallgemeinerung aus, die jedoch Vagheiten enthält. Aus Äußerungen im "Abspanngespräch" nach dem dritten Interview konnte ich entnehmen, daß Frau A. mit Betroffenheit die Ereignisse im Zusammenhang mit ausländerfeindlichen Anschlägen am Fernsehen verfolgt hatte, die sie zu der Frage bewegten, "Hier verbrennen sie die Kinder, warum machen sie das?" Es ist vorstellbar, daß sich Frau A. in ihrer generalisierenden Äußerung über die Deutschen auf ausländerfeindliche Handlungen bezieht, die sie mit "Nervosität" auf Grund "zu viele(r) Leute" erklärt. Selbst wenn auf Grund der wenig geschickten Intervention der Interviewerin die Äußerung der Interviewpartnerin Vagheiten enthält, soll hier doch auf den Zusammenhang zwischen mangelnder Vertrautheit, sich nicht "Zuhausefühlen" und anwachsender Ausländerfeindlichkeit verwiesen werden: der Rahmen aktueller Entwicklungen erschwert es deutlich, so meine These, individuelle Anteile an sozialer Isolation zu erkennen und alternative Handlungsstrategien zu entwickeln, die ein Verbleiben im Migrationsland auch im Alter ermöglichen. Aktuell negative Erfahrungen können immer wieder auf der Folie der mangelnden Akzeptanz durch "die anderen" interpretiert werden, gerade dann, wenn die eigene Bereitschaft oder Fähigkeit, sich auf neue Kontakte einzulassen, gering ist.

5.1.4.12. Kontakte außerhalb des Arbeitsplatzes

In einer späteren Sequenz des Interviews kommt Frau A. von selbst noch einmal auf ihren aktuellen Konflikt am Arbeitsplatz zurück.

"A: (Singend:) Möchte ich gern wissen, was gestern gehabt für Problem die Leute (sehr lebendig) + jetzt bin ich so kaputt von meine Schwester, ne (schnell) + un nix richtig verstehen (erklärend), nix richtig ++
I: Kann ich mir vorstellen, das kann ich mir vorstellen, ja
A: Aber <u>wann</u> gestern ich verstande (laut, energisch) morgen geh zum Doktor und bringe gelbe Schein + mir egal was passiert + aber meine Pech is: Was soll ich tun, was soll zu Hause machen?
I: Und Sie haben sonst hier auch nich Bekannte, wo Sie hingehen können? So tagsüber, Besuche machen
A: Gefällt mir nicht, gefällt mir nicht
I: Gefällt Ihnen nicht
A: Nee ++ Eine türkische Frau hat gearbeit mit mir fünfundzwanzig Jahre zusammen, ne, und hat selber Haus in ---straße + sagen komm hier + Ich <u>weiß</u> nit + ich fühl mich nit + <u>nee</u> (ablehnend) + (lauter:) <u>einfach</u> so bei de Leute gehen + ich <u>weiß</u> nit + no nit so gewöhnt, ne +
I: Mhm
A: Das italienische Frau <u>auch</u> sagen: Komm zu mir, komm zu mir (leiser, schneller)
I: Ja, warum nicht?
A: Ich <u>weiß</u> nit
I: Aber dann wären Sie nicht so alleine, dann haben Sie was vor, nachmittags gehn Sie hin, rufen vorher an +++
A: (nach längerer Pause): Fühl mich so miserabel bei andere Leute in de Wohnung, ich <u>weiß</u> nicht + Was soll man machen, sitz, sitz zuhaus, <u>egal</u> + (resigniert, aber auch etwas aggressiv)
I: Mhm
A: Das machen so (unverständlich) der is nett + kleine Frau (gemeint ist Frau B.) + <u>die</u> ist nett, ja + kommt immer zu mir (weiche Stimme) + geht einkaufen + mit mir geht zu Friedhof + is gut, is gut" (II,18/19).

Zunächst wird deutlich, daß Frau A. nach wie vor mit dem ungelösten Problem am Arbeitsplatz beschäftigt ist. Es ist bemerkenswert, daß sie hier zwei Perspektiven einnimmt: die der "Leute" mit ihrem Problem (das ihr nach wie vor unklar bleibt), und eigene: mit dem Tod der Schwester beschäftigt zu sein und Verständnisschwierigkeiten zu haben. Sie benennt im Folgenden die "Falle", in der sie sich befindet: das Krankschreibenlassen als "Waffe", als wie auch immer geartete Möglichkeit, sich zu wehren, kann nicht eingesetzt werden, weil sie nicht weiß, was sie zu Hause tun soll. Sie formuliert dies in einer an die Interviewerin gerichteten Frage, die nun ihrerseits in ihrer Rückfrage eine mögliche Alternative andeutet. Im weiteren Gesprächsverlauf kommt es nun zu einer Argumentation um die Frage nach Kontakten außerhalb des Arbeitsplatzes. Daß es sich hier für Frau A. um ein "heikles Kapitel" handelt, zeigen die Vagheitsmarkierer "ich weiß nicht". Es gefällt ihr nicht, Besuche zu machen, obwohl es an Einladungen nicht mangelt: erwähnt werden eine türkische und eine italienische Kollegin. Als Folge des Insistierens der Interviewerin, die angesichts der von Frau A. präsentierten Fallensituation der Verführung erliegt, in die Beraterinnenrolle zu wechseln, wird zwar nicht die Frage geklärt, warum Frau A. nach Jahrzehnten in Deutschland es immer noch nicht schätzt, Besuche zu machen, es wird aber deutlich, wie Frau A.s Idealkontakt aussieht. Mit der Äußerung "Das machen so", die zwei Interpretationen zuläßt – das mache ich so, oder: die macht das so – gemeint ist in jedem Falle die Alltagspraxis, nimmt Frau A. den thematischen Faden der Beziehung zu Frau B., ihrer Freundin, auf, und entwickelt damit im Dialog eigenständig eine Alternative zu der offenkundig gewordenen Fallensituation. Die Freundin, die ein Auto hat, besucht sie regelmäßig, geht für sie Dinge einkaufen, die sie nicht tragen kann, geht mit ihr zum Kinderfriedhof. Frau A. bilanziert, daß das gut sei. In dieser Beziehung muß also Frau A. nicht die Gebende sein, sondern Frau B. tritt eher als Helferin auf. Benedetta A. informiert mich im weiteren Gesprächsverlauf darüber, daß sie Frau B. "schon lange" kennt, da sie die Familie früher mit Lebensmitteln beliefert habe, als sie noch ein Lebensmittelgeschäft hatte. Dann seien sie sich an Frau A.s Jubiläum zur 25jährigen Betriebszugehörigkeit wiederbegegnet, und seien "so zusammen geblieben, zusammen + jetzt wir gehn ma drei Jahre zusammen"(II,19). Frau A. schätzt an ihrer Freundin die Tüchtigkeit: sie hat selber tapeziert (während Frau A. zugeschaut hat), bügelt der Tochter "stundenlang" die Tischwäsche für das Restaurant und "hat noch ihren Arbeitsplatz": "is fleißig + die hat gearbeit + mamma mia + die hat gearbeit" (II,20).

Die Beziehung zu Frau B. hat für Frau A. eine wichtige Bedeutung: es ist die Freundschaftsbeziehung, die ihr nach dem Tod des Mannes und des Bruders den nächsten intergenerationellen Kontakt ermöglicht. Sie paßt sich ein in die Hierarchie, die Frau A.s mitgebrachtem Orientierungshorizont entspricht und hier beibehalten wird: zuerst kommt die Familie, dann die Verwandtschaft, dann die Nachbarschaft, dann andere Ortsbewohner, zu denen Beziehungen mit einseitigen oder gegenseitigen Dienstleistungen gehören. Auch wenn Frau B. für Frau A. die Funktion der Helferin in der Alltagsorganisation hat, – eine Rolle, die bei anderen Witwen in meinem Sample die Kinder eingenommen haben – ist sie als signifikante Andere doch auch dazu da, die Isolation zu vermeiden.

5.1.4.13. Rückkehrvorbereitungen als Teil der Lebensorganisation

Den Bandwechsel dazu nutzend, mir zu zeigen, welche Gegenstände sie nach Sizilien per Paket zu ihren Nichten schicken will, bringt Frau A. das Thema der Rückkehrvorbereitung ins Gespräch. Sie informiert mich darüber, daß sie ihre Rente auf die Post in R. überweisen lassen will. Das Konkretwerden der Rückkehr im Gesprächsverlauf versetzt sie in eine heitere Stimmung. Das Dorf erscheint als überschaubare Einheit, in dem alte Leute ihren Platz haben:

"A: Eine Bank, eine Kirche, dopo Gaschthaus (hustet), eine Piazza (lacht), gemütlich +
und viele alte Leute
 I: Viele alte Leute
   A: Viele alte Leute + aber schön gemütlich, ne + zum Meer, ne, scheen (begeistert)
+ sitz bei meine Schwiegermutter in die Parterre so, ne, un gucken am Meer, scheen,
scheen" (II,22).

Das adversative "aber", das die Kennzeichnung "viele alte Leute" und "schön gemütlich" verbindet, stellt m.E. keine wirkliche Einschränkung dar, sondern könnte die Perspektive jüngerer Leute – etwa der Nichten von Frau A., vielleicht sogar die der Interviewerin – ausdrücken, die im Übergewicht der älteren Generation in der Dorfpopulation einen Mangel sehen mögen. Das idyllische Bild, das Frau A. in Umrissen von dem Dorf zeichnet, in das sie zurückgehen wird, bleibt nun aber nicht durchgängig einer Illusionsbildung verhaftet, die Realitäten nicht zur Kenntnis nimmt. Dies äußert sich z.B. in der Darstellung der Hausbaumodalitäten. Frau A. erwähnt, daß sie Konventionalstrafen bezahlen mußte, weil sie wegen Schwarzarbeit angezeigt wurde. Zuletzt war dies der Fall, als sie nach dem Tod ihres Mannes bauliche Veränderungen am Haus vornehmen ließ – unter anderem einen Freisitz (das oben erwähnte "Parterre").

"A: Und ich habe geschafft (leise, stolz) ++ Un eh wie mein Mann hat gelebt, ne + sechs Jahre habe auch noch 3 Millionen Strafe gekriegt ++ aber wir haben geschafft + un jetzt nur so bißchen Papier + un dann die Wohnung ist frei + Nun is sowieso alles bezahlt + das bißche Geld was hab ich gemacht wann meine Bruder sterben + hab ich zu meine Schwägerin gesagt + komm mit mir, ne + du kann auch nehmen das Geld + wenn mir was passiert, ne, + wer machen die Spese, ne, (lauter:) un meine Schwägerin hat unterschrieben + kann das Geld kriegen + un mache bei mir die was ich brauch wann tot, ne + ich will gerade andere Leute nix bei mir was mache, Gottes willen, das auch noch ++ wie jetzt meine Schwester, ne + meine Schwester hat Kinder gehabt + ich habe keine Kinder (...) Und ich habe das alles in Ordnung gebracht" (II,26).

Sie vermerkt stolz, daß sie allein geschafft hat, was sie vorher mit ihrem Mann zusammen leistete: trotz widriger Umstände die Bezahlung des Hauses bzw. die damit verbundenen Kosten "in Ordnung" zu bringen, ebenso, wie sie ihre letzten Dinge im voraus geregelt hat, indem sie ihrer Schwägerin die Vollmacht erteilte, über ihr Geld zu verfügen, zu dem auch das gehört, was sie von ihrem Kasseler Bruder geerbt hat. Damit vermeidet sie, so verstehe ich sie, daß sich "andere Leute" – Personen außerhalb der Verwandtschaft – um ihre Angelegenheiten kümmern müssen, wenn sie stirbt, da sie ja nicht wie ihre soeben verstorbene Schwester über Angehörige der nächsten Generation verfügt, die diese Dinge den normativen Erwartungen entprechend übernehmen. Der innere thematische Zusammenhang des zitierten Segmentausschnitts ist der Stolz darauf, die Dinge in Ordnung zu bringen, und zwar allein. "Allein ist schwer", bilanziert sie die oben zitierte Darstellung, "trotzdem ich bleibe so + Ich bleibe, wie ich bin (lachend)" (II,26), und nennt die Anzahl der Ehejahre, damit erneut das Thema der Wiederverheiratung aufgreifend und sie gleichzeitig ausschließend. Das Thema des in "Ordnung Bringens" wird nun fortgeführt mit einer Darstellung der Rückkehrvorbereitungen, die, nachdem sie ihre Möbel bereits nach Sizilien verbracht hat, im Verschicken der Pakete nach dort für sich und ihre Nichten bestehen, aber auch in der Nutzung sozialstaatlicher Errungenschaften wie ärztlicher Vorsorgeuntersuchungen. Auch hier klingt wieder der Stolz auf die eigene Selbständigkeit durch, der Stolz auf die Fähigkeit, die eigenen Angelegenheiten umsichtig "in Ordnung zu bringen". "Nächste Monat, ich schicke das weg und dann, was geschafft ich geschafft, ja langsam langsam ich habe was gemacht hier (optimistischer Ton) + zu Zahnarzt gewesen (stolz)" II,27). Nach der Begründung, es sei besser, sich hier noch einmal ärztlich versorgen zu lassen, "bezahle nix, nach Sizilien muß auch von weiß ich nicht wo", die ahnen läßt, daß sie weiß, daß sie mit dem Herausfallen aus der deutschen Krankenversicherung, die mit der Rückkehr nach Italien verbunden ist, sich auf eine Neuorientierung im dortigen Gesundheitswesen wird einstellen müssen, resümiert sie: "Ja (lauter) habe gearbeitet 28 Jahre, das gerne mitnehmen, ne"(II,27). Hier wird deutlich, daß sie ein Bewußtsein für ihre Lebensleistung entwickelt hat, das die Reziprozität der Leistungen in dieser Gesellschaft mit einbezieht. Sie ist dabei, die Ernte für das Geleistete einzubringen. Um die Reziprozität von Leistungen geht es auch in einer kurzen Schilderung des Besuchs bei einem Zahnarzt, der ihr eine "Prothese" (offensichtlich Brücken) anfertigen wollte und dies nicht zu Frau A.s Zufriedenheit fertigbrachte. Das sei das Geld nicht wert gewesen, und nun bleibe sie ohne Backenzähne: "ach (unwillig, ungeduldig) is egal, ach bin ich alt, was soll ich machen (leiser) + Da gibt´s schöne Fischsuppe nach Italia" (II,28). Daß sie die geschädigten Zähne mit dem Alter in Verbindung bringt, liegt auf der Hand; die Verknüpfung mit dem Thema "Italien" bringt ihre klare Orientierung zum Ausdruck, dort ihr Alter verbringen zu wollen. In der Vorstellung ihres Alters greift sie auf ihr Wissen über alte Leute in Sizilien zurück, die sich offensichtlich auch ohne "Prothese" mit den zur Verfügung stehenden Speisen ganz gut ernähren können. Die Formulierung "is egal, ach, bin ich alt, was soll ich machen" legt eher eine Akzeptanz der Einschränkungen im Alter nahe als Resignation, wird doch die Erwähnung der "schöne(n) Fischsuppe" fortgesetzt mit einer Andeutung auf weitere Möglichkeiten: "(lachend): schöne Gemüsesuppe + nit wie hier + schöne Feigen ooh (genießerisch) + ich habe viele Feigen gegessen + oh, oh, Juni, viele, viele (begeistert)" (II,28). Deutlich wird die Welt der leiblichen Genüsse in Sizilien von der "hier" abgesetzt. Bis in den Bereich der sinnlichen Erfahrungen und der Leiblichkeit hinein schlagen sich die Unterschiede im "Hier" und "Dort" nieder. Wodurch nun unterscheidet sich das "Lob der sizilianischen Genüsse" von schwärmerischen Urlaubsschilderungen anderer Menschen? Zum einen muß die Verknüpfung des Themas "Essen" mit dem im Zusammenhang gesehen werden, was sie als zukünftige Realität erwartet: das Alter läßt sich besser dort ertragen, wo "Milch und Honig fließen". Zum anderen muß die begeisterte Schilderung der Köstlichkeiten im Kontext des Interviews gesehen werden, in dem die Erwähnung des Urlaubs im vergangenen Sommer fortgeführt wird mit einem sehr abrupten Wechsel auf eine Episodenschilderung des "verdorbenen Urlaubs". Was zunächst verstanden werden konnte als die Illustrierung des Umgangs mit den eingeschränkten Möglichkeiten des Alters, kann auch gelesen werden als die Einleitung zu einer dramatischen Schilderung der "gestörten Idylle" im Heimaturlaub.

5.1.4.14. Die gestörten Beziehungen zu den Verwandten in Deutschland

Benedetta A. beginnt das Segment über den verdorbenen Urlaub unvermittelt nach der Erwähnung des letzten Urlaubs, der zeitlich nur mit "Juni" markiert wird, mit dem Resümee "Schade, hat mir Urlaub versaut, dies Schwein" (II,28). Um welche Person es sich handelt, wird erst sukzessive im Verlauf der Darstellung deutlich. Zunächst ist sie mit einer Argumentation beschäftigt, die zeigt, wie sehr sie noch einige Monate später mit diesem Ereignis befaßt ist. Zur heiter-genießerischen Stimmung, die ihre Schilderung zuvor verbreitete, steht die Bezeichnung "dies Schwein" in scharfem Kontrast. Sie fährt fort: "Schade, hat er mir Urlaub versaut, war so schön + Muß ich alles bezahlen + 750 Mark verlangen für nach Italia mir bringen (empört) + Und essen und trinken bei mir." Damit ist die Situation gekennzeichnet, mit der Frau A. es in ihrem Sommerurlaub zu tun hatte. Sie ließ sich vom Sohn ihres verstorbenen Bruders aus Kassel nach Italien bringen, und mußte dafür unangemessen viel bezahlen und die Gäste bewirten.

"A: So frech ist das + Ich spür daß es Gewalt (langsam, leise, sehr ernst) + und wann eh Geld gesagt eh seine Geld geklaut + s´nit wahr (langsamer, leiser) + und ich habe bei der Frau gesagt: "Dein Geld sind sie weg, mein sind sie hier, guck mal da + wo, wo Geld weg" (Zeigt, wie sie eine Schublade herausgezogen hat.) + (laut:) "Ja, wir kommen mal bestrafen!" (zitiert den Neffen) + Sage, ruhig, hab ich gesagt zu seine Frau, kein Geld klaut von meinem Haus + (laut:) muß ich Geld geben für Gasthaus geh´n + jede Abend 100.000 Lire + muß ich Geld von Benzin zurückbezahle + muß ich Geld geben zu leben dahinten + (leiser:) Ich habe gesagt: jetzt is Schluß, jetzt fahr´n ma weg + und zwei Woche muß ma zurück nach Deutschland + aber die komme Dezember und sagen: "Tante!" der hat gern gehabt nach Sizilien geh´n, gerne schön zu machen, schön so + dahinte ist frei, kann angeln, kann machen was e will, nix Strafe wie hier, ne + und der hat gerne gehabt eh aber wann kommen Dezember + ich zählen (erzähle)+ der weiß -, der darf nit wissen wann ich weggeh + weil so frech war, ah + wie seine Mutter + seine + eine Frau, ne, mit sieben Kinder + vergessen ich nie ganze Leben + hat getrunken wie ein Schwein + bis sie Sklerose gekriegt + eine Frau, hat getrunken wie ein Schwein + arme Junge (Kinder) + muß zwei Kilometer machen Wald, wohnen sie nach G. im Wald + drei-, viermal Wein holen + alle Tage + und das Lambruso, die hat getrunken + die Frau hat getrunken + oh +++
I: Und warum?
Ganze Familie so! Seine Bruder genauso + War nix richtig, nix gut + Bei meinem Bruder war nix gut ++ Die Frau war verheiratet + und hat zwei Kinder gehabt + und mein Bruder war zu jung + un (leise) + aber ich habe gesagt, mach dich weg von das Frau (laut) + hat Kinder gehabt und dann + geblieben (leiser)" (II,29).

Die Argumentation über den verdorbenen Urlaub und den frechen, ja "gewalttätigen" Neffen wird belegt mit einer eingelagerten Episodenschilderung über einen vorgetäuschten Diebstahl. Die Darstellung, die auf den ersten Blick wegen ihrer fragmentarischen Form Verständnislücken läßt, wird von Frau A. bei unserer dritten Begegnung noch einmal wiederholt und präzisiert, als sie mir noch vor Interviewbeginn erzählt, daß sie nun weggehe, ohne die jungen Verwandten noch einmal wiedergesehen zu haben. Sie habe sich nach dem gemeinsamen Urlaub, der auch von ihr arrangiert worden sei, um Hilfe bei der Vorbereitung des Hauses für die Rückkehr zu erhalten, die aber ausgeblieben sei, für ein halbes Jahr (also bis Dezember) Besuche verboten. Daraufhin seien die jungen Verwandten überhaupt nicht wieder aufgetaucht. Die Darstellung Frau A.s läßt folgende Interpretation zu: sie ist enttäuscht und empört, daß die jungen Verwandten, die mit ihr nach Sizilien gefahren sind, die Situation nur einseitig zu ihrem Vorteil benutzten und mit "frechem" Verhalten der Tante die notwendige Achtung versagten. Die Reziprozität, die in wechselseitigen Leistungen hätte bestehen sollen, wurde nicht eingehalten. Die Interaktionsgrundlagen, die für Frau A. in verwandtschaftlichen Dienst- und Hilfeleistungen bestehen, sind für die jungen Verwandten offensichtlich andere. Frau A. setzt ihre Darstellung nach dem zitierten Segmentauszug denn auch fort mit der Schilderung des Unglücks, das der Bruder mit seiner Familie gehabt habe: die Frau sei vorzeitig gestorben durch ihre Nikotin- und Alkoholexzesse, und von den sieben Kindern habe sich keines mehr um den Vater gekümmert, weshalb sie dann für ihn gekocht und gewaschen habe. Die (deutsche) Schwägerin sei eine "ganz böse Frau" gewesen, die den Kindern verboten habe, außer zu Festtagen zur Tante zu gehen. Die Kinder hätten sie nach dem Tod der Mutter etwas häufiger besucht, aber nun blieben sie auch "bißchen weg". Im übrigen hätten sie ungeordnete Verhältnisse, nur drei seien verheiratet, die übrigen lebten "zusammen so, mal komm, mal weg" (II,31), das sei anders als bei den Verwandten in Frankreich und Sizilien, denn "Frankreich ist ja au, au wie Sizilien" (II,31). Der Gang der Darstellung ist zwar einerseits bestimmt von der Erinnerung an den letzten Urlaub in Sizilien, thematisiert aber auch die Ursachen für das Verhalten der jungen Leute: die Mutter, die ihren Aufgaben nicht gerecht wurde, und die keine Pflege verwandtschaftlicher Beziehungen zuließ, mit der Folge, daß die Kinder ebenfalls dem von Frau A. bevorzugten Familienmodell nicht folgten und innerfamiliale Solidarität vermissen ließen. Interessant ist nun, daß Frau A. die in ihren Augen gestörten familiären Beziehungen Deutschland zuordnet – sie kontrastiert diese mit dem, was sie von ihren jungen Verwandten in Frankreich und Sizilien weiß. Ein tiefsitzendes Mißtrauen, wie es schon in der Schilderung der Todesumstände des Kasseler Bruders zum Ausdruck kam, äußert sich in der Formulierung "Ich spür' daß es Gewalt". Diese kann sich einerseits zurückbeziehen auf ihren vagen Verdacht über die Todesursachen des Bruders, kann andererseits jedoch die kriminelle Energie meinen, die darin steckt, der Tante einen Diebstahl vorzutäuschen und dann auch noch "Bestrafung" der Täter anzukündigen. In die Ruhe des sizilianischen Hauses ("kein Geld klaut von meinem Haus"), in die geordneten Verhältnisse im Verwandtenkreis dort bringen also die deutschen Verwandten Störungen hinein, die Vertrauen und Solidarität im verwandtschaftlichen Umgang, wie Frau A. sie mit ihren sozialen Bezügen in Sizilien verbindet, nicht ermöglichen. Denkbar ist auch, daß der Neffe bei seinem "Diebstahlsarrangement" (das in den Augen von Frau A., wie sie mir vor dem dritten Interview erzählt, notwendig wurde, weil der Neffe das Fahrgeld von der Tante schon vor der Reise ausgegeben hatte,) die kriminellen Verhältnisse in Sizilien als Erklärungshintergrund für die Glaubwürdigkeit eines Diebstahls bzw. Einbruchs im Haus der Tante einkalkulierte. Sollte Frau A. dies gespürt haben, muß sie auch den für sie selbst so wichtigen Bezugsrahmen in Frage gestellt und "beleidigt" gesehen haben.

Offensichtlich fürchtet Frau A., daß die jungen Verwandten sich wieder auf ihre verwandtschaftlichen Bande zur Tante besinnen könnten, bevor sie zurückgeht, um weitere Besuche in Sizilien zu verabreden oder – so kann vermutet werden – einen letzten Versuch zu unternehmen, sich von der Tante anderweitige Vorteile (wie z.B. Geld) zu sichern. Dennoch ist Frau A.s Haltung zum tatsächlich erfolgten Fernbleiben der Verwandten ambivalent: sie zeigt sich im Nachhinein verletzt, daß diese sie nicht einmal zu Weihnachten und zu Ostern besucht hätten, ihre Erwartungen ignorierend, daß die Familie sich zumindet an hohen Feiertagen zusammenfindet. Insgesamt muß die geschilderte Episode – auch in ihrer Bedeutung für Frau A. – als Teil und Beispiel des Mißlingens beim Knüpfen eines verwandtschaftlichen Netzes in Kassel gesehen werden. Gehört es zu Frau A.s traditionell mit der Rolle der Frau in Süditalien verknüpften Aufgabe und Stärke, sich um die verwandtschaftlichen Beziehungen zu sorgen, was offensichtlich ein Aufrechterhalten der blutsverwandtschaftlichen Bande zu ihren Verwandten in Lothringen und zur angeheirateten Verwandtschaft in Sizilien während der jahrzehntenlangen Migration unterstützt hat, so muß sie sich damit abfinden, daß sie ein vergleichbares Modell mit ihren Verwandten in Kassel nicht etablieren konnte.

5.1.5. Interpretation des dritten Interviews

5.1.5.1. Kurz vor der Remigration nach Sizilien: Erinnerung und Bilanz

Das Interview findet einige Tage vor der Rückkehr von Frau A. nach Sizilien statt. Ich habe mich mit ihr verabredet, um noch einige Details abzuklären, die in den vorangegangenen Interviews nicht ganz deutlich geworden sind. Frau A. freut sich, daß wir uns vor ihrer Abreise noch einmal sehen: "Können wir noch ein bißchen schwätzen". Sie wirkt, anders als beim vorausgegangenen Interview, sehr lebendig und optimistisch, kann aber auch "wehmütige" Gefühle angesichts des bevorstehenden Abschieds zulassen: die letzten Tage seien "ein bißchen schwer". Nachdem sie sich noch einmal, wie erwähnt, über das Ausbleiben ihrer Nichten und Neffen aus Kassel geäußert hat, berichtet sie mir, daß sie am Vortag ihre Abschiedsfeier im Krankenhaus hatte; ein Anlaß für sie, Bilanz zu ziehen. Andererseits läßt sie sich in diesem Interview auf längere Erinnerungspassagen aus der biographischen Perspektive ein: als sei durch die Abschiedsfeier ihre Person bedeutender und damit auch ihre Geschichte erzählenswerter geworden. Sie geht in einem längeren Passus noch einmal auf ihre Heirat und die damit verbundene Migration nach Frankreich ein und bilanziert ihre Entscheidung, anders als ihre Schwestern nicht in Frankreich geblieben zu sein: "und ich, Gott sei Dank ich weg, Gott sei Dank!" Daß sie hier explizit auf das Schicksal ihrer Schwestern eingeht, zeigt, daß sie die "Lebensgeschichte als Migrationsgeschichte" auch speziell auf die Frauen in der Familie bezieht. Andererseits markiert sie aber noch einmal die Differenzierung vom Schicksal der Schwestern durch die Entscheidung, aus Lothringen wegzuziehen, mit der sie auch heute noch im Einklang steht. Das Thema "Migration" fortführend, erinnert sie sich an die erste Zeit in

Deutschland:

"Zu Anfang (lauter) in Deutschland ich hab´ gesagt (laut) ach, ich weiß nit, ich nix verstehen (leise, weinerlich, hilflos), was soll´n wir machen, mit meinem Mann gesagt. Hat mein Mann gesagt, wann wir haben Geld für die Möbel, dann geh´n wir weg (lacht). Wann wir haben Geld für die so´n bißchen mitnehmen für Miete nach Italien, dann gehen wir weg. Und bis jetzt (leiser)
I: Mhm +
A: Bin ma nie satt, ne (lacht wehmütig), immer mehr, immer mehr (leise)" (langes Schweigen) (III,9).

In diesem letzten Teil eines Segments, das im Zeitraffer noch einmal die eigene Migrationsgeschichte umschließt, fällt auf, daß "Deutschland" "Frankreich" gegenübergestellt wird, das sie "Gott sei Dank" verlassen hat. Der Wechsel zum Thema "Deutschland als Migrationsland" könnte also gelesen werden als Andeutung einer Kontrasterfahrung zu der in Lothringen. Es folgt nun aber nicht etwa ein Loblied auf Deutschland (erst später im Interview erwähnt sie, daß es ihr nie so gut gegangen sei wie hier), sondern sie erinnert sich an den schweren Anfang. Daß sie in Lothringen auch Sprachschwierigkeiten gehabt hätte, erwähnt sie an keiner Stelle in den Interviews; es ist davon auszugehen, daß ihre Kontakte sich dort im wesentlichen auf die eigene Familie und Verwandtschaft beschränkten. Im Tonfall kommt das Gefühl der Hilf- und Ratlosigkeit ("ich weiß nit"), das damals dominant gewesen sein muß, plastisch zum Ausdruck. Die Erwähnung des "Kleinhaltens" des Migrationsprojektes hingegen präsentiert sie lachend aus der Gegenwartsperspektive, in dem Bewußtsein, daß die Perspektive des raschen "dann gehen wir weg" (aus Deutschland) sich nicht einhalten ließ. "Und bis jetzt" geblieben zu sein, wie sie leise konstatiert, läßt ahnen, daß sie sich nun, da die "28 Jahre" um sind, der verronnenen Zeit in der Migration bewußt wird, die für sie der Erklärung bedarf: den Drang des "immer mehr" Wollens. Wieder klingt hier das Thema der "Begehrlichkeit" an, wie sie es schon im Zusammenhang mit Überlegungen zum Tod ihres Sohnes aufgegriffen hatte.
Mit meinem nächsten Stimulus orientiere ich Frau A. noch einmal auf den Entscheidungsverlauf hinsichtlich der Migration nach Deutschland.

"I: Ja, mhm (lacht leise) ++ Wie war das denn gekommen, daß Sie dann nach Deutschland gegangen sind?
A: (leise, fast müde:) Wir haben gewohnt in die Land + wie heißt + in Land + und Familie + wir haben Familie kennengelernt dahinten, Nachbarn. Und hat gesagt: "Mein Mann geht nach Deutschland!" hat die Frau gesagt. + Und mein Mann gesagt: "Wie soll ich machen hier, hier leben ma so miserabel!" Einmal meine Tante, vergessen ich nie, nie bis ich sterbe, hat gesagt: "Na, Benedetta, wann du machen ein + wann du bauen eine Wohnung!?" (sehr laut, fordernder Ton) Ich hab´gesagt: Mein Gott + Wo! + Wie? Fünfzigfünfzigtausend, fünfhunderttausend, fünfzigtausend hat gekriegt in Frankreich! Wie Wohnung bauen, hab´ ich zu meiner Tante gesagt, wo nimmt das Geld her! + Und dann habe das Familie kennengelernt + und mein Mann geht nach Deutschland und ist meine Nichte

da, meine Nichte hatte Wohnung und alles + und mein Mann gesagt: "Ich gerne auch nach-nach Deutschland! Wie soll man machen?" Und mein, das eh gut-gute Bekannte, ne, gesagt, "Ja, komm, komm mit mir zusammen!" (fürsorglicher Ton) Und geh nach B., Karlsruhe, und geh nach Karlsruhe. (Nimmt einen Schluck aus der Wasserflasche) Und nach Karlsruhe war schön, viel Geld hat verdient, Arbeit in die Rohr, wo die Rohr für die Wasser (=Kanalisation). Viel, hat gearbeitet Tag und Nacht, mein Mann, viel Geld und eh keine Wohnung! Nach sechs Monaten bringen mir nach Deutschland, und wir da, wo meine Mann gewohnt, die Frau verkaufen! Und keine Wohnung gehabt, oh, mein Gott, wie soll man machen jetzt? (ratlos) + Ich muß arbeiten, hab´ich gesagt zu meinem Mann, ich will was machen jetzt! (energisch) Mein Junge war fünf-fünfeinhalb Jahre alt, und sofort meine Bruder + eine Brief schreiben, ich hab´ Adressen meinem Bruder, meine Bruder kommen nach B., und hat gesagt: "Keine Angst, ich besorgen eine Wohnung". Eine Wohnung, vorher Zimmer (einschränkend) nach Kassel + und hat besorgen nach U. (Vorort), zweieinhalb Jahre nach U., da war soviel Schnee vorher, viel Schnee, und da gewohnt in eine Baracke und dann haben schöne Wohnung gekriegt in der G.straße. Und so + weiter +++ " (III,9).

Die Entstehung des Migrationsprojektes wird von Benedetta A. zunächst in Zusammenhang gebracht mit den Nachbarn, die Frau A. und ihr Mann nach der Rückkehr aus Sizilien kennengelernt hatten. Wie so oft in dieser Zeit erfuhren die Menschen von der Möglichkeit, in das Land zu gehen, das Arbeitskräfte anwarb, nicht durch die Medien oder amtliche Verlautbarungen, sondern durch Mund-zu Mund-Propaganda. Auf dem Hintergrund der materiellen Sackgassensituation, in die der Mann mit seinem Versuch, sich in der örtlichen Landwirtschaft zu reetablieren, geraten war, stellt der im Diskurs mit den Nachbarn entwickelte Plan einen Versuch dar, die negative Entwicklung aufzuhalten. Es ist vorstellbar, daß Frau A. mit ihrer Familie am Ortsrand oder in den Feldern um R. wohnte, daß also auch der Nachbar, der nach Deutschland gehen wollte, in der Landwirtschaft tätig war und ebenfalls keine Perspektive mehr darin sah. Dazu mögen Gerüchte vom "schnellen Geld" gekommen sein, das man in Deutschland machen könne – in der Beschreibung der Situation ihres Mannes in Karlsruhe klingt noch etwas von der Verwunderung an, die das "viele" Geld damals bei den Daheimgebliebenen auslösen mußte, auch wenn sie zeigt, daß sie sich der Mühen des "Tag und Nacht Arbeitens" wohl bewußt ist.

Entscheidend ist nun im folgenden die Hintergrundskonstruktion, in der Frau A. vom Auftrag der Tante erzählt, ein Haus zu bauen. Mit der Verwendung dieser Konstruktion weicht sie vom bisher eher eindimensionalen Argumentationsmodell "Geld für Möbel und Miete" ab, das für sich nicht genügend plausibilisiert hätte, warum sie mit nach Deutschland ging und hier ebenfalls erwerbstätig wurde, und das im entsprechenden Kontext eher dazu dient, das Migrationsprojekt auf Kurzfristigkeit zu stellen. Die Motivation für Frau A., nun ebenfalls nach Deutschland zu gehen und hier erwerbstätig zu werden, bedarf deshalb einer weiteren Plausibilisierung. Wie Ch. Hoffmann-Riem ausführt, ist es häufig der Fall, daß Migrantinnen in Interviews, die ihren Herkunftskontext miteinbeziehen, sich nicht im Nachhinein reflexiv auf strukturelle Gegebenheiten und kulturspezifische Werthorizonte einlassen, sondern diese eher als gegeben hinnehmen bzw. voraussetzen

(Hoffmann-Riem, Ch. 1994, S.304). So kann auch hier davon ausgegangen werden, daß Frau A. mit dem "Auftrag" der Tante auf etwas reagiert, was regions- und kulturspezifisch zu begründen ist: die Aufgabe der Frau, die Wohnung bzw. das Haus für die Familie zu stellen, was für bessergestellte Familien in Sizilien bedeutet, über die Aussteuer hinaus das Haus mit in die Ehe zu bringen – entweder als Mitgift oder als Erbschaft. Beides war im Fall von Frau A., durch die Armut der Herkunftsfamilie bedingt, nicht möglich. Daß sie bei ihrem Kalkül die Summe miteinbezog, die der Mann offensichtlich durch seine Tätigkeit in Lothringen einbringen konnte, deutet auf ihre Rolle als "Finanzministerin" der Familie hin, wie sie ebenfalls als kulturspezifisch üblich angenommen werden kann. (G. Gribaudi stellt in ihrer historisch-ethnographischen Untersuchung über Eboli für viele Dörfer der inneren Campagna einen Zusammenhang zwischen Emigration und Ergänzung bzw. Aufstockung der "trasmissione dei beni", der Güterübertragung, her. Es kann davon ausgegangen werden, daß die Möglichkeit, der Familie ein Haus zur Verfügung zu stellen, unter dortigen Verhältnissen Frauen zur Migration bewegen konnte, um durch eigene Erwerbstätigkeit Projekte dieser Art zu ermöglichen; Gribaudi, G. 1990, S.79 f.). Das Thema "Erwerbstätigkeit" spielt auch eine Rolle bei der von der Informantin erwähnten Initiative, die darauf abzielt, sich nicht abschrecken zu lassen vom unvorhergesehenen Fehlen einer Wohnung. Die Entscheidung, "ich will was machen jetzt" erscheint unmittelbar im Zusammenhang mit dem Alter des Sohnes, das es nun offensichtlich zuläßt, ihn allein zu lassen und arbeiten zu gehen (ein Tatbestand, den Frau A. an anderer Stelle im Kontext der Erwähnung der Lebensbedingungen sizilianischer Frauen bedauernd als Sachzwang in der Migration erwähnt, der in seinen Auswirkungen in der Eingangsphase der Migration möglicherweise so noch nicht absehbar war). Frau A. will aber offensichtlich nicht umsonst nach Deutschland gekommen sein – auch wenn sie die Umstände des Abschieds aus Sizilien nicht erwähnt, ist aber doch denkbar, daß es blamabel gewesen wäre, auf der Stelle wegen einer fehlenden Wohnung zurückzukehren, außerdem wäre ein auf Langfristigkeit abgestelltes Projekt mit dem Ziel des Hausbaus in Sizilien gefährdet worden. Sie wird aktiv, indem sie einen für sie signifikanten Anderen kontaktiert, ihren "deutschlanderfahrenen" Bruder aus Kassel, der dann auch ihren Umzug und den ihres Mannes nach Kassel initiiert. Aufschlußreich für das Einnehmen einer individuellen Perspektive ist nun, daß sie nicht die Folgen dieses Schrittes für ihren Mann thematisiert, nämlich die gut bezahlte Arbeit in Karlsruhe aufgeben zu müssen und damit vielleicht auch Schwierigkeiten zu haben, sich aus einem entsprechenden Arbeitsvertrag zu lösen. Vielmehr geht es im folgenden um das gelungene Beschaffen einer Wohnung, genauer gesagt um ein Zimmer in einer Baracke (die meinen Erkundigungen nach in einer ehemaligen Zwangsarbeitersiedlung gelegen haben muß) und den ersten Eindruck vom Winter in Deutschland. Die Selbstverständlichkeit des "und so weiter" setzt erst ein im Zusammenhang mit der Darstellung von der "schönen Wohnung", die nach zweieinhalb Jahren bezogen wurde und die davon zeugt, daß zu diesem Zeitpunkt die Langfristigkeit des Migrationsprojektes ratifiziert wurde – an anderer Stelle spricht Frau A. davon, daß etwa um diesen Zeitpunkt erst die kleine Wohnung in Sizilien aufgegeben wurde. Offensichtlich dauerte der Niederlassungsprozeß bis zu diesem Augenblick. Da mit der von Frau A. häufig vorgenommenen zeitlichen Markierung "28 Jahre" für mich klar ist, daß sie sehr bald nach ihrem Eintreffen in Deutschland begonnen haben muß, erwerbstätig zu werden, bleibt für mich offen, wie sie zu ihrem Arbeitsplatz gekommen ist, nachdem sie ihre tatkräftige Haltung des "ich muß arbeiten" zuvor verdeutlicht hat.

5.1.5.2. "Hier bleibe ich" – der "richtige" Arbeitsplatz und die Abschiedsfeier nach 28 Jahren

"I: Und wie sind Sie hier an diese Arbeit gekommen im Krankenhaus?

A: Diese war so, ne, war (lacht) so bißchen + zu lachen jetzt! (schmunzelt) Ich habe zu meinem Bruder gesagt: du mußt mir Arbeit besorgen! (laut) Und mein Bruder gesagt: "Ja, meine Frau gerne auch Arbeit!" Und ich: ja, besser, deine Frau verstehen, wir gehen mal zusammen, ne. + Aber seine Frau hatte zwei kleine Kinder gehabt, und die Frau ++ immer viel trinken, gerne in die Gasthaus. Und mein Bruder geht Arbeitsamt, (die Frau) hat gesagt arbeiten, vergesse ich nie, un dann in eine Gasthaus gegangen. Das Gasthaus ist Nähe von eh Bahnhof ungefähr. Und ich habe gesagt zu meine Bruder: oh, mein Gott, die arbeite hier (empört), nee, das gefällt mir nit. "Warum, meine Frau gerne in die Gasthaus!" Kann deine Frau alleine gehen! Wie soll'n ma machen jetzt? "Du komme mit mir wieder" du heiße ich, ne – "nach Arbeitsamt und sagen dahinte, keine Arbeit für uns". Arbeitsamt gegangen (lauter) und mein Bruder gesagt: "ist alles besetzt, nix Arbeit". Mein Bruder ++ schon lange hier, ne, und eh Arbeitsamt gesagt: "Krankenhaus suchen Leute". Und Krankenhaus? Was ist das? Hat gesagt: "In Küche, in de-eh wo die Leute, die wo die Leute krank sind". Sofort mit meinem Bruder gegangen, und ich habe getroffen Italiener. Oh ja, ich gesagt (freudig, lebhaft), ich bleibe hier, (haut mit der Hand auf den Tisch, lacht)

I: (lacht)

A: ich bleibe hier. War Teresa, vorher viel, Teresa, Anna, Luisa, eh noch zwei spanisch, ich bleibe hier, hab'ich gesagt + alles untersuchen, alles gut gegangen, und dann Krankenhaus geblieben. Und das war schön (eifrig, schnell), und dann mit die Gruppe zusammen, mit die Gruppenarbeit, wir haben zwei Gruppen gehabt, und dann + einmal mit + Frau ++ wie heißt das + mit Frau D., und andere mit Herr E., und wir mit Herrn E. bleiben bis jetzt. ++

I: ah ja, mhm

A: wann ich habe gesehen, daß Italiener, ja, ja, ich bleibe hier, hab'ich gesagt (freudig)

I: (lacht)

A: War schön zusammen, gestern, gestern die Frau gesagt, "Gott, ich habe das nit gedacht, achtundzwanzig Jahre" (klopft auf den Tisch) nie gehabt

I: Mhm

A: Ist eine deutsche Frau hier, eh Montag ist nix da, Montag ist nix da + aber mir hat gedrücken vier-, fünfmal, "Benedetta, ich de-ich dir seh nix mehr, ich dir seh nix mehr!" (ahmt die Stimme nach) + Was soll man machen, ich habe gesagt, ist so (nachdenklich, leise), ne, einmal kommen, und andere Mal gehen, ne + wann Gott will +++ " (III, 10/11).

Benedetta A. ratifiziert meine Frage mit der Erzähleröffnung "Diese war so", um mir gleich darauf mitzuteilen, es gebe etwas "zu lachen jetzt". Dies kann sich auf den für sie positiven Ausgang des Prozesses der Arbeitssuche beziehen, aber auch auf den etwas verwirrenden Beginn dieses Prozesses. Frau A. initiiert ihn, indem sie ihren Bruder beauftragt, ihr Arbeit zu besorgen. Schon in Karlsruhe hatte sie ihn als Helfer in den Niederlassungsprozeß der Familie mit eingeschaltet: Der Bruder gilt ihr als Experte für das Agieren in der fremden Umgebung, und, wie sie in einer Einlagerung im Zusammenhang mit dem Arbeitsamt später erwähnt, da "schon lange hier", auch als erfahren im Umgang mit Institutionen im Migrationsland. Schließlich hatte er auch, wie sie an anderer Stelle erwähnt, für ihren Mann eine Arbeit auf dem Bau besorgt. Der Bruder ratifiziert Frau A.s Auftrag und bringt ins Spiel, so verstehe ich das Redezitat von Frau A., daß seine Frau auch gern arbeiten würde. Auf den Vorschlag "zusammen zu gehen", geht Frau A. ein, auch weil sie allein dem Problem der Sprachbarrieren ausgesetzt wäre. Die weiteren Äußerungen lassen darauf schließen, daß die Frau des Bruders mit Frau A. in ein Gasthaus geht, um dort zu arbeiten. Mit dem einschränkenden "aber" könnten die Sonderbedingungen dieser Frau gemeint sein, zwei Kinder zu haben (und deshalb tagsüber nicht arbeiten gehen zu können) und ohnehin wegen ihrer Affinität zum Alkohol gern ins Gasthaus zu gehen. Die Arbeitsmöglichkeit im Gasthaus, die der Bruder evtl. in einem ersten Gang zum Arbeitsamt aufgetan hat, ist für Frau A. inakzeptabel. Sie setzt bei ihrem Bruder durch, daß er mit ihr zum Arbeitsamt geht, wobei er sich insoweit als kooperativ erweist, als er eine Idee entwickelt, wie das Arbeitsamt zu einer weiteren Suche nach einem Arbeitsplatz für seine Schwester veranlaßt werden kann: man behauptet, der erst angebotene Arbeitsplatz sei besetzt. Diese Geschicklichkeit im Umgang mit der Institution könnte gemeint sein, wenn Benedetta A. kommentiert: "Mein Bruder schon lange hier". Das Angebot des Arbeitsplatzes im Krankenhaus muß Frau A., so erinnert sie sich, erst erklärt werden. Sie geht mit ihrem Bruder zum Krankenhaus, und ausschlaggebend für ihre Entscheidung, den Arbeitsplatz anzunehmen, ist offensichtlich, daß sie dort weitere Italienerinnen vorfindet: eine Tatsache, die ihr auch im nachhinein noch so wichtig ist, daß sie sie zweimal erwähnt. In der Arbeitsgruppe – hier ist sicherlich eine der beiden Schichten gemeint – findet sie neben anderen Italienerinnen auch Herrn E., den Gruppenleiter vor, der die Gruppe bis heute leitet.

Insgesamt fällt an der Darstellung auf, daß der Prozeß der Arbeitssuche Frau A. offensichtlich noch so präsent ist – und durch das zeitlich deutlich markierte Ende der Lebensarbeitszeit offensichtlich reaktualisiert worden ist, daß sie ihre Erzählung sehr lebendig, mit zahlreichen Redeerwähnungen vorträgt. Die etwas ungeordnete Darstellung des Beginns dieses Prozesses hängt offensichtlich mit der für Frau A. chaotischen Situation zusammen, daß sie zunächst einmal zur Kenntnis nehmen muß, als Frau im Gasthaus zu arbeiten – dies ist ihr von ihrem Herkunftskontext her wohl fremd und muß von ihr zumindest als unschicklich angesehen werden –, und daß ihr Bruder sie offensichtlich motivieren will, selbiges zu tun. Damit tritt er nicht für die Erhaltung der Ehre seiner Schwester oder der eigenen Ehre ein, sondern orientiert sich eher an dem Maßstab, den seine deutsche Frau setzt, und den er offensichtlich auch schon dadurch akzeptierte, daß er sie heiratete – zum Unwillen seiner Schwester, wie wir oben feststellen konnten. Andererseits gibt er der Hartnäckigkeit seiner Schwester bei der Suche nach einem Arbeitsplatz, und dazu noch einem für sie akzeptablen, auch nach und hilft ihr, so gut er kann. Für die Entwicklung von Frau A. ist das hier behandelte Segment insofern interessant, als es zeigt, daß sie an ihrer einmal entwickelten Handlungsplanung, in Deutschland erwerbstätig zu sein, auch angesichts von auftretenden Anfangsschwierigkeiten festhält, und zwar so, daß sie sich noch einen Entscheidungsspielraum nimmt, was einen für sie passenden Arbeitsplatz angeht. "Passend" ist der Arbeitsplatz für sie, weil sie dort, wie erwähnt, weitere Migrantinnen vorfindet (sie erwähnt neben den italienischen auch die spanischen: Hilfstätigkeiten in Krankenhäusern waren in der Anwerbephase bereits ein "klassisches Einsatzgebiet" für Migrantinnen), und weil sie nicht isoliert arbeiten muß, sondern in einer Gruppe arbeiten kann, und weil die Tätigkeit in der Küche innerhalb einer Institution, die Kranken hilft, ihren hergebrachten Vorstellungen von Tätigkeiten von Frauen nicht widerspricht. Die formale Seite der Arbeitssuche wird nur so weit erinnert, als es um die eigene Person im konkreten Sinne geht: die übliche Gesundheitsuntersuchung; die Frage der Arbeitserlaubnis mag damals von dem Bruder mit dem Arbeitsamt abgeklärt worden sein, so daß sie sie nicht mehr erinnert. Denkbar ist aber auch, daß es sich damals für sie um einen unüberschaubaren bürokratischen Akt gehandelt haben mag – im Zusammenhang mit späteren Ereignissen, der Überführung von Sohn und Mann nach Sizilien oder bei der Vorbereitung der Rückkehr oder in der Abklärung ihrer Rente ist für sie der "Kampf mit den Papieren", den sie geschickt angeht, indem sie die Sozialberatung der Caritas einschaltet, und in dem sie wachsende Kompetenzen entwickelt, obwohl sie weitgehend Analphabetin ist, durchaus der Rede wert.

In der Schilderung der Bedingungen, die sie im Krankenhaus vorfindet, gelangt Frau A. wieder in die Gegenwartsperspektive. Sie resümiert aus heutiger Sicht: "und das war schön", die sie an die biographische Klammer "und dann im Krankenhaus geblieben" anfügt. Für mich ergibt sich daraus, daß sie in der Gesamtbilanz durchaus auch heute noch mit der Entscheidung für den Arbeitsplatz im Krankenhaus zufrieden ist, auch wenn, wie erwähnt, sich einige Bedingungen verschlechtert haben (nur noch eine italienische Kollegin, Verschärfung der Arbeitsbedingungen durch den Einsatz des Fließbandes, Konflikte in der Gruppe). Als Beleg für das positive Klima erwähnt sie ihre Abschiedsfeier und die Äußerung einer deutschen Kollegin, die sie herzlich mit der Äußerung verabschiedet, sie hätte nicht gedacht, daß 28 Jahre ohne böse Worte vergehen. Darin stecken zweierlei Aussagen: sie habe nicht geglaubt, daß es 28 Jahre würden, oder sie habe zu Anfang nicht gedacht, daß es so lange friedlich zugehen würde unter den Kolleginnen. In der Antwort von Frau A. auf die Äußerung der Kollegin steckt eine Argumentation, in der sie sich gleichzeitig für sich selbst mit dem nahen Abschied auseinandersetzt: es gehört zum Leben, zu kommen und zu gehen, "wann Gott will". Damit entlastet sie sich ein wenig von der Aufgabe, in Folge eigener Entscheidung nun Abschied nehmen zu müssen. "Wann Gott will" lese ich aber auch im Kontext anderer Äußerungen einige Monate vor dem Rückkehrtermin: wenn Gott es wolle, schaffe sie es, zurückzukehren und noch ein wenig zu leben. Eine auf dem Hintergrund ihrer zahlreichen Verluste plausible Sichtweise.

Auffällig ist es, daß in diesem Segment von den oben geschilderten Konflikten am Arbeitsplatz kaum noch etwas spürbar ist – lediglich in der Formulierung der Kollegin "böse Worte". So ergänzt Frau A. denn auch am Ende des Interviews eine Bilanzierung

"Von das her hab' ich Glück gehabt", die sich auf die Arbeit und Konflikte am Arbeitsplatz bezieht, einleitend mit "Einmal gewesen zum Büro ich + sagen die Wahrheit" (III,13) ihre Einschätzung, indem sie den oben erwähnten Konflikt mit einer Kollegin schildert. Sie will, bevor sie das Interview mit mir beendet, der Wahrheit Genüge tun. Zur Bilanz "28 Jahre Arbeit" gehört es für sie auch, noch eimal zu erwähnen, daß sie kaum je krankgefeiert habe, so daß eine Kollegin zu ihr gesagt habe: "du kriegst die Goldmedaille im Nichtkrankfeiern" (III, 12), da sie "immer weitergearbeitet" habe: "Mir hat nix gef-ich hab´Angst gehabt, vielleicht "die krank", und dann gucken sie böse dahinten." Es hat ihr also nicht nur mißfallen, krankzufeiern, weil sie dann allein zu Hause sitzen mußte, sondern auch, weil sie Angst vor der Kritik bzw. der Ablehnung der Kolleginnen hatte, vielleicht auch Angst um den Arbeitsplatz.

In der Schilderung der Abschiedsfeier erwähnt sie schließlich, daß sie ihrem Chef vermittelt habe, eine "besondere Ausländerin zu sein". "Herr E., die echte Ausländer, wer mitnehme, die nit. Wer mitnehmen Rente, keiner Rente mitgenommen. Bis sechzig Jahre hat keiner gearbeitet bis jetzt (...) Keiner hat gewartet bis sechzig Jahre" (III,13). Es ist bemerkenswert, daß Frau A. sich traut, ihrem Chef diese Selbsteinschätzung vorzutragen, und daß sie von Stolz und Selbstbewußtsein getragen ist, was den kontinuierlichen Arbeitseinsatz angeht. Frau A. entwickelt ein Bewußtsein für das, was sie von den anderen ausländischen Kolleginnen unterscheidet. So kann sie Abschied nehmen in dem Gefühl, ihre Pflicht getan und für sich gesorgt zu haben.

5.1.6. Auseinandersetzung mit Form und Verlauf der Interviews

Als Interviewform hatte ich zunächst die leitfadengestützte, dialogische Form des biographischen Interviews gewählt, da ich davon ausging, daß die als Arbeitsgrundlage notwendige Vertrauensbildung sich in einer der natürlichen Gesprächssituation nahekommenden Kommunikationsform am ehesten entwickeln würde. Als methodische Bilanz von drei Interviews im Verlauf des knappen letzten Jahres vor der endgültigen Rückkehr von Frau A. nach Sizilien sowie der Auswertung des vorliegenden Materials kann folgendes formuliert werden:

1. In der Durchführung der Interviews erwies es sich als hilfreich, die Möglichkeit zu haben, der Interviewpartnerin feedbacks geben und durch Nachfragen Interesse an Sachverhalten oder Prozessen formulieren zu können, die ihr selbst zunächst als nicht wichtig oder gar präsentabel erschienen. Am Beispiel der Äußerungen zu ihrem Verhältnis zu Deutschland bzw. den Deutschen ließ sich zeigen, daß gewachsenes Vertrauen zunehmend auch kritische Äußerungen zuließ. Zum anderen spielte die verstreichende Zeit bis zur Abreise eine Rolle: In der Ablösung von einer auf Jahrzehnte geteilten Lebenswelt wurden für die Informantin Distanzierungen notwendig, die zu unterschiedlichen Wertungen im Verlauf der Interviews führten. Insgesamt gelang es, eigenen Schwerpunktsetzungen und Themen der Migrantin Raum zu geben. Dadurch konnte die Interviewerin neue Zusammenhänge entdecken, die Interviewte für sie wichtige Themen (Tod der Schwester, Geschehnisse am Arbeitsplatz, Rückkehrvorbereitung und Abschied) ins Gespräch brin-

gen. Gerade das letzte Interview trug deutliche Zeichen der Gestaltschließung hinsichtlich des in Deutschland verbrachten Lebensabschnitts im Sinne einer Migrations- und Lebensbilanz.

2. In der Auswertung der Interviews konnte festgestellt werden, daß zahlreiche Sachverhalte und biographische Prozesse beschreibend und argumentativ eher aus der Gegenwartsperspektive präsentiert wurden. Autobiographisches Erzählen im eigentlichen Sinne, das sich den eigenen Erinnerungen überläßt, kam erst im letzten Interview zum Zuge. Durch die Dialogform der Interviews konnte die Wahl der Darstellungsschemata zunächst nicht immer eindeutig der Informantin zugerechnet werden. Dadurch bekam die Position der Interviewerin eine vergleichsweise dominante Stellung – ein unerwünschter Nebeneffekt, gerade unter dem Gesichtspunkt der Vermeidung "kolonisierender" Kommunikationsstrategien im Umgang mit Migrantinnen. Außerdem erlaubt die auf diese Weise entstehende Mischung von Darstellungsschemata die ansonsten ergiebige Zuordnung von Form und Inhalt der dargestellten Sachverhalte im Rahmen einer Analyse von Ereignis- und Erlebnisaufschichtungen, wie sie nach F. Schütze im autobiographischen Erzählen zum Zuge kommen, nicht so eindeutig.

3. Im Hinblick auf die Entwicklung einer Arbeitsbeziehung zwischen Interviewerin und Interviewter kann positiv festgehalten werden, daß die Interviews für beide Seiten bereichernd waren: war es für die Interviewerin vornehmlich das erste Interview, in dem es auch galt, die zu untersuchende soziale Welt sich schrittweise zu erschließen, ergab sich für die Informantin im letzten Jahr ihres Aufenthaltes in Deutschland mit den Interviews die Erfahrung, als Person und Biographieträgerin auf Interesse und Anteilnahme zu treffen und die Erfahrungen in der Migration vor der Rückkehr nach Sizilien erinnernd durchzuarbeiten.

Wie bereits in der Darstellung zum "Gang des Forschungsprozesses" beschrieben, brachten mich die Erfahrungen mit diesen Interviews dazu, weitere Erhebungen in Form autobiographischer Stegreiferzählungen zu initiieren, und erst im Anschluß daran Fragen an die Erzählerinnen zu formulieren.

5.1.7. Analytische Abstraktion der Biographie Benedetta A.

Nach der strukturellen Beschreibung wesentlicher Passagen der Interviews mit Frau A. geht es zunächst darum, dominante Prozeßstrukturen und zentrale Verhaltensdispositionen in der **biographischen Gesamtformung** sichtbar werden zu lassen. Da es sich bei diesem Material nicht um eine autobiographische Stegreiferzählung handelt, war es notwendig, chronologische Etappen und Verläufe in der Biographie zu rekonstruieren und aufzuzeigen, um auf dieser Grundlage übergreifende Strukturen herauszuarbeiten.

Auf der Grundlage des lebensgeschichtlichen Ereignis- und Erfahrungsrahmens können dann in einer **Wissensanalyse** die theoretischen und evaluativen Anstrengungen interpretiert werden, in denen die Erzählerin zu ihrer Lebensgeschichte insgesamt, aber auch zu einzelnen Aspekten derselben, zu berichteten Ereignissen und damit verbundenen Erlebnissen Stellung bezieht.

5.1.7.1. Überblick über die biographische Gesamtformung

Kindheit und Jugend von Frau A., 1933 bei Agrigento geboren, sind durch eine **Aufschichtung kollektiver wie familienbiographischer Verlaufskurvenpotentiale** geprägt: die am weitesten zurückreichende Erinnerung spricht, bezogen auf den Vater, von sozialen Kämpfen an den Schwefelgruben, den unregelmäßigen Einkünften der Familie. Später kommt es durch Krankheit des Vaters zu dessen Ausscheiden aus dem Arbeitsprozeß. Die Familie leidet an mangelhafter Ernährung während des Krieges, in den 50er Jahren entwickelt sich eine soziale Ausdünnung der Nachbarschaft durch die massenhafte Migration. Was Frau A. und ihrer Familie widerfährt, ist eingebettet in das kollektive Schicksal der landlosen Arbeiterschaft in dieser Region Siziliens (Prov. Agrigento). Die Erfahrungen der Familie sind Ausdruck einer Entwicklung, die viele Familien betroffen hat, die in dieser Zeit hier gelebt und gearbeitet haben. Spezifische Bedingungen der eigenen Familie sind durch den Kinderreichtum und durch die Krankheit der Eltern gesetzt, die den existentiellen Rahmen der Familie nicht sicherzustellen vermögen.

Unter diesen Umständen muß Frau A. als siebenjähriges Mädchen anfangen, zum Familieneinkommen beizutragen. Sie verdient durch ihre Hilfstätigkeit bei einer Bäckerswitwe das Brot für die Familie, bewegt sich frei im Territorium des Dorfes, um die Kunden zu bedienen. Durch den **lebenszyklisch verfrühten Arbeitseinsatz** bleibt es ihr verwehrt, basale Kulturtechniken wie Lesen und Schreiben vermittelt zu bekommen: ungünstige Startbedingungen, mit denen sie für den Rest ihres Lebens zu kämpfen bzw. umzugehen haben wird. Mit 14 Jahren, in die Pubertät gekommen, kann sie sich nicht mehr frei im Dorf bewegen, muß sie "von der Straße weg". Das **geschlechts- und kulturspezifische Ausschließungssystem** wird wirksam, obwohl sich die Familie weiterhin in einer ökonomisch prekären Lage befindet. Sie lernt jedoch geschlechtsspezifische Kulturtechniken wie Nähen und Sticken und besorgt im Haus Näharbeiten für die Familien der Nachbarschaft, die mit Naturalien vergütet werden. Als sie 16, 17 Jahre alt ist, unterstützt der Vater eine ökonomisch effizientere Basis für die Heimarbeit seiner Tochter: er kauft ihr bei Singer in Agrigento eine Nähmaschine. Sie erhält bei der Gelegenheit das Angebot, als Näherin bei Singer eingestellt zu werden. Der Vater schlägt das Angebot aus: er will, daß seine Kinder im Haus bleiben und nicht in die Stadt gehen. Sie wird hier mit den **engen Handlungs- und Bewegungsspielräumen** für eine junge Frau in Sizilien konfrontiert. So arbeitet sie weiterhin als Weißnäherin zu Hause (Aussteuer für die Nachbarschaft und andere Dorfbewohnerinnen). Als **"biographischer Sachwalter"** sorgt der Vater für das Einhalten traditioneller Orientierungsbestände und das Aufrechterhalten der sozialen Kontrolle, damit seine Position, aber auch der Platz der Tochter in der Familie und in der Nachbarschaft nicht gefährdet werden. Dennoch ist ihr mit der Tätigkeit in Agrigento eine alternative **Orientierungsmöglichkeit** für ihre Biographie angeboten worden, die auf einer inzwischen erworbenen Qualifikation beruht.

Die engen Strukturen, die eine junge Frau in dieser Zeit und in dieser Region vorfand, entsprachen einerseits den kollektiven Bedingungen; sozialisatorische Defizite entstanden auf Grund von Armut und sicherlich auch mangelnder Infrastruktur. Andererseits sprengt die Notwendigkeit, als Mädchen das Haus für viele Stunden am Tag zu verlassen, den engen Rahmen des traditionellen Handlungsspielraums. Die ökonomische Notwendigkeit öffnet damit in der Kindheitsphase Möglichkeiten, die später in der Biographie wirksam werden können. Mit dem Eintritt in die Pubertät verengt sich zunächst der Handlungs- und Bewegungsspielraum. Das **Wirksamwerden des traditionellen "Aus- bzw. Einschließungssystems"** verknüpft sich mit dem Erlernen und Ausüben einer geschlechtsspezifischen Tätigkeit (Nähen und Sticken), die in der Verknüpfung von Keuschheitsgebot und Weißnäherei Teil der "symbolischen Ordnung" in dieser Region Italiens ist ("feine Arbeiten", sich die Hände nicht schmutzig machen). Diese Tätigkeit kann der Familie als ökonomische Ressource dienen, aber auch die Perspektive Erwerbstätigkeit eröffnen. Durch Armut bedingt, können **andere Leitbilder** wirksam werden als allein das der Mutter, die ihren Aktionsradius auf das Haus beschränkt, für ihre Familie kocht und näht. Die Bäckerswitwe liefert das Beispiel der ökonomischen Selbständigkeit. Die Großmutter als ebenfalls verwitwete Frau sichert die Grundlebensbedürfnisse mit ab und sorgt, indem sie für die Kinder Feuer macht, im buchstäblichen Sinne für Wärme. Die Tante aus Amerika, die der Familie Sach- und Geldzuwendungen zukommen läßt, vermittelt die **Erfahrung der Verknüpfung von Migration und erreichtem Wohlstand**, aus dem sich Idealisierungen in der Einschätzung von Migrationserfolgen (auch für die Frauen) ergeben können.

Als **Ressourcen für die Gestaltung dieser Biographie** sind die Bewältigung der negativen Erfahrungen der Familie etwa durch die prekären Arbeits- und Entlohnungsbedingungen der Schwefelarbeiter, die Verschärfung der Ernährungssituation während des Krieges, die Krankheit des Vaters und der Kinderreichtum anzusehen. Hierin steckt ein Potential, das dem Verlauf des Lebens von Frau A. eine ganz andere Richtung hätte geben können. In viel höherem Maße als andere Kinder für den Lebensunterhalt der Familie verantwortlich und damit **Teil der prekären familienbiographischen Alltagsbalancierung** zu sein, da die Eltern nicht als Garanten des ökonomischen Rahmens fungierten, war einerseits eine leidvolle Erfahrung. Andererseits wurde diese Erfahrung durch die kollektive Verarbeitung der Mangelsituation, das Zupackenmüssen sämtlicher Familienmitglieder abgepuffert und kann als wesentliche Grundlage für die **Entwicklung von biographischen Möglichkeiten** angesehen werden. Auf der Ebene der Handlungsspielräume setzt neben der materiellen Mangelsituation, die auch den Schulbesuch verhindert, die **normative Prägung durch traditionelle familienzyklische und geschlechtsspezifische Orientierungen**, die ihr als Frau in Sizilien eine bestimmte Rolle zuschreiben, einen engen Entwicklungsrahmen für Prozesse der Individualisierung im Sinne der eigenständigen Entwicklung biographischer Entwürfe. Relevante Orientierungsbestände in dieser Richtung können kaum entwickelt werden. Als **Ressource** mögen die traditionellen Orientierungen zusammen mit der Erfahrung existentieller Not einerseits eine geringere Flexibilität neuen Strukturen gegenüber mit sich bringen, sie bewirken aber andererseits auch die **Ausstattung mit einem Set von Interpretationsmustern**, die es ermöglichen, neuen Erfahrungen entgegenzutreten und sie zu integrieren. Es kommt zu einer **Ausbildung von Basiskompetenzen**, die in der Fähigkeit bestehen, ein ökonomisches "Sich-Durchwursteln" im Sinne einer prekären Alltagsbalancierung erfolgreich zu betreiben. Gleichzeitig können diese Erfahrungen aber auch als Ressource angesehen werden, die Notwendigkeit eigener biographische Planungen wahrzunehmen.

In den 50er Jahren setzt ein Migrationssog ein, der drei Brüder von Frau A. nach Frankreich zieht, um in lothringischen Kohlebergwerken zu arbeiten, und ganze Familien aus der Nachbarschaft außer nach Frankreich zunächst nach England, Belgien und Amerika: ein kollektiver Versuch, der ökonomischen Perspektivlosigkeit, dem Ausbleiben von wirtschaftlichen Strukturmaßnahmen und Reformen zu entgehen. Der Schwefelabbau bietet keine Arbeitsmöglichkeit mehr, in den 50er Jahren werden zahlreiche Schwefelminen geschlossen, Alternativen gibt es für landlose Arbeiter oder kleine Landbesitzer kaum. Der soziale Raum des Wohnzusammenhangs in der Nachbarschaft entleert sich. Die älteste Schwester zieht nach ihrer Heirat nach Lothringen. Da als erste die jungen Männer gehen, wird es schwieriger für Frau A., in ihrer vertrauten Umgebung einen Ehemann zu finden, zumal sie die Altersreihenfolge der Geschwister in einer starren Heiratsordnung akzeptieren muß. Sie erlebt bereits im Vorfeld der eigenen Migration einen **Verlust signifikanter Sozialbeziehungen**, eine tendenzielle Entwurzelung aus den Bindungen einer Vertrautheit und Verläßlichkeit bietenden Sozialwelt. Das soziale Fundament von Familie und Dorfgemeinschaft wird brüchig. Da der Vater wohl kaum über eine nennenswerte Rente verfügt, ist es für die Familie wichtig, über Heirat und Migration der Kinder deren ökonomische Verselbständigung zu ermöglichen und so die Eltern zu unterstützen. Außerdem muß Frau A. den Weg freimachen für die nachfolgenden Geschwister, die ebenfalls heiraten wollen. Die Frage, ob es ein mehr oder weniger ratifiziertes **Familienhandlungsschema der Migration** nach Lothringen gab, aus dem sich eine bewußte Verknüpfung von Heirat und Migration in der Biographie von Frau A. ergeben hätte, ist nicht eindeutig zu beantworten. Diese Verknüpfung kann aber als Teil einer mit der Migration der Brüder, der Schwester und weiterer Nachbarn einsetzenden Migrationskette gesehen werden. Die von den Anwerbeländern angebotenen Möglichkeiten von Erwerbstätigkeiten füllten eine Lücke auf spezifischen Arbeitsmärkten und boten damit den Weg zu einer **kollektiven Problemlösung**, sich Gegenwart und Zukunft ökonomisch zu sichern.

1957/58 bekommt der spätere Mann von Frau A. bei einem Besuch im Haushalt ihrer ältesten Schwester in Lothringen – die Männer sind Kollegen im Bergbau – ein Bild von Benedetta A. gezeigt und äußert in einem Gespräch, in dem es um seine Eheplanung geht, Interesse an der jungen Frau. Die folgenden Heiratsverhandlungen werden nicht von ihm selbst geführt: fehlende Urlaubserlaubnis und niedrige Löhne erlaubten den Grubenarbeitern nur wenige Heimatbesuche. Ein biographisches Handlungsschema, das den Mann vermeiden läßt, als erster die Initiative zu ergreifen, scheint hier zum ersten Mal auf. Die Eltern des Mannes suchen Frau A. und ihre Eltern auf, die den Heiratsantrag ratifizieren. Es kommt zum damals unter MigrantInnen nicht unüblichen Arrangement der "Heirat per Bild". Die Braut, inzwischen fünfundzwanzigjährig, lernt den Bräutigam erst kurz vor der Hochzeit kennen. Im Juni 1958 kommt der Bräutigam zur standesamtlichen Hochzeit, zu der er erst kurz vorher anreist. Wenig später reist das Paar gemeinsam nach Lothringen, wo Frau A. zunächst mit ihrem Mann in einer Baracke lebt.

Der Prozeß der Aushandlung und Realisierung der Heirat ist offenkundig nicht Ausdruck einer emotional getragenen Entscheidung von Frau A., sondern eines Arrangements, das für sie gewollt oder ungewollt die Migration nach sich zieht. Unter dem Aspekt des familialen und darüber hinausreichenden kollektiven Kontextes trägt dies deutliche Züge der Versorgungsheirat. Mit der Heirat im Rahmen einer patrilokalen Heiratsordnung kommt es zu einem **Wechsel der familialen Bezugssysteme**. Frau A. muß mit ihrer Heirat die Migration in Kauf nehmen, ohne daß diese ausdrücklich Ziel eigener biographischer Orientierungen geworden wäre. Daß sie diesen Schritt als fremdbestimmt empfindet, mag sich in einer später entwickelten negativen Einstellung zu Frankreich als Migrationsland ausdrücken.

In Lothringen ist sie nicht erwerbstätig und hat auch kein Betätigungsfeld außer Haus. In die Migrationskette der Familie reihen sich eine weitere Schwester und ein Bruder ein, die – ebenfalls verheiratet – nach Lothringen kommen. Zwei Brüder von Frau A. sind inzwischen der besseren Verdienstmöglichkeiten wegen nach Kassel weitermigriert. Einer kehrt kurze Zeit später nach Lothringen zurück. Die Eltern bleiben in A.; sie haben inzwischen die Wohnung von der "Tante in Amerika" überlassen bekommen, besuchen aber hin und wieder ihre Kinder. Als der Vater 1961 stirbt, siedelt die Mutter ebenfalls endgültig nach Lothringen über. Damit hat sich die Herkunftsfamilie von Frau A. bis auf einen Bruder in Lothringen angesiedelt. Die Wohnung in A. wird beibehalten; sie wird nach dem Tod der Mutter an die älteste Schwester von Frau A. vererbt, bei der die Mutter auch gewohnt hat.

Die Situation von Benedetta A., die an dem Heiratsarrangement offensichtlich nicht aktiv beteiligt war und ein solches Verfahren im Nachhinein schon wegen seiner Risikohaftigkeit ablehnt, "bessert" sich, als ihr Sohn geboren wird: als Mutter, dazu noch eines Sohnes, verstärkt sich ihre familiäre Position und wohl auch ihr Status in der "sizilianischen Gemeinde", zu der ja auch ihre Verwandten gehören. Die Familie bekommt eine kostenlose Sozialwohnung und wird damit Nutznießerin des Wohnungsbauprogramms in den lothringischen Bergbaugebieten. Dennoch empfindet Frau A. die ökonomische Situation als unzureichend. Mit dem Lohn des Mannes allein kommt die Familie nur knapp aus, nachdem das Baby geboren ist. Schon gar nicht ist ein Sparprojekt – für Frau A. ein entscheidendes Motiv der Migration – zu realisieren. Offensichtlich im Hinblick auf den Zeitpunkt des auslaufenden Fünfjahresvertrages des Ehemannes orientiert Frau A. ihren Ehemann auf eine Rückkehr nach Sizilien, nach R., südlich von Agrigento am Meer gelegen, wo der Mann etwas Land besitzt. Die Vorteile des Gelderwirtschaftens durch den Migrationsaufenthalt und die Nähe zu ihrer eigenen Familie scheinen ihr bei einer **Kosten-Nutzen-Rechnung** die der Rückkehr nicht zu überwiegen: im Herkunftsort ihres Mannes kann sie "raus", das Haus verlassen und zu ihren Verwandten (Schwiegermutter, Schwager und Schwägerin) gehen und zumindest mit deren Gartenerträgen den Lebensunterhalt absichern, ist ihre Überlegung.

Die **Stornierung des Handlungsschemas** "Migration nach Lothringen", mit der Frau A. sich auch heute noch im Einklang befindet, steht in auffälligem Antagonismus zu den Migrationsbewegungen, die von Süditalien in dieser Zeit ausgehen: nicht nur Schwefelarbeiter, auch andere landlose Arbeiter und kleine Landwirte gingen in die Migration. So kann diese Umorientierung als Versuch gesehen werden, "das Rad zurückzudrehen". Kennzeichnend für diesen Schritt ist es, daß im Gegensatz zur Konfrontation mit der Migration über die Heirat die Möglichkeit gegeben war, erstmals eine **gemeinsame Handlungs-**

planung als Ehepaar zu entwickeln. Entscheidend für die weitere biographische Entwicklung ist die mit diesem Schritt vorgenommene **räumliche Distanzierung und soziale Differenzierung von der Herkunftsfamilie** (Bergarbeitermilieu in Lothringen).

Andererseits fehlen in Frau A.s Kalkül zentrale Erfahrungsgrundlagen für eine solide Planung. Es ist erstaunlich, daß es ihr möglich war, ihren Mann für diese Planung zu gewinnen, die ja auf ein **langfristig abgestelltes Projekt der Reetablierung** in der örtlichen Landwirtschaft von R. ausgerichtet war. In der Frage, ob die Initiative vom Wunsch getragen war, in bekannte Strukturen zurückzugehen ("Heimweh"), oder sich materiell und sozial bessere Lebensbedingungen zu organisieren, also "nach vorn" zu gehen, müssen die von Frau A. genannten Gründe berücksichtigt werden: die Arbeit des Mannes brachte nur das Lebensnotwendigste ein, und sie war aufs Haus verwiesen ("Eingeschlossensein"). In ihre romantische Vorstellung der Sicherstellung des Lebensnotwendigen durch den Garten der Verwandten und des erweiterten Bewegungsspielraums fließt eine **Umorientierung auf signifikant Andere** in der "neuen" Familie ein: damit hat sie den Wechsel der familialen Bezugssysteme, zu dem sie in Lothringen durch die Anwesenheit ihrer Geschwister nicht gezwungen war, vollzogen. Realisiert werden kann nun der **Statuswechsel von der Schwefelarbeiter- in die Kleinbauernfamilie**.

War zuvor die Migration des Mannes wie auch die Heirat einer Frau, die nicht dem lokalen bäuerlichen Milieu entstammte, Ausdruck sich verändernder bäuerlicher Strukturen (Scheitern der Agrarreform einerseits, Kapitalisierung der Landwirtschaft andererseits), die Menschen aus der Landwirtschaft hinausdrängten, bot die Remigration nach R. für den Ehemann von Frau A. die Möglichkeit der **Überwindung des abhängigen Status als Bergarbeiter** und lebensgefährlicher Arbeitsbedingungen unter Tage, die Möglichkeit der Arbeit an der frischen Luft und die Nähe zur Herkunftsfamilie.

Sorglosigkeit und fehlendes Problembewußtsein stecken in Frau A.s romantischer Vorstellung vom Leben auf dem Lande: hier drücken sich als **orientierungsrelevante Aspekte** zum einen die soziale Wertigkeit des Landbesitzes aus, aber auch die Erfahrung, daß in kollektiven Mangelsituationen der kleine Landbesitz die Familien vor dem Schlimmsten bewahren könnte. Bezeichnenderweise spielt in der "Idylle" die Geldzirkulation keine Rolle: eine **Illusionsbildung**, wie Frau A. wenig später feststellen muß. Sie wird erklärlich auf der Folie der Kontrastdarstellungen des Lebens in Lothringen, eines "miserablen" Lebens, das die Migranten in Kauf nahmen, um Geld zu verdienen.

Mit der Orientierung auf die Rückkehr nach Sizilien und der Ratifizierung dieser Planung durch ihren Mann hat Frau A. zum ersten Mal **biographisch aktives Handeln** in Gang setzen können. Hiermit kreiert sie zwar keine autonome biographische, jedoch eine **familienbiographische Linie**. In R., dem Herkunftsort des Mannes, erweist sich die Situation allerdings als schwierig: Frau A. gerät wieder einmal in eine Situation der prekären Alltagsbalancierung. Da der Mann kein eigenes Haus und keine Wohnung besitzt, verläuft der Niederlassungsprozeß nicht gradlinig – man muß sich bei Verwandten und Bekannten "durchwohnen", hat keine eigenen Möbel, und Frau A. weiß nicht, wie sie die Miete bezahlen soll. Die Schwiegermutter und eine Vermieterin werden ihr zu **signifikanten Anderen mit Helferfunktionen**, was sie als Glück ansieht: der soziale Zusammenhang im Dorf erweist sich vorübergehend als "soziales Netz" mit **positiven "Sozialitäts-**

erfahrungen" (Ch. Hoffmann-Riem). Der Mann bearbeitet Land, das ihm gehört, und pachtet weiteres dazu (Gemüseanbau). Frau A. hilft ab und an im Garten der Verwandten und bei der Landarbeit. Zwei durch Dürreperioden verursachte schlechte Ernten hintereinander lassen das Projekt, eine selbständige Landwirtschaft zu betreiben, in den Augen von Frau A. scheitern. Grundsätzliche Schwierigkeiten, nach der Herauslösung aus dem dörflichen Zusammenhang (s. die "Brautsuche" in Frankreich) sich im System der örtlichen Landwirtschaft zu reetablieren, werden von Frau A. aus heutiger Sicht nicht in Betracht gezogen. Durch die Handlungsinitiative "Rückkehr" ist also eine Entwicklung in Gang gekommen, die zwar durch positive Sozialitätserfahrungen vorübergehend abgepuffert werden kann, längerfristig jedoch ein **alternatives Handlungsschema** erfordert, um die Familie ökonomisch abzusichern. Dennoch ist es für die weitere biographische Handlungsplanung wesentlich, daß Frau A. der Prozeß des Einlebens in die soziale Welt des Dorfes und der Herkunftsfamilie gelingt. Sie schafft es, positive Kontakte aufzubauen und die Grenzen des eigenen Handelns zu erweitern, indem sie ihre **Basiskompetenz des "Helfer-Organisierens"** in Anwendung bringt. Sie muß jedoch feststellen, daß für die Unterbringung und Ernährung der Familie auf Geldmittel nicht verzichtet werden kann. In dieser Situation des "Nicht-mehr-weiter-Wissens", der wachsenden Orientierungslosigkeit, entwickelt das Ehepaar in Interaktion mit Dritten die **Handlungsinitiative "Migration nach Deutschland"**. Ein Nachbar will nach Karlsruhe gehen und ist bereit, Herrn A. "mitzunehmen". Mit der Idee, in Deutschland Geld zu verdienen, eröffnet sich nun noch eine weitere Perspektive: die des eigenen Wohnungs- bzw. Hausbesitzes. Eine Tante, die bei Frau A. zu Besuch weilt, formuliert mit der Frage, wann sie ihr Haus baue, geschlechtsspezifische Anforderungen – in den bessergestellten Familien Siziliens gehören zur Aussteuer der Frau nicht nur Bett- und Tischwäsche und Hausrat, sondern auch die Wohnung oder das Haus selbst. Benedetta A. reagiert auf den Auftrag der Tante mit Verunsicherung. Wie soll sie mit dem Geld, das der Mann aus Frankreich "mitgebracht" hat (offensichtlich eine Art Abfindung, die als "eiserne Ration" dienen sollte), ein Haus bauen? Frau A. weiß jedoch, daß eine Nichte es qua Migration nach Deutschland zu einer eigenen Wohnung gebracht hat. Damit wird das **Projekt "Geld verdienen im Ausland"**, das mit der Rückkehr von Frankreich nach Sizilien storniert worden war, wieder aufgenommen. Dieser Schritt hat zum einen **Problemlösungscharakter**, indem der Verdienst von Herrn A. dazu dienen soll, das Geld für Miete und Möbel zu verdienen, die Grundbedürfnisse des Familienhaushalts abzusichern; zum anderen wird zumindest die Möglichkeit ins Auge gefaßt, der **Erfüllung von Erwartungen an Frau A. im Rahmen des lebenszyklischen Ablaufmusters** im ländlichen Milieu näherzukommen. Die Migrationsentscheidung hat zur Konsequenz, daß sich die Eheleute aus dem örtlichen Landwirtschaftssystem ausklinken: hier entstehen Zugzwänge zur Umorientierung, die möglicherweise erst im Nachhinein deutlich werden. So wird von Frau A. in der Rückschau auch nicht die Fortsetzung des Versuchs, sich in der Landwirtschaft zu etablieren, als mögliche Alternative zur Migration angesehen, sondern etwa eine Tätigkeit des Mannes bei der kommunalen Müllabfuhr, wie ein Verwandter im Ort sie ausübt.

Herr A. und sein Nachbar gehen 1965 nach Karlsruhe, wo A. im Tiefbau arbeitet. Er verdient in den Augen seiner Frau "viel Geld". Trotzdem verläßt sich seine Frau nicht auf das alleinige ökonomische Standbein des Verdienstes ihres Mannes: dies spricht für die Validität einer Motivation für die Migration, die auf die Absicherung und Verbesserung des Status der Familie im dörflichen Rahmen abzielt. Damit verbunden ist die Handlungsperspektive für Frau A., in Deutschland ebenfalls erwerbstätig zu werden (andernfalls hätte die Gefahr der Wiederholung mangelnder Effizienz der Migration bestanden, wie das in der ersten Migration nach Frankreich der Fall war). Sie zieht ein halbes Jahr später mit ihrem Sohn nach und muß feststellen, daß die Wohnung, die der Mann bisher bewohnt hat, gekündigt ist. So wird sie aktiv und bezieht ihren Bruder aus Kassel, einen für sie signifikanten Anderen, als kundigen Helfer in den Niederlassungsprozeß mit ein. Dies hat zur Konsequenz, daß der Mann seine Arbeit in Karlsruhe aufgibt, und die Familie ebenfalls nach Kassel zieht. Das **Netz verwandtschaftlicher Beziehungen** soll offenkundig zur Reduktion von Fremdheit und Orientierungsproblemen dienen. Der Bruder besorgt eine Wohnung (es handelt sich um eine Baracke in einer ehemaligen Zwangsarbeiterwohnanlage in einem Vorort von Kassel, somit eine Wohnsituation mit deutlich markiertem Vorläufigkeitscharakter) und eine Arbeit auf dem Bau für den Mann. Er selbst ist Eisenflechter, in den Augen von Frau A. tüchtig und stark, mit dem einzigen Makel, die "falsche Frau" geheiratet zu haben; sie entspricht als geschiedene deutsche Frau in keiner Weise dem Relevanzsystem von Frau A.. Probleme in der Mittelpunktsbildung des verwandtschaftlichen Systems deuten sich an.

Frau A. leidet zu Beginn der Durchführung des Niederlassungsprozesses in Kassel nicht nur unter der Kälte des Winters, sondern auch unter den mangelnden sprachlichen Verständigungsmöglichkeiten und will wieder zurück. Die **Handlungsplanung** "Geld verdienen in der Migration" wird als **zeitlich begrenzt** markiert, um die Schwierigkeiten des Einlebens in der neuen Umgebung, die **Erfahrungen von Fremdheit** erträglicher zu gestalten. Ebenso wird das Ziel der Migration bescheiden formuliert als "Geld für Möbel und Miete in Sizilien", ohne die mangelnden Verdienstmöglichkeiten für den Mann dort zu berücksichtigen. Damit erhält die **Definition der Migration als "kurzfristige Angelegenheit"** deutliche Züge der Illusionsbildung. Die zeitliche Markierung "nächstes Jahr" (zurückzugehen), die sowohl von ihr als auch ihrem Mann anvisiert wird, kann offensichtlich als Trost dienen, wird aber nicht eingehalten. In diesem Zusammenhang spielt die von Frau A. entwickelte Erwerbsorientierung eine wichtige Rolle. Den Erfahrungsvorsprung des Bruders im Umgang mit Institutionen nutzend, bringt sie ihn dazu, mit ihr zum Arbeitsamt zu gehen und eine Arbeit für sich zu suchen, die sie akzeptieren kann. In der Arbeitssuche kommen ihr **traditionelle Orientierungen** zu Hilfe: sie ist nicht gewillt, "zu nehmen, was kommt". Dem Abschieben auf einen Arbeitsplatz in einem für sie unpassenden Bereich – sie soll als Kellnerin arbeiten – widersetzt sie sich erfolgreich. In der Beharrlichkeit auf der Suche nach dem richtigen Arbeitsplatz dienen ihr offensichtlich ihre frühen Arbeitserfahrungen und ihre klaren moralischen Vorstellungen als **Ressource**. Sie erreicht schließlich, daß man ihr eine Arbeit als Küchenhilfe in einem großen Krankenhaus anbietet. Als sie hört, daß dort auch andere Italienerinnen arbeiten, ist sie begeistert: die Gefahr der Vereinzelung kann für sie, die gerade aus einem dichten sozialen dörflichen Kontext kommt, so minimiert werden. Sie muß am Krankenhaus eine intensive Gesundheitsprüfung über sich ergehen lassen und kann dann sofort anfangen zu arbeiten.

Ihren fünfeinhalbjährigen Sohn muß sie in Ermangelung eines sozialen Netzes allein zu Hause lassen. Die Arbeit in einer von zwei Arbeitsgruppen, in der auch andere Italienerinnen tätig sind, gefällt ihr gut. Mit ihrem Chef, dem Gruppenleiter, versteht sie sich. Zum ersten Mal in ihrem Leben hat sie einen Arbeitsplatz außer Haus, verbunden mit einer regelmäßigen Bezahlung. Der Alltag bindet sie ein in die **Anforderungen der "doppelten Präsenz"** – "arbeiten und nach Hause".

Durch die Erwerbstätigkeit beider Eheleute, die Nutzung der Bereitschaft von Frau A., zupackend zum Familieneinkommen beizutragen, geht es ökonomisch aufwärts in der Familie. Die Rückkehr wird aufgeschoben, die **Zugzwänge der Migration** setzen ein. Der Sohn kommt 1966/1967 zur Schule und lernt anschließend den Anlernberuf des Schweißers. Frau A. fährt mit ihrem Bruder und ihrer Familie häufig zu den Verwandten nach Lothringen, nicht aber nach Sizilien, um Geld zu sparen. Die Familie kann Ende der sechziger Jahre in eine "schöne, große" Wohnung in der Nähe von Frau A.s Arbeitsplatz ziehen. Eine hilfsbereite Nachbarin kümmert sich um ihren Sohn, wenn sie nicht da ist. Die **erste biographische Erschütterung** in der Migration tritt ein: ein zu früh geborenes Baby von Frau A. stirbt nach wenigen Wochen. Sie begraben es auf dem Kinderfriedhof in der Nähe der Wohnung: Ausdruck einer zumindest **vorübergehenden Orientierung auf den Wohnort Kassel**.

Ab Anfang bis Mitte der siebziger Jahr wird das langfristige Projekt "Hausbau in R." in Angriff genommen: die Familie taucht nach siebenjähriger Abwesenheit mit einem zumindest in der Planung **"vorzeigbaren" Projekt im dörflichen Bezugsrahmen** wieder auf. Damit wird gegenüber Dorf und Verwandtschaft markiert, daß die Zeit in der Migration nicht ungenutzt verstrichen ist, sondern zu einer **Verbesserung der Lebenslage** geführt hat, die in der Zukunft genutzt werden kann; gleichzeitig wird ein **selbstauferlegter Zugzwang** entwickelt, in die Heimat zurückzukehren. (Ein Zusammenhang zwischen dem Tod des Babys und dem Beginn des Hausbaus wird von Frau A. nicht hergestellt; denkbar ist jedoch ein Muster der Verarbeitung des Verlustes qua Revitalisierung der Bezüge zur Heimat und **Sicherstellung des materiellen Ertrags der Migration**.) Die folgenden Jahre sind von regelmäßigen Fahrten nach Sizilien markiert, die zur Organisierung des Hausbaus unternommen werden. Man baut vom Fundament aus langsam hoch, soweit es die Ersparnisse zulassen. Die Familie wohnt während dieser Aufenthalte bei der Schwiegermutter von Frau A.. Eine Verschuldung für den Hausbau wird vermieden, Konventionalstrafen für Schwarzarbeit am Bau werden in Kauf genommen: der Erfolg des Ehepaares stößt also nicht nur auf Zustimmung in der Dorfbevölkerung, sondern auch auf den Neid anderer Dorfbewohner, die die Schwarzarbeit angezeigt haben. Daß die Anzeige wegen der Beschäftigung von Schwarzarbeitern sowie die Bezahlung der Konventionalstrafe, die von anderen sizilianischen Bürgern nicht unbedingt geleistet wird, Ausdruck einer **"zweiten Fremdheit"**, wird von Frau A. eher ausgeblendet: sie müßte sonst zur Kenntnis nehmen, daß die lange Abwesenheit auch in der Heimat zur **Entfremdung** geführt hat. Das **grundlegende Fundament ihrer biographischen Orientierung**, die Verortung in Sizilien als Lebensmittelpunkt, würde in unerträglicher Weise brüchig.

Um das Hausprojekt und damit auch eine mögliche Rückkehr schneller voranzutreiben, hätte Frau A. es gern gesehen, wenn ihr Mann mehr verdient hätte. Doch er wird arbeitslos, verliert seine Stelle als Hilfsarbeiter auf dem Bau und findet im folgenden eine Stelle als Arbeiter auf dem Schrottplatz. Eine besser bezahlte Stelle in der Fabrik, wie sie auch der Sohn empfiehlt, möchte er nicht annehmen. Frau A. muß akzeptieren, daß er ihre Handlungsplanung an diesem Punkt nicht teilt (er hat Angst vor der Fabrik, bevorzugt die Arbeit an der frischen Luft), und sie weiß seine Leistung zu schätzen, ebenso seinen soliden Lebenswandel (er trinkt sein Bier zu Hause, geht nicht in Kneipen zum Trinken und zum Karten spielen). Als der Sohn dann als Schweißer arbeitet, hat die Familie mit drei Arbeitseinkommen in den Augen von Frau A. einen "guten" Verdienst, sie ist zufrieden mit der Situation.

Ein **moralisches Dilemma** zeichnet sich für Benedetta A. allerdings ab, als sie feststellen muß, daß der Sohn die Rückkehrpläne der Eltern nicht teilt und divergierende Orientierungen entwickelt. Er wertet das **Haus, die materialisierte Form des ökonomischen Erfolgs** der Eltern wie der langfristigen Rückkehrplanung, als "Loch" ab, in das er "niemals" gehen möchte, auch wenn er in R. gerne Urlaub macht. Daß der Sohn durch den ökonomischen Spielraum, den er sich durch seine Erwerbstätigkeit in Kassel ermöglicht, an Bewegungsfreiheit gewinnt, wird ihm im Verständnis seiner Mutter zum Verhängnis. Er verunglückt mit dem Motorrad schwer und stirbt an einer Kopfverletzung. Während der Monate, die er im Krankenhaus im Koma liegt, pendelt Frau A. zwischen ihrem Arbeitsplatz und seinem Krankenzimmer hin und her. Als er stirbt, ist für sie "alles kaputt". Die Generationenfolge ist nicht mehr gewährleistet, langfristige biographische Handlungsplanungen verlieren an Sinn. Der Tod des Sohnes wird zum dramatischen Wendepunkt des Lebens in der Migration, zum Höhepunkt biographischer Erschütterungen und Verluste, die das Verlassen der Heimat mit sich gebracht hat, und die den materiellen Gewinn der Arbeitsmigration grundsätzlich in einem anderen Licht erscheinen lassen. Der **Zwang der normativen Erwartungen** ermöglicht es ihr zunächst nicht, sich ihrer Trauer zu überlassen. Sie muß aktiv werden, wieder einmal ihre **Basiskompetenz der Organisation von Helfern** ins Spiel bringen, um die Überführung des Sohnes nach Sizilien und seine Beerdigung dort vorzubereiten. Gleichzeitig wird in der Wahl der Grabstätte für den Sohn in Sizilien ein weiterer **Zugzwang zur Remigration** eröffnet. Mit dem Verlust des Sohnes ist die Familienphase im engeren Sinne beendet: eine biographische Umorientierung wird notwendig.

Der Verlust wiegt um so schwerer, als es nicht gelingt, mit der Familie des in Kassel lebenden Bruders von Frau A. eine "Ersatzmodell" in Form enger Verwandtschaftsbeziehungen zu entwickeln, sich also von der Kleinfamilie auf die Großfamilie umzuorientieren. Frau A. kann die Frau des Bruders, die als Alkoholikerin ihre Kinder vernachlässigt und aggressiv ist, nicht akzeptieren, und die Abneigung ist gegenseitig. Die Schwägerin ist offensichtlich an einem anderen Familienmodell orientiert als Frau A., und sie wird die Bindung der beiden Geschwister möglicherweise als Konkurrenz gesehen haben. Sie will nicht, daß die Kinder ihre Tante regelmäßig besuchen, läßt dies nur sporadisch zu den Feiertagen zu. Als die Frau stirbt, ist die Entfremdung bereits soweit gediehen, daß die Jugendlichen zu ihrer Tante keine feste Bindung mehr entwickeln. Damit ist die Möglichkeit, einen **neuen Generationenvertrag** mit den Kindern des Bruders zu etablieren, ebenso ausgeschlossen wie die, in Kassel einen **neuen familiären Mittelpunkt** zu schaffen –

ein Sachverhalt, mit dem Frau A. sich bis zum Ende ihres Aufenthaltes in Deutschland nicht abfinden kann.

1986/87 erkrankt der Mann von Frau A. nach 22 Jahren Arbeitstätigkeit in Deutschland schwer. Für Frau A. beginnt wieder das Pendeln zwischen Arbeitsplatz und Krankenzimmer. In der Krisensituation müssen die Bezüge zur Herkunftsfamilie aktiviert werden. Ihre älteste Schwester aus Frankreich, die wegen eigener Krankheit bereits früher in Rente gegangen und deshalb zeitlich disponibel ist, kommt ihr zu Hilfe und wechselt sich mit ihr bei den Krankenbesuchen ab. Als der Mann stirbt, erfüllt Frau A. seinen Auftrag, ihn nicht "hierzulassen" und sorgt für seine Überführung in den Herkunftsort. Damit erfüllt sie die normativen Erwartungen an eine Witwe, kann aber auch die in einem solchen Fall stützenden Passageriten der Herkunftskultur nutzen, um den Übergang in den Witwenstatus nicht unbegleitet leisten zu müssen. Als weitgehende Analphabetin, die sich zur Erfüllung des Auftrags im bürokratischen Dschungel bewegen muß, erbringt sie damit erneut eine **organisatorische, aber auch auch ökonomische Leistung**, deren sie sich wohl bewußt ist. Wie schon in der Situation nach dem Motorradunfall des Sohnes, gelingt es ihr, Helfer zu mobilisieren, um die notwendigen Dinge nicht allein regeln und bewältigen zu müssen. Sie greift damit auf ihre **Fähigkeiten** zurück, einerseits zupackendes Handeln zu entwickeln, andererseits aber auch ihre eigenen Grenzen zu berücksichtigen.

Der Tod des Mannes erweist sich als **Ereignisknotenpunkt**, an dem neue Weichenstellungen möglich bzw. notwendig werden. Sie verbringt nach dem Tod des Mannes ihren Jahresurlaub in ihrem Haus in Sizilien. Ihre verwandtschaftlichen Beziehungen erweisen sich in dieser Zeit als tragfähig, die Schwiegermutter zieht zu ihr ins Haus, damit sie nicht allein bleiben muß. Am Haus läßt sie bauliche Veränderungen vornehmen, die ihrem Geschmack und ihren Planungen für die Zukunft entsprechen, entwickelt damit ein **Handlungsschema des "sich zu eigen Machens"**. Der spontane Handlungsimpuls, nach Sizilien zurückzukehren, der in der unmittelbaren Reaktion auf den Tod des Ehemannes aufgekommen war, wird von ihr verworfen, als ihr deutlich wird, wie gering die Höhe der Witwenrente ist, die sie beziehen kann. Sie entschließt sich also, ihrer ökonomischen Orientierung folgend, sich zweckrational im Hinblick auf ein finanziell abgesichertes Alter zu verhalten und in Deutschland weiterzuarbeiten, bis sie mit 60 Jahren die Rentenberechtigung erworben hat. Damit entwickelt sie eine den veränderten Bedingungen angepaßte **autonome Handlungsplanung**. Sie zieht aus der großen Wohnung, die sie mit ihrer Familie bewohnt hat, in eine kleinere Wohnung in einem Schwesternwohnheim in unmittelbarer Nähe zu ihrem Arbeitsplatz. Die soziale Kälte und der Hedonismus in den zwischengeschlechtlichen Beziehungen, mit denen sie hier konfrontiert wird, sind **Ausdruck fremder Sinnwelten**, die sie der jungen Generation zuschreibt.

1990 feiert sie im Krankenhaus ihr 25jähriges Dienstjubiläum. Sie erhält eine Urkunde über die abgeleisteten Dienstjahre, die sie bei nächster Gelegenheit mit nach Sizilien nimmt: die Markierung und Wahrnehmung ihrer Leistung durch die Verwandten ist ihr wichtig. In ihrem Stolz auf die jahrelang kontinuierlich erbrachte Arbeitsleistung wird ein **Wandel in ihren Wertorientierungen** deutlich, der zu ihrem Sizilienbild in Kontrast steht, wonach dort kaum eine verheiratete Frau berufstätig sei. Bei der Feier trifft sie eine frühere Bekannte, Frau B. wieder, und beginnt mit ihr eine intensive Freundschaft, die durch die

mangelnde Reziprozität in den Hilfeleistungen auffällt. Gleichzeitig entwickelt Frau A. zum ersten Mal in Deutschland eine enge Beziehung selbstgewählter und nicht verwandtschaftlicher Natur zu einer anderen Person. Frau B. begleitet ihre Freundin zu Behördengängen, erledigt für sie regelmäßig Einkäufe; als Frau B. einmal ihre Wohnung renovieren muß, sitzt Frau A. im Sessel und schaut zu. Frau A. hält ihre Freundin für sehr tüchtig. Auch deshalb, weil Frau B. über ein eigenes Auto verfügt und des Lesens und Schreibens mächtig ist, wird sie für Frau A. in den letzten Jahren in Kassel eine wichtige Helferin. Sie verbindet mit der Freundin die Gemeinsamkeit des Witweseins und der biographischen Verluste ("sind wir arm geworden").

Ihre Bezüge zum Wohnort in Sizilien hält sie durch Besuche aufrecht: So fährt sie, wenn eben möglich, mit ihrer ältesten Schwester am Totensonntag nach Sizilien: ein Fest, das vor allem die für den Totenkult in besonderem Maße zuständigen Frauen mobilisiert bzw. normative Erwartungen an sie stellt. Zum anderen fährt sie an Feiertagen mit ihrem Bruder aus Kassel nach Lothringen, um die dort lebenden Geschwister und ihre Verwandten zu besuchen. Die Verarmung an familialen Bezügen wird so im Rückgriff auf die eigenen Geschwister und die Herkunftsfamilie des Mannes aktiv ausgeglichen, indem sie zwischen zwei familialen Welten in der Migration und in der Heimat pendelt. Mit dem Bruder aus Kassel, der ebenfalls noch berufstätig ist, praktiziert sie die Reste eines Familienlebens, als auch dieser Witwer geworden ist. Er bewohnt sein Haus inzwischen allein, die Kinder sind ausgezogen, und da deren Sorge für den Vater in den Augen von Frau A. nicht funktioniert, kocht sie ab und an und wäscht für ihn. Damit übernimmt sie die **fehlenden Reziprozitätsleistungen der Kinder**, deren mangelnden Einsatz sie auf ihre Jugend sowie auf die "böse Mutter" zurückführt, und realisiert sich die Erfüllung ihrer Wünsche nach engeren familialen Bezügen in Kassel. An Ostern – für Frau A. als gläubige Katholikin ein Datum mit hoher symbolischer Bedeutung – 1991 wird der Bruder tot in seiner Wohnung gefunden. Für Frau A., die ihren Bruder stets für sehr stark hielt, obwohl sie wußte, daß er zuviel Alkohol trank und eine verschleißende Berufsbiographie hinter sich hatte (schon als Junge Schwefelgrubenarbeiter in Sizilien, anschließend Bergarbeiter in Lothringen, dann Eisenflechter auf dem Bau in Kassel), ist dies ein Erschütterungsereignis, das sie vor Plausibilitätsprobleme stellt. Sie entwickelt düstere Vermutungen über die für sie unklare Todesursache und bringt dabei sogar einen Sohn des Bruders ins Spiel – durch den schlechten Einfluß der "bösen" Mutter erscheinen ihr auch die Kinder mißraten. Ihr tiefsitzendes Mißtrauen den Informationen der Kinder gegenüber kann sie nicht abklären, weil sie in der Wohnumgebung des Bruders niemanden kennt. Ihre Fremdheit gegenüber anderen sozialen Räumen als denen der Arbeitswelt im Migrationsland bündelt sich hier mit ihrer Ablehnung der Lebensweisen und Wertorientierungen der jüngeren Generation in Deutschland, denen sie die der Neffen und Nichten in Frankreich gegenüberstellt, die in ihrer Familienorientierung den Lebensverhältnissen in Sizilien näher sind.

Die **Rückkehrorientierung** wird nun verstärkt in vorbereitende Handlungen umgesetzt. Wenige Monate nach dem Tod des Bruders organisiert Frau A. – ein Jahr vor dem anvisierten Rückkehrtermin – den Rücktransport des größten Teils ihrer Wohnungseinrichtung nach Sizilien. Dabei erhält sie Hilfe von Arbeitskollegen, die erhoffte Hilfe durch ihre jungen Verwandten aus Kassel bleibt aus. Trotz dieser Enttäuschung probiert sie erneut die Tragfähigkeit dieser Verwandtschaftsbeziehungen aus. Sie fährt wenig später mit zwei der jungen Verwandten aus Kassel nach Sizilien, um dort Urlaub zu machen und die Wohnung einzurichten. Erneut erlebt sie eine Enttäuschung, die ihr massiver als zuvor zeigt, daß die Interaktionsgrundlagen im Verhältnis zu diesen Angehörigen der nächsten Generation nicht stimmig sind, daß diese – ihrer Meinung nach – das in sie gesetzte Vertrauen mißbrauchen und die ältere Verwandte nicht respektieren. Sie fühlt sich von den jungen Leuten ausgenutzt, da diese nicht nur gegen die Vereinbarung "Gratis-Urlaub gegen Hilfe bei der Wohnungseinrichtung" verstoßen, sondern ihr auch noch einen Diebstahl im eigenen Haus vortäuschen, um noch mehr Geld von der Tante zu erhalten. Die Episode des "verdorbenen Urlaubs" veranlaßt Frau A., sich für ein halbes Jahr weitere Besuche zu verbitten. Sie riskiert damit den endgültigen Bruch, der zur Folge hat, daß sie Deutschland ohne funktionierende Verwandtschaftsbeziehungen, letztlich sogar mit einem ungelösten Konflikt, hinter sich läßt.

Im Herbst 1992 bereitet sie den Rentenantrag vor, den der Sozialberater der Caritas für sie stellen soll. Im Personalbüro des Krankenhauses wird sie vorstellig, um die Höhe ihrer erwartbaren Rente zu erfahren und wird mehrfach vertröstet. Für sie ist das ein Anlaß, die Zuverlässigkeit der **Garantieleistungen der Institutionen** im Migrationsland in Zweifel zu ziehen. Neben der Verarbeitung realer Erfahrungen des Nichternstgenommenwerdens kann dieses Mißtrauen auch als psychischer Mechanismus gesehen werden, der auf der Folie der Rückkehrplanung das "sichere" soziale Netz in Deutschland, das sie nun verlassen wird, als weniger zuverlässig erscheinen läßt.

Sie beginnt Pakete mit Hausrat für sich und Kinderkleidung an ihre Nichten in Sizilien zu schicken. Damit präsentiert sie sich schon vorab als "wohltätige Tante", so wie sie es selbst in der Kindheit mit ihrer Tante aus Amerika erlebt hat, und **aktiviert die Verwandtschaftsbeziehungen zur nachfolgenden Generation in Sizilien**, von der sie sich im Rahmen zeitlich versetzter Reziprozität Aufmerksamkeit und Unterstützung erhofft. Zur Vorbereitung der Rückkehr gehört es auch, vorsorgende Arztbesuche in "ihrem" Krankenhaus zu unternehmen, um sich untersuchen und notwendige Hilfsmittel verschreiben zu lassen; sie geht davon aus, diese Angebote nach langer Arbeitstätigkeit zu Recht in Anspruch nehmen zu können. Im Umgang mit den Ärzten in der ihr vertrauten Institution des Krankenhauses ist sie selbstbewußt; "blindes Vertrauen" bringt sie nicht auf.

Während sie vollauf mit Aktivitäten zur Vorbereitung ihrer Rückkehr beschäftigt ist, erhält sie die Nachricht vom Tod ihrer ältesten Schwester, die schon länger krebskrank war und sich vorübergehend in dem an sie vererbten Elternhaus in A. aufhielt. Frau A. fährt nach Lothringen, um ihren Nichten beizustehen, bleibt aber nicht bis zur Beerdigung. Angesichts dieses erneuten Verlustes entschließt sie sich, von nun an schwarz zu tragen, auch nach ihrer Rückkehr nach Sizilien. Der Tod der ältesten Schwester wird ihr zum Anlaß, ihre **Rolle als Witwe und Hinterbliebene** auch nach außen hin deutlich zu machen – dies hat vor allem eine Bedeutung für ihren **Status in der Verwandten- und Dorfgemeinschaft** nach der Rückkehr aus Deutschland. Damit nimmt sie aber auch eine **lebenszyklische Verortung** in der eigenen Biographie vor. Sie hofft, in Sizilien noch eine gute Zeit verleben zu können; andererseits ist ihr das Weiterleben nach den erlittenen Verlusten aber auch eine Aufgabe: "muß man weiter leben". Zur ältesten Schwester hatte sie neben dem Bruder in Kassel wohl die engste geschwisterliche Bindung. Als nun auch noch diese gestorben ist, mit der sie regelmäßig telefoniert und sich über den Alltag ausgetauscht hat, fühlt sie sich noch isolierter als vorher. Das Verhalten der Arbeitskolleginnen und des Chefs in den Tagen nach dem Tod der Schwester empfindet sie als wenig empathisch; die ihr wichtige Beileidsformel im Rahmen stützender Rituale bleibt aus. So sieht sie sich hier mit der gleichen Kälte konfrontiert wie in ihrem Mietshaus. Sie macht die Erfahrung, daß Sozialität nicht funktioniert, wo sie als Einzelne darauf besonders angewiesen ist: das Kollektiv am Arbeitsplatz kann die Stützungsmöglichkeiten von Familie und Verwandtschaft nicht ersetzen. Zornig über die mangelnde Zuwendung, würde sie am liebsten krankfeiern, der Institution ihre Verläßlichkeit entziehen, verwirft aber den Gedanken im Hinblick auf mögliche "Langeweile", da sie es "noch nicht gewohnt" ist, von sich aus Bekannte zu besuchen. Hat sie früher nicht krankgefeiert aus Angst um ihren Arbeitsplatz, so unterläßt sie es jetzt aus Angst vor Einsamkeit. Der unterlassene **Aufbau eines sozialen Netzes außerhalb von Familienbindungen** zeigt seine Konsequenzen in der Erschütterungssituation. Solidarität und Unterstützung kann sie außerhalb der Familie kaum erwarten. Unter ihren Kolleginnen ist sie für ihre konstante Anwesenheit am Arbeitsplatz bekannt. Die Berichte am Fernsehen über ausländerfeindliche Angriffe und Brandstiftungen machen ihr Sorgen, sie hat den Eindruck, daß die Deutschen angesichts der Zuwanderung nervös werden. Im Konflikt mit einer Kollegin, in der diese sich ihr gegenüber mit dem Hinweis auf ihr Ausländerinnensein Frechheiten erlaubt, setzt sie sich auch im Personalbüro, in das sie zitiert wird, zur Wehr. Die ökonomische Krise, die wachsende Ausländerfeindlichkeit und die bevorstehende Privatisierung sind für sie Gründe für die Erwartung, daß die Zukunft nichts Gutes bereithalte: sie geht angesichts der ökonomischen und politischen Entwicklung "im richtigen Moment".

Im Juni 1993 hat sie ihre Abschiedsfeier im Krankenhaus, bei der sie ihren Chef darauf aufmerksam macht, eine ungewöhnliche Ausländerin zu sein: sie habe bis zur Rentenberechtigung durchgehalten. Angesichts ihrer bisherigen Konstanz muß die **kurzfristige Umsetzung ihrer Handlungsplanung** als Zeichen von einsetzendem **Disengagement** verstanden werden: sie versetzt ihre Kolleginnen in Erstaunen mit der Mitteilung von ihrem Vorhaben, am Nachmittag des letzten Arbeitstages sofort abreisen zu wollen. Für den letzten Arbeitstag erhofft sie sich noch die Überreichung einer Urkunde über 28 Jahre geleistete Arbeit in der Krankenhausküche, die sie gerne mit nach Sizilien nehmen möchte. Mit der **zeitlichen Markierung des Zusammenfallens von Ende des Arbeitslebens und Abreise** unterstreicht sie den Sinn des Aufenthalts in Deutschland als **Arbeitsmigration**. Die erwartete Urkunde soll den Ertrag dieser Zeit symbolisch zum Ausdruck bringen.

Die biographische Planung von Frau A. sieht vor, das Leben im Ruhestand im eigenen Haus in der Nähe der Verwandtschaft verschiedener Generationen (Schwiegermutter, Schwager und Schwägerin, Nichten mit Familien) zu verbringen. Dabei ist der Übergang vom Leben in Deutschland zum Leben in Sizilien durch eine gemeinsame Reise mit den in Lothringen lebenden Geschwistern markiert; in Sizilien erwartet Frau A. für den Sommer einen Kollegen mit Familie als (zahlenden) Gast in ihrem Haus. Je näher der Zeitpunkt der Remigration rückt, desto realitätsangemessener werden die Erwartungen: als Möglichkeit des lebenszyklisch "stimmigen" Daseins als Witwe und Rentnerin sieht Frau A. in erster Linie die Versorgung ihres großen Hauses an. Das Angebot einer Nichte, in der Küche des Restaurants zu helfen, das diese mit ihrem Mann besitzt, rückt dahinter in die zweite Reihe. Insofern geht Frau A. nicht von vornherein neue Verpflichtungen anderen gegenüber ein, sondern setzt eine Priorität bei der Wahrung eigener Interessen. Die positiven Erwartungen richten sich auf die engen Kontakte zu ihren angeheirateten Verwandten, aber auch auf deren Hilfe bei der Lebensorganisation. Es ist denkbar, daß Frau A. auch in der Zukunft ihre **Basiskompetenzen des Organisierens von Helfern** in Anschlag bringen wird. Ihre Befürchtungen richten sich in erster Linie auf Mangel an Kontakten zur Dorfbevölkerung, die aber im Rahmen des "Sich-Zuhause-Fühlens" relativiert werden. Teile ihrer Vorstellungen vom Leben nach der Rückkehr sind romantisch und knüpfen offensichtlich an positive Urlaubserfahrungen in Sizilien an: Sie stellt sich vor, mit der Schwiegermutter auf der Terrasse sitzend aufs Meer zu sehen, das gute Essen zu genießen. Angesichts der Befürchtung, mit dem lokalen Gesundheitswesen nicht zurechtzukommen, wird es für die Alltagsbewältigung in R. entscheidend sein, ob die Interaktionsgrundlagen zu den Verwandten stimmig gestaltet werden können. Krankheit und unerwartete Fremdheitsphänomene könnten in dieser Hinsicht eine Belastungsprobe für die weitere Entwicklung dieser Biographie darstellen.

5.1.7.2. Wissensanalyse: Autobiographische Eigentheorien

5.1.7.2.1. Autobiographische Thematisierungen, die das ganze Leben betreffen

In der Gesamtbilanz, die Frau A. zum Abschluß ihrer Zeit in Deutschland aufmacht, kommen sowohl die menschlichen Verluste als auch die für sie positive Entwicklung der ökonomischen Situation, die sich durch die Migration nach Deutschland ergeben hat, zum Tragen. Vergleicht sie sich in der Verlustrechnung mit anderen, die "Glück gehabt" haben, bleiben **Unsicherheiten in der bilanzierenden biographischen Verortung**, während sie sich ganz sicher ist, daß Deutschland im Vergleich zu früheren Lebensphasen für sie die "beste Zeit" gewesen ist. ("Manche Leute haben es gut, manche Leute hat Glück, aber ich + ich weiß nit (leise) ich habe bis jetzt gut gelebt wann meine J--meine Junge gelebt, ne ++ jetzt wie eine achtzigjährige Frau + wer kommt hier? Wie soll ich machen hier?" III,5. Dagegen: "Die beste Zeit, normal, ne, die beste Zeit was ich hab geseh'n war hier in Deutschland. Sonst ich habe nie geseh'n, nie, nie, nie ++ und wann meine Tante das Paket geschicken" III,7). Hat sie, wie sie an anderer Stelle erwähnt, in Deutschland mit der Arbeit "Glück gehabt", ist es "Pech", alle Angehörigen hier verloren zu haben. In der Vagheit des "ich weiß nit" wird die Tragik des Tatbestandes zum Ausdruck gebracht, mit Erfolg ausgezogen zu sein, um die materielle Armut zu überwinden, und sich damit gleichzeitig ganz wesentliche Verluste eingehandelt zu haben. Das "gute Leben" endet mit dem Tod des Sohnes; dies hat in ihren Augen ein lebenszyklisch vorzeitiges soziales Alter zur Folge.

5.1.7.2.2. Bilanzierungen biographischer Phasen

In einer Selbsteinschätzung, die die Informantin zum Zeitpunkt der erreichten Passage in den – so empfindet sie es – wohlverdienten Ruhestand vornimmt, formuliert sie die Bilanz "Jetzt geht mir's gut, und ich bin allein". Hier berücksichtigt sie, daß ihr das Leben in Deutschland ökonomische Erfolge und ein gesichertes Altersleben eingebracht hat. Am Ende der Migrationszeit in Deutschland hat die so formulierte Bilanz sicher auch den Charakter des **"positiven Abschlusses"**, der notwendig ist, um mit den hohen Verlusten umgehen zu können. Sich sagen zu müssen, daß sie nahezu die Hälfte ihres Lebens auf die "falsche Karte gesetzt" habe, da sie hier alles verloren hat, was ihr wichtig war, würde zu einer schwerwiegenden Beeinträchtigung der Selbstzufriedenheit führen.

Die Bewertung biographischer Phasen fällt auf durch die Bindung an bestimmte **lokale Zuordnungen**. Sie entspricht der Erfahrung des Pendelns zwischen verschiedenen Ländern und der damit entwickelten **Fähigkeit, verschiedene Perspektiven präsent zu halten**: Sizilien, Frankreich, Deutschland. So wird die Phase der Kindheit und Jugend bilanziert mit "na Sicilia war schlimm" und unterstrichen mit der Feststellung, die Familie habe manchmal "nicht genug zu essen gehabt". Die Einordnung in einen historisch-kollektiven Prozeß wird nur an einer Stelle mit dem Hinweis auf den Krieg vorgenommen. Der Faschismus, der den historisch-politischen Hintergrund der Kindheit darstellt, wird nicht ausdrücklich thematisiert. Wohl aber wird das brutale Vorgehen der Polizei gegenüber den Protestierenden vor den Schwefelgruben erwähnt. Angedeutet wird als Erklärung für die Armut der Familie im zweiten Interview die Krankheit der Eltern und der Kinderreichtum. In der bilanzierenden Rückschau auf einzelne Lebensabschnitte, die die Informantin im dritten Interview sehr explizit aus der Gegenwartsperspektive vornimmt, äußert sie dagegen ihr Unverständnis für die Ursache der großen Armut der Herkunftsfamilie: diese habe gearbeitet, sei aber nie reich gewesen – "ich weiß nicht, warum" (III,3). Die Familie habe sich nichts zuschulden kommen lassen, habe anderen nichts weggenommen und nur für sich gelebt (d.h. selbst für sich gesorgt). Ist die frühe Arbeitserfahrung eine Ressource, mit der die Anforderungen des Lebens bewältigt werden können, so erscheint jetzt angesichts der ökonomischen Erfolglosigkeit der Arbeitsanstrengungen der Herkunftsfamilie die Notwendigkeit, sich von diesen Erfahrungen absetzen zu müssen. Ad hoc hat sie den Eindruck, daß diese Situation unverschuldet war, ohne daß ihr kollektive Zusammenhänge noch einmal präsent werden. Damit unterzieht sie in einer Stimmung des "Einfahrens der Ernte", die ihr den Stolz auf eigene Leistung ermöglicht, das Schicksal der Herkunftsfamilie einer Neubewertung, die kollektive Zusammenhänge ausblendet, die ihr in den Interviews zuvor zumindest bei der Schilderung der Auswanderung großer Teile der Nachbarschaft durchaus präsent waren. Sie verbindet die wirtschaftliche Misere aber nicht, wie es dem Alltagsverständnis des Migrationslandes entsprechen würde, mit der erbrachten oder nicht erbrachten Leistung der Einzelnen, sondern mit dem (moralischen) Wohlverhalten. Die Eltern waren "lieb", der Vater gab, was er hatte. Das Phänomen der Armut wird im Nachhinein einem Versuch der Rekonstruktion der Sinnhaftigkeit unterzogen, der die Misere zur unverdienten Strafe werden läßt.

Die Frage nach Sinn und Effizienz der Migration nach Frankreich wird immer wieder

Gegenstand von Argumentationen. Bilanziert sie erst, "na Frankreich war gar nix", weil man da nur Geld zum Leben hatte und sonst nichts, erklärt sie dann den Weggang aus Frankreich mit einer Orientierung, die über das lebensgeschichtlich in Kindheit und Jugend gültige destino-Modell hinausgeht. Es ist das Abwägen der Vor- und Nachteile des Lebens in der Migration mit einem gefährlichen Arbeitsplatz für den Mann gegenüber dem ökonomischen Ertrag. In einer Argumentation mit sich selbst im dritten Interview macht sie die Rechnung noch einmal anders auf: die Geschwister haben "nichts geschafft" dort, die Frauen waren früh Witwe, weil die Männer im Bergbau verunglückten (Bruder und Schwager von Frau A.). Die Bewertung "nichts geschafft", auch wenn Haus- oder Wohnungsbesitz in Frankreich erreicht wurden, wird nur verständlich auf dem Hintergrund des Ideals "ein Haus in Sizilien" ("Haben wir schön gebaut in Sizilien"), der Verbesserung des familiären Status im Rahmen des dörflichen Milieus. Frau A. ist die einzige von ihren Geschwistern, die dies mit ihrer Familie aus eigener Kraft erreicht hat. Dennoch macht das wiederholte Aufgreifen des Themas "Migration in Frankreich" einen Erklärungsbedarf sichtbar, der mit dem **"Ausscheren" aus der Familienbiographie** zu tun hat. In diesem Zusammenhang wird Frankreich zur Kontrastfolie, von der Deutschland mit den hier erarbeiteten Erfolgen abgesetzt werden kann, gleichzeitig verdeutlicht "das Haus in Sizilien" die aufrecht erhaltene Orientierung am Bezugsort A., dem Herkunftsort des Mannes.

Die seinerzeitige Remigration der A.s nach Sizilien wird zwar als nicht erfolgreich bilanziert ("war auch nix"), enthält aber positive Wertungen, die sich vor allem auf die **Sozialitätserfahrungen** beziehen und die **Vorzüge des einfachen Lebens** unterstreichen. Hierauf greift sie auch zurück, als es um die Verarbeitung des Todes des Sohnes geht. Hätte er in Sizilien gelebt, hätte er kein Motorrad gehabt, vermutet Frau A.. Damit ist die Ursache seines Todes weniger auf sein Verhalten zurückgeführt, sondern wird eher an den in Deutschland erreichten Wohlstand gebunden. Das **Thema der Begehrlichkeit** nach materiellen Gütern, das im Zusammenhang mit dem Tod des Sohnes anklingt, ist Gegenstand von Argumentationsversuchen, die zeigen, daß Frau A. auch heute noch mit der Verarbeitung dieses Verlustes beschäftigt ist. Daß der in Deutschland erreichbare Wohlstand seinerseits eine Kontinuität von "Begehrlichkeiten" erzeugt, ist für sie aus heutiger Sicht ein wesentliches Motiv für die lange Verweildauer in Deutschland trotz lange aufrechterhaltener gegenläufiger Orientierungen: sie habe "immer gesagt", "nächstes Jahr zurück". Man wollte eben immer mehr, man war "nie satt", argumentiert sie im dritten Interview, die Zugzwänge des Lebens in der Migration, die das "länger Bleiben" erforderlich machten, oder auch die "Bleibeorientierung" des Sohnes an dieser Stelle außer acht lassend. Das Aufgreifen der Frage nach der Schuld für die ökonomische Misere der Herkunftsfamilie ist, wie oben erwähnt, Teil der bilanzierenden Argumentationen im dritten Interview. Setzt man diese in Bezug zu den Mutmaßungen über die Gründe für den Tod des Sohnes und die Erklärung für das Verstreichen der Zeit in der Migration ("man war nie satt"), läßt sich die Frage formulieren, ob nicht die "Begehrlichkeit", mit der die Migration nach Deutschland gedanklich verknüpft wird, als ebenso schuldhaft empfunden wird. Dann wäre der Verlust der Familie ("sind wir arm geworden") eine Strafe für das ökonomisch begründete Projekt und die lange Aufenthaltsdauer. Der Sinn des Aufenthaltes hier wird mit der ökonomischen Effizienz begründet: "haben wir alle drei schön verdient", als der Sohn noch lebte, andererseits war "alles kaputt", als er verstorben war. Das **Haus in Sizilien als "gemeinsame Sache"** unterstreicht die materielle Funktion der Familie – gleichzeitig hatte Frau A. sich mit der Ablehnung des erwachsen werdenden Sohnes einem Rückkehrprojekt gegenüber auseinanderzusetzen, was die Familienkohäsion langfristig hätte gefährden können. Die Möglichkeit des Verbleibens in Deutschland wird nur mit einer Formel gestreift: "wenn Kinder, dann ja". Darin bleibt sie auch heute noch dem Konflikt verhaftet. Sie hatte schließlich nur noch einen Sohn. Ob sie seinetwegen hiergeblieben wäre, ist für sie kein Gegenstand weitergehender Überlegungen, die sie sichtbar machen würde.

Die persönlichen Verluste verbindet sie sehr eng mit dem Migrationsland Deutschland. Sie würde nie wieder nach Deutschland gehen, nach allem, was ihr hier passiert sei, äußert sie im ersten Interview. Damit werden die traumatischen **Verluste an vertrauten Bindungen und Sinnkonstruktionen** an die grundsätzliche Entscheidung des "Lebens in Deutschland" gebunden. Der ihr bis zum Schluß rätselhafte Tod des Bruders in Kassel symbolisiert diese Verbindung auf dramatische Weise: er starb allein in seiner Wohnung, und da er der einzige für sie wirklich starke Mann war, kann sie nicht glauben, daß er eines natürlichen Todes gestorben ist. Er starb den häßlichen Tod in der Migration: allein, so daß er erst gefunden wurde, als er "schon schwarz geworden" war, und er starb in der Sicht von Frau A. möglicherweise durch Gewalteinwirkung. Aber auch die Migration nach Frankreich wird von ihr mit der Schilderung von Todesfällen verknüpft. Bruder und Schwager erlitten bei Grubenunglücken in Lothringen tödliche Verletzungen. Demgegenüber wurde die Schwester bei ihrem Tod während eines Besuchs in Sizilien nicht alleingelassen, die "schöne Nachbarschaft" funktionierte. Der "friedliche Tod", der in der Traumerzählung des zweiten Interviews in Folge des Todes der Schwester auftaucht, knüpft an sizilianische Mumifizierungsbräuche an. Er kann mit der Erwähnung der "schönen Gesichter" als Andeutung verstanden werden, daß der Tod in Sizilien seinen Schrecken verliere. Beim Tod des Mannes im Krankenhaus in Kassel konnte sich Frau A. auf die Aussagen der Ärzte nicht verlassen: sie gaben ihr "immer Hoffnung", die sich als ungerechtfertigt herausstellte. So wird der Tod in der Migration zur Metapher für eine **tiefe Ungeborgenheit**, auch wenn nicht allein oder nicht in Folge der Verletzung körperlicher Unversehrtheit gestorben wird. Verletzungen und Verluste in der Migration äußern sich auf der Ebene der verletzten Leiblichkeit, die bis zur Vernichtung des Lebens führen kann.

In der Auseinandersetzung mit dem Tod der Brüder, aber auch des Sohnes, die Benedetta A. führt, wird deutlich, daß der Tod in der Fremde ein "häßlicher Tod" ist, dem Verletzungen bis hin zur Zerstörung der Leiblichkeit vorausgehen können; am Beispiel des Kasseler Bruders zeigt sich, daß "hier" auch in Folge fehlender oder gestörter Sozialbeziehungen allein gestorben werden muß. Zur Charakterisierung der eigenen Wohnsituation führt die Informantin an, in dem Mietsheim könne man "verrecken", ohne daß es jemand merke. Der Tod in Sizilien hingegen ist ihrer Auffassung nach ein friedlicher, kein trostloser Tod: die Schwester kam, als sie bei einem Besuch in Sizilien starb, in den Genuß der "schönen Nachbarschaft". Der Traum von der Welt der Toten, in die die Mutter Benedetta A. führt, zeigt die Toten mit schönen Gesichtern, "wie geschlafen", friedlich beieinander. Nach P.

Berger / Th. Luckmann ist die Legitimation des Todes eine der wichtigsten Funktionen symbolischer Sinnwelten; der Mensch muß auch nach dem Tod signifikanter Anderer weiterleben können (Berger, P.L. / Luckmann, Th. 1970, S.108 f. u. S.165).

Frau A. setzt sich mit dem "richtigen" oder "falschen" Zeitpunkt für den Tod auseinander; ein lebenszyklisch erwartbarer Tod wird nicht ausführlich thematisiert (Bsp. Eltern, Großmutter). Der Eintritt des Todes wird als besonders ungerecht empfunden, wenn die Garantieleistungen des Sozialstaates, zu denen die Rente nach langem Arbeitsleben im Migrationsland gehört, nicht mehr in Anspruch genommen werden können. In Frau A.s Darstellungen hat der lebenszyklisch vorzeitige und daher unvorhergesehene Tod einen besonders unversöhnlichen Aspekt. Andererseits verdeutlicht sie in der Traumerzählung und einem Kommentar zum Begräbnis ihrer Schwester "nach 33 Jahren wieder zusammen" (mit ihrem Mann in einem Grab) den tröstlichen Aspekt des Wiederzusammentreffens der Verstorbenen nach dem Tod. Die Organisation entsprechender Passageriten ist für Frau A. aus kultur- und geschlechtsspezifischen Gründen ein wichtiges Thema. Ebenso zentral die Wahl des Begräbnisortes: der Tod ist ein Teil des Lebens, hierbei spielt die Nähe der Lebenden zu den Grabstätten der Verstorbenen eine gewichtige Rolle. Deshalb haben auch die Gräber ihren Ort am Lebensmittelpunkt der Hinterbliebenen. In einer argumentativen Gegenüberstellung von Migration und Herkunftsland im Zusammenhang mit dem Tod setzt sich Frau A. mit der Situation der Hinterbliebenen auf eine Weise auseinander, die zeigt, daß sie in ihren inneren Überlegungen doch auch die Möglichkeit durchgespielt hat, in Sizilien ebenfalls die Familie verloren zu haben. Hier nun spielen die **Unterschiede in den Sozialitätserfahrungen** eine entscheidende Rolle. Wenn sie gewußt hätte, daß sie ihre Familie verlieren würde, wäre sie nicht nach Deutschland gekommen. ("Wenn da bist alleine, ne, kommen Schwägerin, kommen Nachbarn + aber hier, hier ist schlimm" III,4). Wie so häufig erscheint der **Bezugsrahmen der Familie und des Dorfes in Sizilien als "locus humanus"**, welcher der sozialen Isolation in der Migration gegenübergestellt wird.

Die Bilanzierungen "Nie wieder Deutschland" oder "Hier, Arbeit ist gut, ne, aber ich hab viel mitgemacht, viel, viel" (I,8), die Frau A. zu Beginn der Interviewarbeit vornimmt, müssen der Bewertung gegenübergestellt werden, es sei ihr nie so gut gegangen wie in Deutschland, die sie am Schluß, wenige Tage vor ihrer Rückkehr, vornimmt. Die Aspekte der Arbeit und der persönlichen Verluste, mit denen sie ihr Leben umreißt, deuten noch einmal die wesentlichen Säulen der biographischen Gestaltung des Lebens in Deutschland an: Arbeit und Familie. Darüberhinaus gibt es keine für sie wesentlichen Bezüge. In der Andeutung im ersten Interview, wie für sie das Leben in Deutschland verlaufen ist, "nix raus, ne, nix Gasthaus, gar nix, nur sparen und wir haben dann zurückgegangen" (I,7), formuliert sie das selbstauferlegte Spar- und Askeseprogramm, das in deutlichem Kontrast steht zur Schilderung einer Familienfeier in Sizilien, bei der sie gesehen hat, "wie gut die Leute leben". Auch sie selber erhofft sich von ihrer Zukunft in Sizilien, dort noch ein paar Jahre "gut" zu leben. Mit dem letzten Besuch in Sizilien verbindet sie eine lebhafte Erinnerung an leibliche Genüsse. Damit erscheint die Möglichkeit, sich im "hic et nunc" etwas zu gönnen, als spezifische Möglichkeit des Herkunftskontextes, die sich einpaßt in die als "Zugvogelphänomen" präsentierte Begründung der Migration, im Ausland zu arbeiten und zu sparen, um dann zurückzukehren in eine sozial verbesserte Position im dörflichen Bezugsrahmen. Die, die geblieben sind, haben es genauso zu etwas gebracht wie diejenigen, die weggegangen sind, weil es für sie keine Arbeit gab. Denen, die blieben und Arbeit fanden, geht es nun sogar "besser wie hier", weil ihr Leben nicht nur auf die Zukunft ausgerichtet war und sie ihre gewohnten sozialen Bezüge nicht verlassen mußten.

5.1.7.2.3. Veränderungen in der Lebenswelt, die Frau A. wahrnimmt

Zeigt die Erwähnung der in Frau A.s Augen feststehenden Tatsache, daß "die Frauen" in Sizilien "nicht arbeiten", einen gewissen Realitätsverlust, zumindest aber Ausblendungen in der Wahrnehmung der Lebensverhältnisse der Frauen in Sizilien – ihre Nichte, so schildert sie an anderer Stelle, betreibt mit ihrem Mann ein Restaurant – , so nimmt sie doch wahr, daß sich das Leben dort verändert hat. Es ist nicht mehr "schlimm", sondern "die Leute leben ganz gut". Sie entwickelt eine Argumentation zum damaligen Zwang, aus Sizilien wegzugehen: "Und manchmal (ich) hasse Sizilia, sagen, guck mal, drei Leute, nix arbeiten. Aber heute ist anders" (I,21). Diese Argumentation wird notwendig auf dem Hintergrund der persönlichen Verzichtsleistungen und der biographischen Kosten, die mit der Migration verbunden waren. Sie muß sich auch im Nachhinein noch einmal der Stichhaltigkeit der Gründe versichern, die damals zur Migration geführt haben. In einer Argumentation über die Gründe dieser Verbesserung in Sizilien kommt zum Ausdruck, daß Frau A. sich dem Herkunftsmilieu entfremdet hat; sie weiß nicht, "wie machen die das". Sie nimmt zur Kenntnis, daß sich die Arbeitsmöglichkeiten für die Männer in R. verbessert haben. Hierbei spielt der Aspekt des sozialen Aufstiegs qua beruflicher Qualifikation keine Rolle (so erwähnt sie die Tätigkeit als Müllwerker als mögliche Alternative für ihren Mann, wären sie in Sizilien geblieben), vielmehr geht es um die Frage des Statussymbols Haus, um die Ausstattung mit Konsumgütern und um die Möglichkeit, sich eine aufwendige Silberhochzeitsfeier im Gasthaus leisten zu können.

Die Entwicklung der Verhältnisse in Frankreich betrachtet sie vornehmlich unter der Optik der Lebensleistungen der älteren Schwester, die sie anerkennt (ohne Mann hat sie ihre Kinder erfolgreich "großgezogen"). Hier spielen die Ausbildung und der Beruf der Nichten eine ebenso große Rolle wie deren Lebensgestaltung, die ihrer Ansicht nach der in Sizilien üblichen näherkommt als der in Deutschland. Sie stellt die für ihre Angehörigen in Frankreich "wie in Sizilien" nach wie vor bestehende Familienorientierung und einen funktionierenden Moralkodex den individualisierten Lebensentwürfen, die sie in Deutschland kennengelernt hat, gegenüber.

In diese Richtung gehen auch die Darstellungen, die sich auf den Wandel beziehen, den sie in Deutschland wahrnimmt: hatte sie früher eine "schöne Nachbarschaft" in Kassel, lebt sie heute in einem Haus, wo man "verrecken kann", wo ein Gruß "Geld kostet", wo "alles möglich" ist. Anonymer geworden sind auch die Beziehungen am Arbeitsplatz: andere italienische Kolleginnen sind zurückgegangen, die Beziehungen untereinander sind von Desinteresse bis hin zu Rücksichtslosigkeit geprägt. War es am Anfang schön und motivierend für sie, in einer Gruppe mit italienischen Kolleginnen zu arbeiten, hat sie in der Zeit der Verluste von Sohn und Mann Hilfe von Kolleginnen und Kollegen erfahren, macht sie in ihrer Darstellung aus der Gegenwartsperspektive auch am Arbeitsplatz zunehmend die **Erfahrung der Marginalität**. Hier geht es vor allem um das **Vorenthalten von Selbstverständlichkeiten** in der sozialen Interaktion. Sie vermißt die Beileidsformel beim Tod ihrer Schwester, sie fühlt sich ausgeschlossen, als sie beim Frühstück nicht vermißt wird, während sie im Kühlraum eingeschlossen ist. Die vielen Jahre harmonischer Zusammenarbeit, die sie am Schluß herausstellt, kontrastiert sie mit einer Episodenschilderung erfahrener offener Feindseligkeit. Eine Ausnahme stellt hier der "Chef" dar, der für sie Kontinuität verkörpert. Er war schon zu Beginn dabei, ist in der Arbeit mit ihr alt geworden, schützt sie auch schon einmal vor den anderen. Die Arbeit selbst schließlich hat sich durch das Fließband verändert, sie ist "schwer, schwer" geworden. An die Arbeit bzw. den Zusammenhang von Migration und Arbeitsleben geknüpft ist auch ihre **Eigenthematisierung als "besondere Ausländerin"**, die sie in der Schilderung ihrer Abschiedsfeier im Krankenhaus erwähnt. Diese Eigenthematisierung verweist auf eine individuelle Differenzierung vom Kollektiv der ausländischen Kolleginnen. In ihrem Betrieb ist sie die einzige Ausländerin, die bis zur Rentenberechtigung ausgeharrt hat. Darauf ist sie stolz. (In diesem Zusammenhang spielen das Ritual der Urkundenüberreichung einerseits und die symbolische Bedeutung der Urkunde andererseits eine herausragende Rolle für sie.) Ihre starke Loyalität der "Krankenhausküche" gegenüber bedarf der besonderen Begründungen, diesen Ort zu verlassen. Probleme mit der Trennung müssen hierbei jedoch nicht ausgeblendet werden. Die "letzten Tage sind schwer", sie ist "ein bißchen traurig". Die Entscheidung, Deutschland pünktlich am letzten Arbeitstag zu verlassen, begründet sie mit "Gottes Willen", einer überindividuellen Sinnkonstruktion, aber auch mit aktuellen Phänomenen. Wachsende Ausländerfeindlichkeit, Privatisierung des Krankenhauses und zunehmende Arbeitslosigkeit sind von ihr zur Kenntnis genommene Phänomene, die ihr in einer Bilanz mit dem Tenor "hier wird es nur schlimmer" die Rückkehr nach Sizilien erleichtern.

5.1.7.2.4. Wandlungen und Kontinua der Selbstsicht

Im wiederholten Aufgreifen des Themas "Wiederverheiratung" kommt es bei Frau A. zu einer **Auseinandersetzung mit traditionellen Orientierungen**, für die das Motto der Großmutter nach dem Motto "ein Mann reicht für's Leben" steht. Es ist Aufgabe der hinterbliebenen Frauen, das Leben allein zu meistern – "muß man weiter leben"; diese Aufgabe bezieht sich auch auf die eigene Person. Die wiederholte Erwähnung der unterbliebenen Wiederverheiratung von Schwägerin und Schwester in Lothringen verweist darauf, daß Frau A. bewußt ist, daß Traditionslinien, die für sie persönlich wesentlich sind, inzwischen brüchig geworden sind. Ihr selbst ermöglicht das Festhalten an der Traditionslinie, den Witwenstatus in ihrer Selbstidentität (i. Sinne v. A. Strauss) zu verankern. ("Allein ist schwer – Trotzdem ich bleibe so. Ich bleibe, wie ich bin" II,26). Andererseits wird die (normative) Tradition "die Frau in Sizilien arbeitet nicht" von ihr als weiterhin auch praktisch gültig angesehen. Diese Praxis erscheint insofern positiv besetzt, als sie die Frauen nicht dazu nötigt, die Kinder zu früh sich selbst zu überlassen, wie sie selbst es tun mußte. Die Ausblendung bzw. Nichtzurkenntnisnahme einer veränderten gesellschaftlichen Praxis führt dazu, daß sie das Rätsel, warum "die da so gut leben", nicht lösen kann – höchstens unter Hinweis auf besser entwickelte Arbeitsmöglichkeiten für die Männer. Allerdings wird ihre **Lebensleistung** auf diesem Hintergrund als eine **Besonderheit** herausgehoben, die unmittelbar mit der Migration verbunden ist. "27/28 Jahre immer am selben Platz" gearbeitet zu haben, kaum krankgefeiert zu haben, von den ausländischen Kolleginnen als einzige bis zur Rente ausgeharrt zu haben, sind Leistungen, die sie auch in ihrem Selbstbild als "starke Frau" ausweisen, wenn sie dies auch nicht explizit formuliert. Ein Hinweis darauf ist ihr Umgang mit körperlichen Gebrechen. Sie teilt in den Interviews etwas über Arztbesuche mit, die sie zur gesundheitlichen Grund- und Vorsorge rechnet, nicht aber zur Behandlung akuter Krankheitsphänomene. (Erst kurz vor dem endgültigen Abschied verrät sie der Interviewerin etwas von körperlichen Verschleißerscheinungen am Ende eines langen Arbeitslebens.)

Eine **Veränderung der Selbstidentität** zeigt sie in der Bewertung der biographischen Passage der Heirat als "Verheiratung mit Bild". "Heute", aus heutiger Sicht, findet sie das "nicht mehr gut", es ist zu riskant, "hinterher muß nehmen, was kommt". Daß die Entscheidung für einen Lebenspartner nicht Ergebnis einer personalen Wahl ist, kann sie aus heutiger Sicht nicht mehr akzeptieren. In dieser Sichtweise weiß sie sich im Einklang mit gesellschaftlichen Entwicklungen. ("Gott sei Dank jetzt machen nix mehr" III,9.) Dennoch beklagt sie sich nicht über ihren Ehemann. An der einmal getroffenen, "gottgewollten" Entscheidung wird nicht gerüttelt. Die Menschen seien eben "manchmal so, manchmal so, aber mein Mann ist mein Mann und basta" (II,26). Das, was ihm fehlte, wird eher deutlich, stellt man die Aussagen von Frau A. über ihren Mann denen über den Bruder gegenüber. Im Aufscheinen der Typen des "armen Mannes" und des "starken Mannes" wird eine **Vermischung moderner und traditioneller Sichtweisen** sichtbar. Ein "armer Mann" ist einer wie ihr Vater oder auch ihr Mann, der zwar schwer arbeitet bzw. gearbeitet hat, dafür aber nicht angemessen bezahlt wird und sich den gesundheitlichen Belastungen nicht gewachsen zeigt. Mit der Kennzeichnung "stark" verbindet sie in traditionellem Sinne sowohl körperliche Kraft und Gesundheit als auch, den Erfahrungen in der Leistungsgesellschaft entsprechend, Unternehmungsgeist und berufliche Tüchtigkeit, die sich in gutem Verdienst ausdrückt. Dies war bei ihrem Kasseler Bruder der Fall, der sich durch sein Weiterwandern von Lothringen nach Deutschland zudem durch besondere Mobilität auszeichnete. Die Idealisierung des Bruders als "starker Mann" wird auch da noch aufrechterhalten, wo es klare professionelle Aussagen zu dessen gesundheitlichen Beeinträchtigungen gibt. Deshalb muß sein Tod auch eher als "nicht natürlich" angesehen, müssen denkbare "natürliche" Ursachen ausgeblendet werden.

Hinsichtlich der **lebenszyklischen Verortung** hat, aus der Gegenwartsperspektive betrachtet, der Aufenthalt in Deutschland für Frau A. etwas Unzeitgemäßes. Hier muß sie so schwer arbeiten "wie eine zwanzigjährige Frau" (zweites Interview) und einsam leben "wie eine achtzigjährige Frau" (drittes Interview). Der **Vereinsamung im Hinblick auf die Basiskompetenz** "Pflege der familialen Beziehungen", die durch den Tod der Kinder und des Mannes und später des Bruders dramatisch vorangeschritten ist, (nach dem Tod des letzteren hat sie keine Möglichkeit mehr, regelmäßig zu den Geschwistern nach Lothringen mitgenommen zu werden) steht durch die **Überfokussierung auf die Familie und Verwandtschaft** kein ausgleichender Zuwachs an außerfamiliären sozialen Kontakten gegenüber, der für sie eine Kompensation der Verluste darstellen könnte. (In Zusammenhang mit der häufig thematisierten Gegenwartserfahrung der Einsamkeit kommt es zu einer Spannung in der autobiographischen Thematisierung. "Keiner kommt", damit sind in erster Linie die jungen Verwandten aus Kassel gemeint, denn ihre Freundin Frau B. besucht sie regelmäßig, eine Nachbarin schaut häufig zu ihr herein, Kollegen kommen Ostern zum Kaffee. Auf eigene Initiative andere Menschen, etwa Kolleginnen zu besuchen, ist sie "no nit so gewöhnt", argumentiert sie. Damit verstärkt sie die aus Sizilien gewohnte Konzentration der Frau auf Haus und Familie in der Migration – wobei es zu ihren Sozialitätserfahrungen gehört, in Sizilien auch enge Kontakte mit der Nachbarschaft zu pflegen.)

Die Rückkehr nach Sizilien, auf die das Leben in der Migration teleologisch bezogen war, läßt die biographische Zeitperspektive der Orientierung an der Zukunft mit der gelebten Gegenwart in Deckung bringen, und entspricht damit dem Selbstverständnis des Alters. Sie macht es ihr in ihren Augen möglich, in einem "gemütlichen" überschaubaren dörflichen Rahmen, ("eine Post", "ein Gasthaus", "eine Piazza"), wo es "viele alte Leute" gibt, **lebenszyklisch stimmig** und beschaulich zu leben, im Verbund der Generationen (Schwiegermutter, Schwager und Schwägerin, Nichten mit Familien). Zur beschützten Verankerung im sozialen Beziehungssystem der Verwandtschaft gehört es auch, daß sie die fehlende Generationenfolge ausgleichen kann, was die "letzte Passage", den eigenen Todesfall angeht. Ihrer Schwägerin hat sie die Aufgabe übertragen, ihre "letzten Dinge" am Ort zu regeln. "Zuhause", in der Geborgenheit des dörflichen Milieus, kann sie zunächst einmal leben "wie eine sechzigjährige Frau". Realistisch und in ihrer Orientierung über die in Deutschland praktizierte Fokussierung auf Familie und Verwandtschaft hinausgehend, schätzt sie die Notwendigkeit ein, nach so langer Abwesenheit außerfamiliäre Kontakte im Dorf neu aufbauen zu müssen: "muß ich mit 60 von vorn anfangen" (drittes Interview) und antizipiert damit erwartbare **Erfahrungen einer "zweiten Fremdheit"**. In der Beschaulichkeit, der Befreiung vom Zwang, für andere dasein zu müssen (zuerst kommt die Sorge für das eigene Haus, dann eventuell die Mithilfe im Restaurant der Nichte), kommt eine Umorientierung der Altersidentität zum Tragen: zu ihrem Erfahrungsbestand (Großmutter) gehört es, daß Frauen ein Arbeitsleben ohne Ende haben. Dazu besteht für sie als Rentnerin mit eigenem Haus und Einkommen, Ergebnis positiv wirkender Instanzen im Migrationsland, keine Notwendigkeit. Sie hat nun die Möglichkeit, eigene Prioritäten zu setzen. Diese Möglichkeit wahrzunehmen, ist Ausdruck eines biographischen Wandlungsprozesses, im Rahmen dessen sie individuellen Bedürfnissen Rechnung tragen kann.

5.1.8. Zusammenfassung: Konstitutive Merkmale der Biographie von Benedetta A.

Die Biographie von Benedetta A. ist bis zum Zeitpunkt der Festigung ihrer Position als Ehefrau und Mutter in der ersten Migration nicht handlungsschematisch durchorganisiert. Sie ist geprägt von der kollektiven Verlaufskurve des Bergarbeitermilieus, der Familienbiographie, Prozessen des Fremdbestimmtseins, wo über sie entschieden wird, solchen vor allem, die von Erwartungen an die weibliche "Normalbiographie" in Sizilien zu dieser Zeit geprägt sind.

Biographische Planungen und Handlungsschemata dieser Migrantin, die nach Verlassen der Herkunftsfamilie erstmals entwickelt werden, sind durch eine stark traditionelle familienzyklische Orientierung bestimmt, die sie in ihrer Biographie mit großer Konsequenz und Beharrlichkeit rational und pragmatisch verfolgt. Trotz einer als dramatisch zu bezeichnenden Vielzahl von menschlichen Verlusten, die sie in ihrem Bewußtsein durchaus mit der Migration verknüpft, entwickelt sie ein familienbiographisches und biographisches Handlungsschema der "erfolgreichen Rückkehr", das sich in seiner Konsequenz nicht trotz, sondern wegen dieser Verluste realisieren ließ.

Dabei ist die blutsverwandtschaftlich ausgerichtete Beziehungskonzeption für das Verständnis ihrer Biographie zentral. Durch die Migration kommt es insgesamt nicht zu einem "Einfrieren" von Werten des Herkunftshorizontes, sondern die familialen und verwandtschaftlichen Beziehungen werden aufrechterhalten und kultiviert. Daneben haben Beziehungen zu anderen im wesentlichen als Arbeitsbeziehungen ihren Wert oder als Helferbeziehungen im Rahmen eines rational-strategischen Kalküls.

Vor allem durch den Verlust von nahen Angehörigen erlebt sie in der zweiten Migration einen Prozeß der "erzwungenen Individualisierung", die sie andererseits aber in Anwendung ihrer Möglichkeiten auch nutzt, um sich unter den strukturellen Bedingungen des Lebens im Herkunftsort eine materiell und sozial abgesicherte Altersphase zu organisieren. Hier wiederum soll das Funktionieren des sozialen Netzes verwandtschaftlicher Beziehungen tragender Bestandteil persönlichen Wohlbefindens sein.

Dominantes Thema dieser Biographie ist die Verknüpfung von traditionellen Orientierungen mit erweiterten Handlungsspielräumen unter Entwicklung und Anwendung von Möglichkeitsstrukturen, die ihrerseits zentral geprägt sind von kollektiven Prozessen in Kindheit und Jugend. Diese Migrantin integriert die Erfahrungen und Chancen des Neuen so, daß diese die traditionellen Orientierungen im Grunde nur wenig tangieren, sondern wesentlich dazu dienen, die durch die engen Grenzen des "Alten" gesetzten ökonomischen Möglichkeiten zu erweitern. Das macht handlungspraktisch und eigentheoretisch wirksam werdende Ausblendungen notwendig, die ihr ein Sicheinlassen auf das neu Vorgefundene und dessen persönliche Nutzung vorwiegend im Rahmen ihres zweckrationalen Handelns ermöglichen.

Ihr Lebensziel, Gegenstand langfristiger Handlungsplanungen in der Migration, mit der ökonomischen Anstrengung des Hausbaus sich und ihrer Familie eine ökonomisch wie sozial abgesicherte Position im Netz verwandtschaftlicher und nachbarschaftlicher Beziehungen in der Dorfgemeinschaft des Herkunftsortes des Mannes zu verschaffen und damit auch kultur- und geschlechtsspezifischen Anforderungen nachzukommen, hat sie nur für sich selbst erreicht, da sie schließlich allein nach Sizilien zurückkehren muß. Ihre Fähigkeit, ihre Handlungsplanung in hohem Maße realitätsgerecht fundieren zu können, hat jedoch dazu geführt, nach einem mit großer Konstanz durchgehaltenen Arbeitsleben und in Folge einer "eisernen" Haushaltsökonomie, worin auch ein Stück "aufgeschobenes Leben" steckt, ihr Leben im Ruhestand materiell unabhängig und sozial weitgehend abgesichert gestalten zu können. Hier wird ein Wandel in der Selbstidentität insofern deutlich, als sie zunehmend darauf ausgerichtet ist, für sich selbst zu sorgen.

Ihre Rückkehr nach fast dreißig Jahren kann verstanden werden als das Ergebnis einer Arbeitsmigration, die die Verwurzelung im Migrationsland nicht ermöglicht hat. Sie muß aber auch begriffen werden als die Rückkehr zu denen, die "ihre Sprache sprechen", die Heimkehr "zu den wenigen Nächsten, die persönliche Anspielungen verstehen", zu den "wirklichkeitswahrenden Anderen" also (Berger, P.L. / Berger, B. / Kellner H. 1987, S.165). Die Migrantin kann dies in realistischer Erwartung tun, in Sizilien im Kreis der Verwandtschaft aufgenommen zu werden, weil sie die Kontakte zu den verschiedenen Generationen (Schwiegermutter, Schwager und Schwägerin, Nichten) lebendig gehalten hat, dort Beziehungsarbeit geleistet hat. Dies mag zunächst Ausdruck einer traditionellen Orientierung an der Primärgruppe sein. In der Fähigkeit, die verschiedenen Perspektiven präsent zu halten, geht es darüber hinaus. Das tätige Aufrechterhalten der verwandtschaftlichen Beziehungen zu ihren Geschwistern und deren Nachkommen in Lothringen neben der Pflege der Kontakte zu ihren angeheirateten Verwandten in Sizilien ist ein Ausdruck migrationsbedingter, entwickelter Mobilität.

5.2. Migration, sozialer Aufstieg und Individualisierung auf dem Hintergrund des Verbleibens im Migrationsland: Biographieanalyse Nuncia C.

5.2.1. Kontaktaufnahme mit Frau C.

Frau C. lernte ich im Herbst 1992 durch Vermittlung des Sozialberaters der Caritas kennen. Ich nahm telefonischen Kontakt auf, um mit ihr als einer der beiden Vorsitzenden der "Frauengruppe" bei der Missione Cattolica einen Besuch dort zu vereinbaren und sie darüber hinaus für ein Interview zu gewinnen. Als ich ihr von meiner Untersuchung erzähle, erinnert sie sich sofort an ihren ersten, den "schlimmsten Tag in Deutschland", den 12. August 1962. Sie sei hierher gekommen, weil sie ihren Mann nicht länger habe allein lassen wollen, und gleich zu Anfang sei ihnen die möblierte Wohnung, die ihr Mann gefunden hätte, wieder gekündigt worden. Das werde sie "nie vergessen". Frau C. lädt mich zu einem Besuch des sonntagnachmittäglichen Treffens der Gruppe in die Räume der "Missione Cattolica" ein.

Als ich wenig später, im Oktober 1992, zum Besuch in die "Missione Cattolica" komme, empfängt mich Nunzia C., eine zierliche, elegante Person. Beim Kaffeekochen für die Gruppe – die anderen Mitglieder treffen erst nach und nach ein – stellt sie sich mir näher vor. Sie lebe schon gut dreißig Jahre in Kassel und habe zwei Töchter, die eine gute Ausbildung genossen hätten ("Industriekaufmann, Arbeitsamt") und in ihrem Beruf tüchtig seien. Sie selbst sei Inhaberin einer Schneiderei und habe in ihrem Stadtteil viele Kontakte: so sei sie mit ihrem Mann Mitglied in vielen Vereinen, u.a. dem örtlichen Karnevalsverein. Sie habe vor sechs Jahren die Gruppe bei der "Missione Cattolica" gegründet, weil ihr aufgefallen sei, daß sie zwar Mitglied "in vielen Vereinen mit Deutschen" sei, daß aber "bei den Italienern nichts läuft".

Frau C. geht noch einmal auf ihr erstes halbes Jahr in Deutschland ein, das "besonders schwer" gewesen sei. Noch einmal erwähnt sie die Wohnungsprobleme, von denen sie mir bereits am Telefon erzählt hatte und präzisiert, in jenem Sommer sei es so kalt gewesen, daß man habe Handschuhe anziehen müssen. Sie habe gleich Arbeit in einer Fabrik gefunden, und als sie eines Morgens an der Haltestelle gestanden habe – die Straßenbahn sei ihr vor der Nase weggefahren und der Regen habe ihr in die Schuhe getropft – da habe sie nur gedacht: Hier bleibe ich nicht. Die Arbeit in der ersten Fabrik sei gesundheitlich sehr belastend gewesen, und sie sei krank geworden. Als sich dann eine Familie gefunden hätte, die sich als sehr hilfreich erwiesen habe, sei es aufwärts gegangen. Man habe dort eine Wohnmöglichkeit gefunden und eine Kinderfrau, die Frau C. gebraucht habe, um ihre Tochter aus Italien holen und dennoch weiterarbeiten zu können. Als sie später in Sizilien Land vom Großvater, dem Vater von Herrn C., geerbt hätten, sei die Überlegung gewesen, ob sie nicht nach Sizilien zurückgehen sollten. Sie hätten sich aber doch entschieden, wie die Geschwister von Herrn C., das Land zu verkaufen und in Deutschland zu bauen.

Der Ehemann von Frau C. kommt ab und an zum Gespräch dazu, ergänzt ihre Ausführungen auf unaufdringliche Weise. Später, als wir an der gemeinsamen Kaffetafel der Gruppe sitzen, gehört er zu den wenigen Männern, die sich unter die Frauen mischen und nicht auf der "Männerseite" des Tisches Platz nehmen.

Um dann ein Interview mit Frau C. führen zu können, bedarf es noch einiger Telefonate. Sie möchte offensichtlich nicht hinter den Frauen ihrer Gruppe zurückstehen, die sich zu einem Interview mit mir bereiterklärt haben, hat andererseits aber wohl auch Bedenken und verweist mich auf ihre knappen Zeitressourcen: "Ich bin ein Mensch mit Terminen!". Im Februar 1993 gelingt es mir, einen Interviewtermin mit ihr zu bekommen. Der Hochbetrieb in der Schneiderei vor dem Weihnachtsfest und der "Heimaturlaub" sind vorbei. Als ich das Haus betrete, bittet sie mich zunächst, mein Auto korrekt zu parken. Sodann führt sie mich in ein perfekt ausgestattetes Wohnzimmer, das einen kaum bewohnten Eindruck macht, keine persönlichen Spuren trägt und ungeheizt ist. Herr C. kommt dazu, und Frau C. stellt ihm frei, sich am Interview zu beteiligen. Nachdem ich erklärt habe, daß ich das Interview mit Frau C. gern allein führen würde, da meiner Erfahrung nach aus dem Interview sonst ein "Familiengespräch" würde, mich aber auf ein gemeinsames Gespräch nach dem Interview freuen würde, entfernt sich Herr C. etwas widerwillig in die Küche und setzt sein Spiel an der Heimorgel fort.

Um mit Nunzia C. ins Gespräch zu kommen, frage ich sie, ob ihr Weihnachtsurlaub in Sizilien erholsam gewesen sei. Ihre Antwort fällt sehr negativ aus. Der Urlaub in Sizilien sei "nie ein richtiger Urlaub", es sei nie schön und erholsam, da "man" so viele Verpflichtungen habe. Sie fahre jedes Jahr um Weihnachten herum für vier Wochen dorthin, aber dieses Mal sei es besonders anstrengend gewesen, da ihre Mutter sehr krank sei. Diese benötige auch weitere Pflege, die für die kommende Zeit die Schwester übernehme, die ebenfalls in Kassel lebe. Ich erzähle Frau C. noch ein wenig von mir und meiner Arbeit, von der Entstehung meines Interesses an italienischer Migration. Als ich ihr zusichere, daß persönliche Angaben im Interview bei der späteren Verwendung maskiert würden, hält sie dies zunächst für nicht sehr wichtig. Sie akzeptiert es, daß ich das Interview auf Band aufnehme. Ich erkläre ihr, daß mich besonders die Lebensgeschichten von italienischen Migrantinnen ihrer Generation interessieren, da ich bei Frauen ihres Alters davon ausgehe, daß sie schon eine ganze Zeit in Italien gelebt haben, bevor sie nach Deutschland gekommen sind, und deshalb reiche Erfahrungen in beiden Ländern gesammelt haben. Mein Angebot, das Interview auf italienisch zu führen, schlägt sie aus.

5.2.2. Übersicht über die biographische Entwicklung

1933 wird Frau C. als zweite Tochter einer Familie geboren, die ihren Lebensunterhalt in R., einer Kleinstadt am Ätna (Prov. Catania) mit einem kleinen Fuhrunternehmen (Pferdefuhrwerk) und einer kleinen eigenständigen Landwirtschaft bestreitet.

1939 wird der Vater zum Militär eingezogen, das Fuhrunternehmen verkauft. Die Mutter besorgt die Landwirtschaft (Anbau von Weizen und Wein) unter Mithilfe ihrer Töchter in der Zeit seiner Abwesenheit allein. Frau C. und ihre Schwester besuchen die Grundschule (scuola elementare). Anschließend absolvieren beide auf Initiative der Mutter eine 6-7 Jahre dauernde Schneiderlehre, die mit Geldzahlungen und persönlichen Dienstleistungen der Mädchen im Haushalt der jeweiligen Meisterin vergütet werden muß.

Anfang der 50er Jahre heiratet Frau C.; ihr Mann kommt aus einer kinderreichen Familie mit großem Landbesitz. Sie geht mit ihrem Mann nach Z., einem von ihrem Heimatort etwa 30 km entfernten Dorf südlich des Ätna, und ist dort mit ihm ebenfalls in der Landwirtschaft (Viehzucht) tätig. 1954 wird die erste Tochter geboren. Frau C. ist häufig krank, das Geld für Ärzte Krankenhausaufenthalte verschlingt einen großen Teil der Einkünfte. 1959 wird die zweite Tochter geboren. Nunzia C. kann sich wegen einer Anämie nur schwer von der Geburt erholen, Mutter und Kind haben weitere medizinische Hilfe nötig, die wiederum Geld kostet. Im September 1960 beschließen die Eheleute, nach R. zurückzukehren, von wo aus Herr C. im November des Jahres nach Deutschland aufbricht. Er findet Arbeit in einer Stahlfabrik im Sauerland, die er bereits nach kurzer Zeit verlassen muß, weil er den Arbeitsanforderungen gesundheitlich nicht gewachsen ist, und folgt einem Verwandten nach Kassel, wo er eine Stelle in einer Druckerei und Färberei annimmt. Auch hier bekommt er wegen der Farbdämpfe gesundheitliche Probleme und findet schließlich eine für ihn eher verträgliche Tätigkeit in einer Molkerei. Frau C. bleibt unterdessen mit den Kindern in R. zurück.

Im August 1962 kommt Frau C. ebenfalls nach Kassel, da ihr Mann nicht nach Sizilien zurückkehren will. Die Kinder bleiben bei der Mutter von Frau C.. Die Wohnungssituation erweist sich als schwierig, da das Ehepaar eine eben angemietete Wohnung bereits nach drei Tagen verlassen muß. Mit Hilfe einer italienischen Bekannten gelingt es, ein Zimmer in einem Gasthaus zu finden. Frau C. beginnt sofort, in einer Bekleidungsfabrik zu arbeiten, verträgt jedoch den Staub am Arbeitsplatz nicht und wechselt die Arbeitsstelle. Sie beginnt, in einem Autobahnrasthaus Bett- und Tischwäsche auszubessern. Im Januar 1963 muß Frau C. nach Sizilien zurückkehren, um ihre Mutter bei einem Krankenhausaufenthalt zu pflegen. Es gelingt ihr nicht, ihren Mann zur endgültigen Rückkehr nach Sizilien zu bewegen. So kommt die Familie mit der jüngsten Tochter im Mai 1963 nach Kassel zurück. Die älteste Tochter bleibt bei der Großmutter in Italien, um die Grundschule zu beenden.

Die C.s finden Unterkunft, Essensversorgung und Kinderbetreuung bei einer polnisch-deutschen Familie. Frau C. nimmt nun ebenfalls eine Tätigkeit in der Molkerei auf, wo ihr Mann bereits arbeitet. Die Leistungen der Gastgeberfamilie werden in Geld und mit Näharbeiten von Frau C. vergütet. Als etwa ein Jahr später die älteste Tochter ebenfalls nach Kassel kommt, wird es notwendig, daß sich die Familie eine eigene Wohnung sucht. 1965 beendet Nunzia C. ihre Tätigkeit in der Molkerei, da sie dort "Aufseherfunktionen" übernehmen soll. Sie findet sofort eine Stelle als Arbeiterin in der Textilindustrie. Nach einem Sizilienaufenthalt findet Herr C. seine Stelle in der Molkerei gekündigt vor: eine Folge des Konfliktes seiner Frau. Durch Vermittlung eines Lehrers der Töchter bekommt er Arbeit in einem Papierwarengroßhandel; um 1970 kann er als Arbeiter in einem Autokonzern anfangen, wo er bis zu seiner Berentung 1988 bleiben wird.

1969 zieht die Familie in ein eigenes Haus um: der Kauf wurde möglich, da Herr C. nach dem Tod seines Vaters Land im Herkunftsort verkaufte.

Die Töchter verlassen die Schule nach der mittleren Reife und absolvieren jeweils eine Lehre als Industriekauffrau bzw. Sachbearbeiterin in der Verwaltung. Eine von ihnen heiratet später einen Italiener, die andere einen Deutschen. Eine der beiden Töchter bezieht einen dazu eigens erstellten Anbau im Haus der C.s.

Ende 1978 verläßt Frau C. ihre Stelle als Textilarbeiterin nach einem Konflikt, in dem sie sich geweigert hatte, Vorarbeiterin zu werden. Im Januar 1979 macht sie sich als Schneiderin selbständig und eröffnet eine Änderungsschneiderei, die sie bis heute betreibt. Im Sommer 1985 macht Frau C. nähere Bekanntschaft mit einer deutschen Kundin. Aus dieser Bekanntschaft entwickelt sich eine enge Freundschaft dieser Frau mit der Tochter von Frau C., die im gleichen Haus wohnt. Diese Freundschaft wird für Frau C. zu einem Problem, da sie glaubt, es werde in ihre Familie "hineinregiert" und die Tochter entfremde sich Mann und Kind. Sie sucht mit ihrer Tochter einen italienischen Heilpraktiker auf, der einen so starken Einfluß auf sie gewinnt, daß sie ihn als "innere Stimme" inkorporiert, mit der sie sich häufig auseinandersetzen muß. Dabei leidet sie auch an somatischen Reaktionen. Es kommt zu "unkontrollierten" Handlungen des Helfens und Verschenkens. Im Herbst 1986 gründet Nunzia C. eine "Frauengruppe" im Rahmen der italienischen Kirchengemeinde und sucht damit erstmals wieder bewußt Kontakt im Rahmen ihrer ethnischen Kolonie. Eine junge Apothekerin, die sie durch Zufall kennenlernt, wird ihr zur Freundin und Vertrauten. Sie hilft ihr bei der Bewältigung ihrer psychischen Konfliktlage. 1988 geht Herr C. endgültig in den Ruhestand. Er hilft seiner Frau im Geschäft und übernimmt den gesamten Haushalt. Frau C. dagegen beabsichtigt, so lange wie möglich berufstätig zu sein.

5.2.3. Interpretation des narrativen Interviews

5.2.3.1. Kindheit in Sizilien: "Wie ich da gelebt und uns're Zustände"

Vor Beginn des Interviews erläutere ich Frau C. noch einmal mein Erkenntnisinteresse: zu erfahren, wie sich ihr Leben durch die Migration verändert habe. Dazu, so präzisiere ich, sei es notwendig, zu erfahren, wie sie vorher gelebt habe und wie es dazu gekommen sei, daß sie Sizilien verlassen habe. Ich fordere sie auf, "ruhig von Anfang an" zu erzählen. Frau C. sichert sich ab: "Also Sie wollen wissen, wie ich zu Hause war", und nach einer Bestärkung durch die Interviewerin, "wie Sie da gelebt haben, ja", klärt Nunzia C. noch einmal, wie bereits zuvor beim Kontrakt geschehen, die Interaktionsgrundlagen der Interviewsituation ab: "Den Namen dürfen Sie nie erwähnen", was ich ihr zusichere. Die Aufforderung, sich über ihre Lebensverhältnisse in der Kindheit zu äußern, löst offensichtlich Unbehagen aus. Dies ist oberflächlich gesehen mit einer Scham über "uns're Zustände" zu erklären, etwa unter Statusgesichtspunkten wenig präsentable Seiten ihrer Herkunftsgeschichte. Um so erstaunlicher ist es, daß dann in der Präambel ihrer lebensgeschichtlichen Darstellung eine Schilderung der Anfänge erfolgt, die die kollektiven Rahmenbedingungen für die individuelle Lebensgeschichte durchaus miteinbezieht.

"C: + Äh, also wir waren mit zwei Kindern zu Hause, zwei Mädchen. + Un´, + meine Mutter hatte sich, es war im Krieg wo wir groß geworden sin´, ne,
I: Ja
C: des war no´im Krieg
I: Ja
C: Aber dann is´, äh, war m´r beide + ich war + Moment + äh, sechs Jahre , meine Schwester war neun Jahre und neununddreißig denn is´meine Vader zur Bundeswehr gegangen, haben die den eingezogen, un´bei uns ging gut, wir hatten Pferde, mein Vader hatte mit de Pferde zu tun, des hat er im Walde gearbeitet, da hatte, war unser früher war so, daß mit d´e Pferde hab´Schnee geholt von, von Berge von Etna ++ Mein Vader war von Beruf so´ne + der hat da diese Pferde un´dann ha`me Schnee geholt, äh, also heiße so Brocken, heiß + geholt und so ha´mer gelebt. Un´dann neununddreißig is´die Krieg´n gekomen un´meine Vader muß dann, äh, zu Bundeswehr un´dann war´n die Pferde muße mer verkauf´+ un´na ging das nicht, un´+ dann is´so´n bißchen bei uns so katastrophal geword´n, ne, in Kriege, naja dann war die Kriegszeite un´dann, äh, simmer `n bißche´älter geworden, in der Kriegszeit, da war sehr schwer zu leben, bei uns war Mussolini, ne, un´wenn wir, Land hatt' mer, die hab´n uns alles abgenommen Wein, Weizen, alles, + Gold (=Schmuck), alles was wir hatten mußt m´r abgeben.
I: Also nicht das Land , aber den Ertrag, ne? Das
                        C: (betont:) Ja, was wir hatten, nicht das Land nicht, (erzählend:) äh, die Getreide, die wie hier Kartoffel, bei uns das so, ne
I: Mhm, mhm
C: Wein, alles haben die uns abgenommen, ne. + Und ich als klein Kind das war, äh, an die Kinder haben die Miliz nix getan. Un´wir standen wir da vierzig, fuffzig Kinder mit so

bißchen Weizen von der, von der Mühle, wissen Sie da gab so Mühle, un´da stand mer da un´die dürfen mer da zum Beispiel zehn Kilo, bis zu zehn Kilo hab´n sie ni´weg. (lacht) Des war von klein, ne, Milize.
I: Mhm
C: Na,a, des war, äh, diese Leben war, äh, `n bißchen sehr schwer gewesen, da hab´n m´r gearbeitet un´mußten m´r des alles abgeben. Wie gesagt, Gold, alles, alles muß mer weg" (I,1).

Frau C. entwirft in der Präambelerzählung des Interviews eine "grobe soziale Geographie" (Ch. Hoffmann-Riem): Sie ist mit einer Schwester aufgewachsen, und zwar im Krieg. Die ökonomischen Verhältnisse waren bis zur Einberufung des Vaters zum Militärdienst offensichtlich befriedigend gewesen – "bei uns ging gut". Der Vater sicherte den Anteil des Familieneinkommens, der mit Geld vergütet wurde, mit seinem Fuhrunternehmen, eventuell auch durch den Verkauf des Lavaauswurfes, der traditionell für Bauten verwendet wird. Dazu gab es eine kleine Landwirtschaft, die offensichtlich, dies wird im Nachfrageteil deutlich, hauptsächlich von der Mutter betrieben wurde. Das ausgewogene Verhältnis der Familieneinkünfte sowie der Arbeitsteilung zwischen Mutter und Vater wurde dann vom Krieg gestört: der Vater wurde eingezogen, die zum Fuhrwerk gehörigen Pferde mußten verkauft werden. Zur Reduktion auf die Erträge der Landwirtschaft kamen die Einschränkungen in der Ernährungslage durch die Kriegsbewirtschaftung. Die Miliz achtete darauf, den Bewohnern der Kleinstadt, die eine Landwirtschaft betreiben, nur das Notwendigste zum Leben zu lassen. Die Erinnerung ist an diesem Punkt geprägt durch die "zehn Kilo" Mehl, die den einzelnen Familien gelassen wurden. Die Konfrontation mit der Miliz, die als Ordnungsmacht in das (kindliche) Territorium einbrach, spielt eine gewichtige Rolle in Frau C.s Erinnerungen. Offensichtlich gehörte es zum Kalkül der Überlebensstrategien der Erwachsenen, daß die Miliz den Kindern "nichts tat" und diese so die Nahrungsgrundlagen ungehindert nach Hause tragen konnten, wenn auch sicherlich mit äußersten Kraftanstrengungen.

Wie löst nun Frau C. die Aufgabe, die sie so versteht, zu schildern, "wie ich da gelebt und uns´re Zustände" waren? Zunächst einmal ist sie damit beschäftigt, einen Erzählfaden zu finden, der die familienspezifischen Bedingungen des Aufwachsens anschaulich macht: die geringe Kinderzahl ist ihr kein Anlaß zu besonderen Kommentierungen. Die Figur der Mutter wird eingeführt; eine Aktivität, die den Umgang mit der Situation wohl näher bezeichnen soll, wird umgehend fallengelassen, weil Frau C. gleichzeitig die Rahmenbedingungen des Aufwachsens näher skizzieren muß: der Vater wurde eingezogen – Frau C. verwendet hier den historisch wie lokal unpassenden Begriff "Bundeswehr", von dem sie annehmen muß, er sei mir geläufiger als das dem Italienischen durchaus verwandte Wort "Militär" ("militare"). Die Informantin, die ihren Geburtsjahrgang nicht genannt hat, markiert das eigene Alter und das der Schwester mit dem Zeitpunkt der Einberufung des Vaters zum Militär. Die Auswirkungen des väterlichen Kriegseinsatzes auf die Familie können offensichtlich erst verdeutlicht werden, wenn klar ist, wie sich die Situation zuvor dargestellt hat. In einer Hintergrundskonstruktion greift die Erzählerin also zurück auf den Zustand ex ante: "bei uns ging gut", da die Familie im Besitz eines Pferdefuhrwerks war, mit dem die Lava aus dem Ätnagebiet abtransportiert wurde. Denkbar ist, daß damit auch Holz transportiert wurde ("im Walde gearbeitet"). Die Bilanzierung "und so ha´mer gelebt" bezieht sich offensichtlich auf die Tätigkeit des Vaters – die Berufsbezeichnung "Fuhrmann" (carrettiere) steht Frau C. nicht zur Verfügung. Ob der Vater die abgebauten Lavabrocken, die z.B. als Baumaterial verwendet werden konnten, auch selbst verkaufte, bleibt unklar. Frau C. führt nun die Erzähllinie, die sich mit gravierenden Veränderungen in der Kindheit beschäftigt, fort, indem sie noch einmal den Militärdienst des Vaters erwähnt und die Folgen benennt: das Fuhrunternehmen konnte nicht mehr weiterbetrieben werden – offensichtlich stand kein anderer Mann, etwa aus der Verwandtschaft, zur Verfügung, der den Vater hätte vertreten können. Das Abtönungspartikel "bißchen", das Frau C. im Zusammenhang mit der negativen Entwicklung verwendet, kann auf zweierlei verweisen. Entweder wurde es nicht so katastrophal, daß die Familie hätte hungern müssen, oder es ist Frau C. noch heute unangenehm, zugeben zu müssen, wie groß die unverschuldete Notlage war. Sie weist aber im folgenden noch einmal darauf hin, daß die "Kriegszeiten" das Aufwachsen prägten. Das, was am Ende dieser Sequenz bilanzierend festgestellt und der vorhergegangenen Phase kontrastierend gegenübergestellt wird, besagt: es war schwer, weil man arbeitete und der Früchte eben dieser Arbeit verlustig ging, weil man alles abgeben mußte. Dies wird zuvor näher ausgeführt: die Mussolini-Herrschaft bedingte, daß die Erträge aus der Landwirtschaft, über die die Familie verfügte, ebenso abgegeben werden mußten wie die "kleinen Reichtümer", der Schmuck (wie Frau C. auf spätere Nachfrage hin präzisiert). Die kollektive Betroffenheit von den Eingriffen der Miliz wird nun erläutert im Zusammenhang mit einer kurzen Schilderung der Kinderschar an der Getreidemühle. Sie erwähnt nicht nur, daß die Kinder an der Mühle auf die Miliz trafen, sondern betont, "als klein Kind das war" – das Adjektiv "klein" verstärkt den Gegensatz zu den erwachsenen Männern der Miliz und unterstreicht die individuelle Perspektive auf das Geschehen.

In der Zusammenfassung "da hab´n m´r gearbeitet" wird durch die Verwendung der Pluralform angedeutet, daß die Töchter der Mutter bei der Landarbeit helfen mußten. Es ist bemerkenswert, daß die Mutter als Einbringerin des Familienunterhalts hier nicht auftaucht. Denkbar ist es, daß sie die Aufgaben weiter erledigte, die schon zuvor in ihren Zuständigkeitsbereich fielen und deshalb für die Informantin keine Notwendigkeit besteht, diesen Tatbestand besonders zu würdigen. Erst im Nachfrageteil verdeutlicht Frau C. das "schwere Leben" der Mutter in der Landwirtschaft, die sich, als sie später die Landwirtschaft mit ihrem Mann gemeinsam betrieb, nicht einmal eine Siesta gönnte, im Gegensatz zum Vater von Frau C.. Das Thema "Kindheit im Krieg" wird von Frau C. abgeschlossen, ohne daß erwähnt würde, wie sich die Verhältnisse für die Familie änderten, nachdem der Krieg zu Ende war und der Vater zurückkehrte. In der folgenden Sequenz wird es um das Thema "Schul- und Lehrjahre" gehen, eine biographische Entwicklungsphase, in der die Mutter zur entscheidenden Akteurin wird. Dies ist für Frau C. offensichtlich so wesentlich, daß es in der Erinnerungsarbeit die weitere Entwicklung der Familienbiographie überlagert: danach wird der Vater nicht mehr erwähnt, bis es im Nachfrageteil zu einer Gegenüberstellung des väterlichen und mütterlichen Arbeitseinsatzes kommt.

Bemerkenswert an der Darstellung der Erzählerin, die das Erleben der Kindheit im

Zusammenhang mit den kollektiven historischen Prozessen, also Faschismus und Krieg präsentiert, ist die Erwähnung Mussolinis und der Miliz, die in den Lebensgeschichten nahezu aller anderen Interviewten dieser Alterskohorte unterbleibt. Allenfalls wird – wie bei Frau A. – die Verschlechterung der Ernährungslage mit dem Hinweis auf den Krieg erklärt, es kommt auch zu Erwähnungen der kriegsbedingten Abwesenheit der Väter. Die Konfiszierung des Weizens gehörte zu dem von Mussolini verfolgten Programm der nationalen Selbstversorgung, dem frühen Einrichten von Vorratslagern und später der Kriegsbewirtschaftung (De Grazia, V. 1992, S.283); mit dem Einsetzen der Kriegshandlungen durch die Landung der Alliierten im Juli 1943 war Sizilien schließlich vom Festland abgeschnitten (Finley, M.I. et al. 1989 (1986), S.273). Die Erinnerung an die Miliz bezieht sich auf den spezifischen Einsatz dieser Einheiten, die traditionell die durch die Zweiteilung der italienischen Polizei bedingten Ordnungsaufgaben wahrzunehmen hatten.

(In einem späteren Gespräch mit Nunzia C. wird deutlich, daß die Erzählerin in der Präambel-Erzählung eher eine die Beeinträchtigungen durch Krieg und Faschismus zwar nicht aussparende, aber doch eher grobe Darstellung lieferte: In der Erinnerung an ihre Kindheit wird später die familienbiographische Alltagsbewältigung im Krieg detailliert. Die Familie taucht hier auf als Teil eines Verwandtschafts- und Nachbarschaftssystems, in dem Nachbarschaftsbezüge nicht mehr funktionieren und sich nur der Zusammenhalt der Verwandtschaft als tragend erweist. Fehlende Solidarität prägt die sozialen Bezüge in der Nachbarschaft: so mußte die Mutter, die sich Schweine angeschafft hatte, um die Familie zu ernähren, den Nachbarn fürchten, der eine Schlachtung und Verarbeitung der Tiere sofort zur Anzeige gebracht hätte. Das der Miliz vorenthaltene Hab und Gut wurde in Anwendung des scaltrezza-Prinzips, der gewitzten Umgehung staatlicher Vorschriften, in einer Zisterne im nahen großmütterlichen Garten versteckt. Heimlich wurden auf dem eigenen Terrain Mühlsteine zum Mahlen des Getreides in Gang gesetzt. Der spätere Ehemann von Frau C. überlistete mit seinen Brüdern die Milizen, indem er Passierscheine, die beim Transport von Weizen auf den eigenen Hof vorgezeigt werden mußten, gleich mehrfach präsentierte. Für die Unterschiedlichkeit der Darstellung ist m.E. die zunächst zaghafte Vertrauensbildung in der Eingangsphase der erzählten Lebensgeschichte verantwortlich, später aber auch ein wachsendes Selbstbewußtsein, mit der eigenen Geschichte als Trägerin einer "Geschichte von unten" auf Interesse zu stoßen. So erzählte mir Frau C. die historischen Details, kurz nachdem ein Enkel bei ihr Informationen für einen Schulaufsatz über die Kindheit der Großmutter eingeholt hatte.)

5.2.3.2. Schul- und Ragazzajahre: "... so hab'n wer gelernt"

Auf die Bilanzierung "alles, alles muß mer weg", die auf die Plünderung der Erträge und Ressourcen durch die Miliz verweist, folgt die Darstellung sekundärer Sozialisationsprozesse, in der die Phase des Schulbesuchs nur knapp abgehandelt wird:

"C: + Dann sin´mer bißche´erwachs´(=erwachsen) geword´n, un meine Mutter wollte, der hat uns in die Schule geschickt, meine Schwester und ich + un´dann hat meine Mutter damals so, müssen so 'n Beruf lerne', muß meine Mutter <u>bezahlen</u> natürlich. + Wir haben Schneiderin <u>gelernt</u> von Damen und Herrn. Is'nicht, daß wir einfach so gemacht haben. Nein, wir hab'n, äh, äh, wie gesagt, von <u>Damen</u> und <u>Herrn</u> ha'mer richtig gelernt, ne, von + Anfang an. Und das war der schlimme, meine Mutter muß <u>bezahlen</u> und wo der, wo der Herrenmeister war, die hatte drei Kinder und die-die muß mer damals mit der Hand waschen un'muß mer wir für den waschen un'putzen, daß wir de' Beruf lernen dann, + ne.

I: Mhm

C: Da ha'mer da drei Jahre, oder fast vier Jahre gelernt un' dann sin'mer bei der Schneide(r)meisterin gegangen, ne. Und dann ha'mer da, ah, die hat au'drei <u>Kinder</u> + un'muß mer au'da wieder von neue anfangen, waschen, putzen. + Hab'ich gern gemacht (lacht). Ich heute von (noch?) mein Beruf, ich habe, ich habe mein'Leben <u>viel</u> gemacht, ich wollte <u>alles</u> machen, ne, aber ++ daß ich Schneiderin werde, das hätt'ich nie geglaubt. Nein, + äh, ich war zum Beispiel immer viel <u>einkaufe</u> oder, + oder mit dem woandrehin zu geh'n, zur Anprobe geh'n. Aber + uns're Meisterin, ne, des is'-war 'ne ältere Dame, die war <u>so</u> bekannt, das glauben Sie gar net, was die für <u>nix</u>, was die gemacht hat, der hatte, + der hatte manchmal 'ne Stücke Kleid gemacht, (betont:) das <u>kannen</u> Sie sich nit vorstellen, was die mit nix, was für schönes Kleide gemacht hat, nur so aus'm Kopf. Das hab'ich mir immer abgeguckt. Aber + im Grunde genomme' hatte 'ne Hintergrund gelegt, ne.

I: Mhm

C: Aber ich hatte <u>sehr</u> gerne da gekuckt, was sie gefummelt hat immer, ne (schnell). Naja, dann hammer äh, der Schn-da erst a mal da nähen gelernt un'dann ha'mer den Schneidekurs gemacht. Früher gab`s mit Millimeter, Zentimeter, halbe Ze-, alles, des ham'wir alles gemacht, ne, ha'mer gelernt. Wie hier au' <u>'n Beruf gelernt wird</u> das so hab'n wer gelernt"(I,2/3).

Die Mutter schickt die Töchter in die Schule, und anschließend, obwohl dies bezahlt werden muß, in die Schneiderlehre. Dies bedeutet, zunächst drei Jahre nähen zu lernen, und dafür im Haushalt des Meisters zu helfen. Auf die Herrenschneiderlehre folgt die Damenschneiderlehre unter ähnlichen Bedingungen bei einer Schneiderin von Ruf und Geschick, dann eine weitere Spezialisierung: der Zuschneidekurs. Gehörte das "andare dalla sarta", das "zur Schneiderin Gehen", zum Sozialisations- und Segregationsprogramm von Mädchen in Sizilien, das mit der Pubertät einsetzt, scheint es sich im Fall der Erzählerin um eine gezielte Berufsausbildung und nicht allein um eine Vermittlung von Fertigkeiten "für den Hausgebrauch" gehandelt zu haben.

In der Darstellung wird zunächst die "Töchterperspektive" eingenommen und später auf eine individuelle Perspektive übergewechselt. Die Sequenz wird mit einer knappen Information über den Schulbesuch eröffnet, in der die Mutter das Subjekt der Handlung ist. Die Konstruktion betont den Charakter einer eingreifenden Handlung. Dies korrespondiert mit einer Äußerung im Nachfrageteil, in der Frau C. präzisiert, daß sie die Zeit vergeudet habe (die Möglichkeiten zum Lernen also nicht genügend nutzte) und von der Mutter mit Schlägen zum Schulbesuch genötigt werden mußte. Dies verwundert nicht angesichts mangelnder Vorbilder in einer kindlichen Welt, die ohne Lesen und Schreiben auskam und der Umgang mit Zahlen allenfalls in verbal aufgemachten Rechnungen, in persönlichen Aushandlungen eine Rolle spielte. Die Mutter konnte sich mit ihren Vorstellungen nicht voll durchsetzen: "ich bin in die Schule gekommen, ich habe au´gelernt, aber net so wie meine Mutter wollte" (II,61). Frau C. hat die "quinta elementare" erreicht, wollte aber nach dem Ende der Pflichtschulzeit nicht weitermachen, während ihre Schwester ein Jahr länger die Schule besuchte. Ihr mangelndes Interesse am Schulbesuch kommentiert Frau C. im Nachfrageinterview aus der Gegenwartsperspektive: "Und ich heute + bereue das, ne, (lacht) aber + kann mer net mehr zurück, ne + wenn ich zurück gehen könnte, da würd´ich heute noch in die Schulbank wieder geh'n zu lern´, was ich da verpaßt hab´, ne, aber was soll´s, hab´ich mein Beruf gelern´un´Lese´un´Schreibe kann ich, das reicht, aber ich, ich wolle mich weiterbilden, ne, aber ++ mer is´dumm, wenn mer jung is´" (II,61/62). Auch wenn sie im Nachhinein feststellt, daß die basalen Techniken des Lesens und Schreibens und die Berufsausbildung ausreichen für ihre Tätigkeit, so hat sie doch offensichtlich späterhin Orientierungen entwickelt, die ihr gezeigt haben, daß sie zum gegebenen Zeitpunkt nicht alle Möglichkeiten ausgeschöpft hat. Am Beispiel der Töchter wird sie sich später noch einmal damit auseinandersetzen, was es bedeutet, institutionell angebotene Möglichkeiten nutzen zu können. So bedauert sie es im Nachfrageinterview, daß ihre Töchter ihre Schullaufbahn bereits mit der mittleren Reife abgeschlossen haben – anders als bei unserer ersten Begegnung, wo sie sich mit dem beruflichen Werdegang ihrer Töchter hochzufrieden zeigt. Eine Motivation zur Weiterbildung konnte offenkundig nicht umgesetzt werden – im Gespräch nach dem zweiten Interview verweist sie darauf, daß sie begeisterte Radiohörerin ist und die Informationsmöglichkeiten dieses Mediums nutzt, wann immer es ihre Arbeit zuläßt. (Die Möglichkeiten, den Hauptschulabschluß nachzuholen und damit ein Fundament für eine berufliche Weiterqualifizierung zu legen, wurden zu der Zeit, als dies für Frau C. in Frage gekommen wäre, von Migrantinnen kaum genutzt. Es hätte erheblicher Unterstützungsleistungen von Seiten der Familie bedurft, sich nach einem Arbeitstag in der Fabrik noch einmal "auf die Schulbank" zu setzen, die Alltagsorganisation hätte umgestellt werden müssen, und schließlich hätten von Seiten der Betriebe Möglichkeiten des beruflichen Aufstiegs angeboten werden müssen, um die Frauen überhaupt zu solch einer Kraftanstrengung zu motivieren. Die Tatsache, daß innerhalb der Betriebe nicht einmal Sprachkurse angeboten wurden, die den Frauen die Situation am Arbeitsplatz und außerhalb desselben erleichtert hätten, spricht eine klare Sprache: auf den untersten Plätzen der Beschäftigungshierarchie wurde auf die Kommunikationsfähigkeit der "stillen" Reservearmee kein Wert gelegt.)

Was hat es nun mit dem Plazierungsverhalten der Mutter hinsichtlich der Ausbildung der Töchter auf sich? Zunächst einmal fällt auf, daß in der Orientierung, die infrastrukturellen Möglichkeiten zu nutzen, die die Kleinstadt bot, der Vater in der Darstellung der Informantin keine Rolle spielt. Da Nunzia C. kein historisches Datum für den Beginn des Schulbesuchs nennt, kann vermutet werden, daß es sich um die Zeit der Abwesenheit des Vaters handelt. Andererseits könnte dem Hinweis, ein bißchen "erwachs´" geworden zu sein, der auf die Darstellung der Lebensbedingungen im Krieg folgt, entnommen werden, daß zwischen Kriegsende und Schulzeit Zeit verstrichen ist. Sich für die Zukunft der Töchter zuständig zu fühlen, gehörte durchaus zum Aufgabenbereich der "cura per i figli", der den Müttern dieser Generation oblag. Dennoch müssen Aktivitäten und Orientierungen der

Mutter als Ergebnis einer Entscheidung gesehen werden, sich nicht damit zu begnügen, ihre Töchter bis zur Heirat in der eigenen Landwirtschaft mitarbeiten zu lassen, um sie dann wiederum einen "contadino", einen Bauern, heiraten zu lassen. Sie wußte schließlich aus eigener Erfahrung, wie die Zukunft der Töchter dann ausgesehen hätte: ein Arbeitstag "rund um die Uhr" vor allem zu Erntezeiten (in der Ätnaregion bis zu viermal jährlich), und die Führung eines Haushalts, was angesichts fehlender Hilfsmittel anstrengend und zeitraubend war. (V. De Grazia schildert die Ergebnisse einer Untersuchung des Nationalen Agrarforschungsinstituts INEA über Arbeitszeit und -belastung der Frauen in der Landwirtschaft, die zu Beginn der 30er Jahre in gut geführten bäuerlichen Betrieben der Toskana durchgeführt wurde: die Frauen kommen hier auf eine jährliche Arbeitszeit von bis zu 3655 Stunden (Männer: bis zu 2487 Stunden.) Sie sind "gleichzeitig Handwerkerinnen, Hausgehilfinnen, Tierhalterinnen und Betreiberinnen saisonaler Felder". Allein die Hausarbeit kostet sie jährlich etwa 1500 Arbeitsstunden. Da muß der Herd in Funktion gehalten, Wasser geholt, die Wäsche umständlich gewaschen und gebügelt werden, die Vorratshaltung der geernteten Gemüse und Früchte muß betrieben, die Haustiere und der Garten müssen versorgt werden. In der "Freizeit" muß genäht werden (De Grazia, V. 1992, S.182). Obwohl die Versorgung der Kinder als Zeitfaktor in dieser Aufzählung nicht einmal vorkommt, kann dennoch davon ausgegangen werden, daß unter dem Gesichtspunkt von Arbeitszeit und -belastung angesichts fehlender Hilfsmittel und Hilfskräfte (zu denen aber sicherlich die Kinder zählen) einer sizilianischen Bäuerin in dieser Region nicht weniger Lasten aufgebürdet waren. Was die zu erbringende Arbeitszeit angeht, erinnert sich denn auch Frau C. im Nachfrageteil, daß ihre Mutter stets mehr gearbeitet habe als der Vater. Es erscheint also plausibel, daß Frau C.s Mutter auf Grund eigener Erfahrungen sich für ihre Töchter ein besseres Leben wünschte. Weisen andere Informantinnen in meinem Sample darauf hin, daß ihre Brüder hinsichtlich des Schulbesuchs Prioritäten genossen hätten, kann eine Bevorzugung dieser Art im vorliegenden Fall ausgeschlossen werden. Unter den historischen Bedingungen des Aufwachsens von Frau C. und ihrer Schwester sind weitere Gesichtspunkte in Rechnung zu stellen: angesichts der Negativentwicklung der Familieneinkünfte durch den Krieg mag es schwer geworden sein, für beide Töchter eine Mitgift in Form von Wohnung, Haus o.ä. zu stellen: hier konnte eine Ausbildung, die die Töchter zum eigenen Beitrag für das Familieneinkommen befähigte, einen gewissen Ausgleich bieten, der zugleich weniger kostenaufwendig war. Zum anderen mögen die "Aufbruchsstimmung" nach dem zweiten Weltkrieg, in der gerade von der Linken auf bezahlte Tätigkeit der Frauen außer Haus hingewirkt wurde, und die Hoffnung auf wachsenden Wohlstand beigetragen haben zu einem sich wandelnden Leitbild der Frauen. (Auch wenn in diesem Fall bedacht werden muß, daß sich die Schneidertätigkeit generell weitgehend im eigenen Haushalt vollzog.) Hatte die bezahlte Landarbeit der Frauen in der Provinz Catania eine lange Tradition – in einigen Regionen dominierten gar die Frauen als Tagelöhnerinnen wegen der schlechten Bezahlung – , so war es ein sizilianisches Spezifikum auch noch für die Zeit nach dem Zweiten Weltkrieg, daß die Familie, die ihren Töchtern die degradierende Lohnarbeit ersparte und sie auch als "ragazza diplomata" im Haus behielt, als "più affettuosa" galt. In dieser Hinsicht kam selbst eine mögliche Heimarbeit als Näherin geschlechts- und kulturspezifischen Anforderungen allemal eher entgegen (s. dazu:

Ottaviano, Ch. 1980, S.110 ff. und Mafai, S. 1980, S.8/9).

Die biographische Klammer, die die Aussage über den Schulbesuch mit der nächsten Satzfrequenz verbindet, verweist auf die fortschreitende Zeit und die damit anstehenden neuen Entscheidungen: die Mutter wollte, so verstehe ich Frau C., daß die Töchter einen Beruf lernten, wofür "natürlich" – sie scheint hier gemeinsames Wissen vorauszusetzen – bezahlt werden mußte. In einem eingelagerten Kommentar wird dann das Ergebnis der Investition vorweggenommen: die Ausbildung zielte auf Professionalität ab, und das bedeutete, "von Anfang an", d.h. von Grund auf zu lernen, es war also keine bloße "Beschäftigung". Hiermit grenzt sich Frau C. offensichtlich vom oben skizzierten Modell der "Nähschule" ab. In der Fortsetzung der Erzählung wird "das Schlimme", das Bezahlenmüssen, wieder aufgegriffen, was auf die offensichtlich knappen Geldmittel der Familie verweist. Sie sind allerdings nichts Ungewöhnliches in einer ökonomischen Struktur, die vorwiegend vom direkten Naturalien-, Waren- und Dienstleistungstausch lebt, wie dies bis in die 60er Jahre hinein üblich war. Wir erfahren, daß es zunächst um das Erlernen der Herrenschneiderei ging. Details des Lernprozesses werden nicht präsentiert, sondern es werden die persönlichen Dienstleistungen erwähnt, die von den Mädchen erbracht werden mußten, damit sie den Beruf erlernen konnten. Offensichtlich war nicht genügend Geld vorhanden, um den Mädchen zu ersparen, sich die Lehre mit eigenem Einsatz zu verdienen. Angesichts fehlender Ausbildungsrichtlinien und eingefügt in persönliche Aushandlungen zwischen Eltern und Lehrherren teilten sie das Schicksal von Generationen von Lehrlingen (apprendisti) in Italien, über Jahre in einem persönlichen Abhängigkeits- und Ausbeutungsverhältnis zu stehen. Wie K. Bechtle-Künemund beschreibt, gehörte es noch in den 80er Jahren zur (süd)italienischen "ragazza-Sozialisierung", einer "anfänglichen Vogelfreiheit und Willkür im Arbeitsverhältnis" ausgesetzt zu sein, bis die jungen Mädchen in einen offiziellen Lehrlingsstatus eintreten konnten, und oft spielte in einem familiären Kleinbetrieb der Schattenwirtschaft der "ragazza-Status" nur die Rolle des Vorwands für Unterbezahlung, bis die weiblichen "Lehrlinge" den Betrieb verließen, wenn sie ihre Aussteuer beisammen hatten oder heirateten (Bechtle-Kühnemund, K. 1989, S.42/43).

Mit der folgenden biographischen Klammer wird auch die nächste Station der Lehrzeit angekündigt: offensichtlich die Damenschneiderei. Wieder steht die Darstellung der persönlichen Dienstleistungen im Vordergrund. In der fünfköpfigen Familie muß nun von neuem angefangen werden, Hausarbeiten zu verrichten und sich an die Gepflogenheiten des Hauses zu gewöhnen ("von neue anfange"). Die Bilanzierung: "hab´ ich gern gemacht", mit der eine individuelle Perspektive eingenommen wird, leitet eine Subsegmentierung mit argumentativem Charakter ein, in der es um die Berufsfindung geht. Zuvor schon wurde der Eindruck erweckt, als habe die Schneiderlehre eher in der Betätigung im Haushalt der Meisterin bestanden, nun greift die Erzählerin das in der Äußerung "ich habe mein Leben viel gemacht" auf. Sie stützt dies mit einer Angabe von Tätigkeiten, die zwar mit dem Schneiderhandwerk verbunden sind, sich jedoch nicht unmittelbar in der Nähstube abspielen, also erweiterte Bewegungsspielräume zulassen. Gleichzeitig liegt darin eine Vorankündigung auf den weiteren Verlauf ihres Arbeitslebens. Aus der Gegenwartsperspektive betrachtet scheint es ihr verwunderlich, daß sie Schneiderin geworden ist, den

Beruf bis heute ausübt. Offensichtlich schien es ihr zur Zeit der Lehre kein erreichbares oder auch wesentliches Ziel, Schneiderin zu werden ("das hätt´ich nie geglaubt"). Deshalb kommt es auch in ihren nun folgenden Einlassungen zur gehäuften Verwendung der adversativen Konjunktion "aber", weil sie deutlich machen muß, wie sich das, was zunächst nur als Impuls von der Mutter ausging, dann doch positiv besetzen ließ: die Kunst der Meisterin, von der sie sich "immer (etwas) abgeguckt" hat, legte den "Hintergrund", das Zugukken und Abgucken machte ihr offensichtlich Spaß. Weshalb die Schneiderin zur signifikanten Anderen im Prozeß der Identifikation mit einer zunächst wohl eher notgedrungen ergriffenen Tätigkeit wurde, veranschaulicht mir Frau C., indem sie mich direkt anspricht, um die Glaubwürdigkeit ihrer Darstellung zu unterstreichen. Der positive Ruf der Meisterin, die "mit nix was machen" konnte, war offensichtlich beträchtlich. Hiermit bezieht sie sich auf das sozialgeschichtliche Faktum, daß eine Frau "Meisterin" wurde nicht durch Prüfungen, sondern durch die besondere Anerkennung durch die Auftraggeber, durch den Bekanntheitsgrad, der dazu führte, daß Frauen sich auschließlich diesem "mestiere", diesem im eigenen Haushalt ausgeübten Beruf widmen konnten.

Die Erzählung im Stil des "und so weiter" wird fortgeführt mit dem Hinweis auf den Zuschneidekurs, der sich an das Erlernen der Grundfertigkeiten des Nähens anschloß: das alles wurde gelernt, "wie hier au´n Beruf gelernt wird". Das Ende der Sequenz soll einerseits an das Verständnis der Interviewerin appellieren, sich vorzustellen, wie "hier" ein Beruf gelernt wird, zeigt andererseits auch das Bemühen der Informantin, in ihrem professionellen Werdegang ernstgenommen zu werden. Auffällig ist hier, daß die Perspektive des Einwanderungslandes eingenommen wird. Es kann davon ausgegangen werden, daß Frau C. in ihrer Tätigkeit in Deutschland sehr häufig mit Frauen zu tun hatte, die ohne Berufsausbildung in die Migration gegangen sind, und die Erfahrung gemacht hat, daß die deutschen Frauen, auf die sie in den 60er und 70er Jahren als Kolleginnen stieß, zwar häufiger eine Lehre absolviert hatten als ihre italienischen Kolleginnen, daß es unter ihnen aber durchaus auch eine Reihe ungelernter Kräfte gab. Sie nimmt also indirekt eine Differenzierung vor, die die eigene Situation und die der Schwester berücksichtigt. Frau C. markiert sehr deutlich, daß sie zunächst nicht davon ausgegangen ist, jemals Schneiderin zu werden, daß bei ihr anstelle einer Berufsorientierung also wohl eher eine allgemeine Erwerbsorientierung vorlag; es kann sich in der vorliegenden Sequenz, in der es um den Erwerb der Grundlagen für diesen Beruf geht, aber auch um eine Interpretation "ex post" handeln, in die Erfahrungen eingehen, die sie später – auch im Zusammenhang mit der Ausbildung der Töchter – mit institutionalisierten Abläufen beruflicher Bildung gemacht hat.

5.2.3.3. Heirat, Familiengründung, Landarbeit: "aber mir ging immer schlecht"

Da Nunzia C. recht ausführlich auf das Thema "berufliche Sozialisation" eingegangen ist, verwundert es zunächst, daß in der Fortführung ihrer Darstellung in der nächsten Sequenz von der Tätigkeit als Näherin keine Rede mehr ist, auf die ja die Ausbildung hätte hinführen können:

"C: Na ja, un' dann hab' ich mein' Mann kennengelernt. ++ Da war mein Mann zur Bundeswehr und dann ha'mer geheiratet, ha'mer 'n Kind gekriegt. Un'+ wir hatt'n mer viele Land + von meine Mann Seite hatt'mer viele Land, un'aber mir ging immer schlecht, ich war sehr viel krank ++ un'dann sin'mer wieder woandere (= woanders hin) + Z., weiß ich net, wenn Sie mal gehört hab' in Sizilien Z.
I: Mhm
C: Un'na sin'mer da gegangen. + Un'wir hatten mer da da viel Geld verdient, da hatte mer beide gearbeitet ++ aber + das war, im Winter ha'mer Geld verdient, im Sommer ha'mer auf de' Krankenhause gebracht, da mußt' mer früher alles bezahlen, ne. ++
I: Aja, mhm
C: ++ Dann, wir hatt'n mer au'Geld, aber durch daß immer krank war, dann hatt'mer net soviel Geld. Un' + naja, dann bin ich seit Mai dann war ich zwei-, dreimal in Krankenhause. Da ging mir's schlecht, sehr schlecht, da hab' ich vierzig Kilo gewogen. Vierzig Kilo, so krank war ich. Naja, un' war mer fünf Jahre weg, da, wie gesagt, Arbeit hatte mer, mir hatte, sin'a mir nie ohne Arbeit, mir hatte' Geld, mir hatte'Arbeit + nur war ich sehr viel krank. Un', am, am, vierundsechzig hab' ich ein Mädchen, neunundsechzig hab'ich eine andere, neu-neunundfuffzig hab' ich ein zweites Kind nach fünf Jahren gekriegt. Un'da ging mir sehr schlecht, un'meine Tochter genauso. Durch daß ich habe so, äh so Anämie gehabt und, äh, und, äh, so das Kind wurde au' krank. Wurde au' krank + mußt' mußt mer aber au' viel Geld investier'n, daß das Kind durchkommt, alles muß mer be- alles muß mer bezahlen. aber das Geld durch daß mer gearbeitet haben, war da, ne. ++ Un', äh + September + ähm Sep-September sechzig wollt'mer nicht mehr da, ha'mer gesagt, das hat keinen Sinn, zu arbeiten, zu arbeiten, un' mir sin' mer (sin' immer?), un' ich war immer krank. Un'na hatte mei' Mann gesagt, dann geh'n mer wieder nach R. (Geburtsort von Frau C.) un'dann geh'n mer wieder, äh, dann fahr ich nach Deutschland. So hat er gemacht + Äh, November sechzig is'mei'Mann in Deutschland gekomme', ich bin mit die zwei Kinder da unte' geblieben" (I,3/4).

Frau C. lernt also ihren Mann kennen, der zunächst den Wehrdienst ableistet. Es wird geheiratet, das erste Kind kommt auf die Welt. Der Mann kommt aus einer großen Landwirtschaft. Frau C. ist häufig krank. Das Ehepaar geht in ein anderes Dorf der Ätna-Region, etwa 30 km entfernt. Da beide arbeiten, wird „viel Geld" verdient, das aber für die Bezahlung der Krankenhausaufenthalte von Frau C. weitgehend verbraucht wird. Nach fünf Jahren wird ein weiteres Kind, wieder ein Mädchen, geboren. Die gesundheitliche Versorgung von Mutter und Kind verschlingt wieder Geld. Der Kreislauf „Arbeit-Krankheit-Bezahlung der gesundheitlichen Wiederherstellung" wird unterbrochen durch eine Rückkehr nach R., in den Geburtsort der Frau. Von dort aus geht der Mann nach Deutschland, Frau C. bleibt in R..

Der Übergang vom Status der Tochter, die eine Schneiderlehre macht, zu dem der Ehefrau und Mutter wird im Sinne eines Abschreitens von Stationen sehr knapp geschildert. Zwischen dem Kennenlernen des Mannes und der Heirat liegt die Militärzeit des zukünftigen Ehemannes. Da erst geheiratet wird, nachdem der Militärdienst abgeleistet ist, kann es sich nicht um eine „Hals-über-Kopf" Heirat gehandelt haben. Der Prozeß der Aushandlung der Ehe, der sicherlich stattgefunden hat, wird nicht geschildert. Es scheint Frau C. aber wichtig, hervorzuheben, daß sie in eine Familie mit „viel Land" eingeheiratet hat, während ihre Eltern nur ein „pezzo di terra", ein Stück Land besaßen. So wird für sie mit der Heirat also ein gewisser sozialer Aufstieg verbunden gewesen sein. Die Information wird eingelagert in die Erzähllinie der Familiengründung und -entwicklung. Das positive Prädikat des Besitzes von „viel Land" wird eingeschränkt durch die adversativ eingeleitete Zustandsbeschreibung „aber mir ging immer schlecht, ich war sehr viel krank". Die Art der Krankheit wird nicht näher bezeichnet. Denkbar sind hier zweierlei Belastungen: zum einen die Geburt des ersten Kindes unter medizinisch unzulänglichen Bedingungen, zum anderen die schwere Arbeit in der Landwirtschaft, die sie sich durch ihre Einheirat in ein bäuerliches Milieu eingehandelt hat. Die Situation stellte sich offensichtlich so problematisch dar, daß ein Ortswechsel des Ehepaares sinnvoll erschien. Frau C., die später darauf hinweist, daß in der Landwirtschaft der Familie ihres Mannes Viehzucht betrieben wurde, mag durch die Arbeit körperlich überfordert gewesen sein. Mit dem Hinweis, es sei ihr schlecht gegangen, und dann sei man „woanders" hingegangen, wird eine Distanzierung von der Herkunftsfamilie des Mannes angedeutet, die durchaus konfliktreich gewesen sein kann. Die Entscheidung, nach Z. zu gehen, kann mit dem Einstieg in die ländliche Lohnarbeit verbunden gewesen sein. In diesem Falle wäre vom sozialen Aufstieg qua Heirat eines Bauernsohnes aus einer Familie „mit viel Land" nicht viel übriggeblieben. (Hier könnte eine Erklärung dafür liegen, daß Nunzia C. in der Erzählung die Bedeutung des Weggangs nach Z. eher herunterspielt.) Dennoch muß es ihr erschienen sein, als verdiene man zu zweit durch bezahlte Landarbeit „viel Geld" - aber offensichtlich auch nur bei entsprechendem Arbeitseinsatz. Wieder wird die positive Bilanz, viel Geld verdient zu haben, eingeschränkt durch den Hinweis auf die Krankheit, diesmal allerdings im Zusammenhang mit den für die Behandlung notwendigen Kosten. Die Krankenhausaufenthalte häufen sich - denkbar ist hier eine Betreuung im Rahmen der zweiten Schwangerschaft - die ärztliche Betreuung von Mutter und Kind nach der Geburt schlägt wieder als Kostenfaktor zu Buche. Das Geld kann zwar aufgebracht werden, die Situation bringt das Ehepaar jedoch dazu, eine Kosten-Nutzen-Rechnung aufzumachen: es lohnt sich nicht, daß beide Ehepartner arbeiten, wenn dies zur Folge hat, daß Frau C. „immer krank" ist, und damit Geld für den Familienhaushalt verloren geht, da die Ärzte bezahlt werden müssen. Stellt Frau C. die Überlegungen zur Effizienz der Arbeit in Z. zunächst noch als gemeinsame dar, kommt es in der Beschreibung des Auswegs aus dem Dilemma zur Redewiedergabe der Äußerung des Mannes, „wieder nach R." zu gehen, und „dann fahr ich nach Deutschland". Betont wird, daß er dies nicht nur angekündigt, sondern auch umgesetzt hat. Am Ende der Sequenz werden die Migration des Mannes und das Zurückbleiben der Ehefrau zeitlich markiert.

Welche Bedeutung hat der erwähnte Lebensabschnitt in der biographischen Entwicklung der Informantin? Zunächst fällt im Vergleich zum vorhergehenden Abschnitt der deutliche Perspektivenwechsel auf. Wurde die Entwicklung des formalen Bildungsprozesses sowohl aus der „Töchter-" als auch der individuellen Perspektive geschildert, in einem Wechsel zwischen der Darstellung aus der biographischen wie auch der Gegenwartsperspektive, so dominiert in der Darstellung der ersten Ehejahre die biographische Perspektive, als handele es sich um einen Lebensabschnitt der Informantin, der abgeschlossen und ohne Konsequenzen für die Zukunft geblieben sei. Die Rahmenbedingungen des neuen Lebensabschnitts bleiben merkwürdig blaß, auch Detaillierungen, zu denen Frau C. im Nachfrageteil angeregt werden konnte, bleiben sparsam. Es bleiben zahlreiche Fragen offen, so etwa die nach der Art der Tätigkeit der Eheleute in Z.: handelte es sich um eine abhängige Lohnarbeit, etwa Saisonarbeit? Welche Tätigkeit wurde konkret ausgeübt (im Nachfrageteil ist im Zusammenhang mit der Herkunftsfamilie des Mannes von Viehzucht die Rede)? Wer übernahm die Aufsicht des Kindes? Für Frau C. selbst scheint es in ihren Ausführungen wichtig zu sein, das Arbeiten und Geldverdienen auf der einen Seite und das Krankwerden (v.a. als Kostenfaktor) auf der anderen Seite hervorzuheben. Damit hat sie erzähltechnisch die Voraussetzungen geschaffen für die Darstellung einer Situation, aus der nach der Geburt des zweiten Kindes ein Ausweg gesucht werden mußte. Gegen Ende der Sequenz wird die Darstellung durch die Wiedergabe der Rede lebendiger, als seien die Ausführungen bis dahin tektonisch auf die biographische Umorientierung bezogen, die in der Entscheidung des Mannes mündete, nach Deutschland zu gehen. Damit hat Frau C. die familienbiographische Entwicklung bis zur Migration skizziert, und zwar als Ausdruck spezifischer Bedingungen. Denn die Versicherung „mir hatte Geld, mir hatte Arbeit" schließt explizit Ursachenkomplexe aus, die in anderen Migrationsbiographien eine entscheidende Rolle spielen. Wenn wir davon ausgehen, daß Frau C. im Kontakt mit anderen MigrantInnen sich über die jeweiligen Ursachen und Anlässe für diesen familienbiographisch so bedeutsamen Schritt ausgetauscht hat, kann dieser Hinweis erneut als Versuch einer eigenen Differenzierung in bezug auf das Kollektiv der Migranten gesehen werden. Indem die in Rede stehende Phase aus der biographischen Perspektive geschildert wird und das „Argumentieren um etwas", das zur Entscheidung geführt hat, nicht Anlaß zu neuen Argumentationen etwa aus der Gegenwartsperspektive wird, erscheint die Entwicklung, die mit dem Schritt des Mannes eingeleitet wurde, als eine, mit der Nunzia C. auch im Nachhinein im Einklang steht. Dennoch müssen wir davon ausgehen, daß von der offenbar einvernehmlich getroffenen Einschätzung des damaligen status quo im Sinne eines "so geht´s nicht weiter" über das Diktum des Mannes "ich gehe" bis zur Migration der restlichen Familie weitere Aushandlungschritte gefolgt sind, bis Frau C. die Abwanderung nach Deutschland endgültig "ratifiziert" hat. Denn theoretisch hätte es bei der Migration des Ehemannes bleiben können, zumal es an Arbeit in der Landwirtschaft der Familie des Ehemannes offensichtlich nicht fehlte und, wie bereits deutlich geworden, Frauen aus diesem Tätigkeitsbereich nicht ausgeschlossen waren. Legt die Reihenfolge der Darstellung in der zitierten Sequenz bereits einen Zusammenhang von Arbeit in der Landwirtschaft und Krankheit nahe – die biographische Darstellung der Kinheit und Jugend enthält keinerlei Hinweise auf gesundheitliche Beeinträchtigungen –, stellt Frau C. im Nachfrageteil einen direkten Zusammenhang her: sie sei "plötzlich" von der Stadt auf´s Land gekommen, sei die schwere Arbeit nicht gewöhnt gewesen. An anderer Stelle verweist sie darauf, daß der Mann sich mit ihr die Hausarbeit geteilt habe: ein möglicher Hinweis darauf, daß der Ehemann mit dafür sorgte, daß seine Frau nicht unter den Lasten zusammenbrach. Ein Verbleiben in Sizilien hätte also bedeutet, entweder von den "trasmissioni", den Geldsendungen des Ehemannes zu leben, wobei sich die Frage erhebt, ob sie damit einen eigenen Hausstand hätte finanzieren können. Oder als Alternative wäre die Arbeit in der Landwirtschaft geblieben, die ihre gesundheitliche Verfassung aber wohl kaum zuließ. In beiden Fällen wäre ein Verbleiben in R. gebunden gewesen an eine gelungene Integration in das Verwandtschaftsnetz, hier also der Familie des Mannes, über die wir aus der Darstellung der Informantin nichts erfahren. (Herr C. hingegen informierte mich im Gespräch nach dem ersten Interview freimütig über die Lage, soweit es seine Familie und den landwirtschaftlichen Besitz betraf: er sei "wegen Geld" gegangen, denn in der Landwirtschaft der Familie sei es "eng" geworden, da er schließlich drei Brüder und zwei Schwestern habe. Die Landwirtschaft hätte also für die Schwestern wenigstens die Mitgift und den Lebensunterhalt für die Eltern von Herrn C. und die Familien der vier Söhne abwerfen müssen. Die Tatsache, daß sich die Geschwister allesamt aus der Landwirtschaft zurückgezogen haben – Frau C. berichtet dies später im Zusammenhang mit der Erbschaft nach dem Tod des Vaters von Herrn C. – deutet also darauf hin, daß die wirtschaftliche Lage auch für die anderen Geschwister von Herrn C. andere Orientierungen notwendig machte bzw. sie andere Optionen realisieren ließ.)

5.2.3.4. Die Trennung der Familie

"C: + Äh, November sechzig is´mei´Mann in Deutschland gekomme´, ich bin mit die zwei Kinder da unte´geblieben.
I: Mhm
C: ++ mein´Mann hatte hier ´ne schöne Stelle + und, aber net hier in Kassel, in ++ M. (Stadt im Sauerland) +++.
I: M?
C: M. + Da is´mein Mann da ++ zwei Monat´geblieb´n + und der hat nicht vertrage diese, der war in de-, in, in Metallindustrie wo das + wo das viel mit Feuer oder, ne, un das hat nit vertrage. Dann is´hier nach Kassel + un´ da un´ da war früher K. (Druckerei u. Färberei) + un´ da hat mei´ Mann gearbeitet un´ ich war da unt´, ich wollt´aber nicht <u>bleiben</u>, hab´ ich immer geschrieben, un´hab´ich gesagt, du mußt wiederkomm´n, du mußt wiederkomm´n. +++ Mein Mann is´anderthalb Jahr hier alleine geblieben, ich muß na´ Italia allein mit den zwei Kindern. Naja, mein Mann hat hier gearbeitet, hat Geld geschickt, + un´ äh ++ ham´mer weiter<u>gelebt</u>, da <u>unt´n</u>, ich war immer krank, die Krankheit war, das war sehr schlimm bei uns, ne
I: Ja" (I,4).

Wurde das vorhergehende Segment mit der Ergebnissicherung "und so hat er gemacht" abgeschlossen, geht es im folgenden um das Thema Migration, und es werden in einem Subsegment zunächst die unmittelbaren Konsequenzen der Entscheidung des Ehemannes markiert, bis es zur Darstellung der Entscheidung von Nunzia C. kommt, das Getrenntleben der Familie zu beenden. Der Mann findet Arbeit in einem metallverarbeitenden Betrieb im Sauerland, während seine Frau mit den zwei Kindern in R. zurückbleibt. Er schickt Transferzahlungen an seine Familie, kehrt aber nicht zurück nach Sizilien, obwohl seine Frau ihn darum bittet und er schon nach kürzester Zeit die Arbeitsstelle und in Folge dessen den Wohnort wechseln muß, weil er gesundheitliche Probleme bekommt. Die eineinhalb Jahre, in denen die Familie getrennt leben muß, bilanziert Nunzia C. mit dem Hinweis auf ihre Krankheit: "Na ja, mein Mann hat hier gearbeitet, hat Geld geschickt, + un' äh ++ ham'mer weitergelebt da unt'n, ich war immer krank, die Krankheit war, das war sehr schlimm bei uns, ne" (I,4).

Auffällig an der Einleitung zu diesem Erzählabschnitt ist der recht genaue Zeitmarkierer, der das einschneidende Erlebnis unterstreicht. Die Gegenüberstellung: der Mann "in Deutschland", sie selbst und die Kinder "da unt'n" – die lokale Markierung rückt aus der Gegenwartsperspektive Sizilien weiter weg – durchzieht in einer Kontrastanordnung auch formal das gesamte Segment, das das Schicksal des Mannes wie auch der zurückgebliebenen Familie skizziert. In einem alternierenden Verfahren wird zunächst der Mann erwähnt, dann ihr eigenes "Weiterleben" in Sizilien. Im Zentrum der Darstellung schildert Frau C. als Wiedergabe erlebter Rede ihren Versuch, den Mann zur Rückkehr zu bewegen. Die Erzählung wird in der gesamten Passage recht schleppend und mit auffällig vielen Pausen vorgetragen – von den Vorgängen in Deutschland kann ja Frau C. nur aus "zweiter Hand" berichten. Dennoch versucht sie hier, zwei verschiedene Perspektiven präsent zu halten. Spürbar ist es, daß es sich um eine "schwierige" Phase gehandelt haben muß.

Greifen wir das einzig positive Prädikat heraus, die "schöne Stelle", so bezieht sich dieses offensichtlich auf die in Frau C.s Augen gute Bezahlung. Diese steht im Kontrast zur "schlimmen" Situation des Krankseins "bei uns" in Sizilien. Die finanzielle Situation der Familie konnte demnach wohl verbessert, die familienökonomische Entwicklung aus der Sackgasse herausgeführt werden, die gesundheitliche Situation von Frau C. aber besserte sich nicht. Sie hatte vorher schon einen Zusammenhang zwischen landwirtschaftlicher Tätigkeit und Krankheit hergestellt und betont dies noch einmal im Nachfrageteil ("... dann bin ich au' krank geworden dann, ne, das war net. (leiser:) Ich war net geeignet auf'm Land zu arbeite', ne" (II,60). Wenn auch anzunehmen ist, daß sie in R. nicht allein wohnte, sondern im Haushalt der Mutter (sie erwähnt kurze Zeit später, daß sie die Kinder bei der Mutter gelassen habe, als sie nach Deutschland gegangen sei), so ist doch zu berücksichtigen, daß sie sowohl die Situation ihres Mannes nach der Migration mit "allein" (in Deutschland) markiert, als auch ihre eigene. Sie mußte mit den zwei Kindern allein in Italien bleiben. In diesem Zusammenhang ist eine Information interessant, die mir Frau C. im Nachfrageteil lieferte, als ich sie fragte, ob ihr Mann es gelernt habe, im Haushalt zu arbeiten: als sie geheiratet hätten, "zu Hause schon", habe der Mann ihr "Wäsche gewaschen", gebügelt. "Wir sin' am Morgen früh nicht zur Arbeit gegange' un' ham' das Hause so gelassen, (schnell:) ha' mer zusamme' Bett gemacht, ha' mer zusamme gekehrt, natürlich früher war nur eine Zimmer, aber mein Mann hat das gemacht. ++ Die Kinder, alles" (II,69). Wenn wir hier die Möglichkeit außer acht lassen, daß Frau C. eine Aufteilung der Hausarbeit und der Versorgung der Kinder mittels retrospektiver Idealisierung einem Modell anpaßt, das aus der Gegenwartsperspektive stammt, so wird jedenfalls deutlich, wie gravierend der Alltag sich verändert haben muß, nachdem der Mann nach Deutschland gegangen war.

Die Folgen der Migration – die gesundheitliche Beeinträchtigung des Mannes und das

Alleinsein mit den Kindern – , ziehen weitere Zugzwänge nach sich. Herr C. muß seinen Arbeitsplatz wechseln, was sicherlich erst zwei Monate nach Ankunft in der Fremde und bei vermutlich noch geringen Sprachkenntnissen eine ganz erhebliche Organisationsleistung notwendig machte. Den Vorstellungen von Herrn C. entsprechend war es am ehesten möglich, die Familie allein zu ernähren, wenn er die besseren Verdienstmöglichkeiten im Ausland nutzte. In dieser Situation entschied sich Herr C. für die Migration, die offensichtlich damals für ihn eher Vorläufigkeitscharakter hatte, wenn man berücksichtigt, daß Frau C. mit den Kindern allein in Sizilien blieb. Die durch die Geburt des zweiten Kindes bedingte Verschlechterung des gesundheitlichen Zustandes von Frau C., aber auch die finanzielle Belastung, da Geld für die Gesundung des Kindes "investiert" werden mußte, führten insgesamt eine Wendepunktsituation herbei, die eine veränderte familienbiographische Orientierung mit sich brachte. Die Entscheidung von Frau C., sich nach R. zurückzubegeben und ihren Mann migrieren zu lassen, kann als eine der Entscheidungen angesehen werden, die nach A. Strauss "im Verlaufe des Alltagslebens getroffen werden, deren volle Implikationen nicht unmittelbar einsichtig werden" (Strauss, A. 1968, S.105). In Herrn C.s Vorschlag, nach Deutschland zu gehen, steckt also der Anspruch, alleine für die Familienernährung aufzukommen, soweit es die Geldmittel angeht. Er übernimmt damit eine Verantwortung als Familienvater, mit der er den Normen eines männlichen Verhaltens und eines Familienmodells gerecht wird, wie es zu dieser Zeit, wie bereits erwähnt, in seinem Milieu vorherrschend ist. Die Motivation, diese Entscheidung mitzutragen, kann bei Frau C. in der Aussicht gesehen werden, die sie körperlich zu stark belastende Landarbeit aufzugeben. Für Frau C. bedeutete die Rückkehr in die Kleinstadt R. in jedem Fall den Verzicht auf "eigenes Territorium", gleich, ob sie bei den Eltern oder den Schwiegereltern wohnte. Ihr Leben wird durch diesen Schritt verändert: eigene Gestaltungsmöglichkeiten werden eingeschränkt, die Aufgabe des Zimmers in Z. bedeutet den Verlust eines eigenständigen Lebensmittelpunktes. Somit ist für sie als eine gravierende Konsequenz der Migration des Mannes in gewisser Weise eine "Status-Rückstufung" zu verzeichnen: sie bleibt zwar Ehefrau und Mutter, der Status der Tochter wird aber wahrscheinlich beim Wohnen im Elternhaus reaktiviert; die Familie ist unvollständig und ohne eigenes Territorium. Die vorhergehende Einbeziehung des Mannes in Haushaltsführung und Kinderversorgung zeugt von einer Fähigkeit, dem Mann gegenüber die Symbiose mit den Kindern zu öffnen. Ihre knappe Schilderung des familiären Alltags in Sizilien zeigt die Bereitschaft, angestammtes "weibliches Terrain" zu teilen, "dem Vater das Kind zu 'reichen'", "den Vater in ihre Beziehung zu dem Kind (in diesem Falle zu den Kindern, I. Ph.) einzubeziehen", wie die italienische Psychoanalytikerin S. Vigetti-Finzi es in ihrem Entwurf einer "kreativen Mutterschaft" formuliert (Vigetti-Finzi, S. 1992, S.241). Durch das Zurückbleiben der Familie ist Frau C. dann genötigt, ihren Kindern einen Vater zu ersetzen, der ihnen zugewandt war. Offensichtlich hat sie aber nicht das Bestreben, alleinige Versorgerin und elterliche Machtfigur für die Kinder zu sein – in ihrer Darstellung deutet nichts darauf hin, daß sie die Situation, die Kinder allein für sich zu haben, "genossen" hat.

Werfen wir noch einen Blick auf die zentralen Aussagen mit Höhepunktscharakter: Frau C. will nicht allein in R. bleiben, sie wirkt auf ihren Mann ein, den Schritt in die Migration rückgängig zu machen. Ich verstehe sie so, daß sie nicht weiter allein bleiben will, daß sie eine Restabilisierung der familiären Lebenssituation anstrebt und dafür auch wieder ein eigenes Terrritorium braucht. Das kann sie jedoch nur erreichen, wenn der Mann zurückkommt. Die ökonomische Sackgasse, in die die Familie durch das Arrangement "Landarbeit für beide" mit den Folgen der Erkrankung und der finanziellen Kosten für die ärztliche Versorgung geraten war, scheint in ihrer Orientierung in diesem Moment keine Rolle zu spielen, obwohl sie ja weiterhin krank war. Warum gelingt es ihr nun nicht, den Mann zur Rückkehr zu bewegen? Sein "Einstieg" in den Fabrikalltag in Deutschland ist alles andere als erfolgreich; er, der die Landarbeit an der frischen Luft gewöhnt ist, verträgt die Arbeit am Hochofen nicht. Die Situation ist instabil, kann aber von ihm dergestalt unter Kontrolle gebracht werden, daß er eine andere Arbeit findet. (In den Erzählungen anderer Migrantinnen aus meinem Sample habe ich ähnliche Phänomene entdecken können: die Männer, die häufig vorauswanderten, zeigten deutliche Umstellungsschwierigkeiten bei der Gewöhnung an die Fabrikarbeit. Wie bekannt, waren sie zunächst häufig an Arbeitsplätzen eingesetzt, die arbeitsphysiologisch besonders ungünstig waren. Sie waren dann vor die Aufgabe gestellt, sich aus Arbeitsverträgen vorzeitig herauszulösen, ohne ihr Aufenthaltsrecht zu gefährden, was hohe Anforderungen an ihren Umgang mit ungewohnten Arbeitsverhältnissen stellte und häufig wohl nur zu bewältigen war mit Hilfe bereits erfahrener Landsleute.) Herr C. ist also absorbiert vom Prozeß der Eingewöhnung in den Fabrikalltag, der zuvor nicht zu seinem Erfahrungsbereich gehörte. Daß er in dieser Situation nicht darauf eingehen konnte, die familiäre Situation zu restabilisieren, erscheint plausibel. Eine Rückkehr hätte bedeutet, sich der Verdienstmöglichkeiten zu begeben, mit denen er nun seine Familie ernähren konnte. Zum anderen muß auch gesehen werden, daß ein solcher Aufbruch, wie er ihn geleistet hatte, mit eigenen Erwartungen und denen der sozialen Umgebung unterlegt war. Wäre er nach kurzer Zeit zurückgekehrt, hätte er vor sich selbst und dem verwandtschaftlichen wie dörflichen Umfeld leicht als Versager gelten können. Er hatte sich schließlich aufgemacht, um seine Familie außerhalb der Arbeit auf dem väterlichen Hof oder bezahlter Landarbeit ernähren zu können. Die Illusion seiner Frau, wenn er zurückkehre, hätten sich die Handlungsgrundlagen für ein Leben in Sizilien geändert, teilte er offensichtlich nicht.

Entscheidend ist m.E. die explizit oder implizit ausgesprochene Wahl, vor die Herr C. seine Frau mit seiner Weigerung stellt, nach Sizilien zurückzukehren: Wenn du mit mir leben willst, dann komm' nach Deutschland. Erinnern wir uns an die oben erwähnte Äußerung von Herrn C., er sei von Sizilien weggegangen, weil es "eng" geworden sei dort, und beziehen wir diese Begründung nicht nur auf die finanziellen Verhältnisse (Frau C. wird sich dazu noch im weiteren äußern), so kann folgende Hypothese entwickelt werden: Herr und Frau C. praktizierten ein Modell der Arbeitsteilung, das im Rahmen der Dorfgemeinschaft auf Dauer nicht realisierbar war. Herr C. hielt mit seiner Frau gemeinsam den Haushalt in Ordnung, übernahm Hausarbeiten, kümmerte sich um die Kinder. Aus Frau C.s Mitteilung, nur ein Zimmer bewohnt zu haben, kann geschlossen werden, daß es noch andere Bewohner im Haus gab, denen diese Art der Arbeitsteilung, die für die damaligen Verhältnisse in Sizilien durchaus unüblich gewesen sein muß, nicht entgangen sein kann, und den Nachbarn wohl auch nicht. In Frau C.s Charakterisierung des Lebens in Sizilien aus heutiger Perspektive spielt das "sich das Maul zerreißen", also der Klatsch im dörflichen Zusammenhang eine entscheidende, von ihr heute kritisierte und als unerträglich empfundene Rolle (s. Nachfrageteil). Herrn C.s Verhalten kann durchaus für ihn selbst schwerwiegendere Konsequenzen gehabt haben als für seine Frau: sich wie ein "richtiger Mann" zu verhalten, galt als "Ehrensache"; gegen den Ehrenkodex zu verstoßen, konnte in der Dorfgemeinschaft und der eigenen Verwandtschaft zur Marginalisierung bis hin zur Ausgrenzung führen (G. Gribaudi weist in ihrer Studie " A Eboli" darauf hin, daß die Ehre Sache des Mannes, nicht der Frau sei, zu deren Verhaltensrepertoire wiederum die Scham gehörte. Gribaudi, G. Venezia 1990, S.61/62). Seine Position in der (männlichen) Dorfgemeinschaft könnte zumindest prekär gewesen sein. (Auf diesen Aspekt weisen G. Lo Cascio und C. Gugino selbst noch für die 70er Jahre hin, wenn sie schreiben: "Drinnen im Haus, und das geschieht in der Tat bei vielen jungen Paaren, versucht man eine gewisse Austauschbarkeit der Funktionen zu verwirklichen, was aus einer gewissen Furcht vor Mißbilligung und Entwertung beider Eheleute nicht nach außen dringen darf". Lo Cascio, G. /C. Gugino 1990, S.91 , Übers. I. Ph.)

5.2.3.5. "Des war so kalt, trotzdem bin ich hierhergekommen"

"C: un', äh, +++ dann, äh, ++ in zweiundsechzig (1962) hab' ich gesagt, un' du <u>kommst</u>, nee, ++ doch + zweiundsechzig hab' ich gesagt, oder du kommst, äh, oder ich komme mit, egal wie. ++ Dann, äh, hatte mein Mann gesagt, wenn ich 'ne Wohnung <u>finde</u>, damals war schlecht mit Wohnung, ne, un' hat, äh ++ hat erst mal bei K. un' dann wurde mein Mann krank von de' Stoffe, von die Farbe von de' Stoffe, wurd' krank un' da durft er bei K. da durft' er net mehr arbeiten, un' der Herr K. hat gesagt, ich such' dir selber 'ne Arbeit, un' da sag' ich, daß du nicht so faul bist, daß du fleißig bist, also, der nemmt dir, jeder nemmt dich wieder. Un' dann is' mein Mann hier bei (Molkerei) gekomm', un' hat da gearbeit' + un' i- ich bin gekomm'n, am zwölfte August zweiundsechzig, + das war <u>kalt</u> in Deutschland des Jahr, war August, und dann für die Südländer war das hier, hier war aber au' <u>eisig kalt war da</u>, ne, des war so kalt, trotzdem bin ich hierhergekommen. Hab' ich beide Kinder bei meiner Mutter erst mal gelassen, + un' dann, äh, dann hatt' mer 'ne Wohnung, hab' ich schon erzählt, da hatt' mer hier 'ne <u>schöne</u> Wohnung gekriegt in der S.straße. Un' da in der Wohnung, der hat uns möbliert gelassen, alles. Aber damals war von der (Arbeitsstätte?) der Wohnung, dürf' mer nicht da drin bleiben, sin' mer drei Tage geblieben, muß mer wieder 'raus ++ von diese Wohnung, ++ sin' mer wieder 'raus, un' dann mussen wir, der hatte 'ne Zimmer mein Mann, un' da bin ich mit mein Mann da rein. Aber da dürfen mer net bleiben, das war nur für de' <u>Personal</u> da drin. + Das war, äh, August zweiundsechzig. + Un' dann war hier in B. (Industrie- und Arbeiterstadtteil) war eine, eine Friseuse, das war Italiener, + sin' mer da hingegang', ha'mer erzählt, was passiert is', un' s'e sagt, äh, ich helf' euch, + un' + des Zimmer, + ähm eine <u>Gasthaus</u> hier in äh L. (Vorort) un' na hat er, hatte mer hier a' Zimmer, aber 'ne Zimmer, das <u>kalt</u> war. Da war 'e große Zimmer, groß' Bett, aber der Toilett muß 'runter. (Kurze Unterbrechung der Erzählung, weil Frau C. den Eindruck hat, daß der Interviewerin im ungeheizten Wohnzimmer kalt ist. Sie stellt lachend fest, daß sie nie im Wohnzimmer sitzen.) So, dann sin' mer in diese große Raum gekommen un', äh, der war sehr nett, die Frau T. war nett, un' war wirklich, die hat uns wie Kinder aufgenommen, ne. Un' meine Kinder ware' noch in Italia, un' ich habe gearbeitet" (I,5).

Schon im vorhergehenden Segment hatte Frau C. angekündigt, daß die Zeit des Alleinlebens begrenzt war. Hier detailliert sie nun die herbeigeführte Entscheidungssituation: Entweder der Mann soll zurückzukommen oder sie muß ihm selbst nach Deutschland folgen. Der Mann, inzwischen wiederum genötigt, seinen Arbeitsplatz in einer Färberei und Druckerei wegen gesundheitlicher Probleme zu verlassen, findet mit Hilfe seines Arbeitgebers einen Arbeitsplatz in einer Molkerei. Frau C. folgt ihm "trotz Kälte" im August 1962 nach, läßt ihre beiden Kinder bei der Mutter in R., und es stellt sich umgehend das Problem der Wohnung: die angemietete möblierte Wohnung ist "nur für Personal". Herr und Frau C. müssen sie wieder aufgeben und finden mit Hilfe einer italienischen Friseuse eine neue Bleibe: ein Zimmer in einem Gasthaus, deren Wirtin sie freundlich aufnimmt. Frau C. nimmt ihre Arbeit auf, während die Kinder in Italien zurückbleiben.

Die Informantin beginnt diesen Erzählabschnitt mit einem Zeitmarkierer, den sie wiederholt, weil ihr die genaue Datierung wichtig ist: ein neuer Lebensabschnitt beginnt. "Egal wie" sollte eine Entscheidung herbeigeführt, die Trennung der Familie – genauer: des Ehepaares – aufgehoben werden. Der Befehl "un' du kommst" wird in einer weiteren Formulierung zu einem Alternativangebot "oder du kommst (...) oder ich komme mit" abgeschwächt: dies deutet darauf hin, daß im Aushandlungsprozeß um eine Wendung der Situation eine allzu energische Intervention offenbar nicht zum Erfolg führte. Die Reaktion des Mannes wird ebenfalls referiert: sie war zurückhaltend, der Mann stellte eine Bedingung. Mit der generalisierenden Erläuterung, damals sei es schlecht gewesen, eine Wohnung zu finden, verbürgt sich Frau C. für die Realitätsangemessenheit des Vorbehalts. Dennoch greift sie nun noch zu einer Hintergrundskonstruktion, um das zögerliche Verhalten des Ehemannes genauer zu erklären: etwas, was ihr damals aus der Unkenntnis der Verhältnisse im Migrationsland nicht unbedingt eingeleuchtet haben muß, wird hier erklärend eingefügt: dies kann bedeuten, daß es für Frau C. nicht unproblematisch gewesen ist, die Migration als Kette von auftauchenden Schwierigkeiten zu sehen, anstatt als erfolgreiche Wendung in der beruflichen Entwicklung des Mannes. (In der erwähnten Bereitschaft des Arbeitgebers, dem Mann eine neue Arbeit zu besorgen, sehe ich einen Hinweis auf den Wunsch, den Mann nicht als beruflichen Versager erscheinen zu lassen.) Skizziert wird eine Situation, in der sich als Folge der Migration, die ja als Problemlösung gedacht war, eine Anhäufung von Schwierigkeiten, eine "cumulation mass" im Sinne von A. Strauss, entwickelte. Ein erneuter Wechsel des Arbeitsplatzes wurde notwendig, dazu sah Herr C. sich vor die organisatorische Aufgabe gestellt, die Zuwanderung seiner Frau nach Kassel durch das Finden einer geeigneten Wohnung möglich zu machen, da diese zu diesem Zeitpunkt auf eine Entscheidung drängte. Die Tatsache, daß Nunzia C. ihr Eintreffen in Kassel mit auf den Tag genauem Zeitmarkierer gleich im Anschluß an die Lösung des Arbeitsplatzproblems des Mannes erwähnt, zeigt, daß dies eine wichtige Voraussetzung war, um ihrem Mann überhaupt nachfolgen zu können. Die Betonung der sommerlichen Kälte in der Darstellung der Erzählerin macht die Umstellungsschwierigkeiten bei der Ankunft deutlich. Hier ordnet sie sich der Referenzgruppe der "Südländer" zu und verallgemeinert damit die Unzumutbarkeit der Situation. Mit der adversativen Einleitung "trotzdem" (bin ich hierhergekommen) verweist sie darauf, daß sie das Opfer nicht gescheut hat (es entsteht der Eindruck, als sei sie schon vor ihrer Ankunft über den kalten Sommer in Deutschland informiert worden). In den Kontext des "Opferbringens" gehört auch, daß sie die Kinder "erst mal bei der Mutter" gelassen hat. Die Trennung der Familie ist also mit der Migration für Frau C. noch nicht beendet – die Formulierung "erst mal" unterstreicht die Vorläufigkeit der Trennung von den Kindern. Zum einen war es wohl angesichts der Probleme, eine Wohnung zu finden, zu riskant, sie mitzubringen, zum anderen mußte Frau C. sich zunächst einmal vor Ort orientieren, wie sie die Kinderbetreuung organisieren könnte, während sie arbeiten ging: die Migration, wenn möglicherweise auch nicht von Anfang an auf Dauer gestellt, ist sehr klar mit der Festlegung auf eigene Erwerbstätigkeit verbunden. Von den zwei Möglichkeiten, gleich mit den Kindern anzureisen und mangels geeigneter Aufsichtsmöglichkeiten für diese nicht arbeiten zu gehen oder sie zunächst in Sizilien zu lassen, um in Deutschland erwerbstätig zu sein, wählt Frau C. die zweite.

Die Darstellung steuert nun auf den Erzählkern, den Höhepunkt der Einstiegsprobleme zu, die bis dahin mit den Schwierigkeiten des Mannes mit seinem Arbeitsplatz, der Kälte bei der Ankunft, der Trennung von den Kindern markiert worden waren. Eine "schöne Wohnung", die dem Ehepaar möbliert überlassen worden war – wahrscheinlich hatte Herr C. diese vor der Ankunft seiner Frau besorgt – wird ihnen sogleich wieder gekündigt. (Die Situation des Hinauswurfs aus der Wohnung stand bei meinem ersten Telefongespräch zur Kontaktaufnahme mit Nunzia C. im Vordergrund der Darstellung: es sei der schwärzeste Tag für sie in Deutschland gewesen.) Die klimatische Kälte, mit der sie hier konfrontiert wird, wird verstärkt durch die soziale Kälte. Sie erfährt, daß es in diesem Land möglich ist, "auf die Straße gesetzt" zu werden, ungeachtet der Probleme für Menschen, die sich hier erst einmal etablieren müssen. Sich an kontraktuelle Aushandlungen in der Form von Verträgen zu halten, die Schutz bieten können, statt sich auf mündliche Vereinbarungen zu verlassen, wie in der Heimat gewöhnt, mußte erst gelernt werden. Die Interaktionsgrundlagen im Sinne gegenseitigen Vertrauens, so muß Frau C. erfahren, können nicht unbedingt als stimmig vorausgesetzt werden: eine erste große Enttäuschung bei der Organisation der Niederlassung im Migrationsland.

Das Zimmer, das Herr C. bis dahin bewohnt hatte und das offensichtlich vom Arbeitgeber gestellt war, erweist sich nicht als Lösung des Problems: es ist nur für die Unterbringung von Arbeitskräften gedacht. Dies entspricht einer Konzeption von Arbeitsmigration, in deren Rahmen nur das unmittelbar Nötige für die Reproduktion der einzelnen Arbeitskraft zur Verfügung gestellt wurde, und in der der Familiennachzug zunächst keine Rolle spielte.

In dieser Situation greift das Ehepaar zur Abwendung der Not auf eine Landsfrau zurück, die weiterhelfen kann; als Friseuse verfügt sie über hinreichend Kontakte mit Deutschen. Die C.s finden ein Zimmer in einem Gasthaus. Hierbei handelt es sich um eine Wohnsituation, die provisorisch ist, und wahrscheinlich um einiges teurer, als dies bei einem möblierten Zimmer der Fall war. Frau C. betont mehrfach, daß es groß war – schließlich hat sie mit ihrer ganzen Familie in Z. nur ein einziges Zimmer zur Verfügung gehabt. (Weit später im Interview wird klar, weshalb es ihr so wichtig war, zu betonen, das Zimmer sei "groß" gewesen. In einer Hintergrundskonstruktion entwickelt die Erzählerin die Darstellung, sie und ihr Mann hätten im folgenden noch einem weiteren italienischen Ehepaar Platz gemacht, das ebenfalls aus einer Wohnung hinausgeworfen worden sei. Die Wohnsituation hatte also deutlich provisorischen Charakter mit fehlender Intimität.) Frau C. erwähnt ebenfalls den mangelnden Komfort, der Raum war ungeheizt und ohne Bad. Die Erzählerin beläßt es allerdings nicht bei der Vermittlung der "Unwirtlichkeit" der Unterbringung. Sie schließt das Thema "Wohnung" ab mit der Information, die Wirtin sei "nett" gewesen, sie habe das Ehepaar "wie Kinder aufgenommen". Damit kann sie die Entwicklung des Prozesses der Wohnungssuche zunächst abschließen: die wichtigste Voraussetzung für einen Verbleib ist geschaffen. Als Abschluß dieses Erzählabschnitts verweist Frau C. in einer Ergebnissicherung darauf, daß die Kinder noch in Italien waren, und daß sie gearbeitet habe. Interessant ist die Verknüpfung der Satzfrequenzen "(...)die hat uns wie Kinder aufgenommen, ne. Un' meine Kinder waren noch in Italien". Zum einen markiert Frau C. hier die Voraussetzungen, die notwendig waren, damit sie überhaupt eine Arbeit aufnehmen konnte: das Verfügen über eine Wohnmöglichkeit, das Versorgtsein der Kinder. Zum anderen skizziert sie hiermit die unmittelbaren Folgen der Migration: der Verlust des eigenen Territoriums (im doppelten Sinne: einmal kam es schon im Vorfeld der Migration von Herrn C. zur Auflösung des Familienhaushalts in Z., dann ging das eben organisierte Zimmer in Kassel gleich wieder verloren) zog nach sich, irgendwo unterschlüpfen zu müssen. Die Loslösung aus der vertrauten Umgebung führte dazu, sich nicht mehr wie erwachsene Personen zu fühlen, sondern selbst wieder Personen mit Elternfunktionen zu brauchen (siehe auch die Darstellung des "väterlichen" Arbeitgebers von Herrn C., der seiner patriarchalen Fürsorgepflicht nachkommt und dem Mann eine neue Arbeit besorgt). Die eigenen Elternfunktionen sind "auf Eis gelegt" und an die Großmutter der Kinder delegiert. Dieser Verlust wichtiger Eigenschaften des Erwachsenseins steht im Kontrast zu einer Situation, in der viel Eigeninitiative und Organisationsfähigkeit erforderlich ist, Alltagsbalance geleistet werden muß und, wie im Fall von Frau C., die Eingliederung in die bis dahin unvertraute industrielle Arbeitswelt bewältigt werden muß.

Die aufgebrachte Mobilitätsleistung, die mit der Migrationsentscheidung verbunden ist, eröffnet Frau C. tatsächlich neue Handlungsspielräume. Sie geht arbeiten, ist die Belastung durch die von ihr als fremd und körperlich unangemessen schwer empfundene Landarbeit losgeworden. Gleichzeitig bedeutet das Leben "mit dem Koffer in der Hand" den Verzicht darauf, "eigenen Boden unter den Füßen zu haben". Als "Arbeitkraft gerufen" und als Mensch diesem Angebot gefolgt zu sein, bedeutete eben auch, die Reduktion auf die eigene Arbeitskraft in der Weise erleben zu müssen, daß die Freisetzung von traditionellen Bindungen heißen konnte, "an die Luft gesetzt" zu werden.

Bemerkenswert ist es, daß Frau C., die sich für eine Übergangszeit zur Trennung von ihren Kindern entschließt, um zu ihrem Mann nach Deutschland zu kommen, damit der Auffassung zuwiderhandelt, sich mit dem Aufziehen von Kindern selbst zu verwirklichen und damit auch zu begnügen. Sie entwickelt die Fähigkeit, sich "zuzugestehen, daß sie andere Wünsche und Empfindungen hat als das Kind" (Vigetti-Finzi, S. 1992, S.240 f.). S. Vigetti-Finzi wendet sich gegen eine Verurteilung solcher Unabhängigkeitsbestrebungen: "Die Distanzierung von dem Kind bedeutet ja nicht, daß die Mutter das Kind verläßt, sie fühlt sich im Gegenteil weiterhin für es verantwortlich und ist offen für seine Belange" (Vigetti-Finzi, S. a.a.O., S.242). Nun handelt es sich im Fall von Nunzia C. gewiß um eine radikalere Trennung als die von S. Vigetti-Finzi gemeinte, dennoch geht es auch hier um das Grundmuster der Distanzierung. Ich gehe davon aus, daß es in dem kulturellen Kontext, indem sie aufwuchs und selbst Mutter wurde, keine Idealisierung der Mutter-Kind-Symbiose gab in dem Maße, wie sie in den 60er und 70er Jahren zunehmend in den westlichen Industrieländern propagiert wurde, sondern einen für agrarische Gesellschaften eher typischen "pragmatischen" Umgang mit dem Kind, indem die Ausübung elterlicher Macht und Verfügungsgewalt unbestritten war, und das Kind als Eigentum der Eltern angesehen wurde. Von daher ist es auch vorstellbar, daß Frau C. im sozialen Netz von Verwandschaft und Nachbarschaft mit ihrem Schritt akzeptiert wurde, vor allem dann, wenn sie ihn als vorläufig markieren konnte, und daß sie weniger mit Schuldgefühlen zu kämpfen hatte, als sie die Kinder über Monate bei ihrer Mutter ließ.

Folgen wir der Verknüpfung der beiden dominanten thematischen Linien dieses Segments, der Trennung von den Kindern und Suche nach dem geeigneten Territorium, kristallisiert sich der Aspekt der "Freisetzung" als bestimmend heraus für diese biographische Phase, die auf die Migrationsentscheidung folgt. Frau C. macht sich vorübergehend frei von ihren mütterlichen Verpflichtungen und macht sich damit frei für die Lohnarbeit im Ausland (mit der sie wiederum zum Familieneinkommen beiträgt), mit der Konsequenz, vertrauten Boden unter den Füßen zu verlieren und sich damit dem neuen Zwang auszuliefern, den Alltag mit der Wohnungssuche organisieren zu müssen, was offensichtlich soviel Energie erfordert, daß sie froh ist, als sie und ihr Mann von einer hilfsbereiten Person, die ihr Terrain gewiß nicht kostenlos überläßt, "wie Kinder" aufgenommen werden und damit zeitweilig den Anspruch aufgeben, als erwachsene Personen von gleich zu gleich behandelt zu werden. Wir haben es offensichtlich in dieser Biographie mit der Entwicklung von Selbständigkeitsbestrebungen und Individuation zu tun, wobei die Fähigkeit, loszulassen, weggehen zu können, als Basisposition und als emanzipatorisches Potential gesehen werden kann. Gleichzeitig gibt es auch Zeichen von verstärktem Angewiesensein auf Zuwendung und fürsorgliche Unterstützung, was das Entwickeln außerfamilialer Bezüge notwendig macht, auch wenn diese vorerst noch in familialen Kategorien gedacht werden ("wie Kinder"). P. Berger und Th. Luckmann sprechen von der an die Wichtigkeit zentraler Figuren in der primären Sozialisation erinnernden Rolle der signifikanten Anderen als "Führer in die neue Wirklichkeit", wo es um Transformationsprozesse in der Konfrontation mit "neuen Welten" und neuen "Plausibilitätsstrukturen" geht. Folgt man ihrer Interpretation, kann man die Verwendung familienspezifischer Kategorien nicht allein als Ausdruck meridionaler Familienorientierung lesen, sondern als "soziologische" Kennzeichnung wichtiger Schritte der Orientierung in einer fremden Welt (Berger, P. / Luckmann, Th. 1970 (1966), S.168).

Die Schilderung der Eingangsphase der Migration und Niederlassung in Deutschland liest sich wie eine Illustration zu J Habermas' Versuch, "Prozesse der gesellschaftlichen Modernisierung" – hier im Sinne der Nutzung wachsender Mobilitätsmöglichkeiten – als "zweideutige Erfahrung der Freisetzung aus sozialintegrierten, aber durch Abhängigkeiten geprägten, gleichzeitig orientierenden und schützenden wie auch präjudizierenden und unterdrückenden Lebensverhältnissen" zu beschreiben (Habermas, J. 1992, S.234). In diesem Falle ist der Prozeß zunehmender Individuierung – und um diese handelt es sich m.E. in einer Biographie, die für sich den "Sonderweg" der Herauslösung aus gewohnten sozialen und kulturellen Kontexten enthält – "nicht einfach im Sinne der Erweiterung von Optionsspielräumen für präsumptiv zweckrationale Entscheidungen" interpretierbar (a.a.O., S.235). So wird an der vorliegenden biographischen Erzählung auch zunehmend deutlich, daß der Schritt der Migration Zugzwänge und Folgen nach sich zieht, die eher das Gegenteil von "erweiterten Optionsspielräumen" darstellen, auch wenn sie eine Leistung zur biographischen Umorientierung erforderlich machen, die von den agierenden Individuen erbracht werden muß. Kehren wir für einen Augenblick zu Habermas' Überlegungen zurück. Mit U. Beck ist Habermas der Meinung, daß die "Herauslösung aus vorgegebenen Sozialformen und der Verlust von traditionalen Sicherheiten" (a.a.O., S.238) eine Eigenleistung der Individuen erforderlich macht, die eine "neue Art der sozialen Einbindung" hervorbringt, die über den "naturwüchsigen Imperativ der Selbstbehauptung" (a.a.O., S.238) hinausgeht. Sie besteht u.a. in der Fähigkeit, "moralische und existenzielle Selbstreflexion zu leisten" (a.a.O., S.240). Hierbei ist, so J. Habermas, eine "postkonventionelle Identität" gefordert, die sich in der Interaktion mit anderen entfaltet, die – im Meadschen Sinne – zur Übernahme der Perspektiven der anderen in der Lage ist.

Unter diesem Aspekt kann die weitere Entwicklung von Frau C., soweit sie hier qua Biographieanalyse zugänglich gemacht werden kann, aufschlußreich sein: hinsichtlich des Transformationsprozesses der Individuen, aber auch der Familie, als Prozeß des Aufbaus und der Gestaltung neuer sozialer Bindungen über die Grenzen des Familienkollektivs hinaus. Dabei ist es unerläßlich, im Auge zu behalten, daß der Prozeß der Enttraditionalisierung und gesellschaftlichen Individualisierung in diesem Fall schon eingesetzt hat, bevor es zur Migration kommt:

– die Mutter von Frau C. sorgte sich als "biographische Sachwalterin" um Schulbildung und berufliche Qualifikation ihrer Töchter;

– die Heirat von Fau C. war offensichtlich Ausdruck einer personalen Entscheidung und nicht fremdbestimmt (in der Darstellung von Frau C. über den Familienalltag in Sizilien überwiegt der Eindruck des "trauten Miteinander", nicht der Gewöhnung bis dahin fremder Personen aneinander; Frau C. nutzt die Gelegenheit der Migration von Herrn C. nicht, um die Ehe nurmehr formal aufrechtzuerhalten, sondern setzt alles daran, die Trennung zu beenden);

– die Familie bzw. das Verwandtschaftssystem als ökonomische Einheit funktionierte nicht mehr als Ersatz für ein kollektives und öffentliches Welfare-System, als durch die Krankheiten von Frau C. und die Geburt des zweiten Kindes höhere Geldaufwendungen für die medizinische Versorgung notwendig wurden (Entsolidarisierung bei gleichzeitigem Fehlen sozialstaatlicher Institutionen der Absicherung);

– das Ehepaar C. praktizierte offensichtlich bereits in Sizilien eine partnerschaftliche innerfamiliale Arbeitsteilung.

Frau C. ist offensichtlich bereits mit emanzipatorischem Potential als Ressource ausgestattet in die Migration gegangen. Dazu gehört die Bereitschaft, sich auf Neues einzulassen. Auf der Ebene kollektiver Prozesse macht sie die Erfahrung, daß die Eingliederung in den Arbeitsmarkt leichter zu bewerkstelligen ist als die Alltagsorganisation, wo die Individuen sich selbst überlassen sind und ständig die Gefahr der Desintegration drohe bzw. der Aufbau einer stabilen Alltagsbalance nur mühsam zu erreichen ist. (H.W. Zarbough hat in seiner Studie "The Goldcoast and the Slum", 1976 (1929), bereits die Bedeutung des Verzichts bzw. Verlusts eigenen Territoriums im Rahmen sozialer Desintegrationsprozesse bei Bewohnern der "rooming-houses" im Chicago der 20er Jahre untersucht, die als Zuwanderer einem Proletarisierungsprozeß unterlagen. Diesen Hinweis verdanke ich F. Schütze, Magdeburg.)

In diesem Sinne – und darauf verweist auch die Präsentation gleich bei der ersten Kontaktaufnahme – ist die "Wohnungsepisode" auch zu lesen als pars pro toto – Erzählung, in der deutlich wird, daß zu den ersten Erfahrungen in Deutschland der Mangel an Verläßlichkeit gehört, was die Vertrauensbildung ("trust" im Sinne von Garfinkel) erschwert und zu einer tiefgreifenden Verunsicherung in der Gestaltung sozialer Beziehungen in der Migration führen kann. Wie groß die Bereitschaft von Frau C. war, differenzierte Erfahrungen zuzulassen, zeigt die Erwähnung der hilfreichen italienischen Friseuse, aber auch der Gastwirtin: es ist nicht Gegenstand der Darstellung, daß die Wirtin mit der Unterbringung von "Gastarbeitern" einen kontinuierlichen Verdienst erzielte, also einen ökonomischen Vorteil daraus ziehen konnte, sondern daß sie "nett" war. Hier klingt eine Bereitschaft zur Idealisierung im Sinne des Unterstellens gemeinsamer Perspektiven an, die das Interaktionsverhalten der Migrantin im Interviewverlauf prägt und zugleich, so meine Hypothese, ein zentrales Thema dieser Biographie ist.

5.2.3.6. "Ich hab' gesagt, Arbeit is' hier, kommst du 'runter"

"C: Erst mal hab' ich bei F. gearbeitet, wissen Sie, in e, e, hier am Kreisel, des war früher 'n großes Gebäude da, 'ne Kleidungsfabrik.
I: Die hieß F.?
C: F. hieß die, ja. Un' na hab' ich da gearbeitet, aber ich habe da net vertrage, das war in August, un' August wird für 'n Winter gearbeitet + de' Stoffe war mir zu staubig, un' da konnt' ich nicht arbeite da drin, un' bin ich weggegang'. Und bin ich bei Autobahnrasthaus, äh, aber nicht putze, + nee. Das gibt da zum Beispiel, zu stopfen, zu flicken. Bin ich da gegange', bei Autobahnrasthaus. Un' dann hammer aber da gewohnt, bei T. Un' dann + meine Mutter mich angerufen un' hat gesagt, sie muß ins Krankenhaus, da muß ich wieder *runter*. ++ Habe ich mein Platz verlassen, des war Januar dreiundsechzig muß ich schon wieder nach Italia. Meine Mutter muß ins Krankenhaus un' ich da, un' da hab' ich meine Mutter gepflegt. Un' dann hab' ich zu mein Mann gesagt, so jetz' is' Schluß, jetz' will ich nicht mehr hier bleibe', du kommst runter.
I: Mhm
C: Mein Mann hat wieder Arbeit, wir hat immer, für Arbeit war gar keine, für uns war Arbeit war da. Meine Mut-, mein, meine Mann gekommen, aber mein Mann war bißche' schlau gewesen, der hatte keine Wohnung, kein' Arbeit gekündigt, gar nix. Ich hab' gesagt, Arbeit is' hier, kommst du runter ++ wann war das denn +++ zweiundsechzig war das

vorher in Kassel, war dann ++ (unverständlich). Na jetz' weiß ich nicht mehr so genau zusammen. Jedenfalls das war dazwischen, ne, das, äh, un' dann sag' ich, dann muß er dann kommen, Arbeit ist da, un' dann bast-nee, das war in zweiundsechzig + stimmt. Un' dann is' gekommen un' hat die Sache' gebracht mir, aber diese Hause hat er gelassen und die Arbeit auch, hat mir aber nix gesagt, daß alles hier so gelasse' hat. Is' er dann runtergekommen, hat zwei Tage gearbeitet, un' dann hat er gesagt, oder du gehst mit, ich bleibe nicht hier, ich komme wieder nach Deutschland. Der war so begeistert von der Arbeit von hier. Da wollt er net mehr arbeite in, in Italia, un' da hatt' er au' schönes Geld verdient, da muß ich lasse, ne. Da war net, daß in Italia keine Arbeit hat oder kein Geld verdient, daß es schlecht war, + nein, er wollt' einfach wieder hierher kommen, das wollt' nicht da bleiben. Naja + da sin' mer am + er is' am achtundzwanzig April, dann is' drei Wochen da geblieben, un' denn siebenundzwanzig Mai mein Kind mitgenommen, die die Kleine ist und die Älteste hab' ich da gelassen, die hat die fünfte Schuleklasse fast fertig gemacht, na is' s'e noch n' Jahr bei der Oma geblieb'n, un' mit der Kleine sin' mer hierher. Un' die <u>Kleine</u> hatt' mer wieder in diese Zimmer" (I,5/6).

Nunzia C. beginnt also in einer Textilfabrik zu arbeiten, die sie wieder verläßt, weil sie die Arbeitsbedingungen nicht ertragen kann: im Sommer muß an schweren, staubigen Stoffen gearbeitet werden. Sie findet eine für sie eher verträgliche Arbeit außerhalb des industriellen Bereichs als Ausbesserungsnäherin in einer Autobahnraststätte. Als die Mutter in Sizilien erkrankt, muß sie dorthin zurückkehren, um diese im Krankenhaus zu pflegen. Sie wirkt auf ihren Mann ein, ebenfalls nach Sizilien zurückzukehren. Dieser stellt sich zunächst auf ihren Wunsch ein, hat aber in Kassel Zimmer und Arbeitsplatz behalten und stellt Frau C. erneut vor die Entscheidung, entweder allein in Sizilien zu bleiben oder mit nach Deutschland zu kommen, da er sich nicht in Sizilien reetablieren will, obwohl es für ihn nach Ansicht seiner Frau dort Arbeit gibt. So bricht die Familie nach einigen Wochen des Aufenthalts von Herrn C. in seiner Heimat erneut nach Deutschland auf, die älteste Tochter wird bei der Mutter von Frau C. zurückgelassen.

Frau C.s Darstellung ist zunächst von der Weiterführung einer chronologischen Erzähllinie bestimmt: sie hatte das vorangegangene Segment mit der Ergebnissicherung, in Kassel zu arbeiten, während die Kinder in Sizilien waren, abgeschlossen. In diesem Erzählabschnitt nun detailliert sie das Thema "Arbeit", um dann zu entwickeln, wie es dazu kam, daß sie ihren Arbeitsplatz verlassen mußte und nach Sizilien zurückkehrte, und warum es nicht dabei bleiben konnte. Sie unterbricht ihren Erzählfaden nach der Wiedergabe erlebter Rede mit der Aufforderung "du kommst runter", um in einer Ergebnissicherung zu präsentieren, daß der Mann wieder Arbeit hatte, er auch zurückgekommen sei, ohne aber die Migration wirklich storniert zu haben. Sie wiederholt ihre Aufforderung an den Mann, in Italien zu bleiben – dieses Mal mit einer anderen Begründung als zuvor, nämlich nicht mehr aus ihrer Perspektive, sondern aus der seinen: "Arbeit is' hier". Sie versucht nun, die Ereignisse zeitlich zu markieren, was ihr offensichtlich schwer fällt. Ich verstehe dies als Versuch, Ordnung in die Darstellung der Ereignisse zu bringen, die ja offensichtlich nicht so sehr von ihrem Ablauf her unübersichtlich waren, sondern mehr durch das Hin und Her des Aushandlungsprozesses. Um die Komplexität des Ganzen zu reduzieren, wird auch die Erwähnung der Mutter, die eigentlich noch eingeführt werden soll, abrupt unterbrochen. Auf der Suche nach der zeitlichen Chronologie markiert Frau C. den zeitlichen Stellenwert dieser Phase "jedenfalls war das dazwischen". Das verweist auf die von ihr so empfundene Unterbrechung des Migrationsprojektes. Nachdem sie sich auf eine Jahreszahl festgelegt hat, 1962, kann sie weitererzählen. Sie detailliert nun die Umstände der Rückkehr des Mannes: er hat ihr zwar ihre "Sachen" gebracht, zunächst aber darüber geschwiegen, daß er in Deutschland nichts beendet hatte. Auch ließ er sich auf einen Arbeitsversuch ein, den er nach zwei Tagen wieder abbrach. Nunzia C. unterbricht ihre Erzählung abermals, als es darum geht, zu begründen, warum der Mann nicht in Sizilien bleiben wollte. Mit der Äußerung "Naja" leitet sie die Darstellung der gemeinsamen Abreise nach Deutschland ein. Damit markiert sie, daß sie der Entscheidung ihres Mannes nachgegeben hat.

Implizites Thema dieses Segments sind die vielfältigen Anforderungen, denen Nunzia C. in der Phase, von der sie hier erzählt, nachzukommen hat: als Arbeitskraft, als Tochter, als Ehefrau, als Mutter. Zunächst einmal geht es um ihre Plazierung auf dem Arbeitsmarkt: sie landet in einem der klassischen Beschäftigungsbereiche für Migrantinnen, deren Tätigkeitsbereiche noch weniger ausdifferenziert sind als die deutscher Arbeiterinnen: neben der Textilindustrie die Elektroindustrie, die Gastronomie, der Krankenpflegebereich, das Reinigungsgewerbe (Treibel,A. 1990, S.92).

Über die Suche nach dem Arbeitsplatz, die arbeits- und ausländerrechtliche Absicherung ihrer Arbeit und ihres Aufenthaltes in Deutschland bemerkt Frau C. in ihrer Darstellung nichts. Ein Thema ist für sie eher die gesundheitliche Belastung am Arbeitsplatz. Anders, als sie es in Sizilien erlebt hat – der für sie gesundheitlich abträglichen Arbeitssituation konnte sie nicht entkommen – entscheidet sie sich gegen den Industriearbeitsplatz, der ihr erhebliche Umstellungsleistungen abverlangt. Sie verläßt diese Stelle, und anders als in Sizilien bietet sich eine Alternative. Zum ersten Mal in diesem Interview taucht das Thema "Putzen" auf, das ihr als eine Tätigkeit "ganz unten" erscheinen muß, während die Arbeit in der Bekleidungsindustrie wie auch im Autobahnhotel im weitesten Sinne mit der erworbenen Qualifikation als Schneiderin zu tun haben. Dennoch muß bedacht werden, daß sie bei einer Hilfstätigkeit im Autobahnhotel wahrscheinlich nicht sozialversichert war, es sich also um ein prekäres Beschäftigungsverhältnis gehandelt haben muß. Gegenüber der Fabrik, über deren Arbeitsanforderungen sie sich leider nicht detaillierter äußert, mag dieser Arbeitsplatz aber den Vorteil eines personalen Arbeitsverhältnisses gehabt haben. Denkbar ist auch, daß sie dort noch andere Arbeiten ausführte als die des Stopfens und Flickens, etwa als Zimmermädchen, über die sie der Interviewerin jedoch nichts mitteilen möchte. Ihre Formulierungen "habe ich mein Platz verlassen" oder "da muß ich wieder runter" deuten darauf hin, daß sie von sich aus nicht beabsichtigt hatte, die Arbeit sehr schnell wieder aufzugeben. Dennoch muß gefragt werden, ob diese ökonomisch so effizient war, daß sie zusammen mit dem Verdienst des Ehemannes in der Molkerei die Migration in ihren Augen rechtfertigte, die durch die im Vergleich zu Sizilien höheren Unterhaltskosten für den täglichen Bedarf wohl kaum langfristige ökonomische Erfolge versprach.

Mit der sofortigen Reaktion auf den Rückruf der Mutter kommt Frau C. den Anforderungen an Reziprozitätsleistungen nach: die Angehörigen haben ihre Kranken im Krankenhaus zu pflegen, und die Töchter sind dafür die "erste Adresse". Warum ihre Schwester nicht diesen Part übernehmen konnte, führt Nunzia C. nicht aus. Wichtig ist an dieser Stelle festzuhalten, daß die Mutter an ihren gewohnten Erwartungen nichts ändert, auch wenn die Tochter die Arbeit in Deutschland dafür aufgeben muß. Es ist aber noch ein Zweites zu bedenken: die Kinder waren schließlich bei der Mutter von Frau C. untergebracht, und das Arrangement, das zunächst getroffen worden war, als Frau C. im Sommer 1962 mit ihrem Mann nach Deutschland ging, konnte bei einem Krankenhausaufenthalt der Mutter nicht mehr aufrechterhalten werden. Spätestens an dieser Stelle muß Frau C. deutlich geworden sei, wie prekär das Gleichgewicht war, das für einige Monate die Basis für ihre Migration nach Deutschland gebildet hatte. So erweist sich der Rückruf der Mutter als Ereignisknotenpunkt, an dem neue Entscheidungen getroffen und neue Weichen gestellt werden können und müssen. Anders als Herr C., der, wie sie nicht nur erzählt, sondern argumentiert und damit den damaligen wochenlangen Aushandlungsprozessen sehr nahe kommt, ist sie offensichtlich von ihren Erfahrungen in Deutschland nicht so begeistert, daß sie die Möglichkeit außer acht lassen würde, in Sizilien zu bleiben. Die Analyse hat bisher zeigen können, daß sie in den zentralen Bereichen des Wohnens und der Arbeit zunächst Enttäuschungen erlebt hat. Ein erneuter Aufbruch nach Deutschland würde das Problem der Kinderversorgung mit sich bringen, und durch ihre plötzliche Rückreise nach Sizilien hat sie ihren Arbeitsplatz zunächst einmal verlassen und muß zumindest fürchten, daß er ihr nicht monatelang freigehalten wird. Es stellt sich auch die Frage, ob die Mutter, die in ihrer Ehe, wie aus Äußerungen von Frau C. im Nachfrageteil deutlich wird, nicht sehr glücklich war, vielleicht auch sehr darauf orientiert war, zumindest eine der Töchter bei sich in der Nähe zu haben. Mit der Krankheit und ihrem Umgang damit mag sie auch signalisiert haben, daß sie die Migration ihrer Tochter nicht ratifiziert hat. Frau C., die in der Darstellung des Aushandlungsprozesses mit ihrem Mann, in dem sie höchst energisch die Position vertritt, die Migration zu stornieren ("jetzt ist Schluß") – der Erzählabschnitt enthält zahlreiche Aufforderungen, ja nahezu Befehle des Wortlauts "du kommst runter" – ist vermutlich in die Zugzwänge der unterschiedlichen Orientierungen von Mutter und Ehemann geraten, die sie dazu bewegen, das "Hin und Her" zu beenden und eine Entscheidung zu treffen. Mit ihrer wiederholten Feststellung "für uns Arbeit war da" wischt sie das Arbeitsplatzargument vom Tisch, das sicherlich in Gesprächen mit anderen Migrantinnen und Migranten als Migrationsmotiv eine große Rolle gespielt hat, und das ihr Mann ebenfalls ins Feld geführt haben könnte. Sie macht auch nicht deutlich, obwohl sie sehr bemüht ist, die Orientierung ihres Mannes zu erklären und damit seine Perspektive in der Darstellung nicht außer acht zu lassen, warum ihr Mann "so begeistert" von der Arbeit in Deutschland war, obwohl er bereits nach kurzer Zeit wegen gesundheitlicher Probleme zweimal seine Arbeitsstelle hat wechseln müssen. Sie gibt zu, daß er in Deutschland "schönes Geld" verdiente, betont aber auch, es sei nicht etwa so gewesen, daß man in Italien "kein Geld" verdient hätte. Die Aushandlung, die Gegenstand der Darstellung dieser Passage ist, erinnert bis in Details an die Auseinandersetzung zwischen den Eheleuten vor der ersten Migration von Frau C., die Herr C. damit beendete, daß er seine Frau vor die Wahl stellte, entweder ohne ihn in Sizilien zu bleiben oder mit nach Deutschland zu kommen. Erneut macht er klar, daß sie, wenn sie in Sizilien bleibt, auf ihn verzichten muß, da sich für ihn die Gründe, sich von dort zu entfernen, offensichtlich nicht verändert haben. Andererseits macht Frau C. in der Formulierung "für uns war Arbeit da" deutlich, daß sie erneut bereit gewesen wäre, in der Landwirtschaft zu arbeiten, obwohl sie damit hinsichtlich ihrer Gesundheit schlechte Erfahrungen gemacht hatte. Herr C. markiert mit dem Arrangement, seiner Frau ihre "Sachen" mitzubringen, die sie in Kassel zurückgelassen hatte – ein Hinweis auf einen plötzlichen Aufbruch, aber auch auf die Absicht, zurückzukehren – und der eindeutigen Orientierung darauf, in Deutschland alles beim alten zu belassen, daß er seiner Frau die Wahl läßt, wo sie leben will, und sie nicht nach Deutschland "zurückzwingen" will, sich aber andererseits dagegen wehrt, sich nach Sizilien "zurückzwingen" zu lassen. Darin steckt auch die Option, den eigenen Weg ohne die Sorge um die Kinder zu beschreiten.

Um die Entwicklung des ehelichen Konflikts zu verstehen, um den es sich hier offensichtlich handelt, in einer Frage, in der es um nicht weniger geht als den zukünftigen Lebensmittelpunkt der Familie, müssen wir unseren Blick noch einmal auf das Verhalten von Herrn C. richten. Er kommt aus Deutschland zurück, offensichtlich, weil seine Frau darauf gedrungen hat. Warum spielt er nicht mit "offenen Karten" und sagt, daß er nicht zurückzukehren gedenke, und deshalb weder Zimmer noch Arbeit aufgegeben habe? Die eine Möglichkeit besteht darin, daß er einem Konflikt mit seiner Frau und möglicherweise der Schwiegermutter ausweichen will und die Behandlung der Kernfrage zumindest zeitlich hinausschieben will. Die andere Möglichkeit verweist auf den Wunsch, sich selbst die Entscheidung offen zu halten. Die "Arbeitsprobe" könnte dann den Charakter einer wirklichen Überprüfung der eigenen Entscheidung haben, deren Ausgang zunächst offen war. Sich darauf überhaupt einzulassen, könnte allerdings auch den Charakter einer reinen "Goodwill"-Aktion tragen: seht her, ich habe es versucht, aber es geht nicht. Wie immer die Orientierung von Herrn C. ausgesehen haben mag, sie führte dazu, daß sich Frau C. "naja" in die Entscheidung fügen mußte. Aus der Sicht der Erfahrungen von Herrn C., daß seine Frau die Arbeit in der Landwirtschaft nicht vertrug, mag es unter ökonomischen Gesichtspunkten rational gewesen sein, nicht darauf zu setzen, in Sizilien zu einem Einkommen zu gelangen, das die Existenz der Familie gesichert hätte. Erinnert sei an die Aussage von Herrn C., trotz großen Landbesitzes sei es eng geworden auf dem elterlichen Hof, die Vermutung, daß Herr C. diesen sogar verließ, um sich in einem anderen Dorf in der Nähe als Landarbeiter zu verdingen, und die Überlegungen zu seiner Stellung im Kreis der Verwandten und der Dorfgemeinschaft, die aus seiner Mitarbeit im Haus resultierte. Aus seiner Sicht war die Migration nach Deutschland sicher auch ein Ausweg aus personalen Abhängigkeiten. In einem letzten Darstellungsschritt dieses Segments, in dessen Kern die Aushandlungsprozesse um den künftigen Lebensmittelpunkt der Familie C. stehen, geht Nunzia C. auf die Frage der Konsequenzen der erneuten Migration für die Kinder ein. Hier ist es nun interessant, daß die Schullaufbahn der älteren Tochter zu einem formalen Abschluß gebracht werden soll, sie also nicht aus einem laufenden Prozeß herausgerissen werden soll, während die jüngere, noch nicht schulpflichtige Tochter mitgenommen wird nach Deutschland. Unter pragmatischen Gesichtspunkten eine plausible Entscheidung: Frau C. wollte schließlich weiter erwerbstätig sein.

5.2.3.7. "Des hatte kein Mensch so von Neue anfange, daß er sowas kriegt, 'ne Familie"

Frau C. kehrt also mit ihrem Mann und der jüngsten Tochter nach Kassel zurück. Da sie wieder arbeiten gehen will, ist sie zunächst einmal vor die Aufgabe gestellt, eine Tagesbetreuung für die Tochter zu organisieren. Die Familie bewohnt weiterhin ein Zimmer im Gasthaus.

"C: ++ Un' in diese Zimmer, ich wollte wieder arbeite gehn, sie wollte nicht in Kindergarten, sie wollte nix, die wollt' nix, äh, bei keine Familie bleiben. Un' ich hatte soviel Familie, nette Familie, das mein Kind aufgepaßt hätte, sie wollt' net bleibe. Sie wollt' net bleibe, und dann hat 'ne Familie gesagt, da waren drei Kinder, sagt, un' Ihre vier, ich bring Ihn' auch in Kindergarten. Die wollte nit in Kindergarten, die wollte nit da bleibe' un' ist abge-, abgelaufen von der Familie. Un' der is', in der T.straße in L. (Vorort) war eine Frau wie meine Mutter mit drin, un' is da stehn geblieben, die hat gedacht, das is' die Oma. Hat mich angerufen, daß meine Tochter nicht zu der Frau zurückkommen, wollte bei der Frau dableiben. Bin ich wieder nach Hause + un', äh, wir aber da in diese Gasthaus, un' da war die Frau, wo, wo meine Tochter dageblieben is', sie hat bei der Frau geputzt, in in diese Gasthaus, hat geputzt un' abends sie sagte zu mir, hör mal zu, ich kenne 'ne Frau, das nemmt euch mit, äh, und paßt für dein Kind auf, geh' mal mit uns heut' abend. + Un' so ha'mer gemacht. Sin' mer hochgegangen ++ un' meine Tochter, die (unverständlich) sagte, der is' sofort zu diese Mann hingegangen un' hat gesagt, Ongel, hat der zu den gesagt. Un' wir sagen heute noch Ongel zu diese Frau und Mutter. Un' hat g'sagt, komm, komm, + alle hier hoch, jetz' zieh'n mer uns zusammen meine Kinder un' machen euch zwei kleine Zimmer frei. Un' der hatte aufgenommen oder (=als ob) wir seine Kinder waren. Der war nicht Mein und nicht Dein. Un' der hatte g'sagt, ich war auch hier in Deutschland, er war Pole, und die Frau war deutsch. Und er sagte, ihr seid meine Kinder. Un' dann sin' mer de nächste Tag sin' mer hoch gegangen, der hat sofort die Kinder, war'n Junge und Mädchen, die hab' bei dene im Schlafzimmer geschlafen un' da waren zwei große Mädchen, un' na, na hat die and're Zimmer un', na war gut. Natürlich, +++ war sehr schön, des hatte kein Mensch so von Neue anfange (lauter), daß er sowas kriegt, 'ne Familie, ne, un', äh, ++ ich habe no' bißchen bei da, da gearbeitet bei Autobahnrasthaus un' dann durch des wir jetzt da war'n un' der Mann hatte + 'ne Lastwagen gefah'rn, un' na hat gesagt, du kannst mit mir fahren, da gehst du mit dein Mann in de' Molkerei arbeit', un' na kannst du da arbeite', morgens früh fährst du mit mir un nachmittag laufst du + und so hamm'er gemacht. Die Mutti + statt den ganzen Tag, ne, da hatte nur den halben Tag das Kind un' dann am Nachmittag war ich da. War ich da, aber durch des ich nähe konnte un' die Leute war arm, war net reich, heute sin' alle rei-aber damals war alle arme Leute, un' ich konnte näh'n, hab' ich für die ganze Familie genäht morgen früh gearbeit', abends genäht. Aber die hat für mich gewaschen, gekocht, (schnell:) da war wie 'ne Familie, da kann mer nicht sagen, ne, da hammer + sie hat gekocht und sie hat für meine Tochter aufgepaßt, ich meine, damals vielleicht war viel Geld, hammer nur sechzig Mark für das Kind un' sechzig Mark zu woh'n + damals. +++ Un' dann + habe ich, äh, + drei Jahre + in der Molkerei gearbeit', un'

dann is' meine and're Tochter de'nächste Jahr dann gekomm'n ++ un' hää (lacht) diese Tochter da war, da war'n bißchen Reibereien mit de Kinder. De-, de' hab'n sich gekloppt jeden Tag. Un wir hatte mer keine Problem mit de' + Erwachsene. Aber die zwei, meine Tochter un' seine Sohn, die haben sich jeden Tag gekloppt (lacht). ++ Naja, da hab' ich noch in der Molkerei gearbeitet, un' da sagt die, Nunzia, tu' mir ein Gefallen, ich such' dir 'n Appartement, ne, und du ziehst von uns aus, un' dann hast du Ruhe und wir auch. ++ Ha'mer drei Jahre da gewohnt, drei, vier Jahre da. Die Kinder von den' geheiratet, wir waren zu denen zu der Hochzeit. Wie gesagt, wir sin' au' heute noch be, be-freundet, ne,
I: Mhm
C: Naja, da ha'mer, da hat der Onkel M., kannte jemand un' so, dann hat er uns 'ne schöne Appartement damals vermittelt, alles mit drum und dran + alles.
I: Aha
C: Äh, die war geschieden un' die Möbel von die Leute waren da geblieben, Tischdekke, Gläser, Teller alles, alles, Möbel war'n da + alles geblieben. Un' da sin' mer, ha'mer gewohnt bis neunundsechzig. Bis März neunundsechzig ha'mer bei den gewohnt bei diese Z. + Naja, äh, äh, wie gesagt, äh, der war die nette un' der hatte eine Tochter, die is' von da weg, die war jeden Tag bei uns, die Tochter, die jüngste, war immer bei uns. Un', Sonntag war mer spazier', sin'mer viel spazier' gegangen zusamme', sin' mer Tanzen gegangen mit de Elter', also ich habe nie Probleme mit de Deutsche gehabt, da bin ich ehrlich" (I,6-8).

Frau C. hat alle Mühe, ihre Tochter unterzubringen, während sie arbeitet, da sie "fremdelt", bis sie sich schließlich eine Bezugsperson aussucht, die der sizilianischen Großmutter ähnelt. Diese vermittelt den C.s eine Familie, die sich bereiterklärt, "zusammenzurükken". Es wird ein Arrangement getroffen, das ermöglicht, daß die Tochter versorgt und Frau C. weitgehend von Haushaltspflichten entlastet wird. Sie nimmt ihre Arbeit in der Molkerei auf, in der auch ihr Mann beschäftigt ist. Als sie angesichts der Stabilisierung der Situation ihre ältere Tochter aus Sizilien nachholt, gibt es Probleme: die Tochter streitet sich mit dem Sohn der Gastgeberfamilie. Der Vater, der die C.s so verständnisvoll aufgenommen hatte, schlägt vor, für die Familie eine andere Bleibe zu suchen, und die C.s ziehen um in eine Wohnung, die bereits mit Möbeln und Geschirr ausgestattet ist.

Mit der jüngeren Tochter aus Sizilien zurückgekehrt, steht Frau C. vor spezifischen Problemen. Sie eröffnet denn auch das Segment mit der Gegenüberstellung: "ich wollte wieder arbeite gehn, sie wollte nicht in Kindergarten". Die Tochter macht deutlich, wo es sie hinzieht: zu einer Frau, die ihrer Großmutter gleicht. Versetzen wir uns für einen Augenblick in die Situation des Kindes: es wird herausgerissen aus seiner kindlichen Welt, das überschaubare Terrain des kleinen Hofes der Großeltern muß verlassen werden, es wird von Großmutter und Schwester getrennt. Da die Eltern erwerbstätig sind, kann es tagsüber nicht dort bleiben, wo die Familie lebt, sondern muß woanders "untergebracht" werden. Es hat sich einzustellen auf eine fremde Umgebung, wo es weniger Bewegungsfreiheit hat als in der großelterlichen Landwirtschaft, kennt niemand außer den Eltern und hört eine fremde Sprache. Die Welt des Gasthauses ist keine Welt der Kinder, sondern der Erwachsenen. Es wird nicht deutlich, ob das kleine Mädchen den Kindergarten kurzzeitig besucht hat, aber auch hier wäre es in eine vollkommen neue soziale Umgebung gekommen, in der es zu dieser Zeit – zu Beginn der sechziger Jahre – zudem noch ungewohnt war, mit ausländischen Kindern umzugehen.

Frau C. hat also das Problem, ihre Tochter dort unterzubringen, wo diese auch bleiben will. Die Lösung dieses Problems ist ein Teil der Organisationsleistung der Niederlassung, die offensichtlich im wesentlichen von der Frau übernommen wird. Hatte Nunzia C. noch betont, ihr Mann habe in Sizilien die Versorgung von Haushalt und Kindern mitübernommen, so taucht er in diesem Segment nicht als Protagonist auf. Es ist auffällig, daß Frau C. mögliche Alternativen nicht benennt, die in den biographischen Erzählungen anderer Migrantinnen meines Samples durchaus vorkommen: etwa die, sich zu entschließen, zunächst einmal "zu Hause" zu bleiben. "Zu Hause", das macht Frau C. allerdings sehr deutlich, ist in dieser Phase der Niederlassung "dieses Gasthaus", also kein Ort, um sich den ganzen Tag dort aufzuhalten. Da bisher auch nicht als Migrationsziel das Sparen auf ein Haus o.ä. genannt wurde, müssen wir davon ausgehen, daß die Erwerbstätigkeit für Frau C. eine selbstverständliche Möglichkeit war, die sie im Migrationsland nutzen wollte – und der Existenzsicherung wegen gewiß auch nutzen mußte.

Wie gestaltet sich nun im folgenden der Niederlassungsprozeß der Familie, der Thema dieses Segments ist, das von Nunzia C. mit dem Kommentar abgeschlossen wird, "nie Probleme mit den Deutschen gehabt" zu haben? Wie schon in der Zeit kurz nach ihrer ersten Ankunft in Kassel, spielen Helfer als "Führer in die neue Welt" eine entscheidende Rolle, und auch hier beschreibt die Informantin die Funktion dieser Menschen häufig in Familienkategorien. Zunächst fällt auf, daß Frau C. schon nach kurzer Zeit "soviel" "nette Familien" kannte, die bereit waren, sich um ihre Tochter zu kümmern. Die Angebote kamen sicherlich von Frauen, die bereit waren, ihre Tochter mit den eigenen Kindern tagsüber zu hüten oder mit in den Kindergarten zu nehmen. Für Nunzia C. sind sie in der Darstellung nicht einzelne Individuen, sondern stehen für die Gesamtgruppe der Familie. Sie verkehrte an zwei verschiedenen Orten, in denen es kommunikativ zuging: die Autobahnraststätte als Arbeitsplatz, das Gasthaus als Wohnumgebung. So kommt auch der Vorschlag, einen erneuten Versuch zu unternehmen, eine Betreuerin zu suchen, von der Frau, die das Gasthaus putzt, und die sich die Tochter als Betreuerin "ausgesucht" hatte. Frau C. nimmt den Vorschlag an: "Un' so ha'mer gemacht", formuliert sie in einer Ergebnissicherung. Der Versuch, auf den sie sich tatkräftig eingelassen hat, gelingt auf Anhieb: die Tochter erklärt den Vater der Familie zum "Onkel", zum signifikanten Anderen. Damit ist eine Vertrauensbasis hergestellt, die bis in die Gegenwart hinein getragen hat .("Un wir sagen heute noch Ongel zu diese Frau und Mutter.") Gleichzeitig erfüllt das Kind damit den Auftrag der Eltern, eine erwachsene Bezugsperson anzunehmen. Für Frau C. werden die Gastleute zu Elternfiguren: sie fühlt sich aufgenommen mit ihrer Familie, als seien sie deren "Kinder" gewesen. Der "Onkel" lädt sie geradezu ein: "ihr seid meine Kinder". Das Haus wird ihnen geöffnet, es gab "nicht Mein und nicht Dein", Wohnung und Arbeit werden geteilt. Die Begründung für das Verhalten des Mannes, der die Familie "adoptiert", liefert Frau C. mit dem Hinweis, er sei Pole und habe mit der Andeutung "ich war auch in Deutschland" – (hier haben wir wohl sinngemäß zu ergänzen: zu Beginn allein, in Schwierigkeiten), deutlich gemacht, er wisse um die Anfangsschwierigkeiten nach der Übersiedlung in ein fremdes Land. Die Familie C. kann sich verstanden und tatkräftig unterstützt fühlen. Unter Berücksichtigung dessen, was sie von den "Einstiegsbedingungen" anderer Migranten weiß, formuliert sie ihren Kommentar: "war sehr schön, des hatte kein Mensch so von Neue anfange, daß er sowas kriegt, 'ne Familie" – für sie ein Ort verläßlicher Sozialbeziehungen.

Für Frau C. hat die fürsorgliche Unterstützung durch die Gastfamilie auch Konsequenzen für die Erwerbstätigkeit. Der "Onkel" schlägt ihr vor, in der Molkerei zu arbeiten, wo auch ihr Mann tätig ist. Er berät sie darin, wie sie die zeitliche und räumliche Differenzierung der "doppelten Präsenz" am Arbeitsplatz und in der Familie organisieren kann. So kann sie die Zeit verkürzen, in der ihre Tochter unter der Obhut der Familienmutter ist, – offensichtlich sind die Arbeitszeiten in der Molkerei "familienfreundlicher" als in der Autobahnraststätte (– ein Faktum, das m.E. darauf verweist, daß Frau C. dort mehr zu tun hatte als zu stopfen und zu flicken, wie sie es selbst angedeutet hat). Sie ratifiziert also den Vorschlag ("und so ham'er gemacht"). Wie nutzt sie nun die Zeit außerhalb der Arbeitszeit in der Molkerei? Sie näht "für die ganze Familie". Die Leistungen werden reziprok erbracht; die "Mutter" (die Informantin nennt ihren Eigennamen nicht) führt den Haushalt, entlastet also Frau C. von der Hausarbeit, und bekommt dafür Geld und Näharbeiten. Wie notwendig es war, die Kosten für die Kleidung einer sechsköpfigen Familie gering zu halten, erklärt Frau C., indem sie darauf verweist, daß damals "alle arme Leute" gewesen seien, im Gegensatz zu heute. Die Familie konnte offenkundig das Geld gut gebrauchen, das die C.s in den Haushalt einbrachten. Dennoch steckt in der Formulierung "alle arm" eine Idealisierung, mit der sie die sozialen Unterschiede einebnet, die sie auch damals hätte wahrnehmen können. Nicht nur sie selbst war arm, sondern "alle", genauer: alle die, die dem sozialen Milieu angehörten, in dem sie verkehrte.

Die Situation hat sich nun soweit stabilisiert, daß Frau C. drei Jahre in der Molkerei arbeiten kann. (Sie deutet bereits hier an, daß ihre Tätigkeit in der Molkerei nicht von Dauer sein wird.) Ein Jahr nach dem Einzug in die Gastfamilie holen die C.s die ältere Tochter nach, und es kommt Unruhe auf, was nicht verwundert, wächst die Anzahl der "Familienmitglieder" doch auf zehn Personen an. Frau C. ergänzt ihre Darstellung nun nicht etwa durch die Schilderung des Einlebens der Tochter in die neue Welt, wozu ja auch die Einschulung und Eingewöhnung in eine deutsche Schule gehörte, sondern beschreibt die Veränderung durch "meine and're Tochter", "diese Tochter", die nun neu dazugekommen war. Die Distanz, die in diesen Formulierungen zum Ausdruck kommt, muß von der "nachgezogenen" Tochter ihrerseits in besonderer Weise empfunden worden sein. Sie hat ihre Kindheit und die Grundschulzeit in Sizilien verbracht, und nach Jahren der Trennung wird sie zu Eltern und Schwester geholt, die sich ihrerseits bereits in die neue Umgebung eingelebt bzw. sich in eine Bezugsgruppe, die polnisch-deutsche Familie, "einpaßt" und begonnen haben, die deutsche Sprache zu lernen. Es gibt Konflikte unter den Kindern bzw. Jugendlichen, während die Erwachsenen, so hebt die Informantin hervor, "keine Probleme" miteinander hatten. Die ältere Tochter paßt sich nicht "reibungslos" in das Alltagsarrangement der Erwachsenen ein. Sie gefährdet durch ihr Verhalten dieses Arrangement; sie wird als "Andere", als "Dazugekommene" gesehen, und so "dreht sie den Spieß um", indem sie nun ihrerseis eine "Gegenposition" einnimmt. Sie verhält sich nicht als "angenehmer Gast", der dankbar ist, so freundlich aufgenommen zu sein und verletzt damit sicherlich die Loyalitätserwartungen der Erwachsenen. (H.Stierlin sieht im Einnehmen solcher Gegenpositionen qua Konflikt den Prozeß einer "Individuation gegen", wo "überfordernde Loyalitäten und Beauftragungen" wichtiger Familienangehöriger abgewiesen und Konflikte riskiert werden. Stierlin, H. 1994, S.121 u. 123) Die Harmonie ist also getrübt, und es kommt von den "Gastgebereltern" der Vorschlag, daß die Familie C. sich nun selbständig machen und eine andere Wohnung beziehen soll: nach einer Zeit "abgefederter" Lebensbedingungen wird Familie C. "aus dem Nest geworfen" – allerdings nicht unsanft: Onkel M. erweist sich ein weiteres Mal als verantwortungsbewußt und vermittelt der Familie einen sanften Übergang in die "rauhe Außenwelt". Er findet ein "schönes Appartement", das auch noch gut ausgestattet ist, so daß die Familie, die bis dahin offensichtlich kaum eigenen Hausrat gebraucht hatte, sich nicht in Unkosten zu stürzen braucht, um sich auszustatten. Die Vermieterin ist "nett", und nun wird die Familie C., ihrerseits "erwachsen" geworden, zum Anziehungspunkt für die Tochter der Vermieter, die sich häufig bei den C.s aufhält. Wie die Frage der Haushaltsführung und der Kinderbetreuung nun gelöst wird, führt Frau C. nicht weiter aus. Wichtig ist es ihr, darzustellen, daß sie mit den Vermietern die Freizeit teilten und an den spezifischen Vergnügungen teilhatten, die sie hier nicht als "typisch deutsch" markiert, die sich aber doch deutlich abheben von den Vergnügungen in einer sizilianischen Kleinstadt dieser Zeit. (In anderen Interviews kommt das "Spazierengehen" als typisch deutsche Freizeitbeschäftigung vor, das deshalb so merkwürdig sei, weil es weder ein Flanieren noch ein gezieltes Aufsuchen eines bestimmten Ortes sei, sondern einfach nur ein "Herumlaufen"; so wird häufig auch in italienischen Dialogen das Wort "spazieren" benützt und nicht das italienische "andare a spasso".) Waren die C.s bei der deutsch-polnischen Familie "wie Kinder" aufgenommen worden, so trägt die Darstellung des Miteinanders mit den neuen Vermietern deutliche Züge des Erwachsengewordenseins. Ist vorher von Tätigkeiten im Rahmen des Alltagsarrangements im Haus die Rede, geht es nun um außengerichtete Aktivitäten (Spazieren, Tanzen).

Bemerkenswert an der Darstellung dieses Segments ist, wie Frau C. den Prozeß der Niederlassung gleichsam als Prozeß einer "zweiten Sozialisation" beschreibt, in denen signifikante Andere als Elternfiguren fungieren. Es sind nicht Verwandte oder Bekannte aus dem Herkunftskontext, die schon vertrauter sind mit den örtlichen Gegebenheiten, sondern ein Pole und Deutsche. So läßt sich diese Darstellung auch lesen als Belegerzählung für die Feststellung am Schluß: "also ich habe nie Probleme mit de Deutsche gehabt, da bin ich ehrlich". Es fällt auf, daß Nunzia C. hier eine Generalisierung vornimmt, die sie mit einer Bemerkung abschließt, welche die Glaubwürdigkeit ihrer Äußerung unterstreichen soll: sie signalisiert der Interviewerin, daß sie das in sie gesetzte Vertrauen in die "Ehrlichkeit" der Darstellung nicht mißbraucht. Es handelt sich um einen Kommentar aus der Gegenwartsperspektive, der in der Interaktionssituation des Interviews einen Grundtenor verdeutlichen soll. Für den weiteren Gang der Interviewarbeit wird es wichtig sein, stets präsent zu behalten, inwieweit es sich bei dieser Äußerung um eine Idealisierung handelt, die aufrecht erhalten werden muß, weil es das Selbstbild erfordert im Sinne eines "ich bin hier immer gut zurechtgekommen", die aber auch geprägt sein kann von der Tatsache, daß die Informantin schließlich von einer Repräsentantin des "idealen Zielmilieus" interviewt wird.

Blicken wir auf die bisherige Darstellungsarbeit von Nunzia C. zurück, so ist zumindest der Hinauswurf aus der ersten angemieteten Wohnung mit so tiefsitzenden Enttäuschungen oder auch Kränkungen verbunden gewesen, daß Nunzia C. diese Ereignisse im Interview darstellt, nachdem sie sich mir bereits am Telefon bei unserem Erstkontakt mit ihrer am weitesten zurückliegenden Erinnerung an die erste Zeit in Deutschland genau mit diesem Ereignis präsentiert hat. Andererseits darf nicht übersehen werden, daß gerade die deutsch-polnische Familie es Nunzia C. ermöglichte, die Einstiegsphase in den Alltag in Deutschland genau so zu strukturieren, wie es ihr entgegenkam: sie mußte sich nicht in Haus- und Familienarbeit und Erwerbstätigkeit aufteilen, sondern konnte ihre Doppelbelastung zumindest in einen Bereich einbringen, der ihren Qualifikationen entsprach und von denen sie das Gefühl hatte, genau hier gebraucht zu werden: die Menschen waren arm, und da war es "Gold wert", sich die Kleidung selbst herstellen zu können. Sie konnte sich in die Familie als jemand einbringen, der etwas gelernt hatte, und hatte dadurch die Möglichkeit, in einer Umgebung, in der sie selbst soviel Neues lernen mußte, nicht als absolut unfähig dazustehen, also ihr Gesicht zu wahren. Es gelang ihr der Schritt in die bezahlte Erwerbsarbeit in einem völlig neuen sozialen Umfeld, und sie konnte die Haus- und Familienarbeit weitgehend delegieren ("war ich da, aber durch daß ich nähen konnte..."). Hatte ihr vorher die eigene Mutter "den Rücken freigehalten" für den Schritt in die Migration, hatte sie nun erneut eine weibliche Person gefunden, die ihr qua ausschließlicher Zuständigkeit für Haushalts- und Familienarbeit "den Rücken freihielt" für ihre Erwerbstätigkeit, und deren Leistungen sie im Rahmen ausgewogener Reziprozität mit Geld und eigenen Dienstleistungen vergelten konnte. Nehmen wir das Thema der "Probleme" auf und beziehen es noch einmal auf den inhaltlichen Kern dieses Segments, so fällt auf, daß es hier tatsächlich nicht um Probleme "mit den Deutschen" geht, sondern um Probleme mit der Integration der Töchter in den Familienalltag in der Migration, der es notwendig machte, Arrangements zu treffen, um die Konstruktion der Erwerbstätigkeit beider Elternteile nicht zu gefährden, aber auch das Wohnungsproblem zu lösen. Es wird auch deutlich, welch unterschiedliche Anforderungen jedes der Familienmitglieder zu erfüllen hatte, wobei Nunzia C. ganz offensichtlich die entscheidende Koordinationsfunktion übernahm.

5.2.3.8. "Du machst alles, un' du machst das auch"

"C: + Naja, + dann äh, äh, + sin'mer da gekomm'n un' an fünfundsechzig wollt' ich net mehr arbeite bei Molkerei + aber + warum + (lacht). Der Chef, ne, ich mein', ich hab' alles gemacht, 's klar. Wir haben alle was mitgenommen, äh, bißchen Milch oder 'n bißchen Käse un' alles, aber das war zuviel + war'n nur Weiber, un' 'na haben sich alles mitgenommen, ne, von da drin. Un' der Chef hat gesagt, äh, de, der Junior hat gesagt, ich soll da für die Leute aufpasse', verpetze + wer da was mitnimmt. + Hab' ich gesagt, das könne S'e vergesse', des mach' ich net. + Du mußt des mache', des kann kein and're mache', du machst alles, un' du machst das auch. Also ich muß da Vorarbeiter spiel'n, da kontrollier' die Leute, hab' ich g'sagt, mach' ich net. Das war + September fünfundsechzig. Hab' ich gesagt, du kannst mich mal. ++ Un' ich bin nicht mehr hingegangen, ne. (Laut, erregt:) Ich wollt' die Leute net verpetze, warum, die hatte' genug, die schmeißen nur, sowieso nur für Schwein. Konnte' die Leute sich 'n bißche' Joghurt, un' bißche' M-Milch oder bißche' was, war das so schlimm? Die hab'n dafür gearbeitet! + Nein, ich muß kontrollier'. Na ja, hin und her na ha'mer uns e gestritten, na, hab' ich gesagt, so jetzt gut, mach' dir selber dein Mist und ich bin weggegangen. + Können Sie glauben oder nicht + die ha'm mir die Papier' nicht gegeben ++ da is' der Chef zu mir gekommen un' hat 's gesagt, du kannst uns nicht in Stich versetze. Sag' ich, od'r (=ob)ich das kann, ich mach' net was ihr wollt, das mag ich net, warum + muß S'e sich Feinde verschafft, oder?

I: Mhm

C: Das hab' ich net gemacht, bin ich + und na hatt' s'e gesagt, und du kriegst keine Papier'. Ich habe gesagt, ich habe net gesagt, daß ich arbeit' geh' woandere, ich habe gesagt, äh, meine Kinder sin' krank und ich muß zu Hause bleiben. Ich wollt' kein Streit haben, ne. Da sin' die beide gekommen, zweimal, na hab' ich immer gesagt, komm' ich net mehr, wenn ich sag', komm ich net, komm' ich net. Naja, + ich hatte aber schon die Arbeit bei G. un' na bin ich am fünfundzwanzigste bin ich bei G. angefange'. + Ohne Papier', vier Wochen ohne Papier' (lacht). Heute ging' das net mehr. Der Molkerei wollte mir kein' Papier, äh, geben. + Und der ha, wollte das unbedingt, daß ich da Vorarbeiter mach', (betont:) des will ich net. Ich bine nicht für Vorarbeiter zu mache'. Ich mach' meine Arbeit, ich mache vielleicht so'n bißchen zu viel, aber nichts was die woll'n.

I: Mhm" (I,8/9).

Frau C. ist mit ihrer Familie in die neue Wohnung – die erste eigene Wohnung in der Migration – eingezogen, und nun geht auch ihr Beschäftigungsverhältnis in der Molkerei dem Ende zu. Sie kommt einer Aufforderung ihrer Arbeitgeber in der Molkerei nicht nach, darauf zu achten, daß die Molkereiprodukte nicht etwa von den dort beschäftigten Arbeiterinnen mit nach Hause genommen werden. Da sie nicht gewillt ist, eine solche Kontrollfunktion zu übernehmen, verläßt sie die Molkerei. Die Arbeitgeber halten zunächst ihre Papiere zurück. Dennoch gelingt es Frau C., sich einen neuen Arbeitsplatz zu besorgen.

Das Segment wird eröffnet mit einer Verknüpfung der Darstellung zweier wesentlicher Veränderungen: eine neue Wohnung wurde bezogen, und Frau C. will nicht mehr in der Molkerei arbeiten. Mit der Formulierung "aber warum" macht die Informantin deutlich, daß es ihr im folgenden darum geht, zu erklären, wie es dazu kommen konnte. Ihre Erzählweise und auch ihr Argumentieren am Ende des Segments zeigen, daß sie noch heute bewegt ist von den dargestellten Ereignissen: Die Wiedergabe erlebter Rede und Gegenrede sowie eingelagerte Kommentare und zunehmend präziser werdende Zeitmarkierer weisen darauf hin, daß es sich hier um einen bedeutsamen Abschnitt ihrer Migrationsbiographie handelt. In der Präsentationsweise werden zahlreiche Einschübe notwendig. Das zunächst gewählte Erzählformat im Sinne einer schlanken Ereignisskizze muß zunehmend erweitert werden, weil die Erzählerin sich im Detaillierungszwang befindet, will sie die geschilderten Ereignisse doch plausibel und damit nachvollziehbar vermitteln. Indem sich die Erzählerin zweimal an die Interviewerin wendet, macht sie deutlich, daß sie die Glaubwürdigkeit ihrer Darstellung nicht als selbstverständlich voraussetzt. Sie muß schließlich verdeutlichen, warum sie den Betrieb verließ, und dazu noch ohne Papiere. Wie bei der

Darstellung der mangelnden Einpassung der Tochter in den neuen Wohnzusammenhang, lacht sie, obwohl es sich im folgenden durchaus nicht um eine belustigende Episode handelt und gerade in diesem Segment auch nicht der Eindruck gewonnener Distanz entsteht. Es ist vielmehr ein Lachen, das markiert und ankündigt, daß nun eine "merkwürdige Geschichte" folgt, die auch noch aus heutiger Sicht durchaus ihre problematischen Seiten hat.

Sehen wir uns näher an, wie das Thema "Konflikt in der Molkerei" dargestellt wird. Die Informantin setzt in ihrer Begründung, warum sie nicht mehr in der Molkerei arbeiten wollte, "ganz oben" an: beim Chef. "Der Chef, ne, ich mein' ich hab' alles gemacht". Die mit dem Subjekt "der Chef" begonnene Erzähllinie wird nun sogleich wieder verlassen und erst später mit einer präzisierenden Selbstkorrektur ("Junior") wieder aufgenommen, um zunächst in einem Basiskommentar zu markieren, daß der im folgenden geschilderte Konflikt nichts mit ihrem mangelnden Arbeitseinsatz zu tun hat ("Ich mein', ich hab' alles gemacht"). Es wird vorerst also nicht weiter ausgeführt, was der Chef gesagt oder getan hat, sondern es wird die eigene Perspektive auf das Geschehen formuliert: bestimmend ist hier ihr Selbstbild einer engagierten, wohl auch zuverlässigen Arbeiterin, "ich hab' alles gemacht". Im Zusammenhang mit dem Subjekt "der Chef" könnte es sich hier darum handeln, das Bild, das sie beim "Chef" abgegeben hat, zu thematisieren. In der nächsten Satzfrequenz wechselt die Perspektive vom "Ich" zum "Wir", und von da zum "sie" ("nur Weiber"). Das Thema wechselt von der eigenen Tüchtigkeit zum Eingeständnis kleiner Übergriffe – "wir haben alle was mitgenommen", von allem "ein bißchen". Hier nimmt sie die Perspektive des Kollektivs der Arbeiterinnen ein, um dann wiederum die Perspektive zu wechseln, indem sie feststellt, "aber das war zu viel" und "war'n nur Weiber", die sich "alles mitgenommen" haben. Es liegt nahe, anzunehmen, daß in diesen Formulierungen (siehe die Benutzung des Pejorativs "Weiber") die Perspektive der Chefs zum Ausdruck kommt. In jedem Fall grenzt sie sich mit der Formulierung "war'n nur Weiber" selbst von den Kolleginnen ab. Der Grund mag darin liegen, daß diese in den Augen von Frau C. das normale Maß des "Erlaubten" überschritten haben. In dieser Lesart wäre das Mitnehmen von Produktionsabfällen oder nicht verkauften Produkten ein üblicher Vorgang, der den Arbeiterinnen zusätzlich zum Geldlohn einen "Naturallohn" als Ergänzung zugestand. Sie referiert nun den Dialog mit dem Juniorchef, indem sie wieder die Charakterisierung ihrer Arbeitsqualitäten zum Thema macht: "du machst alles" – mit der Aufforderung, den Auftrag des Chefs zu ratifizieren, "du machst das auch". Hat sie sich vorher schon als Arbeitskraft hervorgehoben, die "alles macht", also besonders disponibel, flexibel und zuverlässig ist, nimmt sie diese Charakterisierung noch einmal auf, und zwar diesmal aus dem Munde des Juniorchefs. Damit distanziert sie sich vom Kollektiv der Arbeiterinnen, kann aber auch plausibel machen, worin ihr Konflikt bestand. Sei es, daß sie sich bezüglich der "kleinen Diebstähle" genauso verhalten hat wie ihre Kolleginnen, sei es, daß sie dabei hat Vorsicht walten lassen – sie wird in ihrer Darstellung für die einzige gehalten ("des kann kein andre mache'"), die die Kontrolle über die Kolleginnen übernehmen kann. Mit der Formulierung "Vorarbeiter spiel'n" macht sie deutlich, daß es sich nur um die Kontrollfunktion handelt, die sie übernehmen soll, nicht aber um eine Übernahme des Vorarbeiterinnenstatus mit entsprechend höherer Entlohnung.

Offensichtlich wird ihr neben einer "weißen Weste", was die Diebstähle angeht, auch Zuverlässigkeit und energisches Eingreifen unterstellt, um diese zu unterbinden. Interessant ist nun, daß sie diese Fallensituation aber nicht klar und deutlich benennt, sondern in der Richtung argumentiert, die sie auch gegenüber den Chefs eingeschlagen hat. Sie fühlt sich moralisch unwohl in der Rolle, die Leute "verpetzen" zu müssen, die Vorarbeiterin "zu spiel'n". Sie rechtfertigt die "kleinen Diebstähle" damit, daß es genug gab, was ansonsten weggeworfen worden wäre, und daß die Arbeiterinnen sich in dieser Form ein Zubrot zum Lohn erwirkt hätten. Die Verweigerung einer Position der Kontrolleurin wird damit begründet, daß sie ein anderes Verständnis von ihrer Arbeit hat, als der Chef dies von ihr erwartet. Sie entwickelt im Verlauf des Segments ein Selbstbild von sich als Arbeiterin, die über die Dialogwiedergabe mit den Arbeitgebern hinausgeht und sehr klar aus der Gegenwartsperspektive formuliert ist: "Ich bin nicht für Vorarbeiter zu mache'. Ich mach' meine Arbeit, ich mache vielleicht so'n bißchen zu viel, aber nichts was die woll'n". Hiermit erklärt sie noch einmal sich selbst und der Interviewerin den Konflikt: Sie verhält sich auf der einen Seite engagiert und möglicherweise "hyperloyal", auf der anderen Seite will sie sich die Definition ihres Einsatzes und Einsatzbereichs aber nicht von den Autoritäten aus der Hand nehmen lassen. Dazu gehört es auch, den sozialen Konsens im Kollektiv der Molkereibeschäftigten nicht zu gefährden und sich nicht "auseinanderdividieren" zu lassen. Dieser Impetus, nicht alles mit sich machen zu lassen, bei gleichzeitig tendenziell unbegrenztem Arbeitseinsatz, mag seinen Ursprung haben in der Vorbildfunktion des mütterlichen Arbeitsfeldes. Arbeitete die Mutter in der eigenen kleinen Landwirtschaft auch "bis zum Umfallen", so bestimmte sie doch selbst, was jeweils zu tun war, und hatte keinen "padrone" über sich, sie arbeitete auf eigenem Terrain. Es deutet vieles darauf hin, daß Frau C. in einen doppelten Loyalitätskonflikt geriet: sowohl den Arbeitgebern als auch ihren Kolleginnen gegenüber. Sie will als ausländische Arbeiterin den Chefs gegenüber positiv auffallen, was ihr ja offensichtlich auch gelingt, indem sie besondere Leistungen erbringt ("alles macht", was von ihr erwartet wird). Gleichzeitig ist sie aber nicht nur ihren Chefs gegenüber loyal, sondern auch den Kolleginnen, wie ihre "Zubrot-Argumentation" zeigt. Sie distanziert sich zwar von diesen durch besonderen Arbeitseinsatz, ggf. auch durch die Vorsicht, selbst nicht "zuviel" mitzunehmen. Ihre Anpassungsleistung hat jedoch da ihre Grenzen, wo sie durch Übernahme einer Kontrollfunktion explizit aus dem Kollektiv herausgenommen werden soll. So läßt sich aus der Darstellung des Konflikts die Basisposition einer "doppelten Loyalität" herauskristallisieren, aus der die Entscheidung hervorgeht, die Kolleginnen nicht kontrollieren zu wollen, um zwischen beiden Loyalitäten nicht in ein Dilemma zu geraten.

Frau C. kann sich dem Konflikt nur entziehen, sie kann ihn nicht interaktiv bearbeiten. Ihr Rückzug ist begleitet von starken Worten, die v.a. dem Juniorchef gegenüber erkennen lassen, daß sie ihn nicht als Autorität akzeptiert. Sie bricht das Arbeitsverhältnis ab, statt es formgerecht zu kündigen. Noch heute erscheint es ihr "unglaublich", daß man ihr die Papiere nicht aushändigte, ihren Abbruch also nicht als Kündigung akzeptierte. Die biographische Besonderheit, die in der erzählten Begebenheit zum Ausdruck kommt, ist m.E. die Neigung der Informantin, sich ungewöhnlich intensiv zu engagieren, und sich damit – auch in den eigenen Augen – vom Kollektiv der Kolleginnen abzusetzen, und dadurch ständig in die Gefahr der Isolierung zu geraten. Wie sehr sie der Handlungsorientierung, "la prima in classe" zu sein, verhaftet ist, wird in der hier in Rede stehenden Situation deutlich. Es gelingt ihr nicht, den Arbeitgebern gegenüber zuzugeben, daß auch sie die "kleinen Diebstähle" begangen hat – und zwar aus gutem Grunde, wie sie im Interview argumentiert; aber sie würde sich moralisch diskreditieren, wollte sie den Kolleginnen in dieser Sache Anweisungen zum Unterlassen geben. Sie sieht sehr klar die Gefahr, sich die Kolleginnen "zum Feind zu machen" und ergreift nun statt dessen die Flucht, mit der sie sich aber wiederum die Chefs "zum Feind" macht. So kommt es denn auch zum Streit, als diese insistieren und noch einmal verdeutlichen, daß sie sich im Stich gelassen fühlen (auch hier noch einmal der Hinweis auf Frau C.s Tüchtigkeit). Als auch der Hinweis auf Frau C.s Tüchtigkeit und ihre moralische Verpflichtung auf Kontinuität nichts fruchten, spielen die Arbeitgeber ihre Macht aus und verweigern ihr die Papiere. Und hier nun geht Frau C. nicht aggressiv an die Sache heran, sondern reagiert defensiv. In Argumentationsnot gegenüber den Chefs geraten, erklärt sie ihre Abwesenheit mit der Krankheit ihrer Kinder, um den Streit zu beenden, aber wohl auch, weil sie härtere Konsequenzen fürchtet. Da sie damit aber lediglich ein Fehlen in begrenzter Dauer erklären kann, muß sie deutlich werden: "komm ich net mehr". So kommt sie auch einer möglicherweise zu befürchtenden Kündigung zuvor. Durch ihr defensives Verhalten nutzt sie die Möglichkeiten nicht, im persönlichen Gespräch mit den Chefs "Klartext" zu reden und den Kern des Konflikts aufzudecken. Sie kann für sich die Situation nur auflösen, indem sie einen neuen Arbeitsplatz findet, wo sie "ohne Papier'" anfangen kann, und aus der Gegenwartsperspektive macht sie deutlich, daß sie Glück gehabt hat: "Heute ging' das net mehr". In beiden Fällen umgeht sie die kontraktuellen Grundlagen des Beschäftigungsverhältnisses. (Diese "formalen Unkorrektheiten" mögen mit aus Sizilien vertrauten Aushandlungsformen, der mündlichen Absprache von Arbeitseinsätzen, erklärbar sein. Bezogen auf das Beschäftigungsverhältnis in der Molkerei kann es jedoch auch bedeuten, daß es ihr sehr schwer gefallen sein muß, dieses tatsächlich auch in aller Form zu beenden.) Bemerkenswert ist es, daß Nunzia C. sich erst endgültig aus dem Betrieb zurückzieht, als sie schon eine neue Arbeit gefunden hat: hier wird eine Basisposition deutlich, die ihr Umgehen mit Konflikten kennzeichnet: Sie sichert sich ab und geht kein Risiko ein, was die Existenzgrundlage angeht. Insoweit erscheint sie nicht nur als zuverlässige Kraft am Arbeitsplatz, sondern auch konstant und verantwortlich in ihrem Beitrag zum Familieneinkommen.

Konnte sie nur durch den totalen Rückzug aus der Konfliktsituation ihr Gesicht wahren und einer "Entlarvung" zuvorkommen, die gewiß eingetreten wäre, hätte sie ihren Kolleginnen gegenüber die aufgetragene Kontrollfunktion übernommen, stellt sich die Frage nach Handlungsalternativen, die es ihr ermöglicht hätten, im Betrieb zu bleiben. Wie oben angedeutet, hätte sie die "Karten offenlegen" müssen, sowohl vor den Arbeitgebern als auch vor den Kolleginnen. Sie hätte dazu wohl biographischer Berater bedurft, die sie darin unterstützt hätten, mit jenen schwierigen Situationen und konflikthaften Erfahrungen konstruktiv umzugehen, mit denen sie im Prozeß der "zweiten Sozalisation", wozu auch die "Einpassung" in den Arbeitsalltag in der Migration gehörte, konfrontiert wurde. Dafür wären z.B. ihr Ehemann oder "Onkel M." in Frage gekommen, die schließlich den Molkereibetrieb und seine Strukturen kannten, und die ja als Teilnehmer eines Haushalts auch Nutznießer der "Mitbringsel" aus der Molkerei waren. Was den Ehemann angeht, muß jedoch berücksichtigt werden, daß er fürchten mußte, daß seine Position im Betrieb ebenfalls diskreditiert worden wäre, wenn Frau C. ihre "Verfehlungen" offengelegt hätte. So mag er sie darin unterstützt haben, den Rückzug anzutreten. Der "Onkel" schließlich hatte sie auf die Idee gebracht, in der Molkerei zu arbeiten, vielleicht sogar einiges dafür getan, daß sie hier arbeiten konnte. Sie mag das darin steckende Vertrauen, eine "gute Arbeiterin" zu vermitteln, nicht enttäuscht haben wollen. Es kann aber auch nach der Aufkündigung des Zusammenwohnens zunächst eine Distanz zwischen den Familien eingetreten sein – auch und gerade, weil Frau C. betonen muß, man sei befreundet geblieben. Schließlich sind da noch ihre Kolleginnen, die sie kannten und wußten, daß "alle" etwas mitgenommen hatten. Allen hier erwähnten Personen gegenüber hätte Frau C. jedoch zugeben müssen, daß sie durchaus nicht ohne Fehl und Tadel war.

Es stellt sich die Frage, warum Frau C. so sehr auf die Sonderposition der tüchtigen Arbeiterin angewiesen war. Innerfamiliär – und auch innerhalb des Arrangements in der Gastfamilie – gab ihr dieses nach außen getragene Selbstverständnis die Möglichkeit, soziale Anforderungen abzuwehren, die mit ihrer Rolle als Mutter und Hausfrau zusammenhingen: sie mußte deutlich machen, warum sie den Großteil des Tages mit ihrer Arbeit außer Haus beschäftigt war: Dazu gehörte die Unentbehrlichkeit im Betrieb. Innerbetrieblich war ihr offensichtlich die Anerkennung als besonders Tüchtige durch die Autoritäten sehr wichtig – zuweilen wichtiger als die Gemeinsamkeit mit den Kolleginnen. Das mag sie mit Neid und Abgunst konfrontiert haben. Gleichzeitig wurde es für sie dadurch besonders schwierig, Zumutungen und Anforderungen seitens der "Chefs" Grenzen zu setzen, hätte sie doch fürchten müssen, ihrer besonderen Reputation als "Tüchtige" verlustig zu gehen. So zieht sie im Konfliktfall eine defensive Handlungsstrategie vor. (Zur psychosozialen Funktion "defensiver Lebensmuster" im Rahmen von nicht auf Dauer gestellten Beschäftigungsverhältnissen von Frauen s. Wohlrab-Sahr, M. 1993, S.132.)

K. Bechtle-Künemund geht in ihrer Studie "Rückkehr nach Monopoli: Spielregeln eines lokalen süditalienischen Arbeitsmarktes" davon aus, daß im Herkunftsland sozialisierte Arbeitstugenden aus "hochgradig personalisierten Produktionsverhältnissen stammen" (Bechtle-Künemund, K. 1989, S.126) und im ausländischen Betrieb nutzbar gemacht werden durch die Verkehrung der anonymen Nutzung von Arbeitskraft in eine Vertrauensbeziehung zu den Vorgesetzten im ausländischen Betrieb. Das, was als Aufwertung zum "Modellarbeiter" erscheint, dient objektiv zur Verbilligung von Arbeitskraft (Heranziehen zu besonderen Arbeitseinsätzen, etwa auch zur Mehrarbeit) (ebd.). Die Autorin zeigt am Beispiel der "Spielregeln" eines lokalen süditalienischen Arbeitsmarktes, was es dort mit dem System der "fiducia", des Vertrauens, als Interaktionsvorgang auf dem Arbeitsmarkt auf sich hat: "Geht man davon aus, daß fiducia Vertrauen von einer bestimmten Person in eine andere Person bedeutet, so ist die Wahl zur Vertrauensperson vorstellbar als ein Akt der persönlichen Gnade, verknüpft mit einem für alle einsichtigen "guten Glauben" in eine Person, was ihr Vertrauen in Form eines "Geschenks" zuteil werden läßt. Dieser Vorschuß an gutem Glauben bringt nun die angesprochene Interaktion in Gang: der Vertrauensempfang ehrt und verpflichtet, der Beschenkte muß sich des empfangenen Vertrauens als "würdig" erweisen, er muß es zu schätzen wissen. I.a.W. er muß sich so verhalten, wie es von ihm erwartet wird" (a.a.O., S.121). Beziehen wir die hier beschriebene Bedeutung des Vertrauenschenkens auf den vorliegenden Fall, so kann Frau C. die Aufgabe, die Kolleginnen zu kontrollieren, als Vertrauensvorschuß betrachtet haben, der sie noch mehr den Vorgesetzten verpflichtet hätte, auch über diesen konkreten Auftrag hinaus. Es geht also um die Übernahme von capo-Funktionen, die Frau C. von der Teilhabe am sozialen Konsens unter den Kolleginnen im Betrieb ausgeschlossen und sie womöglich dauerhaft in eine Isolation gebracht hätten. Zu den Erfahrungen im Herkunftskontext mag es gehört haben, daß die "caporali" durch ihre Sonderstellung zwischen Arbeitgebern und Lohnabhängigen von letzteren vehement abgelehnt und ihrerseits gerade nicht als Vertrauenspersonen akzeptiert wurden: Hinweise darauf finden sich in verschiedenen Studien zum süditalienischen Arbeitsmarkt.

Caporali als Mittelspersonen laufen Gefahr, selbst den Vertrauensvorschuß zu verlieren und beim padrone in Mißkredit zu geraten, wenn es nicht gelingt, unbotmäßiges Verhalten der Kontrollierten erfolgreich auszuschalten. In den Landgebieten, in denen in der Saison Arbeiterinnen eingestellt werden, so etwa in der Provinz Catania, in der Herkunftsregion von Frau C., wo die Frauen einen Großteil der Landarbeiterschaft stellen, entscheidet der männliche Gruppenführer über das Verhältnis von Lohn und Leistung, ist Garant der Gruppenmoral, auf der einen Seite Respektsperson, auf der anderen Seite der erpresserische "taglieggiatore", der den Arbeiterinnen gegenüber eine Kontroll- und Repressionsfunktion auch außerhalb des Arbeitsbereichs ausübt. Zu den padroni hält er als einziger eine direkte Verbindung, und zwischen Lohnabhängigen und Arbeitgebern ist er Mittelsmann in einem komplizierten System der Vergabe oder Verweigerung von "favori", Vergünstigungen. Oftmals ist er in schwer kontrollierbare Konflikte mit den Arbeiterinnen verwickelt (Ottaviano, C. 1980, S.117 f.). G. Gribaudi berichtet in ihrer Studie "A Eboli" über die sukzessive Übernahme dieser Funktionen durch weibliche Caporali im Bereich der verarbeitenden Industrie (Tomaten, Tabak) in der Provinz Salerno (Gribaudi, G. 1990, S.251). Auf den Latifundien Siziliens schließlich gab es eine lange Tradition von eigens für die Kontrolle der abhängig Beschäftigten eingesetzten campieri, "Feldhütern", die dafür zu sorgen hatten, daß den padroni nichts von der Ernte abhanden kam, bevor sie verkauft war (s. dazu Gesualdo, G. 1940, zit. in Consolo, V. 1988, S.62 f.). Das Prinzip der Delegation von Verantwortung für die Verteilung der Arbeit und den korrekten Ablauf der Arbeitsvorgänge durch die Arbeitgeber an einzelne Untergebene, die damit durch das fiducia-Prinzip an eben diese gebunden werden, ist also auch in den 80er Jahren noch für die süditalienische Landwirtschaft und die dort existierende verarbeitende Industrie von tragender Bedeutung.

Eine solche "Mittlerfunktion" auch nur in Teilbereichen im Aufnahmeland nach der Migration angetragen zu bekommen, kann sich bei entsprechend einsozialisierten Menschen wie Frau C., die bereits ihre Arbeitserfahrungen in der Landwirtschaft Siziliens hinter sich hat, als eine – wenn auch modifizierte – Verlängerung des dortigen Wert- und Tauschsystems in die Arbeitswelt der Migration hinein ausnehmen, das als Repression erfahren oder vermittelt wurde und deshalb vehement abgelehnt wird. Es muß aber auch berücksichtigt werden, daß die Figur der "caporala", wie G. Gribaudi zeigt, etwas historisch Neues darstellt und der geschlechtsspezifischen Ausgestaltung der Arbeitssphäre, wie Frau C. sie bis zu Beginn der sechziger Jahre in Sizilien kennengelernt hat, nicht entspricht. Es wird also unter diesem Gesichtspunkt von ihr erwartet, daß sie über den "Schatten" ihrer geschlechtsspezifischen Erfahrungen springt. Unter dem Gesichtspunkt der Ethnizität muß berücksichtigt werden, daß Nunzia C. widersprüchlichen Erwartungen zu genügen hatte. Die "Chefs" erwarteten ihren loyalen Arbeitseinsatz, den sie als Migrantin übererfüllte. Die Kolleginnen werden sehr genau darauf geachtet haben, daß sie aus ihrer Rolle als tüchtige Arbeiterin keine besonderen Vorteile zog bzw. die Standards des Arbeitseinsatzes nicht für alle verschlechterte. Gehen wir davon aus – Frau C. erwähnt dies nicht – , daß es in der Molkerei nicht nur ausländische Arbeiterinnen gab, sondern auch deutsche, ist leicht vorstellbar, daß die Übernahme der Kontrollfunktion durch eine ausländische Kollegin auf besonders empfindliche Reaktionen gestoßen wäre. Es wird an keiner Stelle erwähnt, ist aber denkbar, daß Frau C. unterstellt wurde, sich bei italienischen Kolleginnen in besonderer Weise durchsetzen zu können, gewissermaßen als "Übersetzerin" der Anweisungen der Chefs. Auch hier wäre sie, wenn sie die Anweisungen der Arbeitgeber befolgt hätte, in einen Loyalitätskonflikt geraten.

Greifen wir noch einmal die Frage auf, warum "die Chefs" offensichtlich nichts dazu beitragen konnten, daß Frau C. im Betrieb verblieb. Sie hätten dazu ihre Perspektive übernehmen müssen, und dazu gehörte die Fähigkeit, sich in die Situation dieser italienischen Arbeiterin hineinzudenken. D. Schimang verweist darauf, daß die Frage nach dem interkulturellen Lernen im Betrieb, die schon zu Beginn der Anwerbung von ausländischen Arbeitskräften hätte ins Blickfeld kommen müssen, dreißig Jahre lang nicht gestellt wurde. Er definiert es als "Erlernen und Einüben der Fähigkeit, das Andere, das Fremde als Anderes, als Fremdes wahrzunehmen", als "eine sehr konkrete und praktische Angelegenheit, ein ganz alltäglicher und konkreter Prozeß" (Schimang, D. 1994, S.1). Schimang begründet die unterlassene Thematisierung dieser Prozesse damit, daß die ArbeitsmigrantInnen der ersten Generation von vornherein "ganz unten" in den Betrieben angesiedelt wurden, daß sie hier weitgehend "Untergebene, Kommandierte" waren, als Lohnabhängige, speziell als Frauen. So wurden ihnen Kompetenzen abgesprochen, "selbstverantwortliches Handeln untersagt, eigenes und eigenständiges Denken geradezu als Rebellion ausgelegt", wurden in ihnen doch "nur die Arbeitskräfte und nicht die Menschen" gesehen (Schimang, D. a.a.O., S.5/6). So wird auch Frau C. letztlich mit ihrem Auftrag, der an ihre Fähigkeiten am Arbeitsplatz gerichtet ist, alleingelassen, obwohl er den ganzen Menschen einbezieht, der genau damit in ein Dilemma gerät.

Die Konfliktdarstellung läßt erkennen, daß die "Chefs" weit entfernt davon waren, ein für alle Beteiligten erträgliches Arbeitsklima zu etablieren. Vielmehr scheinen sie nach der Devise vorgegangen zu sein, den unausgesprochenen Konsens unter den Arbeitnehmerinnen nach dem Muster "divide et impera" aufzubrechen, um Gewinnmaximierung zu gewährleisten. Für diese Strategie ausgerechnet Nunzia C. auszuwählen, mag sicherlich auch auf deren ambivalente Haltung zurückzuführen sein: Einerseits neigt sie dazu, "la prima in classe" zu sein, eine Haltung, die dazu prädestiniert, sich – in Abgrenzung von den anderen – mit der "Chefsache" zu identifizieren. Andererseits handelt sie in guter Übereinstimmung mit den Kolleginnen gegen die Interessen der Molkereibesitzer, ein Verhaltensmuster, das sie sicherlich nicht von ungefähr in der Wohlstandsgesellschaft verankert ("sowieso nur für Schwein"). Die Widerspruchsfigur, daß sie sich einerseits in ihrem Handeln mit ihren Kolleginnen in ihrer Benachteiligung verbunden fühlt, und andererseits die Entwertung der Chefs übernimmt ("Weiber"), hat letztlich zur Konsequenz, in der Konfliksituation allein dazustehen, d.h. keine Möglichkeit zu sehen, gemeinsam mit den Kolleginnen solidarische Konfliklösungsstrategien zu entwickeln. Die Konfliktdarstellung macht also auf der Subjektebene deutlich, daß Frau C. gerade wegen ihrer eigenen ambivalenten Bestrebungen und Motive zur Rolle der "Einzelkämpferin" tendiert. Diese Haltung verhinderte einerseits solidarisches Handeln, stellte jedoch andererseits die Voraussetzung dafür dar, sich von den anderen zu unterscheiden, d.h. sich "selbständig" zu machen.

Kommen wir zurück auf den Eingang des Segments, in dem eine Koinzidenz zwischen dem Beziehen einer eigenen Wohnung und der Idee, sich aus der Molkerei zurückzuziehen, konstruiert wurde. Mit dem Auszug aus der Gastfamilie entfernt sich Frau C. auch ein Stück weit aus dem Milieu der Molkereiarbeiter, selbst wenn ihr Ehemann hier noch beschäftigt ist. Es ist denkbar, daß es sich bei der Handlungssteuerung durch Abbruch des Beschäftigungsverhältnisses auch um eine Reaktionsbildung auf die Aufkündigung des Aufenthalts in einem Netz gesicherter Sozialbeziehungen handelt, die mit Enttäuschungen verbunden gewesen sein muß. Im Umzug in eine eigene Wohnung steckt ein Stück individueller Distanzierung von einem vertraut gewordenen Milieu, die sie mit ihrer spezifischen Konfliktlösungsstrategie fortsetzt. Diesmal ist sie selbst diejenige, die die Angehörigkeit zu einem sozialen Zusammenhang aufkündigt: sie ist in der Lage, sich daraus zu lösen und ihre Dinge selbst in die Hand zu nehmen, indem sie sich einen neuen Arbeitsplatz besorgt.

5.2.3.9. "Da war ich in mein' Beruf"

"C: Naja, bin ich da weg, hab' ich bei G. angefangen ++. Bei G. war, damals, äh, war froh', wenn no' eine Arbeiterin gekriegt hab'n. Da war Näherei da, ne. War <u>Bekleidung</u>, da war ich in mein' <u>Beruf</u>, ne, da war Bekleidung und' da war au' Zelte un', äh, sowas. G. war 'ne Weltfirma, ne. ++ Un' wo ich da kame', die hab'n mir sofortee, sofort so + herzlich willkommen war ich da, ne. ++ Un', äh, ich habe au' schnell Deutsch gelernt, + sehr schnell. ++ Ich brauchte kein' Dolmetscher, oder das, ich hatte für die andere, ich war drei Monate hier un' muß ich für die and-also ich habe, ich <u>wollte</u> das, ne. ++ Naja, dann bin ich da, hab' ich da gearbeitet, un' dann ha'mer die Aufträge gekriegt, äh, bei G., un' die haben auch mich da, hab'n g'sagt, auf dich kann mer sich verlasse', also die haben mich drangenommen mit Muster machen, un' äh, alles. Wir hab'n au' Sonntag gearbeitet, wir hab'n + wir hab'n <u>viel</u> gearbeitet. Wir hab'n morgen von fünf Uhr angefangen, bis abends um zehn. + Natürlich für andere Zeit was war, da hat man <u>viel</u> Geld verdient. + Des, des war noch, un' da ha'm noch in L. (Vorort) gewohnt. Äh, bei Z. ++ "(I, 9/10).

Frau C. findet Arbeit in einer Textilfabrik, die Kleidung und Zelte herstellt. Sie fühlt sich dort freundlich aufgenommen und eingesetzt, vor allem, als Aufträge kommen, die besondere Zuverlässigkeit und intensiven Arbeitseinsatz verlangen. Es werden Überstunden gemacht und Sonntagsarbeit geleistet. Für Frau C. ist es viel Geld, was sie dort verdient. Die Familie wohnt zunächst weiter zur Miete in einem Vorort.

Frau C.s Darstellung ist auch heute noch die Begeisterung anzumerken, mit der sie die neue Arbeitsstelle antrat. Sie trägt deutliche Züge einer Kontrastanordnung zum vorangegangenen Erzählabschnitt. Sie ordnet ihre Erzählung in einem Dreischritt an: zunächst werden wichtige Informationen zur neuen Firma geliefert, dann äußert sie sich zur eigenen Person, und schließlich präzisiert sie, welche Aufgaben in welchem Umfang dort zu erledigen waren und wie sich dies auf die Bezahlung ausgewirkt hat. Die Firma G., eine Kasseler Textilfabrik mit Tradition und Erfolg ("'ne Weltfirma"), beschäftigte in den sechziger und siebziger Jahren in erster Linie weibliche ausländische Arbeitskräfte. Angesichts einer expandierenden Auftragslage im Bereich Industrie- und Militärzelte sowie Uniformen war man hier zum gegebenen Zeitpunkt nach Darstellung von Frau C. froh, noch eine gute Arbeiterin bekommen zu haben – allerdings hielten durchaus nicht alle Frauen die Belastungen, die vor allem mit der Arbeit am Fließband verbunden waren, lange durch, wie mir andere Frauen aus meinem Sample berichteten. Die Aussage, man "war froh'(...)" muß allerdings in der aktuellen Interviewsituation auch im Kontext der zuvor dargestellten negativen Entwicklung der Situation für Frau C. in der Molkerei gesehen werden. So präzisiert sie auch wenig später, "herzlich" aufgenommen worden zu sein. Erinnern wir uns an den Befehlston, mit dem sie in der Molkerei konfrontiert worden war, muß ihr der freundliche Empfang wie der Eintritt in eine "bessere Welt" vorgekommen sein. Ich sehe allerdings in den Formulierungen der Informantin auch einen Hinweis darauf, daß sie durchaus weiß, daß sich die Zeiten geändert haben. Nicht nur die Firma G. hat später eine große Zahl von ausländischen Arbeiterinnen entlassen, weil sich die Lage in der Textilindustrie auf Grund der Weltmarktbedingungen grundlegend änderte, und als "überflüssig geworden Arbeitskräfte" waren AusländerInnen eben später nicht mehr "herzlich willkommen" in Deutschland.

Einen weiteren, sehr wesentlichen Kontrast zum Arbeitsplatz in der Molkerei bildet die Tatsache, daß Frau C. nun in ihrem Beruf arbeiten kann. Zudem ist die Firma G. kein kleiner Familienbetrieb wie die Molkerei, sondern eine "Weltfirma". Der Arbeitsprozeß stellt offensichtlich auch andere Anforderungen an die Kommunikationsfähigkeit: Nunzia C., die nun drei Jahre in Deutschland ist, muß die Sprache lernen, sie ist vor allem motiviert dazu: "ich wollte das". Motiviert ist sie auch, als es um eine Ausdehnung des Arbeitsvolumens geht. Das "Aufträge kriegen" wird in der ersten Person Plural, aus der Perspektive des "Firmenwohls" formuliert, nicht etwa in der dritten ("die"), die sie in der Fortführung der Satzfrequenz benutzt, wo es um ihre Tauglichkeit beim Einsatz für besondere Aufgaben geht. Wieder ist sie hier die besonders Verläßliche, und sie läßt sich "drannehmen", also besonders fordern. Das "Muster machen" war offensichtlich besonders wichtig, um die Ausführung des Auftrags mit den Auftraggebern abzustimmen, auch als ein Ausweis der Qualität der bestellten Produkte nach außen. Für Frau C. ändert sich damit die Zeitstruktur des Alltags. Hatte sie in der Molkereiphase noch nachmittags ihre Arbeit beenden können, um dann zu Hause "weiterzumachen", ist ihr Tag bzw. die ganze Woche nun bestimmt von der Arbeit in der Textilfabrik (sie präzisiert in einer späteren Passage des Interviews, daß sie morgens um fünf das Haus verlassen habe und abends um zehn Uhr heimgekehrt sei). Wie sie daraufhin die Haushaltsorganisation und die Sorge für ihre Kinder umgestellt hat, teilt sie nicht mit. Nachdem sie aus der Gegenwartsperspektive den "Gegenwert" für ihren Einsatz kommentiert hat – im Verhältnis dazu, daß es demnach eine "andere Zeit" war, hat "man viel Geld verdient", erwähnt sie in punkto "Lebensorganisation" die unveränderte Wohnsituation im Vorort bei der Familie Z., in der ersten eigenen Wohnung.

Betrachten wir den erwähnten Zeitabschnitt mit dem Blick auf den Niederlassungsprozeß, so geht es hier um die wichtige Phase der Eingewöhnung in einen Industriearbeitsplatz. Wie gravierend diese Umstellung war, macht Frau C. am Faktor Zeit deutlich: der Tagesablauf war nun, wie bereits erwähnt, ganz wesentlich von ihrer Arbeit außer Haus bestimmt. Auffällig ist es, daß sie die Negativfolgen für die Organisation des familiären Alltags an dieser Stelle nicht direkt thematisiert. Im Vordergrund ihrer Darstellung steht vielmehr, daß sie "in ihrem Beruf" war, obwohl es sich nicht mehr um die handwerkliche Erstellung von Kleidungsstücken und Nutzgegenständen für den privaten Haushalt handelte, also um eine persönliche Dienstleistung, sondern um industrielle Fertigung. Für eine "Weltfirma" zu arbeiten, kann von ihr durchaus als Bestätigung ihres professionellen Könnens empfunden worden sein. Auch die Anforderungen an ihre sprachlichen Kenntnisse wehrt sie nicht ab, sondern strengt sich an: nach drei Monaten übersetzt sie schon für ihre Kolleginnen und übernimmt damit eine für den Arbeitsablauf wichtige Vermittlungstätigkeit. Daß sie sich nicht wie andere Kolleginnen als "ungelernte Kraft" verstehen mußte, mag ihr Selbstbewußtsein gestärkt haben. Dieses drückt sich auch darin aus, daß sie zu Beginn des Segments nicht etwa darauf hinweist, froh gewesen zu sein, einen anderen Arbeitsplatz gefunden zu haben, sondern herausstellt, daß die Firma G. ihrerseits froh war, noch eine weitere Arbeiterin einstellen zu können. Im übrigen hatte die Fabrikarbeit vor allem unter Migrantinnen, die damit noch keine Erfahrung gemacht hatten, einen positiven Ruf: es schien so, als herrschten hier keine persönlichen Abhängigkeitsverhältnisse, als sei es sauber und gebe regelmäßige Bezahlung. (Eine andere Informantin meines Samples spricht im Zusammenhang mit den positiven Erwartungen an die Arbeitsmöglichkeiten in der Migration davon, sich die Fabrik "wie ein großes Büro" vorgestellt zu haben. Mit der Realität von Arbeitshetze, Staub und Lärm konfrontiert zu werden, bedeutete dann eine um so größere Enttäuschung.) C. Ottaviano diskutiert das Gefühl der Privilegierung bei Industriearbeiterinnen in Sizilien, "von Palermo bis Catania", unter dem Gesichtspunkt der dadurch erschwerten Entwicklung von Klassenbewußtsein. Die Frauen hindere das "Bewußtsein des Privilegiertseins": "In die Fabrik gehen, nicht nur den sicheren Broterwerb, sondern auch einen sehr viel höheren Verdienst zu haben als den einer Landarbeiterin, ist ein Privileg", mit dem die Frauen sich, so Ottaviano kritisch, zufriedengeben, auch wenn sie die Möglichkeiten nicht nutzten, innerbetrieblich ihre Stimme zu erheben, da sie auch dort von männlichen Familienoberhäuptern dominiert, d.h.aufgrund der Zusammenarbeit ganzer Familien und Verwandschaftssysteme die dort bestehenden Hierarchien in die Fabrik getragen würden (Ottaviano, C. 1980, S.126, Übers. I.Ph.).

Frau C. brachte in das Arbeitsverhältnis Fertigkeiten mit, die sie qua Sozialisation und beruflicher Qualifikation erworben hatte und nun in einem neuen Zusammenhang nutzen konnte. Im Umgang mit dem Material hatte sie instrumentelle Kompetenzen, die sie sich hier als Ressourcen nutzbar machen konnte. Zum speziellen Wissen kam aber auch die Fähigkeit und Bereitschaft des Lernenkönnens, also eine allgemeine Lernmotivation hinzu. Neben der gesellschaftlich relevanten Zuschreibung als Fabrikarbeiterin, mit der sie nun im Prinzip "ganz unten" angesiedelt war, spielte in ihrem Einsatz in der Firma G. jedoch ihre konkrete Plazierung als individuelles Arrangement eine wichtige Rolle. Ich folge hier den Überlegungen von W.-D. Bukow und R. Llaryora, die sich mit der Ethnisierung von Eingliederungsbedingungen bei Migranten in den Arbeitsprozeß kritisch auseinandersetzen. Sie gehen davon aus, daß diese "gemäß der formal-rationalen Konstruktion der Gesellschaft" den "gleichen Folgebedingungen" unterlagen wie "autochtone Bürger". Dies gelte vor allem für die "richtige Finalisierung", die Bereitschaft zur Lohnarbeit und Unterschichtung zum Zweck der Existenzsicherung. Ein Unterschied liege allenfalls in der "Bereitschaft zur Unterordnung ('Dreckarbeit')"; "genau diese Differenz wäre allerdings bloß das Resultat der Bereitschaft einzuspringen, Unterschichtung um der Existenzsicherung willen hinzunehmen". Und weiter: "So kann schnell plausibel gemacht werden, daß die Ziele, die die Migranten von ihrer Sozialisation her anstreben, den Zielen vollständig kompatibel sind, die vergleichbare Menschen in der Bundesrepublik anstreben" (Bukow, W.-D. / Laryora, R. 1993, S.105). Frau C. tritt also in den Vergesellschaftungsprozeß qua Fabrikarbeit ein, wobei sie tatsächlich die Bereitschaft, besonders flexibel und disponibel zu sein, mitbringt, ohne allerdings im nachhinein den Eindruck zu vermitteln, "Dreckarbeit" geleistet zu haben. Mit dem Hinweis, in ihrem Beruf zu arbeiten, schließt sie eine unqualifizierte Tätigkeit ausdrücklich aus. Diesen Status hatte sie schon zu einem früheren Zeitpunkt (Autobahnraststätte) mit dem Hinweis auf ihre erworbenen Fertigkeiten für sich ausgeklammert.

5.2.3.10. Herr C. verliert seinen Arbeitsplatz: "wegen mir"

"C: Un' dann, +++ dann fünfundsechzig (1965) + daß wiedergekomm' sin', natürlich das muß mer dazulasse' wegen <u>mir</u>, + äh, ich bin in September weggegangen von Molkerei + aber mei' Mann is' dageblieben. Mein Mann, wo wir zurü- dann fahr' mer immer, fahr' mer nach Italia, wo wir zurückkam', Anfang se-also am sechsundsechzig, fünfundsechzig sin' mer weg, un' Januar sin' mer wiedergekomm'. Wo wir wiedergekomm'n sin, mein Mann is' entlasse' word' wege' mir. +
I: Ach
C: Wegen mir, ne. Da ha'm s'e gesagt, deine Frau is' weg un' wenn mir was wollen, deine Frau wollte net was wir wollt' mer, + un' no entlasse' mer, ohne <u>Grund</u>, nur der <u>Grund</u> hab'n der (unverständlich)gesagt, deine Frau weg, du auch. Wenn deine Frau <u>wiederkommt</u>, kommst du au'.
I: Ach
C: Des war 'ne Gemeinheit natürlich, ne. Mein Mann hat gesagt, was kann ich, äh, zwischen meine Frau un' mir sagt er, das, da ist doch jeder frei, kann er geh'n wo er- + <u>Nein</u> ha'm die gesagt + die ha'm sich das net verkraftet, daß ich weggegangen bin, ne. ++ Un',

223

äh, naja + mein Mann entlasse' ++ Da hatt' mer von meine Tochter 'ne Lehrer, hat er sich so eingesetzt bei (= für) mein Mann, daß mein Mann Arbeit gekriegt da hatte, un' das war eine Sch-äh, eine Gesch-ein ++ Papier, so Hefte für die Schule. Also so für Schreibe war die, aber net Geschäft, direkt in der Firma. Hat er da drinne Papier gemacht, un' na hat er Heft un' das gemacht un' ja in, hinter die Arbeitsamt.
I: Produktion oder Großhandel?
C: Ne, Produktione un' Großhandel, die hame verkauft an die Fabrik. + Also die Papier muß geschnitt' werd'n un' dann, äh, weiterverkaufen also das war aber ein Großhandel. Kont' mer Papier kaufen, alles konnte mer kaufe. Mir hatt' sehr viel gekauft da drin, wann uns're Kinder da war" (I,10).

Nachdem Frau C. im September 1965 die Molkerei verlassen hat, arbeitet ihr Mann dort weiter. Nach dem üblichen Weihnachtsurlaub in Sizilien, aus dem das Ehepaar Anfang 1966 zurückkehrt, wird der Mann entlassen. Mit dem Hinweis darauf, daß er ein eigenständiges Arbeitsverhältnis habe, kann er die Kündigung nicht rückkgängig machen, da die Arbeitgeber daran festhalten, ihn nur wieder einzustellen, wenn seine Frau zurückkomme. Der Lehrer einer der Töchter besorgt Herrn C. einen neuen Arbeitsplatz in einem Papierwarengroßhandel.

Frau C. erzählt, der Chronologie der Ereignisse folgend, wie sich die Dinge weiterentwickelten, nachdem sie ihre Arbeit bei der Firma G. angetreten hatte. Sie baut ihre Darstellung so auf, daß sie nicht die Entwicklung ihrer Tätigkeit bei G. "zu Ende erzählt", um etwa in einer Hintergrundskonstruktion nachzuliefern, was sonst noch passierte, sondern beläßt es zunächst bei der Schilderung des "positiven Einstiegs", um dann die Molkereigeschichte abzuschließen und damit auf die weitere berufliche Entwicklung ihres Mannes einzugehen.

Da sie anschließend die Geschichte des Hausbaus in Kassel als Folge von Landverkäufen in Sizilien entwickelt, müssen die thematischen Schwerpunkte "Arbeitsplatz" und "Bauprojekt" in enger Verknüpfung miteinander gesehen werden. Es erhebt sich die Frage, warum Nunzia C. in dem zitierten Erzählabschnitt mehrfach sich selbst in der Präpositionalkonstruktion "wegen mir" als die Urheberin des in Rede stehenden Prozesses benennt. Sie beginnt die Darstellung mit der Rückkehr von einem Sizilienaufenthalt. Die Rückkehr ist aus zweierlei Gründen bedeutsam: 1. erfährt der Mann jetzt, daß er entlassen worden ist. 2. ist diese Rückkehr verbunden mit der endgültigen Entscheidung für die Niederlassung in Deutschland.

Für das Verständnis der ersten Präpositionalkonstruktion "wegen mir" gibt es zwei Lesarten: 1. Sie nimmt vorweg, daß ihr Mann "wegen ihr" entlassen wurde, muß aber in einer Einlagerung noch sichern, daß ihr Mann in der Molkerei weitergearbeitet hat, nachdem sie den Betrieb verlassen hatte, und kann erst dann die Darstellung zum Thema "Entlassung des Mannes" fortführen. 2. Sie skizziert, daß die Rückkehr aus Sizilien "wegen ihr" erfolgte. In diesem Fall bezieht sich die erste Formulierung "wegen mir" direkt auf die vorangegangene Präzisierung "daß wiedergekomm' sin', natürlich das muß mer dazulasse' wegen mir". Sie detailliert nach diesem Verständnis den Grund des Wiederkommens, führt aber die näheren Umstände nicht weiter aus, da sie gemeinsam geteiltes Wissen voraussetzzen kann – sie hatte bei der ersten Begegnung mit der Interviewerin die Geschichte der Niederlassung bereits kurz angesprochen.

Das "wegen mir" in der ersten Satzfrequenz bezieht sich in diesem Sinne also nicht, wie die weiteren Bezichtigungen der Urheberschaft, die noch folgen, auf den Verlust des Arbeitsplatzes des Mannes. Frau C. versucht hier im Zugzwang des Erzählens die neue Aushandlungsphase, in der entschieden wird, wo die Familie nun längerfristig leben wird, außen vor zu lassen. Da sie aber später den Landverkauf in Sizilien erwähnt, der zum Hauskauf in Kassel geführt hat, muß in diesem Weihnachtsurlaub in Sizilien die Entscheidung neu aufgerollt worden sein.

Wie Frau C. bei unserer ersten Begegnung in der Missione Cattolica erzählt hatte, habe es, was die endgültige Niederlassung in Deutschland angeht, zunächst ein jahrelanges "Hin und Her" gegeben. Zuerst habe sie, anders als ihr Mann, nicht in Deutschland bleiben wollen, später sei es umgekehrt gewesen. Was könnte nun ihren Mann bewogen habe, die Rückkehr nach Sizilien antreten zu wollen, nachdem er so lange hartnäckig am Leben in der Migration festgehalten hatte? Bis zum Konflikt mit den Molkereibesitzern hatte er wohl gesundheitliche Probleme am Arbeitsplatz gehabt, nicht aber, soweit sich das der Darstellung von Frau C. entnehmen läßt, sonstige Konflikte. Frau C. hatte das Beispiel des Druckerei- und Färbereibesitzers angeführt, der sich, von der Leistungsbereitschaft von Herrn C. überzeugt, für einen neuen Arbeitplatz eingesetzt hatte – wahrscheinlich den in der Molkerei. Nun bekam Herr C. ernsthafte Schwierigkeiten an seinem Arbeitsplatz dort. Der Neuanfang bei der Firma G. mag für Frau C. die Molkerei-Episode beendet haben, nicht aber für Herrn C. Es ist durchaus vorstellbar, daß er, bis er seine endgültige Kündigung bekam, die ja auch noch einmal mit dem Vorbehalt verbunden war, sie aufzuheben, käme seine Frau zurück, nach dem Fernbleiben seiner Frau vom Arbeitsplatz mit diesem Thema konfrontiert wurde, vielleicht sogar bereits mit einer Kündigungsandrohung verbunden. Das Verhalten seiner Frau, das, wie wir oben gesehen haben, von den Chefs, aber vielleicht auch von den Kolleginnen, nicht verstanden wurde, kann durchaus zu einer Beeinträchtigung seiner Position im Betrieb geführt haben. Eine Negativerfahrung dieser Art mag zusammen mit der durch die Erbschaft von Land entstandenen Möglichkeit, sich nach dem Tod des Vaters als selbständiger Landwirt in Sizilien zu etablieren, zu dem Wunsch geführt haben, zurückzukehren und endlich "sein eigener Herr" zu sein. Der Negativentwicklung am Arbeitsplatz von Herrn C. steht jedoch die Positiventwicklung in der "Weltfirma" G. für seine Frau gegenüber, die sich offensichtlich nach dem "guten Einstieg" dort nicht dazu verstehen konnte, als Bäuerin nach Sizilien zurückzukehren. Sie wäre dort erneut mit dem Zwang zu schwerer körperlicher Arbeit außerhalb ihres Berufs konfrontiert worden, da der lokale Arbeitsmarkt offensichtlich eine Vollzeittätigkeit als Schneiderin, dem erlernten Beruf, nicht hergab.

Kehrten die C.s also Anfang 1966 nach Kassel zurück mit der Absicht, sich hier endgültig niederzulassen, die Migration also auf Dauer zu stellen, muß es Herrn C. besonders hart getroffen haben, hier nun zunächst seinen Arbeitsplatz zu verlieren. Wir können die Entlohnungsbedingungen und die Höhe der Entlohnung in der Molkerei und im Papierwarengroßhandel hier nicht rekonstruieren, da die Art der Tätigkeit von der Erzählerin auch zu wenig detailliert wird. Der Hinweis von Frau C., man habe hier in größerem

Umfang Schulbedarfsartikel erworben, kann aber so gedeutet werden, daß man den Vorteil der günstigeren Einkaufsmöglichkeiten, die mit dem Arbeitsplatz des Mannes verbunden waren, zu nutzen wußte. Andererseits ist es auch ein Zeichen dafür, daß am Nötigsten nicht gespart wurde, und vielleicht auch nicht gespart werden mußte. Dank der ersten Landverkäufe in Sizilien war die finanzielle Situation nicht bedrohlich, wenn auch sicherlich für einen anvisierten Grundstücks- bzw. Hauskauf in Kassel "jede Mark" benötigt wurde. In der Verknüpfung der erfolgreichen Eingliederung in den Fabrikalltag mit dem kurz darauf geschilderten Hauskauf wird das Handlungsschema der "erfolgreichen Niederlassung im Migrationsland" sichtbar. Frau C. trägt zu diesem Erfolg durch ihre Tätigkeit, die ihrer Ansicht nach für damalige Verhältnisse nicht schlecht entlohnt wird, bei, der Mann bringt mit seiner Erbschaft einen Fundus von Bargeld ein. Auf der beruflichen Seite ist Frau C. in dieser Phase die erfolgreichere Protagonistin. (Daß Herr C. wenig später einen der attraktiven Arbeitsplätze in der Autoindustrie bekommt, erfahre ich von Frau C. nicht, sondern erst beim Abschiedsgespräch von Herrn C. selbst.)

5.2.3.11. Das Abenteuer des Hauskaufs

Der Fortgang der Darstellung zum Thema "wie wir zu unserem Haus kamen" soll hier kurz zusammengefaßt werden. Frau C. führt ihre Darstellung fort mit der Erzählung des Verkaufs von Land in Sizilien, das der Mann nach dem Tod des Vaters geerbt hatte. Bald jedoch mußten die C.s feststellen, daß sie sich mit der Absicht, in Kassel Hauseigentum zu erwerben, auf ein Abenteuer eingelassen hatten, dessen einzelne Etappen nur mit viel Organisationsgeschick und Phantasie erfolgreich zu bestehen waren. Die C.s hatten einen Kaufvertrag über ein Haus mit Grundstück voreilig abgeschlossen in der Meinung, es sei problemlos, das in Sizilien durch Landverkäufe erzielte Geld dafür verwenden zu können. Es stellte sich aber das Problem, das Geld vom italienischen Konto (am Fiskus vorbei) und unter Vermeidung der Deviseneinfuhrbeschränkungen nach Deutschland zu transferieren. Das Geld mußte also auf Bekannte in Sizilien verteilt und die einzelnen Beträge mußten von Sizilien aus nach Deutschland überwiesen werden – eine zeitaufwendige Angelegenheit. Obwohl beide Eheleute eine Vollzeitbeschäftigung nachweisen konnten, war es nicht möglich, vorübergehend einen Kredit von einer Bank zu erhalten, bis das Geld aus Italien eingetroffen war. Es gelang, den Kaufvertrag dennoch einzuhalten, der Ende Januar 1966 abgeschlossen worden war. Frau C. geht ausführlich auf die Umstände des Kaufs ein. Herr und Frau C. erwarben ein Grundstück mit Haus am Stadtrand von Kassel, das sich für diverse andere Interessenten als unattraktiv erwiesen hatte. Das Grundstück war in einem so miserablen Zustand, daß es von einer "privaten Familie" nicht gekauft worden wäre: es "war'n Schrottplatz + war gar nix in Ordnung" (I,11). Das Grundstück sollte deshalb zunächst für gewerbliche Zwecke verwendet werden, stellte sich aber für entsprechende Projekte als zu klein heraus, und eine "private Familie" hätte sich nach Ansicht von Frau C. ein solches Grundstück wegen des damit verbundenen Geld- und Arbeitsaufwandes nicht gekauft: es war über Jahre als wilde Müllkippe verwendet worden ("jeder hat hier abgekippt"). Dazu war das Haus in extrem vernachlässigten und verschmutztem Zustand.

Es war von einer Familie mit fünf Kindern bewohnt worden, die offensichtlich dem asozialen Milieu angehörte, was die Erzählerin zu einem generalisierenden Kommentar aus der Gegenwartsperspektive veranlaßt: "also damals war Deutschland au' net so wie heute, ne. Da war'n viele arme Leute" (I,12). Sie setzt sich hier mit der sich entwickelnden Wohlstandsgesellschaft auseinander, an deren "Bodensatz" sich die Familie C. nicht länger aufhalten muß, können doch nun die ökonomischen Ressourcen aus Herrn C.s Elternhaus genutzt werden.

Durch die sukzessive Aufräumung und Gestaltung von Grundstück und Haus fallen zusätzliche Aufgaben für das Ehepaar an. Die Familie hatte sich mit dem Kauf finanzielle und handwerkliche Belastungen aufgeladen, die über die bisherige Organisation des Arbeits- und Familienalltags hinausgingen.

"C: Naja, ha'mer das gekauft un' muß mer saubermache. Un' dies' Mann der Onkel M. (=der polnische Bekannte), weiß ich, der hatte uns geholfe der hatte Lastwage'. Der hat uns geholfe, der hat de ganz' Dreck von hier, er hat des weggemacht. Des gibt `s net das da, ohne Pfennig, nicht. Der hat uns gesagt, ihr seid meine Kinder, ich helf euch. Wie gesagt, wir habe' den aber au' geholfen, ne (schnell). Heute noch, wenn er kommt, helf ich ihm. Naja, dann, m, ha`mer angefangen zu bau'n, dann hatte ich die zwei Kinder, äh, muß in die Schule. Die Mutti hat immer aufgepaßt un' dann hatte' mir `ne and're Frau aufgepaßt, dann is' s'e von L. (Vorort) hier. Un' dann sind mer allein in die Schule gegangen, ne. Aber meine Kinder hatte' immer `ne Aufsicht, ich habe nie alleine gelassen. ++ Un', + un' dann + ha'mer hier viermal, nee, drei Zeichnung, ha'mer hier in diese Hause gemacht. Hat' mer kein Geld, muß' mer warte' bis mal was kommt, ab und zu ginge 'ne z-, `ne Teile frei von mein Mann, dann ha'mer was verkauft, un' dann ha'mer wieder Geld gebracht. Un' na simmer immer weiter gebaut un' weiter gebaut. + Un' ich hab' immmer `n bißche' genäht, immer, ne, für meine Kinder, für Bekannte un' so sehr viel genäht. + Un', äh, das muß ich sage, daß ich jetzt + der Beruf da, was ich für als junges Mädchen gar kein Int'resse,+ das verwirklich' jetzt. Die Kinder sage, Mama mit nix du hast n´ + Ja, des is' ++" (I,12).

Die „Hilfstruppen", v.a. der „Onkel" und seine Frau, die „Mutti", unterstützen die C.s beim Hausbau und bei der Versorgung der Kinder. Die Vervollkommnung des Umbaus funktioniert nach „italienischem Muster": man verschuldet sich nicht, sondern baut sukzessive weiter, sobald Geld da ist. Der Mann trägt durch weitere Landverkäufe zum Fortgang des Umbaus bei, Frau C. durch Eigenleistungen bei der Haushaltsführung (Nähen für die Kinder) und Näharbeiten für Bekannte. Aus der Gegenwartsperspektive bezieht sich Frau C. auf die Anerkennung durch die Töchter, „mit nix" etwas zu schaffen - getreu dem Vorbild der sizilianischen Meisterin. Auch diese war in der Lage, wie Frau C. bewundernd feststellte, „mit nix" etwas zu machen.

Die Bereitschaft, „Dreckarbeit" zu leisten, die Frau C. für sich im beruflichen Bereich ablehnt, wird von den C.s erfolgreich genützt, um zu einem Haus zu kommen. Außerdem verfügen sie über ein soziales Netz, in dem reziprok solidarische Hilfeleistungen erbracht werden. So bilden diese beiden Faktoren einen wesentlichen Grundstein für den erfolgreichen Niederlassungsprozeß in Kassel.

Frau C. thematisiert im Zusammenhang mit der Hausbauphase aber auch die Auswirkungen eines nun über Jahre (das Haus kann erst 1969 bezogen werden, wie sie später berichtet) zusätzlich zu bewältigenden dritten Arbeitsbereichs neben Lohnarbeit und Haushalt: es mußte ständig dafür gesorgt werden, daß die Töchter nicht ohne Aufsicht blieben. Erinnern wir uns an die Einlassungen der Informantin zu den Arbeitszeiten bei G., so kann davon ausgegangen werden, daß die Kinder in dieser Phase weitgehend auf ihre Eltern verzichten mußten. Dies taucht nun in Frau C.s Erwähnung der Kinder aus der Gegenwartsperspektive nicht mehr auf - das „Lob der tüchtigen Mutter" anstelle etwaiger Vorwürfe, keine Zeit für ihre Kinder gehabt zu haben, steht im Zusammenhang mit der Perspektive der Darstellung, unter welchen Umständen die C.s es so weit gebracht haben. Zudem fällt auf, daß es der Informantin offensichtlich nicht nur um das Thema der „erfolgreichen Etablierung im Migrationsland" im Sinne einer ökonomischen Aufwärtsentwicklung geht, sondern um die Nutzung der Ressource des erlernten Berufs, dem sie als junges Mädchen so wenig Interesse entgegengebracht hatte. Indem sie den Wert ihres „kulturellen Kapitals" (Bourdieu) erkennt, das nun realisiert werden kann, ist sie imstande, selbstbewußt darauf verweisen, ihren Anteil an der Sicherung eines eigenen Territoriums im Migrationsland erbracht zu haben.

5.2.3.12. Die Entwicklung in der Textilfabrik: "Ich war da Mädchen für alles"

Mit dem Hinweis, das "verwirklicht" zu haben, was sie als Beruf gelernt hat, ist Frau C. wieder beim Thema "Firma G." angelangt und kann nach einem Zeitmarkierer, der verdeutlicht, wie lange sie dort gearbeitet hat, die Entwicklung am Arbeitsplatz dort zu Ende erzählen.

"C: Naja, + dann hab' ich da, vierzehn Jahre hab` ich bei G. gearbeitet. + Sie wird jetzt lachen, wie g'sagt, ich war da (laut, schrill:) Mädchen für alles, der hatte gesagt, du kannste und du machst. Die habe' mich gar net gefragt, die hab'n gesagt, Nunzia ohne G. kanne net leben.
I: Mhm
C: + Un' na hab' ich, äh, des war aber net so, wie der sich vorg'stellt hat. Ich habe alles gemacht, ich habe Zuschnitte gemacht, ich habe gezeichnet, habe Zeichnunge' gemacht, ich habe Muster gemacht, aufgesteckt, ich habe alles, wirklich alles, ich habe + von A A Z, wir ha-, ich habe alles mit der Meister gemacht, alles. Wir haben die Fabrik hier in O. zusamme' aufgebaut das war. Nur erste Ausländer war immer ich, des die Leute sich die Maul rausgerissen, des is' klar, ne. (lacht gedrückt, verletzt, hintergründig)
I: Hm, mhm (lacht)
C: (weiter lachend:) Die ware' so eifersüchtig auf mich oder (= als ob) ich das geschenkt gekriegt hätte, ne. (ernst:)Naja, war `s gut. ++ Un' da war ich in der Näherei, da war ich in Zuschnitte, da war ich in der Zeichen, da wa-, da war ich überall. Un' + und dann ein Tag sagt er zu mir, ruft mich in Büro, un' dann sagt' der, Frau C., kommen Sie in Büro, äh, + Telefon, ich geh' hin un' da sagt ich, wo is denn + mein, mein G'spräch. Sagt er, setz

dich hin, ich will mit dir reden. (leise:) Ich denk', was will denn der, was wollt + hab' ich das net geglaubt, was der mir mir vorhat. + Es war <u>Oktober</u> kannse nie vergessen. Sagt er, setz dich hin, ich habe <u>niemand</u>, wir haben jetzt `n Raum weitergemacht, un' da kommen dreißig <u>Mann</u>, is' e' 'ne Band, ne, un' du weiß' alles Bescheid, du weißt nähe, du weißt schneid', du weißt alles, sagt er, also dann wirste du jetzt Vorarbeiter, un' dann übernemmst du das Band. + Hab' ich gesagt, ich <u>net</u>. Hab' ich gesagt, (lauter werdend:) <u>tun Sie das nicht</u>, ich geh'. <u>Wenn Sie das tun ich geh'</u>. (lacht) Wissen Sie was zu mir gesagt hat? Du gehst nit, Du kann ohne G. net leben. Die wußte daß ich bei G. alles gemacht hab'. Ich habe mit meine Familie <u>gezankt</u>, gestritt', ich habe, ich hab' <u>Tag und Nacht</u> gearbeitet für G.. Ich habe <u>meine</u> Familie vernachlässigt. Normal, wenn a da net <u>mehr</u> war, ich hab' g'sagt mit meiner Familie werd' ich wieder gut, aber die Firma muß weiter. Manchmal hat der <u>Meister</u> mein Mann besucht, das böse war, daß ich, weil der Samstag abends muß ich noch da bleib', des war, des war viel <u>Arbeit</u> war, un' die hab'n sich da auf uns <u>verlassen</u>, ne. Äh, die- war schon da drinne, die hatte mal `ne große Auftrag, daß s`e Sonntag gearbeitet hab'n, die ganze Auftrag sin'e regelmäßig rausgekomme, die Chefin hat mir sogar Geld, hat die Chefin mich gerufen un' hat gesagt, sowas gibt's do net, der hat unse damals glaub´ich zwanzi-, zwanzig Mark oder fuffzig Mark geschenkt. Die Chefin zu sagen, zu Danke schön, zu sage, aber ich habe <u>viele</u> gearbeitet, <u>viel zu viel</u> gearbeitet. Un', äh, un' mit meine Familie, ich hatte kein Familienleben net, ich hatte nur gearbeitet. Naja, deswegen hat gesagt, mit Nunzia kann mer das machen. Das wird Nunzia nie weggeh'n, ne. + Hat alles gemacht, was er wollte, hat mich überall hingesteckt. ++ Un' des schlimmste war, wenn er Probleme hatte, die is' net zu de Deutsche gegange', is' er zu mir gekomme'. Da hat' ich au' (betont, lauter werdend:) Schwierigkeite' mit die <u>Deutsche, wege' ihm</u> (laut), wege' diese Meister. Wenn er <u>Mist</u> gemacht hat, hat immer gesagt, der war <u>zu</u> mir gekomme' un' hat immer gesagt, (flüsternd:) hör mal zu, das un' das is' schief gelaufe', was meinst Du, was kann man da mache, Ach, sag' ich, machen S'e sich keine Gedanke' + Mittagspause mache' mir das, korrigier' mir, zum Beispiel wenn das verkehrte Zeichnung war jetzt, sag' ich mach'n Sie sich keine. (lauter werdend:) Wir haben immer uns so richtig unterhalte, daß die Leute gesagt haben, (sehr betont:) <u>ihr habt was zusammen</u>. + (ruhiger:)Jede <u>Morgen</u> war bei mir. Un' da war viel <u>Ärger</u> au', ne, es war <u>Ärger</u>, un´ ich habe, ich habe immer hab' ich gesagt, <u>warum</u> dies' böse Maul is' das immer. Ich habe mein Mann immer erzählt. Un', äh, einmal sagt' e, sagt mein Mann, wenn ich, ich hab' g'sagt, hör mal zu, ich kann s'e nicht mehr leid', die Frau K. sagt immer zu mir, (sehr laut spöttisch:) ha ha, du warst gestern wieder aus mit Herr S. warst du net fertig geredet, jetzt willste reden, ne. (ruhiger:) Un' ich habe mein Mann gesagt, ich kann des Weib nicht mehr höre', ich kann wirklich nicht mehr, sag' ich, ich-oder ich hör' auf oder ich gehe, ich, ich will' net mehr. Wissen Sie was mein Mann gesagt hat? Mein Mann sagt zu mir, (leise:) mach' dir keine Gedanken, wenn sie morgen früh wieder kommt, (betont laut:) <u>jeden Morgen</u> das war jeden Morgen, (leise:) sagt er, weißt de was sagt, sagt du, Sie sind eifersüchtig, daß Sie nicht mit ihne war, deswege redet. Da hat mein Mann mir erzählt. (laut:) An der Morge' war + der hat nicht mehr gesagt.

(Störung von außen) Alles klar. Ja. Und so hat die nichts mehr gesagt. + Dann wurde mer böse mit der Frau, ne, ++ Un', aber der konnte mer net mehr <u>höre</u>. (laut:) Aber sie war eine Tratscheweibe, die konnte der Meister gar nix was sage. Wenn er zu denen was gesagt, da hat der sich gefreut, wenn mein Meister, äh, was kaputt gemacht hat, da hat sie sich totgelacht. Also deswegen hammer gesagt, vermeide mer das. Aber sicher, ich <u>kann</u> das auch versteh'n, ich werde auch nicht schimpfe' auf die, auf diese Frau, aber es war unangenehm, <u>nur eifersüchtig</u>.

I: Mhm

C: (erzählend:) Die ha'm au' gesagt, du gehst überall hin, du weißt alles Bescheid, warum wir nicht. ++ Aber ich habe nie was verpetzt, ich habe nie was gesagt. Naja + des war glaub' ich an die Zeit, wo der Meister das gesagt haben, ich muß, ich muß der Band übernehme' von dreißig Persone. Aber jeden Tag bin drei-, viermal in Büro, (laut, betont:) ich <u>geh'</u>, ich <u>geh'</u>. Du gehst net, hat er immer gesagt. Hab' ich g'sagt, das werd'n Sie sehn, ich geh, ich bleibe nicht hier. Ah, du kannst ohne G. net leben, so, so war diese Worte das er immer gesagt, Du kann ohne G. nit lebe'. Un' dann ++, ich hatte au' Ärger mit diese Band, da mit der and're wo ich früher war, da ha'mer uns verkracht, daß <u>die</u> war böse auf <u>mich</u>, daß ich mit der Meister, (laut:) oder (=ob, als ob) ich das machen wollte, Vorarbeiter. Da waren die böse auf mich, das ich wa-, was höher geworden bin. Ich war nicht, ich war nicht an diese Stelle, äh, für mich war meine Stelle meine Arbeit, war für mich, war ich glücklich. Aber nicht dene and're Leute was zu zeige, das will ich net,

I: Mhm

C: will ich net. Un' da war diese <u>Frau</u> war so böse auf mich, das kann Sie sich net vorstell'n. Die hat mich nie angekuckt + nie. Die hatte, die hat immer geschimpft auf mich. + Warum <u>ich</u>, warum immer <u>ich</u>, warum immer <u>ich</u>, naja. Ein Tag, +, hab' ich gesagt, un' ich habe für dies' Frau hab' ich sehr viel genäht, da in der Firma hab' mer viel genäht, da hab' mer Stoff, ha'mer Rock, hab' mer alles gemacht, die hat <u>nie</u> anerkannt, des war <u>einzige</u> Frau, äh, des ich e, nicht <u>zurecht</u> kam, sie <u>war</u>, aber nicht daß ich mich gezankt hatte, des war sie eifersüchtig. Des war <u>nur</u> daß sie gesagt habe, äh, wie <u>kann</u> eine Ausländer das machen. Durch sie gewöhnt, daß alle Ausländer nur <u>putzen</u> oder + verstehn Sie?

I: Mhm

C: Un' das war nur dies Grund. Sie hat gesagt, warum kannst denn du alles? Ich sage, kann, kann man ist zu viel gesagt, die muß mer lernen, un' mit Liebe dran geh'n. Oder nicht?

I: Ja

C: Wenn einer will, der <u>macht</u> alles. Ich meine, ist doch keine <u>dumm</u>, wer dumm, gibt `s ja Leute das dumm sin', aber alle sin' mer net dumm, wenn einer <u>erklärt</u> kriegt, dann kann mer das mach', find' ich. + Naja, hab' mer uns so richtig, richtig gestr-richtig nicht mehr angekuckt. Un', äh, un' dann hab' ich, äh, von Oktober bis am elf' Dezember. Am elf' Dezember war ich wieder im Büro, un' na hab' ich gesagt, (laut:) nehmen Sie mich von da weg? (ruhig:) Nein, sagt er, Nunzia, ich habe niemanden, du mußt da bleibe. Hab' ich gesagt, ist gut. + Bin ich nicht mehr da, bin ich nur Mittag dahin gewesen. Un' abends, als ich ein Zelt, un' da hat mir ein kaputt gemacht (lacht) un' na hab' ich <u>gepackt</u>, un' na hab' ich gesagt, so, macht euer Dreck (eure Strecke?) alleine, ich komm' <u>nie wieder</u> bei euch. Na hab'ich gehalt', ++ ich bin <u>nie</u> wieder bei G.. Das war am acht, achtundsiebzig. Bin ich <u>weggegangen</u>. Ich habe nit gesagt, ich geh' weg (leiser), ich konnte net mehr. Un´hab' ich hier privat, ne, and're das genauso wie ich zu, ge, 'ne Herr, ne, da hammer uns sehr gut verstand'.+ Der Mann hatte mit mir angefangen, mit mir, ham' wir alles gemacht mit den, un' der hatte <u>genauso</u> gemacht, der hat von sei'm Platz weggemacht un' hat der au' da hin, un' wissen Sie mit viel Menschen gibt `s immer Ärger. Un' dann hat, war Türk', ich habe nix dagegen wenn die Türk', (erregt:) aber die haben nit verstanden, die konnten nicht näh', und <u>ich</u> muß die beibring', die haben nit kein Wort verstanden, Sie haben <u>das</u> gesagt, die haben was and'res gemacht. Die haben <u>viel</u> Arbeit kaputt gemacht. Un' warum soll ich meine Nerven kaputtmachen, ne? Naja, da war Frau H., hab' ich gesagt, so Frau H., hier nehmen Sie diese Zelte, reparieren Sie morgen, un' Sie sehen mich <u>nie wieder</u>. Un' wirklich wahr.

I: Mhm

C: + Da bin ich am elfte Dezember weggegange', am zwölfte bin ich kranke, ich habe mich krankschreibe, ich war mit de' Nerve' fertig. Ich konnte net mehr. (laut:) Da hat <u>zweimal am Tag</u> angerufen hier + unser Meister. Ich bin nie am Telefon mehr gegangen. (erzählend:) Der hatte + äh, mein, mein Mann war immer am Telefon, der hat sogar angerufen im Januar neunund, ja, in Januar neunundsiebzig hat sogar der Betriebsrat angerufen, un' hat gesagt, wenn Nunzia net allein will, wir holen mer von zu Hause ab. + Ha hab' ich gesagt, da könne' sich auf de Kopf stelle'. Aber in der Zeite, ich hatte schon mein Geschäft. + (Fingerschnalzen) +. Ich wollte net mehr, un' wenn i, un' wenn ich, wer weiß was ich gemacht hätt' ++ wollt' ich net mehr. (betont:) Ich habe gesagt, ich <u>komme</u> nicht mehr. Ihr habt <u>viel zu viel</u> mit mir gemacht und das lass´ ich mir net mehr biete, (schnell:) meine Nerve' will ich mir net ruiniere <u>lass´</u>. Oder was hätten Sie gemacht? (aufgeregt, schnell:) Wissen Sie gestern abend sagt 'ne Bekannt von uns, wo die da war der R.: Ich versteh' das net, die and're Leute wären <u>glücklich</u>, wenn Meister wird. (laut:) Aber <u>ich</u> net. <u>Ich bin net so.</u> ++ Warum?

I: Mhm

C: Ich hatte meine Arbeit, ich hatte meine gute Verd-.<u>Warum</u> soll ich bei die and're Leute zu bestimm' da ham? Des will ich net. Un' die sagen, äh, äh, die wär'n froh, wenn das hätten, and're Leute. Sag ich, aber <u>ich</u> net ++" (I,12-17).

Frau C. arbeitet vierzehn Jahre in der Firma G., und zwar als "Mädchen für alles". Sie ist sowohl in der Produktion tätig als auch im Entwurf und im Zuschnitt. So wird sie auch am Aufbau einer Filiale beteiligt. Ihre Tüchtigkeit trägt ihr Probleme mit ihren Kolleginnen ein, die es stört, daß sie als besonders tüchtige Ausländerin gilt. Sie arbeitet intensiv mit ihrem Meister zusammen, der angesichts ihres nahezu unbegrenzten Arbeitseinsatzes, der sie sogar ihre Familie vernachlässigen läßt, davon ausgeht, sie könne ohne die Firma nicht leben. Als der Meister darauf besteht, daß sie als Bandleiterin eine Vorarbeiterinnenposition einnimmt, und sie diese Aufgabe langfristig nicht ablehnen kann, verläßt sie den Betrieb.

Die Informantin stimmt mich ein auf die folgende Erzählung durch die Markierung eines Zeitrahmens sowie die Angabe des Einsatzbereichs in der Fabrik, deutlich gekennzeichnet mit "Mädchen für alles". Sie begründet die Vielfalt der Tätigkeiten sogleich mit den an sie herangetragenen Anforderungen und dem Hinweis auf den Übergriffscharakter ("die habe mich gar net gefragt"). Es folgt eine Vorausdeutung auf den konflikthaften Verlauf ihrer Tätigkeit – sie hatte ein anderes Verständnis von ihrer Arbeit, als es an sie herangetragen wurde – um dann zu detaillieren, was zu ihrem Tätigkeitsbereich gehörte und welche Leistungen sie erbracht hat. Ebenso vage, wie die Urheberschaft der Anforderungen ("der") pronominal angedeutet wird, bleibt das "wir" bei der Sonderleistung des Aufbaus einer Zweigniederlassung der Textilfabrik. Substantiviert wird die erste Person als "erste Ausländer(in)", das "sich das Maul Zerreißen" wird wieder generalisierend den "Leuten" zugeordnet. Im Kommentar "des is' klar, ne" wie in dem Lachen, das darauf folgt, wendet sich die Informantin an die Interviewerin, die mit ihrem Rezeptionssignal die Ebene der Erzählerin aufnimmt, um Verständnis auszudrücken. Das Lachen ist aufschlußreich für das Verständnis der im folgenden mehr geschilderten und kommentierten denn erzählten Situationen: hier sind noch die Verletzungen spürbar, die die Ereignisse in der Firma G. bei der Informantin hinterlassen haben, aber auch der Gestus eines idealisierten Einverständnisses mit der Interviewerin bei der Distanzierung von denen, die "sich das Maul zerrissen haben".

Daß es um eine Wertschätzung geht, als "erste Ausländerin" durch besondere Anforderungen herausgehoben zu werden, macht die Informantin in der Erklärung des Verhaltens "der Leute" in der Fabrik deutlich. Es wird ebenfalls klar, daß die dahinter steckende Leistung und Leistungsbereitschaft in ihren Augen nicht gesehen wird: als ob "ich das geschenkt gekriegt hätte, ne". Mit der Formulierung "Na ja, war's gut" schließt Frau C. die Eingangsphase dieses Segments ab. Darin steckt weniger ein Akzeptieren mit der sich hier entwickelnden konflikthaften Ereignisfolge, als vielmehr eine Markierung der Situation im Sinne eines "so war's", wie sie sie zuvor umrissen hat. Erneut detailliert die Informantin ihre Einsatzbereiche, und zwar in umgekehrter Reihenfolge, wenn man den Produktionsablauf im Auge hat: Näherei, Zuschneiderei, Entwurf. (Hier mag sich die Reihenfolge der Entwicklung der Tätigkeit im Betrieb wiederspiegeln, denn es ist kaum davon auszugehen, daß Frau C. zuerst mit Entwurfsskizzen betraut wurde.) Sie war überall, omnipräsent, und, so können wir daraus schließen, hatte von daher auch mit den Kolleginnen und Kollegen verschiedener Abteilungen zu tun, war also allseits bekannt.

Diese Veranschaulichung der Vielfältigkeit ihres Arbeitseinsatzes ist der Informantin offensichtlich wichtig, um die folgende Erzählpassage verständlich machen zu können in ihrer Auswirkung auf ihre konkrete Tätigkeit. "Eines Tages" treten nämlich gravierend neue Ereignisse ein, die Frau C. in ihrer Darstellung sukzessive entwickelt. Das Unerwartete der damals eintretenden Ereignisse wird noch einmal rekonstruiert, indem die Szene von Beginn an aufgebaut wird. Die wörtliche Rede im Dialog mit dem zuständigen "er" – wohl dem Meister – wird referiert und kommentiert und gewinnt dadurch an Plastizität. Der sich anbahnende Konflikt, dem Nunzia C. wenig später mit einem genauen Zeitmarkierer und dem Kommentar "kannse nie vergessen" besondere Bedeutung verleiht, wird in Details erinnert, als ob er sich gerade eben abgespielt hätte und nicht 15 Jahre zuvor. Aufschlußreich sind dabei Details des szenischen Arrangements wie die "Einladung" in das Büro per "Sie" mit dem vorgetäuschten Telefongespräch, und die Fortsetzung des Gesprächs per "Du", allerdings nur von Seiten des Vorgesetzten, wie es dem Gefälle der betriebsinternen Hierarchie entspricht. Die Aufforderung "setz dich hin" soll offensichtlich eine konzentrierte, wenn nicht vertrauliche Gesprächsatmosphäre fördern. Frau C. wird noch einmal auf ihre Vielseitigkeit hingewiesen. Es wird damit begründet, daß sie die einzige ist, die für die Position der Bandleiterin in Frage kommt: damit erhöht sich ihre Verantwortung, sie hat für einen reibungslosen Arbeitsablauf von 30 Personen am Band zu sorgen, gleichzeitig verringert sich ihr Aktionsradius: sie muß das Band im Auge behalten. Mit ihrer Ablehnung der zugedachten Tätigkeit, die, wie Frau C. es hier darstellt, umgehend erfolgt, trifft sie nicht auf Verständnis und Akzeptanz. Der Meister interpretiert ihren gewohnten Arbeitseinsatz als Ausdruck grenzenloser Leistungsbereitschaft und Loyalität zur Firma G.. Die Informantin hält diese Äußerung für so bemerkenswert, daß sie sich direkt an die Interviewerin wendet, um das Außerordentliche dieser Äußerung zu unterstreichen.

In einem eingelagerten Kommentar liefert Frau C. die Begründung für die Einstellung des Meisters. Sie hat "alles gemacht" und dafür den Familienfrieden riskiert, weil sie die Priorität des Tagesablaufs bei der Präsenz am Arbeitsplatz und nicht bei ihrer Familie angesetzt hat, die sie deshalb "vernachlässigt" hat. "Die Firma muß weiter" lautete ihre Devise. Mit der Familie, so glaubte sie, seien Aushandlungen möglich. Wie weit der Fabrikalltag ein Übergewicht gegenüber den der Familie gewidmeten Zeiten einnahm, erläutert Frau C. in einer Belegerzählung: der Meister muß zur Hilfe kommen, um den Ehemann zu besänftigen, da auch am Samstag abend gearbeitet wird. Frau C. kann sich dem nicht entziehen, da sich "die Firma" "auf uns" verlassen hat. Im Kontext ist dieser Plural zu beziehen auf Frau C. und den Meister, denkbar ist jedoch auch eine Erweiterung auf die "Gastarbeiterinnen" im Betrieb. Aufträge werden termingerecht abgewickelt, auch ein "großer", und sei es, daß Sonntagsarbeit geleistet wird. Frau C. bekommt – nächster Teil der Belegerzählung – eine besondere Geldzuwendung und verbale Anerkennung der außerordentlichen Leistung durch "die Chefin". Die Belegerzählung wird abgerundet durch einen Kommentar, der bedeutsamerweise mit einem adversativen "aber" eingeleitet wird. Frau C. kommentiert, daß sie "viel zu viel" gearbeitet hat, "nur gearbeitet" hat und "kein Familienleben net" hatte. Nach dieser mehrfach verschachtelten Einlagerung (Kommentare, Belegerzählung) greift sie die oben begonnene Erzähllinie noch einmal auf. Sie entwickelt in einem Begründungszusammenhang erneut die Perspektive auf die Handlungsweise des Meisters, der nicht nur glaubt, sondern auch manifest zum Ausdruck bringt, daß er "alles" mit ihr machen kann, um zu begründen, wie sehr sie in seinen Augen mit der Firma verbunden ist. Die Aussage des Meisters "wird Nunzia nie weggeh'n" stellt sich dar als Schlußfolgerung aus der Interpretation ihrer Haltung, mit ihr könne man das – die oben veranschaulichte grenzenlose Einsatzbereitschaft vorausgesetzt – machen. Im folgenden öffnet Nunzia C. in ihrer Erzählung die Perspektive Meister – "Modellarbeiterin" hin zur Choreographie des Fabrikkollektivs. Das Verhalten des Meisters wird nun wiederum dargestellt als Reaktion auf die enge Zusammenarbeit Frau C.s mit ihm. In einer detaillierenden Steigerung der Beschreibung der angedeuteten Zusammenarbeit präsentiert die Informantin hier als Beleg das Beispiel einer vertrauensvollen Zusammenarbeit mit dem Meister, in der sie ihm unter Opferung ihrer Mittagspause dazu verhilft, einen Fehler zu korrigieren. Da die Kommunikation nicht nach dem Muster "Befehl und Gehorsam" funktioniert, sondern kooperativ und in der skizzierten Situation sicherlich auch Aspekte des

Ausschließens der anderen hat (Flüstern), weil der Meister sein Gesicht wahren will, kommt bei den Kolleginnen, so Frau C., die Idee auf, es handle sich um eine über die Zusammenarbeit am Arbeitsplatz hinausgehende, private Beziehung erotischen Charakters: "ihr habt was zusammen". Im Verlauf der Darstellung gewinnt dieser Aspekt den Charakter einer zusätzlichen Komplikation, die sich aus Frau C.s Kompetenz, verbunden mit ihrer Einsatzbereitschaft, ergibt. Die Informantin bezeichnet dieses Mißverstandenwerden als "Ärger", den sie allein nicht mehr bewältigen kann, da der Meister, wie weiter unten deutlich wird, sich gegenüber den Kolleginnen offensichtlich schwer durchsetzen und deshalb kein auch Frau C. schützendes "Machtwort" sprechen kann. Sie zieht ihren Ehemann ins Vertrauen. Im referierten Dialog mit ihm wird deutlich, daß die (deutsche) Kollegin K. den Gesprächen mit dem Meister einen privaten Charakter unterstellt. Die Spötteleien treffen Frau C. "jeden Morgen, das war jeden Morgen" (denkbar in der gemeinsamen Frühstückspause), so daß das Klima für Frau C. so unerträglich wird, daß sie anvisiert, "aufzuhören" oder zu "gehen" – in dieser doppelten Phantasie steckt sowohl die Möglichkeit, die Zusammenarbeit mit dem Meister zu beenden, als auch die, die Firma ganz zu verlassen.

Frau C. stellt nun dar, wie der Konflikt eskaliert, obwohl die vom Ehemann empfohlene Replik zunächst einmal ihre Wirkung getan hat und sie mit der Interpretation, die Frau sei "eifersüchtig", zunächst einmal eine Verständnisgrundlage für das Verhalten der Kollegin angeboten bekommen hat. "Mer" wurde böse mit der Frau, in das "wir" bezieht Frau C. offensichtlich den Meister mit ein, der ebenfalls Probleme mit der Kollegin bekam. Frau C. schließt die Darstellung des Konflikts mit der Kollegin ab mit einer Argumentation, die versucht, deren Perspektive zu übernehmen: "ich kann das auch versteh'n". Sie macht aber auch deutlich, daß die Konfrontation mit deren "Eifersucht" "unangenehm" war – hier nimmt sie viel von der Relativierung als Stichelei, die sie "jeden Morgen" gequält hat, zurück.

Im Anschluß an diesen Kommentar erweitert Frau C. das Thema der Animositäten erneut: sie wird von den Kolleginnen kritisiert, daß sie sich in allen Abteilungen aufhält, "überall hingeht" und über "alles" Bescheid weiß. Erneut folgt eine Argumentation, in der die Informantin darauf hinweist, "nie was verpetzt", "nie was gesagt" zu haben. Die Formulierung "verpetzen", die bereits im Konflikt mit der Molkerei zentraler Bestandteil von Frau C.s Argumentation war, wird korrigiert in einer Parallelanordnung der Satzkonstruktion: "nie was gesagt". Daraus ist zu schließen, daß es sich nicht (nur) darum handelt, den Verdacht auszuschalten, andere Arbeiterinnen anzuschwärzen, sondern auch darum, Informationen aus anderen Abteilungen der Fabrik, etwa aus den "höheren Etagen", weiterzugeben. Sie stellt damit nicht in Abrede, mehr "gewußt" zu haben, d.h. besser mit Informationen versorgt gewesen zu sein als andere Kolleginnen.

An dieser Stelle nun kann der Erzählbogen zurückgeschlagen werden zum Auftrag des Meisters, das Band zu übernehmen. Frau C. rekonstruiert noch einmal den zeitlichen Zusammenhang der Zuspitzung der Konflikte in der Fabrik mit dem drohenden Einsatz am Band. Sie stellt dar, wie sie alle Mittel aufbietet, diesen Einsatz zu verhindern: sie geht mehrfach in das Büro des Meisters, um ihrer Weigerung Nachdruck zu verleihen, und droht ihre Kündigung an. Der Meister gibt sich offensichtlich keine Mühe, Frau C., die ihm bis dahin so zuverlässig zur Seite gestanden hat, zu verstehen, denn neben dem oben genannten und später wiederholten Argument, er habe "niemanden", der diese Aufgabe übernehmen könne, steht ihm nur der häufig wiederholte Satz mit der Zuschreibung: "du kannst ohne G. nicht leben" zur Verfügung.

Die Situation spitzt sich für Frau C. weiter zu, als die Kolleginnen von dem Band, an dem Frau C. vorher gearbeitet hat, nicht nur monieren, daß sie so eng mit dem Meister zusammenarbeitet, sondern daß sie "etwas Höheres" geworden sei. Es wird ihr unterstellt, diese Position nicht nur angetragen bekommen, sondern auch selbst aktiv angestrebt zu haben. Hiermit setzt sich nun die Informantin wiederum argumentativ auseinander: für sie ginge es nicht um die Position, sondern um die Arbeit "an sich". Die Rolle der Vorarbeiterin auszufüllen, indem sie anderen etwas "zeigt", lehnt sie ab – obwohl sie an späterer Stelle ausführt, wie wichtig es sei, lernbereit zu sein, also ihrerseits von anderen etwas gezeigt zu bekommen.

In einer Hintergrundkonstruktion wird nun detailliert, warum die oben erwähnte Kollegin Frau K. es der Informantin besonders schwer machte, sich am Arbeitsplatz wohlzufühlen: sie erkennt – neben der oben erwähnten Eifersucht – auch nicht die intern geleisteten Dienste an (Frau C.s Näharbeiten für private Zwecke). Frau C. stößt nun auf der Suche nach den Gründen für die ablehnende Haltung der Kollegin auf das Thema Ethnizität: die Kollegin sei nicht gewohnt gewesen, es mit einer Ausländerin zu tun zu haben, die nicht "nur putzen" könne. An dieser Stelle ist die Informantin auf die Rückkopplung durch die Interviewerin angewiesen: hier spielt sie auf das Wissen um mein Untersuchungsthema an. Auf einer zweiten Ebene setzt Frau C. dann bei der Lernbereitschaft an, die ihrer Ansicht nach die Voraussetzung für Kompetenz ist. Hier nimmt sie den Darstellungsfaden wieder auf, den sie zuvor verlassen hatte, als sie den Dialog mit der "schwierigen" Kollegin wiedergeben wollte, zuvor aber die Verknüpfung des Ausländerinnenseins mit dem Kompetentsein vornehmen mußte.

Die Argumentation, die sie gegenüber der Kollegin auf die Frage entwickelt, warum sie alles könne, richtet sich im folgenden direkt an die Interviewerin und wird auf diese Weise fortgesetzt, nachdem sie auf eine Bestätigung heischende Frage ein positives Rezeptionssignal erhalten hat. Ihre Leistungs- und Lernbereitschaft als Basisposition ("wenn einer will, der macht alles") baut sie argumentativ auf: dabei spielt das "erklärt kriegen" eine wichtige Rolle.

In einem Erzählsatz vermittelt sie den Fortgang der Beziehung mit der Kollegin: mit ihrer Argumentation hat sie offensichtlich kein Verständnis bei der Kollegin finden können, und es kommt zum Abbruch der Beziehungen: ihre Kollegin und sie haben sich "richtig nicht mehr angeguckt". Mit einem Zeitmarkierer verleiht sie der konflikthaften Phase ihrer Beschäftigung bei G. einen temporalen Rahmen: offensichtlich war sie in dieser Zeit, also von Oktober bis Dezember 1978, tatsächlich als Bandleiterin tätig. Das Ende der Beschäftigungszeit bei G. wird ebenfalls genau zeitlich markiert, im Verlauf der Darstellung muß aber noch geklärt werden, wie es dazu kommen konnte. Frau C. teilt mit, daß sie einen erneuten Versuch unternommen hat, den Meister dazu zu bewegen, sie "von da wegzunehmen", sie also aus ihrer Funktion als Bandleiterin zu entlassen. Erneut hat sie damit keinen Erfolg. Mit ihrer Äußerung "ist gut" scheint sie den Auftrag zu ratifizieren – es kann aber auch bedeuten, daß sie angesichts der unveränderten Weigerung nun eine definitive Entscheidungsgrundlage für sich gefunden hat: sie wird an dem Tag nicht, wie zuvor, erneut im Büro vorstellig.

Der bedeutsame letzte Tag bei G. wird nun detailliert in seinem weiteren konflikthaften Verlauf. Als sie abends feststellen muß, daß ihr jemand ein Zelt, an dem sie gearbeitet hat, "kaputtgemacht" hat, kommt das "Faß zum Überlaufen", ist der letzte Anlaß zum Abbruch der Beschäftigung bei G. gegeben. Sie kündigt an, nicht wiederzukommen. Wichtig ist ihr, der Interviewerin gegenüber zu betonen, daß sie die Ankündigung eingehalten hat ("hab' ich gehalt"). Ein erneuter Zeitmarkierer wird für dieses biographisch so wichtige Datum notwendig: angesichts der langen Zeitspanne von 14 Jahren genügt hier die Jahreszahl, 1978.

Im Widerspruch zu den vorangegangenen Äußerungen scheint nun die folgende Satzfrequenz zu stehen: "Ich habe nit gesagt, ich geh' weg, ich konnte net mehr". Daß es ihr ernst war mit der Ankündigung gegenüber den Kolleginnen, hatte sie zuvor schon mit dem Verweis auf die Einhaltung ihrer Ankündigung unterstrichen. Die Aussage sowie die späteren Ausführungen zur Auflösung des Arbeitsverhältnisses deuten darauf hin, daß sie im Personalbüro nicht offiziell gekündigt hat, da sie keine Kraft mehr hatte: "ich konnte nicht mehr". Die folgende Passage bleibt sehr vage, da die Erzählung hier nur von Andeutungen getragen ist. "Hab' ich hier privat" kann ebenso eine Vorausdeutung auf den weiteren beruflichen Entwicklungsgang von Frau C. sein als auch die Andeutung einer zunächst ergriffenen Alternative, d.h. privat zu Hause für "Bekannte" zu nähen oder in eine (Änderungs-)Schneiderei einzutreten. Die Alternative "privat" wird von der Informantin verknüpft mit der Einführung eines "Herrn", mit dem sie bei G. angefangen und "alles zusammen gemacht" hat. Unklar bleibt, ob dieser von seinem angestammten Platz in der Fabrik – etwa auch an dem Band, an dem Frau C. vorher gearbeitet hat, an das neue Band versetzt wurde, oder ob er mit Frau C. die Fabrik verließ, um dann "privat" zu arbeiten. Es liegt im Kontext der Erzählung nahe, davon auszugehen, daß der Kollege ein Gewährsmann ist für die von der Informantin zunehmend empfundene Unerträglichkeit des Arbeitsklimas bei G., für anstehende oder bereits vollzogene Veränderungsprozesse. So erscheint der Anschluß – die Schilderung der Schwierigkeiten mit den ungelernten türkischen Arbeitskräften – nicht explizit, aber doch denkbar als Ergebnis von Verständigungsprozessen mit dem Kollegen.

In der Schilderung der Schwierigkeiten, die erneut mit der Ankündigung des Abbruchs der Tätigkeit und seiner Verifizierung enden, findet sich kein Verständnis für die ausländischen Kolleginnen. Die Instruktionsarbeit ging Frau C. "an die Nerven", die sie sich nicht "kaputtmachen" lassen wollte. Hiermit schließt sich der Kreis. Die Darstellung der Beschäftigungsgeschichte bei G. wird beendet mit dem Kommentar "un' wirklich wahr" – die Ankündigung wird eingehalten. Die doppelte Sicherung dieses angekündigten Schrittes als ratifiziert mag ihren Grund haben in der weiter oben bereits einmal angekündigten Handlung im Konflikt mit der Kollegin K., als der Ehemann von Frau C. sie darin unterstützen konnte, die Situation zu entschärfen, so daß sie im Betrieb verbleiben konnte.

Der nächste Erzählschritt beschäftigt sich mit dem "danach": Frau C. hat sich mit den Folgen ihres Beschäftigungsabbruchs auseinanderzusetzen. Sie läßt sich krankschreiben, weil sie "nicht mehr konnte". Der Meister bemüht sich telephonisch um ihre Rückkehr (er erscheint offensichtlich nicht, wie die Chefs der Molkerei oder als es um die Besänftigung des Ehemannes ging, persönlich), und einen Monat später bemüht sich "sogar der Betriebsrat", um ihr eine Rückkehr in die Firma zu ermöglichen, bei der sie ihr Gesicht wahren kann. Inzwischen hat Nunzia C. sich aber bereits um ihre weitere berufliche Zukunft gekümmert und – wie in der Endphase der Beschäftigung bei der Molkerei – für eine Alternative gesorgt. Von dieser sicheren Warte aus kann sie siegesgewiß, wie sie in ihrer Präsentation vermittelt, absagen: "da könne sich auf de Kopf stelle'". In der Rekonstruktion des Ereignisablaufs vermittelt sie der Interviewerin, wie sie gegenüber den Vertretern der Fabrik argumentiert hat. Es überwiegt hier allerdings die Gegenwartsperspektive der Interviewsituation: die Argumentation wird mit einer – wenn auch nur rhetorischen – Frage "oder was hätten Sie gemacht" abgerundet, die detailliert wird anläßlich der Mitteilung über ein Gespräch am Abend vor dem Interview, das sie mit einem Ehepaar aus dem Kreis der "Missione Cattolica – Frauengruppe" geführt hat, und in dem sie erneut mit der Frage nach den Gründen für ihren Schritt konfrontiert wird. Hier stehen als positive Merkmale der Tätigkeit "meine Arbeit" und der "gute Verdienst" im Mittelpunkt, das "zu bestimmen Haben" wird abgelehnt. Konfrontiert mit dem Hinweis, "die wär'n froh, wenn das hätten, and're Leute", unterstreicht sie die persönliche Sichtweise: "aber ich net".

Was ist nun der Kern des Konflikts in der Firma G., und weshalb markiert diese Fabrikerfahrung der "14 Jahre bei G." eine entscheidende Phase in der biographischen Entwicklung der Informantin? Hinsichtlich der Migrationsgeschichte kann davon ausgegangen werden, daß einige Monate nach dem Beginn der Tätigkeit bei G. auf Betreiben von Frau C. die endgültige Niederlassung in Kassel vollzogen wird: hier setzt der Grundstücks- und Hauskauf ein wichtiges Datum. Die Bereitschaft, im Migrationsland zu verbleiben, geht einher mit einer starken Motivation, sich in die Arbeitsabläufe und Arbeitsanforderungen der Fabrik einzupassen, offen zu sein für Lernprozesse (Deutsch lernen, Gewöhnung an die Industriearbeit). Sehr schnell zeigt sich das bereits in der Molkerei zutage getretene Muster der grenzenlosen Einsatzbereitschaft. Frau C. opfert private Zeit, ist bereit, ihre Familie zu vernachlässigen, denn "die Firma muß weiter". Sie setzt also die Priorität, was den Faktor Zeit angeht, bei der Fabrik an. So wird sie bei G. erneut "prima in classe", "Modellarbeiterin". Mit dem Meister entwickelt sie ein produktives Arbeitsbündnis, das starke Züge einer personalen Beziehung trägt. Stellt die Arbeit am Fließband einerseits eine Reduktion der mitgebrachten Fertigkeiten dar, schafft Frau C. es andererseits, sich auch immer wieder von dem Arbeitsplatz, der den Takt vorgibt und einseitige Handbewegungen verlangt, zu entfernen und sich in anderen Abteilungen nützlich zu machen, sich in der Fabrik frei zu bewegen. Mit der Fähigkeit des Entwürfemachens, des Zuschneidens, des Nähens ist sie sogar für den Aufbau einer Zweigniederlassung eine wichtige Kraft wegen der Vielfalt ihrer Einsatzmöglichkeiten ("Mädchen für alles"). Offensichtlich kommt ihren Bedürfnissen eine Tätigkeit als "Springerin" eher entgegen als die Monotonie der Bandarbeit. Sie ist aber auch in der Lage, die "informellen" Möglichkeiten, die die Fabrik bietet, zu nutzen: sie hat im Zusammenhang mit dem Hausbau betont, daß sie viel genäht habe für ihre Familie und ihre Bekannten (bei ihrem engen Zeitrahmen kann dies nur in der Firma stattgefunden haben), und erwähnt das Nähen für den eigenen Bedarf im Betrieb im Zusammenhang mit einer Kollegin, mit der sie später Streit bekommt. Wie in der Molkerei gibt es also ein Einverständnis unter den Arbeiterinnen, die Möglichkeiten der

Fabrik (Stoff, Nähmaschinen) auch für sich zu nutzen. Da dies sicher nicht im Interesse der Firma ist, gehört es zu einem "widerständigen", zumindest eigennützigen Handlungsbereich der Arbeiterinnen, dem ein gemeinsam geteiltes Handlungsschema des Nutzenziehens zugrunde liegt, das Teil der kollegialen Solidarität ist: Frau C. stellt ihre Fähigkeit des "aus nix 'was Machens" den Kolleginnen zur Verfügung und wird dafür von diesen anerkannt, mit Ausnahme der besonders "eifersüchtigen" Kollegin. Mit dieser Kollegin kommt es, wie die Informantin in einer pars-pro-toto-Erzählung vermittelt, zum Streit, dessen Gegenstand sowohl die enge Arbeitsbeziehung zum Meister, die Qualifikation von Frau C., als auch ihr Ausländerinnensein ist. Differenziert sich Frau C. durch ihre multiplen Fertigkeiten, ihre Lernbereitschaft und ihre guten Kontakte zu den "oberen Etagen" (Meister, anerkennende "Chefin") vom Kollektiv der Arbeiterinnen, bekommt sie in dieser Gruppe Probleme, weil sie mehr "weiß" als die anderen, wohl auch, weil auf Grund ihrer Kontakte gemutmaßt wird, sie "petze". Wie in der Molkerei trägt ihr ihre ambivalente Haltung, Teil des Kollektivs, also nichts "Höheres" zu sein und sein zu wollen, auf der anderen Seite wegen ihrer Tüchtigkeit von Leitungspersonen ins Vertrauen gezogen zu werden und vielfältige, schwierige Aufgaben angetragen zu bekommen, die Schwierigkeit einer Gratwanderung zwischen beiden Ebenen der Fabrikhierarchie ein.

Als sie schließlich Bandleiterin werden soll, kommt sie in das Dilemma, den Kolleginnen etwas "zeigen", Fertigkeiten vermitteln, in ihrem Verständnis auch "über sie bestimmen" zu müssen. Diese Funktion nun will sie nicht übernehmen, da sie schon zuvor Probleme mit den Kolleginnen wegen ihrer herausgehobenen Stellung bekommen hat. Sie kann davon ausgehen, daß diese Probleme sich verschärfen, und daß sie, wenn sie die Verantwortung für das Band übernimmt, auch für die Fehler der anderen geradezustehen hat, in deren Interessen es aber nicht liegen kann, Frau C. weiterhin als Tüchtige, als "prima in classe" dastehen zu lassen, indem sie sich ihr gegenüber loyal verhalten.

Am Beispiel des Konflikts mit der Kollegin K. verdeutlicht sie im Interview, daß sie ihre Einstellung zur Arbeit und zum Lernen den anderen Arbeiterinnen nicht hat vermitteln können. Es wird nur gesehen, daß sie "alles weiß", nicht aber, welche Mühe und Lernbereitschaft, welche Motivation dahinterstehen. Aus diesem Dilemma hätte sie sich befreien können, wenn sich ihre Motivation nicht nur auf die "Arbeit an sich" und die Sicherung eines "guten Verdienstes" gerichtet hätte, sondern auf einen innerbetrieblichen Aufstieg. Für die Entwicklung einer Aufstiegsorientierung dieser Art jedoch fehlten ihr die sozialisatorischen Voraussetzungen, mit Unterstützung von "ihresgleichen", ihrem Fabrikkollektiv, kann sie nicht rechnen. Zu beachten ist auch in diesem Fall, wie bereits in der Analyse des Konflikts in der Molkerei entwickelt, die im Herkunftsbereich des italienischen Südens, vor allem Siziliens problematische soziale Position des "caporale" bzw. der "caporala": als Vorarbeiterin steht sie zwischen Besitzenden bzw. Bestimmenden und abhängig Beschäftigten – eine moralisch verwerfliche Position, erfordert sie doch, mit der Seite der "padroni" zusammenzuarbeiten. Man ist entweder das eine oder das andere – so der Tenor eines Films des italienischen Traditionskomikers Toto mit dem Titel "O uomini o caporali": empfindsame Menschen, auf funktionierende Sozialität bezogene ArbeiterInnen lehnen eine solche Position ab; diejenigen, die sich auf diese Position einlassen, werden vom Kollektiv der "anständig" Arbeitenden als nicht zu ihresgleichen gehörig angesehen.

So gerät sie in eine Falle, die mit ihrer Professionalität zu tun hat, eine "Berufsfalle" (F. Schütze): sie fällt durch ihre Tüchtigkeit auf und macht sich unentbehrlich; die daraus folgenden Aufstiegsangebote kann sie jedoch nicht wahrnehmen. Die "andere Seite" dieser Falle besteht darin, daß der Meister nicht in der Lage ist, für ihre Situation Verständnis aufzubringen, ihre Perspektive zu übernehmen. Deshalb kann er nicht argumentativ und unterstützend auf sie einwirken, sondern setzt voraus "du kannst und du machst" in der Meinung, sie könne "ohne G. nicht leben". Er kann die andere Seite ihrer Persönlichkeit, die Fähigkeit, loslassen zu können, zu gehen, bei gleichzeitig starker Bestrebung, sich abzusichern, nicht wahrnehmen.

Betrachten wir noch einmal ihre Funktion als Bandleiterin, aber auch die offenbar schon vorher durch ihre Präsenz in den verschiedenen Abteilungen wahrgenommene Vermittlerinnenposition: sie verfügt über internes Wissen, das die anderen Kolleginnen nicht haben. Dadurch gerät sie im Kollektiv der Arbeiterinnen in eine marginale Position. Diese Marginalität verdoppelt sich durch ihre Ethnizität: sie argumentiert selbst, die ihr besonders feindlich gesonnene Kollegin habe nicht akzeptieren können, daß eine Ausländerin nicht nur putzt, sondern qualifizierte Arbeit leistet. Die Probleme, die sie auf Grund der Zusammenarbeit mit dem Meister bekommt, werden angekündigt als "Probleme mit den Deutschen". In der gesamten Passage ist nicht von anderen ausländischen Arbeiterinnen, gar Italienerinnen, die Rede, obwohl diese zu der Zeit in der Firma G. beschäftigt waren. Die Probleme mit ihnen kann Frau C. erst später in einer Hintergrundskonstruktion nachliefern, weil es offensichtlich auch noch in der aktuellen Interaktionssituation des Interviews ein "heikler Punkt" ist, sich einzugestehen, auch mit diesen in Konflikt geraten zu sein.

Frau C. beendet einen langen Lebensabschnitt als Arbeiterin in der Textilfabrik, der ihr auf zwei Ebenen enorme biographische Kosten abgefordert hat: sie hat große Anstrengungen unternommen, um ihrem Meister eine loyale Mitarbeiterin und im Kollektiv der Arbeiterinnen eine akzeptierte Kollegin zu sein. Mit ihrer Vermittlungsarbeit als Springerin und Bandleiterin, die den Anforderungen an Liaison-Arbeit zwischen verschiedenen ethnischen Kollektiven sowie verschiedenen Stufen der Fabrikhierarchie entspricht, wie E.C. Hughes sie für die Vorarbeiter in Französisch-Kanada beschreibt (s. dazu Hughes, E.C 1983), mußte sie sich "zwischen alle Stühle setzen", Vermittlungsarbeit leisten zwischen den verschiedenen Wir-Kollektiven ethnischer Zugehörigkeit, aber auch zwischen den verschiedenen Stufen der Fabrikhierarchie. Wie sie dies in ihren Ausführungen verdeutlicht, ist sie in dieser Zeit nicht nur in der Fabrik in eine marginale Position geraten, sondern auch in ihrer Familie. Dem entprechend, wie sie ihr Selbstverständnis aus damaliger Sicht skizziert – sie habe gedacht, mit der Familie werde es "schon wieder gut", aber die "Firma muß weiter" – setzte sie ihre Priorität beim "Wohlergehen" des betrieblichen Entwicklungsprozesses bzw. Fortkommens an, nicht bei dem der Familie. Die Folgen der langen Abwesenheit im Tagesablauf zu "heilen", auszugleichen, wird damit auf die Zukunft verschoben. Wenn man berücksichtigt, daß ihre Töchter sich in wichtigen Phasen der Persönlichkeitsentwicklung befanden, von der Pubertät bis zum Erwachsenenalter, wird deutlich, daß es sich bei diesen Töchtern um Abschnitte in der Biographie handelte, in denen u.a. weichenstellende Entscheidungen hinsichtlich der Ausbildung und Berufswahl zu treffen waren. (So bedauert Frau C. später im Nachfrageinterview, daß sie ihrer Vorstellung von einer guten Ausbildung, die bedeutet hätte, daß ihre Töchter etwas "Höheres" geworden wären, nicht hinreichend Nachdruck verleihen konnte. Dieser Einfluß wird später wahrgenommen durch ein regelrechtes Programm der "Nachsozialisierung" der zukünftigen Schwiegersöhne, das von der Versorgung mit dem richtigen "outfit" bis zur Eingewöhnung in die partnerschaftliche Übernahme von Hausarbeit reicht.) Die geschlechtsspezifische Arbeitsteilung im Haushalt der C.s konnte zwar erfolgreich umgekehrt werden, mit der Folge der Doppelbelastung für den Ehemann, die Frau C. jedoch als gerechtfertigt ansieht angesichts längerer außerhäuslicher Arbeitszeiten ihrerseits (s. Nachfrageteil). Es ist jedoch nicht zu übersehen, daß Frau C. durch ihre Orientierung am Wohlergehen der Firma ihre Position innerhalb der Familie schwächte. Daß ihr die Folgen dieses Engagements erst sukzessive – etwa in einer Bilanzierung angesichts der unausgesprochenen Frage: "Was hat mir die Arbeit bei G. gebracht?" – deutlich werden ("Familie vernachlässigt"), zeigt, daß sie am Ende ihrer Arbeit bei G. nicht nur die Aufgabe der biographischen Bearbeitung (Suche nach einer Alternative) sowie auch der psychischen Verarbeitung der dort erlittenen Verletzungen zu lösen hatte, sondern auch die der nachholenden Fürsorge für ihre Familie. Berücksichtigt man ihren sizilianischen Herkunftshintergrund, hat sie mit ihrer exzessiv ausgeübten Berufstätigkeit die Rolle der "padrona in casa" aufgegeben und sich damit sehr weitgehend vom Vorbild der mütterlichen Omnipräsenz in Haus und Familie entfernt. Es ist davon auszugehen, daß sie in der Firma selbst durch ihre enge Zusammenarbeit mit dem Meister, der ihr unbegrenztes Engagement für die Firma eher unterstützte, wenn nicht gar ausbeutete, keinen weiteren Kontakt zu einer signifikanten Anderen hatte, mit der sie einen möglichen Rollenkonflikt als Familienmutter einerseits und engagierter Arbeiterin andererseits hätte reflektierend durcharbeiten und auch Schuldgefühle, die im Vernachlässigen der Familie begründet lagen, thematisieren können.

Wenden wir uns noch einmal der Phase des Ausstiegs aus dem Beschäftigungsverhältnis bei G. zu. Wie bearbeitet Frau G. den unlösbaren Konflikt bei G.? Sie bringt die Kraft auf, zu gehen, als sie die Situation als ausweglos ansehen muß, da der Meister sie nicht "von da wegnimmt". Sie zieht sich zurück, läßt sich krankschreiben – eine Lösung, die Vorläufigkeitscharakter hat – da sie "nicht mehr konnte". Offensichtlich kommt es aber nach ihrem Rückzug, wie schon in dem Molkerei-Konflikt, nicht zu einer formellen Kündigung ihrerseits, sondern es gehört zu ihrer Strategie, die Dinge zunächst in der Schwebe zu lassen, bis sie – im Rahmen ihrer Basisposition, sich abzusichern – eine neue Existenzgrundlage für sich gefunden hat.

5.2.3.13. "Mach' was du gelernt hast": Frau C. macht sich selbständig

"C.: Naja, dann hab' ich nächtelange bin ich nur spazier' gegangen, hab' ich net geschlafe' natürlich, ne. Des hat mir leid getan, aber dahingeh'n wollt' ich net. Da wollt ich alles machen. Da wollt' ich Bratwurstbude aufmachen, da wollt' ich, äh, das machen, da wollt' ich das machen, + un' da war mer in K. (Vorort) spazier', mein Mann un' ich. Ich warwirklich war ich wieder krank geword'n, natürlich, ne. ++ Was wird jetz', zwei Kinder, ne. Mh,(lacht) ++ Un', äh, wissen Sie, manchmal gibt + `s hatt' ich Sprichwort von früher un', äh, auf Deutsch wird glaub' ich net, aber Sie versteh'n meine Sprache?

I: Ja

C: Mia mamma diceva sempre: fa' l'art che farai, se non ricchisci camparai (Übers.: Übe den Beruf aus, den du ausüben wirst, wenn du (auch) nicht reich wirst, kannst du doch (über)leben.).

I. Mhm

C: Hab'n Sie des verstanden?

I: Nee

C: Mach' du was du gelernt hast, kannst du net reich, aber kannste leben. Statt was anderes zu suchen, wie ich. Ich wollt' immer was and'res suchen zu machen, aber nicht an mein' Beruf + Da bin ich in K. (Vorort) (lacht) + wo war 'ne Altbau, + war zu vermieten ++ un' mein Mann sagte, wenne du das machen willst, daß du deine Beruf weitermachen willst, sagt er, dann ja. + Dann bin ich einverstanden. Da wollte mer, da wollte mer bei der Zeitung hingeh'n un' wollte mer, wenn ich 'ne Zimmer suche' wege' der Änderungsstätte halt. Un' na ha'mer diese Zimmer gefunden un' da drinne war 'ne Italiener. Diese Italiener war 'ne sehr nette Frau, (betont:) aber ich <u>wollte</u> von den Italiener <u>weg</u> un' von alle weg. Ich habe gesagt, ich will nicht (klatscht in die Hände). Aber das war so nicht. Wir sin' da rein gegangen, die hat oben gewohnt, die hörte meine Stimme, komme da runter un' der sagt, (streng:) was willst du (lacht)

I: (lacht)

C: Ich sag, was ich <u>will</u>, sag' ich möchte diese Zimmer hier vermiete un' ich möchte meine Änderungsschneiderei aufmache. Sagt die, was willst du? Sag ich, ja. Ich möchte nicht mehr da hin, die habe mich geärgert, hab' ich das /Bandwechsel/ (...erzählt, wie das alles gekommen ist).der Chef war sofort der war klar, hab' ich für achzig Mark da gekriegt die Wohnung in neunundsiebzig ++ un' des war eine alte Bau, ne, des war ganz klar. Aber jedenfalls ich habe gesagt bei G. da geh' ich nie wieder zurück, geh' ich nicht. Un' dann, äh, dann ha' mer da gekriegt, da ha'mer 'n bißchen renoviert. Un' na neunsiebzig, (1979) äh, ++, war neunundsiebzig (1979) ne, neunundzwan-, neunundsiebzig Januar, neunundzwanzig hab' ich da mein Geschäft eröffnet. + Samstag war +++. Ich habe gedacht, Samstag kommen die Leute da kucken, ne. Na hab' ich aufgemacht un' sin' drei Leute gekomm', aber sin' gekomm'. Die Leute hab'n ich hab' gesagt, naja, ich will net reich werde, ich hatte immer die Worte von meiner Mutter gesagt, wenn eine was machen kann und macht er gut, kann er leben, reich kann mer net werden, aber leben. Naja, dann hab' ich da <u>angefangen</u> un' na hab' ich wirklich, kann ich mich net beschweren, ich habe <u>Kunden</u>, reiche Kunden, aber so was Nettes, glauben Sie gar nicht.

I: Mhm

C: Ich habe wirklich sehr, sehr nette Kunden. Sehr <u>liebe</u>, sehr + also ich kann das net anders sagen wie das wirklich sehr lieb" (I, 17/18).

Der Rückzug aus der Firma G. nötigt Frau C., eine neue Orientierung für ihre berufliche Zukunft zu entwickeln. Sie ist tief beunruhigt und macht sich auch Sorgen um ihre

Kinder. Andererseits ist sie fest entschlossen, nicht zu G. zurückzukehren. In Erinnerung an ein Sprichwort ihrer Mutter und mit Unterstützung ihres Mannes entschließt sie sich, in ihrem Beruf zu bleiben und sich selbständig zu machen. Sie findet in einem Vorort von Kassel ein Ladenlokal, in dem sie im Januar 1979 eine Schneiderei eröffnet. Am ersten Tag kommen nur wenige Kunden, es entwickelt sich aber ein Stamm von ihrer Ansicht nach reichen, netten und lieben Kunden.

Mit einer biographischen Klammer schafft die Erzählerin den Übergang zum nächsten Darstellungsabschnitt. Sie schildert die unmittelbaren Folgen des Ausstiegs aus der Firma G.. Der Kommentar "des hat mir leid getan" zeigt, daß sie in der Darstellung sehr eng der Gegenwartsperspektive verhaftet bleibt, aus der sie ihre psychische Befindlichkeit zum damaligen Zeitpunkt vermittelt. Das Pronomen "des" (das) des ersten Teils der Satzfrequenz verweist offensichtlich auf den Tatbestand des Fortbleibens aus der Firma, wird es doch mit der adversativen Konjunktion "aber" auf die mögliche Alternative der Rückkehr bezogen, die sie ablehnt ("wollt' ich net"). Dem "nicht Wollen" wird das "Wollen" kontrastiv gegenübergestellt: sie wollte stattdessen "alles machen", von den verschiedenen Möglichkeiten wird als Beispiel für das Spektrum der Alternativen, an die sie denkt, das Aufmachen einer Bratwurstbude genannt. Die Richtung, in die ihre Phantasien gehen, wird damit angezeigt: nicht mehr eine Beschäftigung als abhängige Arbeiterin, sondern die Selbständigkeit wird anvisiert, und sei es nur im kleinsten Maßstab, d.h. mit geringen Investitionen und Risiken verbunden. In der zweifachen Wiederholung des "Machen wollens" wird die Orientierungslosigkeit deutlich, in die Frau C. nach dem Ende ihrer Vorarbeiterinnentätigkeit gerät: ein Hinweis darauf, daß ihr Ausstieg aus der Firma letztlich nicht langfristig geplant war. Auf einem Spaziergang in der Nähe des Wohnorts mit ihrem Mann wird die Lage offensichtlich erörtert: wie schon in der Konfliktsituation mit der "eifersüchtigen" Kollegin steht der Ehemann Frau C. als biographischer Berater zur Verfügung. Frau C. unterbricht ihre Erzähllinie zunächst, um noch einmal nachdrücklich auf ihre Befindlichkeit hinzuweisen: sie war "wirklich wieder krank geworden". Es reicht also nicht aus, die Dramatik der Situation durch die Erwähnung der einsetzenden Schlaflosigkeit, der nächtlichen Spaziergänge zu verdeutlichen: sie muß in der aktuellen Erzählsituation nun doch offenlegen, daß sie sogar krank wurde: "natürlich". Mit diesem Partikel appelliert sie an das Verständnis der Zuhörerin, die nachvollziehen soll, wie schlecht es damals Frau C. ging und daß das Krankwerden eine "natürliche" Folge des Bruchs mit der Firma G. darstellte. Sie kann als gemeinsam geteiltes Wissen voraussetzen, daß sie von ihrer Krankheit in Sizilien erzählt hat. Erst dann detailliert sie die Art ihrer Sorgen, die sich nicht nur auf die Art der zukünftigen Tätigkeit richten, sondern auch auf die Zukunft der Familie: "was wird jetz', zwei Kinder, ne". Sie deutet damit an, daß ihr Einkommen unverzichtbarer Bestandteil des Familieneinkommens ist, und daß die "Kinder" – die nun schon erwachsenen Töchter – weiterhin finanziell mitbedacht werden müssen. Sie spricht die Interviewerin direkt an, als es um die Mitteilung eines Erfahrungstatbestandes geht: "wissen Sie, manchmal gibt's", der nun aber nicht weiter expliziert wird, sondern im Ergebnis vorgestellt wird: es fällt ihr ein Sprichwort ihrer Mutter ein. Sie muß sich versichern, dieses Sprichwort in ihrer Muttersprache vortragen zu können – erst in der Zitateinleitung des Sprichworts vermittelt sie, daß es sich um eines handelte, das ihre Mutter "immer sagte".

Als sich herausstellt, daß die Sprachkenntnisse der Interviewerin nicht ausreichen, um das Sprichwort zu verstehen – das Rezeptionssignal drückt Unverständnis aus – fragt Frau C. noch einmal nach, weil es ihr offensichtlich wichtig ist, verstanden zu werden. Im Anschluß daran gibt sie eine freie Übersetzung des Sprichworts, das sogleich zum Teil eines biographischen Kommentars wird. In die wörtliche Übersetzung mischt sie den Aspekt des Lernens ein: "Mach' du was du gelernt hast". Die Möglichkeit, die neue Orientierung als Fortsetzung der alten Tätigkeit zu präsentieren, ergreift sie nicht; schließlich hätte sie genauso gut auf den Aspekt der Kontinuität hinweisen können, der darin lag, daß sie in der Firma G. nähte und dies auch weiter tun will. Schließlich hatte sie vorher im Interview auf die Vorteile der Arbeit bei G. hingewiesen, indem sie herausstellte, "da war ich in meinem Beruf". Sie verweist vielmehr auf Orientierungen, die von der mütterlichen Devise abweichen: "statt was anderes zu suchen, wie ich".

Nachdem die Frage der Neuorientierung in einer eingelagerten Darstellungspassage präzisiert wurde, kann die Informantin zügig das anvisierte "glückliche Ende" dieser biographischen Passage in einer tektonisch aufgebauten Darstellung ansteuern, wobei sie mögliche Hindernisse auf ihrem Weg in die selbständige Existenz nicht unterschlägt. Der Ehemann ratifiziert die Entscheidung unter der Bedingung, daß sie damit in ihrem Beruf "weitermacht", ein Geschäftslokal wird recht problemlos gefunden, Befürchtungen, daß dort bereits eine Italienerin "drinne" sei, erweisen sich als gegenstandslos, mit dem Besitzer kann eine günstige Miete ausgehandelt werden. Daß das Lokal sich in einem Altbau befindet, ist Frau C. bereit hinzunehmen. Die erwähnten möglichen Hindernisse werden noch einmal kontrastiert zur verstärkten Feststellung, "nie wieder" zu G. zurückzugehen. Wie zuvor bei wichtigen Ereignissen wird das Datum der Geschäftseröffnung auf den Tag genau markiert. In der folgenden Darstellung kann Frau C. sehr anschaulich die ängstliche Erwartungshaltung verdeutlichen, mit der die Geschäftseröffnung verbunden war. Die Erzählung ist geprägt von den Merkmalen des "bescheidenen Anfangs" – bescheiden ist die Zahl der Kunden, die am Eröffnungstag kommen, und bescheiden ist die Haltung, mit der die italienische Schneiderin den neuen Kunden gegenübertritt. Gestützt auf die Worte ihrer Mutter signalisiert sie den Kundinnen, in welcher Weise sie zu arbeiten gedenkt: preiswert und gut. In einem abschließenden Kommentar wird der Schritt des neuen Anfangs evaluiert: der Kommentar ist aus der Gegenwartsperspektive formuliert, und Frau C. ist so sehr um Glaubwürdigkeit bemüht, daß sie die Interviewerin direkt anspricht und die positiven Prädikate, mit denen sie die Kunden versieht, mehrfach durch Wiederholung verstärkt. Der Aufbau dieses Erzählabschnitts, der wieder einmal einen Neubeginn zum Thema hat, weicht insofern etwas von der Darstellung der Anfangszeit z.B. bei G. ab, als der positive Beginn erst geschildert werden kann, nachdem deutlich gemacht wurde, wie die Talsohle durchschritten wurde. Dennoch liegen in der Satzfrequenz aus dem Kommentarteil "Naja, dann hab' ich da angefangen un' na hab' ich wirklich, kann ich mich net beschweren(...)" die Situation des Anfangens und die positive Weiterentwicklung so nah beieinander, daß der Eindruck des geglückten Neuanfangs dominant wird.

Die in der Eingangsschilderung dieses Abschnitts dominierende Stimmung ist die der Orientierungslosigkeit, des Gefühls, den Boden unter den Füßen verloren zu haben. Mit der Aufgabe des Arbeitsplatzes in der Fabrik hat Frau C. nicht nur eine verläßliche Einnahmequelle verloren, sondern auch den Bezug zum Kollektiv der FabrikarbeiterInnen wie auch zu den "höheren Etagen", wie konfliktreich diese Beziehungen sich auch entwikkelt haben mögen. Der Tag verliert seinen äußeren Rahmen, und so macht sie denn auch "die Nacht zum Tage", wird getrieben von einer Auseinandersetzung mit sich selbst, da das Gegenüber, mit dem sie direkt interagieren könnte, fehlt. In ihrer Äußerung "des hat mir leid getan" mögen sogar Schuldgefühle angesprochen sein, die sie, die bisher verläßliche und nahezu unbegrenzt einsatzbereite Arbeitskraft, denen gegenüber hat, die sich bisher auf sie verlassen konnten. Eine Gestaltschließung der Situation in dem Sinne, daß sie auf Einsehen und Verständnis für ihren unerträglich gewordenen Konflikt gestoßen wäre, ist zu diesem Zeitpunkt nicht möglich. Führt sie später anläßlich der Begegnung mit der Italienerin aus, daß sie von den Italienern und von allen "weggewollt" hätte, zeugen ihre Überlegungen, "alles" machen zu wollen, nur nicht in ihrem Beruf verbleiben zu wollen, von einem unmittelbaren Antiaffekt auch der bisherigen Tätigkeit gegenüber. Sie hat wohl zunächst an einen viel radikaleren Bruch mit der Vergangenheit gedacht, als sie ihn schließlich vornahm, und der referierte Redebeitrag des Ehemannes zeugt davon, daß dieser in der Umbruchsituation das Realitätsprinzip verkörperte. Frau C. wird "wirklich wieder krank" – die Krankschreibung war also nicht unberechtigt – möglich ist es aber auch, daß sie "wirklich" wieder krank wird wie schon in Sizilien, obwohl sie sich in vielen Jahren an einen stabilen Gesundheitszustand gewöhnt hatte. (Sie erwähnt im Interview zumindest keinerlei gesundheitliche Beeinträchtigungen trotz großer körperlicher Belastungen bei der Fabrikarbeit und exzessiv ausgedehnten Arbeitszeiten.) Ohne auf die "Krankheit", von der Frau C. spricht, hier näher eingehen zu können, weil sie nicht näher spezifiziert wird, ist festzuhalten, daß die Informantin keine somatischen Reaktionen erinnert, sondern Mitteilungen über ihre psychische Befindlichkeit macht. Diese weisen darauf hin, daß Frau C. keineswegs in einen Zustand der depressiven Verstimmtheit verfällt, sondern in ihrem Getriebensein eher manische Züge zeigt. Genau dieses "Getriebensein" ist es aber nun, was ihr keine Ruhe läßt; sie arbeitet fieberhaft an einer neuen Perspektive für sich selbst, wendet die Situation konstruktiv. In der realitätsgerechten Bewältigung des Neuorientierungsprozesses spielen die Familienmitglieder eine zentrale Rolle: da ist die Sorge um die Töchter, auf die später noch zurückzukommen sein wird, die Position des Ehemannes, dem die vorübergehende Orientierungslosigkeit seiner Frau Raum gibt zu einer Teilnahme an ihren Suchbewegungen sowie einer Ratifizierungsmöglichkeit ("wenne du das machen willst ... dann ja"), die im gegebenen Kontext nicht als "Entdeckung" eines gönnerhaft-patriarchalen Habitus verstanden werden muß, und schließlich die Erinnerung an die Botschaft der Mutter, die als "Anker" im Meer der unbegrenzten Möglichkeiten aufscheint. Um nach vorne zu gehen, greift Nunzia C. zurück – auf vergangene Krankheitsmuster, aber auch auf vorhandene und offensichtlich lange vernachlässigte Strukturen, die ihr Halt geben. Wie wenig ihr die Zugehörigkeit zu ihrem ethnischen Kollektiv Vertrautheit und Halt zu versprechen scheint, wird in ihrer Ablehnung deutlich, als sie erkennt, daß die erste Ansprechpartnerin im Haus mit dem anvisierten Ladenlokal ausgerechnet eine Italienerin ist. Ihr Impetus, von "den Italienern und von alle(n) weg" zu wollen, ist offensichtlich unmittelbarer Ausdruck ihrer Erfahrungen bei G.: sie will nach der Distanzierung von den Wir-Kollektiven, denen sie bisher angehörte, keinen sozialen Rahmen an ihrem neuen, selbstgewählten Arbeitsplatz. Ausgerechnet in einer Änderungsschneiderei ist es aber notwendig, soziales Gespür zu entwickeln, Kontakte zu pflegen, die Türe im wahrsten Sinne des Wortes zu öffnen. Wie wenig sie dazu eigentlich bereit und offen ist, wird angedeutet durch den Redeabbruch im Zusammenhang mit der Ladeneröffnung: "Die Leute hab'n ich hab' gesagt (...)": hier geht es darum, daß sie es ist, die die Situation definiert, die zunächst einmal ihr Selbstverständnis von ihrer Arbeit präsentiert. Die geringe Orientierung am Wohl der Kunden, die damit verbunden sein könnte, wird nun aber umgehend ausgeglichen durch eine Überfokussierung auf deren positive Eigenschaften: "ich habe Kunden, reiche Kunden, aber so was Nettes (...) wirklich sehr, sehr nette Kunden. Sehr liebe, sehr + also ich kann das net anders sagen wie das wirklich sehr lieb". Zunächst einmal sind sie reich, aber sie sind nicht nur das, sondern auch nett und sogar lieb. Die Anhäufung positiver Eigenschaften wirft die Frage auf, warum im biographischen Kommentar, der durch den Tempuswechsel generalisierenden und für die Gegenwart Gültigkeit beanspruchenden Charakter annimmt, die Kundschaft eine derartig wichtige Rolle spielt. Frau C. ist gewiß als Änderungsschneiderin zunächst einmal ökonomisch auf ihre Klientel angewiesen. Da sie es mit Vertreterinnen einer anderen Schicht zu tun hat, als die, mit denen sie in der Fabrik zusammenarbeiten mußte, gewinnt deren Freundlichkeit eine andere Wertigkeit: Frau C. kann sich, wenn ihre Arbeiten positiv beurteilt werden und die Kundinnen wiederkommen, der Wertschätzung sozial höher positionierter Personen versichern. Sie hat es ferner nicht mit Konkurrenz, Eifersucht und Mißgunst zu tun, da sie ihren Kundinnen als Dienstleisterin sozial nicht "ins Gehege kommt" und diesen von vornherein Bescheidenheit in den materiellen Ansprüchen bei gleichzeitig guter Qualität, die sie liefert, verspricht. Somit ist sie von einem Problem entlastet, das sich in ihren Augen in der Fabrik immer mehr verdichtete. Sie muß nicht mehr zwischen verschiedenen Kollektiven vermitteln, sondern kann als Person selbst für ihre Arbeit einstehen. Schließlich beweist die Annahme ihres Dienstleistungsangebots, daß sie den richtigen Weg gewählt hat, als sie sich in ihrem gelernten Beruf selbständig machte. Die Kundinnen bestätigen ihr, daß sie an einem Entscheidungsknotenpunkt die richtige Wahl getroffen hat. Mit ihrer Äußerung "ich kann mich net beschweren" spielt sie auf ein Motiv an, das sie bereits in der Erzählung von der polnisch-deutschen Familie, von der sie sich so gut aufgenommen fühlte, eingebracht hatte: ich habe Glück gehabt, ich habe es gut getroffen, und damit setzt sie sich von denen ab, die sich beschweren, differenziert sich von den Vertreterinnen des italienischen Kollektivs, die die Dinge anders sehen, wo es um Kontakte mit Deutschen geht.

Es bleibt die Frage offen, warum Frau C. an die Sorge um die Töchter denkt, als es um eine berufliche Neuorientierung geht. Die vierzehn Jahre während Tätigkeit bei G. hat ihr wenig Zeit gelassen, sich um ihre Familie zu kümmern. Sie thematisiert die Sorge um die Töchter bezogen auf einen Zeitpunkt, als diese bereits erwachsen sind und ihre Ausbildung abgeschlossen haben. Hier drängt sich der Gedanke an den Wunsch auf, unterlassene Fürsorge nachzuholen, auf der materiellen Ebene ist jedoch auch die Frage der Heiratsausstattung, der Mitgift, virulent. Sie führt den Gedanken an die Töchter nicht näher aus, denkbar ist es aber, daß sie hier durchaus in den Kategorien der sizilianischen Mutter denkt, die sich um die Brautausstattung der Töchter zu kümmern hat. Hervorzuheben ist ihre Haltung, die materielle Versorgung der Töchter nicht allein dem Ehemann zu überlassen und die Früchte der eigenen Tätigkeit nicht als "Zubrot" anzusehen, sondern als verantwortlich einzubringenden Teil des Familieneinkommens. Daß sich ihre Sorge auf die materielle Ebene bezieht und nicht auf die emotionale, schließt aus, daß sie die gewonnene Zeit nach der Tätigkeit bei G. prioritär für ihre Familie und damit auch für die Töchter nutzt bzw. eine derartige Möglichkeit überhaupt thematisiert. Das Thema des eigenen Berufs bleibt also weiterhin dominant.

Mit dem Wunsch nach Selbständigkeit bewegt sich Frau C. im Vorstellungskontext beruflicher Zielperspektiven, wie sie dem Herkunftsland entsprechen. Der kleine Dienstleistungsbetrieb ist eine der Möglichkeiten beruflicher Existenzsicherung in Sizilien, der prinzipiell auch Frauen offensteht. Eine Änderungsschneiderei gehört aber auch zu den ökonomischen "Nischen", die ausländische Selbständige im Einwanderungsland nutzen können und nutzen. (S. dazu die Untersuchung von E. Pichler.) Nicht zu übersehen ist aber, daß von Frau C. im Gegensatz zur Ablehnung eines innerbetrieblichen Aufstiegs in der Firma G. mit der Eröffnung einer Schneiderei der Weg in die Selbständigkeit angestrebt wird, der auf dem Hintergrund der Herkunftskultur bzw. der vertrauten Sozialwelt des Herkunftsortes eine soziale Position verspricht, die mit weitaus mehr Prestige verbunden ist als im Migrationsland. Das sich selbständig Machen – und sei es in Form des Betreibens einer Bratwurstbude – führt, wenn es gelingt, zu einer sozialen Promotion. (Interessanterweise findet sich die Strategie, berufliche Kontinuität zu wahren, also "bei seinem Leisten" zu bleiben, in der Kombination mit dem Schritt in die berufliche Selbständigkeit häufig bei Rückkehrern aus der Migration, wie K. Bechtle-Künemund in ihrer Rückkehrerstudie belegt. Der Gedanke liegt nahe, daß der Ertrag der Migration nicht nur in Wohnungseigentum, sondern auch in einem nach außen hin sichtbaren sozialen Aufstieg dokumentiert werden soll, wenn dieser auch nicht unbedingt mit einer Einkommensaufbesserung verbunden ist (Bechtle-Künemund, K. 1989, S. 61 u. 67). Die biographischen Ressourcen – das von der Mutter als biographischer Sachwalterin der Töchter zunächst fremdverfügte Erlernen des Schneiderhandwerks sowie die von dieser übernommene Handlungsmaxime, aber auch die Leitbildfunktion der angesehenen Schneidermeisterin, die "mit nix 'was machen" (konnte), bilden Entscheidungs- und Handlungsgrundlagen für die neue berufliche Existenz. Freilich mit Modifikationen, die in Anwendung einer kreativen Handlungskompetenz vorgenommen werden: zum einen wird das Sprichwort der Mutter in eine auf den eigenen Fall bezogene Handlungsmaxime uminterpretiert – aus dem "Beruf ausüben" ("fa' l'art che farai") wird "mach, was du gelernt hast" und damit das Prinzip des Lernens erneut in den Vordergrund gestellt, wie es schon zuvor als Basisposition der Informantin herausgearbeitet wurde. Zum anderen ist es ein bemerkenswertes Datum, daß Frau C. sich nicht mit einer Kopie der Organisation des Handwerksbetriebs der sizilianischen Meisterin begnügt: sie hätte eine private Schneiderei im eigenen Haus betreiben können, strebt aber mit der Anmietung eines Ladenlokals eine Trennung von familiärem Wohnterritorium und Arbeitsplatz an. Damit betont sie auch die Professionalität ihrer Tätigkeit.

Welche Bedeutung hat nun in dieser Situation der Rückgriff auf die mütterliche Handlungsmaxime, die sie noch einmal sich dessen versichern läßt, was ihr eigener Beruf ist, auch wenn sie diesen zunächst abgelehnt hatte? K. Mannheim spricht bei den Menschen, die auf Lebenweisheiten in der Formung von Sprichwörtern zurückgreifen, vom Typus eines "auf Konsensus basierten Denken(s)", das durch die Statik der Verhältnisse bedingt "einmal bewährte und festgelegte Erfahrungsschemata" immer wieder in Anwendung bringen läßt, und geht davon aus, daß "kleine Anpassungsvorgänge der ererbten Erfahrungsformen" auch nichtreflexiv vollzogen werden können. Die Anpassung tradierter Weisheiten sei dadurch möglich, daß jeder Mensch "Träger der in der Tradition vorgegebenen Beobachtungsintention" sei. Die "Lebensweisheit des Alltags" besitze den "Es-Charakter" des eindeutig-undialektischen Denkens im Sinne eines "Es ist so", was uns an den Sprichwörtern besonders anspreche. Der "konsensartige Untergrund" solcherart geformter Lebensweisheiten helfe als "Lebensfond" in der Dynamik unserer Lebensbeziehungen, die erfahrenen Phänomene zu ertragen. "(...) gerade in der relativen Beständigkeit dieses "Lebensfonds" wurzelt unser Sekuritätsempfinden, wir wären ja an der Dynamik und Unbeständigkeit unserer allgemeinen Verhältnisse und der dazugehörigen Bewußtseinswandlungen schon längst irre geworden, gäbe es nicht diese relative Stabilität der ureinfachen Beziehungen. Das Problematischwerden der komplizierten Beziehungen erträgt man, wenn der Urbestand eine Sekurität und Stabilität aufweist, oder zumindest eine solche vortäuscht" (Mannheim, K. 1964, S.576 ff.). In einer Situation der Unsicherheit also und der Verarbeitung "komplizierter Beziehungen" in der Fabrik greift Frau C. auf diesen "Lebensfond" zurück, der ihr, wenn auch unter gehörigem Kraftaufwand, einen "Neuanfang auf der Basis des Alten" ermöglicht. Sie stellt damit zwei Prinzipien einander gegenüber: das Prinzip des Verlassens des vorgezeichneten Weges ("Nessuno è contento del suo stato e vuol pigliare il cielo" – "Keiner ist mit seinem Status zufrieden, jeder will den Himmel stürmen", heißt es bei G. Verga (1955, S.206)) und das Prinzip der eigenen Arbeit und Tüchtigkeit, der Kontinuität im Beruf. Hier berührt sie mit dem Erwerbsmotiv das nach W.E. Mühlmann / R. Llaryora für Sizilien gar nicht so neue, durch die Kräfte der Tradition jedoch immer wieder konterkarierte Prinzip, daß der Tüchtige alles seiner Arbeit verdankt: die Migration hat diesem Prinzip in vielen Fällen zum Durchbruch verhelfen können, gerade dort, wo es um weibliche Erwerbstätigkeit geht (Mühlmann, W.E. / Llaryora, R. 1973, S.118).

In der Fortsetzung ihrer Erzählung, in der die Informantin bereits in der Gegenwart angelangt war, muß jedoch die G.-Episode noch einmal aufgegriffen werden.

"C: Aber dazwischen muß ich wieder bei G. geh'n. G. muß mich entlassen, ne. (lauter:) Wissen Sie, was er gemacht hat, meine Meister? Hat geschribn, nee, hat geschrieb'n, ich muß mein Papier selber hol'n, un' na hat geschrieb'n Nunzia keine, ich kann Ihne egal was Sie mir kann ich geben, aber ich entlasse nicht. Ich kann immer anfangen. +++ Dann muß ich hin, bin ich au' hingegang, bin ich hingegang' un' na hab' ich gesagt, äh, Sie wollte mich sehn, was woll'n Sie da überhaupt machen. Un' dann hab' ich gesagt, (leiser:) ich hatte mein Geschäft, ne, un' da sagt der, was machst 'n du? Dann hab' ich gesagt, naja mir is' doch egal, ich kann au' putzen geh'n. Wissen Sie was er gesagt hat? Also Nunzia, du wirst nie putzen geh'n, ich weiß daß du nicht machst. Sag' ich, naja, + wenn ich au' net putzen geh'n, dann komm' ich wieder bei euch, hab' ich gesagt. Sagt'er, das glaub' ich net, du wirst

nie wieder hier. Da war, da war ihn au' klar, ne. So, hab' ich mein Geschäft (leise seufzend), un'hab'ich, gibt klar, äh, is' 'ne Verantwortung un' alles, ne.
I: Mhm
C: Aber ich bin <u>stolz</u>, ähm, über, meine Arbeit das ich mache. Un' daß ich auch viele Kunde habe un' liebe un' nette un' ich <u>kann</u> wie die andre Leute in Deutschland schimpfen, des <u>kann</u> ich nicht. Da würd' ich lügen, wenn ich sage würd', (schnell:) die Deutsche sin' net gut, ja?
I: Mhm" (I,18/19).

Frau C. muß noch einmal die Firma G. aufsuchen, da das Arbeitsverhältnis formal aufgelöst werden muß. Auf einen Brief des Meisters hin, in dem das Erscheinen von Nunzia C. angemahnt und ihr Entgegenkommen signalisiert wird, aber abgelehnt wird, sie zu entlassen, sucht Frau C. die Firma G. auf und klärt in einem Gespräch mit dem Meister ihr endgültiges Ausscheiden aus der Firma ab. Sie ist stolz auf ihre Arbeit und ihre Kundschaft, die sie als so positiv empfindet, daß sie nicht dazu neigt, auf Deutschland bzw. auf die Deutschen zu schimpfen.

Obwohl es sich um eine lineare Fortführung der Erzählung handelt, macht doch der abschließende Kommentar dieses Abschnitts deutlich, daß das inzwischen dominant werdende Thema die Beziehung zu den Deutschen ist, das zuvor schon in der Überfokussierung auf die "reichen, netten und lieben" Kunden aufgenommen wurde. Insofern hat die Fortsetzung der G.-Erzählung nahezu den Charakter einer Einlagerung, die wieder von einer kommentierenden und nun stärker argumentierenden Passage aus der Gegenwartsperspektive abgelöst wird. Nunzia C. eröffnet diesen Erzählabschnitt mit einem Verweis auf den Zugzwang, in den sie durch ihr Fernbleiben geraten ist, das "offiziell" zunächst nicht auf Dauer gestellt schien. Sie führt nun aus, daß sie der brieflichen Aufforderung des Meisters nachkam, nachdem sie den Inhalt des Briefes kurz skizziert hat und sogar erwähnt hat, daß sie in dem Brief gesiezt wurde – die spätere Dialogwiedergabe macht freilich deutlich, daß sich an der Ungleichheit der Anredeform nichts geändert hat. Wie nah ihr offensichtlich das Geschehen noch ist, wird in der Art der Paraphrasierung deutlich: sie gibt das Gespräch bis in den Sprecherwechsel hinein wieder. Mit dem eingelagerten Kommentar aus der biographischen Perspektive "ich hatte mein Geschäft" hebt sie noch einmal heraus, auf welcher Grundlage dieses Gespräch stattfand: sie konnte nun aus sicherer Position heraus agieren. Um so erstaunlicher ist es, daß sie den Meister über die neu gewonnene Perspektive nicht informierte. Das nonverbale Signal des Seufzens unterstreicht, daß ihr auch aus heutiger Sicht der Übergang von der abhängig beschäftigten Tätigkeit zum eigenverantwortlichen Führen eines Geschäfts nicht leicht gefallen ist, da zunächst die positive Entwicklung nicht absehbar war: es war ein "Sprung ins kalte Wasser", der nun aber positiv evaluiert werden kann: die Trennung von der Firma G. muß sich lohnen, war sie doch offensichtlich mit erheblichen Anstrengungen verbunden. In der Reihenfolge der Darstellung muß das Thema des "Putzen-Gehens", das in der Konfliktsituation mit der Kollegin bei G. schon einmal angeklungen war, als es um die Einschätzung ging, die Kollegin sei wohl nur gewöhnt, daß Ausländerinnen putzen gingen, als Teil einer Kontrastanordnung gesehen werden; dem "Putzen-Gehen" werden die Selbständigkeit mit den lieben und netten Kunden und der Stolz auf die eigene Arbeit gegenübergestellt. Die Darstellung des unangenehmen und lästigen Ganges zu G. wird also abgeschlossen mit einer positiven Feststellung hinsichtlich der neuen Arbeit und der deutschen Kunden.

Betrachten wir den Aufbau dieses Segments, fällt ins Auge, daß die positiven Erfahrungen mit den deutschen Kunden und der eigenen Arbeit, auf die Frau C. nun stolz sein kann, deutlichen Kompensationscharakter haben. Sie vermittelt den Eindruck, als sei es ihr durch die Wertschätzung der Kunden hinsichtlich ihrer eigenen Arbeit erst möglich geworden, ihre eigene Arbeit positiv zu bewerten. Wenn sie auch ihre Tätigkeit bei G. als vielseitig dargestellt hatte, war das Selbstwertgefühl nicht eigens thematisiert worden. "Putzen-Gehen" muß demgegenüber als Ausdruck einer unwürdigen Tätigkeit angesehen werden, die Frau C. schon früher im Interview für sich eindeutig abgelehnt hatte. Dennoch spricht sie diese Möglichkeit dem Meister gegenüber an, wohl um ihm zu zeigen, daß sie zu allem bereit und die Rückkehr zu G. die "allerletzte Möglichkeit" wäre, die sie ergreifen würde, fände sie sonst nichts. Die Karte der "Siegerin" wird von Frau C. dem Meister gegenüber nicht ausgespielt: dazu hat sie sich durch ihre unterlassene Kündigung wohl auch die Möglichkeit verstellt. In dem Gespräch mit dem Meister erreicht Nunzia C. jedoch, daß er ihr endlich abnehmen muß, sie habe die Ankündigung des Ausscheidens aus der Firma wahrgemacht, also sehr wohl "ohne G. leben kann". Freilich nützt ihr diese späte Einsicht genausowenig wie die briefliche Ankündigung, "egal was" sie fordere, zu geben. Sie hat nun ihr Geschäft, und damit eine neue Verantwortung. Das Aushandeln der Kündigungsmodalitäten liest sich wie eine Parallelerzählung zur Molkerei-Episode: auch hier ist es Frau C. offensichtlich nicht möglich gewesen, selbst zu kündigen. Die eigene Kündigung hätte aber auch bedeutet, die Situation formal zu beenden, Grenzen zu setzen, genau das zu tun, was Frau C. in konfliktreichen Situationen immer wieder schwer fiel und sie "weitermachen" ließ, bis es nicht mehr ging.

Nachdem Frau C. das gute Verhältnis zu den Deutschen als zentrale Proposition entwickelt hat, und ihre Evaluation im Präsens formuliert und somit den Gültigkeitscharakter auch für die Gegenwart herausgestellt hat, ist erwartbar, daß sie allmählich das Ende ihrer biographischen Erzählung anvisiert. Stattdessen folgt nun eine Reihe von Hintergrundskonstruktionen, die als Belegdarstellungen mit starkem Argumentationscharakter anzusehen sind, um die vorangestellte Behauptung über das positive Verhältnis zu den Deutschen abzusichern.

5.2.3.14. "... ich mein' die Deutsche sin' au' + net so un' die Italiener genauso"

"C: Nicht daß meine Arbeitskollege net gut war'n, die war aber nicht, daß net gut war, die war au' verständlich, ich habe voll Verständnis für die Frau. Ich kann net auf die Frau net schimpfe, ich lache (laut). ++ Des wär' vielleicht + könnte möglich sei' daß ich au' eifersüchtig wär', aber is' nit meine Art, ne. Aber ich sage immer zu mein' Mann, (betont langsam:) ich kann die Frau versteh'n, sie als Deutsche (erzählend:) un' ich als Italiener, der Meister immer zu mir gekomme is' oder' ich muß das mache oder muß das, vielleicht hatte sich nachlässig (vernachlässigt) gefühlt daß der hat net e gemacht oder weiß ich net, also, aber deswege kann ich net sage Deutschland net gut + ja?

I: Mhm

C: + Siehste das hab' ich angefange' vergesse Ihne' zu erzählen. Weil wo wir das Haus, kann mer das dazwische' sage?

I: Ja, sicher

C: (lacht) Wo wir das Zimmer da hatte mer, ne, is' mir g'rade eingefallen, daß gab' so Leu-, ich mein' die Deutsche sin' au' + net <u>so</u> un' die Italiener <u>genauso</u>. Ja, ich kann net von <u>mir</u> sage + ich habe immer nette Leute gefunden, Leute die mir geholfen haben. Ich habe den' geholfen, ich habe bei den genäht, die au' für uns geholfen <u>bau'n</u>, die ha'm uns <u>Lichte</u> gemacht, die ha'm uns <u>alles</u> gemacht, deswegen kann ich mich nicht beschwer', <u>aber</u> (lacht) wo ich, äh, äh, in diese, äh, äh, in diese Lohfelde in diese Hotel gewohnt hatte die drei Monat' ++ da war + die Krise von der Wohnung, da war'n die Leute immer rausgeschmisse' wor'n, ne, un' da war, des war Einzige damals daß das war, war `ne Italiener von unser Dorf wo war da un' hat, äh, `ne, `ne Wohnung gehabt, aber die war au' net an-, anständig, die war, die war <u>frech</u> die Frau, ne, un' hat die Leute rausgeschmissen, un' was ha'mer gemacht? Die is' zu uns gekomm'n wir hatt'n Bett ganz groß un' da sin' (schnell:) Mann un' Frau, wir war'n, äh, vier Mann im Bett + das kei' Wohnung gegeben hat. Das die war wirklich <u>arm dran</u>. Un' da hatte sich immer morgen früh, der Mann war immer um zwei weg, der hat in der Molkerei gearbeitet, die Frau hat au' in der Molkerei gearbeitet. Un' die Frau war <u>so</u> böse, die war mit <u>den</u> böse un' dann mit mir au'. Sie is' dann weggegangen, sie hat die Deutsche gehaßt richtig, die hat <u>nur schlecht</u> gesprochen. Ich habe gesagt, da hab' ich mich immer, äh, dagegen gewehrt, hab´ich gesagt, warum nur sie kriegt die schlecht un' ich immer gut, wenn einer sich anpasst, dann kann mer sich auch versteh'n. Oder?

I: Mhm" (I, 19/20).

Nunzia C. tritt im Bemühen, Belege für ihr gutes Verhältnis zu "den Deutschen" zu finden, in eine Argumentation ein, in der sie Verständnis für ihre Kollegin formuliert, die eifersüchtig gewesen sei, da der Meister sich mit seinen Anliegen und Aufträgen an die Italienerin Frau C. wandte und nicht an die deutschen Kolleginnen. Sie begründet ihre Feststellung, sich nicht über die Deutschen beschweren zu können, mit erfahrenen Hilfeleistungen von Deutschen beim Hausbau in Kassel einerseits und einem ausgeprägt unsozialen Verhalten einer Frau aus dem Herkunftsort von Frau C. andererseits, die mit ihrem Ehemann Unterschlupf im Gasthauszimmer der C.s gefunden hatte.

In diesem Darstellungsabschnitt geht es Frau C. im wesentlichen um Differenzierungsbemühungen, die sie hinsichtlich kollektiver Zugehörigkeiten und Zuordnungen vornimmt. Rückbezogen auf die von ihr dargestellten Erfahrungen am Arbeitsplatz in der Textilfabrik ist es ihr wichtig, der Interviewerin zu versichern, daß sie nicht den Eindruck vermitteln wolle, daß ihre "Arbeitskollege' net gut war'n", daß sie die Kollegin in ihrem Verhalten sogar verstehen könne, und daß sie schließlich "immer nette Leute gefunden" habe. Es ist ihr aber auch wichtig, mittels einer pars-pro-toto- Darstellung herauszustellen, daß es auch unter den Italienern "so böse" Menschen gibt bzw. gab, daß sie sich von ihnen distanzieren mußte.

Die formale Anordnung des Segments ist dadurch gekennzeichnet, daß in der Organisierung des Erzählvorgangs versucht wird, in einem Versuch der Selbstkorrektur qua Hintergrundskonstruktionen den bisher erzählten chronologischen Verlauf zu ergänzen durch bemerkenswerte Begebenheiten, die den in dieser Phase des Interviews dominierenden Argumentationsgang stützen sollen. Es tritt hier ein Ordnungsprinzip der Erfahrungen "sozialer Unordnung" zutage, das den formalen Ablaufmustern einer Verlaufskurvenbearbeitung entspricht (s. dazu Riemann, G. / Schütze, F. 1991, bes. Anm.4, S. 354). Die zentralen Perspektiven werden jeweils mit konkreten Beispielen belegt: so muß sich Frau C. eingangs noch einmal mit ihrer "eifersüchtigen" Kollegin beschäftigen, um dann evaluieren zu können, "deswege' kann ich net sage Deutschland net gut, ja?" (Das nachgestellte "ja" verweist auf die offenkundige Bemühung, sich in dieser Phase des Interviews direkt an die Interviewerin zu wenden, um deren Verständnis in die "richtigen Bahnen" zu lenken, also Frau C. nicht für "deutschfeindlich" zu halten.) Frau C. unternimmt im ersten Teil dieses Abschnitts den Versuch, ihre Erfahrungen in der Fabrik differenziert zu betrachten. Sie versucht, wie bereits erwähnt, die Perspektive der Kollegin zu übernehmen, indem sie erneut ein universalistisches Erklärungsmodell für deren Verhalten heranzieht, das ihr der Ehemann zur Bewältigung der akuten Konfliktsituation bereits angeboten hatte. Hier geht es um die "allgemein menschliche" und daher verständliche Regung der Eifersucht, von der Frau C. sich hier freilich abgrenzt: "is' nit meine Art". In der Beschäftigung mit dem Konflikt, der Frau C. offensichtlich noch heute bewegt ("sage immer zu mein' Mann"), zieht Frau C. als weitere Erklärungsgrundlage die nationale Differenz heran: "sie als Deutsche" - "ich als Italiener". In einer Hintergrundskonstruktion wird nun biographisch weiter Zurückliegendes "nachgeholt", und Frau C. fällt zum Thema "Differenzierung" hinsichtlich kollektiver Verhaltensweisen so viel ein, daß sie von der Thematik des Hausbaus zu den Wohnungsproblemen zu Beginn der Niederlassung in Kassel wechselt. Die Chronologie wird umgekehrt, das historisch weiter Zurückliegende kommt erst an zweiter Stelle. Offensichtlich ist es schmerzlicher, über negative Erfahrungen mit Landsleuten zu sprechen als über die sehr unterschiedlichen Erfahrungen mit Deutschen. Wichtig ist der Informantin, daß ihre Differenzierung richtig verstanden wird: "ich mein' die Deutsch sin' au + net so un' die Italiener genauso". Frau C. führt die Äußerung "Ja, ich kann net von mir sagen" – gemeint ist hier die Ebene der persönlichen Erfahrungen – nun nicht weiter, sondern setzt mit einer suprasegmentalen Bilanzierung neu an: "Ich habe immer nette Leute gefunden, Leute, die mir geholfen haben". Sie macht aber sogleich auch deutlich, daß es sich nicht um einseitige Helferbeziehungen handelte, sondern betont die Reziprozität; sie nähte, "die" halfen bei der Erstellung bzw. dem Umbau des Hauses (der polnische Bekannte, die deutschen Nachbarn, wie sie an anderer Stelle erwähnt). Da sie sich offensichtlich hier auf die Phase des Hausbaus bezieht, wird noch einmal deutlich, wie sie ihren Anteil am gemeinsamen "Nestbau" bestritt. Die Erwähnung gelungener Sozialitätserfahrungen dient zur Begründung der Feststellung "kann ich mich nicht beschwer'": das Ausgewogene des Gebens und Nehmens, des "eine Hand wäscht die andere", das sicherlich zu ihren frühen sozialen Erfahrungen und Orientierungsbeständen gehört. Diese zentrale Proposition wird nun eingeschränkt durch eine komplizierte Konstruktion, die darauf hinausläuft, daß es auch Erfahrungen gegensätzlicher Art gab: es gibt Menschen, die sich trotz "helfender Hand" beschweren, und es gibt Erfahrungen damit, daß die "helfende Hand" ausbleibt: Erfahrungen fundamentaler Sozialitätsverletzungen. In einer nachgeholten Detaillierung bezieht sich Frau C. hier noch einmal auf die Wohnsituation im Gasthaus zu Beginn ihrer Niederlassung in Kassel. Sie erinnert erneut an die elementare Erfahrung des "Hinausgeworfenwerdens", die sie hier allgemeiner als "Krise von der Wohnung" bezeichnet, da der Engpaß auf dem lokalen Wohnungsmarkt auch andere betroffen hat, und die sie bereits bei meiner ersten telefonischen Kontaktaufnahme mit ihr thematisierte.

Die in einer innersegmentalen Kontrastanordnung präsentierten Erfahrungen negativer Art werden nun fokussiert auf die Wohnsituation: "des war Einzige damals daß das war", gelang es doch recht problemlos, einen Arbeitsplatz zu finden. Die "Wohnungskrise", d.h. die erfahrene Verweigerung eines eigenen Wohnterritoriums für die MigrantInnen skizziert sie als Hintergrund für die Begegnung mit einem Ehepaar "von unser Dorf". Die Bezeichnung "unser Dorf" für die Kleinstadt, aus der sie kommt, markiert die Überschaubarkeit des Herkunftskontextes, die Verbundenheit mit Menschen aus vertrauten Bezügen, die das Folgende erklärbar machen, nämlich die Aufnahme des ebenfalls wohnungslos gewordenen Ehepaares ("arm dran") in das angemietete Zimmer und das Ehebett im Gasthaus. Was sich nun "immer morgen früh" zutrug, erfahren wir nicht, es ist jedoch gut vorstellbar, daß die Prozesse sozialer Unordnung, die durch die Wohnungsnot unter den MigrantInnen in Gang gesetzt wurden, unter den jeweils Betroffenen zu Konflikten führten. Im konkreten Fall könnte das bedeutet haben, daß die Frau, die bei den C.s zu Gast war, ihren Unmut über die Situation so lautstark äußerte, daß sie die Störung durch den Eintritt in das persönliche Territorium der C.s, das ohnehin kaum private Züge trug, bis ins Unerträgliche verstärkte. Es wird deutlich, daß es sich um zwei Arbeitskollegen von Herrn C. handelt. Die Frau, die von der Informantin als "nicht anständig" und "frech" bezeichnet wird (daß damit die Vermieterin des Ehepaares gemeint ist, schließe ich aus, da die Migrantin im folgenden in ihren Verhaltensweisen ensprechend charakterisiert wird), bekommt Streit in der Molkerei und auch mit Nunzia C. Die haßerfüllte Haltung der Frau ("so böse") kann Frau C. nicht teilen. Ihre zentrale Argumentation, die auch aus der Gegenwartsperspektive aufrechterhalten wird, besteht in dem Zweifel, daß diese Frau nur schlechte Erfahrungen (mit den Deutschen) gemacht habe und sie selbst "immer gut"(e). Denn: "wenn einer sich anpaßt, dann kann mer sich auch versteh'n".

Der Darstellungsabschnitt ist gekennzeichnet vom Bemühen der Informantin, diskrepante Erfahrungen und Einstellungen biographisch zu bearbeiten, sie zu ordnen und zu bewerten. Dabei wird der Versuch unternommen, ein elementares Ordnungsprinzip zur Anwendung zu bringen, das die Welt in "gut" und "böse" aufteilt, obwohl inzwischen in der Migration eine Reihe von Erfahrungen gemacht wurden, die für Frau C. selbst nicht mehr in dieses Schema passen, vor allem dort nicht, wo es um zentrale nationale Zuschreibungen geht. Das grobe Raster der kollektiven Zuschreibungen, dessen Opfer Frau C. selbst wurde (s. ihre Erfahrungen in der Fabrik), wird hier implizit zurückgewiesen. Sie arbeitet sich daran ab, herauszufiltern, daß positive und negative Interaktionsverläufe, positive wie negative Sozialitätserfahrungen nicht unbedingt an die Nationalität gebunden sind. Dennoch wird auch von ihr die nationale Zugehörigkeit – und hier übernimmt Frau C. die Perspektive der Kollegin – als Erklärungsmuster für die "Eifersucht" der Kollegin als zusätzliche Begründung herangezogen. So ist sie im Verlauf ihrer argumentierenden Durcharbeitung von Erlebnissen, Ereignissen und Erfahrungen zwar nicht in der Lage, der deutschen Kollegin, die sie so gequält hat, ein diskriminierendes Verhalten zu bescheinigen, indem sie die Nationalität als Grundlage für den kollegialen Umgang miteinander explizit in Frage stellt. Sie gelangt jedoch, betrachten wir Ausgangs- und Endpunkt der Passage, selbst dazu, eine Haltung, die die Nationalität zur Basis von Interaktionspostulaten macht, in Frage zu stellen. Wo positive Sozialitätserfahrungen gemacht werden, spielt die Nationalität eigentlich keine Rolle, und wo jemand das Positive nicht wahrnimmt, wird er zum Opfer seiner eigenen Stereotypisierungen und muß hassen. Damit macht er/sie sich den Anderen selbst fremd. Und mehr noch: fehlende Sensibilität macht auch den Umgang mit den "Nächsten", die "wirklichkeitswahrende Andere" (P.L. Berger, B. Berger, H. Kellner) sein könnten, problematisch. Frau C. hält in dieser Sequenz ein Plädoyer für eine individuumsbezogene Sichtweise, die ihr selbst in Interaktionsprozessen mehrfach verweigert wurde. Die von der Informantin herangezogenen Beispiele zeugen von gelungenen wie mißlungenen Perspektivenübernahmen in unterschiedlichsten Situationen, in denen das einander Helfen freilich eine herausragende Rolle spielt. In diesem Sinne, scheint mir, sollte der Vorschlag, sich anzupassen, "dann kann mer sich auch versteh'n", nicht gelesen werden als Einforderung chamäleonartiger Assimilation, sondern als Formulierung des Interaktionspostulats, auf den anderen einzugehen, indem man seine Perspektive übernimmt.

Frau C. bearbeitet elementare Verunsicherungen im Zusammenhang mit der Aufhebung von Interaktionspostulaten auf Gegenseitigkeit, indem sie dem Sinne nach eine "neue Art der sozialen Einbindung" postuliert, die über den "naturwüchsigen Imperativ der Selbstbehauptung" (J. Habermas) hinausgeht. Dabei entwickelt sie biographische Reflexivität (P. Alheit), indem sie die Bearbeitung des Verlusts traditionaler Sicherheiten hinsichtlich der notwendigen Perspektivenübernahme thematisiert. Gleichzeitig wird der Versuch unternommen, auf Vertrautes zurückzugreifen, insofern sie ihre Erfahrungen mit der Lebensweisheit des Alltags ordnet und interpretiert, die aus historisch zurückliegenden Zeiten stammt und durch den eindeutig-undialektischen Impetus des "es ist so" (K.Mannheim) charakterisiert werden kann. Dies wird deutlich am zentralen Kriterium dafür, daß "Leute" gut sind: "Leute, die mir geholfen haben". Daß sie keine weitergehenden Ansprüche an Qualitäten von sozialen Beziehungen formuliert, ist Ausdruck der Erfahrungen der Einwanderungssituation: über Jahre geht es darum, Menschen, auch signifikante Andere zu finden, die individuelle und familienspezifische Orientierungen biographisch begleiten und umsetzen helfen, die im Etablierungsprozeß eine "helfende Hand" reichen. Kann im Herkunftsland auf Verwandte und Nachbarn als Helfer zurückgegriffen werden (so z.B. bei einem Hausbau), müssen diese Helfer im Migrationsland erst einmal gefunden werden: hier erweist sich die Kontaktpflege, die das Fortkommen der gesamten Familie auf verschiedensten Gebieten sichern hilft, als zentrale Leistung der Frauen (s. auch Frau A.). So sorgt Frau C. z.B. für Reziprozität, indem sie für die Helferfamilien näht – hier geht es weniger um ein materielles Entgelt, das die Abtragung der Kosten erleichtert, sondern um den Aufbau "sozialen Kapitals", ohne das sich wichtige Schritte des Einlebens und der Etablierung im Migrationsland ungleich mühevoller gestalten würden.

Eine der Argumentation von Frau C. wesentlich zugrundeliegende Thematik, um die es hier geht, ist die der Marginalität. In R.E.Parks Sinn kann diese mit intellektuellen und moralischen Kapazitätserweiterungen einhergehen, die darin bestehen, eine kosmopolitische Perspektive zu entwickeln, um die Marginalität zu bearbeiten (vgl. Park, R.E. 1937). Indem negative Erfahrungen als Ausnahmen dargestellt werden ("das war Einzige damals daß das war"), kann der Schritt der Migration als einer in die richtige Richtung aufrechterhalten werden, auch wenn gegenläufige Erfahrungen damit verbunden waren. Andererseits verweisen suprasegmentale Markierer des Typus "ich sage immer zu mein' Mann" oder "ich habe immer nette Leute gefunden" auf eine höherprädikative Ebene. Eigentheoretische Bemühungen dieser Art deuten in diesem Fall auf tiefergreifende Verlaufskurvenerfahrungen und ihre Bearbeitung hin. Thematisiert wird in Frau C.s Versuch, individuelle Erfahrungen zu ordnen und in einen allgemeinen Zusammenhang zu stellen, die marginale Position als eine ambivalente. Die Orientierung an beiden nationalen Bezugsgruppen bleibt widersprüchlich. Sie trägt die negativen Züge der Stonequistschen Auffassung von Marginalität, wie M. Wohlrab-Sahr sie zusammenfaßt: die Potentiale des Leidens an der Marginalität liegen demnach darin begründet, daß eine Identifikation mit einer der beiden Gruppen nicht widerspruchsfrei möglich sei, da die betreffende Person sich jeweils aus der Perspektive beider Gruppen betrachte und so "ihr eigenes Verhalten einer ständigen Überprüfung" unterziehe, ob sie sich im Einklang mit den jeweils herrschenden Gruppennormen befinde. Ohne an dieser Stelle näher darauf einzugehen, worin die "jeweils herrschenden Gruppennormen" bestehen – ich ziehe es vor, diese jeweils situationsspezifisch zu analysieren – scheint Frau C. jeweils dort an Grenzen zu stoßen, wo es ihr unmöglich gemacht wird, eine positiv verstandene "ambiguity of attitude", von der D. Riesman spricht, selbstbewußt aufrechterhalten (Wohlrab-Sahr, M. 1993, S.22 ff.). Sie wird von der deutschen Kollegin zur Italienerin erklärt und darf deshalb in deren Augen Funktionen, die mit ihrer Qualifikation zu tun haben, nicht übernehmen, während sie mit der Bekannten aus dem Heimatort dort in Konflikt gerät, wo sie deren aggressive Ablehnung der Deutschen nicht zu teilen bereit ist. Es kommt mit der sizilianischen Bekannten da zum Konflikt, wo Frau C. nicht bereit ist, ihre positiven Erfahrungen in Deutschland umzudeuten, um eine gemeinsame Verständigungsbasis "unter Sizilianerinnen" herzustellen. Hier wird deutlich, daß es sich um Prozesse von Zuschreibungen handelt, um Konstruktionen, die es den Betroffenen schwer machen, Marginalität im emphatischen Sinne R.E. Parks zu (er)leben.

Die Argumentationsdynamik speist sich daraus, daß die Informantin in diesem Stadium der Narration versucht, positiv Bilanz zu ziehen. Sie entwickelt ein Modell der Integration, der Offenheit für andere, und verdeutlicht damit, wie interkulturelles Verstehen in ihren Augen funktionieren kann. Sie muß dabei ausblenden, daß die Reziprozität nicht gelingt, wenn für das Interaktionsgegenüber die Ethnizität eine entscheidende Rolle spielt, sie also darauf verwiesen wird, daß sie keine Deutsche ist. In ihrem Beispiel des unsozialen Verhaltens der sizilianischen Bekannten klingt ein Motiv an, dem sie bisher wenig Bedeutung beigemessen hat: daß es Fremdheit auch im Wir-Kollektiv der eigenen Ethnie gibt, daß sie auch hier Schwierigkeiten hat, verstanden und akzeptiert zu werden. Es wird sich zeigen, inwieweit sie sich im Grenzbereich beider relevanter sozialer und kultureller

Bezugsgruppen aufhält, "poised on the edge of several groups, but fully accpted by none of them" (Merton, R.K. 1957, S.265).

"C: Au', au' bei G. wieder zurück, bei G., des war au' Italiener + jeden Morgen wenn an Arbeit war, (lauter und lebhafter werdend:) die hat sich an Tisch gesetzt un' au' gesagt, so, Scheiß-Deutsch. Das fand ich <u>widerlich</u>. Ich habe immer gesagt, ihr seid <u>hier</u>, un' na jeden Morge', jeden Morge', ich habe <u>nie</u> was gesagt dazu. Un' <u>eine</u> Morge' sagt', das war von Roma die Frau, das kann ich, ich so, das kann ich nicht vergesse, da sagt s´e zu mir, un' wer net sagt, daß die Deutsche Nutte sin', sagt s´e zu mir, der is' <u>genauso</u>. Sag' ich, Dank' schön. Also da war ich (lacht)

I: (lacht)

C: Ich sage, ich sag' immer, wenn ich sagen würde, der is' 'n, entschuldigen Sie diese, ähm, sag' ich, dann bist dumm erst mal für drei, vier Mann, das zu behaupt', aber ich <u>bin</u> das nicht, ich <u>kann</u> `s net behaupt'. Un' die von <u>Grund</u>, daß die von <u>Italia</u> weg war, hat das immer gesagt, ich finde, ich finde net korrekt, ja?

I: Mhm

C: Un' dann ein Morgen bin ich genauso, habe (haben'?) gesagt, du bist genauso (lacht)

I: (Lacht)

C: Ja!(hohe Stimme, das Gesagte unterstreichend) De, ich habe mich immer + erst mal hab' mich sehr

I: Mhm

C: distanziert mit die Italiener + sehr.(leiser werdend:) Daß ich, ich wollte mit Italiener nichts zu tun ham ++ Da hatt' ich mit die <u>Deutsche</u>, das eifersüchtig war, aber wenn Italiener, das wär' noch schlimmer, + find' ich, ne. Wie gesagt, das war viel Mal, daß ich mal 'n Gespräch hatte daß <u>die</u> mich manchmal richtig zusammengemacht hab'n, wirklich. + Die haben mich <u>so mies</u> gemacht, daß s'e gesagt haben, versteh' ich net, daß Du dich net beschwer'n + kannst. + Wie kann mer sich richtig beschwer'n, wenn nicht' zu beschwer' <u>gibt</u>? Wenn, wenn ich, äh, von, von Anfang an mit de' Deutsch' zusammen war, wie kann ich, äh, auf diese Leute schimpf'n? + Kann ich net. Oder? Wir hab'n zusamm'n <u>gearbeit'</u>, wir hab'n zusamm'n gegessen, wir hab'n uns stundenlang mal unterhalten, dann hab'n mer Akkord gemacht, da konnt mer sich unterhalte, hatt' keiner gesagt, is net so wie heute, das heute is' das e' Unmöglichkeit, daß da in Fabrik gibt, aber früher hatte das nicht gegeben, also deswegen. Von mir persönlich wird das <u>kein'</u> Mensche' hören (leiser), daß Deutsche, Deutschland + klar, gibt `s, ne, aber ich hab' das <u>nicht</u> erlebt, <u>wirklich</u> nit.

I: Mhm

C: Ich kann `s net sag'n. Au` hier der <u>Nachbar</u>, wir hab'n hier <u>gebaut</u>, die hab'n hier uns <u>Strom</u> gegeben, die haben uns geholfen, wenn wir was gebraucht haben. Hat gesagt, Nunzia, wenn du e' Papier schreiben mußt, kommst du hier rüber. + Ich kann `s nit anders sagen, <u>oder</u>?

I. Mhm

C: Kann ich net. Ich <u>kann</u> `s <u>nicht</u> sagen. + Äh, also mein-, meine Meinung. Meine Schwester is' genauso da, schade, daß meine Schwester jetz' in Italia is' sonst hätt' ich Ihn' au' gesagt. Meine Schwester is' derselbe Meinung, aber meine Schwester is' jetzt in Italia.

++ Meine Schwester hat au' 'n Geschäft gehabt un' au' sechzehn, sechzehn, siebzehn Jahr hat die 'n Geschäft, also die kann man nix sag'n ++ Wi- ++ also irgendwie muß au' an jemandem liegen (Brustton der Überzeugung). Oder?
   I: Hm (lacht)" (I, 20/21).

Nunzia C. greift in ihrer Darstellung auf die Erzähllinie der Erfahrungen in der Firma G. zurück. Sie erwähnt ihre Auseinandersetzungen mit italienischen Kolleginnen, in denen es um die Frage geht, ob man sich über Deutschland beschweren könne oder nicht. Sie stellt den Negativeinschätzungen ihrer Kolleginnen ihre positiven Erfahrungen mit Deutschen gegenüber, mit denen sie von Anfang an Kontakt gehabt habe. Als Beleg für ihre Einstellung, Deutschland und die Deutschen nicht verteufeln zu wollen, zieht sie erneut positive Erfahrungen mit der Nachbarschaft beim Bau des Hauses heran, außerdem nennt sie ihre Schwester als Bürgin, die ebenfalls dieser Meinung sei, nachdem sie jahrelang ein Geschäft gehabt habe. Sie kommt zur Bilanz, daß es an jemand selbst liege, welche Erfahrungen er mache.

Die Erzählerin setzt in diesem Segment ihre ausgedehnte Präkoda-Argumentation fort in dem Bemühen, nachzuweisen, daß sie (s.o.) "lügen müßte", wenn sie sagte, "die Deutschen sind nicht gut". Anders als im vorangegangenen Darstellungsabschnitt greift sie hier erneut auf ihre Erfahrungen bei G. zurück. Da ihre Geschichte, was G. angeht, eigentlich längst abgeschlossen ist, bekommt die Erwähnung ihrer Erfahrungen mit italienischen Kolleginnen den Charakter einer Hintergrundskonstruktion, in der Schmerzliches nachgeliefert werden muß. Wenn wir uns an die positive Darstellung der ersten Jahre bei G. erinnern, wird es verständlich, daß es für die Informantin schwierig geworden sein muß, sich angesichts ihres Engagements in der Arbeit von ihren deutschen Kolleginnen und Vorgesetzten zu distanzieren. Ihr Appell an die Kolleginnen, "ihr seid <u>hier</u>", der sich darauf richtet, sich auf die aktuellen Gegebenheiten einzulassen, bedeutet zunächst einmal das Verlassen einer neutralen Position ("ich habe <u>nie</u> was gesagt dazu"), die sie offensichtlich entgegen ihrer ursprünglichen Intention nicht durchhalten kann. Sie beschreibt nun im folgenden, wie es dazu kam, eine zurückhaltende Position zu verlassen und sich, was "Deutsche, Deutschland" angeht, positiv zu äußern. Es ist bemerkenswert, daß sie sich nicht darauf beschränkt, den Inhalt der Gespräche mit ihren Kolleginnen wiederzugeben, sondern die Sprecherwechsel in einer Redewiedergabe mitreferiert, um sie dann zu kommentieren. Dabei ist ihre Darstellungsstrategie getragen von dem Bemühen, die zentrale Proposition, sich über die Deutschen nicht beschweren zu können, mit der Bilanzierung, "es" müsse an jemand selbst liegen (Probleme zu bekommen oder nicht), abschließen zu können. Deshalb kann erst nach einer Beispielerzählung (die Frau aus Rom) die Darstellung ausgeweitet werden auf "die Italiener". Sie arbeitet in einem Kommentar die Erfahrung mit der Kollegin aus Rom auf und verdeutlicht hier, weshalb ein Streit mit italienischen Kolleginnen "noch schlimmer wär" – die Wirklichkeit kann hier zunächst nur im Konditional gefaßt werden. In Ausblendung der bisher gemachten Negativerfahrungen (z.B. in der Molkerei), versucht sie argumentativ zu verdeutlichen, weshalb sie sich nicht beschweren kann: sie war von Anfang an mit Deutschen zusammen, sie hat am Arbeitsplatz mit ihnen kooperiert, gegessen, gesprochen. Diese Argumente waren möglicherweise auch Gegenstand ihrer Verteidigungsposition gegenüber den Kolleginnen, wenn "die mich manchmal so richtig zusammengemacht hab'n". Obwohl die unter kommunikativen Gesichtspunkten günstigen Arbeitsbedingungen mit dem Zeitmarkierer "früher" versehen und gegen "heute" abgesetzt werden, wird die Nähe zur einstmals eingenommenen Argumentationslinie sichtbar an der unscharfen Trennung zwischen der Argumentation aus der biographischen und der Gegenwartsperspektive, die Frau C. dann aber sehr klar in einem überleitenden Kommentar einnimmt ("ich hab' das nicht erlebt").

Das zitierte Segment macht sehr deutlich, daß Frau C.s heftiges Bemühen, ihr Verhältnis zum Migrationsland positiv darzustellen, nur verstanden werden kann, wenn in Rechnung gezogen wird, wie sehr zumindest im Wir-Kollektiv der italienischen Kolleginnen eine Position der Offenheit gegenüber den hier in Deutschland vorgefundenen Bedingungen umstritten war, und wie wenig sich Frau C. mit einer Haltung der pauschalen Ablehnung und Abwertung anfreunden konnte. Auch hier spielt das Infragestellen der Ethnizität als Bewertungsgrundlage der eigenen Erfahrungen und Orientierungen eine gewichtige Rolle. In der Auseinandersetzung mit dem Anpassungsdruck innerhalb der eigenen ethnischen Gruppe geht sie dabei so weit, die diskriminierende Zuschreibung der deutschen Frauen als "Nutten" auf sich selber zu beziehen, um diese ad absurdum zu führen. Sie führt an dieser Stelle nicht mehr ihre Zusammenarbeit mit dem deutschen Meister an. Dennoch muß diese als Situationskontext mitgedacht werden, wenn es um die Bewertung des Verhaltens von Frauen Männern gegenüber geht. Anläßlich der Schilderung der Probleme mit den deutschen Kolleginnen war, wie bereits erwähnt, ja genau die Entwertung der Zusammenarbeit mit dem Meister hinsichtlich ihrer fachlichen Qualität qua Unterstellung eines erotischen Charakters zentral gewesen. Dies bedeutet, daß Frau C. sich von ihren italienischen Kolleginnen ebenfalls nicht akzeptiert und verstanden fühlen konnte, was allerdings "noch schlimmer" war als im Fall der deutschen. So kommt es nun in diesem Darstellungsabschnitt zur Gegenüberstellung zweier Haltungen: die italienischen Kolleginnen lehnen "das Deutsche" pauschal ab, und Frau C. kommt dazu, sich "erst mal" pauschal von "den Italienern" zu distanzieren: "ich wollte mit Italiener nichts zu tun ham". So gerät sie also nicht nur zwischen die Fronten der Arbeiterinnen am Band und der Vorgesetzten, wie beschrieben, sondern auch der ethnischen Gruppen im Betrieb, obwohl es, wie sie betont, Möglichkeiten gab, sich auszutauschen und sich kennenzulernen: Arbeitsbedingungen, die sie noch heute positiv bewertet. Sie kommt auch innerhalb der ethnischen Wir-Gruppe zu einer marginalen Position, der sie zunächst zu entkommen meint, indem sie "die Italiener" als Bezugsgruppe für sich ausschaltet. Folgerichtig werden auch in den beiden abschließenden Belegbeispielen Zeugen oder Bürgen nicht aus dem Kontext der Fabrik angeführt, sondern aus den Bereichen Nachbarschaft und Kernfamilie, wobei es bemerkenswert ist, daß erst an dieser Stelle die eigene Schwester wieder erwähnt wird, von der zuletzt im Zusammenhang mit der Schneiderinnenausbildung in Sizilien die Rede war. Offenbar hat die Schwester in der jeweils schwierigen Situation keine Rolle als biographische Beraterin spielen können (anders als, wie erwähnt, der Ehemann), sondern kommt allenfalls in Frage als Bürgin für eine positive Bilanz. Wenn Frau C. abschließend argumentiert, es müsse "irgandwie au' an jemandem liegen", klingt im Kontext der Meinung der Schwester eine blutsverwandtschaftliche Komponente an, die bisher in Frau C.s

Ausführungen eine eher geringe Rolle gespielt hat. Beide Schwestern sind derselben Meinung, und beide sind bzw. waren Geschäftsfrauen. (Interessant ist es, an dieser Stelle zu erfahren, was Frau C. im entsprechenden thematischen Zusammenhang nicht miterwähnte: daß ihre Schwester nämlich schon eher Geschäftsfrau wurde als sie selbst.) Das miteinander Zurechtkommen und sich Einfinden in vorgegebene Umstände wird in dieser Passage bezogen auf individuelle Eigenheiten und Möglichkeiten jenseits der jeweiligen Ethnizität. Die im Brustton der Überzeugung vorgetragene Überlegung, negative Erfahrungen müßten auch "an jemandem selbst" liegen, mit der sie quasi augenzwinkernd die Interviewerin auf gemeinsam geteilte Wissensbestände über Zeitgenossinnen mit weniger Tüchtigkeit bzw. geschicktem Sozialverhalten verweist, zeugt von einer inneren Distanzierung gegenüber denjenigen italienischen MigrantInnen, die in der zunächst fremden Umgebung schlechter zurechtgekommen sind als sie selbst. (Hierzu wird sie sich im Nachfrageinterview ausführlicher äußern, um ihr Urteil über in Deutschland lebende, aber auch im Herkunftsland verbliebene Sizilianerinnen abzustützen: "die haben sich nicht geändert".) Dennoch macht sich Frau C. auch Gedanken über die Motive für die Intensität der Abwehr des "hier" Vorgefundenen: als "Grund" nennt sie, "daß die von Italia weg war", wenn sie auch die Formen, in denen sich die Abwehr äußert, "nicht korrekt" findet. Hier spielt sie offenbar an auf mangelnde Dankbarkeit dafür, Arbeits- und Verdienstmöglichkeiten im Ausland gefunden zu haben, die in Italien nicht zur Verfügung standen.

Ist die hier analysierte Darstellung zunächst und in erster Linie getragen von der Intention, die Informationen über das Zusammenspiel mit den deutschen Kolleginnen und Kollegen in der Fabrik zu ergänzen durch eine Beleuchtung der innerethnischen Kontakte dort, mit dem Ergebnis der mangelnden Kongruenz der Relevanzsysteme (für Frau C. spielt es eine wichtige Rolle, daß sie jetzt "hier" ist, und sie fordert Anpassung an die Situation, während ihre Kolleginnen dies für sich ablehnen), so können die Ausführungen aber auch verstanden werden als zusätzliche Begründung für die Niederlassung als Schneiderin in einem Kasseler Vorort und damit die Trennung von einem gemischt-ethnischen Arbeitskollektiv. Bereits in der Erzählung über die Organisation des Geschäftsaufbaus hatte Frau C. betont, sie habe von den Italienern "weggewollt" (s.o.). Mit diesem Schritt, der zunächst einmal zur Folge hatte, sich den aktuellen Konfliktlinien in der Firma zu entziehen, müssen Hoffnungen verbunden gewesen sein, sich wiederum in Anpassung an die neue Umgebung im neuen Terrain erfolgreich zu bewegen. Daß dies nun keineswegs so problemlos der Fall war, wie die Aussage "ich kann mich nicht beschweren" nahelegt, belegt eine lange Hintergrundserzählung, die zur Stützung der Behauptung, es müsse auch an jemandem selbst liegen (ob er hier zurechtkomme oder nicht), vorgetragen wird. Es wird deutlich, daß Frau C. noch immer nicht ihre Erzählung abschließen kann, und daß die zentrale Argumentationslinie des "Zurechtkommens" immer wieder verlassen werden muß, um denn doch ein authentisches Bild der eigenen biographischen Entwicklung zu liefern. Aber auch in der zitierten Passage selbst wird bereits deutlich, wie schwer es trotz gegenteiliger Bemühungen fällt, positive Momente der interkulturellen Kommunikation mit Deutschen anzuführen: es finden sich zahlreiche Wort- und Satzabbrüche sowie Vagheiten ("ich hab' das nicht erlebt", "ich kann's nit anders sagen", "Meine Schwester is' derselbe Meinung", I,21). Es kann offensichtlich kaum detailliert positiv formuliert werden, was die spezifische Qualität ihrer Erfahrungen in Deutschland ausmacht. Das mag mit eingeschränkten sprachlichen Möglichkeiten zusammenhängen, möglicherweise aber auch mit der Tatsache, daß sich das "Deutschlandspezifische" ihrer positiven Erfahrungen und Erfolge wenig konzis herausarbeiten läßt. Sie müßte dazu offensichtlich ihre eigene Perspektive stärker ethnisieren, als das ihrer gewohnten Offenheit entspricht.

Die an dieser Stelle folgende Hintergrundserzählung soll hier nur knapp referiert werden. Frau C. leitet ihre Erzählung ein mit der Formulierung: "Ich meine ich habe au ++ (...)", die eine gedankliche Ergänzung im Sinne von "andere, sprich gegensätzliche Erfahrungen gemacht" nahelegt, jedoch fortgeführt wird mit dem Hinweis, sie habe im Geschäft einen Jungen, für dessen Mutter sie alles tue, aber er arbeite nicht. Im folgenden wird detailliert, daß Mutter und Sohn in dem Haus wohnen, wo sie ihr Geschäft hat. Im Präsens werden zunächst Begebenheiten erzählt, die offensichtlich in der Gegenwart noch andauern: hier geht es um den Jungen, der Frau C. ärgert, indem er die Ladenschilder abmontiert, ihre Tür verschließt, so daß die Kunden vor verschlossener Tür stehen. Frau C. wiederum hilft ihm, wenn er kleinere Geldbeträge braucht oder bei ihr telefonieren möchte. Sie kann nicht auf ihn schimpfen, "ob Sie glaube oder nicht, ich mein', + hör'n kann mer aber glaube' muß nit", da sie sage, "wer weiß, was s'e so e' Junge in Kopf geht, wer weiß". Die Mutter sei aber genauso merkwürdig wie der Sohn: sie habe sich nicht um Frau C. gekümmert, als diese wegen einer Operation 1981 im Krankenhaus weilte, während Frau C. und ihr Mann, teilweise unter Mithilfe anderer Bekannter, sich schon verschiedentlich sehr intensiv um diese Nachbarin gekümmert hätten, als sie wegen ihres Lymphkrebses im Krankenhaus gewesen sei und niemand hatte, der sie mit dem Nötigsten versorgte. Als bei einem Krankenhausaufenthalt der Schlüssel zur Wohnung der Nachbarin nicht verfügbar gewesen sei, habe Frau C. sie sogar mit der eigenen Wäsche versorgt. Nach den Krankenhausaufenthalten sei die Frau jeweils in ihrer Wohnung verschwunden gewesen und hätte Frau C. nicht einmal die Tür geöffnet, als diese sich erkundigen wollte, wie es ihr gehe. Die Reaktionen der Umgebung referiert Frau C. ebenfalls: sowohl die Nachbarn, aber auch "alle in K." thematisieren die offenkundige Diskrepanz zwischen Frau C.s Einsatz für die Nachbarin und deren Reaktionen darauf, also die fehlende Reziprozität der Hilfeleistungen und des mitmenschlichen Interesses füreinander mit Erstaunen einerseits ("das gibt's doch net") und einer Infragestellung des realitätsgerechten Verhaltens von Nunzia C. andererseits: "die Leute sagen, daß ich bekloppt bin". Sie ist deswegen sehr darum bemüht, der Interviewerin zu versichern, sie erzähle keine Märchen. In Nunzia C.s Kommentaren, die die Schilderung durchziehen, kommt deutlich zum Ausdruck, wie rätselhaft ihr das Verhalten vor allem der Frau bleibt. "Ich kann Ihnen net sagen, warum macht das net". Die Erzählung wird abgeschlossen mit dem Kommentar:

"C:++ Das is' einzige Frau wo ich Probleme hab'. Aber + Probleme + das mir leid tun, wenn es sie <u>brauch'</u>,
    I: Mhm
C: wenn ich, sie mich brauch' bin ich wieder da. ++ Ich <u>kann</u> <u>das</u> <u>nicht</u> (laut), äh, äh, + wenn sie brauch', äh, äh, sagt Frau C., ich hab' kein Geld, oder <u>egal was</u>, ich bin da für sie. Die Leute sagt, daß ich dumm bin, ne, ich weiß es net, aber + ich sage, die is' eine arme

Frau, die hatte 'ne Mann, die hat kein Geld + der Junge arbeitet nit, wenn s'e, wenn sie 'n bißchen Geld haben dann nemmt der Junge weg, der klaut alles, die verkauft alles, ne, also das ist ein arm' Familie. +++ Aber sonst + andere + Schwierigkeiten, wie gesagt, + un' hab' ich noch nie gehabt, aber die sin' au' kein Problem, nur + ich habe nur das erzählt, + was für 'n <u>bißche</u>', ne, <u>merkwürdig</u> + des diese Leute sin', weiß ich net" (I,25).

Wie oben bereits angedeutet, kommt Frau C. durch das Führen einer selbständigen Schneiderei in dem nahezu rein deutschen Vorort in die Situation, sich mit deutschen Kundinnen und Hausnachbarinnen zurechtfinden zu müssen. Ihr sehr großes Bemühen, ein System reziproker nachbarlicher Hilfe- und Unterstützungsleistungen zu entwickeln, ist zunächst einmal darauf zurückzuführen, daß sie als Besitzerin eines Geschäfts nun schalten und walten kann wie die Herrin im Haus, und von daher auch versuchen möchte, ihr vertraute Qualitäten von Sozialbeziehungen mit den Nachbarn zu entwickeln, andererseits auch Ersatz zu schaffen für das nun fehlende Kollektiv der Arbeiterinnen in der Fabrik. Warum sie letztlich bei Mutter und Sohn mit ihren Bemühungen scheitert, bleibt ihr ebenso rätselhaft wie die Verhaltensweisen dieser beiden Personen. Die Reaktion der anderen Nachbarn und Ortsbewohner, die sie sogar für "bekloppt" oder "dumm" erklären, wird ihr nicht zur Leitschnur ihres Handelns. "Ich kann das nicht", betont sie ihre Unfähigkeit, ihrer Hilfsbereitschaft Grenzen zu setzen, und auch ihr Mann, der in die Hilfsaktionen eingespannt wird, da Frau C. sich schließlich um ihr Geschäft kümmern muß, dringt mit Bekundungen des Ärgers nicht durch. In Frau C.s Darstellung, die sich ja anschloß an die Feststellung, "es" (also Probleme zu haben) müsse auch an jemand selbst liegen, werden Mutter und Sohn als Exempel für "merkwürdiges" Verhalten von Personen, deren Perspektive sie nicht übernehmen kann, angeführt. Sie schwankt zwischen der Einschätzung, den Kontakt zu ihnen als Problem anzusehen ("Probleme + daß mir leid tun, wenn sie es <u>brauch</u>") oder sie als "wunderlich" zu präsentieren ("bißchen merkwürdig"). In der Zusammenfassung der Problemlagen von Mutter und Sohn im Kommentar am Schluß wird noch einmal eine Begründung für die eigene hartnäckige Hilfsbereitschaft von Frau C. zu liefern versucht, es wird aber schon in der aufgeregten Stimmlage der Informantin spürbar, daß es sich hier um Prozesse handelt, die sie selbst nicht mehr ganz beherrscht. Sie kann nicht aufhören zu helfen, ist zwanghaft darauf fixiert, trotz aller Ablehnung und fehlenden Reziprozität, trotz aller Negativreaktionen einer Umgebung, an deren Urteil ihr ja auch etwas liegt. Es mag darin der vielleicht nicht einmal intentional gemeinte Versuch zum Ausdruck kommen, die Einfühlung und die Hilfe, die diesen Menschen ganz offensichtlich von anderen verweigert wird, kompensierend anzubieten, soziale Kälte und Anonymität, denen sie selbst begegnet und begegnet ist, nicht als eigene Prinzipien für sich übernehmen zu wollen. Die Frage, ob sie in diesem Fall als Italienerin so schlecht behandelt wird, die Frage nach der Ethnizität, wird hier nicht explizit aufgeworfen. Im Kontext der Erzählung schließt sich diese Passage jedoch an die unvollständige Feststellung an, "daß Deutsche, Deutschland + klar, gibt's, ne, aber ich hab' das nicht erlebt, wirklich nicht". Der Hinweis, bei der Nachbarin handle es sich um "die einzige Frau, wo ich Probleme hab'", verweist auf den Ausnahmecharakter des angeführten Beispiels für problematische Kontakte zu Deutschen, der hier herausgestellt werden soll. So ist in der Darstellungsarbeit zweierlei erreicht: es kann über problematische Erfahrungen gesprochen werden, ohne jedoch die zentrale Proposition, keine Probleme mit Deutschen zu haben, in Frage stellen zu müssen.

Deuten wir die exzessive Neigung zum Sichkümmern und Helfen auf dem Hintergrund der biographischen Entwicklung von Nunzia C., liegt es nahe, sich dem Aspekt der "Wahrnehmung mütterlicher Funktionen" im Zuge eines entsprechenden Ich-Ideals zuzuwenden (Buchen, S. 1991, S.68). A. Combe hat in seiner Analyse der Helferrolle darauf hingewiesen, daß hinter einer – hier allerdings professionellen – "fürsorglichen Haltung gegenüber abhängigen und hilflosen Personen (...) die Bedürftigkeit und Kränkbarkeit des Helfers selbst" stehen kann. "Die Solidarisierung mit Hilfsbedürftigen verweist auf den Versuch, eine belastende und leidvolle Erfahrung durch projektive Umkehrung zu bewältigen" (Combe, A. 1983, S.114). Enttäuschungen, Kränkungen und Zurückweisungen müssen in der vorliegenden Biographie nicht unbedingt Bestandteile familialer Sozialisationsbedingungen gewesen sein, sondern können unmittelbar als Bestandteile der Migrationsbiographie gesehen werden: so wird etwa das Bestreben, den "Jungen" nicht zu verurteilen, begründet mit der Überlegung, man wisse nicht, was in ihm vorgehe. Durch die Kränkungen, die sie selbst erlebt hat, weil ein Versuch der Übernahme ihrer Perspektiven und Handlungsmotivationen unterblieb, mag eine einfühlsame Sicht auf die anderen gewachsen sein, die ihr ein schnelles Urteil und eine rasche Distanzierung nicht ratsam erscheinen lassen. Gerät die Hartnäckigkeit des Helfenwollens und der Fürsorge gegenüber Sohn und Mutter bereits in eine Problemzone der "Hingabe", die zur "Selbstaufgabe" wird, die "Beständigkeit zu einem würdelosen Klammern", die B. Rommelspacher in ihrer Studie über den "weiblichen Masochismus" als Ergebnis einer einseitigen weiblichen Festlegung auf eine Orientierung am Wohle anderer ansieht (Rommelspacher, B. 1989, S.25), so muß berücksichtigt werden, daß Frau C. mit ihrer Schneiderei, will sie soziale Kontakte zur Kundschaft wie zur Nachbarschaft pflegen, wohl kaum eine klare Trennung zwischen privatem und beruflichem Bereich vornehmen kann, was die Fähigkeit zur Abgrenzung zwar erfordert, aber auch durchaus schwierige Balanceakte notwendig macht.

Im folgenden Darstellungsabschnitt geht es weiter um die Argumentation, wie denn mit "den Deutschen" zurechtzukommen sei, so daß wir davon ausgehen können, daß auch in der Frage der Unerklärlichkeit des Verhaltens von Mutter und Sohn die Frage nach der Ethnizität der unsozial behandelten Helferin eine Rolle spielt.

Sowohl die Erfahrungen im Umgang mit dem "Jungen" als auch die mit der Mutter zeigen, wie schwer es Frau C. fällt, sich von anderen abzugrenzen. Fiel zuvor schon am Arbeitsplatz die Grenzenlosigkeit ihres Arbeitseinsatzes auf, so wird im Zwischenfeld von Geschäfts- und Privatleben deutlich, daß es hier offenbar besonders schwer fällt, die Definitionsmacht in Situationen selbst zu übernehmen. Ich gehe davon aus, daß es sich im vorliegenden Fall auf den ersten Blick weniger um ein weiblich ansozialisiertes Verhalten des "Daseins für andere" handelt – dies hätte sich auch in entsprechenden Aktivitäten der Familienarbeit niederschlagen müssen, die Frau C. aber schon zu diesem Zeitpunkt mit ihrem Ehemann teilt – sondern eher um ein Handlungsprinzip der "guten Nachbarschaft", das sehr wohl gespeist sein kann aus Bedeutungsinhalten des symbolischen Universums von Frau C., soweit es um praktizierte Nächstenliebe geht, aber auch aus dem soziokulturellen Erfahrungshintergrund der Nachbarschaft in Sizilien, das uns ja bereits in der Kontrastierung begegnete, die Frau A. im Zusammenhang mit der Frage des "unbegleiteten Todes" in Deutschland vornahm. Das führt dann etwa dazu, das eigene Vorhaben eines gemeinsamen Tanzabends mit dem Ehemann zurückzustellen, wenn es um das Wohlergehen der Nachbarin geht. Hier hätte einzig der Ehemann korrigierend eingreifen können, wenn er seine Mitarbeit bei den Hilfsaktionen nachhaltig verweigert hätte.

"C: ++ Da, kann man sagen, angefangen wo ich mein Geschäft da hatte + ich, ich wußte net wie ich manche Leute mich verhalten haben. Hab' mor-, morgen, so Gute Morge' gesagt, die ham net antwort'. (laut:) Die antworte nicht die K.er. Der nächste Tag wir geh'n, na hab' ich gesagt, Mensch jetz', jetz' sag' ich net mehr guten Tag,+ jetzt is' egal. Der nächste Morge' freundlich. Hallo Frau C. wie geht `s (sehr hoch, ahmt die Freundlichkeit nach), denk' ich (erstaunt:) was! (lacht) Sin' e kleine Lapalie, aber die gibts. Und wenn ich dann hör' zwischen Deutsch un' Deutsch gibt `s das au', is net nur mit mir. Des sin' manchmal Sach' des erzähle' mir Freunde, sagen mir, ich habe `ne Freundin, so un' so, daß es, also dann beruhigt mich, deshalb sag' ich, naja das sin' net nur mit mir, vielleicht so manche Leute sin' mit sich net selber + zufrieden, un' deswege' mache' des. + Oder? Weiß ich net, ich weiß es net. Aber sonst + im Ganze ++ vielleicht, vielleicht macht das der Beruf mit, + daß die Leute mich brauch' ++ Äh, wissen Sie, ++, manchmal (ausatmend), äh, kommen Leute und der sagen, oh den un' den, der is' net gut, Ich kann aber net sage' + die Leu-, die Leut' is' reich, da is' `ne Frau die is' ganz reich, die kommt zu mir rein, schmeißt sich auf'n Hals und küßt mich. Ah, sagt e, Frau C., wenn ich Sie nicht hätt'!.(laut) Vielleicht der Beruf, weiß ich net. +++ Ich weiß'es net warum. Solche liebe Leute + wo mit der and're zum Beispiel, die antwortet das net, die fühlen sich stolz oder was, ich kann mich für diese Leute ++ nicht beschwere'. + Ich kann n, ich kann `s nit sage, die sin' äh, äh, reiche un', äh, +, daß mir die Arbeit hinschmeisse, die nehm' `s sich sogar meine Meinung, wenn e wir unterhalten, ne. Die sin' reich, die sin' gebildet un' alles, ne, aber die fragen mich, Frau C., was meinen Sie, Sie habe mehr Ahnung über Mode + über alles. Die lasse' sich berate', die geh'n in die Stadt, die holen s'e sich Sachen, die bringen zu mir. Ich kanne für die ander'n gut berate', aber für mich selber net. (lacht)
I: (Lacht)
C: Weil ich immer Angst hab', daß ich was nit zusammenpasse, ne.
I: Mmh (lacht)
C: (Laut, begeistert.)Aber für die and're, da kann ich toll. Da sag' ich, das mach' mer so un' ich mach' das, un' wenn Ihne' net gefällt, mach' mer, also ++ das mach' ich, und vielleicht desweg', weiß ich net.
I: Mhm
C: Ich weiß es nicht, warum. Ne, äh, ich kann mich net beschwer'. + Natürlich des wiederum wenn ein Italiener da is', un' was weiß ich was die macht, daß es ++, daß die Probleme hab'n weiß ich net. Glaub' ich schon, ne, das Probleme gibt. Oder sin' dreckig, oder, äh, oder was weiß ich, ich kann, ich kann `s nit sagen. Warum das +++ (leise:) aber sonst, kann ich mich nicht + von der Nachbarschaft, nicht von meine Kunde, Gottes Willen, auch nicht von meine Firma wo ich war, + kann ich mich net nur, + für mich vielleicht

war das ganz gut, daß ich damals von da weg war. + Daß ich mich selbständig gemacht hab'. Da kann ich so arbeite' wie ich will, ne. Das is' ganz gut (leiser), aber ich kann`s net + auf diese Leute schimpfe'. Äh, wie gesagt, Probleme gibt `s überall `n bißche', ne, aber sonst kann ich mich <u>wirklich</u> net, <u>wirklich nicht</u> +++ nicht beklage, das-das gibt's + Bis gestern abend haben wir, hat die Frau B. darüber gesprochen, hatten die, war neue Frau bei uns, ne, und hat über mich erzählt, daß da ich wege', das un' das weggegange' bin, da, die and're Leute denken, die erklären mich für verrückt. ++ Aber ich <u>net</u>, ich erklär' mich net (lacht)

I: (Lacht), mhm

C: Das gibt `s. Natürlich gibt `s au' böse, böse Leute, ne, die gibt `s immer (leise). ++ Die gibt 's immer + aber das erzähl' ich nicht, das is' ++ (sehr leise:) das is' meine private Angelegenheit (lange Pause, schaut auf das Aufnahmegerät).

I: Mmh

C: Das möcht' ich nicht erzähl'n ++

I: Mmh, Soll ich es ausmachen, soll ich `s ausmachen?

C: Ja, wenn Sie hören will, ja, aber sonst nicht. Des is' in, des erzähl' ich nit da. Ich bin habe mit dene Deutsche `ne schwer' Enttäuschung" (I,25-27).

(Gerät ausgeschaltet. Frau C. beginnt zu erzählen, erlaubt mir aber, mir Notizen zu machen)

Frau C. erzählt von Merkwürdigkeiten und Rätselhaftigkeiten, die in die Gründungsphase ihrer Schneiderwerkstatt zurückreichen. Die Kontaktaufnahme mit den Nachbarn bzw. den K.ern, den Bewohnern der kleinen Vorstadt, erweist sich bereits da als schwierig, wo es um das Herausfinden bzw. Aushandeln der Begrüßungsformalitäten geht. Frau C. ist sich unsicher, wie sie das Verhalten der Menschen in einer für sie neuen Umgebung deuten soll. Aus der Gegenwartsperspektive verschafft es ihr Erleichterung, von Deutschen zu hören, daß ihnen Unsicherheiten und Unberechenbarkeiten im Umgang mit anderen nicht unbekannt sind. Frau C. führt Merkwürdigkeiten im Verhalten anderer hypothetisch auf deren mangelnde Selbstzufriedenheit zurück. Sie fühlt sich von ihren Kundinnen gebraucht und in ihrem Geschmacksurteil geschätzt, und wehrt Klatsch eher ab, dessen Opfer andere bzw. ihre Kunden sind. In der Auswahl der eigenen Kleidung glaubt sie kein ähnlich sicheres Geschmacksurteil zu haben wie im Verkehr mit ihren Kundinnen, denen gegenüber sie gleichzeitig große Disponibilität an den Tag legt, auf ihre Wünsche einzugehen. Sie betont erneut, sie selbst könne sich über ihre NachbarInnen, KundInnen, KollegInnen in der Firma G. nicht beschweren. Sie lehnt es ab, es für verrückt zu halten, daß sie die Firma G. verlassen hat, wie dies "and're Leute" aus ihrem Bekanntenkreis tun. Sie bewertet den Schritt in die Selbständigkeit positiv, da sie hier so arbeiten könne wie sie wolle. Allerdings gebe es doch auch "böse Leute" unter den Deutschen, mit denen sie eine schwere Enttäuschung erlebt habe, wovon sie aber vor laufendem Aufnahmegerät nicht berichten wolle. Sie stellt es der Interviewerin frei, sich anzuhören, was sie dazu zu sagen hat.

Nachdem Frau C. in der eingelagerten, ausführlichen Hintergrundskonstruktion über ihre Erfahrungen mit Bewohnern im Haus des Geschäftslokals in K. berichtet hat, die eine differenziertere Betrachtung ihrer neuen Kontakte nach Geschäftsgründung zulassen, geht es in diesem Darstellungsabschnitt, in dem das Argumentieren mit sich selbst fortgeführt wird, erneut um die Frage der interkulturellen Kommunikation. Der Kommentar "sin' e kleine Lapalie, aber die gibts. Und wenn ich dann hör (...)", der bis in den verwendeten Pleonasmus hinein zu erkennen gibt, daß das behandelte Problem "klein" gehalten, also bagatellisiert werden soll, macht deutlich, daß hier aus der Gegenwartsperspektive heraus gedacht und formuliert wird und es keineswegs nur um Anfangsprobleme bei der Geschäftsgründung geht, sondern bis heute immer wieder Situationen und Probleme auftauchen, die Frau C. dazu bewegen, sich zu fragen, ob Interaktionsmechanismen und auch -merkwürdigkeiten mit ihrer italienischen Herkunft zu tun haben, die sie aber auch im Kontakt mit vertrauten Deutschen ("ich habe 'ne Freundin") thematisieren kann.

Die Frage der Begrüßungsgewohnheiten scheint zunächst mit dem vorhandenen Hintergrundwissen bezüglich des "Skripts" der ihr vertrauten Verhaltensmuster in Sizilien und Deutschland (genauer: der nordhessischen Provinz) leicht lösbar zu sein. Hier wie dort handelt es sich um "verbindende Rituale", soziale Handlungen, die dazu dienen, Alltagsabläufe "flüssig" zu halten: "Die Begrüßung verknüpft verschiedene Menschen, Vorstellungen, Regeln, alles, was bis dahin anders zusammengefügt oder überhaupt nicht zusammengefügt war" (Bukow, W.D. 1984, S.43 u. S.50). F. Buck weist darauf hin, daß sich das Vorhandensein mentaler Skripts, des Wissens also um Handlungsabläufe, oft erst zeigt, wenn "der aktuelle Ablauf nicht mit dem entsprechenden Skript übereinstimmt" (Buck, F. 1995, S.3). Die Erwartung, daß sich Menschen in bestimmten Situationen "normal" verhalten, wird in diesem Falle enttäuscht, das Skript muß geändert werden.

Hier geht es nun um mehr. Es handelt sich für Frau C. um eine Situation der Vertrauensbildung, die in der Eröffnungsphase des Betriebs Voraussetzungen schaffen soll für einen erfolgreichen Geschäftsbetrieb, und Frau C. kann es zwar als Reaktion auf unterbliebene Grußerwiderungen künftig unterlassen, von sich aus zu grüßen, kann sich aber ein in K. möglicherweise als arrogant interpretiertes Verhalten nicht leisten, wenn sie KundInnen für ihren Schneidereibetrieb gewinnen will. Schließlich ist sie als Geschäftsfrau darauf angewiesen, ihren "guten Ruf" materiell zu nutzen. Wie schon in der Erzählung von den Erfahrungen mit der Hausbewohnerin scheint auch hier das Thema der mangelnden Reziprozität auf, die Verhaltensunsicherheiten auslöst und zur Folge haben muß, sich zu fragen, was am eigenen Verhalten eigentlich "normal" ist.

In der Darstellungsarbeit der Informantin fallen deshalb zweierlei Bemühungen besonders ins Auge: zum einen, sich davon abzusetzen, daß andere – hier vertreten durch eine "neue Frau" in der von ihr selbst initiierten und geleiteten Frauengruppe der Missione Cattolica – sie für "verrückt " erklären, den textilverarbeitenden Betrieb G. verlassen zu haben (der seine Belegschaft nach von mir eingeholten Informationen laut Betriebsrat inzwischen drastisch verkleinert hat durch Produktionsverlagerungen ins östliche Ausland, so daß eine Entlassung im Lauf der Jahre auch für Frau C. durchaus möglich gewesen wäre, was sie hier aber nicht erwähnt), zum anderen, verdeutlicht zu haben, daß es K.er gibt, die sie für "dumm", "bekloppt" gehalten haben angesichts ihrer exzessiven Hilfsaktionen gegenüber der krebskranken Bewohnerin des Hauses, in dem sie ihr Geschäft betreibt.

Frau C. behauptet, sich (über die Deutschen) nicht beschweren zu können, nachdem sie zuvor auf die Negativbeispiele eingegangen ist: es gibt Leute, die sich nicht nur ihr gegenüber so verhalten, sondern auch zu anderen (sprich Deutschen), Menschen, die "mit sich net selber zufrieden sind", die nicht antworten (hier können sowohl die Hausbewohnerin als auch nicht zurückgrüßende K.er aus der Anfangszeit gemeint sein). "Im Ganzen" kann sie sich aber nicht beschweren, weil sie sich von ihren Kundinnen geschätzt und geachtet fühlt, bis hin zu emotional gefärbten Dankesbezeugungen, die freilich auch als Distanzlosigkeit gedeutet werden können. Auch hier fällt ihre grenzenlose Disponibilität auf: sie macht Vorschläge und ist bereit, etwas zu ändern, wenn es nicht gefällt. Die Disponibilität bezieht sich auch, wie an anderer Stelle im Interview deutlich wird, auf die Arbeitszeit. Sie macht samstags nach Geschäftsschluß noch Besuche bei ihren Kundinnen, um Anproben zuhause zu ermöglichen.

Frau C. gerät also durch ihre Arbeit als selbständige Schneiderin in ein "ideales Zielmilieu" von Kundinnen, die "gebildet" und wohlsituiert sind und sich "über Mode + über alles" beraten lassen. Sie führt die Akzeptanz bei den Kundinnen auf ihren Beruf und damit auf ihre beruflichen Qualifikationen zurück und geht davon aus, daß sie gebraucht wird. In ihrem positiven Verhältnis zu ihren Kundinnen will sie sich nicht stören lassen durch das Einbezogenwerden in den lokalen Klatsch, in dem ihr signalisiert wird, "der und der" sei "net gut". Sie muß also größte Vorsicht walten lassen, um sich nicht gegen ihre eigenen Kundinnen aufbringen zu lassen, eine gewisse Neutralität und Distanz zu wahren, um ihnen allen gerecht zu werden und keine zu verlieren.

Es erhebt sich die Frage, ob das Festhalten an der eigenen gelungenen Anpassungsleistung, das die Argumentation im Präkodateil des Interviews kennzeichnet, nicht auch mit kulturspezifischen Aspekten der eigenen Reputation zu tun hat: dann wäre der Wunsch, die eigene Migrationsbiographie als erfolgreich anzusehen und zu präsentieren, Teil eines Überbietungsanspruchs, der mit spezifisch mediterranen Denkmustern zusammenhinge, die "von der fast obsessiven Vorstellung dominiert (sind), daß die Gesellschaft außerhalb des eigenen Familien- bzw. Verwandtenkreises von potentiellen Rivalen konstituiert wird, die man unbedingt übertrumpfen muß. Nur so können Ehre, Reputation und Status erhalten und maximiert werden", so Ch. Giordano in seinen Überlegungen zur Frage des Ehrkomplexes im Mittelmeerraum. Ein Wetteifer also, der nach S. Aglianò in Sizilien immer vorhanden ist, und zwar "vielfältig", "systematisch" und "allgemein"? Ob nun die ethnische Kolonie der SüditalienerInnen in Kassel auch als "Sozialgebilde sozialer Beziehungen zwischen rivalisierenden Individuen und Kollektiven" betrachtet werden kann, müßte eine gesonderte Untersuchung der innerethnischen Kontakte ergeben. Es ist immerhin denkbar, daß soziale Beziehungen von systematischen Ehrgeizbestrebungen der einzelnen geprägt werden, wenn Menschen bis ins Erwachsenenalter hinein in einer entsprechenden Wertegemeinschaft gelebt haben, und daß die täglich neue Aushandlung der sozialen "Kursnotierung" (Ch. Giordano) zum Habitus im Migrationsland gehört (Giordano, Ch. 1994, S.180 f.).

Es mutet nun zunächst eigenartig an, daß Nunzia C. im Interviewverlauf plötzlich versucht, einen "deutschen" Blick, eine "deutsche" Perspektive auf problematische Existenzen italienischer Provenienz einzunehmen, wo sie sich auch nicht scheut, anzunehmen, es gäbe unter den Italienern Personen, die "dreckig sind" – ein Rückgriff auf "einheimische" Vorurteile und Stigmatisierungsvarianten, die m.E. eher in die Anfangsphase italienischer Migration in Deutschland zurückreichen, bevor die italienischen Mitbürger in der Rangskala der Ausländer aufstiegen, weil andere Gruppen nachrückten. Dieser Aspekt wird denn auch nicht detailliert, scheint Frau C. aber wichtig zu sein als Versuch, die Idealisierung der eigenen ethnischen Gruppe zu durchbrechen. Damit setzt sie ihre weiter oben begonnene Überlegung fort, die da lautete, in jeder ethnischen Gruppe gebe es "solche und solche", die Italiener seien "nicht so" und die Deutschen "auch nicht", und "es" müsse schließlich an jedem selbst liegen – sie landet hier eigentlich, wenn auch ex negativo, wiederum bei einem Plädoyer für eine individuumsbezogene Sichtweise. Dennoch müssen wir zur Kenntnis nehmen, daß sie hier nicht etwa positive italienische "Ausreißermodelle" von erfolgreichen Werdegängen in der Migration präsentiert, was ja auch denkbar wäre. Es bleibt zunächst überraschend, weshalb sie in der Darstellung ihrer eigenen Bemühung, in einer fast rein deutschen Umgebung als Geschäftsfrau Fuß zu fassen, es plötzlich für notwendig hält, auf Angehörige ihrer eigenen Herkunftsethnie einzugehen. Ich halte es durchaus für denkbar, daß sie in ihrem durch die Selbständigkeit in einem kleinstädtischen Milieu gegebenen Kontakt mit überwiegend Deutschen immer wieder auf ihre Herkunft als Italienerin angesprochen wird (wo kein Raum ist, sich etwa als Sizilianerin besonders zu präsentieren), und daß in der Thematisierung dieser Herkunft die Erfahrungen mit Italienern oder das vermeintliche Wissen der GesprächspartnerInnen über "Italiener" eine Rolle spielen. Die ethnische Herkunft, wenn sie als entscheidendes Merkmal thematisiert wird, mag dann wohl in Kontrastanordnungen präsentiert werden nach dem Muster "ja, Sie sind ja zuverlässig, tüchtig etc., aber es gibt ja auch Italiener, die ...", kurzum, wenn sie im interkulturellen Kontakt, dem sie als sizilianische Geschäftsfrau in besonderem Maße ausgesetzt ist, "mithalten" will, wird möglicherweise auch von ihr erwartet, daß sie sich als besonders tüchtiges und disponibles Einzelexemplar von den "schwarzen Schafen" ihrer ethnischen Gruppe absetzt. In Abwandlung der biblischen Formulierung vom "Hüter des Bruders" wird hier sehr deutlich, welch komplizierte Prozesse in Gang gesetzt werden, wenn Angehörige einer ethnischen Gruppe immer wieder als "typische" oder "atypische" Beispiele für die Herkunftsidentität genommen werden. Lassen wir die Geschichte von Frau C. bis zum Zeitpunkt ihrer Geschäftsgründung Revue passieren, wird deutlich, daß sie wohl nichts lieber gehabt hätte, als sich qua Sachverstand und Qualifikation auf ihren neuen Arbeitsbereich zu konzentrieren, und endlich die Frage der ethnischen Zugehörigkeiten hinter sich lassen zu können. Sie geht an die neue Aufgabe mit sehr viel Offenheit für die veränderten Anforderungen bezüglich ihrer sozialen Position heran, gewinnt auch eine marktfähige Position mit einer Arbeit, die sie soweit wie möglich selbst bestimmen kann. Sie kann jedoch alles andere als voraussetzungsfrei agieren. Das mag jeder anderen zugereisten Person genauso ergehen: wichtig ist im Zusammenhang der biographischen Entwicklung von Frau C., daß sie wiederholt Anlaß hat, ihre Erfahrungen unter der Perspektive des interkulturellen Kontakts zu reflektieren. Sie scheint sich genötigt zu sehen, sich als "avancierte Italienerin" von Angehörigen ihrer eigenen Ethnie erneut zu distanzieren, und zwar auf einer anderen Ebene als jener der Verarbeitung eigener Erfahrungen, nämlich auf der Ebene der Zuschreibung nationaler

Mentalitäten. Dies schlägt sich auch im Nachfrageinterview nieder, als sie sich über die Präsentation der Lebensbedingungen italienischer Gastarbeiter in den italienischen Medien beschwert, wo der Eindruck erweckt werde, sie alle seien auf dem untersten Platz der sozialen Rangordnung verblieben. Es geht also auch um Fragen der sozialen Differenzierung: sie will als beruflich Erfolgreiche nicht qua Ethnisierung zusammengesehen werden mit anderen, die eben "Probleme haben" und unternimmt deshalb in ihrer Argumentation eine Gratwanderung, wenn sie versucht, den eigenen Weg als erfolgreich darzustellen, negative Erfahrungen aber nicht vollständig auszublenden, und in der Bewältigung "merkwürdiger" Situationen doch immer wieder auf die Frage nach der Ethnizität zurückzukommen, die sie eigentlich überwinden will, indem sie für eine individuumsbezogene Sichtweise plädiert.

Es muß noch geklärt werden, warum Frau C. trotz aller Bemühungen, von ihrer sozialen Umgebung in K. anerkannt zu werden, riskiert, für "verrückt" erklärt zu werden, weil sie sich so für ihre Nachbarin und deren Sohn einsetzt, und worin hier Ähnlichkeiten zu sehen sind hinsichtlich ihrer großen Disponibilität den Kundinnen gegenüber. Es wurde bereits erwähnt, daß ihre Orientierung am Wohle anderer Menschen durchaus Züge der Selbstaufgabe trägt, und daß es dabei zu Schwierigkeiten der Abgrenzung anderen gegenüber kommt (ein Phänomen, das bereits in der Zusammenarbeit mit dem Meister in der Firma G. eine Rolle spielte.).

Der verständliche Wunsch nach Zugehörigkeit zu einem Kollektiv, zur Nachbarschaft, zu den K.ern insgesamt, der sich an anderer Stelle in der Information niederschlägt, sie sei in vielen Vereinen dort – aber auch die Pflege des "sozialen Kapitals" als Grundlage für einen erfolgreichen Geschäftsbetrieb – gehen offensichtlich einher mit einer Basisdisposition zur Entgrenzung, die über die Offenheit für soziale Kontakte hinausreicht. S. Buchen diskutiert in ihrer Lehrerinnenstudie die Folgen grenzenloser Hilfsbereitschaft bei Frauen auch hinsichtlich des davon in Mitleidenschaft gezogenen Lebenszusammenhangs. Ähnlich wie A. Combe entwickelt sie die These, daß "die heimliche Quelle für diese maßlose Hilfsbereitschaft (...) eigene Wünsche nach Geborgenheit und Versorgtwerden dar(stellen), die externalisiert werden" (Buchen, S. 1991, S.89). Sie verweist in diesem Zusammenhang auf die Folgen: die Grenzen zwischen "Arbeit und Nicht-Arbeit, Berufsrolle und Privatperson" verschwinden. Der Überfokussierung auf Beziehungsarbeit, auf die Nöte und Bedürfnisse anderer liege "ein Verhaltensentwurf zugrunde, der dem tradierten Leitbild der aufopferungsvollen Mutter verhaftet" sei (ebd.). Mit Rommmelspacher (1989) arbeitet sie die problematischen Seiten der maßlosen Hilfsbereitschaft und der Tendenz zur Selbstausbeutung heraus, die etwas Übermächtiges bekomme, wo eine Frau die "Macht der Unentbehrlichkeit" anstrebe. Mir geht es hier nun nicht um den sicherlich auch für in Sizilien sozialisierte Frauen dieser Generation geltenden Tatbestand der einseitigen weiblichen Sozialisation auf "Innenräume", "Privatheit" und Beziehungsarbeit, der für Sizilien gerade in seinem Zusammenspiel klassischer geschlechtsspezifischer Aufgabenbereiche betrachtet werden müßte (Pflege des "sozialen Kapitals" als Grundlage für die ökonomische Existenz der Familie), sondern es soll noch einmal Frau C.s Situation als Migrantin betrachtet werden. Haben wir oben von Idealbildungen im Bereich der "guten Mutter" gesprochen, so muß festgestellt werden, daß sich Frau C. einem Modell der herkömmlichen Verteilung der Geschlechterrollen entzogen hat, und zwar auch deshalb, weil ihre Berufstätigkeit in Verknüpfung mit ihrem Selbstverständnis als "Modellarbeiterin" (und später gewiß als "Modellschneiderin") sie in hohem Maße zeitlich und sozial fordert. Diese Belastung führte sicherlich zu einer mangelnden zeitlichen Disponibilität für die Familie, die hier durch eine exzessive nachträgliche Bereitschaft zum "Sichkümmern" ausgeglichen werden mag. Wichtiger aber scheint mir die Überfokussierung auf die Bedürfnisse und Mangelsituationen anderer, die dazu dienen kann, die eigene marginalisierte Position zu überwinden. Das Angewiesensein der Kundinnen auf ihr Urteil, ihre Vorschläge und ihre Fähigkeiten beim Zubereiten eines modischen "Outfits" und situationsangemessener Kleidung fordert von ihr sowohl Professionalität als auch die Kultivierung von Eigenschaften und Kompetenzen im Rahmen "emotionaler Arbeitsteilung" (A.Heller). Und es ist auffällig, daß Frau C. betont, daß sie die Sicherheit im Geschmack für sich selbst vermisse, über die sie anderen gegenüber verfügt – für die anderen kann sie gut sorgen, für sich selbst aber nicht. Das Gebrauchtwerden gibt die Chance, aus der Marginalität herauszutreten, birgt aber gleichzeitig die Gefahr der Privatisierung professioneller Beziehungen. "Über Mode und über alles" wird sie zu Rate gezogen, und der Schneidereibetrieb ist gewiß ein Ort, in dem ähnlich wie im Friseursalon private "Geschichten" präsentiert werden – noch dazu mit der Möglichkeit zum intimen Zweiergespräch (vgl. die Reportage von M. Kumpfmüller über Änderungsschneidereien von Migranten in Berlin, 1995). Hier kann es zu individuell überfordernden Grenzsituationen kommen, etwa dort, wo, wie Frau C. angibt, über "den und den" schlecht gesprochen und eine Stellungnahme von ihr erwartet wird. Wenn B. Rommelpacher schreibt: "In ihrer Hingabe sucht die Frau jedoch nicht nur die indirekte Bestätigung ihrer selbst, sondern sie versucht auch, Macht über andere zu gewinnen. Sie wird für andere bedeutsam, d.h. die aufopfernde Mutter (...) verliert sich selbst, um sich in ihrer Bedeutung für andere wiederzufinden. Sie verwirklicht sich nicht in ihrer individuellen Besonderheit, sondern durch ihre soziale Funktion. Sie gibt ihr individuelles Selbst auf, um sich in ihrem sozialen Selbst wiederzufinden" (Rommelspacher, B. 1989, S.23), so liefert sie eine sozialpsychologische Analyse, die uns helfen kann, Frau C.s extensive Orientierung am Helfen und "Gebrauchtwerden" zu verstehen. In den Hilfsaktionen für die kranke Nachbarin geht es neben einem kulturspezifischen Verständnis von Nachbarschaftshilfe auch darum, das professionelle Selbstverständnis zu überschreiten und sich selbst als Privatperson einzubringen (so etwa, wenn sie darauf hinweist, daß sie an dem Tag nicht mehr arbeiten konnte). Es mag sich um einen Versuch handeln, Macht und Einfluß, die sie in ihrer Familie durch ihre Berufsorientierung eingebüßt hat, qua professionell begründeter Eigenansprüche auszugleichen. So geraten ihr die eigenen Verhaltensideale zur Falle, die sie für Selbstausbeutung genauso anfällig machen wie für eine Abhängigkeit von der Akzeptanz durch die soziale Umwelt. Das Selbstverständnis mag da, wo Frau C. sich von ihren Kundinnen als Professionelle geschätzt und geachtet fühlen kann, als eine Ausbalancierung von "Gebrauchtwerden" und Genießen der sozialen Wertschätzung funktionieren. Diese Balance kann allerdings da gefährdet sein, wo die Vorstellung vom begrenzten beruflichen Engagement überschritten wird, die für sie auch einen Schutz vor dem Eindringen äußerer Einflüsse in ihren privaten Lebenszusammenhang darstellt.

5.2.3.15. Die Erzählung von den "bösen Leuten"

Die Entscheidung, Nunzia C. ihre Erzählung zu ermöglichen, ohne sie per Aufnahmegerät zu registrieren, erwies sich in der Interaktionssituation des Interviews als wichtiger Schritt der Vertrauensbildung. So konnte die Interviewerin deutlich machen, daß sie stärker an der Person von Frau C. und ihrer Geschichte interessiert war als am wissenschaftlich operationalisierbaren Ergebnis. Die Informantin zeigte sich auch noch in dieser schwierigen Phase des Interviewverlaufs kooperativ, da sie eine Mitschrift ihrer Darstellung ausdrücklich erlaubte. Da Frau C. am Ende des Interviews ihr Bedauern darüber äußert, daß ein Teil der Darstellung nicht aufgezeichnet worden ist, und sie sich bereiterklärt, bei einem weiteren Interviewtermin noch einmal "von vorn" beginnend zu erzählen – ein Angebot, auf das ich später nicht mehr einging, um ihr eine erneute Thematisierung offensichtlich quälender und schmerzlicher Vorgänge zu ersparen – konnte ich davon ausgehen, daß sie mit einer rekonstruierten Darstellung ihrer Ausführungen einverstanden war.

<u>Protokoll der Darstellung von Frau C.:</u>

"Das Ganze begann 1985, also vor sieben Jahren. Frau C. hatte eine "reiche Kundin mit viel Zeit", die immer wieder in die Schneiderei kam und viel von sich erzählte. Weil Frau C. sehr beschäftigt war, schaute sie die Frau nicht an und stellte deshalb auch nicht fest, wie "böse" diese war. Die Frau wollte Frau C. dann auch in ihren Mittagspausen begleiten, die sie mit Spaziergängen oder Radfahren im Stadtteil verbrachte. Frau C. ließ das zu. Die Bewohner des Stadtteils machten sie darauf aufmerksam, daß diese Frau "böse" sei, und ihrerseits sprach die Frau schlecht über diese Bewohner. Frau C. fiel es damals nicht auf, daß es merkwürdig war, alle Bewohner des Stadtteils schlecht zu finden. Von Mai bis September verbrachte sie nun die Mittagspausen mit dieser Frau. Diese fragte Frau C. dann öfter, ob sie sie nicht auch zu Hause besuchen könne. Frau C. zögerte, weil sie nicht gern Fremde in ihr Haus ließ. Vor Weihnachten, bevor sie ihre gewohnte Italienreise antrat, lud sie die Frau dann schließlich zu sich nach Hause ein. Sie tat ihr leid, weil sie immer so alleine war. Dann reiste sie "wie immer" nach Italien. Sie bat aber ihre Tochter, die bei ihr im Haus wohnt, diese Frau zu Weihnachten einzuladen, damit diese das Fest nicht allein verbringen müsse. Das bereute sie später schwer, denn die Frau brachte dann die Familie auseinander. Sie versuchte nämlich, "in die Familie hineinzuregieren". Sie beeinflußte die Tochter. Diese besuchte im folgenden täglich nachmittags oder abends die Frau, blieb allerdings nie über Nacht. Die Tochter vergaß, daß sie Mann und Kinder hatte. Sie veränderte sich. So trank sie zum Beispiel bei der Frau Kaffee, obwohl sie vorher nie welchen getrunken hatte. Frau C. redete ihrem Schwiegersohn zu, daß alles wieder gut werden würde, und sie schaffte dies auch. Aber zunächst haßte die Tochter ihre Mutter, sie vergaß ihre Familie. Sie kam in die Psychiatrie, in der Nähe von Frankfurt, "aber auch jetzt hat sie es manchmal noch". Die Frau "war anders, war le-lesbisch". Hätte sich die Tochter in einen anderen Mann verliebt, wäre das noch verständlich gewesen. Aber so war das etwas anderes. Dann kam es noch schlimmer. Frau C. traf auf die zweite "böse" Person (eine dritte wird angekündigt, später jedoch nicht mehr gesondert erwähnt). Es war ein italienischer Heilpraktiker, den Frau C. in ihrer Not mit ihrer Tochter aufgesucht hatte. "Das war kein richtiger Arzt, und das ist immer schlecht". Das wußte Frau C. aber damals noch nicht. Er bot Frau C. und ihrer Tochter Tee an, und danach saß er in Frau C.s Kopf "und manchmal im Bauch". Sie mußte nun immer etwas verschenken, den Leuten auf der Straße, Möbel an "ihn". Sie hatten eine braune Ledergarnitur, die mußte sie ihm schenken, "den guten Teppichboden", alles. Aber die Möbel hätten nicht lange gehalten bei ihm: laut Psalm bleibt, "wo ´er´ ist, alles stumpf, glänzt nichts". Später kauften sich Frau C. und ihr Mann "neue Sachen", "und das ist auch gut". Sie litt furchtbar, er saß in ihrem Kopf und "schimpfte". Als sie mit ihrer "Frauengruppe" von der Missione Cattolica in einem schönen Restaurant in Amsterdam beim Essen saß, "verdrehte" er ihr den Kopf so zur Seite, daß sie ihn nicht mehr zurückbewegen konnte. Und das, nachdem er sie vorher drei bis vier Tage lang nicht gefunden hatte. Plötzlich war er wieder da. Dieses Phänomen tauchte auch später auf, wenn sie im Geschäft bei der Arbeit war. Manches Mal, wenn sie auf der Toilette saß, machte er ihr einen ganz dicken Bauch. Dann sagte sie zu ihm: Das hast du jetzt davon, jetzt habe ich so einen dicken Bauch wie deine Frau! Wenn er in ihr war, mußte sie ihre Familie beschimpfen, ihren Mann, ihre Kinder. Sie schlug sogar einmal ihren Mann. Wenn sie sich etwas für sich kaufen wollte, sagte ihr die Stimme im Kopf: du klaust. Wenn sie in der Stadt war, um für sich Stoff zu kaufen, sagte die Stimme: du klaust. Sie konnte damals nichts mehr für sich selbst nähen, obwohl sie so gerne mit der Mode geht. Das geht jetzt wieder. Ganz schlimm war es, als sie sich in einer Parfümerie in der Stadt eine teure Creme von Lancôme kaufen wollte. Sie durfte das nicht. Die Stimme beschimpfte sie, und sie hatte das Gefühl, als sie schließlich die Creme doch kaufte ("und ich kaufe mir diese Creme" "und du kaufst dir nicht") und auf das Gesicht auftrug, sie verbrenne sich die Augen, und das Gesicht wurde ganz rot.

Eine deutsche Frau half ihr dann sehr. Das kam so: sie kam in´s Haus von Frau C., weil sie ein möbliertes Zimmer suchte. Sie hatte ihre Tochter beim Aufgeben einer Wohnungsanzeige in der Zeitung kennengelernt, und diese brachte sie dann mit. Sie kam aus Südhessen, war Apothekerin und Tochter eines Professors. Drei Monate wohnte sie bei den C.s. Sie wurde Frau C. zur Helferin. Sie hörte sie an, Frau C. konnte zum ersten Mal darüber sprechen, was ihr passiert war. Dabei hatte sie nach der schrecklichen Erfahrung mit der "bösen Frau" eigentlich niemand mehr im Haus haben wollen. So war sie zu Anfang unfreundlich zu der Frau, bot ihr nicht einmal einen Kaffee an. Aber diese war gut. Sie empfahl Frau C. einen Psychiater. Frau C. suchte ihn auf, und er glaubte ihr. Er sagte: ich weiß, wovon Sie sprechen, ich habe über diese Sache meine Doktorarbeit geschrieben. Er erklärte sie nicht für verrückt, sondern erkannte, daß ihre Gefühle wirklich waren. Dennoch verschrieb er ihr ein Medikament, das sie ungern nimmt, weil es so müde macht.

Das Unglück hat sie also vor sieben Jahren überkommen, und es ist immer noch nicht ganz überwunden. Andererseits hat sie soviel Kraft mobilisiert, daß die Familie schließlich nicht auseinandergebrochen ist. Der "bösen" Frau sagte sie damals, als ihre Tochter nicht mehr wußte, daß sie eine Familie hat: du hast unsere Familie zerstört. Da sagte die Frau: das wollte ich auch. Frau C. fragt sich, wie ein Mensch nur so böse sein kann. Sie weiß es nicht.

Frau C. weint, als sie sich daran erinnert, daß es ihr so schlecht gegangen sei, daß selbst das Beten nichts genützt habe, um die Stimmen zu vertreiben. Ich erinnere sie: "Sie sagten, daß Sie sehr stark sein können". Sie greift den Impuls auf: "Ja, das kann ich, und wenn der da oben (zeigt mit dem Finger nach oben) nicht wäre, weiß ich nicht, was passiert wäre". Sie gestattet mir, den Cassettenrecorder wieder anzustellen, damit auch andere Menschen lesen könnten, was einem passieren und wie man es "schaffen kann", "da wieder 'rauszukommen". Sie selbst hätte auch schon überlegt, einen Artikel in die Zeitung zu setzen, "um vor den Leuten zu warnen" (I, 27-30).

Zunächst fällt an der Darstellung der Erzählerin die fast kanonische, märchenähnliche Erzählweise auf. Der Eindruck verstärkt sich, wenn man die Verwendung der "magischen", für Märchen üblichen Zahlen drei und sieben berücksichtigt. Frau C. greift zunächst auf thematische Elemente zurück, die zuvor schon erwähnt worden waren: die reichen Kundinnen, den Klatsch. Im Zentrum der Darstellung stehen zunächst die Erfahrungen mit einer Frau, die schon zuvor als "schwere Enttäuschung mit den Deutschen" angekündigt worden war.

Standen bisher im Interviewverlauf vor allem Erfahrungen am Arbeitsplatz bzw. in Grenzbereichen wie dem Haus, in dem Frau C. ihr Geschäft hat, im Vordergrund, geht es in dieser Phase um Kontakte, die darüber hinausreichen. Die Begegnung mit der "bösen Frau" entwickelt sich aus der Grenzüberschreitung des geschäftlichen Kontakts in einen privaten, und es geht um Kontakte mit "Professionellen": Heilpraktiker, Psychiater, Apothekerin (an einigen Stellen im Interview auch als Ärztin bezeichnet).

Für die Interpretation des protokollierten Abschnitts möchte ich mich, obwohl er außerordentlich vielschichtig ist, und auch der weitere Interviewverlauf interessantes Material für sozialanthropologische Überlegungen bieten würde, auf drei Aspekte beschränken: 1. die in diesem Segment erneut zutage tretende Problematik der interkulturellen Beziehungen, 2. die Entwicklung des innerfamiliären Konfliktes, 3. die Bearbeitung dieser biographischen Krisenphase durch Frau C..

Wie bereits erwähnt, geht es in diesem Abschnitt um außerberufliche Kontakte, die bisher in der Darstellung eher eine geringere Rolle spielten, da sich das Leben von Nunzia C. im wesentlichen am Arbeitsplatz und in der Familie abspielte, und die berufliche Entwicklung in der biographischen Arbeit des Interviews bisher im Vordergrund stand – die Familie als "geschützter Raum" wird also lange Zeit auch in der Öffentlichkeit des Interviews eher im Hintergrund belassen. Es wurde aber bisher hinreichend deutlich, daß Frau C. ihr Familienleben organisiert entsprechend den Erfordernissen der Berufstätigkeit. Wie bereits erwähnt, verändert sich die Situation nach der Gründung der Schneiderei. Sie betreibt das Geschäft zunächst allein, später unter stundenweiser Mithilfe des Ehemannes. Die Kinder sind inzwischen aus dem Haus, haben selbst wieder Familien gegründet. Die älteste Tochter lebt, daran sei hier erinnert, mit den C.s in einem Doppelhaus mit eigenem Eingang.

Frau C. gerät in eine krisenhafte Situation, als sie dem Kontaktwunsch einer deutschen "reichen Kundin mit viel Zeit" nachgibt und dieser ihr Haus und damit das "Einfallstor" zu ihrem Familienleben öffnet. Denn es geschieht Unerwartetes: statt sich für die Aufnahme in der sizilianischen Familie dankbar, d.h. Frau C. gegenüber loyal zu erweisen, befreundet sich die Frau (deren Alter Frau C. nicht erwähnt) mit deren Tochter und entfremdet sie ihrer Familie, sie regt diese dazu an, Dinge zu tun, die neu sind. Die Tochter hält sich lange bei der Bekannten auf, trinkt ungewohnterweise Kaffee (damit markiert Frau C. auch symbolisch die Verhaltensänderungen bei der Tochter). Frau C. interpretiert diese Freundschaft im nachhinein als von außen, also von der Bekannten kommenden Versuch, die Familie "auseinanderzubringen". Die Frau wird zur "Fremden" erklärt, indem angenommen wird, sie sei lesbisch, um das Bedrohliche einer engen Frauenfreundschaft zu unterstreichen. Es wird von der Informantin ein enger Zusammenhang zwischen der familiären Krisensituation und dem Auftauchen der "Fremden" konstruiert; die Tochter als "Symptomträgerin" kommt, so erfahren wir, in psychiatrische Behandlung. Beziehen wir uns noch einmal auf die Frage der Ethnizität, die bisher in der Argumentation eine große Rolle gespielt hat, und gehen wir der Bedeutung nach, die diese in der geschilderten Konfliktsituation erhält. Die "böse Frau" wird als Deutsche eingeführt ("Enttäuschung mit den Deutschen"). Frau C. hat erstmalig ihre Familie für eine fremde Person geöffnet, die auch keine Kollegin ist, sondern über das Geschäft in Frau C.s Bekanntenkreis gerät. Frau C. hat sich dem Interesse der Kundin an ihrer Person offensichtlich zunächst nur zögernd geöffnet: sie schaut sie bei deren Besuchen im Geschäft nicht an, als sie über sich erzählt, konzentriert sich weiter auf ihre Arbeit. Sie hört ihr offenbar zu, nimmt sie als Person zunächst aber nicht wichtig. So entgeht ihr das, was sie ex post und kommentierend als das Übersehen von Warnsignalen markiert: sie hat sich die Frau nicht so genau angeschaut, hat sich darüber hinweggesetzt, daß diese Frau in K. selbst eine marginale Position innehatte, denn es wurde schlecht über sie gesprochen und die Frau selbst äußerte sich abwertend über die K.er. Dieses sich über den Klatsch Hinwegsetzen gehörte allerdings, wie wir zuvor schon bemerkten, zu ihrer Strategie, sich als Geschäftsfrau aus örtlichen Animositäten herauszuhalten. An der Hartnäckigkeit des Kontaktwunsches der Kundin fällt auf, daß offenbar zum ersten Mal jemand auf Frau C. zugeht, Interesse für ihre Person zeigt, sich ihr öffnet. Frau C.s Zögern – sie läßt sich lange bitten, die Kundin zu sich nach Hause einzuladen, beläßt es zunächst beim Kontakt während der Mittagspausen am Ort ihrer Schneiderei – kann zunächst als sich selbst schützende Selbstbegrenzung gesehen werden, da sie es nicht gewohnt ist, mit persönlichen Kontakten dieser Art umzugehen. Sie unterhält zwar Kontakte am Ort, so spricht sie bei unserem ersten Kennenlernen von ihrer Mitgliedschaft in zahlreichen Vereinen, diese Kontakte haben aber wohl den Charakter einer Vereinsmitgliedschaft aus beruflichen Gründen: im kleinstädtischen Milieu ist es wichtig, Kontakte auf Vereinsebene zu pflegen, um als Geschäftsfrau "dazuzugehören" und damit den Kundenstamm zu pflegen und zu erweitern. Ein freundschaftlicher Kontakt zu einer Deutschen verlangt aber von Frau C., über ihre bisher im professionellen Bereich gepflegte Offenheit hinauszugehen und zwischen Öffnung und Grenzziehung Balance zu halten, da mit dem Privatbereich auch ihr familiärer Bereich als Insel im "Meer der Marginalität" tangiert wird. Es gelingt ihr nun ansatzweise, die Perspektive der neuen Bekannten zu übernehmen, dies beschränkt sich aber wiederum auf die Ebene des Helfens: die Frau ist zu Weihnachten allein, weil sie keine Familie hat, und Frau C. sorgt mit einer entsprechenden Einladung für Abhilfe. Der Impetus des Helfens, den wir weiter oben als Versuch gesehen haben, die eigene marginale Position zu überwinden, zeigt sich hier noch einmal in einem neuen Licht. Durch das Helfen (später Schenken, Spenden) kann Frau C. Nähe zu ihrem

Interaktionsgegenüber herstellen, sie kann sich die anderen Menschen aber damit gleichzeitig buchstäblich "vom Leib halten", so daß es kein Kontakt "von gleich zu gleich" wird. Wird ihr nicht gleichermaßen entgegengekommen, verletzt sie, wie wir gesehen haben, die Reziprozität der Interaktionsgrundlagen. Es ist ein Versuch, Nähe herzustellen zu Menschen aus dem Bereich außerhalb von Arbeits- und Familienzusammenhängen, der ihr freilich außer Kontrolle gerät. Aus Offenheit gegenüber anderen Menschen, wie sie diese am Arbeitsplatz gezeigt hat und als selbständige Geschäftsfrau wieder zeigen muß, wird Grenzenlosigkeit. In ihrem biographischen Entwicklungsprozeß fehlen ganz offenkundig Erfahrungen mit Freundschaften, also interpersonalen Beziehungen außerhalb des Familien- und Arbeitsbereichs. Diese kann sie in der "Frauengruppe" der italienischen Kirchengemeinde in einem begrenzten und institutuionell abgesicherten Rahmen pflegen, und offensichtlich macht ihr die Gruppensituation weniger Angst als eine face-to-face-Beziehung. Darüberhinaus spielt hier die Ethnizität keine Rolle, sie braucht auch nicht fürchten, in eine marginale Position zu geraten, obwohl sie auch hier als Vorsitzende und Kassenwartin eine herausgehobene Rolle hat.

Frau C. verdeutlicht in ihrer Erzählung des Unglücks, das "über sie", also von außen kam, bereits die Perspektive, mit der sie die innere Dynamik des hier in Rede stehenden Prozesses erlebt hat, der für sie mit zunehmenden Einschränkungen der Handlungsautonomie verbunden war. Gleichzeitig muß sie aber immer wieder erwähnen, welche Auswirkungen dieser Prozeß auf ihre Familie hatte, ohne freilich innerfamiliäre Ursachen für ihr Problem zu bedenken. So teilt sie mit, wie die Tochter in den Bann der fremden Frau gerät, ohne aber den Konflikt klar benennen und erklären zu können. Offensichtlich kommt es nach der Rückkehr des Ehepaars C. aus dem Weihnachtsurlaub zu einer Rivalitätssituation in zweierlei Hinsicht: die Tochter und die Bekannte von Frau C. befreunden sich, und Frau C. bleibt "außen vor". Die Tochter – sie spricht fehlerfrei deutsch, hat einen sehr viel erfolgreicheren Bildungsgang als ihre Mutter – wird von der reichen Bekannten "mit viel Zeit" offensichtlich der Mutter vorgezogen, die in dieser Hinsicht weder über die positiven Attribute der Tochter noch die der Bekannten verfügt. An dieser Stelle wäre es denkbar gewesen, über ihre Beziehung zu ihrer ältesten Tochter zu sprechen, was Frau C. aber unterläßt. Es muß deshalb hier ergänzt werden, daß Frau C. ihre älteste Tochter, die einige Jahre bei der Großmutter in Sizilien aufgewachsen war, sehr früh (mit 10 Jahren) allein lassen mußte, um die Niederlassung in Deutschland zu organisieren und hier zu arbeiten. Sie holte die älteste Tochter später als ihre jüngste Tochter nach und hatte im folgenden stets sehr wenig Zeit für ihre Töchter, die weit eher vom Vater aufgezogen wurden als von der Mutter. Im Nachfrageinterview berichtet Frau C. zudem aus der Gegenwartsperspektive, daß ihr Mann mittags für die Kinder der Töchter kocht und sie von der Schule abholt, er also der treusorgende Großvater im Mehrgenerationengefüge der Familie ist, und von den Kindern mehr geliebt wird als sie, der die Töchter Vorwürfe machen, die der ansonsten loyale Ehemann teilt, wenn die Töchter dabei sind. (Während einer zufälligen Begegnung mit der ältesten Tochter von Frau C. teilte diese mir mit, daß sie gegen ihren Willen aus Sizilien fortgeholt worden sei und sich noch heute sehr viel sizilianischer fühle als ihre Eltern, was ihr lange Zeit Probleme bereitet habe, da sie nicht gewußt habe, wo sie hingehöre. Diese Orientierung an der Herkunftsregion kann gesehen werden als Ergebnis der frühen Fremdverfügung, die durch eine den Eltern widersprechende Orientierung in gewisser Weise rückgängig gemacht wird.)

Gehen wir davon aus, daß die Mutter – in Umkehrung der Orientierungen, die für Migrantenfamilien gängigerweise angenommen werden – eher das Konzept der erfolgreichen Integration im Migrationsland vertritt, wird sie ihrer Tochter gegenüber ebenfalls eher die Position des Sicharrangierens mit dem Aufnahmeland vertreten haben. Dies darf bei der Tochter, die im Unterschied zu ihrer Schwester mit einem Italiener verheiratet ist, in den Augen der Mutter wohl nicht soweit gehen, daß diese sich aus dem geschlossenen Familienverband der "zwei bzw. drei Generationen unter einem Dach" zu weit hinausbewegt. Die Tochter soll sich mit dem Hiersein abfinden, und in der Freundschaft zu einer deutschen Frau könnte sie dem Leben in Deutschland positive Seiten abgewinnen. Das unterstützt die Mutter aber wiederum nicht, wenn sie die Freundschaft ihrer Tochter und die damit verbundene Aushäusigkeit für einen Verstoß gegen den "spirito di famiglia", den Familiengeist, hält, dessen Repräsentantin sie selbst ist, wenn sie sich gegenüber dem Schwiegersohn zur Bürgin des Familienzusammenhalts der Tochter macht. Der fremde Einfluß (s. das Kaffetrinken) verändert die Tochter in den Augen ihrer Mutter in eine Richtung, die Frau C. nicht akzeptieren kann. Die Double-bind-Botschaft der Mutter muß die Tochter in Schwierigkeiten bringen: lebe hier, integriere dich, entferne dich aber nicht zu weit von einer Familienkonzeption, die die "deutschen" Offenheitsbestrebungen außerfamiliären Bindungen gegenüber für Frauen ausschließt. Die Erwartungen der Mutter müssen auf die Tochter widersprüchlich wirken. Die Tochter soll sich einerseites mit ihrem Leben in Deutschland abfinden, ihre Sizilienorientierung (gar als Rückkehrorientierung) teilt Frau C. nicht. Andererseits muß die Tochter die Kindheit und Jugend in Deutschland so erlebt haben, daß die Mutter größtenteils abwesend war, auch wenn sie dafür sorgte, daß ihre Kinder "nie alleine" blieben. Die Mutter erwartet nun von der Tochter, daß diese die ideale Mutter und Ehefrau ist, und ihre Familie nicht allein läßt und nicht "vergißt", wenn sie außerfamiale Orientierungen entwickelt, schon gar nicht, wenn diese nicht durch die Notwendigkeit der Eingebundenheit in den Arbeitsprozeß bedingt sind. Das Beharren auf dem Einhalten einer traditionellen Familienorientierung der Tochter gegenüber bei gleichzeitig offenkundiger Diskrepanz zwischen Anspruch und Wirklichkeit auf seiten der Mutter konfrontiert die Tochter also mit verschiedenen Botschaften:

– lasse dich auf die deutsche Gesellschaft ein, und mache das Beste aus den sich hier bietenden Chancen;

– sei eine gute Mutter und Ehefrau im Sinne der sizilianischen Gepflogenheiten;

– lerne aus meinen Fehlern: vernachlässige deine Familie nicht (Ergebnis eines biographischen Lernprozesses: die Familie ist der einzige Ort der Nicht-Marginalität).

Die Botschaften sind so widersprüchlich, wie es Nunzia C.s eigene Orientierungen sind, die sich in den "zwei Stimmen in einer Brust" zeigen. Die Tochter mag für die "sizilianische Grundbotschaft" um so empfänglicher sein, als sie sich dem kulturellen Herkunftskontext mehr verpflichtet fühlt als dem deutschen. Andererseits kann es ihr als erwachsener Frau nicht gleichgültig sein, wenn ihre Mutter in massiver Weise in die Gestaltung der eigenen familiären und außerfamiliären Beziehungen eingreift und sich u.U. sogar noch dazu hergibt, die Tochter in einen Pathologisierungsprozeß, einen Prozeß biographischer

Prozessierung, hineinzubringen. Die unterschiedlichen Anforderungen der Mutter von den eigenen Vorstellungen und Bedürfnissen abzusetzen, würde bedeuten, gelernt zu haben, "eigene Ziele und Werte zu definieren und falls nötig, auch gegen wichtige andere (in diesem Fall die Mutter, I.Ph.) durchzusetzen" und sich dazu auch berechtigt zu fühlen (Stierlin, H. 1994, S.113). Dies mag um so schwieriger zu bewältigen sein, als die Mutter dazu neigt, ihre eigenen Wünsche, Bedürfnisse und Vorstellungen nicht von denen anderer abzugrenzen, so daß bis in ihre Erzählung hinein eine Vermischung des eigenen Schicksals mit dem der Tochter nahegelegt wird (so z.B. in der "Übergabe" der Bekannten zwecks Betreuung während der Festtage; so in der unklaren Darstellung im Interview, die zunächst offen läßt, wer von den beiden Frauen nun eigentlich in die Psychiatrie gekommen ist; so im gemeinsamen Besuch beim italienischen Heilpraktiker; so in der Formulierung "auch jetzt hat sie es manchmal noch", die dem weiteren Interviewverlauf entsprechend auch auf Frau C. selbst zutreffen könnte).

Frau C. kann sich also offensichtlich nicht freuen über die neue Freundschaft ihrer Tochter, sondern muß sich ausgeschlossen fühlen aus dem Freundschaftsverband, dessen Intensität sie sich nur dadurch erklären kann, daß die Frau lesbisch und ihre Tochter deshalb verführt worden sei. Da sie die Haltung der Bekannten so interpretiert, daß diese ihre Familie habe zerstören wollen – offensichtlich aus Neid, da sie zwar alles hat, aber keine eigene Familie – muß sie deren Verhalten so erlebt haben, daß diese nach der Rückkehr von Frau C. aus den Weihnachtsferien keine Anstalten machte, den erworbenen Platz im Leben der Tochter zu räumen, so daß Frau C. mit der Bekannten um ihre Tochter rivalisieren mußte. Welche Handlungsschemata entwickelt nun Frau C., um die Tochter zurückzugewinnen und damit der Gefahr zu begegnen, daß diese ihre eigene Familie "vergißt", also ihre Pflichten als Frau und Mutter vernachlässigt? Eine Bürginnenfunktion für das Ehe- und Familienglück der Tochter übernehmend, unternimmt sie den Versuch, den Schwiegersohn zu beruhigen und ihm zu versichern, dafür zu sorgen, daß alles wieder ins Lot komme. Dies ist nun offensichtlich durch einfaches Einwirken auf die Tochter von ihrer Seite aus nicht zu bewerkstelligen. Sie veranlaßt also das Einholen professioneller Hilfe. Die Tochter wurde psychiatrisch behandelt, und auch Frau C. suchte später einen Psychiater auf, bei dem sie, so schließe ich aus ihren Äußerungen gegen Ende des Interviews, noch wenige Monate vor dem Interview in Behandlung war. Das Aufsuchen professioneller Helfer aus der Psychiatrie mag auch im Fall der Tochter auf Anregung der jungen Frau geschehen sein, die ins Haus der C.s kam (die Lokalisierung der Psychiatrie in der Nähe von F., einer Großstadt, aus der die junge Frau stammt, legt dies nahe), gesichert ist sie für den Fall von Frau C., die die junge Frau in ihre Probleme einweiht, nachdem diese sich als "Professionelle" zu erkennen gegeben hat – sie ist Apothekerin und versichert Frau C., sich mit derlei Problemen auszukennen. Die Öffnung der innerfamiliären Thematik gegenüber einer deutschen "Professionellen" brachte aber die soziale und kulturelle Inselsituation der Familie in den Augen von Frau C. offensichtlich in Gefahr: das Bedrohliche dieser Situation, die medizinpsychiatrischen Erklärungen und Behandlungsstrategien möglicherweise pathologisierenden Charakters kann Frau C. nicht auf sich beruhen lassen: sie sucht mit der Tochter einen italienischen "Heilpraktiker" auf (der sich im weiteren Verlauf eher als unseriöser Wunderheiler entpuppt), um hier unterhalb der Ebene medizinischer

Professionalität Hilfe und kulturspezifische Sinnerklärungen zu finden. Im Nachfrageteil erwähnt sie, daß sie durch das Anhören einer Radiosendung auf die Möglichkeit der Konsultation von Heilpraktikern aufmerksam geworden sei, und die ethnische Zugehörigkeit mag dann die Wahl des "einen" bestimmt haben, den sie "bewundert und geliebt" habe. Bewunderung und Vertrauen in seine Hilfsmöglichkeiten führten Frau C. offensichtlich sehr schnell dazu, die Grenzen zwischen sich selbst und dem aufgesuchten Helfer nicht mehr wahrzunehmen: sie ließ ihn so nahe an sich heran, daß sie ihn als Person inkorporierte und ihm da, wo sie "zwei Stimmen in einer Brust" wahrnahm, eine davon zuwies. Da offensichtlich ihr selbst und auch der Tochter von dem, der "kein richtiger Arzt" war, nicht wirksam geholfen werden konnte, da die Hinwendung zu diesem Helfer für Frau C. eher eine Eskalation des inneren Konflikts bedeutete und der Heilpraktiker selbst die Bedürftigkeitssituation von Frau C. auch ausgenützt haben könnte, suchte sie selbst später einen Psychiater auf, der zwar anerkannte, daß ihre Gefühle "wirklich" waren, mit seiner medikamentösen Therapie jedoch ihre Situation nicht fundamental zum Positiven wenden konnte: sie erhielt von ihm kein für sie griffiges Erklärungsmodell, um ihre rätselhaft gewordenen Erfahrungen zu verarbeiten.

Neben dem Aufsuchen professioneller und semiprofessioneller Helfer (deutscher "Guru" und italienischer "Gegen-Guru") greift Frau C. zunächst zur Erklärung und Bearbeitung ihrer inneren Phänomene auf kulturspezifische Elemente ihres symbolischen Universums zurück: sie versucht intensiv zu beten, also in einen Dialog mit einer "höheren Macht" einzutreten, der sie beruhigt, und sie greift auf ihr vertraute Erklärungsmuster aus dem Bereich des Magischen zurück. So wird in der Ankündigungspassage des "Bösen" in Gestalt der "fremden Frau" indirekt auf Indizien des "bösen Blicks" angespielt, der von der Frau ausgegangen sein könnte, von Frau C. aber nicht wahrgenommen wurde, und es kommt später zum Einsatz von Fetischen zur Abwendung schädlicher Einflüsse und Interventionen in Form von Holz und Metall, wie sie im weiteren Verlauf des Interviews erklärt. Das Zusammengehen magischer und christlich-religiöser Elemente wird offenkundig in der Beschreibung des Schicksals der Gegenstände, die Frau C. wegschenken muß: nach dem Muster "unrecht Gut gedeiht nicht" wird alles stumpf, wo "er", das Böse, man könnte hier auch anfügen, Satanische, sich aufhält. E. de Martino hat für Süditalien nachgewiesen, daß christlicher Glaube und Magie sich durchaus nebeneinander im Erklärungshintergrund von Alltagsphänomenen finden können (vgl. De Martino, E. Milano 1976). Wichtig ist für die biographische Entwicklung von Frau C., daß sie in einer Phase psychischer Krise auf Orientierungsbestände aus dem Herkunftsmilieu zurückgreift (so ist etwa die Region Catania, aus der sie stammt, noch heute eine der Hochburgen des Magierwesens), und ihr der christliche Glaube offensichtlich näher ist, um aktuelle Störungen zu bearbeiten, als die Erklärungen und Therapieangebote von Professionellen. (Ärzte, so sagt sie an späterer Stelle im Interview, könnten "da" nicht helfen, da helfe nur der Glaube.) Hat sie sich sehr lange darum bemüht, ihr Migrantinnendasein so "normal" und erfolgreich zu führen wie möglich, und mit großer Anstrengung Integrationsleistungen erbracht, sich für das "Hier leben" geöffnet, so führen ihre psychischen Probleme und Konflikte in der Familie offensichtlich zum Rückgriff auf residuale Elemente. So sieht sich Frau C. nicht als Opfer und Protagonistin psychosozialer wie auch familiendynamischer Prozesse, sondern von fattura (intentionaler Schadenszauber) oder auch malocchio (unabsichtlicher böser Blick); dem Heilpraktiker wird unterstellt, die Frauen durch einen angebotenen Tee nachhaltig beeinflußt zu haben, und es scheint sich eher eine Patron-Klientel-Beziehung zwischen Frau C. und dem italienischen Heilpraktiker entwickelt zu haben als ein übliches Arzt-Patientinnen-Verhältnis: zumindest weisen die übertriebenen Geschenkleistungen der Frau C. darauf hin, daß sie alles dafür getan hat, ihn sich gewogen zu machen. (Auf die Nähe zwischen Magier und Auftraggebern zum Patron-Klientel-Verhältnis weist auch E. Zimmermann hin, der herausgearbeitet hat, daß "Migranten, die sich in der deutschen Aufnahmegesellschaft von der fremden Umwelt besonders bedroht fühlen, (...) wieder ihr in der Herkunftsgesellschaft erlerntes magisches Wissen (reaktivieren). Hinter ihrer rationalistischen Fassade läßt sich häufig die mitgebrachte magische Gläubigkeit entdecken, die die Rolle eines logisch-sinnvollen Abwehrmechanismus gegen den kulturellen Streß einnimmt" (Zimmermann, E. 1992, referiert in Giordano, Ch. 1995, S.237). Was bei Zimmermann als "kultureller Streß" erscheint, ist, so dürfte bisher deutlich geworden sein, in der vorliegenden Biographie allerdings weitaus eher das Ergebnis von Erfahrungen des sozialen Erleidens in der Migration, in denen Ausschließungs- und Marginalisierungsprozesse eine erhebliche Rolle spielen.

Frau C. unternimmt noch einen weiteren Schritt, um ihre "Enttäuschung mit den Deutschen" zu bearbeiten, der zu einer Rückbesinnung auf ihren Herkunftshorizont führt. Aufgrund einer telefonischen Nachfrage bei Frau C. nach dem Gründungstermin der "Frauengruppe" bei der Missione Cattolica konnte ich rekonstruieren, daß sie im Sommer nach dem Konflikt mit der "verführten Tochter" die Frauengruppe in der Missione Cattolica gründete, nachdem sie bei einem Busausflug mit einem sizilianischen Verein in Kassel wieder einmal feststellen mußte, so ihre Formulierung, daß sich die Männer "wie die Gokkel" benahmen und durch ihr konkurrentes, wenig kooperatives Verhalten Frau C. den Genuß am Ausflug störten. Daraufhin habe sie auf der Rückfahrt die Initiative ergriffen und andere Teilnehmerinnen gefragt, ob sie bei der Gründung einer Frauengruppe "mitziehen" würden. Als sich bei einigen Frauen große Zustimmung gezeigt habe, sei sie, Frau C., aktiv geworden und habe mit dem italienischen Pfarrer die Etablierung einer solchen Gruppe unter dem organisatorischen Dach der "Missione cattolica" erfolgreich ausgehandelt. Somit kommt Frau C. im Laufe der Jahre, nachdem sie noch zum Zeitpunkt ihrer Geschäftsgründung 1979 "mit den Italienern nichts mehr zu tun haben" wollte, auf die Idee, sich einen organisatorischen Zusammenhang mit dem Charakter einer "kulturellen Zwischenwelt" (Heckmann) aufzubauen, der ihr zweierlei Vorteile einbringt. Sie kann zeitweise der rein deutsch geprägten Umgebung ihres Arbeitsplatzes und damit gesellschaftlicher Marginalität als italienische Schneiderin entkommen, und sie hat einen sozialen Zusammenhang, in dem die Gruppe einen Schutz darstellt vor zu engen, für sie gefährlichen sozialen Bindungen, in denen zu große Offenheit zur Entgrenzung führen könnte. Die Gruppe entpricht außerdem ihrer religiösen Orientierung, und die zumindest zeitweise Anwesenheit des Pfarrers gibt das beruhigende Gefühl einer Autorität. (Frau C. pflegte über die Jahre enge Kontakte zu den jeweiligen Missionspfarrern, deren Beziehung zu den Gemeindemitgliedern institutionell klar geregelt ist.) Das Handlungsschema der Kollektivbildung ist für die biographische Entwicklung von Frau C. ein wichtiger konstruktiver

Schritt, um eigene Marginalitätserfahrungen zu bearbeiten. Das Vertraute im Fremden zu etablieren ist ein Ausdruck interkultureller Disposition für das Herstellen von Strukturen, in denen Vertrautes mit Neuem verbunden werden kann.

Freilich können eines weder die italienische Kirchengemeinde, noch der Pfarrer oder die Gruppenmitglieder der Frauengruppe für Frau C. leisten: ihren Erklärungs- und Bearbeitungsversuchen rätselhafter Phänomene wie der "Stimmen", des Helfenmüssens und Schenkenmüssens Gehör zu schenken oder sie zu teilen. Konnten die Konflikte am Arbeitsplatz noch mit Hilfe universalistischer Erklärungen bearbeitet und mitgeteilt werden, so gerät Frau C. durch die Rätselhaftigkeit der erlebten Phänomene in eine marginale Position ganz neuer Art, da sie ihre partikularistischen Erklärungen dafür nicht mehr universell vermitteln kann. So empfindet sie den Kontakt zur Apothekerin als erlösend und hilfreich, weil diese erklärt, die von Frau C. vorgetragenen Phänomene seien ihr durch ihren Beruf vertraut, aber sie macht die Erfahrung, daß andere nahe Menschen, so ihre Schwester oder zuweilen sogar ihr Mann, aber auch der für sie als Orientierungsfigur wichtige Pfarrer, ihr nicht glauben. Die Entwicklung des Arbeitsbündnisses mit der Interviewerin ist davon geprägt, etwas mitzuteilen, was nur wenige Menschen wissen (so spielt sie immer wieder mit der Frage, ob ich ihr glaube), dieses aber aussprechen zu können, da es sich um ein klar professionell bestimmtes Setting handelt, von dem sie annehmen muß, daß es sie auch schützt, weil sich aus dem Kontakt keine privaten Konsequenzen ergeben.

Sich selbst etwas zu gönnen, wird für Frau C. zu einem wesentlichen Thema außerhalb der beiden Lebensbereiche Arbeits- und Familienleben. Während sie es geschafft hat, mit ihrem Mann ein emanzipatives Modell der häuslichen Arbeitsteilung zu entwickeln, so daß der Mann, seit er vor einigen Jahren in den Ruhestand ging, nun als Hausmann tätig ist, ist es ihr in weiteren Bereichen nicht immer möglich, überkommene Konzepte zu verlassen. So fällt es ihr schwer, wie wir gesehen haben, im Bereich außerberuflicher Kontakte intensive Frauenfreundschaften zu pflegen, und sich hier selbst etwas "zu gönnen". Wie bereits ausgeführt, fällt es ihr leichter, für andere Bekleidungsvorschläge zu entwickeln als für sich selber. Hier ist sie unsicher, ob vielleicht etwas nicht "zusammenpassen könnte". Die Schwierigkeit, sich in positiver Weise auf sich selbst zu beziehen, ausgenommen ihr Selbstbewußtsein, was ihre berufliche Tüchtigkeit angeht, zeigt sich vor allem im Bereich der Leiblichkeit: sich schön zu machen, etwas Gutes zu essen, die Freizeit in Ruhe und genußvoll zu verbringen. Dieser Aspekt spielt auch im Leben anderer Migrantinnen, wie ich in der Untersuchung feststellen konnte, eine übergeordnete Rolle: eine süd-italienische Mutter hat in erster Linie auf das Wohl ihrer Familie orientiert zu sein. Als Migrantin ist sie es zudem gewöhnt, ein sparsames Leben zu führen, um Haus und Ausbildung wie Aussteuer der Kinder zu finanzieren. Wenn das Haus abbezahlt ist und die Kinder selbständige Erwachsene mit eigenen Familien sind, dazu berufstätig, ist das Sparen als Handlungsschema für eine bessere Zukunft eigentlich überflüssig geworden. Dennoch hat Frau C. bis in die Leiblichkeit hinein damit zu kämpfen, ihr Körper scheint sich zu wehren, ein genußvolles Leben zuzulassen. Ihre Beziehung zum Herkunftsbereich ist bereits zu gebrochen, wie sich auch im Nachfrageinterview zeigt, als daß sie den Bereich der leiblichen Genüsse wie Frau A. oder andere Migrantinnen im Herkunftsort lokalisieren könnte. Das Migrationsland ist das "Reich der Notwendigkeit", nicht der Freiheit und der Genüsse. Andererseits ist sie aber durch den Kontakt mit ihren Kundinnen an einem Lebensstil orientiert, der derlei durchaus pflegt – so kann sie an den Möglichkeiten von Genuß nicht einfach vorbeisehen. Deshalb pflegt sie ihre Konsumwünsche vornehmlich dort, wo sie ihren innerfamiliären Ort haben – sie kauft mit ihrem Mann ein Schlafzimmer, wie sie gegen Ende des Interviews stolz berichtet (ein modernes, für "junge Leute", "warum soll ich das nicht tun?") und schafft sich eine neue Wohnzimmergarnitur an, weil sie die alte ja hat wegschenken müssen. So muß der "Schadenszauber" herhalten, um sich etwas Neues anzuschaffen, ebenso, wenn auf merkwürdige Weise stets etwas von dem Geld verschwindet, das sie aus ihrer Geschäftstätigkeit nach Hause bringt. Es ist davon auszugehen, daß im Haushalt der C.s der Mann als Hausmann das Familieneinkommen verwaltet und darauf achtet, daß seine Frau kein Geld "zum Fenster hinauswirft" – was aber in ihren Zwangssituationen dennoch geschieht, und zwar von "außen gelenkt".

Für die biographische Entwicklung von Nunzia C. ist es entscheidend wichtig, inwieweit sie Verantwortung für die gezeigten Symptome übernehmen kann. Der weitere Interviewverlauf wird zeigen, ob sie dazu in der Lage ist, oder gar dazu, sich als Subjekt der inneren Konflikte zu erkennen. Die Analyse der Biographie von Frau C. hat zeigen können, in welch hohem Maße das Leben in der Migration immer wieder neue Anforderungen an biographische Um- und Neuorientierungen stellt. Damit ist deutlich geworden, daß der flexible Umgang mit neuen Anforderungen als Teil der Individuation im Sinne einer "vom Individuum durchlaufenen Entwicklung" gesehen werden kann (Stierlin, H. 1994, S.112). Von Störungen der Individuation kann nach H. Stierlin da gesprochen werden, wo es um Interaktionsprozesse geht, die es dem einzelnen schwer machen, sich von anderen abzugrenzen und die Konturen der eigenen Individualität noch im Blick zu behalten. Wir konnten im Verlauf der Analyse sehen, daß Frau C. immer dort in schwierige Situationen geriet, wo es darum ging, sich bei aller Offenheit anderen gegenüber noch als eigene Person mit eigenen Interessen und Situationsdefinitionen wahrzunehmen; daß sie in der Interaktion mit anderen häufig auf deren Perspektivenübernahme verzichten mußte, obwohl dies eine Voraussetzung dafür ist, wahrgenommen zu werden als Mensch mit einer spezifischen, über nationale Zuschreibungen hinausgehenden Individualität. Wenn H. Stierlin betont, daß es einer bestimmten Qualität von Individuation bedürfe, nämlich der "bezogenen Individuation" (ebd.), so ist an eben diese, auch von J. Habermas angemahnte Notwendigkeit der beiderseitigen Perspektivenübernahme zu erinnern. Stierlins Erklärungsmodell für Störungen der Individuation und ihre Bearbeitung sei hier kurz skizziert. Laut H. Stierlin ist der erfolgreich, d.h. "bezogen" individuierte Mensch in der Lage, sich u.a. "als Individuum von anderen Individuen abzugrenzen", d.h.eigene Erwartungen, Gefühle, den eigenen Körper als zugehörig zu sich selbst zu empfinden im Unterschied zu signifikanten Anderen. Es übernimmt Verantwortung für die von ihm gezeigten Symptome, kann sich inneren Konflikten aussetzen, indem es widerstreitende Bestrebungen und Bedürfnisse sich zu eigen macht. "Störungen der Individuation" liegen hingegen, so Stierlin, da vor, wo sich – beispielhaft bei als schizophren diagnostizierten Patienten – "eigene Gefühle, Antriebe, Phantasien" (a.a.O., S.114) mit denen anderer vermischen und nicht mehr als zugehörig zur eigenen Person erlebt und von denen anderer abgegrenzt werden können.

"Was in ihrem Inneren entsteht und was von außen auf sie zukommt, vermengt sich für sie. Sie erleben sich in ihrer Integrität verletzt, depersonalisiert, von Stimmen und Außensignalen beeinflußt, ja überwältigt. (...) So oder so: Sie erscheinen aus dem sozialen Konsens ausgeklinkt, stellen sich einer tonangebenden Majorität als verrückt, als nicht mehr einfühl- und/oder ansprechbar dar" (ebd.). Die mangelnde Fähigkeit oder Bereitschaft, sich Ambivalenzen so zu stellen oder diese so anzueignen, daß "die Spannung der sich in ihrer Brust widerstreitenden Seelen" ertragen werden kann, führe dazu, sich "Spaltprozessen zu überlassen". So komme es dazu, sich jeweils nur die eine, eher erträgliche oder akzeptable Seite der Ambivalenz zu eigen zu machen. "Die andere bleibt dissoziiert und/oder wird auf einen anderen projiziert. Dieser andere zeigt sich nun als Behälter der Gier, der Zerstörungswut, der bösen Absichten etc., die man bei sich selber nicht wahrnehmen kann oder möchte" (a.a.O., S.115). Stierlins psychoanalytisch-systemische Deutung würde als eine gelungene Bearbeitungsweise der gezeigten Symptome eine solche nahelegen, die es Frau C. ermöglicht hätte, sich ihre ambivalenten Orientierungen und Abgrenzungsprobleme anderen gegenüber bewußt zu machen und als Teil von sich selbst zu akzeptieren. War es für sie durchaus hilfreich, vom Psychiater signalisiert zu bekommen, verstanden zu werden, so hilft ihr die medikamentöse Therapie, die sie "müde macht", nicht weiter und verweist sie in der Bearbeitung ihrer Probleme auf sich selbst.

5.2.3.16. *Nunzia C.s Befreiungsversuche, "diese Mauer zu durchbrechen"*

Im weiteren Interviewverlauf, der zur Koda führt, detailliert die Informantin ihre quasi kanonische Erzählung und bleibt von der Erzählhaltung her der Thematik des ihr Widerfahrenen und seiner Merkwürdigkeiten verbunden; das Darstellungsformat wird wieder zunehmend argumentativer und hat nahezu den Charakter einer "anderen", alternativen Präkodagestaltung. Mit der Unterbrechung der Argumentation im Präkodateil und dem Einsetzen der Darstellung der "schweren Enttäuschung" hatte sich die Erzählerin entschieden, sich zu öffnen, in der den Zugzwängen der Argumentation folgenden Erkenntnis, ihre Erzählung nicht authentisch "abrunden" zu können oder unvollendet abbrechen zu müssen, wenn sie nicht Mitteilungen machte über die "dunklen" Seiten ihrer Geschichte. Offensichtlich ist die Öffnung gegenüber einer fremden Person, wenn auch mit professionellem Interesse, dazu angetan, Frau C. partiell und zeitweise aus einer kommunikativen Isolationssituation zu befreien. Mit der Idee, es sei sinnvoll, mit dem, was sie erlebt habe, an die Öffentlichkeit zu gehen, "um die Leute vor den Leuten zu warnen", und zu zeigen, daß Selbstbefreiungsversuche gelingen können, initiiert sie die Wiederaufnahme der Registrierung durch das Aufnahmegerät. Sie nimmt eine aktive Position zum Interaktionsgeschehen des Interviews ein, indem sie das Anliegen als Ausdruck der eigenen Intention formuliert: "deswege wollte ich Sie das schreiben lassen, daß and're Menschen lässig wird, daß die Kraft kriegen durch'n Glauben. Ich glaub' net, daß nur ich alleine bin, wer weiß, wieviel Leute sin' die darunter leide, ja" (I,30). Sie unterstreicht damit zweierlei: sie ist nicht die einzige, die "darunter" leidet, und sie hat eine Botschaft zu vermitteln. Im folgenden setzt sie ihre Detaillierung der Bedrängungen und der Befreiungsversuche fort, die immer wieder unterbrochen wird durch eine kommentierende Bezugnahme auf kommunikative Situationen innerhalb und außerhalb des Interviews, und die gekennzeichnet ist vom Impetus, eigene Erfahrungen für die biographischen Lernprozesse anderer zur Verfügung zu stellen, "daß jemand au' die Kraft kriegt wie ich au', daß er sich wirklich befrei'n kann, ja?" (I,30). Ihr wichtige Passagen aus dem zuvor nicht aufgezeichneten Erzählmaterial wiederholt sie nun, da sie eine Motivation entwickelt hat, sich "öffentlich" mitzuteilen. Dominierendes Darstellungsformat ist die Belegerzählung von Beispielen der Bedrängung und Befreiung, anschließend wird kommentierend eine Bilanzierung bzw. "Lehre" formuliert. Die Ausführungen von Nunzia C. können hier kondensiert werden, da die "großen Linien" der Ereignisse bereits in der mitprotokollierten Stegreiferzählung präsentiert wurden und es sich im weiteren Gang der Darstellung wesentlich um Konkretisierungen des bereits Mitgeteilten handelt. Eine wesentliche Veränderung des Interaktionsgeschehens tritt allerdings ein, als Herr C. zum Gespräch dazukommt (Frau C. hatte ihm dies erlaubt, als er sich "für heute abmelden" wollte) und nun von der Informantin hin und wieder als Gewährsperson in die Ausführungen einbezogen wird. ("Stimmt oder stimmt net? + Und wie war ich? Nur das Gebet!" (I,32)) Er macht seinerseits keine Versuche, dominierend in den Kommunikationsprozeß einzugreifen. Dennoch verändert sich die Interviewsituation insofern, als nun davon ausgegangen werden muß, daß die Informantin ihre Äußerungen an zwei unterschiedliche Adressaten richtet, daß sie also nicht nur der Interviewerin, sondern auch ihrem Ehemann etwas mitteilt.

Es geht der Informantin in dieser Phase des Interviews darum, zu zeigen, wie sie "von ihm", dem Heilpraktiker, bedrängt wurde, wie die inneren Stimmen sie "drücken", und auf welche Weise sie gelernt hat, mit den Bedrängnissen zu leben bzw. sich auch partiell von ihnen zu befreien ("Die drücke ja, aber ich glaube, das kommt auch nicht wieder" (I,37)). Sie wiederholt in erlebter Rede und Gegenrede, wie sie sich mit "ihm", dessen Name niemals genannt wird, auseinandergesetzt hat – dies deute ich als Ausdruck der Interpretation eines Besessenheitsvorgangs –, wie sie ihm vermittelte, daß er "nicht mehr kriegen" könne und es nicht schaffe, sie "kaputt zu machen" (I,30) und bilanziert: "Das schafft er au' nit mehr, er kann mich + durcheinander bringen, ja, aber kaputt mache' kann mich net. Ich habe 'ne Kraft (...)" (I,30). Teil der Strategie, sich nicht mehr "kaputtmachen" zu lassen, ist die Öffnung gegenüber dem Ehemann, den sie sogar zwischenzeitlich "verlassen wollte"; ihm will sie nun über ihre inneren Vorgänge Mitteilung machen und ihn so zum Verständnis bewegen, daß sie ihn beschimpfe; sie kann mit ihm über ihre Anwandlungen inzwischen sogar lachen: "jetzt lach' mer, ne, dann sag' ich pass auf wenn ich mich net kontrollier'" (I,31). Sie gibt damit zu verstehen, daß sie ihren Ehemann inzwischen aktiv in die Arbeit der Kontrolle über die eigene Person miteinbezieht, wenn sie diese verliert. So kommentiert sie auch wenig später, daß die Krise überwunden worden sei, "durch des wir durchgehalten haben, ne, 'bißchen Verstände' war da, durch diese Kraft ha'mer, ha'mer das richtig hingekriegt" (I,35). In verschiedenen Belegerzählungen zeigt sie auf, in welchen Situationen sie, wie sie sagt, "in die Zwickmühle genommen" wurde. Sie wiederholt noch einmal den Konflikt beim Kauf der Schönheitscreme, ergänzt dies durch den Hinweis auf den Konflikt beim Kauf eines Hemdes, das sie nicht für sich bzw. ihren Mann kaufen soll, sondern für "ihn". Er wolle von den C.s alles und verbiete ihr, für eigene Zwecke etwas zu kaufen. Mit dem Recht, ihr Geld für eigene Zwecke oder aus eigener Konsumorientierung zu verwenden, sich etwa einen Mantel oder einen Pullover zu kaufen, damit Dinge, die sie sich nicht in ihrem Geschäft selbst herstellt, setzt sie sich auseinander, und sie erzählt, sie sei von "ihm" sogar bedrängt worden, als sie mit dem Geld aus dem Geschäft Zubehör habe kaufen wollen. Sie kommentiert den Zugriff auf ihr Geld: "Ich habe weder geklaut, ich war, ich arbeite un' mein Geld will ich habe, mein Geld will ich haben" (I,31). Hiermit thematisiert sie den "Diebstahl" an sich selbst, wenn sie etwas aus der Geschäftskasse nimmt, die ja zunächst für Geschäftskosten da ist. Daß die Geldthematik sich auch auf die Interaktionen in der sozialen Welt der italienischen Kirchengemeinde erstreckt, macht sie deutlich, als sie andeutet, in der Kirche in innere Konflikte geraten zu sein, als sie glaubte, sie müsse für eine Kerze (deren Bezahlung ja für gewöhnlich unbeobachtet vor sich geht) mehr als den angegebenen Preis zahlen. Der Pfarrer, mit dem sie sich anläßlich der Bestellung einer Messe unterhalten habe, habe ihr nicht geglaubt, was in ihr vorging: er konnte für ihre Unsicherheit, vielleicht zu wenig bezahlt und damit "in der Kirche geklaut" zu haben, wie ihr die inneren Stimmen einredeten, kein Verständnis aufbringen, und damit auch nicht für die "Zwickmühle", in der sie gestanden habe. Diesen Vorgang markiert sie zeitlich mit dem Hinweis auf eine biographische Phase, in der es ihr besonders schlecht gegangen sei, als sie "keine Kraft mehr" hatte und sie tat, "was die gesagt haben". An dieser Stelle kulminiert die Darstellung in der mit hoher, aufgeregter Stimme vorgetragenen Andeutung, sie habe "noch mehr Schläge" bekommen, "viele, viele". Die Aufregung seiner Frau beim Wiederdurchleben des Erzählten bringt den anwesenden Ehemann dazu, seine Frau beruhigen zu wollen. Sie entwickelt angesichts des "Ruhigstellungsversuchs" eine über das Interview hinausgehende höherprädikative Motivation für ihre Ausführungen und gibt ihnen damit ein stärkeres Gewicht. Sie will, daß andere das erfahren, die in der "Zwickmühle sind" wie sie selbst, daß sie erkennen, "daß wirklich Wirklichkeite' sind, daß mit Medizin kann man nicht, aber mit de' Glaube" (I,32).

Die Anerkennung, die darin bestehen würde, ihr abzunehmen, was sie erlebt, auch wenn es nach außen hin nicht sichtbar ist, wird ihr auch von ihrer Schwester, die ebenfalls in Kassel lebt, verweigert; als Frau C. befremdliche, durch Schwellungen und Rötungen auch sichtbare Symptome im Gesicht verspürt, rät ihr die Schwester, mit der sie darüber in Streit gerät, einen Arzt aufzusuchen, doch Frau C. weiß, "ein Arzt hilft das nicht". Als sie kurz vor einer Sizilienreise deutliche Lähmungs- und Schwellungserscheinungen im Gesicht bekommt, die sie auf den "verbotenen" Genuß von Nüssen zurückführt (es gab einen inneren Streit mit der "Stimme" darüber), wendet sie sich an einen Zahnarzt, dem sie allerdings nicht wirklich sagen kann, was sie hat, da er mit seiner Behandlung gewohnt ist, auf der medizinisch-physiologischen Ebene zu operieren. Sie geht davon aus, ihre "wirklichen Wirklichkeiten" nicht vermitteln zu können, denn "ich kann die Leute net erzähle was, das erzähl' ich doch keiner, das is' das erste Mal, mit Ih'n" (I,33). Sie erlebt eine abenteuerliche Rückfahrt vom Arzt nach Hause, wo sie kurz vor dem Antritt der Reise eintrifft: sie war auf der Fahrt im wahrsten Sinne des Wortes "aus dem Gleichgewicht" geraten, da sie das Gefühl hatte, ihr Auto werde umgekippt. Ansgesichts derartig massiver Beeinträchtigungen vertraut sie dem Rat der jungen Apothekerin, die sie darauf orientiert, es sich "nicht mehr gefall'n" zu lassen und den Peiniger mit einem "Stück Holz" zu vertreiben, denn "das ist von Gott erlaubt". So versteht es die Kennerin des Metiers als biographische Beraterin und Professionelle ("hat seine Doktorarbeit geschrieben über diese Sache"), Frau C.s religiös orientiertes Hilfskonzept, den Dialog mit Gott im Gebet, also mit einem überindividuellen Gegenüber, das ihr Glauben schenkt, zu ergänzen durch den Einsatz magischer Mittel. Daß dies "von Gott erlaubt sei", ist Frau C. gegenüber offensichtlich wichtig zu betonen; als praktizierende Katholikin wird sie wohl kaum in ihrem Herkunftskontext, aber möglicherweise in der Migration von der Unvereinbarkeit der unterschiedlichen Wertsysteme Magie und Religion gehört haben, wie sie von offiziellen Kirchenvertretern propagiert wird. Daß es sich bei der Helferin um eine Deutsche handelt, von der sie "viele Tipe" erhält, die "das ganze Zeug weiß" und die sie in Notsituationen immer anrufen kann, veranlaßt Frau C. zur Rückbindung an ihre Eingangsäußerung aus dieser Phase des Interviews, sie habe mit Deutschen eine "schwere Enttäuschung" erlitten, indem sie die Interviewerin darauf hinweist: "also das gibt's wieder" (I,33).

Nachdem Frau C. die Auswirkungen des Zustandes, den sie wohl als Besessenheit verstehen muß, auf ihre Leiblichkeit geschildert hat, muß sie erneut das Thema des Schenken- und Helfenmüssens aufgreifen, bevor sie einen erneuten Befreiungsversuch magischer Art beschreibt. In Anwesenheit ihres Ehemannes weist sie darauf hin, daß sie Telefonanrufen des Mannes, von dem sie sich nicht abgrenzen konnte, in denen dieser Geld forderte, Folge leistete. Sie schickte ihm Geld in einem Umschlag, ohne daß ihr Mann davon wußte. Einweihen mußte sie dagegen ihren Ehemann, als sich ein magisches Zeichen an ihrer Türe fand, das sie dazu veranlaßte, Ledermöbel und Teppichboden aus dem Wohnzimmer, das direkt neben der Eingangstür liegt, zu verschenken, da sie sich in ihrer eigenen Wohnung nicht mehr zur Ruhe setzen konnte ("egal wo er war konnt' ich net liegen ..."); als sich auch an ihrer Geschäftstüre ein Kreuz im Kreis fand, begann sie, ihre eigene Garderobe ins Wasser zu werfen. Die Garderobe im Geschäft, die "er" angefaßt hat (oder die ihm möglicherweise gehört), verbrennt sie unter großen Qualen, von denen sie die Apothekerbekannte befreit, indem sie telefonisch auf Frau C. einwirkt, sich klarzumachen, daß sie keinen Menschen, sondern etwas "nur wie Holz" verbrannt habe. Ein magischer Befreiungsversuch, ein symbolischer Akt, "nur daß ich Ruhe geben werd". Frau C. muß aber auch verdeutlichen, daß sie nicht nur wie unter Zwang "ihm" etwas zukommen ließ, sondern sich das Verschenkenmüssen besonders wertvoller Kleidungsstücke auch gegenüber beliebigen anderen Menschen zeigte. Diese Zwangssituation kann sie inzwischen kontrollieren, indem sie darüber in einen Dialog mit Gott eintritt, und wenn es "mitten in die Straße" ist. Als Adressat ist "Gott" hier wohl auch deshalb gemeint, weil sie mit ihm das Prinzip der christlichen Nächstenliebe in Verbindung bringt. Sie versucht, Gott von einem modifizierten Stil des Schenkens und Spendens zu überzeugen, der ihr die Freiheit der Entscheidung läßt: "<u>wenn</u> ich was spenden will, ich spende gerne, aber nicht <u>so</u>" (I,35). Durch "Gott un' durch mein Mann, der sehr viel Geduld hat mit mir" hat sie sich von diesen zwanghaften Handlungen befreien können, obwohl sie das Gefühl hatte, "er" wolle sie "kaputt machen". Denn "er" stellte auch ihre moralische Integrität in Frage. In einem inneren Dialog, den Frau C. referiert, wird deutlich, daß es in der Beziehung zu ihrem Peiniger auch um die Thematik der erotischen Anziehung ging; wie schon in den Anschuldigungen ihrer Landsleute in der Firma G. geht es um die Frage, als Frau eine

"Nutte" zu sein, und mehr noch, eine "böse Frau" zu sein. Als Antwort auf beleidigende Anschuldigungen und gewiß auch an die Adresse der Interviewerin gerichtet stellt Frau C. "ihm" gegenüber klar: "Un no' hab' ich gesagt, du willst mich kaputt machen, du hast mich mit meine Sache, aber du hast au' nix mehr, meine Sache hast du gekriegt, aber du hast au' nix mehr und du hast meine Familie kaputt gemacht + hab' ich gesagt + du sagst mir ganzen Tag, laß mir sage' daß ich, sagt manchmal daß ich eine Nutte bin, daß ich böse Frau bin. Ich sag', aber was du mir sage' laß, für mich is' nix. + Ich hab' das net gemacht, un' ich werde das nie machen, un' ich bin frei" (I,36).

In dieser Passage wird sehr deutlich, welche Bereiche in den inneren Dialogen mit "ihm" thematisiert werden und welche lebensweltlichen Aspekte in den Strudel des Zugriffs von außen geraten: die Person selbst, ihre "Sachen" (la roba), sogar die Familie. Wie schon in der Erzählung von der "bösen Frau" gerät also die Familie in Gefahr, durch Frau C.s Kontakt und ihre "Besetzung" durch eine Person außerhalb der Familie "kaputtgemacht" zu werden, sie spielt an einigen Stellen auf die Gefährdung der ehelichen Beziehung an. Gerade ihre Stärke und ihre Orientierung auf die Freiheit des eigenen Willens aber fordern "ihn" immer wieder heraus, so Frau C.s Erklärungstheorie. "Un' das stört ihn, deswege läßt mich net in Ruhe, ne + daß ich diese Kraft hab' dagegen zu stürmen" (I,36). Als Beispiel dafür nennt sie erneut die Beeinträchtigung durch einen steifen Hals bei einer Ausflugsfahrt nach Holland. Die Darstellung der Irritationen im körperlich-physischen Bereich, zu denen auch gehörte, daß "er" ihr einen "dicken Bauch" machte, ähnlich wie seine Frau ihn habe, oder "Runzeln", als sei sie "siebzig Jahr'", schließt sie ab mit dem Kommentar, sie habe "viel mitgemacht", fährt nun aber fort, die Gegenposition dazu zu entwickeln, daß sie sich nicht "kleinkriegen lasse". Sie habe sich ein schönes Schlafzimmer angeschafft, das selbst ihre Töchter in Staunen versetzt habe, führt sie als Beleg dazu an, ebenso eine Pergola für den Garten, obwohl sie "schwer- (gekämpft habe) – "ich konnte keine Mandarin' mehr esse, ich konnt', ich durft' das net, das war immer 'ne Krieg" (I,39). "Mich kriegt net klein", weil sie nichts Böses getan habe, im Gegensatz zu den "Leuten", die mehr hätten, als sie sich leisten könnten. Es werde, so ihr Allgemeingültigkeit beanspruchender Satz, nicht glücklich, wer "böse" sei oder "was böse and're tut" oder "nie ehrlich gearbeitet" hätte. "Was net von Gott kommt, ja, das ehrlich gearbeitet wird, das wird nie glücklich sein" (I,39). Obwohl sie ehrlich ihr Geld verdient, muß sie enorme "Kräfte" mobilisieren, um sich etwas leisten zu können. "Ich muß sagen, ich mach' das, ich will das (laut) un' dann sag' ich, Gott, gib mir die Kraft in mir un' er gebe mir" (I,39). Die Fremdeinwirkung zeigt sich also immer wieder nicht nur im Bereich der eigenen Leiblichkeit, sondern bringt auch, so Frau C., die eigene Haushaltsökonomie durcheinander. Während "die Leute" nicht glücklich werden, weil sie haben, was sie sich eigentlich nicht leisten können, hat sie Probleme damit, sich zu leisten, was sie kann. Unterstützt von ihrem Ehemann, der die Erklärungen vorsichtig unterstreicht, entwickelt Frau C. eine Theorie hinsichtlich des immer wieder auftretenden geheimnisvollen Verschwindens von Bargeld – obwohl "er" "kein Recht an ihrem Geld mehr" habe, seien im letzten Jahr fünf- bis sechshundert Mark verschwunden. So war ein Teil des Geldes verschwunden, das der Ehemann am Tag zuvor eigens von der Bank geholt hatte, damit Herr C. bei Anlieferung des neuen Schlafzimmers in bar bezahlen konnte. Während Herr C. in seinen Äußerungen kommentierenden Charakters eher die Realebene im Blick hat (als die Möbellieferung zu begleichen und das zuvor bereitgelegte Bargeld geschmälert ist, holt er die Polizei; "er" hat jetzt Arbeit, deshalb nimmt er anders als zuvor kein Geld mehr), verweist Frau C. auf das eigenartige Phänomen, daß ihr Geld aus dem Portemmonaie verschwindet, während sie auf dem Weg vom Geschäft nach Hause ist, oder gar über Nacht. Seit sie allerdings – in Anknüpfung an die magische Praxis der Nutzung des schadenabweisenden Zaubers von Edelmetallen – das Geld in Silberpapier versteckt, verschwindet es nicht mehr. Im Zusammenhang mit den magischen Elementen, die sie zur Erklärung und Bearbeitung der Unerklärlichkeit des Geldverschwindens nutzt, verweist sie auf unterschiedliche Bestandteile ihres symbolischen Universums: Gott gibt ihr die Kraft, aber auch die "Ideen", mit dem Silberpapier auf archaische Wissensbestände zurückzugreifen: "also da muß was da sein", nachdem ihr die Apothekerin vermittelt hat, die Verbindung der unterschiedlichen Orientierungs- und Erklärungssysteme sei "von Gott erlaubt". Um das Schicksal der dem Heilpraktiker überlassenen Möbel zu erklären, die in seinen Räumen sogleich schadhaft wurden, bemüht sie hingegen ihren Fundus an religiösen Wissensbeständen (sie hatte zuvor auf einen Psalm verwiesen), die sie auf ihre Erfahrungen hin aktualisiert. "Wie ich Ihnen gesagt hab', von die Möbel un' so, das war mehr durch das zu lesen, das war mir jetzt, daß dieswege er konnte uns alles wegnehmen (klatscht in die Hände)" (I,38).

So wählen beide Partner für das merkwürdige Phänomen des Verschwindens von Bargeld eine unterschiedliche Erklärungsebene: Frau C. eine partikularistische, in der sich magische Praktiken andeuten, die nicht universell vermittelbar sind, und Herr C. eine universalistisch-rationale, wobei er jedoch das Modell seiner Frau nicht völlig ablehnt, schon um sie als mögliche Verursacherin des Schadens zu schützen, zumal sie im gleichen Darstellungskontext wieder auf den Peiniger verweist, der sie dazu zwingen wollte, dann, wenn sie etwas für sich kaufen wollte, etwas für "seine" Frau zu kaufen. Den erneuten Hinweis auf die erlebte "Fremdeinwirkung" an dieser Stelle werte ich als Versuch der Informantin, vor dem Ehemann und vor der Interviewerin das Gesicht zu wahren. So ist es denkbar, daß sie zum Erklärungsversuch des "magischen Tricks" greift, um einem Konflikt oder zumindest dessen Thematisierung zu entgehen, der sich daraus ergeben könnte, daß der Ehemann als Hausmann das Familieneinkommen verwaltet, zu dem sie ihre Geschäftseinnahmen beizusteuern hat. Sollte der Ehemann das Konzept des "risparmiare oggi per vivere domani", mit dem Frau C. sich im Nachfrageteil distanzierend auseinandersetzt, vertreten, mag es zu schwierigen Aushandlungsprozessen kommen, wieviel Frau C. für den Eigenbedarf behalten kann. In diesem Fall wäre die innere Stimme, die ihr verbietet, sich selbst etwas zu gönnen, auch Ausdruck der Position des Ehemanns. Der Hinweis, sie müsse "seiner" Frau etwas kaufen, wenn sie sich selbst etwas kaufen wolle, kann jedoch auch darauf hindeuten, daß Frau C. angesichts der neuen Anschaffung für sich selbst wieder meinte, nun auch für jemand anders etwas "abzweigen" und dies ihrem Ehemann verschweigen zu müssen. Wenn Frau C. selbst an die schadenabweisende Zauberkraft des Edelmetalls glaubt, wie ihre Darstellung dies auch durchaus nahelegt, könnte die "Idee" mit dem Silberpapier dazu dienen, sich selbst vor dem Impuls zu schützen, sich in "seinem" Auftrag des Inhalts zu bemächtigen.

Im folgenden bezeichnet Herr C. den Dialogpartner seiner Frau, der einmal als "Gott" erscheint und ein anderes Mal als Stimme des Mannes, der sie quält, als "Kollegen". So verdeutlicht er, daß er mit seiner Frau häufig noch einen "Dritten im Bunde" hat, mit dem er rechnen muß, wenn sie nicht "sie selbst" ist. Als er ihr während des Interviews mitteilt, der "Kollege" habe ihr eine Rose gekauft, spielt er ironisch auf diese Figur mit übergroßer Bedeutung an, und seine Frau greift die Anspielung auf im Sinne einer Bestätigung für ihre funktionierende Ehebeziehung – "siehste, der wollte, daß wir uns auseinandergeh'n + Der wollt' daß uns're Familie kaputtgeh'n, stimmt net, wir haben kein Mensch böse getan und uns're Familie kommt wieder zusamme' mit der Lieb', au' wenn mal Ärger gibt" (I,39), woraufhin sie sogleich den Auftrag der Dokumentierung ihres Befreiungsprozesses an mich wiederholt und in ein Angebot verpackt, demnächst eine Cassette besprechen zu wollen, wenn ihr etwas einfällt, damit ich etwas "veröffentlichen" könne, damit die Menschen "Mut kriege, un' Kraft kriege, daß s'e sich net verlier', daß s'e nicht geh- in die Irrenhäuser, die muß mer Kraft, richtig, richtig dagegen kämpfe" (I,40). Die Kommentare sind Teil einer das Interview abschließenden Bilanzierungsarbeit, in der Frau C. entwickelt, wie sie dagegen gekämpft hat, wenn ihr die innere Stimme Verbote erteilte ("das dürfst du net", I,40) und daß sie es "heute" schafft, sich davon abzugrenzen, im Gegensatz zu früher ("natürlich, heute (leise:) Anfang hab' ich net geschafft + hab' ich die Sache' verschenkt, hab' ich Geld weggebracht, ne", I,40). In ihrer Bilanzierungsarbeit berücksichtigt sie allerdings, daß es durchaus möglich sei, daß die Befreiungsaktivitäten noch nicht zu vollem Erfolg geführt hätten, auch wenn sie feststellt – und damit verweist sie auch auf die Gegenwart – "ich mach' au' alles, ich mach alles + mich zu befrei'n". Offensichtlich gibt es in ihrer Umgebung Menschen, die Zweifel anmelden, ob ihre Konzeption, mit Gottes Hilfe könne man aus Krisensituationen herausfinden, zum Erfolg führt. Im Anschluß an eine Belegerzählung, die Nunzia C. innerhalb einer Argumentation benutzt, in der sie verdeutlicht, daß sie ihre gewonnenen Erkenntnisse auch zum Wohle anderer nutzen möchte ("dadurch, daß ich jetzt diese Erfahrung hab', bin ich reich geworden, ich kann die Leute jetzt helfen. Da frag' ich aber erst mal ob Glaube ha'm, das frag' echt" (I,40)), teilt sie mit, wie sie selbst einer Frau habe helfen können, die an Brustkrebs operiert wurde, indem sie deren Kräfte – Selbstheilungskräfte – aktivieren half, im Vertrauen auf Gott die Krankheit zu bekämpfen und sich nicht "unterkriegen" zu lassen. In einem ersten Kodaversuch setzt sie ihre Argumentation zum Thema "Hilfe durch Selbsthilfe" fort, indem sie erläutert, daß sie der Frau nur habe helfen können, weil sie selbst die entsprechenden Vorbedingungen, die Leidenserfahrung der sozialen Verlaufskurve, dazu mitbrachte:

"C: Aber die kann mer nur helfe', wenn sie (Sie?)von der Dreck, das is' richtig, daß wir in Dreck gelandet sin', versteh'n Sie? Da- wir sin' richtig mies gemacht, mies gew-, aber jetz' mir geh' mer wied'r wo mir war'n. Werden Sie-, ich schaff' das (lacht) des schaff' ich. (lacht) Sag' ich immer, ne (lauter) +++ Ich mach' au' alles, ich mach' alles + mich zu befrei'n.+
I: Mhm
(leise:) Un' Gott wird mir helfen, und ich schaff' das . +++ (lacht) Aber jetzt kannen Sie glauben, Sie kannen net. (laut) Ne, ne, aber warte, nee, nee, nee aber das kommt, daß ich, ich sag' au' manche Leute sagen daß vielleicht nicht, ich sag', warum nicht, ich glaub' an

Gott, + un' wenn an Gott glaube, dann glaub' ich, daß ich <u>frei</u> werd'. Und wenn, un' wenn wirklich nicht frei werde, aber durch mein Glaube hab' ich meine Kraft, un' kann ich damit leben. ++ Kein Problem. + Also ++ Dies-, diese + Leide, and're hat Krebs, and're hat das, ich habe das. (optimistisch)

I: Mhm

Wird scho' lebe. Früher konnt' ich kein Fernseh gucken, so lang + hab' ich gebetet bis ich Fernseh kucken kann und wenn Sie glauben oder nicht, ich konnte kein' Fernseh gukken. Manchmal bin ich ins Bett gegangen un' na hab' ich gesagt, ich will mich net quälen, ich muß ins, geh' ich ins Bett abends, ne. Un'na konnt' ich kein Fernsehen aber hab' ich immer <u>gebetet</u>, un' <u>gebetet</u> bis ich jetz', ne, kann ich <u>Fernseh</u> gucke. + Ich kann au' wieder beten. ++ (leise:) Also des kann ich jetzt. Des konnt' ich net. ++ Konnt' ich net einkaufe' gehn, wenn ich mer, wenn ich mer was kaufe' wollt' zum esse', ich <u>durft'</u> das net, ++ aber <u>warum</u> durft ich das net? + Un' ich habe gesagt, un' ich <u>kauf</u> mir, un' ich <u>esse</u> mir, un' mir tut au' net <u>weh</u>. Un' na hab' ich <u>gegesse'</u> un' hab' ich mir net g'schadet. (lacht) Aber, Sie musse da-, dagegen stürmen. Schaffen Sie, Schaffen Sie nicht, wenn das net schafft mer, dann sin' mer verloren. Wenn das geschafft hat, diese Mauer durchzubrechen (haut die imaginäre Mauer mit einer Armbewegung durch), dann schaffen Sie. + Aber kostet Kraft" (I,42).

Frau C.s Bilanzierung wird von ihrem Mann unmittelbar kommentiert: man dürfe nie sagen, mir geht es schlecht, "mußt immer sage, mir geht's gut, ich habe nie gesagt, mir geht es (Frau C.: "Ja, ja" im Ton der leeren Bestätigung) schlecht" (I,42), und es folgt ein kurzer Überblick des Ehemannes über eine Reihe gravierender Krankheiten und Verletzungen am Arbeitsplatz, über die sich Frau C. bisher nicht geäußert hatte. Die Haltung beider Eheleute, sich einem Leidensprozeß nicht passiv zu überlassen, unterscheidet sich in einem wesentlichen Aspekt: während Herr C. dafür plädiert, sich selbst und anderen gegenüber nicht zuzugestehen, daß es einem "schlecht geht", vertritt Frau C. die Position, erst wenn man "im Dreck gelandet" sei, könne man anderen helfen, weil man sie versteht, und sie könnte über ihre "Befreiung" im Interview nicht sprechen, ohne auszuführen, wovon sie sich befreit hat. Sie nimmt also am Ende des Interviews eine Position ein, die sich über weite Strecken von der in der narrativen Erzählung eingenommenen unterscheidet, und macht deutlich, daß es sich in ihrem Fall um einen unabgeschlossenen Befreiungsversuch handelt, daß es vielmehr darum geht, mit dem "Leid", das sie anderen Krankheiten vergleicht, zu leben und sich einzurichten. Hier wird das im Kontakt mit psychiatrischer Behandlung gewonnene Wissen und Vokabular offenkundig zum Einsatz gebracht. Der Sinn ihrer leidvollen Erfahrungen, der zahlreichen Versuche, ihre Krise zu bearbeiten, wird von ihr dahingehend erklärt, daß sie nicht umsonst "im Dreck gelandet" sei, weil sie nun und nur so anderen helfen könne: Hier wird ihr spezifisches Hilfskonzept wieder aufgegriffen und mit neuem Sinn versehen. Die Frage allerdings, "warum durft' ich das net", warum ihr persönliche Genüsse verwehrt wurden, bleibt für sie nach wie vor offen – sie kann ein Konzept einer individualistischen, urbanen Lebensweise, zu der es auch gehört, sich etwa während der Arbeitszeit mit "fast food" zu versorgen, erst später im Nachfrageteil in einer argumentativen Auseinandersetzung mit der Bedeutung der Hausarbeit und dem Prinzip der Selbstversorgung entwickeln, nicht aber ihre Probleme als solche der Umstellung auf einen veränderten, "moderneren" Lebensstil erkennen.

Abschließend übernimmt Frau C. von ihrem Mann erneut die Rolle der Sprecherin und kommentiert unter Bezugnahme auf die Interviewsituation ihre Entscheidung, eine wichtige Passage ihrer Darstellung nicht vor laufendem Cassettenrecorder zu präsentieren: "Vielleich hatte ich'n bißchen Angst dann gekriegt, so, ne, durch daß ich, äh, über sowas mit keinem geredet hab' wie gesagt, mit unsere' Bekannte, ne" (I,43). Damit signalisiert sie der Interviewerin, daß sie mit ihren Erfahrungen bisher weitgehend alleingelassen wurde, aber auch, welch großes Vertrauen sie in der Interviewarbeit entwickelt hat. Das Stichwort der "Bekannten" (Apothekerin) erfordert nun als Detaillierung erneut eine eingelagerte Erzählung, in der Frau C. und ihr Mann mir die Geschichte der Bekanntschaft mit der jungen Apothekerin präsentieren, und Frau C. noch einmal aufzeigt, wie sehr die Beratung durch diese junge Frau ihr geholfen habe, und daß sie sich nach wie vor "Tips" von dieser geben lasse, "wenn es mir wirklich schlecht geht". So habe die Bekannte, die "diese ganze Geschichte" kennt, bei ihrem letzten Besuch (etwa ein halbes Jahr vor dem Interviewtermin) "geseh'n, daß bei mir was net gestimmt hat, un' ich hab' das erzählt un' sie sagte zu mir, ich helfe dir. Ich helf' un' deswege hat mich zum Arzt geschickt + durch sie, diese Professor is' e Bekannte von der Lisa + un' da bin ich gegange" (I,45). Frau C. verdeutlicht also an dieser Stelle noch einmal, daß die Helferin offensichtlich in Erkenntnis der eigenen Grenzen Frau C. zur Einholung einer medizinisch-professionellen Beratung bewogen hat, von der Frau C. mir zuvor schon mitgeteilt hat, sie habe hier zwar Verständnis, aber keine wirksame Hilfe erhalten, da sie mit einem sedierenden Medikament versorgt worden sei (s. ihre Äußerung, "die Ärzte helfen das nicht"). Sie kommentiert die Erwähnung der wichtigen biographischen Beraterin und signifikanten Anderen erneut unter Bezugnahme auf die Interviewsituation , aber auch im Rückgriff auf die zuvor nicht durchgehaltene Proposition "ich kann mich nicht beschweren" (über die Deutschen): "ganz ganz toll die Frau + das-seh'n Sie, da hab'n Sie au' wirklich was Gutes jetzt, von der Frau da + das is' wirklich eine, eine sehr nette, äh, ich habe gesagt, mer kanne uns net beschwere" (I,46), eine Einschätzung, die von Herrn C. geteilt und mit entsprechenden Belegerzählungen seinerseits gestützt wird, die allerdings aus seinem persönlichen Lebensbereich stammen.

Frau C. kann ihre Erzählung also endlich doch mit einer positiv verlaufenen Beziehungsgeschichte zu einer Deutschen abschließen, ergänzt durch die Verstärkung ihres Ehemannes. Sie beendet das Interview mit der Bemerkung: "Ich meine, anhöre' kann mer sich, glaube brauch' mer nicht, um Gottes Willen, glauben brauche' Sie nicht, anhör'n. Ich sage immer, äh, für die and're Menschen was in Leid, des tut au' au' gut wenn and're zuhört, wirklich zuhört, + wirklich zuhöre' is' au' viel. ++ Find' ich ++ naja ich hab' erzählt (lacht)" (I,46). Damit greift sie in der Abrundungsargumentation der Koda in zweierlei Weise auf eigene Erfahrungen zurück: die Erfahrung der mangelnden Glaubwürdigkeit für andere, und die Erfahrung der Hilfe durch die Möglichkeit, sich mitteilen zu können, die ihr aber nur spärlich zuteil wurde. Da sie zuvor als Beispiele für Situationen, in denen ihr nicht geglaubt wurde, Interaktionen mit ihrer Schwester und auch mit einem italienischen Pfarrer in der Mission, zeitweise sogar mit ihrem eigenen Ehemann, angeführt hatte, kann ausgeschlossen werden, daß sie es auf die Spezifika interkultureller Kommunikation zurückführt, wenn ihre Erlebnisse nicht geglaubt werden. Vielmehr handelt es sich um die elementare Erfahrung von so "merkwürdigen" Erlebnissen, daß diese nicht mehr mit universalistischen Kategorien vermittelbar waren.

In der Phase nach Beendigung des Nachfrageinterviews hingegen mag sich Frau C. nicht mehr mit meiner eher abstinenten Position als interviewendes Gegenüber abfinden: hier will sie nun von der Interviewerin wissen, nachdem der Cassetenrecorder abgeschaltet und damit das Interview "offiziell" beendet ist: "Wie sehen sie mich?" Sie bringt ihr Gegenüber damit in die heikle Situation, aus der Beobachterinnenrolle herauszutreten und ein klares feed back zu geben. War es schon im narrativen Interview kennzeichnend für Frau C.s Gesprächshaltung gewesen, sehr genau auf die Reaktionen der Zuhörerin zu achten, so wird an der Grundsatzfrage nach der Gesamteinschätzung der Person das berechtigte Interesse deutlich, Reziprozität einzufordern für die Präsentation ihrer Lebensgeschichte. Meine Antwort auf ihre Frage, sie wirke auf mich wie eine Frau, für die der Beruf sehr wichtig sei, und die offensichtlich nicht gern zu Hause sitze, kommt ihrer Selbstdarstellung und ihrem Selbstbild entgegen, wie ich ihrer Reaktion entnehmen kann, denn sie entwickelt als Begründung die Negativfolie des Lebens ihrer Mutter, das sie "nie" hätte führen wollen. Ihre Frage zeigt aber auch Interesse an meiner Interpretation ihrer Ausführungen; bemerkenswert ist es, daß sie nicht etwa einen biographischen Rat von mir einfordert und mich damit in eine Helferinnenrolle drängt, sondern sich als gleichberechtigte Interaktionspartnerin versteht, die ein berechtigtes Interesse an einer Reaktion auf ihre Ausführungen formuliert.

5.2.4. Auseinandersetzung mit Form und Verlauf der Interviews

Das ausgewertete Material besteht aus zwei Teilen: einer narrativen lebensgeschichtlichen Stegreiferzählung und einem Nachfrageinterview, das einige Monate nach dem ersten Interview durchgeführt wurde.

1. Für die Analyse des Materials erwies es sich als ertragreich, daß die gewählten Darstellungsformate hier deutlicher als in den Interviews mit Benedetta A. als Eigenbeiträge der Informantin gewertet und entsprechend kontextbezogen analysiert werden konnten. Der stark argumentative Charakter der Darstellung vor allem im Präkodateil hätte andernfalls nicht so eindeutig auf die Verarbeitungsmodi der Informantin zurückgeführt werden können. Es ist allerdings auffällig, daß die Biographieträgerin sehr viel Zeit braucht, bis sie sich entschließen kann, über ihren Prozeß des sozialen Erleidens, ihre Marginalitätserfahrungen besonderer Art zu sprechen, die sie auch noch macht, als sie schon weit über 20 Jahre in der Migration lebt. Wie schon in der Präambelerzählung deutlich wird, ist es offenbar schwer, in der bis auf parasprachliche feedbacks quasi monologischen Darstellung die soziale Scham über die "dunklen" Seiten" der Biographie zu überwinden: hier erwiesen sich die eher dialogisch angelegten Interviews mit Frau A. zumindest zu Beginn als "ökonomischer" im Sinne einer rascheren, quasi "natürlichen" Vertrauensbildung innerhalb der Interviewarbeit. Anderseits zeigt der letzte Teil der narrativen Darstellung, in dem sich Frau C. innerhalb des Präkodateils entscheidet, ohne Aufnahmegerät weiter-

zuerzählen und die Interviewerin mitprotokollieren zu lassen, daß es gerade in dieser heiklen Interviewphase entscheidend wichtig war, durch größte Zurückhaltung Frau C. Raum für ihren eigenen Darstellungsfluß zu geben, auch das Vertrauen, daß ihr jemand "wirklich zuhörte", ihr damit auch biographische Arbeit zu ermöglichen. Ein insistierendes Nachfragen gerade in dieser Phase des Interviews hätte die Informantin in den für sie ohnehin schwierigen Einlassungen erheblich gestört.

2. Konnte bei der Notwendigkeit eines empathischen Eingehens auf Frau C.s Bedürfnisse in der eigenen Darstellungsarbeit durch das Aussetzen der Tonbandaufnahme eine Interaktionskrise vermieden werden, so wurde es wenig später, bevor Frau C. die Erlaubnis erteilte, das Gerät wieder anzustellen, entscheidend wichtig, zu signalisieren, daß ihr geglaubt, daß seitens der Interviewerin eine Perspektivenübernahme zumindest versucht wurde. Es war aber auch notwendig, sie auf ihre Stärken und krisenbewältigenden Fähigkeiten hinzuweisen, als sie sich angesichts der Intensität der aufsteigenden Erinnerungen an psychische Krisensituationen in den "dunklen Seiten" ihrer Geschichte, die übermächtig zu werden schienen, zu verlieren anschickte. Eben aus diesem Grunde – die prekäre innere Balance durch das Interview nicht zu beeinträchtigen – traf ich die Entscheidung, ihr trotz des Angebots, beim nächsten Mal "der Reihe nach" zu erzählen, nicht zuzumuten, ihre Verlaufskurvenerfahrungen des "inneren Fremdwerdens" durch "Fremdsteuerungen" und ihre Bearbeitungsversuche noch einmal zu rekapitulieren, sondern im Nachfrageinterview Aspekte anzusprechen, die im narrativen Interview unklar geblieben waren, so die Beziehung zu ihren Landsleuten in Sizilien, die Beziehung zu ihren Töchtern, ihre Organisation der Arbeitsteilung und ihre Vorstellungen hinsichtlich des Alters.

3. Die Arbeitsbeziehung zwischen Interviewerin und Informantin war davon gekennzeichnet, daß Frau C. nach anfänglich größter Zurückhaltung und Kühle zunehmend vom Gewinn überzeugt war, den ihr ein professionelles Interesse an ihrer Biographie bringen könnte: angehört zu werden und die Möglichkeit zu haben, aus der monadischen Einsamkeit ihrer inneren Bewegungen herauszutreten und andere aus ihrer Geschichte "etwas lernen zu lassen", wurde ihr zunehmend wichtig. Dabei wird an vielen Stellen deutlich, daß sie sich der Interkulturalität der Kommunikationssituation immer bewußt bleibt, so etwa, wenn sie der deutschen Interviewerin gegenüber behaupten muß, mit den Deutschen keine Probleme zu haben, oder wenn sie gegen Ende betont, nun könne sie der Interviewerin (mit der Erzählung über die deutsche Helferin Lisa) doch etwas Positives mitgeben. Ob ihr "geglaubt" würde, ob sie darauf rechnen könnte, von ihrem Interaktionsgegenüber in ihren Perspektiven wahrgenommen zu werden, blieb ihr lange zweifelhaft – die Erfahrung, nicht ernstgenommen und für "verrückt" erklärt zu werden, konnte in der Interviewarbeit kaum revidiert werden.

5.2.5. Analytische Abstraktion der Biographie von Nunzia C.

5.2.5.1. Überblick über die biographische Gesamtformung

Nunzia C. wird 1933 in einer Kleinstadt der Provinz Catania als zweite Tochter eines Ehepaares geboren, dessen ökonomische Basis ein kleines Pferdefuhrunternehmen (Vater) sowie eine Subsistenzlandwirtschaft (Mutter) bilden. Die frühe Kindheit durchlebt sie in der "heilen Welt" eines **ökonomisch abgesicherten Rahmens**, der nicht mehr gehalten werden kann, als der Vater zum Kriegsdienst eingezogen wird. Das Fuhrunternehmen geht verloren, und die Mutter muß die Familie nun allein mit der kleinen Landwirtschaft ernähren. Es gelingt ihr, unter Anwendung des **"scaltrezza"-Prinzips**, aber auch mit Unterstützung der in der Nachbarschaft lebenden Großmutter und unter Mithilfe der Töchter, die Notsituation, die noch durch die Konfiszierung von landwirtschaftlichen Erträgen durch die faschistische Miliz verschärft wird, mit einem Handlungsschema der Überlistung staatlicher Zwangsmaßnahmen abzufedern. Die **kollektive Verlaufskurve des Krieges**, die die ökonomische Basis der Familie gefährdet und angesichts unterschiedlich ausgeprägter Loyalitäten zum faschistischen Regime so etwas wie eine **Entmoralisierungstransformation** im Zerfall nachbarschaftlichen Zusammenhalts herbeiführt, bearbeitet die Mutter hinsichtlich der Zukunft der Töchter mit dem **Handlungsschema "die Kinder etwas Lernenlassen"**, der guten Ausbildung für die Töchter. So sind diese später nicht allein auf eine Subsistenzlandwirtschaft angewiesen, außerdem wird so ein Ausgleich geschaffen zum Fehlen einer Mitgift. Die **biographischen Sachwalterinnenaktivitäten** der Mutter stoßen bei Nunzia C., anders als bei ihrer älteren Schwester, auf Gegenwehr; sie wendet sich gegen die **Fremdverfügung in Ausbildungsinstitutionen**. Sie hält zwar in der Schule aus, bis sie den Abschluß der fünfklassigen scuola elementare erreicht, entzieht sich den Anforderungen jedoch durch Leistungsverweigerung. Sie entwickelt keine Ansätze zu ernsthafter schulischer Arbeitshaltung; es fehlen offensichtlich signifikante Vorbilder, die Nunzia C. zeigen könnten, daß Lernen sich lohnt. Es kommt zu Auseinandersetzungen zwischen Mutter und Tochter, in deren Verlauf die Mutter es unternimmt, die Tochter "in die Schule zu prügeln", die Abwehr bzw. Verweigerung der Tochter gewaltsam unter Kontrolle zu bringen. Als Nunzia C. die Schule verläßt, hat sie Lesen, Schreiben und Rechnen gelernt. Die ältere Schwester hingegen besucht die Schule länger als sie und ist ihr in ihrer positiven Arbeitshaltung voraus; auch später wird sie sich in der Migration eher als Schneiderin selbständig machen als die Jüngere, die übrigens das Schicksal der Schwester im Detail eher ausblendet. Den Mangel am eigenen schulischen Engagement wird Frau C. später ausgleichen durch **Bildungsaspirationen für die Töchter**; biographische Sachwalterinnenfunktionen kann sie aber anders als die eigene Mutter nicht mehr übernehmen, da sie als berufstätige Frau wenig Zeit hat, sich um das schulische Leben der Töchter zu kümmern, und da diese die Mutter für unvertraut mit dem deutschen Schulwesen erklären. **Weiterbildung institutioneller Art** als Erwachsene betreibt Frau C. nicht, obwohl vorübergehend im Bedauern über ungenutzte Chancen in der Kindheit und Jugend dies als **biographische Orientierung** auftaucht. Frau C. nutzt als Kompensation Medien wie Radio und Fernsehen, aber auch Vortragsangebote der italienischen Kirchengemeinde dazu, ihre Bildungsdefizite auszugleichen. Im Unterschied zu vielen anderen Frauen aus dem Kollektiv der italienischen Migrantinnen ihrer Generation hat sie sich mit dem Führerschein die Möglichkeit zur individuellen Mobilität erworben.

Nach Beendigung der Schulzeit werden Frau C. und ihre Schwester erneut von der Mutter fremdverfügt: sie kommen in eine Schneiderinnenlehre und machen bis zur Heirat eine **klassische ragazza-Karriere** durch. Sie erlernen hintereinander die Herren- und Damenschneiderei, sind in den Haushalten von Meister und Meisterin "Mädchen für alles". Die Schneiderinnenlehre wird von Frau C. zunächst nicht aus innerer Einsicht in die Notwendigkeit einer Berufsausbildung begonnen, sie fügt sich aber dem Handlungsschema der Mutter und gewinnt dam Ganzen positive Seiten ab. Das "Putzen müssen für andere" wird lebensgeschichtlich die Grenze des Zumutbaren markieren, die sie nicht mehr überschreiten wird. Andererseits entwickelt sie die Disposition, als "Mädchen für alles" einsetzbar zu sein. Sie erwirbt hier sowohl Kompetenzen zur Alltagsorganisation, als auch eine grundsätzliche Einstimmung auf die Anforderungen des Arbeitsprozesses, wo es gilt, zupackend zu handeln und ungeliebten Arbeiten nicht entgehen zu können. Aus dieser Lebensphase wie aus der Auseinandersetzung mit dem Schicksal der Mutter entwickelt Frau C. eine Haltung zur Hausarbeit, die sich als "Erledigung des notwendigen Übels" bezeichnen läßt, und die später abgesetzt werden wird gegen professionelle Tätigkeit, in der berufliche Tüchtigkeit entwickelt werden kann. Die Meisterin wird für Frau C., die an der Schneiderinnentätigkeit vor allem da Geschmack bekommt, wo man sich aus der häuslichen Schneiderei entfernen und das geschlechtsspezifische Verwiesensein auf Innenräume überwinden kann, zur **positiven Leitfigur professioneller weiblicher Berufstätigkeit**, verbunden mit ökonomischer Selbständigkeit. Die Meisterin ist sozial anerkannt und kann es sich leisten, die Hausarbeit gegen Bezahlung an andere zu delegieren. Das Arbeitsleben der Mutter hingegen wird für Frau C. zur **Negativfolie**, von der sie den eigenen biographischen Entwurf absetzen muß; sie will "nie so leben wie die Mutter", die sich mit der Arbeit in Haus und Hof aufreibt und vom Vater kaum unterstützt wird, der jedoch gleichzeitig männliches Dominanzstreben zeigt. Er leistet sich die Siesta, während seine Frau den ganzen Tag auf den Beinen ist und schlägt sie, um seiner Position Nachdruck zu verleihen. Als signifikanter Anderer, als Vaterfigur für die Töchter tritt er kaum in Erscheinung, die ihn nach seiner Rückkehr aus dem Krieg eher als zusätzlichen Esser am Familientisch erleben. Die **geschlechtliche Arbeitsteilung** in der Herkunftsfamilie wird von Frau C. so verarbeitet, daß sie es sich zur biographischen Orientierung macht, als Frau nicht **mehr** arbeiten zu müssen als ein Mann.

Das Schneiderhandwerk kann Frau C. nach ihrer **Statuspassage qua Heirat** nur noch für den Hausgebrauch ausüben. Sie ist mit ihrem Mann, dem Sohn einer Familie "mit viel Land" trotz des mit der Heirat verbundenen sozialen Aufstiegs dazu genötigt, Lohnarbeit in der Landwirtschaft zu verrichten, obwohl sie sich als "Städterin" fühlt und der biographische Entwurf der Mutter für die Töchter aus der Subsistenzwirtschaft herausführte. Obwohl die Bedingungen der Partnerwahl, die zur Heirat führten, nicht näher erläutert werden, wirft die Formulierung, der Mann stamme aus einer Familie "mit viel Land", ein Licht auf die Motivation zur Heirat, und es wird in der Beschreibung der partnerschaftlichen Teilung der Familienarbeit deutlich, daß in der Verbindung Ansätze zu biographischer Arbeit erkennbar sind, wo es um die Bewältigung der Alltagsorganisation geht. Die landwirtschaftliche Arbeit kann nicht anders als das Ergebnis fremdverfügter Tätigkeit gesehen werden bzw. als das Ergebnis vorübergehenden Verzichts auf eigenständige biographische Planung. So fühlt sich Nunzia C. auch überfordert von der körperlich schweren Arbeit. Die Situation wird problematisch, als sie Kinder bekommt und durch die Geburten gesundheitlich beeinträchtigt wird. Der Mann gleicht die Überforderung seiner Frau durch tätige Mitarbeit bei der Haus- und Familienarbeit aus: erste Anzeichen dafür, daß Frau C. aus der Geschichte ihrer Mutter gelernt hat und sich nicht in eine einseitige Ausbeutungssituation drängen läßt. Grundsätzlicher noch: Sie hat einen Mann geheiratet, mit dem sich ein **neues Modell geschlechtlicher Arbeitsteilung** etablieren ließ, das der von den Eltern vertrauten Praxis zuwiderlief. Dennoch gerät Frau C. in eine Krankheitsverlaufskurve, resultierend aus einer **Plazierung in einem von ihr nicht akzeptierten Arbeitsbereich** und körperlicher Überlastung, die sich durch die Organisation der Gesundheitsversorgung in Sizilien zu dieser Zeit verschärft. Sie wird bei Krankenhausaufenthalten zur familiären Belastung, außerdem müssen die ärztlichen Dienste privat finanziert werden. Frau C. schafft es in dieser Zeit nicht – gewiß auch auf Grund der familienstrukturellen und sozioökonomischen Rahmenbedingungen – eine handlungsschematische Alternative für die Sicherung des Familieneinkommens zu entwickeln, und als ihr Mann die Migration als Alternative ins Kalkül zieht, unternimmt sie zunächst nichts, um mit ihm ein gemeinsames Projekt daraus zu machen. Sie wird ungewollt zur Verursacherin des in einer ökonomischen Sackgassensituation ergriffenen **Handlungsschemas der Migration des Ehemannes**. Bedingt durch die ökonomische Situation, die im Herkunftsbereich kaum Alternativen zur Landarbeit zuläßt, ergreift der Ehemann die Möglichkeit, nach Deutschland zu emigrieren, um die ökonomische Basis der Familie sicherzustellen, die ohne die Mitarbeit von Frau C. gefährdet ist. Damit nimmt er eine Möglichkeit wahr, außerhalb des engen Herkunftsspielraums als Sohn einer kinderreichen Familie aus dem landwirtschaftlichen Milieu, der nichts anderes gelernt hat, als in der Landwirtschaft zu arbeiten, verantwortlich für seine Familie eine neue Existenzgrundlage zu schaffen. Es stellt sich sehr bald heraus, daß Frau C. die damit verbundene Trennung des Mannes von seiner Familie **nicht als eine auf Dauer gestellte ratifiziert** hat. Sie versucht ihre **Rückstufung von der Position als Ehefrau und Mutter** auf die der ins Elternhaus zurückgekehrten Tochter zu revidieren, indem sie ihren Mann zur Rückkehr bewegt. Ansätze zu einer eigenständigen biographischen Planung entwickelt sie erst dort, wo sie sich vom Ehemann allein zurückgelassen sieht und mit den Konsequenzen seiner Abwesenheit konfrontiert wird: als Vertreterin einer "Restfamilie", die bei den eigenen Eltern untergeschlüpft ist. Wie sich in dieser Zeit die Beziehungen zur Familie, in die sie eingeheiratet hat, gestalten, bleibt unklar. Ihre Vorstellungen, den Mann aus der Migration "zurückzupfeifen", haben insofern keinen authentischen Charakter, als mit dessen Rückkehr allein die ökonomische Basis der Familie keineswegs gesichert ist, und insofern verhält sich der Ehemann als umsichtiger familienbiographischer Sachwalter, als er der Rückkehr nicht zustimmt. Dies geschieht auf dem Hintergrund, daß Herr C. seit seiner Ankunft in Deutschland mit einer für Migranten klassischen Arbeitssituation zu tun hat: die Plazierung an einem höchst gesundheitsschädlichen Arbeitsplatz nötigt ihm neue Entscheidungen auf, im Migrationsland einen Arbeitsplatz zu suchen, der gesundheitlich weniger abträglich ist, und angesichts eines damit verbundenen Umzugs neue Mobilitätsleistungen zu erbringen. Frau C. wird mit der Beharrlichkeit ihres Ehemannes konfrontiert, trotz allem an der Migration festzuhalten und die gewonnene Selbständigkeit und die als attraktiv angesehenen Verdienstmöglichkeiten nicht aufzugeben. In dieser zentralen Auseinandersetzung mit ihrem Ehemann muß Frau C. zurückstecken. Will sie nicht das Schicksal der "vedova bianca", der "weißen Witwe" erleiden, muß sie das **Handlungsschema der Familienzusammenführung** ergreifen und sich selbst auf den Migrationsprozeß einlassen. Hatte die Darstellung der Heirat eher den Charakter der Erwähnung eingehaltener institutioneller Ablaufmuster, wird im Aushandlungsprozeß die Entfaltung von Subjektpotentialen deutlicher.

Hier entwickelt Frau C. erstmals eine biographische Zukunftsvorstellung, auch wenn der Mann den Plan, in dem er seine Rolle spielen soll, nicht akzeptiert bzw. ratifiziert. Immerhin sorgt sie für die organisatorischen Grundlagen, die von ihr vorgeschlagene Alternative zum Erzwingungsversuch des "und du kommst (zurück)" realisieren zu können. Sie organisiert diesen Prozeß zunächst so, daß sie ihre Töchter bei ihrer Mutter zurückläßt und sich mit ihrem Mann nach einem kurzen Besuch in Sizilien nach Deutschland aufmacht. Durch mangelnde Erfahrungsgrundlagen bedingt, ist der biographische Entwurf der Paarzusammenführung zunächst gefährdet. Die Niederlassung in Kassel, wo ihr Mann inzwischen arbeitet, wird erschwert durch das Problem, ein gemeinsames Dach über dem Kopf zu finden. So macht Frau C. als erste Erfahrung nach der Ankunft die des Unbehaustseins, des **verweigerten eigenen Territoriums** in einem Land, das zu dieser Zeit vornehmlich an alleinlebenden (männlichen) Migranten als Arbeitskräften interessiert ist, und wo es zuletzt darum geht, den ankommenden Menschen die Aufrechterhaltung bestehender Lebenszusammenhänge zu ermöglichen. Daß die Anmietung eines möblierten Zimmers von deutscher Seite verweigert wird, bleibt für die Informantin bis in die Gegenwart hinein ein Symbol der **Verweigerung interethnischer Sozialität**; sie führt zwar nicht dazu, Frau C.s **Basisposition der Offenheit** in lebenspraktisch notwendigen Interaktionszusammenhängen zu schmälern, wohl aber dazu, Hilfe zunächst in der sich langsam entwickelnden ethnischen Kolonie zu suchen, und zwar mit Erfolg. Angeregt durch eine italienische Friseuse, die berufsbedingt mit Deutschen rege Kontakte unterhält, gelingt es dem Ehepaar, in einem Gasthof eines Kasseler Vororts Unterschlupf zu finden. Hier nun ist Frau C. in der Lage, sich durch die Orientierung an den Ratschlägen der sozial offenen Gastwirtin in die "neue Welt" einführen zu lassen und, so begleitet, die ersten Schritte der Migrationsphase erträglicher zu gestalten.

Ihr erster Arbeitsplatz in einer Textilfabrik, verbunden mit der **Erfahrung, unvermittelt in die industrielle Arbeitswelt geworfen zu sein**, wird ihr gesundheitlich unerträglich; die Arbeit in der lauten, staubigen Fabrikhalle verknüpft sich mit ihren ersten Großstadterlebnissen, dem Straßenbahnfahren, dem verregneten deutschen Sommer. Anders als in der sizilianischen Landwirtschaft kann allerdings eine handlungsschematische Alternative aufgetan werden. Sie wechselt den Arbeitsplatz und nimmt eine ungeregelte Arbeit als "Mädchen für alles" in einem Autobahnrasthaus mit Motel an, wo sie in erster Linie für textile Flickarbeiten zuständig ist. Damit tauscht sie allerdings eine feste Arbeitszeit und feste Bezahlung gegen ein prekäres Beschäftigungsverhältnis. Das überschaubare Terrain des Vororts, wo sie wohnt und nun auch arbeitet, macht den Wechsel vom ländlich geprägten Herkunftsort in eine deutsche Stadt offensichtlich eher erträglich. Die Wohnungsversorgung in der Stadt ist zu der Zeit so unzureichend, daß es zum "Zusammenrücken" mit einem Paar aus dem Herkunftsort von Frau C. kommt, das sich konflikthaft gestaltet, weil die Frauen einen unterschiedlichen Bereitschaftsgrad der Anpassung an die neue Umgebung (v.a. hinsichtlich Wohnen und Arbeiten) zeigen und Frau C. sich nicht ihre positiven Erfahrungen mit Deutschen entwerten lassen will. Die Darstellung dieses Interaktionsprozesses läßt sich als pars pro toto-Erzählung für einen Zustand sozialer Anomie (E. Durkheim), sozialer Regellosigkeit lesen, mit dem MigrantInnen in dieser ersten Phase nach ihrer Ankunft in Deutschland konfrontiert waren. Durch eine Krankheit der Mutter von Frau C. läßt sich die Informantin in die töchterliche Pflicht nehmen, nach R. zurückzukehren und ihre Mutter zu pflegen. Damit hält sie die **Reziprozitätsgrundlagen gegenseitiger verwandtschaftlicher Hilfe** in Kraft und kommt den Erwartungen entgegen, die an sie als Tochter gestellt werden. Der Aufenthalt im Herkunftsort läßt Frau C. das Projekt der Migration noch einmal überdenken und die Ratifizierung rückgängig machen. Sie tritt erneut mit ihrem Ehemann in einen **Aushandlungsprozeß über den künftigen Lebensmittelpunkt** ein. Er gibt zunächst zum Schein ihrem Insistieren auf Rückkehr nach. Auf einen neuen Arbeitskontrakt im Herkunftsort läßt er sich ebenfalls nur scheinbar ein. Die Bezahlung und die Enge der Spielräume für einen erwachsenen Mann und Familienvater, der nach wie vor intensiv an die Herkunftsfamilie angebunden ist, lassen ihm eine Rückkehr nach Sizilien und damit eine Aufgabe des Migrationsprojekts als unattraktiv erscheinen. Als Garant für das Familieneinkommen, zu dem er qua Migration geworden ist, hat er in dieser Situation die Definitionsmacht inne. Zudem kann er die Meinung seiner Frau, "hier", also in Sizilien, gebe es hinreichend Arbeit und Geld, wegen der darinsteckenden Illusion nicht teilen, die zu einem erneuten Scheitern der Sicherstellung der Lebensgrundlagen der Familie führen könnte. Will Frau C. also nicht eine auf Dauer gestellte Trennung der Familie in Kauf nehmen, muß sie nachgeben. Die Mitnahme der jüngsten Tochter nach Deutschland und die Überlegung, die älteste Tochter die Grundschule in R. beenden zu lassen, verweisen auf eine **erneute Ratifizierung und Ausdehnung des Migrationsprojekts auf die Gesamtfamilie**. Dies hat auch zur Folge, daß die Mutter von Frau C. von der Fürsorge und Erziehung der Enkelinnen partiell entlastet wird. Die Familie ist nach der Rückkehr nach Kassel vor ein Bündel von Problemen gestellt, die Frau C. sukzessive organisatorisch zu lösen vermag, da sie Rat und Tat für die familienbiographische Entwicklung in Anspruch nimmt und den Helfern – der Gastwirtsfrau und einer deutsch-polnischen Familie – deutlich macht, daß sie bereit ist, für die Unterstützung materielle und immaterielle Vergütung zu leisten. Das **Handlungsschema der reziproken Unterstützung**, das als Motiv bereits in ihrer ragazza-Zeit eine gewichtige Rolle spielte, tritt erneut in Kraft. Die Vorstellung, wie ihr Mann in einer Molkerei zu arbeiten, kommt freilich nicht von diesem, sondern von dem polnischen Kollegen und Bekannten ihres Mannes, der auch konkrete Vorschläge zur Alltagsorganisation macht, die an Frau C. in dieser **ersten Phase der Familienzusammenführung** hohe Anforderungen stellt. Die Anwesenheit der jüngsten Tochter macht es notwendig, eine stabile Wohnsituation herzustellen, einen Arbeitsplatz zu finden, der einträglich, aber auch zeitlich vereinbar ist mit der Familienarbeit, und es wird notwendig, die Tochter während der erwerbsbedingten Abwesenheit der Eltern in Obhut zu geben. Letzteres erweist sich deshalb als schwierig, weil die Tochter im Kindergarten "fremdelt" und nicht locker läßt, bis sie bei einer Frau untergebracht ist, die die "nonna", die Großmutter als signifikante Andere für das Kind ersetzen kann. Durch die Arbeit in der Molkerei, die Frau C. auf Rat und wohl mit tätiger Hilfe des polnischen Bekannten übernimmt und das "Zusammenrücken" der deutsch-polnischen Familie wird eine **Stabilisierung der Wohn- und Beschäftigungssituation** der C.s erreicht. Es entwickelt sich ein geordneter, lebbarer Alltag in der Migration. Die gewonnene Balance gerät ins Trudeln, als die älteste Tochter der C.s nach erfolgter Grundschulzeit in R. ebenfalls nach Kassel kommt. Sie zeigt sich angesichts der Wiedervereinigung mit der Restfamilie nicht als dankbare, anpassungsfähige Tochter von Eltern, die froh sind, der prekären Alltagsbalancierung der ersten Zeit in Kassel entkommen zu sein, sondern streitet sich mit dem Sohn der Gastfamilie, bringt das **Zusammenleben der beiden Familien in Unordnung**. Konflikte und Unruhe lassen die Gastfamilie das Unterkunftsangebot rückgängig machen, nicht ohne aber durch Aufzeigen von Alternativen die Situation für die Familie C. abzufedern und eine normalisierende Umorientierung hinsichtlich der Wohnsituation erträglich und praktikabel erscheinen zu lassen. So kann Familie C. in eine gut ausgestattete Wohnung umziehen und hat nach Jahren zum ersten Mal, nun als Gesamtfamilie zusammengeführt, ihr **eigenes, nicht-provisorisches Territorium**. Es bedarf weiterhin eines **hohen organisatorischen Aufwandes**, die Kinder nach den Vormittagen in der Schule und in den Ferien nicht allein zu lassen, für den sich Frau C. verantwortlich fühlt.

Es tauchen nun **neue soziale Instabilitäten** auf, und zwar am Arbeitsplatz von Nunzia C.. Konfrontiert mit dem Ansinnen ihres Chefs in der Molkerei, Funktionen einer Kontrolleurin ihren Arbeitskolleginnen gegenüber auszuüben, verdeutlicht sie ihr Selbstverständnis als "Modellarbeiterin", nämlich zu vollem und tendenziell sogar überengagiertem Arbeitseinsatz zwar bereit zu sein, sich jedoch nicht aus dem Kollektiv der Arbeiterinnen **"herausindividualisieren"** zu lassen. Da sie ihre Vorstellungen nicht plausibel machen kann bzw. nicht die Akzeptanz für ihre **Konzeption** von **"Modellarbeiterin"** findet, die ihr ein Verbleiben am Arbeitsplatz ermöglicht hätte, entwickelt sie das **Handlungsschema des geordneten Rückzugs**, das ihrer **Basisposition zum risikosensiblen Handeln** entspricht. Das Verlaufskurvenpotential des Migrationsprozesses entfaltet sich an dem Punkt, wo sie sich der uneingeschränkten Anpassung an nicht personen- bzw. nicht individuumsbezogene Anforderungen verweigert: in der Konfliktsituation in der Molkerei setzen die Besitzer zwar ihre **Definitionsmacht** durch, verlieren jedoch eine tüchtige Arbeiterin, die sich, gekränkt über die Erfahrung mangelnder Perspektivenübernahme und damit Rücksichtnahme auf ihr Selbstverständnis als Arbeiterin, auch durch persönliche Intervention der Chefs nicht "zurückwerben" läßt.

In der berufsbiographischen **Umorientierung auf ein neues Arbeitsfeld** kristallisiert sich die **Identifikation mit dem erlernten Beruf als Basisposition** heraus, die Frau C. von nun an nicht mehr verlieren wird: wenn auch zunächst nur in einer modifizierten und den Arbeitsangeboten in der Migration entsprechenden Form, nämlich in der Fabrikarbeit. Die Arbeit im erlernten Beruf und die gute Bezahlung durch Überstundentätigkeiten lassen Frau C. den Wechsel in eine traditionsreiche Kassler Textilfabrik mit hohem Ausländerinnenanteil als geglückt im Sinne des **"gelungenen Einstiegs"** in ein ihrer Qualifikation und ihrem professionellen Selbstbewußtsein angemessenes Arbeitsverhältnis erscheinen.

Die Ratifizierung des inzwischen auf Dauer gestellten Migrationsprojektes der Familie wird erneut zur Disposition gestellt, als der Vater von Herrn C. stirbt und die Umorientierung auf eine Existenz als selbständiger Landwirt in der Provinz Catania gedankenexperimentell vollzogen wird: diesmal ist es Nunzia C., die angesichts ihrer zunächst befriedigenden Arbeitssituation in der Firma G. für ein **Verbleiben im Migrationsland** plädiert und die Festigung der Niederlassung durch einen Hauskauf in Kassel favorisiert, was durch den Verkauf des von Herrn C. ererbten Landes möglich und durch die Erwerbstätigkeit beider Eheleute realisierbar erscheint. Die C.s machen die Erfahrung, daß "italienisches Geld" fremdes Geld ist und nicht ohne weiteres nach Deutschland transferierbar ist – sie besitzen zwar etwas, können aber dennoch nicht unmittelbar darüber verfügen, so daß komplizierte und listige Transaktionen notwendig werden, um in den Genuß des Ererbten zu kommen. Die Helfer beim Renovieren eines heruntergekommenen Hauses am Stadtrand, das die C.s erwerben, werden u.a. durch Näharbeiten von Frau C. vergütet. Diese werden zum Teil unter geschickter Ausnutzung der Möglichkeiten, die die Fabrik bietet, in der Frau C. arbeitet, gefertigt: praktikabel ist das nur durch die Solidarität der Arbeiterinnen der Firma G., welche wiederum Frau C. sichert, indem sie für die Kolleginnen während der Arbeitszeit Kleidungsstücke herstellt. Das **komplizierte System der komplizinnenhaften Einverständnisse** wird gestört, als Nunzia C. durch eine enge Zusammenarbeit mit ihrem Meister auffällt, die in einem Angebot gipfelt, Vorarbeiterin zu werden, da der Meister für ein neu eingerichtetes Fließband keine andere Kraft zur Verfügung hat.

Dazu kommt, daß Nunzia C. sich von ihren italienischen Arbeitskolleginnen nicht in eine Distanz zur Migrationsgesellschaft und damit zum Wert ihrer Eigenleistung gelungenen Integrationsbemühungen bringen lassen will: hier geht es um die **Veränderung von Relevanzstrukturen**, für die sie sich im Gegensatz zu anderen Migrantinnen offen zeigt. So ist sie etwa nicht bereit, zwischen den Frauen der verschiedenen ethnischen Wir-Kollektive einen Unterschied hinsichtlich moralisch einwandfreien Verhaltens zu machen. Insgesamt kommt es in den langen Jahren der Arbeit in der Molkerei sowie in der Fabrik zu einer **Aufschichtung von Marginalitätserfahrungen**. Ist sie zwar einerseits wegen ihrer vielseitigen Einsatzmöglichkeiten im Betrieb erneut "prima in classe" und durch ihre Zusammenarbeit mit dem Meister, ihre **zeitliche und räumliche Mobilität** – sie richtet eine auswärtige Firmenfiliale mit ein – in einer für die Betriebsleitung positiv herausgehobenen Position, wird sie jedoch andererseits gerade deswegen für eine signifikante Andere, eine deutsche Kollegin, zu einer "von der anderen Seite", was ihr als Ausländerin nicht zugestanden wird (pars pro toto-Interaktion). Schließlich wird sie wegen ihrer Zusammenarbeit mit Deutschen – zudem noch mit einem männlichen Vorgesetzten – die sie sich nicht ausreden lassen will, für das italienische Kollektiv eine nicht-loyale Landsfrau. Distanzieren muß sie sich schließlich auch von der Zusammenarbeit mit ungelernten türkischen Arbeitskräften, deren Perspektiven sie nicht übernehmen kann. Schließlich gerät sie in der eigenen Familie qua mangelnder Anwesenheit (sie ist oft vierzehn Stunden am Tag und auch an den Wochenenden arbeitsbedingt außer Haus) an den Rand des sozialen Einvernehmens, wird dort **partiell fremd**, ist sie doch lange Zeit eher am Wohl der Firma orientiert als an dem der Familie ("die Firma muß weiter"). Der Ehemann erledigt den größten Teil der Familienarbeit und kümmert sich um die schulischen Belange der Töchter. Frau C. gelingt es nicht, auf deren Schullaufbahn und berufliche Zukunftsentscheidungen maßgeblich Einfluß zu gewinnen und sie qua Delegierungsprinzip den Erfolg erzielen zu lassen, den sie sich gewünscht hätte (daß sie "was Höheres" werden, wie die männlichen Nachkommen ihrer Verwandten in Sizilien, die nach einem akademischen Studium auf staatlichen Stellen Karriere gemacht haben). Erst als die Töchter ihre Freunde als Eheaspiranten ins Haus bringen, tritt sie als potentielle Schwiegermutter und **biographische Sachwalterin ihrer Töchter** mit einem Erziehungs- und Prüfungsprogramm vor allem für künftige deutsche Schwiegersöhne auf den Plan, indem sie die jungen Männer auf eine partnerschaftliche häusliche Arbeitsteilung vorbereitet und mit ihren ästhetischen Vorstellungen von angemessener Kleidung überzieht – ein Versuch, **habituelle Übereinstimmung** mit dem Elternhaus der Töchter und damit Kontinuitäten herzustellen. Damit reproduziert sie in modifizierter Form die **Aushandlungsaktivitäten und Verantwortlichkeiten einer sizilianischen Mutter** bei den Brautverhandlungen. Sie kann es jedoch nicht erreichen, daß ihre Beziehung zu den Töchtern eine ähnliche Intensität erreicht wie die des Vaters: Für die Töchter bleibt sie bis in die Gegenwartssituation hinein ein "Schaumann", eine nach außen hin orientierte und auf Außenwirkung bedachte Person, während der Vater sich nahezu ganz dem Innenbereich des Hauses und der Familie widmet.

Frau C. kann es nicht erreichen, nach Ablehnung eines Vorarbeiterinnenpostens in der Firma G. zu verbleiben, da der Meister ihr nicht zugesteht, ihrem Selbstverständnis als zwar tüchtige, nicht aber "kommandierende" Arbeiterin entsprechend eingesetzt zu werden, und eine Funktion auszuüben, die sie mit dem **Pendeln zwischen den verschiedenen Ebenen der Fabrikhierarchie** produktiv umgehen läßt, ohne zwischen den verschiedenen "Wir-Kollektiven" zerrieben zu werden. Dies läßt sie Schritte unternehmen, die aus der **Berufsfalle der tüchtigen "Linienarbeiterin"** (Hughes), die im Betrieb zwischen den verschiedenen Kollektiven vermittelt, aber gerade wegen ihrer hohen Disponibilität in ihren Abgrenzungsbemühungen nicht ernst genommen wird, herausführen. In einer Phase akuter **biographischer Umorientierungsnotwendigkeiten**, großer innerer Unruhe und motorischen Getriebenseins ist ihr Ehemann als signifikanter Anderer ihr ein **verläßlicher biographischer Berater**. Als Frau C. vorübergehend nach dem Ausscheiden in die Gefahrenzone des Orientierungszusammenbruchs gerät, kann dieser vermieden werden, da der Ehemann sie darin unterstützt, eine Alternative zur Tätigkeit in der Firma G. zu suchen, die ihrer beruflichen Qualifikation, aber auch ihrer Aspiration zur selbständigen Existenz entspricht. Bleibt der Rückzug aus der Firma G. formell zunächst ebenso vage und folgenlos wie bei den Absetzbewegungen aus der Molkerei (Krankfeiern, Vertrösten), indem die formelle Kündigung unter **Umgehung der üblichen kontraktuellen Grundlagen** hinausgeschoben wird, so beschreitet Nunzia C. auch in diesem Fall unter Nutzung ihrer entsprechenden Basisposition den Weg des auf das eigene Risiko bedachten "geordneten Rückzugs" (in ihrem Sinne, nicht in dem der Firma), da sie sich finanziell nach wie vor für die Töchter verantwortlich fühlt und ein wesentliches Standbein der existentiellen Grundlage der Familienökonomie nicht gefährden will. Herr C. stärkt seine Ehefrau in dem Bemühen, die berufliche Umorientierung zu einem lebenszyklisch recht späten Zeitpunkt in "geordneten Bahnen" ablaufen zu lassen und realistisch zu gestalten. Er hilft ihr dabei, das Handlungsschema des Einstiegs in die Selbständigkeit zu realisieren und ein Ladenlokal zu renovieren, das für den Entschluß, eine Änderungsschneiderei zu eröffnen, das geeignete Territorium bietet. Frau C. erinnert sich an diesem **Entscheidungsknotenpunkt** an einen Spruch ihrer Mutter, der besagt, daß man tun solle, was man gelernt habe, und damit zwar nicht reich werden, wohl aber leben könne. Im **Rückgriff auf die biographische Ressource des mütterlichen Orientierungswissens** wagt Frau C. den Schritt in eine neue soziale Welt in dem Gefühl, zwar Neuland zu betreten, in der Ausübung des erlernten Berufs jedoch **biographische Kontinuität** zu wahren. Dem **positiven Leitbild** der tüchtigen Meisterin ist sie nun so nah wie nie zuvor, der Fallensituation am Arbeitsplatz bei G. ist sie erfolgreich entgangen durch das **Realisieren einer beruflichen Alternative**.

Mit dem qua unternehmerischer Initiative neugegründeten Geschäft – sie steigt ja nicht etwa in eine gut funktionierende Schneiderei ein – in einem deutsch geprägten Kasseler Vorort verändert sich das soziale Umfeld für die Berufstätigkeit von Frau C. fundamental. Auf Verbindungen zu einem zumindest teilweise ethnisch durchmischten bzw. italienisch geprägten Kollektiv muß sie verzichten, was ihr zunächst nach ihren Erfahrungen bei G. durchaus entgegenkommt, da sie "von den Italienern weg und von allen weg" wollte: ein **Differenzierungs- und Individualisierungsprozeß**, der "angeschoben" wurde vom **sozialen Druck** in der Fabrik. So präsentiert sie sich den Kundinnen, die aus einem sozial anderen Milieu stammen als bisher ihre KollegInnen (besonders die, die "reich und mit viel Zeit" ausgestattet sind), als in Preis und Leistung entgegenkommend, zeitlich disponibel und materiell von bescheidenen Ansprüchen, indem sie auch ihnen die Devise ihrer Mutter präsentiert und sich selbst damit gleichzeitig als Schneiderin mit Traditionslinien anbietet. Gilt es doch, ihre **hohe soziale Flexibilität als Ressource** in den Aufbau eines Kundinnenstamms einzubringen. Durch beruflich bedingte Kontakte nimmt sie Einblick in ein lokales wie soziales Milieu, das ihr bisher verschlossen war. Es entwickelt sich der **Wunsch nach "habitueller Übereinstimmung" (R. Bohnsack)**, den sie vor allem in Lebensbereichen außerhalb der familiären Lebensorganisation realisiert; eine Teilnahme am lokalen Vereinsleben (nicht des Wohnortes, sondern des Geschäftsortes) gemeinsam mit ihrem Ehemann dient vor allem der Pflege der Geschäftsbeziehungen. Am Geschäftsort vor allem aus einer professionellen Position heraus zu agieren, gelingt solange, wie nicht ein klares Abgrenzungsverhalten gegenüber den Menschen im sozialen Umfeld des Geschäfts wie auch den Kundinnen gegenüber gefragt ist. Es tut sich die Falle der **Disposition zur grenzenlosen Hilfsbereitschaft** auf, und zwar sowohl im unmittelbaren sozialen Umfeld der Nachbarschaft als auch im Fall einer "reichen Kundin mit viel Zeit". Im ersten Fall geht es um das Scheitern eines Modells interkultureller Kommunikation, um den **Mangel an Reziprozität mitmenschlichen Interesses und Unterstützungsbereitschaft** in der Interaktion mit einer alleinerziehenden, kranken Hausbewohnerin, die ihren halbwüchsigen und deutlich asoziale Züge zeigenden Sohn nicht zu bändigen vermag. Im zweiten Fall eskaliert die Problematik des "geöffneten Einfallstores" in die Familie von Frau C. zu einem Dilemma auf verschiedenen Ebenen angesichts der Nähewünsche der alleinlebenden Kundin vom Typus "reich und mit viel Zeit". Frau C. macht die Erfahrung, daß die "fremde Frau" (die von Frau C. so "fremd" gemacht werden muß, daß sie sie als lesbisch bezeichnet und in die Nähe einer Schadenszauberin rückt), die im örtlichen Kollektiv der VorstadtbewohnerInnen nicht verankert ist, in ihre Familie "eindringt" und die Tochter der Schneiderin C. als Freundin gewinnt. Frau C. kann die **Bedrohung des Inselcharakters ihrer Familie** als "heile Welt" nicht anders bearbeiten als durch die Konsultation professioneller und semiprofessioneller Anderer, denen sowohl sie als auch ihre Tochter sich in privaten Angelegenheiten offenbaren müssen. Hierdurch entsteht die paradoxe Situation, daß die eine problematische Öffnung der Familie weitere nach sich zieht. Für Frau C. beginnt eine verhängnisvolle Phase ihrer Biographie, ein **Prozeß des Erleidens, der sozialen Anomie**, in dem sie zur Selbstregulierung ihrer Angelegenheiten anders als zuvor nicht mehr selbst in der Lage ist und ihr Familienleben durch Situationen, die sie als **chaotisch** und unerklärlich erlebt, beeinträchtigt wird.

Die Inanspruchnahme psychiatrischer Behandlungsmöglichkeiten durch die Tochter hat auch Auswirkungen auf die Mutter, die diese Erfahrung später so auswerten wird, daß die "Menschen nicht in die Irrenhäuser gehören", für die diese Erfahrung offensichtlich so bedrohlich ist und so wenig Heilungschancen beinhaltet, daß sie mit der Tochter eine handlungsschematische Alternative ergreift, die sich eng am Vertrauten orientiert. Sie konsultiert einen italienischen "Wunderheiler" – durch eine Radiosendung war sie auf die spezifischen Therapiemöglichkeiten von Heilpraktikern, also **unterhalb der Ebene medizinisch-professioneller Zugriffs- und Einwirkungsmöglichkeiten** und damit möglicher Prozessierungen aufmerksam geworden – und öffnet sich dem Bewunderten dergestalt, daß sie seine Vorstellungen und Wünsche, die wohl außerhalb eines professionell klar abgegrenzten Settings Raum greifen können, als "Stimme" inkorporiert. Diese bedrängt sie in Situationen, in denen es darum geht, nicht für andere, sondern für sich selbst etwas zu tun und sich (leibliche) Genüsse zu verschaffen. Ihr Erlebnisstil verändert sich, selbst Alltagssituationen verlieren ihre Selbstverständlichkeit. Das **Handlungsmuster des Helfenmüssens** eskaliert zu einem zwanghaften Wegschenkenmüssen von Geld, Kleidungsstücken und Einrichtungsgegenständen – damit Bestandteilen eines heimatlichen vertrauten Raums, den sie sich mit ihrem Mann in der Migration geschaffen hat. Ihre Verhaltensweisen werden "merkwürdig". Die von Frau C. nur schwer zu erbringende Abgrenzungsleistung, aber auch Perspektivenübernahme anderen gegenüber, die zuvor häufig auf der Ebene des Alltagswissens und der Alltagsorganisation (Einbeziehung des Ehemanns) einigermaßen geregelt werden konnte, erfordert nun ein intensives subjektives wie intersubjektives Gefühls- und Erklärungsmanagement, bei dem Frau C. auf **partikularistische Erklärungstheorien** sowie Praktiken zurückgreifen muß, die nicht mehr universell vermittelbar sind und sie außerhalb ihrer Familie sozial isolieren, was Marginalitätserfahrungen reaktualisiert und vertieft.

Wie sehen nun die kraft- und energieaufwendigen **"Renormalisierungsanstrengungen"** gegenüber den Potentialen einer "irritierende(n), beunruhigende(n) Alltagsrealität" (F. Schütze) aus? Frau C. ergreift die Möglichkeit, sich von einer jungen

Frau helfen zu lassen, die zur signifikanten Anderen und **Führerin durch den Dschungel der Unerklärlichkeiten** wird. Es handelt sich um eine Apothekerin, die durch Zufall ins Haus der C.s geraten ist und durch ihre sensibel angebotene Reziprozität und einen professionellen Habitus, gepaart mit einem großen Interesse und für die Biographieträgerin erkennbaren Sachverstand für die **kulturspezifischen Bearbeitungsressourcen und Bearbeitungsmechanismen** von Frau C. Zugang zu deren Schwierigkeiten erhält und spezifische individuelle Bearbeitungsmöglichkeiten eröffnet. Sie unterstützt Frau C. in der Anstrengung, die **Rätselhaftigkeit ihrer Existenz**, das sich selbst und anderen Fremdwerden auf den ihr zugänglichen Ebenen der Problembearbeitung zu "heilen", aber auch selbst medizinische Hilfe in Anspruch zu nehmen. Die religiöse Orientierung ermöglicht Frau C. zumindest zeitweilig den Dialog mit Gott als Supra-Instanz und Gegenmacht zum qua Dämonisierung fremdgemachten "Verführer", um sich für das eigene Verhalten zu rechtfertigen und um Unterstützung zu bitten. Dies scheint Frau C. offenkundig wirksamer als die Hinzuziehung professioneller Helfer aus der Psychiatrie für sich und ihre Tochter, die mit ihrem Schicksal hadert, mit der "Verpflanzung" qua elterlicher Fremdverfügung Sizilien verlassen zu haben. Auf einer dritten Ebene erfährt Frau C. von der jungen Apothekerin Bestätigung beim Rückgriff auf Kenntnisse der magischen Bearbeitung von Konflikten, die ihrem Herkunftskontext entspringen und möglicherweise durch den italienischen Heiler selbst revitalisiert wurden. Da diese magischen Elemente von hoher Symbolkraft sind, wird ihre Wirksamkeit von Frau C. nicht angezweifelt und von ihrem Ehemann akzeptiert. So gelingt es, sich der Übermacht des Wunderheilers zu entledigen, indem über magische Befreiungsversuche dessen Kleidungsstücke, die sich in Frau C.s Werkstatt befinden, symbolisch und in einer pars pro toto-Aktion verbrannt werden und Silberpapier zum Einsatz kommt, um den zauberabweisenden Fetisch "Edelmetall" zum Schutz vor – so die Erklärungstheorie – neidvollen Übergriffen (auf das im Hause C. befindliche Bargeld) zu nutzen.

Frau C. versucht also, den "Dämon" des begehrten, begehrlichen und strafenden "Anderen" mit einer Kombination aus magischen Praktiken, dem Rückgriff auf Elemente religiöser Sinnwelten und der Nutzung institutioneller Heilungsangebote zu bezwingen und **einen Zustand der Verlaufskurvenbalancierung** zu erreichen, im Bewußtsein der sie bedrohenden Kräfte und in der Erprobung entsprechender Bearbeitungsmechanismen, wobei sie die Mittel der pychiatrischen Bearbeitung durch sedierende Medikalisierung am ungünstigsten einschätzt. Die Medikalisierung durch pharmazeutische Beruhigungsmittel hat offenbar keine weitreichenden Konsequenzen, Frau C. richtet sich nicht als Patientin ein, sondern entwickelt Eigeninitiativen. Sie erreicht ein **labiles Gleichgewicht**, das jedoch nach wie vor gefährdet ist, da sie das, was sie erlebt hat und wie sie damit umgeht, nur wenigen anderen Menschen vermitteln kann und so ihre **Marginalitätserfahrungen** in den schwierigen Bereichen ihrer Existenz nicht biographisch bearbeiten kann. So hält sie auch noch aus der Gegenwartsperspektive daran fest, daß sie zu Hilfeleistungen anderen Menschen gegenüber bereit ist – freilich mit der Einschränkung, diese müßten selbst etwas dazu tun, indem sie sich des göttlichen Beistandes selbst versichern – ein gemeinsam geteiltes symbolisches Universum quasi als Grundlage für Praktiken des Distanzhaltens, für eine "begrenzte" Hilfsaktion mit eingeschränkten Verantwortlichkeiten für die Helferin. Das **zwanghafte Helfenmüssen als Kompensation eigener Marginalitätserfahrungen, aber auch der Erfahrungen mit dem Individualismus im Migrationsland** hat jedoch in der Vergangenheit Frau C. immer wieder in Konflikte mit Eigeninteressen gestürzt, wo es um die Erfahrung mangelnder Reziprozität ging.

Sie unternimmt Schritte, die von einer zunehmenden Verantwortung für die eigene Biographie zeugen. So läßt sie sich nach einiger Zeit des Arbeitens in einer deutschen Umgebung die Institutionalisierung einer weiblich dominierten **"kulturellen Zwischenwelt"** einfallen. Damit hat sie sich einen sozialen Rahmen geschaffen, in dem sie Kontakte zur ethnischen Kolonie pflegen kann. An diesem Ort **positiver Sozialitätserfahrungen** spielt für sie als eine der Vorsitzenden der Gruppe die Zusammenarbeit mit dem jeweils zuständigen italienischen Missionspfarrer eine nicht unwichtige Rolle, von dem sie sich in ihren individuellen Bedrängnissen zwar nicht unbedingt verstanden fühlt – so kann der Pfarrer z.B. nicht verstehen, weshalb sie glaubt, mehr als nötig in den Opferstock stecken zu müssen –, der aber die beruhigende Gewißheit verleiht, in einer **institutionell abgesicherten Beziehung** beruhigende Autorität zu sein, womit **Abgrenzungsleistungen** entlastenderweise nicht in erster Linie von Frau C. erbracht werden müssen.

Hat die Teilnahme am lokalen Vereinsleben am Ort ihres Geschäfts eher den Charakter der Pflege von berufsbedingten Geschäftsbeziehungen, ist die Mitgliedschaft in einer ethnisch geprägten, "kulturellen Zwischenwelt" für Frau C. der Ort positiver, gelungener Sozialitätserfahrungen, auch wenn es nicht gelingt, den anderen Frauen gegenüber ihre Erfahrungen essentieller Fremdheit zu thematisieren, weil Frau C. nicht Gefahr laufen will, zum Gegenstand von Klatsch zu werden oder potentiell erneut als "verrückt" erklärt und ausgegrenzt zu werden. Sie hat damit gleichzeitig einen sozialen Zusammenhang aufgebaut, der die Vereinsamung im Alter abfedern und ihren Bedürfnissen nach Bewegungsräumen außer Haus entsprechen kann, auch wenn sie sich lebenszyklisch noch als voll im Arbeitsleben stehend verortet und auch keine Planungen für den Ruhestand vorgenommen hat, da sie gedenkt, dem Vorbild ihrer Meisterin zu folgen, die "an der Nähmaschine gestorben" ist, also von einer quasi synchronen Beendigung von Leben und Arbeitsleben ausgeht. Sie kann damit bisher weitgehend fehlende Erfahrungen mit interpersonalen Beziehungen nachholen, die außerhalb des Arbeits- und Familienlebens angesiedelt sind. Für sie ist nur eine Existenz denkbar, in der sie ihre Orientierungen auf das Privatleben durch die auf das Leben außerhalb des Hauses ergänzen kann – andernfalls liefe sie Gefahr, sich mit dem Ehemann einen Arbeitsbereich, den des Hauses, teilen zu müssen: eine Vorstellung **sozialer Unvereinbarkeit**. Damit verläßt sie den engen Rahmen, den kulturspezifische Bewegungsräume für Frauen ihres Alters und ihrer Generation im Herkunftsmilieu gesetzt haben.

Die italienische Kirchengemeinde wird in ihrer Interaktionsstruktur und thematischen Prägung sehr stark von den jeweils amtierenden Missionspfarrern persönlich geprägt. So bietet der derzeit amtierende Pfarrer anders als sein Vorgänger, der eine "erlebnisorientierte" Seelsorge und Pfarrgemeindeleitung pflegte, und weniger die Seelennöte seiner Gemeindemitglieder im Auge hatte als deren genußvolles Kennenlernen des Landes, in dem sie leben, spirituelle Anregungen durch intellektuell geprägte Pflege des kirchlichen Lebens. Dies kommt den im Lauf der Jahre gewachsenen Bildungsaspirationen der Informantin außerordentlich entgegen. In der Nähe zum Pfarrer hat sie ihrer Tochter inzwischen allerdings Vortritt lassen müssen, die als kompetente und organisationsgewandte Sekretärin der italienischen Pfarrei wichtige organisatorische Arbeiten übernimmt.

5.2.5.2. Wissensanalyse: Autobiographische Eigentheorien

5.2.5.2.1. Autobiographische Thematisierungen, die das ganze Leben betreffen

Frau C. ist zum Zeitpunkt der Interviews, obwohl gerade 60jährig, nicht geneigt, eine **Gesamtbilanz ihres Lebens** aufzumachen – in Gesprächsabschnitten nach der Interviewarbeit bringt sie eine hohe Zufriedenheit mit dem eigenen Haus und Garten zum Ausdruck, ein "kleines Paradies" sei dieses eigene Territorium. Was die Bilanzierungsarbeit angeht, wird vor allem deutlich, daß sie mit der Bearbeitung und Kontrolle leidvoller Erfahrungen beschäftigt und darauf konzentriert ist, über die vergangene Lebensphase der letzten sieben, acht Jahre sagen zu können, froh zu sein, "daß wir es geschafft haben". Sie hat es zustandegebracht, sich nicht von unerklärlichen Phänomenen der Fremdsteuerung dauerhaft "unterkriegen" zu lassen, sie hat es geschafft, ihre Familie nicht auseinanderdividieren zu lassen, ohne den Blick darauf, daß eine konflikthafte Entwicklung auch etwas mit der innerfamiliären Dynamik zu tun hat. Sie blickt zurück auf **erfolgreiche Renormalisierungsversuche**, der Alltag hat wieder an Selbstverständlichkeiten gewonnen (sie kann z.B. wieder fernsehen, ohne die Realität des Bildschirms mit der eigenen zu verwechseln), und sie hat sich so eingerichtet, daß sie mit "Hilfe Gottes", den sie inzwischen wieder "ansprechen" kann (sie kann wieder beten) und magischer Praktiken, aber auch medizintechnologischer Versorgung (trotz Rückführung einer geschwollenen Backe auf magische Fremdeinwirkung geht sie zum Zahnarzt) den Alltag bestehen kann. Hinter dem Stolz auf den Erfolg eigener Anstrengungen in der Selbstdefinition "ich kann sehr stark sein" tritt das materiell und ideell Erreichte auf der Ebene der **lebensgeschichtlichen Leistung** in ihrer Wahrnehmung zurück, da das Gefühl der Gefährdung des Erreichten ("wir sind im Dreck gelandet") nachhaltig wirkt. Ihr ist offensichtlich bewußt geworden, daß nach außen hin geordnete Verhältnisse nicht davor schützen, in chaotische Situationen zu geraten, daß also die eigene Existenz gefährdet ist angesichts geöffneter Einfallstore zur Außenwelt, durch die sich das "Böse" jederzeit einschleichen und die prekäre Balance aus dem Gleichgewicht bringen kann.

5.2.5.2.2. Autobiographische Thematisierungen zu einzelnen Lebensbereichen

Familienkonzeption und Arbeitsteilung der Geschlechter

Nach Beendigung des Nachfrageinterviews will Frau C. von der Interviewerin wissen: "Wie sehen Sie mich?" Sie bestätigt den geäußerten Eindruck, sie sei eine Frau, für die der Beruf eine große Bedeutung habe – sie sei jemand, der nicht gern zu Hause sitze. "Ja, wissen Sie, ich wollte nie so leben wie meine Mutter", die viel mehr gearbeitet habe als der Vater, aber zu einem "besseren Leben" gehöre auch eine richtige Ausbildung, was sie selbst, Frau C., zumindest was die Schulbildung angeht, versäumt habe. Damit unterstreicht sie einmal mehr, daß ihr spezifischer Lebensentwurf über die reine Erwerbsorientierung hinausgeht und ihr eine qualifizierte Berufstätigkeit als erstrebenswertes Ziel vorschwebt, das ihrer Ansicht nach von ihren Töchtern nicht voll erreicht wurde, da sie mit der mittleren Reife von der Schule abgegangen seien. Sie hat offensichtlich inzwischen erkannt, welch hohe Wertigkeit Bildungsabschlüsse haben – und zwar nicht nur hier, sondern auch im Herkunftsland, um eine qualifizierte Berufstätigkeit ausüben und einen entsprechenden gesellschaftlichen Status erreichen zu können. Deshalb formuliert sie auch die Bereitschaft, "wenn ich zurückgehen könnte, da würd' ich heute noch in die Schulbank wieder geh'n zu lern', was ich da verpaßt hab'" (II,61), obwohl das Gelernte für ihren Beruf ausreiche. Damit sind womöglich aber auch Defizite angesprochen, die sie im Interview nicht als solche offenlegen kann: die Erfahrung, in der Sprache des Migrationslandes, aber auch in der Hochsprache des Herkunftslandes niemals heimisch geworden zu sein; der auftretende Mangel an Flexibilität in für sie hochkomplexen Interaktionssituationen; bestimmte Lebensbereiche, die im Rahmen einer erfolgreichen Individualisierung qua Identitätsarbeit aufgeschlossen werden können, sind ihr problematisch geblieben. Sie selbst, so erläutert sie im Nachfrageteil, hätte sich für ihre Töchter **mehr** gewünscht, auch wenn sie sich mit dem Erreichten prinzipiell zufrieden gebe (" ... heute muß ich sagen, muß ich zufrieden geben", II,63). Angesichts der eigenen Bildungsbiographie ("durch daß ich verlottert habe", II,62), wollte sie, daß ihre Kinder "was würden", und sie nennt Beispiele aus der Verwandtschaft, wo Kinder ihrer Schwägerinnen "was Großes" geworden sind, und sie selbst habe sich "immer 'n bißchen nachlässig gefühlt", daß sie ihren Schwägerinnen nicht sagen konnte, "meine Kinder sin' au was, 'n Diplom oder so was" (II,62). Die Töchter argumentieren dagegen im Hinblick auf die deutsche Schule, vor allem die älteste Tochter konfrontiert die Mutter mit der Alternative, sie besser in Italien gelassen zu haben, "in Italia hätten die mehr Chance" (II,62). Ob die Möglichkeit, "etwas zu werden" eher in Italien zu lokalisieren ist, läßt Frau C. im Ungewissen, wenn sie kommentiert: "Aber, wenn die was geword'n wär', wär' für den un' net für mich" (II,63). Damit wird indirekt die Frage der **Verantwortung für das Verpassen einer Karrierechance der Töchter** angesprochen, die Frau C. als Lebensbilanz schwer auf sich nehmen kann, war es doch wegen ihres starken Engagements in der Firma G. auch nicht möglich, sich um die Schullaufbahn der Töchter zu kümmern. Diese Aufgabe übernahm stattdessen der Familienvater, der nach Ansicht von Frau C. auch deshalb besser Deutsch lernte als sie, weil er den Kindern bei den Hausaufgaben half. Führte also die Migration Frau C. zu **erweiterten Handlungsspielräumen im beruflichen Bereich** (der zunächst unwillig erlernte Beruf wird jetzt "verwirklicht"), so gelang es zunächst doch nicht, weniger zu arbeiten als der Ehemann, im Gegenteil: "ich hatte immer mehr arbeite muß wie mein Mann" (II,69). In der Phase der Umbaumaßnahmen beim erworbenen Haus und nach Einzug in das Haus vermehren sich ihre Pflichten, sie näht zusätzlich für Kinder und Bekannte, die beim Bauen helfen. Durch die Tätigkeit in der Textilfabrik G. bleibt keine Zeit mehr für Haushalt und Familie, sie "vernachlässigt" ihre Familie, wie sie als Bilanz am Ende ihrer Zeit in der Fabrik kritisch formuliert. Als sie sich selbständig gemacht hat, beginnt erneut eine zehnjährige Phase der Doppelbelastung, die zu Konflikten mit Mann und Kindern führt: sie putzt das ganze Haus allein, so im Nachfrageteil formuliert. ("jetzt sin' vierzehn, fuffzehn Jahr', daß ich des net mehr mache, ne, also kann s'e sagen, zehn Jahr' hier in diese Hause hab' ich gemacht, (...) ich habe gearbeit', ich habe des Hause von obe' bis unten alleine geputzt un' gekocht für alle +++ aber ich hab' au viel geschimpft, daß die mir helfe sollte un' so" II,66).

Offenbar führt die **Überfokussierung auf die Interessen des Betriebes** zur Deutung, die Familie in dieser Zeit vernachlässigt zu haben, als sie beginnt, sich von den Interessen der Firma G. zu distanzieren. Dies zieht im folgenden trotz des notwendigen Engagements im neugegründeten Geschäft eine Phase der Kompensation "unterlassener Fürsorge" für die Familie nach sich, die (innerfamiliär) wahrscheinlich erst beendet wird, als die Töchter eigene Haushalte gründen. Frau C. nennt nämlich als Ergebnis des durchaus widerwillig erledigten Einsatzes im eigenen Haushalt, die damit verbundenen Konflikte in der Familie hätten zum Ergebnis gehabt, daß ihre Schwiegersöhne es lernten hätten, im Haushalt mitzuarbeiten, nachdem sie sich geweigert habe, auch sie noch mitzuversorgen. Danach kümmert sie sich nicht mehr um den Haushalt und überläßt ihrem Mann das Feld. Zahlreiche Einlassungen über die Notwendigkeit, daß die Männer die Hausarbeit mittragen müssen, weil sonst die Familien "kaputtgehen", zeigen, daß sie bemerkt, daß in den Familien ihrer italienischen Bekanntschaft immer noch das Modell der einseitigen Belastung der Frauen mit der gesamten Hausarbeit vorherrscht. Davon distanziert sie sich, wenn sie sagt: "Des is' net mein Leben +++ daß ich von morgen (...) mich in die Küche mich hinstell' und koche stundenlang, ne + mach' ich des net mehr ++ da geh' ich lieber essen oder kauf' ich mir was un' so, des bin ich net mehr. Ich bin nicht mehr wer ich war, so muß mer sage', ich habe ganz and're Einstellung, bin ich des, ne, warum weiß ich net, bin ich and're geword'n" (II,65/66). Und kurz darauf, befragt, wie das denn in Sizilien gewesen sei, verweist sie darauf, sie habe dort "gekocht, gebrate un' gemacht (...) hab' ich gearbeit' aber ich habe Tag und Nacht gearbeit' un' gebacke für die Kinder, daß die Kinder alles hat, aber heut' würd' ich das net mehr. + Wirklich net" (II,66). Sie führt ihren Mann als Beispiel an für eine Rolle, die sie nicht übernehmen würde, wenn sie beschreibt, wie er noch heute "die ganze Woche" kocht und die Enkelkinder mitversorgt. Offensichtlich gab es auch in ihrer Biographie während der Migration eine Phase, wo das Familienhandlungsschema der gemeinsamen Erledigung der Hausarbeit und Kinderversorgung ("alles gemeinsam"), das während der Zeit, als der Ehemann noch in Sizilien lebte, galt, nicht griff. Sie distanziert sich also auch aus eigener Erfahrung von der Praxis der einseitigen Belastung der Frauen in den italienischen Familien in der Migration, die sie kennt, und entwikkelt eine Theorie, weshalb "die Häuser nicht weitergehen", Familien zerbrechen, d.h. auch die Distanzierung der Kinder von der Herkunftsfamilie eintritt: die Männer verbringen ihre Freizeit außer Haus allein, (was bei den C.s "nicht modern" ist). Danach lassen diese die Frauen die Hausarbeit allein verrichten, obwohl sie erwerbstätig sind, und die Kinder folgen dem Negativbeispiel der Väter, so daß die Frauen nicht nur von ihren Männern ausgebeutet werden, sondern auch von den Kindern, die wiederum für sich selbst ein ähnlich rückständiges Modell der Arbeitsteilung entwickeln. Von der Erfahrung mit der Selbstausbeutung durch Selbstversorgung kommt Frau C. zu einem Modell des Sichversorgenlassens in der modernen Dienstleistungsgesellschaft, eines "urbanen Lebensstils", den sie gewiß eher im Kreise ihrer Kundinnen antrifft als unter ihren italienischen Bekannten. Eine gute Ausbildung, ein qualifizierter Beruf, der einen gehobenen gesellschaftlichen Status garantiert und eine Abkehr von der Konzentration aufs Haus, was die Selbstversorgung angeht, sind die markanten Orientierungen, die Frau C. als biographisch neue präsentiert. Dazu paßt die Auseinandersetzung mit einem biographischen Handlungsschema, das sie bei vielen ihrer Landsleute in Deutschland vorzufinden glaubt: sich nichts zu gönnen und auf die Zukunft hin zu leben, das Prinzip des "risparmiare oggi per vivere domani". Sich von diesem Handlungsschema nicht gelöst zu haben, wirft sie ihren Landsleuten vor; eine entsprechende Haltung bezeichnet sie als "zurückgeblieben". "Zurückgeblieben" in dieser Hinsicht sind ihrer Ansicht nach aber nicht nur die, die nach Deutschland kamen, sondern auch die, die in Sizilien geblieben sind. Hier wie dort seien die Sizilianer nicht arm, sie steckten ihr Geld aber irrtümlicherweise in "Palazzi", die sie entweder nicht nutzen könnten, weil es für eine Rückkehr nach Sizilien zu spät sei, oder die sie, – in Sizilien verblieben –, nicht in der rechten Weise nutzten, weil das Haus nur der Außenrepräsentation diene, während die Familien sich in der Alltagspraxis nur in der "Abstellkammer" oder allenfalls in der "hochmodernen Küche" aufhielten.

Der Aspekt der Ethnizität in der autobiographischen Thematisierung

Insgesamt zeigt Nunzia C. eine deutliche Neigung zur Distanzierung von den Landsleuten hier und in Sizilien: diese erweist sich bei genauerer Betrachtung als Distanz zu einem bestimmten Milieu, als Gegenzug zu ihrer Haltung Deutschen gegenüber – hier vor allem den deutschen Kundinnen – kann sie als Hang zur **habituellen Distanzierung** bezeichnet werden. In der Auseinandersetzung mit dem Spar- und Askeseprinzip des "risparmiare oggi per vivere domani" plädiert sie für ein Leben im Hier und Jetzt, dafür, das Leben zu genießen, sich etwas zu gönnen. Hier wird deutlich, daß sie einerseits, wie schon in der Haupterzählung, darauf orientiert ist, einer Ethnisierung ihrer sozialen Erfahrungen entgegenzuwirken (etwa bei dem pars pro toto-Beleg: ein Mann liebt und pflegt sein Auto mehr als seine Frau – das wird am Beispiel eines italienischen Ehemannes entfaltet, dann aber auch auf deutsche Männer hin generalisiert), daß sie andererseits aber auch starke Tendenzen zeigt, sich vom Milieu ihrer Landsleute und der "anderen Ausländer" abzusetzen. Sie spricht hier die Ghettobildung an, aber auch den nachlässigen Umgang mit sich selber im Hier und Heute zugunsten eines extensiven Sparprogramms für das "Leben danach", das Leben nach der Rückkehr aus Deutschland.

In der Darstellung der sizilianischen Erfahrungen "im Urlaub" im sozialen Bezugsrahmen der Verwandtschaft wird deutlich, wie Frau C. sehr wohl wahrnimmt, daß es ihren Verwandten aus der eigenen Familie wie der des Mannes materiell durchaus nicht schlechter geht als ihr selbst, und daß es den Kindern der Brüder und Schwestern des Mannes gelungen ist, akademische Karrieren erfolgreich einzuschlagen. Dennoch setzt sie sich mit dem Lebensstil und dem Habitus der Sizilianerinnen, die sie kennt, distanzierend auseinander: "daß ich das Leben nicht mehr machen würde, wie die das machen heute" (II,48). Damit stellt sie klar, daß sie trotz der von ihr positiv eingeschätzten ökonomischen Lage ihrer in Sizilien verbliebenen Verwandten nicht daran denkt, ihre Migration ex post in Frage zu stellen. Die von Frau C. kritisierte lebenszyklische Verortung steht unter dem Zeichen der sozial kontrollierten völligen Zurücknahme der weiblich-erotischen Ausstrahlung im fortgeschrittenen Alter. Die Frauen in ihrem Alter "lassen sich gehen", sie sind nicht mehr "schick". Eine Begegnung mit einer etwa gleich alten Cousine, die einst in ihrer Jugend "eine schöne Frau" war, im Gegensatz zu Frau C., wie sie selbst meint, führt zu der Aufforderung, in ihren Personalausweis zu schauen, um festzustellen, wie altersunangemessen sie sich kleide. Sie, die Cousine, würde sich in ihrem sozialen Umfeld einen schlechten Ruf einhandeln, würde sie sich zeigen wie Frau C., nämlich im kniekurzen Rock. Für Frau C. ist diese versteckte Beleidigung Anlaß, sich mit den "Mentalitäten" auseinanderzusetzen: Sie konfrontiert die Cousine mit dem Konzept des "etwas für sich selbst Tuns" und reflektiert, daß dem die "Mentalität" in Sizilien entgegenstehe, immer über andere "herzuziehen", sie "nicht in Ruhe" zu lassen: Die soziale Kontrolle verhindert die Orientierung an individuellen Neigungen und hemmt die Toleranz individuellen Lebensstilen gegenüber. Die Schwierigkeiten mit genau dieser Lebenseinstellung des sich selbst etwas Gönnens, die in der Haupterzählung zunehmend deutlich werden, werden im Nachfrageteil verständlicher. Die Haltung des Lebens im Hier und Jetzt und nicht auf eine ferne Zukunft hin, von der man nicht weiß, ob sie eintritt, die **Orientierung auf die biographische Zeitperspektive der Gegenwart** also, hat Nunzia C. in langen Jahren des Lebens in der Migration als **ideale Konzeption** entwickelt, vermutlich verstärkt durch den Kontakt mit Kundinnen, die sie als "reich und mit viel Zeit" wahrnimmt. Sie setzt sich damit deutlich von einem Lebensstil ab, wie er in ihren Augen "noch heute" von Frauen ihres Herkunftskollektivs gepflegt wird, gleich, ob sie nun hier oder in Sizilien leben. Im Umgang mit den verschiedenen Kulturen, die ihre Kundinnen repräsentieren, mag der **Wunsch nach habitueller Übereinstimmung mit einem "idealen Zielmilieu"** gewachsen sein. Diese Konzeption freilich wird weder von den Deutschen geteilt, die sie entweder als ausbeutbare Arbeitskraft oder als Konkurrentin am Arbeitsplatz sehen, noch von – wie sie meint – der Mehrzahl ihrer Landsleute, noch von ihren Kindern, die den Vater vorziehen, weil er das "Dasein für andere" in extensiver Form repräsentiert und Töchter wie Enkel umsorgt, während die Mutter sich von der Mutterrolle verabschiedet hat und für sich selbst sorgt – zumindest dies als Ziel hat – und einen "urbanen Lebensstil" propagiert (auswärts essen, unterwegs sein, Menschen treffen, wenn auch noch unter dem "Schutzdach" der Helferinnenfunktion). Es wird deutlich, daß die Helferinnenrolle auch deshalb so kultiviert wird, weil eine andere Seite des Interaktionsspektrums nicht eingeübt wurde und zu tiefen Verunsicherungen führt: entweder man hilft selbst, oder es wird einem (auch professionell) geholfen (die Gastwirtin und das polnisch-deutsche Ehepaar in der Anfangszeit, später die Apothekerin oder auch die Nachbarn). Ein **gebremster Individualisierungsprozeß**, gebremst von außen, an den sich qua Idealisierung eine Tendenz zur habituellen Übereinstimmung mit VertreterInnen der deutschen Mittelschicht knüpft, gebremst aber auch durch **Mangel an Erfahrungsgrundlagen**. Insofern gerät Frau C. in jeder Hinsicht zwischen die Fronten, und zu ihren "Überlebenspotentialen" gehört eine gelebte Praxis der biographischen Begleitung durch ihren Ehemann ebenso wie ein Familienkonzept, das die Konflikte nicht ausschließt, aber der Kommunikation miteinander und dem Prinzip des "gemeinsamen Tragens der Lasten" verpflichtet ist.

Formuliert Frau C. für die erste Phase der Migration, die sechziger Jahre, mit dem Blick auf die Deutschen die Erkenntnis, "die haben uns gebraucht damals", so spricht sie für die spätere Phase mit zahlreichen Beispielen in Distanz zu den Landsleuten: "die" haben Probleme, "die" passen sich "nicht ein bißchen" an, die "integrieren" sich nicht "ein bißchen". Die Schlußfolgerung aus der **Erkenntnis in die Notwendigkeit der Anpassung** ist denn auch: "Ich habe keine Probleme mit den Deutschen". So erscheinen die Landsleute, mit denen sie in den ersten Jahren und auch später noch bei G. Kontakt hat, unter der Perspektive des **Störfaktors des eigenen Integrationsbemühens**, das durch deren Haltung entwertet wird. Die italienischen Bekannten und Kolleginnen halten ihre Negativeinstellung den Deutschen gegenüber aufrecht und sind auf negative Erfahrungen und habituelle Distanzierung überfokussiert. Frau C.s Entgegensetzung, sie könne sich nicht beschweren, wo es nichts zu beschweren gebe, bringt sie im Kreis ihrer italienischen Bekannten in eine marginale Position. Im Nachfrageteil wird die skeptische bis ablehnende Haltung den Landsleuten gegenüber noch ergänzt durch eine entscheidende Variante: sie distanziert sich vom **"Gastarbeiter-Habitus"** (Wohnen in Mietskasernen, Vernachlässigung der Wohnung wie der eigenen Leiblichkeit, mangelnde Hygiene) und benutzt dabei Stereotypen, wie sie eher einer ethnozentristischen Einstellung der Einheimischen im Migrationsland entsprechen. Damit distanziert sie sich von einem sozialen Milieu, dem sie sich nicht zugehörig fühlt. Daß sie noch heute bei Begegnungen mit Italienern, die sie aus ihrer Zeit bei G. kennen, für "verrückt" erklärt wird, weil sie den Arbeitsplatz bei G. aufgegeben hat, obwohl sie dort "Meister werden" sollte, markiert ihre spezifische Drucksituation: sie muß dagegenhalten, daß sie sich nicht für verrückt hält, und erneut ihre **individuelle Konzeption eines angenehmen Arbeitsverhältnisses** verdeutlichen, ohne aber wirklich verstanden zu werden. Die Konfrontation mit den eigenen Landsleuten im Betrieb, die sie dazu führt, "von den Italienern weg und von alle(n) weg" zu wollen, enstand ja gerade durch den Vorwurf, zu eng mit den Deutschen zusammenzuarbeiten, dabei die gebotene Distanz zwischen den Geschlechtern in einem gemischtgeschlechtlichen Arbeitskollektiv nicht einzuhalten, und dann als "rechte Hand" des deutschen Meisters im Betrieb zu avancieren, "etwas Höheres" werden zu wollen. Eine Unterstützung oder gar biographische Beratung seitens einzelner VertreterInnen ihres "Wir-Kollektivs", die es ihr vielleicht eher ermöglicht hätte, Vorarbeiterin zu werden, ohne der Akzeptanz ihrer italienischen Kolleginnen verlustig zu gehen, hat sie nicht erfahren. Dies wog um so schwerer, als sie mit deutschen Kolleginnen die Erfahrung machte, daß ihr die herausgehobene Position im Betrieb mißgönnt wurde, und daß ihr zunehmend mit Mißtrauen begegnet wurde, obwohl sie in der Anfangszeit bei G. intensiv mit diesen kommuniziert und zusammengearbeitet hatte. Ihre Anpassungsleistung wird ihr also von "italienischer Seite" (sowohl hier als auch in Sizilien) als Fehlhaltung vorgeworfen und von deutscher Seite nicht gedankt – Mißgunst und Mißtrauen bei den deutschen Kolleginnen, bedenkenlose Ausbeutung ihrer Einsatzbereitschaft durch die Vorgesetzten begründen insgesamt eine tiefgreifende Erfahrung verweigerter Perspektivenübernahme. Ihre Disposition zur sozialen Offenheit im Arbeitsprozeß und ihre Handlungsorientierung des "sich unentbehrlich Machens" bringen sie in eine **Berufsfalle** (zunächst in der Molkerei, später bei G.), aber auch in eine **Kommunikationsfalle**, da auch ihr selbst ein Verstehen der anderen, die Übernahme fremder Perspektiven oft nicht möglich ist. Ihr **Modell einer gelungenen interkulturellen Kommunikation** funktioniert nicht, und je weniger es sich realisiert, desto stärker entwickelt sie den Zwang zum Helfenmüssen, zur sozialen Unentbehrlichkeit auch außerhalb der Arbeitswelt, um der sozialen Vereinzelung zu entgehen. Sie kann sich nicht auf die Rolle als Familienmutter beschränken, entwickelt schon sehr früh (in der Lehre in Sizilien) die **Disposition zur außerhäuslichen Aktivität**, die den Rahmen beschränkter weiblicher Bewegungsräume sprengt, auch wenn diese Öffnung zusammenhing mit dem Arbeitsprozeß. Daran knüpft sie, seit sie selbständig ist, wieder an. So sucht sie an den Wochenenden ihre Kundinnen zu Hause auf.

Kann der Bereich der **inter- oder intrakulturellen Kommunikation** mitsamt seinen konflikthaften Erfahrungen noch unter Kontrolle gehalten werden, solange Arbeits- und Privatbereich klar getrennt sind, so gelingt dies vielfach nicht mehr, als sie die Schneiderwerkstatt eröffnet hat. Sie tritt in Kontakt mit Nachbarn und Kundinnen "mit viel Zeit", die Schneiderei ist für Frau C.s Interaktionsgegenüber der Ort des "Schwätzens" über andere, des "Abladens" von Sorgen, der Beratung "über Mode und über alles". Offensichtlich erfährt hier Frau C., die "italienische Schneiderin", eher als zuvor soziale Wertschätzung, und in diesem Klima kommt es denn auch zum Zusammentreffen mit der "fremden Frau", der Frau C. den Zutritt in ihr Haus und damit zu ihrer Familie nicht verweigern will. Sie wird nun von dieser Deutschen "enttäuscht", weil der Kontakt mit dieser Person eine Dynamik entfaltet, die sie zunächst nicht mehr kontrollieren und in ihrem Interesses steuern kann, zumal sie bisher offensichtlich die Erfahrung gemacht hat, daß die **Definitionsmacht von Situationen** in Interaktionen vornehmlich bei den Deutschen liegt.

In einem **Verlaufskurvenprozeß bzw. dessen Transformation** in einen innerpsychischen und innerfamiliären Konflikt, bei dem die Erfahrungen mit Ausschliessungsprozessen qua Ethnizität ebenso eine Rolle spielen wie die Neigung zu einem individualisierten Lebensstil, den ihre Kundinnen repräsentieren und von dem sie sich angezogen fühlt, gerät Frau C. unter **massiven Druck**. Die Familie soll heil bleiben, soll der von Marginalität unberührte Ort bleiben, andererseits kommt es zu inneren Kämpfen ("es war Krieg", "es drückte") um eine individuelle und konsumistische Orientierung: sie darf nicht, was sie kann. Das Leben für sich selbst schön zu machen, sich "modern" zu kleiden und einzurichten, ist ein Prinzip, das von ihren "reichen Kundinnen mit viel Zeit" und Bildung vertreten wird, gewiß auch von der jungen Apothekerin, der sich Nunzia C. öffnen kann, weil sie mit ihr eine quasi professionelle Beziehung etabliert. Diese biographische Orientierung steht im Gegensatz zu den Erfahrungen in Sizilien, dem Leben der Mutter, aber auch dem der Frauen aus dem "Wir-Kollektiv" der Italiener, die zu Frau C.s Bekanntenkreis in der Migration gehören. Aber auch die eigenen Töchter stehen dazu in kritischer Distanz: sie erklären ihre Mutter in ihren Konsumgewohnheiten, ihrer Orientierung am "Modernen" für tendenziell überspannt und vertreten ähnliche Erwartungen, wie Frau C. sie aus Sizilien und von anderen vornehmlich aus Süditalien stammenden MigrantInnen her kennt. Die Auseinandersetzung mit dem "sizilianischen Prinzip", das möglicherweise auch vom italienischen "Heilpraktiker" vertreten und aktualisiert wird, findet in Frau C.s Inneren statt. Deshalb muß sie auch betonen, daß die Apothekerin "nur so helfen" konnte, indem sie Frau C. in ihrer Individualität stärkte, neu gewonnene Orientierungen nicht in Frage stellte, andererseits aber auch die Befreiungsversuche auf der Grundlage vorhandener biographischer Ressourcen (Dialog mit Gott, Einsatz magischer Praktiken) akzeptierte. Die Rolle des Ehemanns, dem Frau C. bemerkenswerter Weise "fast" alles sagen kann, besteht in der Aufrechterhaltung der Familienkohäsion, in der Übernahme der Rolle als Vertreter des Familienprinzips, der Selbstversorgung, nicht des urban-individualistischen Lebensstils. Seine Lebensdevise, immer sagen zu müssen, "mir geht's gut", liegt erstaunlich nah bei der zunächst von Frau C. eingenommenen Perspektive auf das eigene Leben in der Migration als "Erfolgsstory", auch wenn er relativ rasch auf leidvolle Erfahrungen mit der Zerstörung der eigenen Gesundheit durch das Arbeitsleben in der Migration verweisen kann und diese nicht ausblendet. So mag es auch mit ihm zu Differenzen über den Umgang mit den Familienfinanzen gekommen sein, die dazu führen, daß Frau C. Geld beiseite schaffen muß, was dann als Ergebnis eines diebischen Einsatzes unter Anwendung zauberischer Praktiken erklärt wird und auf ebensolche Weise schließlich unterbunden werden kann – eine Erklärungstheorie, die der Ehemann in der Interviewsituation durchaus teilt. Die elementare Erfahrung, nicht ernst genommen zu werden, der **verweigerten Perspektivenübernahme,** verstärkt sich in dem Maße, wie Frau C. partikularistische Erklärungen und Praktiken entwickelt: der Pfarrer glaubt ihr nicht, ihre Schwester glaubt ihr nicht, Ärzte helfen nicht. Demgegenüber entdeckt die Informantin im Lauf des Interviews im Zuge der Vertrauensbildung, als sie den Eindruck bekommt, daß ihr "geglaubt" wird, die Möglichkeit, sich zu öffnen und damit "öffentlich zu machen", was ihr widerfahren ist, "um die Leute vor den Leuten warnen zu können" und entwickelt gar die Idee, in Ermangelung geeigneter Gesprächspartner selbst den Cassettenrecorder anzustellen, wenn ihr etwas einfällt.

Die Beziehung zu den Töchtern ist davon geprägt, daß die Mutter als die Vertreterin des Assimilationsprinzips gilt, was dazu führt, daß sie nicht zugeben kann, wo sie damit biographisch gescheitert ist, wo ihr **Modellkonzept der interkulturellen Interaktion** nicht realisierbar ist. Demgegenüber kommt es in der Darstellung im Interview zu einer Verschiebung: kündigt sie die Darstellung der Verlaufskurventransformation als "schwere Enttäuschung mit den Deutschen" an, so gibt sie die lange durchgehaltene Proposition, keine Probleme mit den Deutschen zu haben, hier auf, und zwar so gründlich, daß sie die Verstrickungen in die Beziehung zum "Heilpraktiker" zwar in ihren Folgen detailliert aufzeigt (innere "Stimmen"), nicht aber erkennen kann, daß hier ein italienischer Helfer wiederum ihre exzessive Neigung zum Helfen verstärkt und ausgenutzt hat. Denn es handelte sich ja um das Problem der Abgrenzung nicht nur einer Deutschen gegenüber, die "in die Familie hineinregieren" wollte, sondern auch einem Italiener gegenüber, der das professionelle Setting überschritt. Findet sich auf der einen Seite also eine Überfokussierung des harmonischen Miteinanders mit Deutschen, wird dort, wo es im Interviewverlauf dazu kommt, den "Geist aus der Flasche" entweichen zu lassen, eine **Überfokussierung der ethnischen Seite** in der eigentheoretischen Erklärung des inneren Konflikts sichtbar. Dies wird Frau C. selbst erkennbar, als sie im Kodateil des Interviews darauf verweist, mir doch auch etwas Positives mitgeteilt zu haben, nämlich die Bereicherung durch die Bekanntschaft, ja Freundschaft mit der jungen deutschen Apothekerin, die ihr zur biographischen Beraterin wurde.

5.2.5.2.3. Wandlungen und Kontinua der Selbstsicht

Die Thematisierung von Wandlungsprozessen in der biographischen Orientierung knüpft Frau C. an ihr Selbstverständnis als Trägerin der Familienarbeit, wobei sie die Erfahrungen, die sie in Sizilien gemacht hat, mit den Eindrücken verbindet, die sie dort bei Besuchen heute gewinnt, aber auch an ihre Erfahrungen mit der doppelten Präsenz in Familie und Beruf. Damit verbunden ist die Entdeckung des "urbanen Lebensstils". Ferner kommt es zu einer Revision der Sichtweise zur schulischen und beruflichen Ausbildung, und die biographische Thematisierung der Subsistenz-Hauswirtschaft ("heute würde ich das nicht mehr machen") bilanziert ihre Anstrengungen als aus heutiger Sicht unzumutbare, auch wenn ihr Ehemann bereits in Sizilien, wie sie im Nachfrageteil noch einmal unterstreicht, mit ihr "alles gemeinsam" erledigte. Ihre Vorstellungen orientieren sich aus der Gegenwartsperspektive an einem Modell der Lebensorganisation, in dem die Frau sich nach entsprechender Qualifikation in hohem Maße mit ihrem Beruf beschäftigt, und in dem die Pflichten der Familienarbeit so weit wie möglich "entprivatisiert" und als bezahlte Dienstleistung nach außen delegiert werden. Deshalb teilt sie auch nicht das von ihrem Ehemann praktizierte Modell des modernen "nonno", des Großvaters, der die Töchter von der Familienarbeit entlastet: dafür sind, so meint sie, in erster Linie die Schwiegersöhne zuständig. Andererseits präsentiert sie sich in der Krisensituation mit ihrer ältesten Tochter als Garantin des Familienfriedens.

Eine bemerkenswerte Kontinuität hingegen ist in ihrem **Verständnis ihrer Arbeitsbiographie** zu verzeichnen. Sowohl die konflikthafte Entwicklung ihrer Tätigkeit in der Molkerei als auch die Erfahrungen bei G. kommentiert sie mit dem Hinweis auf ihre grenzenlose Einsatzbereitschaft, die jedoch gekoppelt sei an die Weigerung, ihre Kolleginnen zu kontrollieren oder Vorarbeiterin werden zu wollen. Sie formuliert damit ein individuelles Verständnis ihrer Tätigkeit, das jedoch in hohem Maße gebunden ist an ihre **Orientierung auf das Kollektiv der KollegInnen**, aus dem sie sich nicht "herausindividualisieren" lassen will. Damit entwickelt sie ein Konzept von Arbeit nicht nur als individueller Berufstätigkeit, sondern als sozialer Praxis. Auch ihre Tätigkeit als selbständige Schneiderin definiert sie so, daß sie für den Dienst an der Kundin einsatzbereit ist, obwohl sie davon ausgeht, mit ihrer Arbeit "nicht reich" werden zu können. Sie arbeitet auch am Wochenende, und lebensperspektivisch ist für sie ein Ende der Tätigkeit nicht geplant. Nach der Erfahrung eines Mangels an Perspektivenübernahme bei G., vor allem auf seiten des Meisters, kommt es allerdings zu einer kritischen Überprüfung ihres grenzenlosen Einsatzes als ausländische "Modellarbeiterin": aus der Gegenwartsperspektive wird ihr bewußt, daß sie "ihre Familie vernachlässigt" hat. Angesichts ihrer Einlassung zur Organisation der Familienarbeit scheint kein Bedauern damit verbunden zu sein, daß in der Zeit bei G. ihr Ehemann die Haushaltsführung und Fürsorge für die Töchter fast ganz übernahm, sondern es deutet sich hier lediglich die Erkenntnis an, daß sie in einer biographisch zentralen, unwiederholbaren Phase der Entwicklung ihrer Töchter im Hause kaum präsent war. Welche Auswirkungen dies im einzelnen auf die Beziehungen zu ihren Töchtern hatte, blendet sie weitgehend aus. Erst am Ende des Nachfrageinterviews macht sie deutlich, daß die Töchter dem Vater sehr nahe stehen und ihre Mutter eher kritisch sehen. Dennoch zieht sie aus diesen Erfahrungen nicht die Bilanz, auf die Berufstätigkeit besser verzichtet zu haben.

Auffällig ist in diesem Zusammenhang, daß Frau C. gleichzeitig einen exzessiven Drang zum Helfen, sich um andere zu kümmern und für andere zu sorgen, entwickelt. Als sie gegen Ende des ersten Interviews ihre gewandelte Konzeption des Helfens formuliert, nachdem sie zuvor zahlreiche Situationen – auch solche mit Erfahrungen mangelhafter Reziprozität – als Beleg dafür präsentiert hat, in ihrem Helferinnenimpetus nicht verstanden bzw. ausgenutzt worden zu sein, betont sie noch einmal, an dem Grundgedanken des Helfens festhalten zu wollen, wenn auch heute nicht mehr als "Helfenmüssen", sondern eingeschränkt auf die Fälle, wenn Menschen es "brauchen". Damit deutet sie ein Modell der "Hilfe zur Selbsthilfe" an, das voraussetzt, daß die Hilfsbedürftigen qua religiöser Orientierung sich auch von Gott helfen lassen, in Abwandlung des Spruches "Hilf dir selbst, dann hilft dir Gott". Das Aufrechterhalten des kulturellen Musters der Nachbarschaftshilfe, kombiniert mit einem gelebten Prinzip praktizierter Nächstenliebe, läßt sich mit ihrer Tendenz zur "Aushäusigkeit", die sie schon als frühes biographisches Muster entwickelt hat, vereinbaren.

5.2.5.2.4. Veränderungen des symbolischen Universums, die sichtbar werden

In welcher Weise sind nun die von Frau C. geschilderten Phänomene und Beeinträchtigungen als Ausdruck einer Verlaufskurventransformation mit ihrer Migrationsbiographie verknüpft? In der Firma G. hatte sie noch die Möglichkeit, sich in einer spezifischen Ausbeutungssituation auf Grund ihrer besonderen Position als "tüchtige Ausländerin" gegen eine "Lösung" zu entscheiden, die ihr widerstrebte. An der Darstellung ihrer Erlebnisse mit der "fremden Frau" aber wird deutlich, daß es hier um sehr viel schwerer zu bewältigende Einstellungsänderungen ging, die sie nicht mehr leisten konnte. Sie beginnt, in ihren Erklärungen das Rationalitätsprinzip zu verlassen. Die Versuche, diese Alltagskonflikte in "vormoderner" Weise zu bewältigen, auch Rituale zu finden, um etwas für sich positiv zu regeln, zeugen ebenso von der Überforderungssituation wie ihr Versuch der Selbstdefinition "ich bin stark", um an positive Problembewältigungsstrategien früherer

Zeiten anzuschließen.

Ihre **Erklärungsversuche partikularistischer Art** bringen sie denn auch in der Interviewsituation in Überzeugungs- und Artikulationsschwierigkeiten gegenüber der Interviewerin, da sie unterstellen muß, daß diese ein kulturelles Bezugssystem vertritt, in dem solche Vorstellungen von "Fremdsteuerung" und ihrer "Bewältigung" nicht beheimatet sind. Sie muß davon ausgehen, daß die Interviewerin den Hintergrund dieses Erklärungs- und Bearbeitungssystems nicht kennt. Deshalb vermeidet sie es auch, sich selbst zu etikettieren und beschreibt ihren Zustand eher indirekt als Folge einer "Besessenheit".

Spielte im Interview über weite Strecken ihre Selbstdefinition als einer Frau, der es gut geht in Deutschland, eine Rolle, so wurde doch ihre Irritation in den Beziehungen zu anderen zunehmend deutlich. Der Versuch, ihre Erfahrungen eher als positive darzustellen, verwies auf das Fehlen von fundiertem Erfahrungswissen in der Interaktion mit anderen und damit verknüpften Fremdheitserlebnissen. Es wurde deutlich, daß in ihrem ursprünglichen Erzählplan nicht vorgesehen war, auf ihre negativen Erfahrungen einzugehen: sie war bereits im Präsens angelangt, als sie schließlich damit begann. Zunächst waren offensichtlich die Zugzwänge der Argumentation im Präkodateil des Interviews so mächtig, war das Erzählte für sie noch heute so problematisch, daß das Argumentationsschema zeitweilig dominant wurde, und es durchaus erwartbar erschien, daß sie das Interview vorzeitig beenden würde.

Im Blick auf die biographische Entwicklung von Nunzia C. ist deutlich geworden, daß sie offensichtlich erst dann beginnt, sich mit der Idee, sich selbst etwas zu gönnen, auseinanderzusetzen, als sie avanciert ist. Die Familie hat ein eigenes Haus, das abbezahlt ist, und sie hat sich mit ihrer selbständigen Schneiderinnenexistenz beruflich absichern können. Es muß nicht mehr exzessiv gespart werden, andererseits trifft sie im regelmäßigen Kontakt mit ihrem "idealen Zielmilieu" auf ständige Verführungssituationen bzw. Anregungen zum Konsum. So erscheint es zunächst überraschend, daß die Informantin aus der Gegenwartsperspektive offensichtlich an einem irrationalen Erklärungsschema arbeitet. Es war zuvor im Interview schon evident geworden, daß sie an einem starken Abwehr- und Ausblendungssystem hinsichtlich dessen, was ihr in Deutschland an Schlimmem widerfahren ist, arbeitet. Im weiteren Verlauf wurde deutlich, daß sie weder die Perspektive der "reichen Frau" noch die des Heilpraktikers übernehmen kann und dieses mangelnde Verstehen durch "höhere" Prädikate wie "böse" oder "lesbisch" ersetzt oder medikalisierende und fremdmachende Kategorien dafür verwendet. Läßt sich die "märchenhafte" Darstellung durchaus als Stegreiferzählung lesen, so tauchen in der Entwicklung der Ereignisse aber offenkundig Parallelen zu ihren erzählten Erfahrungen in der Firma G. auf. Die strukturelle Übereinstimmung findet sich im harmlos-offenen Hineingehen in eine Situation, die sich aus der Stimmung des "geglückten Anfangs" wegentwickelt und unerwartet vom Positiven ins Negative verkehrt, schwierig und unüberschaubar wird (ein aus Märchen durchaus vertrautes Motiv), und Frau C. vor allem vor Abgrenzungsprobleme in der Interaktion mit anderen stellt.

Sowohl in der Zeit bei G. als auch später zeigen sich Probleme in der Entwicklung der Fähigkeit, die deutsche Kollektivität in ihren Perspektiven zu übernehmen, sich einzufühlen und einzudenken. Dies auszugleichen, erfordert einen erheblichen emotionalen Aufwand. In der Begegnung mit dem italienischen Heilpraktiker, aber auch in der Sicht auf ihre Landsleute (von denen sie sich "mies gemacht" fühlt), wird klar, daß sie auch an Möglichkeiten verliert, die Menschen aus Italien zu verstehen, wie ihr das wohl früher einmal leichter gefallen war. Sie macht mit Vertretern beider Kollektive die zentrale Erfahrung, daß die Reziprozitätserfordernisse der Interaktion und wesentliche Interaktionspostulate nicht eingelöst werden. Ihre Kommentare und "höheren" Prädikate verweisen ebenso wie die märchenhafte Darstellung darauf, daß erhebliche Kräfte aufgewendet werden müssen, um ein Äquivalent für die Unfähigkeit zu schaffen, die Perspektiven anderer zu übernehmen. Andererseits hat sie selbst gravierende Erfahrungen des Mangels an Perspektivenübernahme durch andere gemacht und bringt erhebliche Anstrengungen auf, gerade dies auszublenden: Sie kam als tüchtige Arbeiterin in die schwierige Situation, auf den unterschiedlichen Klaviaturen der verschiedenen Hierarchieebenen spielen zu müssen, und sah sich eben hierzu nicht in der Lage. Bei ihrer Vermittlungstätigkeit merkte sie, daß sie sich von den "einfachen Leuten" entfremdete und geriet dadurch auch in innere Schwierigkeiten. Diese tiefgehenden, verletzenden Verlaufskurvenerfahrungen kommen nicht vor, wenn sie als zentrale Proposition formuliert, ihr sei es immer gut gegangen in Deutschland. Ihre spezifischen Ausblendungs- und Bearbeitungsweisen zeigen insofern deutlich selbsttäuschenden Charakter.

Im Unterschied zu späteren Entwicklungen konnten zunächst fragile Beziehungen und brüchige Interaktionsgrundlagen jedoch mit Alltagstheorien (z.B. Neid, Eifersucht der anderen als zentrale Erklärungsmomente) zugedeckt und für sich selbst und für andere verstehbar gemacht werden. Da diese Verfahren der "Selbstheilung" irgendwann einmal nicht mehr hinreichten, mußte auf andere Erklärungstheoreme zurückgegriffen werden, die Frau C. erneut in eine marginale Position brachten, da sie im Grunde nicht mehr nach außen hin vermittelbar waren. Allein der Ehemann kann ihrer Darstellung im Interview einen Realitätsakzent verleihen: er wird als Zeuge dafür angeführt, daß für sie Unerklärliches passierte, und damit zum Bürgen des nun aufgespannten symbolischen Universums.

Wir haben es in der **Entwicklung der Verlaufskurve** also mit zwei unterschiedlichen Zuständen zu tun: Zunächst reicht das übliche kontinentaleuropäische symbolische Universum aus, um Phänomene wie Neid, Eifersucht etc. erklären zu können, und wir haben es hier noch mit Bemühungen zu tun, den Versuch einer im üblichen Sinne rationalen Erklärung dessen zu geben, was passiert ist, also mit universalistischen Kategorien zu arbeiten. Im späteren Zustand hingegen werden Kategoriensätze benutzt, die das **Fremde** erklären sollen. Rationale Erklärungsmodelle reichen nun nicht mehr aus, da die **Erfahrungen des Nichterreichens** der anderen, des Enttäuschtseins, der Verunsicherung darüber, daß man die Perspektive der anderen nicht übernehmen kann, zu stark geworden sind. Diese Deutungen greifen wie Märchen- und Hexenglauben auf "archaische", "ältere" Kategorien zurück. Ein weiterer Kategoriensatz, dessen Frau C. sich später bedient, besteht aus psychiatrischen Konzepten. Die verwendeten Kategorien sind "höhere" Prädikate, die etwas erklären sollen, was im Sinne der Perspektivenübernahme nicht verstehbar ist. Das symbolische Universum ändert sich, weil Neues unternommen werden muß, andere Weltmodelle greifbar gemacht werden müssen, um die gemachten Erfahrungen zu verarbeiten.

So fällt es Frau C. zunehmend schwer, unbefangen zu interagieren, da sie bei ihrem Interaktionsgegenüber jeweils zunächst feststellen muß, welches Weltmodell sie gerade in Anwendung bringen kann, welche Version des symbolischen Universums gerade zutrifft. Sie läuft so immer Gefahr, eine Konzeption von Alltag zu haben, die nicht den üblichen Interaktionspostulaten und Möglichkeiten der Perspektivenübernahme gerecht wird.

Was aber ist das qualitativ Neue in ihrer biographischen Entwicklung, das dazu führt, daß die bisherigen Erklärungsansätze für sie nicht mehr hinreichen? Mit ihrer Selbständigkeit gerät sie in ein neues soziales Milieu, das ihr bisher ganz fremd war. Sie ist neu gefordert in der Perspektivenübernahme, die jetzt noch diffuser wird als in der zwar hochwidersprüchlichen, aber dennoch vergleichsweise überschaubaren Situation bei G.. Die **Anforderungen an die Interaktionsarbeit** werden komplexer. Sie wird in ihrem Geschäft und dessen lokalem Umfeld mit einer Vielzahl unterschiedlicher Kulturen konfrontiert. Die elementare Bedrohung durch die Brüchigkeit der Interaktionsgrundlagen, die bei G. wuchs, kann in diesem Milieu kaum überwunden werden. In dieser Situation, so wird in der "kanonischen" Erzählung deutlich, entsteht durch die Bekanntschaft mit der reichen Kundin die Angst, daß die Tochter auf die Seite der deutschen Kollektivität hinübergezogen werden könnte. Zwei Frauen, die in unterschiedlichen Wir-Kollektiven zu Hause sind, konkurrieren um die Tochter der einen: hier wiederholt sich die Marginalitätserfahrung in einem ganz zentralen familialen Bereich. Die Gefahr des Verlusts der Tochter ist um so größer, als sich Frau C. ihr gegenüber mit Schuld belastet fühlt. Sie hat sie aus Sizilien geholt und in Deutschland kaum Zeit für sie gehabt. Durch den Wechsel auf eine deutsche Schule hat sie der Tochter, so sieht es diese zumindest, möglicherweise Grundlagen und Motivation für eine akademische Karriere entzogen. Später nun bringt sie auch noch eigenhändig eine "fremde Frau" in die Familie, die Anregung und Verführung für die Tochter darstellt, in das fremde Wir-Kollektiv überzuwechseln.

Angesichts der höchst widersprüchlichen Situation bei G., die nur in Ansätzen verarbeitet werden konnte, der zusätzlichen Schwierigkeiten, nach der Geschäftseröffnung intensiviert mit sehr unterschiedlichen deutschen Individuen in Kontakt gekommen zu sein und damit Bereiche kennengelernt zu haben, die ihr bisher fremd waren, geschieht etwas für Frau C. ganz Unerwartetes. Die Verinselung im Ozean der Marginalität und der Unverständlichkeiten wird aufgebrochen, eine Grenze nach außen wird überschritten. Die Tochter, das Kernstück des Bestandes dieser Insel, wird ihr zeitweilig entfremdet. Eine der beiden Frauen kommt in die Psychiatrie. Paradoxerweise werden durch die psychiatrische Behandlung die Grenzen nach außen weiter eingerissen. Die Begegnung mit der deutschen Psychiatrie wird so bedrohlich, daß Frau C. einen italienischen "Gegenguru" konsultiert, der möglicherweise selbst mit archaisierenden Kategorien gearbeitet hat, und läßt sich weiter helfen von einer deutschen Apothekerin, die teilweise auch mit diesen Erklärungsmodellen arbeitet. Sie läßt sich dazu anregen, die **Bedrohung des eigentlichen Solidaritätskerns der Familie** mit den Mitteln des "Gurus" oder der Apothekerin zu erklären, womit auch ihre Situation als Migrantin problematisiert ist, aber auch die Nachbarschaftshilfe, die Schwierigkeiten mit dem Individualismus, mit dem Konsum.

Sie hatte offenbar nicht damit gerechnet, daß sie als "tüchtige Ausländerin" den Widersprüchlichkeiten der deutschen Gesellschaft auch nach dem durchaus tatkräftigen und unter Berücksichtigung aller Umstände klugen Weggang von G. in in noch weitaus weniger geschützter Weise als zuvor ausgesetzt sein würde. Was sie in der Zeit der Fabrikarbeit als Grenzverletzung und Grenzüberschreitung erfuhr: nicht mehr für ihre Familie sorgen und wie gewohnt funktionieren zu können, wiederholte sich unerwartet und unvorbereitet in der Situation der Selbständigkeit, obwohl doch der eigene Laden die Unabhängigkeit vor Übergriffen symbolisierte und sie gerade in der Anfangszeit um die Kompensation des der Familie gegenüber Versäumten so sehr bemüht war – die Grenzen der Familie waren nach außen hin noch weniger gesichert als zuvor. Die Kundinnen kommen zu ihr in den Laden, der offen sein muß nach außen, überschreiten die Grenze, reden mit ihr "über Mode und über alles", und die Tochter wird in diese Kontakte mit hineingezogen. Der italienische "Sinnerklärer" wird herangezogen, nachdem die deutschen "Sinnerklärer" nicht richtig funktioniert haben, und er soll es auf eine herkömmliche, für sie heimatliche Form tun, wobei er viel Unheil anrichtet, da er die Entstehung eines Abhängigkeitsverhältnisses zuläßt und dieses offenbar für sich ausnutzt, aber offenkundig auch partikularistische Erklärungsmomente für die Erfahrungen von Frau C. anbietet, die sie notwendig isolieren müssen.

Eine weitere Instanz, die für Frau C. an Bedeutung gewinnt auf ihrer Suche nach Sinnerklärung und Bearbeitung ihrer Erfahrungen, nach der deutschen Psychiatrie und dem italienischen "Gegenguru" sowie der deutschen Apothekerin, und Frau C. bei der Vereinbarung der unterschiedlichen Sinnwelten weiterhilft, ist die Religion, ist der Priester. Fungiert der Dialog mit Gott, das Beten, im wesentlichen als Handlungsschema der Kontrolle in bedrohlichen Situationen, so repräsentieren Religion und Priester nicht nur die üblichen Möglichkeiten der katholischen Kirchengemeinde, sondern sind in der Migration **Stützen einer sozialen Welt**, der **Sinnvermittlung**, eines **Orientierungssystems**, das dazu verhilft, die Marginalitätserfahrung zu bearbeiten und damit in gewisser Weise einen Modernitätssprung zu leisten. Die Pfarrer gewinnen in diesem System für Frau C. eine doppelte Funktion: Sie halten die Gemeinde zusammen, wenn sie auch mit unterschiedlichen Konzeptionen arbeiten (so ist der eine mehr am weltlichen Leben orientiert, organisiert Ausflüge, damit die Migrantinnen die enge Konzentration auf den Migrationsort überwinden, der andere ist eher spirituell orientiert und trägt dazu bei, daß die Migrantinnen ihre religiöse Orientierung erweitern und vertiefen). Zum anderen kann die Religion offensichtlich **Konzepte biographischer Arbeit** vermitteln, die eine Verbindung herstellen zwischen dem, was mitgebracht wurde an traditionellen Überlegungen und Überzeugungen und den Notwendigkeiten eines individualisierten, also selbstverantworteten Lebens. Somit wird die italienische Kirchengemeinde zur Arena, zur sozialen Welt, die auch Frau C. problemlos aufsuchen und wo sie in "geschützter" Atmosphäre gesicherter Interaktionsgrundlagen soziale Kontakte pflegen kann. (Unter Verwendung von Anregungen aus dem Forschungskolloquium bei F. Schütze, Magdeburg, im Sommer 1995.)

5.2.6. Zusammenfassung: Konstitutive Merkmale der Biographie von Nunzia C.

Die Biographieträgerin durchlebt eine materiell abgesicherte Kindheit mit klarer Aufteilung der familienökonomischen Absicherung auf beide Eltern; die kollektive Verlaufskurve des Krieges macht das ökonomische Gleichgewicht der Familie prekär. Nunzia C. und ihre Schwester werden für die Alltagsorganisation zu einem lebensgeschichtlich frühen Zeitpunkt mit herangezogen. In Anwendung des Handlungsschemas der "guten Ausbildung" für die Töchter kommt es zu einer Fremdverfügung durch die Mutter, gekoppelt mit einer Strategie der geschlechtsspezifischen Einbindung in den Arbeitsproze. Dagegen setzt Nunzia C. das Handlungsschema der Verweigerung, später, wo es um die Schneiderinnenlehre geht, das des Sichfügens in die äußere Notwendigkeit. Sie durchläuft so, nachdem die institutionellen Ablaufmuster der Schullaufbahn zunächst nicht ganz ausgeschöpft waren, einen geordneten Lern- und Ausbildungsprozeß, der auch Züge der Ausbeutung der Arbeitskraft der Lehrlinge trägt. Ihre Heirat ermöglicht innerhalb des ländlichen Milieus einen gewissen sozialen Aufstieg, führt im konkreten Fall jedoch zur Einbindung in einen Arbeitsbereich, der ihr "fremd" ist. Die doppelte Präsenz in den Bereichen Familie und Landwirtschaft führt nach der Geburt ihrer zwei Töchter zu somatischen Überlastungserscheinungen, die durch eine partnerschaftliche Arbeitsteilung mit dem Ehemann nur abgemildert werden können und die Konstruktion der landwirtschaftlichen Arbeit für beide Eheleute revisionsbedürftig machen. Der Mann entwickelt das Handlungsschema der Einzelmigration, das Frau C. nicht rückgängig machen kann. Durch mangelnde Erfahrungsgrundlagen bedingt, ist der erste autonome biographische Entwurf von Nunzia C., derjenige der Paarzusammenführung in der Migration, zunächst gefährdet. Der Arbeitsplatz in einer Textilfabrik ist gesundheitlich abträglich, das Einleben in einer deutschen Großstadt ist von der Konfrontation mit sozialer und klimatischer Kälte geprägt, die Kinder müssen in Sizilien zurückgelassen werden. Anders als in der sizilianischen Landwirtschaft kann in der Migration allerdings eine handlungsschematische Alternative angesteuert werden. Frau C. bleibt, auch weil die Möglichkeit eigener Berufstätigkeit außerhalb der Landwirtschaft an Relevanzen anknüpft, die für Nunzia C. lebensgeschichtlich nichts Neues sind: Sie wurde von der Mutter in eine Ausbildung gebracht, die die Erwerbstätigkeit außerhalb der Landwirtschaft möglich machen sollte. Hier wie in der Suche nach einem neuen Arbeitsplatz, nach der Molkerei-Episode, kommt erneut die Option für eine autonome biographische Linie zum Zuge. Sie sucht sich nach dem Verweigern einer ihr aufgezwungenen Rolle als "Kontrolleurin" in der Molkerei einen Arbeitsplatz in der alteingesessenen Firma G., der ihr von seinen Anforderungen und Möglichkeiten her so entgegenkommt, daß sie an einem Entscheidungsknotenpunkt über den weiteren Verbleib in Deutschland gegen eine Rückkehr nach Sizilien votiert und sich damit auch durchsetzt, zumal die Töchter inzwischen nachgeholt worden sind und sich in ihrer Schullaufbahn befinden. Insofern ist die Migration der Familie nicht durch eine schrittweise Planung gekennzeichnet, sondern orientiert sich durchaus an kontingenten Ereignissen, aber auch an der sich sukzessive entwickelnden biographischen Orientierung vor allem von Frau C.. Am Erwerb eines Hauses, das die Aufdauerstellung der Migration markiert und den Aufenthalt erst eigentlich zur Einwanderung macht, ist Frau C. maßgeblich beteiligt. Eine Verlaufskurvenproblematik, die sich in Sizilien mit der Krankheit von Frau C. entfaltete, konnte also durch die Migration des Ehemannes und die dadurch ausgelöste familienbiographische Entwicklung unter Kontrolle gebracht werden, eine mögliche Transformation qua längerfristiger Trennung der Familie wiederum wurde durch einen Nachzug von Frau C. und ihren tatkräftigen Beitrag zur Alltagsbalancierung in der ersten Migrationsphase überwunden. Andererseits gerät Frau C. gerade durch ihre Erfahrungen am Arbeitsplatz, die durch eine große Bereitschaft zur Öffnung gegenüber Arbeitsanforderungen und kollegialer Zusammenarbeit bestimmt sind, in eine Situation der Verdichtung von Marginalitätserfahrungen, die erhebliche Verlaufskurvenerfahrungen in Gang setzen, die sie kurz vor einer biographischen Umorientierung zur ökonomischen Selbständigkeit und noch Jahre danach an den Rand des Orientierungszusammenbruchs bringen. Die Gefahr dazu lag bereits nach dem Ausscheiden bei G. nahe, konnte aber durch solidarische Unterstützung des Ehemannes als biographischem Berater bewältigt werden. Frau C. gerät in eine psychische Krise, als sie nicht mehr verhindern kann, die Familie nach außen hin zu öffnen und durch einen Konflikt mit ihrer Tochter in die Gefahr des psychischen Zusammenbruchs zu kommen, weil das ergriffene Handlungsschema gerade nicht ihre Fähigkeit zu biographischer Arbeit stärkt, sondern sie zunächst in ungewohnte Abhängigkeitsverhältnisse zu einem Helfer bringt. So kommt es zur **Entstabilisierung einer Marginalitätserfahrungsverlaufskurve**, die letztlich aber durch den Rückgriff auf vorhandene Sinnressourcen (Magie, Religiosität, spirito di famiglia) soweit kontrolliert werden kann, daß es zu einer Situation der prekären Balancierung kommt. Das **Handlungsschema des "Bezwingens" der Störung durch Fremdmachen anderer** und das damit verbundene Ausweichen vor biographischer Arbeit markieren die Grenzen eines **problembehafteten Wandlungsprozesses**, in dem biographische Initiativen ebenso konstitutiv sind wie die "blinden Stellen", die sich als Ausblendung der Mechanismen des **Scheiterns wechselseitiger Perspektivenübernahme** in Interaktionen mit Deutschen, aber auch mit Italienern, darstellen. Im lebensgeschichtlichen Zusammenhang ist für diese Migrantin die Identifikation mit dem erlernten Beruf, sind Verlust und Wiedergewinnen professioneller Orientierung konstitutiv. Die Migration hat in hohem Maße dazu beigetragen, eigene Handlungsspielräume zu erweitern, gleichzeitig sind die Grenzen des biographischen Entwicklungsprozesses durch Mangel an sozialisatorischen Vorerfahrungen mit außerfamilialen und nicht durch Arbeitszusammenhänge bedingten Kontakten und mangelnde Reziprozität in Beziehungen, die eine außerfamiliale kollektivistische Orientierung auf interkultureller Ebene hätten stützen können, offenkundig. Eine auf die eigenen Bedürfnisse bezogene, individualistische Orientierungslinie bleibt in der handlungsschematischen Umsetzung problematisch. Im fortgeschrittenen Alter, nach über zwanzig Jahren des Lebens in der Migration, setzt ein Prozeß des eigenen "Wiederbefremdens" ein. Nunzia C. hat als "avancierte Migrantin" einen erheblichen biographischen Preis für ihre kritische, auch **distanzierte Haltung zur eigenen Ethnie** im Migrations- wie im Herkunftsland und für ihre große Offenheit gegenüber neuen Erfahrungen und Interaktionsprozessen im Migrationsland zahlen müssen, was sie in den Möglichkeiten ihrer Identitätsarbeit an Grenzen geführt hat. Dies wird deutlich an einer später wieder **wachsenden Orientierung an Kon-**

takten mit der eigenen Ethnie, an Tendenzen zur geschlechtsspezifischen Prägung und gewachsener Bereitschaft, Kontakten mit Deutschen mißtrauisch und ihrerseits ausgrenzungsbereit zu begegnen, wo diese den Bereich der professionellen Notwendigkeiten überschreiten. In ihrer **Vorstellung vom Alter unter der Zeitperspektive der Zukunft** schließlich knüpft Frau C. an biographische Muster an, die sie bereits bei der sizilianischen Schneiderin kennengelernt hat, bei der sie in die Lehre ging. Die Vorstellung, "bis zuletzt" zu arbeiten, drückt das Ergebnis eines Prozesses aus, in dem sie ihrem Ehemann den Platz im eigenen Haus überlassen hat, um ihrem Beruf nachzugehen. In ihrer nach wie vor vorhandenen Familienorientierung, dem Interesse an engen Kontakten mit den Töchtern und ihren Familien, geht sie anders als ihr Mann nicht so weit, die Rolle der fürsorglichen "nonna" spielen zu wollen. Damit schafft sie selbst eine Distanz zu den Töchtern, die an die mit der Migration verbundene Abwesenheit der Mutter anknüpft, jedoch eine Lücke aufreißt zwischen dem Anspruch auf ein intaktes Familienleben und der Wirklichkeit einer differenzierten Arbeitsteilung im Rahmen einer individualisierten Lebensgestaltung.

5.3. Kontrastierung der Biographieanalysen von Benedetta A. und Nunzia C. im Hinblick auf die unterschiedlichen Handlungsmuster der Migrationsverarbeitung

Im Anschluß an die Biographieanalyse von Nunzia C. ergeben sich folgende Vergleichs- und Kontrastierungsaspekte zur Biographie von Benedetta A.:

– War für die biographische Phase der Migration bei Benedetta A. die Orientierung an der "erfolgreichen Rückkehr" dominant, so dominierte bei Nunzia C. das Muster der "erfolgreichen Niederlassung" im Migrationsland: Dazu gehören die berufliche Etablierung, das eigene Haus, der "gelungene" Lebensweg der Töchter (Ausbildung, Beruf, eine Familiensituation, die ihnen die Doppelbelastung als berufstätige Mütter erleichtert, weil die Männer sich gleichermaßen an der Familienarbeit beteiligen).

– Nunzia C. hat sich im Vergleich zu Benedetta A. im Laufe ihrer Migratinsbiographie sehr weitgehend von ihrem Herkunftshorizont entfernt. Dies eröffnete gleichzeitig weitaus gravierendere Verletzungserfahrungen im Kontakt mit dem "idealen Zielmilieu", zu deren Bearbeitung sie auf "mitgebrachte" Wissensbestände zurückgriff.

– Ist für Benedetta A. die Erwerbstätigkeit, die sie gleich zu Beginn ihrer Anwesenheit in Kassel aufnimmt, wesentliche Grundlage für das Erreichen des Migrationsziels, das Haus in Sizilien, so geht Nunzia C. hier noch einen Schritt weiter (Schneiderinnentätigkeit als Beruf) und kann ihre qualifikatorischen Voraussetzungen als ausgebildete Schneiderin nutzen. Dabei treten für lange Zeit andere Bezugsgruppen als die Familie und die Verwandtschaft in den Vordergrund ihrer Orientierung.

– Ist in der Selbstsicht von Benedetta A. die Erfahrung des "Andersseins" in Deutschland, verbunden mit einer starken Verankerung in ihrem Verwandschaftssystem in Sizilien und Lothringen, dominantes Prinzip ihrer Orientierung in der Migration, so ist für Nunzia C. die Suche nach "habitueller Übereinstimmung" mit ihren Fabrikkolleginnen, dann mit

Vertreterinnen der deutschen Mittelschicht kennzeichnend. Die angenommene, jedoch nicht bestätigte "Kongruenz der Relevanzsysteme" (A. Schütz) ist Bestandteil von Erleidensprozessen in der Migration. Gibt es auch in Benedetta A.s Schilderungen der Kontakte mit Deutschen Hinweise auf Sozialitätsverletzungen als Folge mangelnder Perspektivenübernahme durch signifikante Andere, so ist die Frage der Perspektivenübernahme für Nunzia C. bis hinein in die Interaktionsprozesse während der Interviewarbeit von herausragender Bedeutung.

– Schließlich unterscheiden sich beide Migrantinnen in ihrer biographischen Zeitperspektive. Entwickelt Frau A. eine realistische Zukunftsplanung und lebt sie auf den Zeitpunkt des wohlverdienten Ruhestands hin, verbunden mit der Rückkehr nach Sizilien, so bleibt Frau C. in ihren Ausführungen stark der Gegenwart verhaftet und schiebt die Zukunft hinaus ("kann man nicht wissen"). Anders als bei Frau A. ist die biographische Verortung in der Lebensphase des Alters für Frau C. kein Thema, allenfalls ex negativo, indem sie geschmackliche Präferenzen entwickelt, die sie für modern und jugendlich hält ("Hinausschieben des Alters" vs. "altersangemessenes Leben" im Sinne des "Einbringens der Ernte"). In ihrer Phantasie, zu arbeiten bis zuletzt, verbleibt Frau C. deutlich näher an den Altersentwürfen einer agrarisch strukturierten Gesellschaft, schlichter formuliert, an der Lebenspraxis der bewunderten sizilianischen Meisterin oder auch ihrer eigenen Mutter, während Frau A. mit ihren Phantasien zu ihrem Rentnerinnenalltag in Sizilien eine Orientierung an institutionellen Lebensablaufmustern der sozialstaatlich "abgefederten" Industriegesellschaft" entwickelt.

– Anders als Frau A., die für das Modell des "aufgeschobenen Lebens" in der Migration steht, setzt sich Frau C. mit dieser Lebenspraxis argumentativ auseinander. Statt die erfolgreiche Rückkehr als Sinnquelle für die Anstrengungen des Migrationslebens anzusehen, plädiert sie für ein gutes Leben im "Hier und Jetzt" und dafür, sich auf das Migrationsland einzulassen. Die Entwicklung einer eigennützigen Haltung des "sich etwas Gönnens" wird jedoch auch ihr problematisch. In Situationen, die vom Genuß geprägt sind, kommt es zu somatischen Reaktionen und qualvollen inneren Dialogen.

So zeigen die beiden Migrantinnen in ihren biographischen Profilen zwei unterschiedliche Varianten biographischer Entwicklung in der Migration, die aber m.E. in hohem Maße gebunden sind an biographische Vorerfahrungen. Frau A. wird im Laufe ihres Lebens zunehmend zur Protagonistin ihrer eigenen Lebensgeschichte, nachdem ihre Kindheit und Jugend bis ins Erwachsenenalter hinein durch eine ökonomische Mangelsituation, "prekäre Alltagsbalancierung" und Fremdbestimmung geprägt war. Sie entspricht von daher trotz der leidvollen Erfahrungen des Verlusts der Familie in der Migration eher den Vorstellungen von persönlichen Wandlungsprozessen, wie A. Strauss und F. Schütze sie in ihren Analysen entwickelt haben, während Frau C. zum Zeitpunkt der Interviews in einer Selbsteinschätzung zwar feststellen kann, über die Jahre "eine ganz andere geworden" zu sein, sich "total verändert" zu haben; sie arbeitet sich jedoch in hohem Maße an den Kosten ihrer biographischen Entwicklung ab. Ganz anders als Frau A. ist sie weit entfernt davon, wahrnehmen zu können, was sie geleistet hat, und sich darauf einzustellen, daß sie eine Lebensphase vor sich hat, in der sie sich "zur Ruhe setzen" könnte.

Im Unterschied zu Frau C. leistet Frau A. in hohem Maße "Bilanzierungsarbeit" –

gewiß auch bedingt durch die bevorstehende Statuspassage in den Ruhestand. Frau C. dagegen arbeitet sich im Interview daran ab, daß sie eben diese Bilanzierung nicht vornehmen kann (dies wird deutlich an langen Passagen des Argumentierens mit sich selbst, die ausgehen von der zentralen Proposition "Ich habe mit den Deutschen keine Probleme", und die sie mit Belegerzählungen unterfüttert, die genau das Gegenteil bezeugen). Sie tut sich unendlich schwer damit, ihre Geschichte abzuschließen, die sie nicht "abzurunden" vermag.

6. Die Migrationserfahrung im Licht einer spezifischen Generationenlagerung: Überlegungen zu einer Migrationstheorie

In meiner Untersuchung über "Lebensgeschichtliche Dimensionen der Migrationserfahrung bei Italienerinnen der ersten Generation" habe ich mich auf der Grundlage von biographischen Interviews mit den **Individualisierungsprozessen, der Entwicklung von Subjektpotientialen und Handlungspielräumen von Frauen aus dem italienischen Süden** beschäftigt, die, heute knapp 50 bis über 60jährig, in der Anwerbephase der Arbeitsmigration in die Bundesrepublik gekommen sind und seit nahezu dreißig Jahren in Kassel und Umgebung leben.

Der Gang der Untersuchung hat sich bisher der Analyse individueller biographischer Verläufe angenommen; im folgenden sollen kollektive Prozesse näher beleuchtet werden: hier geht es um "Milieus und kollektive Orientierungen" (R.Bohnsack) als Rahmenbedingungen und Bewegungsgründe für individuelles Handeln von Frauen. Hierzu gilt es zunächst, den bisher verwendeten Begriff der Migrationsgeneration zu modifizieren und den Begriff "Generation" als Ansammlung von Jahrgangskohorten zu fassen, in diesem Falle der zwischen 1933 und 1945 Geborenen. "Von der 'Lagerung' einer Generation hat 1928 der Soziologe Karl Mannheim gesprochen, der bemerkte, daß benachbarte Geburtsjahrgänge zu ähnlichen 'Verhaltungs-, Gefühls- und Denkweisen' gelangen und gar einen Zusammenhang bilden, wenn 'entscheidende Kollektivereignisse' die einzelnen an denselben 'Lebensgehalten' teilnehmen, also handeln lassen." (Von Thadden, E. 1995, S.32, unter Rückgriff auf Mannheim, K. 1928, S.157 ff.) R. Bohnsack weist in seiner Studie "Auf der Suche nach habitueller Übereinstimmung. Peer-groups: Cliquen, Hooligans und Rockgruppen als Gegenstand rekonstruktiver Sozialforschung" (in: Krüger, H.-H. / Marotzki, W.(Hg) 1995, S.258 ff.) auf die methodischen Probleme einer "epistemologischen Leitdifferenz" in empirischen Studien hin, wenn er feststellt: "Im empirischen Forschungsprozeß wird durch diese Leitdifferenz zwischen 'objektiver Realität' und 'subjektiver Erfahrung' stillschweigend vorgegeben, was für die Erforschten überhaupt erfahrbar sein kann bzw. in welchem kategorialen Rahmen eine empirische Analyse dieser Erfahrungen stattzufinden hat." (a.a.O., S.261). Er macht gleichzeitig darauf aufmerksam, daß der Ansatz Mannheims, der auf die Überwindung dieser Leitdifferenz abzielt, im Hinblick auf generationenspezifische "Seinslagen" fruchtbar gemacht werden kann, weil "gesellschaftliches 'Sein', gesellschaftliche Lagerung nicht jenseits des Erlebens der Erforschten angesiedelt werden, sondern durch Gemeinsamkeiten des biographischen Erlebens, der Sozialisationsgeschichte, des Schicksals hindurch überhaupt erst konstituiert und auf diese Weise auch empirisch greifbar wird" (a.a.O., S.261 f.). Das bedeute, so Bohnsack, daß die gemeinsame Zugehörigkeit zu demselben Milieu, zu derselben Generation, dann den Blick freiwerden lasse auf "gemeinsame Erlebniszusammenhänge", in den Worten Mannheims: "konjunktive Erfahrungsräume" der Erforschten. Historische, soziale und geographische Rahmenbedingungen konstituieren nach Mannheim eine spezifische "Erlebnisschichtung", die den Beteiligten gemeinsam ist, ohne daß sie diese Erfahrungen gemeinsam gemacht haben müßten. Die Artikulation gemeinsamer milieuspezifischer und generationenspezifischer Ereignisse und Erfahrungen wird freilich dort am markantesten, wo die Beteiligten über konjunktive Erfahrungen kommunizieren.

Im folgenden sollen die in empirischen Forschungen dieser Art oft implizit vorausgesetzten oder angenommenen Erfahrungshorizonte – "konjunktive Erfahrungsräume" –, die mit kollektiven oder individuellen Handlungsschemata verknüpft sind, im Hinblick auf meinen Untersuchungsgegenstand präzisiert werden. Die biographischen Prozesse (auch kollektiver Art) und biographischen Orientierungen der Migrantinnen sollen in einem ersten Schritt unter der Perspektive der Zugehörigkeit zu einer Generation verdeutlicht werden. In einem zweiten Schritt soll sodann die Dimension der Migrationserfahrung italienischer Migrantinnen der ersten Generation unter der Optik von Kontinuität und Diskontinuität der Handlungsräume ausgeleuchtet werden, um ein zentrales Ergebnis der Untersuchung präzisieren zu können, das hier schon benannt werden soll: Die Migration als Prozeß der ersten Generation ist weniger mit Brüchen als vielmehr mit Kontinuitäten und Erweiterungen verbunden.

Die Analyse der Migrationserfahrung setzt bei der Rekonstruktion biographischer Entwicklungen in Kindheit und Jugend an und führt bis zum fortgeschrittenen Erwachsenenalter bzw. der Altersphase im Sinne der Statuspassage zur Rentnerin. Auf dieser Reflexionsgrundlage wird eine komparative Analyse unterschiedlicher Milieus (Herkunfts- und "Ankunftsmilieus" sowie ihre Verflechtung) möglich, d.h. es werden milieuspezifische Bedingungen identifizierbar, die zur Qualität von Migrationsverläufen im Sinne positiver Wandlungsprozesse und/oder negativer Verlaufskurven beitragen. Für die Analyse der Migrationsverläufe spielen die Kategorien der "episodalen Schicksalsgemeinschaft" (R. Bohnsack), der Orientierung an habitueller Übereinstimmung (P. Bourdieu/R. Bohnsack), der Perspektivenreziprozität (G. H. Mead) und des Ausmaßes an Versehrtheiten persönlicher Identität eine zentrale Rolle. Die erhobenen und rekonstruierten Biographien lassen sich verdichten im Sinne einer Generierung und Kategorienbildung.

6.1. Die Generationenlagerung der in den 60er Jahren eingewanderten Frauen

Dominante historische Ereignisse und Entwicklungen im Sinne kollektiver Verlaufskurven sind zunächst prägend für die Erzählungen und Darstellungen der Frauen, die in der Kindheit ansetzen. Die prekäre Alltagsbalancierung, die durch die Abgabenpolitik des faschistischen Staates im landwirtschaftlichen Milieu Süditaliens notwendig wurde, aus dem ein Großteil der von mir Befragten kommt (der Regionen Siziliens, Kalabriens, Apuliens oder auch Kampaniens), machte in verschärfter Form die Mitarbeit der Mädchen notwendig, sei es auf eigenem bzw. gepachtetem Terrain (dem "pezzo di terra", über das die Eltern verfügten), sei es in der Dorfgemeinschaft. Mit der Einberufung der Väter in den Krieg (1939/1940) wurden die Mütter zu Alleinverwalterinnen der familiären Ressourcen; hier gab es bereits Solidaritätserfahrungen im nachbarschaftlichen oder verwandtschaftlichen Bereich, aber auch Sozialitätsverletzungen auf Grund divergierender politischer Einstellungen (Distanz zum faschistischen Staat oder Gehorsam der örtlichen Administration gegenüber). Dort, wo die Väter nicht in den Krieg mußten, glichen diese ihren in der örtlichen Gemeinschaft nicht durchweg positiv gesehenen "Mangel" an Einsatzbereitschaft oder -fähigkeit durch konfliktträchtiges, in den Zuständigkeitsbereich der Frauen eingreifendes Dominanzverhalten im innerfamiliären Raum aus. Insgesamt war mit der Erfahrung des Krieges jedoch das Funktionieren nachbarschaftlicher und verwandschaftlicher Netzwerke gerade unter Frauen verbunden. Als biographische Ressource aus dieser historischen Phase brachten viele Frauen das Geübtsein im Umgang mit prekärer Alltagsbalancierung und einem Leben in "episodalen Schicksalsgemeinschaften" (R. Bohnsack) mit. Die Erinnerung an eine Zeit der "fernen Väter" und "starken Mütter" zeigt, daß hier eine milieuspezifische habitualisierte Alltagspraxis in der Migration nicht in Frage gestellt, sondern eher verstärkt wurde.

Gehen wir davon aus, daß die Milieuzugehörigkeit zumindest z.T. fundiert wird durch Gemeinsamkeiten in der Sozialisationsgeschichte, differenzieren sich die Sozialisationsbedingungen aus, wo es um den Schulbesuch geht. Hier reicht das Spektrum – wie auch die Biographieanalysen von Benedetta A. und Nunzia C. gezeigt haben – vom gänzlich unterbliebenen über den nach dem 3. Schuljahr unterbrochenen Schulbesuch (dies gilt für die meisten der befragten Frauen) bis zur Absolvierung der fünf Elementarschuljahre. Eine Frau aus Kampanien, die ein Internat besucht hatte, weil die Mutter nach dem Tod des Vaters die Kinder nicht mehr allein zu ernähren und die soziale Kontrolle ihrer Tochter nicht zu garantieren wußte, absolvierte die "terza media", die auf die fünf Grundschuljahre folgenden drei Jahre "Mittelschule", die erst in den 60er Jahren allgemein verpflichtend wurden. Ebenso eine Frau aus der Emilia Romagna, die später den Beruf der Sekretärin erlernte. Die Mehrzahl der Frauen des Samples wurde mit basalen Kulturtechniken nur unzureichend ausgestattet ins Leben entlassen: Sie hatten rudimentär lesen, schreiben und rechnen gelernt. Für eine Biographie als Migrantin waren die Grundlagen der Beherrschung der eigenen Hochsprache in einem oft im Dialekt erteilten Unterricht nur unzureichend gelegt. Dies erschwerte später sowohl das Erlernen des Deutschen als Fremdsprache als auch die Verständigung mit ItalienerInnen aus anderen Herkunftsregionen.

Der Beginn der Pubertät markierte für die Frauen oft einen Bruch im Umgang mit gewohnten Bewegungsräumen. Sie wurden aus der lokalen Öffentlichkeit ausgeschlossen, hatten sich einem männlichen Kontrollsystem zu unterwerfen, dessen Garanten die Väter und die älteren Brüder waren. Selbst dort, wo die bezahlte Tätigkeit der Mädchen außer Haus einen wichtigen Beitrag zum Familieneinkommen stellte, mußte diese – s. Benedetta A.- oft beendet werden. Das Eingeschlossensein im Haus folgte oftmals der inneren Logik der Arbeitsteilung im häuslichen Bereich: Es mußte auf die jüngeren Geschwister aufgepaßt werden, es mußte gekocht werden. Eine Alternative dazu gab es nur dann, wenn dies wiederum die familiäre Arbeitsteilung erforderte, so etwa die Mithilfe im elterlichen Geschäft oder in der elterlichen Landwirtschaft. Das eigene Land als Bewegungsraum erinnern manche Frauen als Basis für ein harmonisches Miteinander: so etwa die Sizilianerin Frau B., die sieben Schwestern hatte, oder eine Frau aus der Basilikata, die sich an das fröhliche Beieinander von Nachbarinnen oder Nachbarn nach der Feldarbeit erinnert. Vor allem die Sizilianerinnen hatten spätestens ab der Pubertät Teil an der Institution des "andare dalla sarta", des zur Schneiderin Gehens, um Nähen und Sticken zu lernen – eine Kulturtechnik, die weniger für die Erstellung einer eigenen Aussteuer eingesetzt, sondern mehr als Basis für Heimarbeit genutzt wurde. Für viele Frauen ist die Erfahrung zentral, daß in ihrer Familie die Frauen für den Lebensunterhalt gesorgt haben. Dies gehörte zum Lebensalltag einer subsistenzwirtschaftlichen Alltagsorganisation, in der die Männer allenfalls das nötige Zubrot als Vergütung ihrer Tätigkeit in Geldform ergänzend beisteuerten. Oft war es das kleine Stück Land, das die Mutter bearbeitete, das die Basis für die Familienernährung stellte. Hier ist denn auch die fundamentale Erfahrung angesiedelt, daß die Mütter die Familienökonomie verwalteten, die Arbeitsaufträge an die Familienmitglieder erteilten, die Heiratsverhandlungen führten. Es gibt in der Sozialisationsgeschichte dieser Frauen keine Trennung von Arbeit und Freizeit, die Arbeitszeit ist meist nicht begrenzt ("...bis zum Umfallen"). Auffällig sind die – oft verschämt vorgetragenen – Schilderungen bitterer Armut, die vor allem dann eintrat, wenn angesichts der größer werdenden Bedeutung der Geldwirtschaft nach dem Krieg der Lebensunterhalt von den Eltern allein nicht mehr gesichert werden konnte. Dann kam es auch durchaus vor, daß die jungen Mädchen aus den Familien als Haus- oder Kindermädchen zu "reichen" Familien in der Stadt fortgeschickt wurden. Hier war in den Augen der Eltern und Verwandten die soziale Kontrolle garantiert, und die Mädchen brachten ihr kleines Einkommen bei den regelmäßigen Besuchen zu Hause in den familiären Haushalt ein. Schließlich hatte die Familie so "eine Esserin weniger". Durch diesen ersten Schritt der Entfernung von der Familie, die durchaus als eine Form der Binnenmigration angesehen werden kann, lernten die jungen Frauen bereits, mit dem "Heimweh" fertigzuwerden. Sie lernten aber auch, sich fremden Umgebungen und anderen sozialen Milieus anzupassen. Außerhalb des Elternhauses wurden sie erwachsen: so holte etwa eine Sizilianerin, die als Hausmädchen in Palermo tätig war, ihre gesamte Herkunftsfamilie nach, die in größten Existenzschwierigkeiten steckte, weil der Vater behindert war und die Mutter am Ort keine Arbeit finden konnte. Die junge Frau sorgte dafür, daß die Mutter als Haushaltshilfe in der Stadt ebenfalls Arbeit fand. Sie hatte so früh gelernt, auf eigenen Füßen zu stehen, daß sie später auch allein in die Migration nach Kassel ging. Mobilitätsleistungen ähnlicher Art zeichnen auch andere Frauen aus, die später allein migrierten – so etwa die Frau, die weit entfernt vom Elternhaus nach dem frühen Tod ihres Vaters ein Internat besuchen mußte, nach dessen Beendigung sie keine Perspektiven mehr im Herkunftsort für sich sah und sich entschloß, ihren Brüdern nach Kassel zu folgen. Eine andere Frau, die mit ihrem Bruder den väterlichen Obst- und Gemüsegroßhandel geführt hatte, ging allein nach Kassel, als der Bruder in eine andere Branche "umstieg" und sie als Frau das Geschäft nicht allein weiterbetreiben konnte.

Entschieden diese Frauen sich für die Migration als einen biographischen Schritt, weil sie dort, wo sie gelebt hatten, nicht mehr bleiben wollten oder konnten, handelte es sich bei vielen anderen um eine Initiative, die sie ergriffen, um aus Problemlagen herauszukommen, in die sie nach der Heirat geraten waren. Nur wenige von ihnen lernten ihre zukünftigen Ehemänner bereits als Migranten kennen und konnten insofern wissen, daß mit der Heirat die Auseinandersetzung mit dem "Bleiben oder Gehen" verbunden war. Dies war der Fall bei Benedetta A., die ihren Mann erst nach der Heiratsverhandlung der Eltern kennenlernte, als er seinen Urlaub im Herkunftsland verbrachte. Für viele andere ergab sich die Migration erst nach der Heirat oder der Geburt des ersten oder zweiten

Kindes, als sich zeigte, daß der Verdienst des Mannes kaum ausreichte, um die junge Familie zu ernähren, oder weil sie dadurch persönlichen Konfliktlagen zu entkommen glaubten (Konflikte mit den Eltern wegen einer nicht akzeptierten Partnerwahl; Konflikte mit dem exzessiv trinkenden und Karten spielenden Ehemann, der durch die "geordneten" Verhältnisse in Deutschland zur Raison gebracht werden sollte; Ablösung aus problematischen Liebesbeziehungen). Eine Aspiration, mit der Migration in bezahlte Beschäftigungsverhältnisse zu kommen, zeigt sich dort, wo Frauen wegen mangelnder oder ausgebliebener Mitgift auf eine häusliche Ausstattung oder gar ein Haus selbst verzichten mußten, obwohl dies in den Schichten, an denen sie sich orientierten, regional üblich war. In dem Fall gab es offenkundig die Bestrebung, diesen Mangel an materieller Leistung des Elternhauses selbsttätig auszugleichen. Einem eher lebenspraktisch als romantisch orientierten Beziehungsmodell verpflichtet, äußerten sich nur wenige Frauen in den Interviews über emotionale Beeinträchtigungen durch die Vorausmigration des Ehemannes. Dagegen wurde über die allmählich wachsende Erkenntnis berichtet, daß die eigenen Kinder durch die Bildungs- und Ausbildungsmöglichkeiten in der Bundesrepublik eine bessere Zukunft haben würden als die Eltern. Es wurde aber auch festgestellt, daß die Kinder der Väter bedürften – die Entscheidung also, in Italien zu bleiben, hätte den Frauen ihrer Einschätzung nach auf Dauer oder zumindest für sehr lange Zeit den Status der Alleinerziehenden aufgebürdet. Dort, wo die Männer vorausgewandert waren, stellte sich im übrigen rasch heraus, daß sich die Migration ökonomisch erst dann wirklich lohnte, wenn die Frauen ebenfalls im Migrationsland einer Erwerbstätigkeit nachgingen. Ein kostenträchtiges Führen von zwei Haushalten konnte nur dann vermieden werden, wenn die Frauen bei den Eltern oder Schwiegereltern lebten, mit dem Nachteil, im Erwachsenenalter "Kind im Haus" zu bleiben.

6.2. Überblick über zentrale Aspekte der Migrationsbiographien

Insgesamt ist für die Migrantinnen der Prozeß der Migration verbunden mit der partiellen Herauslösung aus zwar historisch vorgegebenen, aber zugleich einem Wandel unterworfenen Sozialstrukturen und sozialen Bindungen. Dies bedeutet nun nicht, daß sie damit traditionale Sicherheiten im Sinne von Normen, Glauben und Handlungswissen gewissermaßen im Herkunftsgebiet nach biographischen Brüchen zurückgelassen hätten. Vielmehr wurden Normen und Handlungswissen modifiziert und angereichert und Glauben oder Weltanschauung wie ein symbolisches Universum weitgehend aufrechterhalten, etwa in Gestalt eines dichotomischen Weltbildes (s. dazu Heitmeyer,W 1995, S.40).

Das kollektive Schicksal dieser Generation von Frauen ist dadurch gekennzeichnet, daß Arbeits- und Lebensbedingungen sich tiefgreifend veränderten, und zwar nicht nur durch die Migration bedingt. In der Nachkriegszeit und bis in die 60er Jahre hinein vollzog sich in Süditalien der Übergang von der Subsistenzwirtschaft zum Markt, aber auch zu einer staatlich abgefederten und damit gleichzeitig klientelistisch bleibenden Wirtschaftsweise. Die Erfahrung einer funktionierenden Sozialität in "episodalen Schicksalsgemeinschaften", aber auch deren Gefährdung, durchzog die Kindheit während Faschismus und

Krieg und war bestimmend v.a. für die ersten Jahre in der Migration. Diese Erfahrung bleibt weitgehend an die eigene Ethnie und das eigene Geschlecht gebunden. Immer wieder zeigt sie sich gekoppelt auch an soziale Kontrolle.

Das gleiche Arbeitsschicksal – der Wechsel von der familienbezogenen Subsistenzarbeit zur Lohnarbeit in der Fabrik oder in großen Institutionen wie Krankenhäusern und damit die Erfahrung, in berechenbarem Rahmen und überschaubaren Zeiträumen eigenes Geld zu verdienen – verbindet die Frauen. Für die meisten war der Einstieg in die industrielle Lohnarbeit verbunden mit der ersten Unterwerfung unter ein **strenges Zeitdiktat**. Ihre Erwerbsbiographie ist also durch Mangel an beruflichen Aufstiegsmöglichkeiten, verbunden mit einer den mitgebrachten Qualifikationsressourcen entsprechenden Erwerbsorientierung gekennzeichnet und – seltener – durch klare Berufsorientierung. Das Aufrechterhalten der familiären Lebenswelt und der gesicherte Platz im Arbeitskollektiv war ihnen häufig wichtiger als die Konkurrenz am Arbeitsplatz. Damit gerät in Konflikt, daß die Migrantinnen auch am Arbeitsplatz als Individuum wahrgenommen werden wollten und erwarteten, daß ihre besonderen Lebenslagen oder Fertigkeiten und Fähigkeiten als Migrantinnen, später auch als ältere Kolleginnen, Berücksichtigung fänden. (Zu ihren Fähigkeiten gehört es, zwischen den verschiedenen ethnischen Kollektiven am Arbeitsplatz zu vermitteln oder als "Modellarbeiterin" besonders starkes, personenbezogenes Engagement und Loyalitäten mit den Vorgesetzten zu entwickeln). Die Erfahrung der Arbeitslosigkeit machten sie dann, wenn sie in einer Branche beschäftigt waren, die starken Strukturveränderungen unterlag (Textil-, aber auch Elektroindustrie), wenn sie mit den veränderten Arbeitsanforderungen nicht Schritt halten konnten (so z.B. dann, wenn sie Schwierigkeiten bekamen, Arbeitsanweisungen oder Listen in deutscher Sprache zu verstehen) oder gesundheitliche Probleme auftraten und sie nicht innerhalb des gleichen Betriebs auf einen weniger belastenden Arbeitsplatz wechseln konnten. Nicht selten wurden Erfahrungen der Arbeitslosigkeit aber auch auf Grund eines Defizits an Informationen über arbeitsrechtliche Bestimmungen gemacht.

Anhand der von mir erhobenen biographischen Materialien läßt sich – vorsichtig generalisierend – erkennen:

Die Familienstrukturen labilisieren sich nicht selten in der Migration, wenn die nachwachsende Generation andere Orientierungen entwickelt als die Eltern – so z.B. die Kinder nicht nach Italien zurückkehren wollen oder gerade dies anstreben. Das Außerkraftsetzen v.a. des mütterlichen Mitspracherechts bei "Heiratsverhandlungen" etwa wirkt sich besonders negativ dort aus, wo die Kinder deutsche PartnerInnen heiraten wollen. Hier entwickeln die Frauen oft große Phantasie, um sich ihren Zuständigkeitsbereich und Einfluß nicht aus der Hand nehmen zu lassen. Der "heimliche Auftrag" an die Töchter ist oft widersprüchlich: sie sollen die Familienorientierung v.a. der Mütter übernehmen, sollen aber auch ihre Ausbildung nicht vernachlässigen und einen Beruf ergreifen. Die Entwicklung von Berufswünschen, die mit einer aufwendigen Lern- und Studienphase verbunden sind, muß von den Töchtern sehr stark selbst getragen werden.

Die Beziehungen zu den Ehemännern, aber auch zu den Brüdern, soweit sie am gleichen Ort im Migrationsland leben, sind gerade in den ersten Jahren des Lebens in der Migration oft konflikthaft. Alte Normen sollen gelten, haben sich aber handlungspraktisch überlebt: die Frauen sollen den Einkauf für den Haushalt besorgen, sollen aber gleichzeitig zu Hause bleiben. Sie sollen sich nicht allein und frei in der Stadt bewegen, sollen aber gleichzeitig zum Lebensunterhalt der Familie beitragen. Durch die Migration reduzieren die Familien sich häufig zur Kernfamilie; verwandtschaftliche Bezüge spielen am Migrationsort während der Phase der Niederlassung, der Arbeits- und Wohnungssuche eine Rolle, können sich aber später durchaus lockern, vor allem dann, wenn es Konflikte gibt. Die verwandtschaftlichen Beziehungen zu Familienangehörigen in Italien werden oft intensiver gepflegt als die im Migrationsland, v.a. wenn die Verwandten hier nicht am Ort wohnen – Gelsenkirchen erscheint oft ferner als Catania. Formen verwandtschaftlicher sozialer Kontrolle behalten im Herkunftsland ihre Gültigkeit, wie die Erzählungen von Besuchen in Italien zeigen. Dies gilt jedoch nicht mehr so sehr für die Kinder, die durchaus bei Italienaufenthalten Fremdheitserfahrungen als "tedeschi" machen, wenn sie den Dialekt der Eltern oder das Standarditalienisch nicht beherrschen. Verwandtschaftliche Bezüge als sozialökonomische Stützsysteme verlieren häufig durch die Migration an Bedeutung. Sie bleiben jedoch wichtig als Ressource bei der Lösung privater oder familiärer Probleme. Dies gilt besonders für die Frauen, die die gravierendsten Verluste, die sie durch die Entfernung von den weiblichen Verwandten erleiden, auszugleichen suchen, indem sie über die räumliche Distanz Kontakt halten.

Zu den Individualisierungseffekten der Migration gehört die Freisetzung aus nachbarschaftlichen Kontexten (die sich durch einen Massenexodus von Migrationswilligen insgesamt auflösen können, wie am Bsp. Benedetta A. gezeigt). Dies bringt für die Frauen biographische Verluste, da vergleichbare Kontexte (es sei denn, es bilden sich "Ghettos") in der Migration oft nicht mehr aufgebaut werden können. Wenn überhaupt, geschieht dies dort, wo das Wohnviertel gleichzeitig durch ein relativ homogenes Milieu (AusländerInnen, FabrikarbeiterInnen) geprägt ist. Hier werden alleinlebende Frauen oft aktiver als "Familienfrauen" ("manchmal rufe ich meine Nachbarinnen, dann setzen wir uns vor dem Fernseher zusammen und stricken, aber wir schauen kaum hin"). Ein Aufbau von solchen Sozialbeziehungen, die nicht an verwandtschaftliche Bezüge oder räumliche Nähe gebunden sind, verlangt zumeist höheren Zeitaufwand. Deshalb spielen hier zunächst kollegiale Beziehungen am Arbeitsplatz eine große Rolle, die in der Erinnerung fast aller Frauen in der Anfangszeit der Migration eine große Bedeutung hatten, aber durch die zunehmende Arbeitshetze und Vereinzelung am Arbeitsplatz immer weniger realisiert werden konnten. Regelmäßige private Treffen von Kolleginnen sind eher selten ("ein-, zweimal im Jahr treffen wir uns zum Kaffeetrinken"). Ausnahmen gibt es etwa dort, wo die Kontakte an die gemeinsame Erfahrung eines Arbeitskampfes oder an Massenentlassungen und damit an den Aufbau eines Wir-Gefühls gebunden sind.

Die Erfahrung, daß soziale Kontakte weitgehend von der eigenen Mobilität abhängen, die nicht immer aufgebracht wird oder werden kann – so haben von 15 befragten Frauen nur drei einen Führerschein, zwei davon haben ein eigenes Auto zur Verfügung – ist gleichzeitig mit der Erfahrung der eigenen Grenzen verbunden: so etwa bei Frau A., die der Einladung einer türkischen Kollegin nicht nachkommt, weil sie es nach fast dreißig Jahren in der Migration "noch nicht so gewöhnt" ist, Besuche zu machen. Soweit Besuchsaktivitäten zustandekommen, geht es häufig darum, Feste im Verwandtenkreis mitzufeiern oder in der eigenen Ethnie "unter sich" zu sein. Frauen, die isoliert auf dem Lande leben, schließen sich wie die Frauen in Kassel am ehesten dem örtlichen oder, wo vorhanden, italienisch geprägten Kirchengemeindeleben an.

Die Herkunft aus einer bestimmten Region, einer Stadt oder einem Dorf, stellt nach wie vor eine ganz vorrangige Identifikationsmöglichkeit dar, durch die auch im Migrationsland die Herstellung oder Pflege sozialer Bezüge bestimmt ist. (So die Pfarrassistentin F.: "Wenn Sie mal bei einem großen Fest genauer hingucken, merken Sie, daß die alle (nach Regionen) getrennt sitzen. Das ändert sich nur, wenn welche durch Heiraten zu Verwandten werden. Aber auch dann ist es oft schwierig.") Lokale und regionale Identifikationen im Sinne der Herkunft werden offenkundig nicht als einengend für die eigene Identität gesehen, sondern eher als stützend. So fühlen sich die interviewten Frauen nach so langer Zeit in Deutschland nicht etwa als "halbe Deutsche", auch wenn sie in mancher Hinsicht feststellen, "deutsch" geworden zu sein, sondern als "Kasselerinnen aus Palermo, Catania, Matera", die durchaus einen positiven Bezug zum Wohnort in Deutschland haben, was sich in der häufig benutzten Formulierung "una bella cittadina" beispielhaft niederschlägt. Die Migrantinnen machen jedoch nicht nur bei Besuchen in der Herkunftsregion die Erfahrung, daß sie sich regional wie sozial in trennenden Subsystemen bewegen, was Wertmaßstäbe und Handlungsorientierungen angeht, die übrigens nicht immer kompatibel sind. Die Bemerkung einer jungen Sizilianerin der zweiten. Generation, die sagt, "wenn ich die Wohnungstür aufschließe, bin ich in Sizilien", mag dies verdeutlichen. (Die Bemerkung sollte begründen, warum der Bereich außerhalb des Privaten für sie zugleich der Bereich des Nicht-Identischen ist, was ihr Probleme mit deutschen Partnern einbringt.)

In der Unterschiedlichkeit der Handlungsanforderungen stecken einerseits Konfliktpotentiale, wenn z.B. eine Frau am Arbeitsplatz Verantwortung übernehmen muß, vielleicht sogar mehr Geld verdient als der Ehemann, und sich zu Hause von Ehemann und Kindern als "Dienerin" behandelt fühlt. Andererseits erweitert die Bewältigung unterschiedlicher Handlungsanforderungen oft auch das Perspektivenspektrum der Betroffenen und läßt Distanzierungsfähigkeit entstehen, was im ungünstigen Fall freilich auch soziale Marginalisierungsprozesse "von innen her" mit sich bringen kann.

Mit dem Druck hin zur Eigenaktivität und zur Perspektivenübernahme ist bei eng begrenzten Gestaltungsmöglichkeiten im öffentlichen Raum nicht unbedingt das Anwachsen eines reflexiven politischen und gesellschaftlichen Bewußtseins verbunden. Vom italienischen Staat fühlen sich die Migrantinnen häufig "vergessen", und in der persönlichen wie medial vermittelten Erfahrung, hierzulande als Ausländerin nach der deutschen Vereinigung in die "zweite Reihe" gerückt zu sein (die sie gleichwohl durch Steueraufkommen mitfinanzieren), sowie der Feststellung, welche institutionellen Hürden für diese vor dem Ruhestand aufgebaut sind, verstärkt sich das Gefühl, nach den langen Jahren der Arbeitsmigration immer noch nicht wirklich als gleichberechtigtes Mitglied dieser Gesellschaft angenommen zu sein. (Oft werden sie trotz schlechter gesundheitlicher Verfassung zunächst in die Arbeitslosigkeit gedrängt, weil ihnen ihre Arbeitsunfähigkeit nicht attestiert wird, oder sie müssen bei der Berechnung ihrer Rente feststellen, daß ihre in Italien geborenen Kinder nicht auf die Rente angerechnet werden). Erfahrungen wachsender Ausländerfeindlichkeit lassen sie zuweilen ihre "Bleibeorientierung", die sie erst spät entwickelt haben, noch einmal überdenken: die Erinnerung an die Zeiten, als sie "Ithaker" oder "Spaghetti" beschimpft wurden, reaktualisiert sich im Alter, obwohl sie mit den Jahren das Gefühl entwickelt hatten, als Ausländerinnen der "ersten Stunde" ("wir waren die ersten, die damals kamen") zur Normalität dieses Landes zu gehören. Die historische "Erlebnisaufschichtung" wachsender Ausländerfeindlichkeit irritiert die im Migrationsprozeß aufgebauten Identitätsstrukturen nachhaltig und führt zu einem Rückgriff auf eine Selbstvergewisserung, die auf einer ethnozentrischen Sichtweise basiert, die es ja gerade aufgrund neuer Umweltanforderungen im Migrationsland zu überwinden galt. Es kann also mit Blick auf die Migrantinnen, aber auch auf das Migrationsland individuell und kollektiv von retardierenden Entwicklungsprozessen gesprochen werden. Diese können sich auf die Zukunftsplanung fatal auswirken, wenn die Menschen sich nach langen Jahren der Unentschiedenheit endlich dazu durchgerungen haben, im Migrationsland zu verbleiben und die Rückkehrillusion aufzugeben.

Den Übergang von einer familienorientierten zu einer autonomieorientierten Identität schaffen diese Frauen oft erst dann, wenn ihre Kinder das Elternhaus verlassen haben, wenn sie durch Scheidung, als Witwe oder durch die Übernahme "männlicher Aufgabenbereiche" wegen einer schweren Krankheit oder frühen Arbeitsunfähigkeit des Mannes dazu gezwungen sind. Ihrer zunehmenden Individualisierung widersprechen häufig ihre Erfahrungen, daß sie am Arbeitsplatz, bei Ärzten oder auf Ämtern gerade nicht als Individuen behandelt werden. Sie erleben, daß ihnen als Migrantinnen nicht geglaubt wird, daß sie zusätzliche Erklärungen abgeben müssen. Oft haben sie den Eindruck, mehr Nachweise beibringen zu müssen als "Einheimische", und interpretieren das Verhalten ihres Handlungsgegenübers paradoxerweise als Ausdruck einer personalisierten Beziehung in "deutschen" Institutionen. Aber auch die positive Seite der Anonymität in Institutionen nehmen sie zur Kenntnis: diese ist verbunden mit Erfahrungen der Gleichbehandlung, des Fehlens von Patronage und Klientelismus ("hier geht es der Reihe nach und nicht danach, ob du den Arzt kennst"; "la famosa bustina (den Umschlag mit Geld) mußt du hier nicht dabeihaben").

Konfliktpotentiale in der Ehe sind v.a. mit dem Infragestellen der herkömmlichen Vorstellungen von Männlichkeit verbunden. Männer achten oft darauf, daß ein Zugewinn an Handlungsspielräumen der Frauen (etwa durch das Verfügen über eigenes Einkommen oder durch die Rolle als Elternvertreterin in schulischen Belangen der Kinder) wettgemacht wird durch den Verlust vertrauter Zuständigkeitsbereiche, so die Verwaltung des Familieneinkommens, die Aushandlung der Heiratsmodalitäten, die Mitsprache bei der Gestaltung der Schullaufbahn oder Berufsfindung der Kinder. Entscheidungen über Konsum und über das Familieneinkommen lassen sich die Frauen nur ungern aus der Hand nehmen. Verspielen ihre Männer das Haushaltsgeld, geraten die Frauen in Engpässe, die sie nur schwer bewältigen können.

Die soziale und personale Identität als Frau hängt mit der sozialen Plazierung zusammen: das Gefühl der Machtlosigkeit stellt sich oft nicht in erster Linie im Zusammenhang mit der Gestaltung des Geschlechterverhältnisses in der Ehe und Familie ein, sondern resultiert häufig aus Erfahrungen von Fremdbestimmung, negativer Etikettierung und Diskriminierung am Arbeitsplatz, also außerhalb der Familie. Überkommene geschlechtsspezifische Orientierungen werden am ehesten da aufrechterhalten, wo die Frauen am Arbeitsplatz isoliert sind und wenig Möglichkeit haben, sich an selbstbewußten Frauen, die sich erweiterte Handlungsspielräume erkämpft haben, zu orientieren. Aus einer sozialgeschichtlichen Struktur kommend, in der die Arbeit zur Sicherung des Familieneinkommens im Sinne eines physischen Überlebens häufig auf Subsistenzbasis geschieht, sind sie es nicht gewohnt, nur das als Arbeit anzusehen, "was Geld einbringt". Gleichzeitig kennen sie das ideologische Muster sehr wohl, demzufolge der Mann das Geld nach Hause bringt bzw. die finanzielle Basis für die Familienökonomie zu erbringen hat. Dennoch darf die "doppelte Vergesellschaftung" der Frauen nicht als quasi "naturwüchsiger Vorgang", als schlichtes Funktionieren spezifischer biographischer Ablaufmuster angesehen werden, sondern als Prozeß in verschiedenen Stufen, zu dem auch die Erfahrung des Lebens und Arbeitens in der Migration gehört: das "aus dem Haus treten" im wahrsten Sinne des Wortes.

Gleichzeitig bieten die "Innenräume" – verstanden als leiblich-seelische "Einheit" der Person, aber auch als Raum des Privaten, "la casa" – den Rahmen für die Aufrechterhaltung mitgebrachter Wissensbestände und eigener normativer Orientierungen. Sie werden aktiv überschritten z.B. im Fall notwendig werdender sozialer Unterstützung, bei der Entwicklung "episodaler Schicksalsgemeinschaften". Die Frauen sind geübt im Umgang mit unberechenbaren und ungeplanten Lebenssituationen, die geistige und psychische Flexibilität erfordern. Sie sind zumeist in der Lage, sich immer (neu) zurechtzufinden, eine Fähigkeit, die in der Migration besonders notwendig ist. Die eigenen gegenständlichen Räume stellen eine Erweiterung des "Innenraums" dar: die Wohnungen werden zum "kleinen Italien", die persönlichen sozialen Netze knüpfen an regionale Identifikationen an. Vor allem dort, wo die Frauen etwa sich mit einer Schneiderei oder einem Geschäft selbständig machen, etablieren sich oft ethnisch geprägte weibliche "Teilöffentlichkeiten" – so etwa, wenn eine Änderungsschneiderei zum "Nachbarschaftstreff" wird, was eine Informantin zu der Erklärung veranlaßte, daß sie ursprünglich lieber einen sozialen Beruf ergriffen hätte – aber nun sei das, was sie anbiete, neben dem Nähen "hauptsächlich sozial": zuhören und beraten.

Private und außerprivate Räume werden also von den Frauen oft als "little Italies" genutzt und der Verlust eigenen "sozialen Hinterlandes" (Verwandte, Nachbarinnen) wird so kompensiert. Nicht selten wird aber nicht nur hier, sondern auch am Arbeitsplatz das Familienmodell reproduziert. So wird der "Innenraum" der Familie, des Privaten auf Arbeitsbeziehungen übertragen: das Kollektiv funktioniert, wenn die Frauen sich wohlfühlen, "wie eine Familie", der gegenüber man sich denn auch loyal verhält. Um so schwieriger wird es, wenn die Reziprozität unter den Kolleginnen ausbleibt. Als Beispiel sei die Situation älterer Arbeitnehmerinnen angeführt, wenn ihnen – wie am Beispiel Benedetta A. gezeigt – von jüngeren Kolleginnen mit dem Hinweis auf die geforderte "gleiche Arbeit für gleiches Geld" (vergleichbare Arbeitsleistung für entsprechende Entlohnung) Rücksichtnahme, Achtung und Respekt verweigert werden, wie sie es als "nonna" in einer italienischen Familie erwarten könnten.

Aus der Aufrechterhaltung der Zuständigkeit für die Gestaltung der "Innenräume" qua Geschlechtersegregation beziehen die Frauen Verhaltenssicherheit und Handlungsstärke.

Indem sie in der Migration erneut zu Managerinnen des familiären Alltags werden, mit veränderten Situationen angemessen umgehen, ohne sich selbst zu bemitleiden, sind sie eher an offensives Handeln gewöhnt denn an depressive Rückzüge – es sei denn, die "Innenräume" werden nur von ihnen selbst besetzt. Wird an der Gestaltung der "Innenräume" im gegenständlichen Sinne die Ankopplung an das Herkunftsmilieu deutlich – Dekor und Einrichtung der Wohnungen zeugen von den Ergebnissen süditalienischer Handarbeitskunst und Geschmacksbildung, auf den zentralen Wohnzimmertischen findet sich oft ein "Familienaltar" in Gestalt aufgestellter Fotos von Familienmitgliedern und Verwandten, – so gibt es durchaus auch den Versuch habitueller Distanzierung vom Herkunftsmilieu. So beschreibt Nunzia C. die Innengestaltung der Häuser ihrer Verwandten in Sizilien als "zurückgeblieben", weil zwar aufwendig ausgestattet, dennoch eher auf Außenwirkung bedacht.

Wie der Erfahrungsunterschied zwischen alleinlebenden Migrantinnen (unverheiratet, geschieden, verwitwet) und "Familienfrauen" zeigt, ist für die Frauen vor und nach der Migration die Familie "Kraftquelle" und Sinnressource. Verhaltensmuster aus der Subsistenzwirtschaft bieten ihnen da ein wichtiges biographisches Fundament, wo es um die Sicherung der Grundexistenzbedingungen geht. (So markiert die "sozialarbeitsorientierte" Schneiderin den Unterschied zwischen deutschen und sizilianischen Frauen genau an diesem Punkt: "Wenn hier der Mann arbeitslos wird, geht die Welt unter, aber die verändern sich nicht. Die haben nicht gelernt, mit nix was zu machen. Die kaufen immer noch teure Pizza, statt mal schnell einen Teig fertigzumachen.")

In zahlreichen Interviews taucht denn auch das Motiv der "bösen Frau" auf als einer, die ihre Familie zugunsten des eigenen Berufs "vernachlässigt", Distanzierungen zwischen Familienmitgliedern nicht durch Kompromisse überbrücken hilft, oder gar keine eigene Familie hat. Diesen Frauen – Deutschen, aber auch italienischen Migrantinnen – wird häufig die Perspektivenübernahme verweigert, sie werden "fremd" gemacht, weil sie durch ihre divergierenden biographischen Orientierungen ein anderes Lebensmodell verkörpern, für das die Familie als Sinnquelle nicht (mehr) gültig ist.

So empfinden die Frauen auch als größte Verluste durch die Migration die Einschränkungen ihrer Position als "Haushaltsvorstand", wenn sie durch Umkehrung des gewohnten Modells zur "Taschengeldempfängerin" werden, oder wenn sie qua zeitlicher Beanspruchung durch Erwerbstätigkeit nur noch wenig Zeit im eigenen Haushalt präsent sein können, obwohl sie dabei größere ökonomische Eigenständigkeit gewinnen (könnten).

Diese Frauen können als selbstbewußte Vertreterinnen der Geschlechtersegregation angesehen werden, von deren Aufhebung sie nicht viel erwarten. Sie leben vielmehr eine Balance zwischen Eigenständigkeit und Familienorientierung. Gäben sie letztere auf, würden sie gleichzeitig einen Raum aufgeben, in dem sie "schalten und walten" können. Eine Erweiterung der "Innenräume" bei gleichzeitig hoher Zufriedenheit mit der eigenen Arbeitstätigkeit ist da gegeben, wo die Frauen in Milieus arbeiten, die in hohem Maße an Herkunftsstrukturen anknüpfen: im Textil- oder Lebensmittelgeschäft, in der Schneiderei sind dies oft weiblich und zugleich ethnisch geprägte Teilöffentlichkeiten. "Hier ist Italien mein Herr, hier sind Sie still. Auf Ausländer schimpfen können Sie draußen" – so eine Lebensmittelverkäuferin aus Kalabrien.

Inwieweit bestehen nun Möglichkeiten biographischer Kontinuitätserfahrung angesichts widersprüchlicher Individualisierungs- und Modernisierungsprozesse? G. Nunner-Winkler sieht solche Chancen dann gegeben, wenn "vergangene Erfahrungen als Vorstufe der jetzigen Lebensform, als Schritte in einem Lernprozeß" gesehen werden, den sich das Individuum selbst aneignet (Nunner-Winkler, G. 1988, S.64).

In den biographischen Interviews ist deutlich geworden, daß die Erzählung der eigenen Lebensgeschichte mit dem Blick des "so gewordenen Seins" vorgenommen wird – das Vergangene wird aus der Perspektive des Heutigen erzählt, kommentiert und gewertet. Daß es sich um Modernisierungsprozesse als Freisetzungsprozesse aus vertrauten Bindungen handelt und trotz aller Familienorientierung Vereinzelung bedeuten kann, wird am Zurücklegen von Wegen sinnlich erfahrbar. So erzählen die Frauen von kilometerweiten Fußmärschen von der Peripherie in die Stadt, um zu ihrem Arbeitsplatz zu gelangen, solange der Arbeitgeber die Fahrtkosten nicht übernimmt. Nunzia C. erzählt von bedrohlichen Anwandlungen bei einer allein vorgenommenen Autofahrt.

Wenn W. Heitmeyer in seiner Jugendstudie von 1995 feststellt, daß "über Individualisierung ein steigender Handlungsdruck für den einzelnen (entsteht), da neue Muster der Lebensgestaltung notwendig werden, die aber oft nicht erprobt und in ihren Konsequenzen den einzelnen auch nicht bekannt sind" (Heitmeyer, W., a.a.O., S.40), so kann dem für die hier untersuchte Gruppe folgendes gegenübergestellt werden: Die Migration selbst stellt für die Frauen dieser Generation einen Individualisierungsschritt dar, der offensichtlich von den eher mobilen, zur Initiative bereiten unter den Altersgenossinnen ihrer Herkunftsregionen unternommen wurde. Diesen Schritt in ihre Biographie integriert zu haben und nicht durch bedrohliche Unsicherheiten paralysiert oder zumindest labilisiert worden zu sein, sondern Handlungsnotwendigkeiten erkannt und realitätsgerechte Handlungsschemata entwickelt zu haben, stellt eine erhebliche Subjektleistung im Sinne konstruktiver biographischer Arbeit dar. Dies war ihnen auch deshalb möglich, weil sie die Offenheit neuen Erfahrungen gegenüber verbinden konnten mit der Aufrechterhaltung vorhandener Gewißheiten und Loyalitäten. Die biographischen Erzählungen der Frauen zeigen, daß diese im fortgeschrittenen Alter eine Lebensbilanz ziehen, in der gleichzeitig Prozesse von Mobilität und Beständigkeit, aber auch vom Umgang mit Entbehrungen und Marginalität reflektiert werden ("una vita di sacrifici") und in der die Einzigartigkeit der jeweiligen Lebensgeschichte betont wird. ("Das haben Sie noch nicht gehört. Das kann man nicht (gehört haben)." "La mia vita è un romanzo!") Von daher erhebt sich die Frage, ob die Anforderungen zur Bewältigung von gesellschaftlichen Wandlungsprozessen auch ambivalenter Natur nicht schon sehr viel früher gestellt wurden als im Kontext spezifischer Gegenwartsphänomene, und ob nicht die Bewältigungsleistungen der MigrantInnen schon vor einigen Jahrzehnten Pioniercharakter haben.

6.3. Raumidentifikationen und Bewegungsräume der italienischen Migrantinnen

Über die Analyse von Einzelfällen hinausgehend schien es mir wichtig, zu untersuchen, was die spezifische **"Generationenlagerung"** (im Sinne K. Mannheims) dieser Frauen ausmacht, inwiefern die Migration und damit der biographische Wechsel von einer agrarisch geprägten Gesellschaft des Mittelmeerraums in eine Industriegesellschaft in der Mitte Europas Folgen hatten (s.o.) An den Schluß meiner Überlegungen soll die Beantwortung der Frage gestellt werden, welche Möglichkeiten der Bewegung im Raum die Migration für die Frauen bereithielt und welche Auswirkungen die von ihnen erbrachte Mobiliätsleistung auf ihre Raumidentifikationen hatte oder hat. Betrachten wir die Migrantin als Protagonistin ihrer eigenen Biographie, schien es mir nützlich, danach zu fragen, wie sich lebensgeschichtlich in den verschiedenen Phasen der biographischen Entwicklung ihre Möglichkeit oder Fähigkeit zur Bewegung im Raum, zur Besetzung von Räumen, entwickelte.

Vor der Betrachtung unterschiedlicher lokaler Gegenwarten sei ein kurzer Blick auf den Status geworfen, den die Frauen kurz vor oder nach der Passage zur Rentnerin – alle von mir befragten Frauen waren oder sind erwerbstätig – erreicht haben. Sowohl in eigenen Interviews als auch in der Darstellung einer befragten Expertin (Pfarrassistentin der italienischen Kirchengemeinde) für die "kulturellen Zwischenwelten" der Italienerinnen ist die Rede davon, daß Frauen sich "**heute** wie eine Signora" fühlen. Was ist damit gemeint? Zunächst einmal, daß sie anders als in der Kindheit und Jugend und den ersten Jahren des Lebens in der Migration der Notwendigkeit einer prekären ökonomischen Alltagsbalancierung entkommen sind. Sie haben ein regelmäßiges Einkommen, damit kann die Ökonomie des privaten Haushaltsauf einer berechenbaren Grundlage betrieben werden, sie fühlen sich nicht zuletzt auf Grund eines in ihren Augen im Vergleich zum Herkunftsland funktionierenden Gesundheitssystems sozial abgesichert. Sie haben eine Wohnung oder gar ein eigenes Haus in Kassel, einige von ihnen – Ausdruck gewandelter biographischer Planungen – auch in der Herkunftsregion (Sizilien, Kalabrien etc.). Sie verfügen über eigenes Geld, und ihre Mobilität empfinden sie – wenn sie sie aus gesundheitlichen Gründen nicht bereits wieder eingebüßt haben – als größer im Vergleich zu früheren Lebensphasen, als sie etwa noch im Herkunftsort wohnten oder in den ersten Jahren in der Migration kein Geld für Besuche in der Heimat hatten. Wenn die Frauen, die qua geschlechtsspezifischer Aufgabenteilung für die Pflege der familiären und verwandtschaftlichen Beziehungen zuständig sind, auf Grund kontinuierlicher Beziehungsarbeit den Kontakt mit ihrer Herkunftsfamilie und ihren Verwandten aufrechterhielten, ist es ihnen möglich, eine doppelte oder manchmal sogar dreifache Perspektive einzunehmen. So etwa dann, wenn ihre Geschwister ebenfalls Süditalien verlassen haben und von der Schwester aus Deutschland regelmäßig besucht werden, oder ihre Kinder sich in anderen Teilen Italiens bzw. Europas niedergelassen haben. Sie entwickeln das Gefühl, sich an verschiedenen Orten Europas auszukennen bzw. zumindest Vergleichsmöglichkeiten mit dem eigenen Status quo zu haben, reisen zu können "wie eine Signora".

Dennoch unterscheidet sich ihre Reisemobilität meist von der ihrer "seßhaften" Altersgenossinnen in Europa, die andere Lebensstile pflegen: sie unternehmen weder in Deutschland noch in Italien touristische Reisen im engeren Sinne. Die Präsenz am Herkunftsort, etwa im eigenen Haus, das dort von hoher symbolischer Bedeutung für den Migrationserfolg der Familie ist (so sehr, daß z.B. Frauen, die kein eigenes Haus besitzen, auch wenn sie verwitwet sind und gern zurückkehren würden, dies de facto nicht tun können), ist für die Frauen vor allem mit **Arbeit** verbunden. Der "Palazzo" muß instand gehalten und gepflegt, sukzessive den Anforderungen an moderne Innengestaltung angepaßt werden. Das Symbol erreichten Wohlstands hat der Verwandtschaft und Nachbarschaft zu signalisieren, daß die Familie es "zu etwas gebracht" hat, das Haus darf keinen Ferienhauscharakter haben, selbst wenn es nur für wenige Wochen im Jahr genutzt wird. (Häufig dient das Haus auch als "Köder" für die eigenen Kinder und deren Familien im Sinne einer Verpflichtung, in der Herkunftsregion ihrer Eltern die Ferien zu verbringen, um den Abstand zur Herkunftswelt der Eltern nicht zu groß werden zu lassen. Deshalb muß es ständig besuchsbereit gehalten werden.) Um soziale Kontakte zu pflegen, muß ein "offenes Haus" gehalten und Gastfreundschaft gepflegt werden. Soll das "soziale Kapital" (Bourdieu) der Kontakte am Herkunftsort nicht verloren gehen, die unabdingbar sind, um sich dort noch wohlfühlen, sich dort bewegen zu können, aber auch die Aufrechterhaltung eines Wohnstandorts zu gewährleisten (Handwerker, Verhinderung von Einbrüchen), sind die Frauen als Gastgeberinnen für Nachbarn und Verwandte unentbehrlich, während die Männer die Kontakte außerhalb des Hauses pflegen: auf der Piazza, in der Bar. Gleichzeitig bedeutet diese Arbeitsteilung in der Pflege von Beziehungen eine unterschiedliche Besetzung von Räumen: nach wie vor gibt es hier die Aufteilung in "Innenräume" und "Außenräume". Der Raum, in dem tagsüber gelebt wird, ist die Küche. Hier "herrschen" die Frauen, die die Männer durchaus nicht "tra i piedi" dulden wollen, während das Wohnzimmer, "il salotto", für die Außenrepräsentation bereitgehalten wird. In der Küche wie vor der Haustür werden die Frauenbeziehungen gepflegt, sei es zu Nachbarinnen oder Verwandten. Insofern hat das das Lamento der Frauen, der Mann sei ständig aushäusig, durchaus zwiespältigen Charakter: Ist er ständig anwesend, gerät die Frau "außer sich" und schickt ihn fort.

Der Erfolg des Migrationsprojekts der Familie ist in hohem Maße daran gebunden, ob es gelingt, aus einer Situation heraus, wo die MigrantInnen "nur mit einem Pappkoffer und 50 Pfennig in der Tasche", also oft nur mit geringen materiellen Ressourcen in die Migration gegangen sind, im anschaubaren Sinne "etwas zu schaffen". Am Erwerb oder Bau eines Hauses sind die Frauen erheblich interessiert und beteiligt. Wenn die Einsicht vorliegt, daß die Rückkehr nach Italien nicht realisiert werden wird – etwa weil die Kinder ebenfalls in Deutschland leben, sie sich am Herkunftsort nicht mehr heimisch fühlen, ihnen es der Verlust an sozialem Kapital durch die Migration angeraten sein läßt, lieber auf soziale Absicherungsmöglichkeiten im Migrationsland zu vertrauen –, dann plädieren oft gerade die Frauen für den Kauf eines Hauses an ihrem Wohnort in Deutschland und setzen das mit dem Verweis auf ihren eigenen Finanzierungsanteil auch durch.

Orte haben jeweils eine konkrete soziale Bedeutung, stehen nicht als Gebilde "für sich", sind jeweils gebunden an Familie und Verwandtschaft. Der Gebrauchswert eines räumlichen Bezüges als "sozialen Hinterlandes" für die Frauen ist v.a. da nicht zu unterschätzen, wo der lokale Bezugspunkt in Italien an die Verwandtschaft eigener Linie gebunden ist. Dieser Gebrauchswert ist da nicht mehr vorhanden, wo die Frauen sich von ihrem Herkunftskontext distanziert haben, wie im Fall von Nunzia C. Dies ist in ihrem wie in anderen Fällen dadurch bedingt, daß bei Besuchen in Italien die Kontakte zur Verwandtschaft des Ehemannes vorherrschen, da am eigenen Herkunftsort nur noch die Mutter lebt, die Verwandtschaftsbeziehungen durch die Migration der Geschwister "ausgedünnt" sind.

Die Biographien dieser Frauen verdeutlichen, warum sie in der Lage sind, **historisch, kulturell und geographisch verschiedene Perspektiven** einzunehmen. Als Mädchen waren sie Mitträgerinnen der familiären Subsistenzwirtschaft, nicht selten auch Mitgarantinnen des Familieneinkommens (oft auf Naturalienbasis). Häufig bestand hierin ein Hinderungsgrund für einen Schulbesuch oder zumindest für die Möglichkeit, mehr als drei Jahre die Grundschule zu besuchen. Kamen sie in die Pubertät, wurden die Mechanismen kulturspezifischer Fremdverfügung noch wirksamer: Nun setzte die Ausschließung aus der lokalen Öffentlichkeit ein, sie konnten sich nicht mehr frei im Ort bewegen. Sie erlernten kulturspezifische Tätigkeiten wie Nähen und Sticken, dies allerdings oft nicht zum Zweck der Erstellung eigener Aussteuer, sondern als schlecht bezahlte Heimarbeit. Die Prozesse der Einschließung ins Haus und allenfalls in die Subsistenzlandwirtschaft der Eltern endeten oft erst mit der Heirat. Die durch die Geschlechtersegregation deutlich eingeschränkten Bewegungsspielräume erweiterten sich mit der Migration oft nur scheinbar. Eine Migrantin bringt ihr "Leben in Deutschland" auf den Punkt: "28 Jahre nur Arbeit und nach Hause". Die doppelte Präsenz an zwei Arbeitsplätzen war zunächst einmal der bedeutsamste Wandel, den sie zu gewärtigen hatten. Für Bewegungen an anderen Orten, in anderen Räumen am Migrationsort blieb keine Zeit. Freilich bedeutete die Erwerbstätigkeit in der Fabrik, im Krankenhaus, im privaten Haushalt, in der Schneiderei auch das Verdienen "eigenen Geldes". Oft lernten die Männer in der Migration aber schnell dazu und stellten fest, daß ihre deutschen Kollegen ihre Frauen mit "Haushaltsgeld" ausstatteten, statt ihnen wie im Herkunftsland gewohnt die Position der "Finanzministerin" der Familie zu lassen und sich selbst mit "Taschengeld" zu begnügen. In diesen Fällen mußten die Frauen das Leben in der Migration als mit Einschränkungen ihrer bisherigen Zuständigkeitsbereiche verbunden empfinden.

Zu konstatieren ist in den Biographien der Migrantinnen, daß die eingeschränkten Bewegungsspielräume am Herkunftsort, die v.a. durch die soziale Kontrolle im ländlichen Milieu bedingt waren, durch die Migration erweitert werden konnten. Diesem "Fortschritt" sind jedoch durch die notwendige Unterwerfung unter ein strenges Zeitdiktat bei der Bewältigung der Aufgaben am Familien- und außerhäuslichen Arbeitsplatz gleichzeitig enge Grenzen gesetzt. Dies tangiert auch die Möglichkeiten der Frauen, geschlechtspezifisch bestimmte Kommunikationsformen zu pflegen und Räume dafür zu besetzen. Zur Aneignung frauenspezifischer Räume außerhalb des Privat- und Arbeitsbereichs kommen sie oft erst in einer Lebensphase, in der die Familienarbeit durch die Gründung eigener Haushalte seitens der Kinder reduziert werden kann und sie selbst nicht mehr erwerbstätig sind. Dann allerdings sind die frauenspezifischen Räume im Privathaushalt (sei es hier in Deutschland, sei es in Italien) außer im Witwenstatus gleich wieder bedroht durch die Anwesenheit der (qua Urlauber- oder Rentnerstatus) von der Aushäusigkeit "befreiten" Männer.

Deren Anwesenheit im Haushalt stellt gleichzeitig ein hohes Konfliktpotential dar, weshalb die Frauen z.B. größtes Interesse an seniorenspezifischen Angeboten für ihre Männer zeigen.

In Kassel gibt es Ansätze für die Aneignung öffentlicher Räume durch Frauen der hier anvisierten Jahrgangskohorten, so etwa die selbst organisierte Nutzung von Räumen der italienischen Pfarrgemeinde durch eine italienische Frauengruppe. Diese Räume – wie auch die im alternativ zu nutzenden internationalen Kulturzentrum "Schlachthof" – sind heute gefährdet, wenn davon ausgegangen wird, daß die Einwanderungsgruppen der ersten Generation "integriert" oder in die "Heimat" zurückgekehrt sind. Die italienische Pfarrgemeinde ist in ihrem Bestand ebensowenig auf Dauer gesichert wie das Kulturzentrum, weil die bisherigen Finanzierungsträger (Kirche, Stadt Kassel) die Verausgabung öffentlicher Gelder für MigrantInnen vor allem dann wohl für überflüssig halten, wenn "unsere ausländischen Mitbürger" nicht mehr als Arbeitskräfte gefragt und einsetzbar sind. Demgegenüber muß jedoch gerade für die hier anvisierten Jahrgangskohorten angesichts gewachsener zeitlicher Möglichkeiten im Ruhestand und der Gefahr der Vereinzelung nach Abschluß der Lebensarbeitszeit für die Aufrechterhaltung öffentlicher Räume plädiert werden (s. dazu auch das Kapitel über "kulturelle Zwischenwelten").

A. Tarrius hat in seinen Migrationsanalysen in Frankreich und Nordafrika Veränderungenn den Raum/Zeitbeziehungen untersucht und festgestellt, daß in der Forschung häufig die Initiativen, die "Stiftung neuer sozialer Beziehungen" seitens der MigrantInnen nicht hinreichend zur Kenntnis genommen werden. Vielmehr werden die MigrantInnen als Objekte in "Räumen und Zeiten" gesehen, "aus denen das Ichsagen verbannt ist, gerufen, deplaziert und lokalisiert" (Tarrius, A 1994, S.116). Im Ergebnis seiner Studien verweist er hingegen darauf, daß MigrantInnen zu "Subjekte(n) einer säkularen Geschichte der Migrationen, Qualifizierungen und Unterscheidungen" werden (a.a.O., S.122), die quer stehen zu einer Sichtweise, die sie als Opfer politischer und ökonomischer Zwänge betrachtet. "Unverkennbar wird eine neue Kultur der Mobilität aufgebaut, zugleich werden neue Vernetzungen geschaffen, die ökonomische, kulturelle und professionelle Mobilitätsformen ins Spiel bringen, welche sich nicht auf die räumliche Mobilität reduzieren" (a.a.O., S.123).

Das heißt jedoch nicht, daß es sich in den biographischen Verläufen im überwiegenden Maße (wie von G. Simmel und A. Schütz angenommen), um Raum/Zeitveränderungen mit der Qualität vorläufiger Situationen handelt. Raum/Zeitbeziehungen sind durch Überlagerungen und Kontinuitäten gekennzeichnet, weniger durch Brüche. Es geht in diesen Lebensgeschichten nicht um fortwährende Übergangssituationen, sondern um Lebenssituationen besonders komplexer Art. Das "Heute" wird ständig mit dem "Früher" verbunden, und gerade hierin entsteht etwas Neues. Es werden ethnisch geprägte "Inseln" geschaffen, die nur lebensfähig sind durch die Umgebung mit "Anderem", der deutsch oder multikulturell geprägten Arbeits- und Wohnumwelt. Gleichzeitig gibt es eine bemerkenswerte Resistenz dagegen, die Einflüsse der ethnisch oder wie sozial "Anderen" in die eigenen Räume allzusehr hineinzulassen. ("Eine Freundschaft mit einer Deutschen? Bekanntschaft ja, Freundschaft nicht. Da sind wir zu verschieden" bemerkt die Betreiberin der Änderungsschneiderei mit dem ausgeprägten sozialen Engagement, die ständig deutsche Kundinnen aus der Nachbarschaft im Geschäft hat, weil diese ihre Sorgen loswerden wollen.) Letztlich handelt es sich um die Konstruktion einer ethnisch geprägten Privatheit, in der Frauen deshalb eine so große Dominanz gewinnen, weil die Privatheit qua Tradition und gesellschaftlicher Arbeitsteilung ihr Terrain bildet. Wo Frauen sind, ist das "Zuhause" – als Ehefrauen, Müttter, Schwestern symbolisieren sie das Angekommensein in einem Raum, der gleichzeitig selbstbestimmt und vorgegeben ist. Sie "nähren" im übertragenen wie im Wortsinn die kleineren wie größeren kollektiven Einheiten, wirken als "Hüterinnen des Feuers", das gleichzeitig den Kern des "Nomadischen" (A. Tarrius) wie des Beständigen bildet. So ist die Migration als Prozeß weniger mit Brüchen als vielmehr mit Kontinuitäten und Erweiterungen verbunden. Aus dem zugeschriebenen "Dort" und "Hier" entsteht etwas Drittes: das Miteinander unterschiedlichster Erfahrungen, Ergebnis persönlicher wie kollektiver Mobilität.

Es hat den Anschein, als sei es der ersten Migrantinnen-Generation eben deshalb gelungen, die schwierigen Anforderungen einer "Pionierarbeit" zu bewältigen, auch wenn diese einen z.T. hohen biographischen Preis hatte, gerade weil sie sich etwas Eigenes (ethnisch geprägte "Inseln") bewahren konnten. Ganz offensichtlich fungier(t)en eben diese ethnisch geprägten kulturellen "Inseln" als Schutzraum, der es gestattet(e), sich Neues, Ungewohntes anzueignen und mit früheren Erfahrungen zu verbinden. Für die Nachfolgegenerationen bedeutet diese kulturell geprägte "Besitzstandswahrung" allerdings ein Sichbewegen zwischen zwei Welten, die sich in ein und demselben Gesellschaftssystem vorfinden ("wenn ich nach Hause komme, bin ich in Sizilien"). Die Fortschreibung einer Tradition, die für die erste Migrationsgeneration die Grundlage dafür bildete, neue Identitätsstrukturen aufbauen zu können, wird von den Nachfolgegenerationen eher als Belastung erlebt, die Individuationsprozesse erschwert.

Literatur

Akashe-Böhme, F.: Frausein–Fremdsein, in: Müller, S. et al. (Hg.): Fremde und Andere in Deutschland. Nachdenken über das Einverleiben, Einebnen, Ausgrenzen, Opladen 1995

Alasia, F. / Montaldi, D.: Milano, Corea. Inchiesta sugli immigrati, Milano 1960

Alheit, P. / Hoerning, E.M.: Biographie und Erfahrung, in: dies. (Hg.): Biographisches Wissen, Frankfurt/M. 1989

Alheit, P. / Hoerning, E.M. (Hg.): Biographisches Wissen, Frankfurt/M. 1989

Alheit, P.: Biographieorientierung und Bildungstheorie. Müssen wir "Leben" lernen? In: Forschungsinstitut für Arbeiterbildung (Hg.): Jahrbuch Arbeit Bildung Kultur, Bochum 1992

Altrogge, M. u.a.: Der soziale Ursprung des Patriarchats. Frauen, Familie und Gesellschaftsformation, Hamburg 1984

Ammann, A.: In den biographischen Brüchen der Pensionierung oder der lange Atem der Erwerbsarbeit, in: Hoff, E. (Hg.): Die doppelte Sozialisation Erwachsener, München 1990

Andrae, F.: Auch gegen Frauen und Kinder – der Krieg der deutschen Wehrmacht gegen die Zivilbevölkerung in Italien 1943-1945, München 1995

Apitzsch, U.: Italiener in der Bundesrepublik, in: Auernheimer, G. (Hg.): Handwörterbuch Ausländerarbeit, Weinheim u. Basel 1984

dies.: Gramsci und die Diskussion um Multikulturalismus, in: Das Argument 34, 1992, S.53-63

dies.: Beiträge der Migrationsforschung zur Frauenforschung, Ms., Frankfurt/M. 1993

dies.: "Denken des Anderen" – Über Traditionen des Interkulturellen, in: Müller, S. et al. (Hg.): Fremde und Andere in Deutschland. Nachdenken über das Einverleiben, Einebnen, Ausgrenzen, Opladen 1995

dies.: Migration und Biographie. Zur Konstitution des Interkulturellen in den Bildungsgängen junger Erwachsener in der zweiten Migrationsgeneration, (im Erscheinen)

Arbeitsamt Kassel: Statistische Mitteilungen. Sonderuntersuchung über Arbeitslose Ende September 1994, 21/95

dass.: Sozialversicherungspflichtig Beschäftigte im AA-Bezirk Kassel am 30. September 1994, 22/95

dass.: Der Arbeitsmarkt. Die Arbeitslosenquoten der Kasseler Dienststellenbezirke Ende Juli 1995, 23/95

Arbeitsgruppe Bielefelder Soziologen (Hg.): Alltagswissen, Interaktion und gesellschaftliche Wirklichkeit 1+2, Opladen 1981 (5.Aufl.)

Argelander, H.: Die kognitive Organisation psychischen Geschehens, Stuttgart 1979

Auernheimer, G.: Einführung in die interkulturelle Erziehung, Darmstadt 1990

Baacke, D. / Fracasso, I.: Italienische Jugend. Einblicke in Lebenswelt, Lebensräume und Kultur, Weinheim/München 1992

Backes, G.M. / Neumann, E.-M.: Ältere und alte Frauen in Berlin (West) – geschlechtsspezifische Alter(n)sproblematik in der Großstadt, Kassel 1991

Bade, K.J. (Hg.): Deutsche im Ausland – Fremde in Deutschland, München 1992

Banfield, E.C.: Le base morali di una società arretrata, Bologna 1976 (1958)

Barazzetti, D.: Emigrazione tra paradosso e contraddizione, in: Inchiesta 62, 1983

Beauftragte der Bundesregierung für die Belange der Ausländer (Hg.): Daten und Fakten zur Ausländersituation, 13. Aufl., Bonn, Juli 1992

Beauftragte der Bundesregierung für die Belange der Ausländer (Hg.): Daten und Fakten zur Ausländersituation, ("Ausländerbericht"), 15. Auflage, Bonn, Dezember 1995

Bechtle-Künemund, K.: Rückkehr nach Monopoli. Spielregeln eines lokalen süditalienischen Arbeitsmarktes, Frankfurt a.M./New York 1989

Beck, U.: Jenseits von Stand und Klasse, Frankfurt/M. 1983

Becker-Schmidt, R.: Ambivalenz und Nachträglichkeit: Perspektiven einer feministischen Biographieforschung, in: Krüger, M. (Hg.): Was heißt hier eigentlich feministisch? Zur theoretischen Diskussion in den Geistes- und Sozialwissenschaften, Bremen 1993

Behrmann, M. / Abate, C.: Die Germanesi, Frankfurt/M. 1984

Berger, P. / Luckmann, Th.: Die gesellschaftliche Konstruktion der Wirklichkeit, Stuttgart 1970 (New York 1966)

Berger, P.L. / Luckmann, Th.: Die gesellschaftliche Konstruktion der Wirklichkeit, Frankfurt/M. 1970

Berger, P.L. / Berger, B. / Kellner, H.: Das Unbehagen in der Modernität, Frankfurt/M. 1987

Bergs, A.: Altern in der Fremde – Neue Herausforderungen an die soziale Arbeit, unv. Diplomarbeit im FB Sozialwesen der Gesamthochschule, Kassel 1991

Berliner Geschichtswerkstatt (Hg.): Alltagskultur, Subjektivität und Geschichte. Zur Theorie und Praxis von Alltagsgeschichte, Münster 1994

Bernitt, R.: Die Rückwanderung der spanischen Gastarbeiter. Der Fall Andalusien, Königstein/Ts. 1981

Bielefeld, U.: Das Eigene und das Fremde. Neuer Rassismus in der alten Welt? Hamburg 1991

Biondi, F.: Passavantis Rückkehr, Erzählungen 1, Fischerhude 1972

ders.: Einwanderungskinder und offene Gesellschaft, in: Erziehung und Wissenschaft 10/ 1994, S. 2

Bischoff, D. / Teubner, W.: Zwischen Einbürgerung und Rückkehr. Ausländerpolitik und Ausländerrrecht in der Bundesrepublik Deutschland, Berlin 1991

Blok, A.: Die Mafia in einem sizilianischen Dorf 1860-1960, Frankfurt/M. 1981

Bocca, G.: L'Inferno. Profondo sud, male oscuro, Milano 1992

Bock, M.: Jugendprotest-Forschung: Theorie und Praxis einer psychosozialen Perspektive und einer psychoanalytisch-hermeneutischen Methodik, in: Combe, A. / Helsper, W.: Hermeneutische Jugendforschung, Opladen 1991, S. 157-174

Bohnsack, R.: Alltagsinterpretation und soziologische Rekonstruktion, Opladen 1983

ders.: Generation, Milieu und Geschlecht. Ergebnisse aus Gruppendiskussionen mit Jugendlichen. Opladen 1989

ders.: Rekonstruktive Sozialforschung. Einführung in Methodologie und Praxis qualitativer Forschung, Opladen 1993 (2.Aufl.)

ders.: Auf der Suche nach habitueller Übereinstimmung. Peer-groups: Cliquen, Hooligans und Rockgruppen als Gegenstand rekonstruktiver Sozialforschung, in: Krüger, H.-H. / Marotzki, W. (Hg.): Erziehungswissenschaftliche Biographieforschung, Opladen 1995

Bommes, M. / Scherr, A.: Der Gebrauchswert von Selbst- und Fremdethnisierung in Strukturen sozialer Ungleichheit, in: Prokla 83, Juni 1991, S. 291-316

Boos-Nünning, U.: Einwanderung ohne Einwanderungsentscheidung: Ausländische Familien in der Bundesrepublik Deutschland, in: Aus Politik und Zeitgeschichte, H. 23/ 24, 1990, S. 16-25

Bourdieu, P.: Die feinen Unterschiede, Frankfurt/M. 1982

ders.: Ökonomisches Kapital, kulturelles Kapital, soziales Kapital, in: Kreckel, R. (Hg.): Soziale Ungleichheiten. Sonderband Soziale Welt, Göttingen 1983

ders.: Die biographische Illusion, in: BIOS-Zeitschrift für Biographieforschung und Oral History 3/1990, S. 75-81

Brose, H.G. / Wohlrab-Sahr, M.: Formen individualisierter Lebensführung von Frauen – Ein neues Arrangement zwischen Familie und Beruf? In : Brose, H.G. (Hg.): Berufsbiographien im Wandel, Opladen 1986

Bublitz, H. / Mehlmann, S.: (Lebens-)Geschichte und Politik aus der Perspektive alltäglicher Überlebensarbeit von Frauen, in: metis, 3.Jg. 1994, H.1

Bublitz, H.: Geschlecht, in: Korte, H. / Schäfers, B.: Einführung in Hauptbegriffe der Soziologie (Hg.): Opladen 1995 (3.Aufl.)

Buchen, S.: Ich bin immer ansprechbar. Gesamtschulpädagogik und Weiblichkeit, Weinheim 1991

Buck, F.: Was Sie schon immer über das Einkaufen im Supermarkt wissen wollten. Über einige Anwendungsmöglichkeiten der Skript-Theorie, in: Institut für deutsche Sprache (Hg.): Sprachreport 1/1995, S. 3-7

Bude, H.: Der Sozialforscher als Narrationsanimateur, in: Kölner Zeitschrift für Soziologie und Sozialpsychologie, 37/1985, S. 310-326

Bühler, Ch. / Massarik, F. (Hg.): Lebenslauf und Lebensziele. Studien in humanistisch psychologischer Sicht, Stuttgart 1969

Bühler, Ch.: Der Lebenslauf als menschliches Problem, Göttingen 1959 (1.Aufl. 1932)

Bukow, W.-D. / Llaryora, R.: Mitbürger aus der Fremde. Soziogenese ethnischer Minoritäten, Opladen 1993 (2.Aufl.)

Bukow, W.D.: Ritual und Fetisch in fortgeschrittenen Industriegesellschaften, Frankfurt/M. 1984

Burgard, R. / Rommelspacher, B. (Hg.): Leideunlust, Berlin 1989

Campelli, E.: Le storie di vita nella sociologia italiana: un bilancio, in: Sociologia e ricerca sociale, 31/1990, S. 179-194

Castelnuovo, D.F. / Risso, M.: Emigration und Nostalgia, Frankfurt / M. 1986

Cavallaro, R.: Storie senza storia, Roma 1981

Cavalli-Wordel, A.: Schicksale italienischer Migrantenkinder. Fallstudien zur Schul- und Familiensituation, Weinheim 1989

Cavallo Boggi, P.: La costruzione dell' identità femminile in due comunità del mezzogiorno, in: Memoria 4, 1982

Chiellino, G. (Hg.): Nach dem Gestern / dopo ieri. Aus dem Alltag italienischer Emigranten / dalla vita di emigrati italiani, Bremen 1983

Cicconelli-Brügel, S.: Psychologische und soziokulturelle Aspekte der Diagnostik und Beratung ausländischer Arbeitnehmerfamilien, in: Jaede, W. / Portera, A.: Ausländerberatung. Kulturspezifische Zugänge in Diagnostik und Therapie, Freiburg/Br. 1986, S. 13-30

Ciuffoletti, Z. / Degl'Innocenti, M.: L'emigrazione nella storia d'Italia 1868-1975, 2 Bde, Firenze 1978

Clemenz, M. / Combe, A.: Soziale Krise, Institution und Familiendynamik. Konfliktstrukturen und Chancen therapeutischer Arbeit bei Multiproblemfamilien, Opladen 1990

Coenen, H.: Diesseits von subjektivem Sinn und kollektivem Zwang. Schütz – Durkheim – Merleau Ponty. Phänomenologische Soziologie im Feld des zwischenleiblichen Verhaltens, München 1985

Combe, A.: Alles Schöne kommt danach. Die jungen Pädagogen – Lebensentwürfe und Lebensgeschichten, Reinbek 1983

Combe, A. / Helsper, W.: Hermeneutische Ansätze in der Jugendforschung: Überlegungen zum fallrekonstruktiven Modell erfahrungswissenschaftlichen Handelns, in: dies.: (Hg.): Hermeneutische Jugendforschung, Opladen 1991, S. 231-256

Consolo, V.: Le pietre di Pantalica, Milano 1988

Corbin, J.M. / Strauss, A.: Weiterleben lernen. Chronisch Kranke in der Familie, München 1993

Cornelisen, A.: Frauen im Schatten, Leben in einem süditalienischen Dorf, Frankfurt/M. 1986

Curcio, F.: Konflikte in italienischen Arbeitnehmerfamilien in der Bundesrepublik Deutschland: dargestellt anhand von Fallbeispielen, Pfaffenweiler 1984

De Grazia, V.: How fascism ruled women, Berkeley, Los Angeles, Oxford 1992

De Mauro, T.: Storia linguistica dell'Italia unita, Roma/Bari 1986

Del Fabbro, R.: Transalpini. Italienische Arbeitswanderung nach Süddeutschland im Kaiserreich 1870/71 -1918, Essen 1995

Del Miglio, C. / Fedeli, L. (Hg.): Il problema 'donna'. Soggettività psicosociale e identità sessuale, Roma 1980

Deledda, G.: I grandi romanzi, Roma 1993

Devereux, G.: Angst und Methode in den Verhaltenswissenschaften, München 1984 (1973)

Di Carlo, A.u.S.: I luoghi dell' identità, Milano 1986

Dießenbacher, H. (Hg.): Witwen. Vom Leben nach dem Tod des Mannes, Frankfurt/M. 1985

Dietzel-Papakyriakou, M.: Eine Gerontologie der Migration? In: Informationsdienst der Ausländerarbeit 2/1988, S. 42-45

dies.: Das Alter der Arbeitsmigranten: ethnische Ressourcen und doppelte Benachteiligung, in: Zeitschrift für Gerontologie 6/1990, S. 345-353

dies.: Altern in der Migration: Die Arbeitsmigranten vor dem Dilemma: zurückkehren oder bleiben? Stuttgart 1993

Dittrich, E. / Radtke, F.O. (Hg.): Ethnizität, Wissenschaft und Minderheiten, Opladen 1990

Dolci, D.: Conversazioni, Torino 1962

ders.: Racconti siciliani, Torino 1963

Durkheim, E.: Über soziale Arbeitsteilung: Studie über die Organisation höherer Gesellschaften, Frankfurt/M. 1988 (1930)

Ehlich, K.: Erzählen im Alltag, Frankfurt/M. 1980

Eifler, Ch. (Hg.): Ein bißchen Männerhaß steht jeder Frau, Berlin 1991

Erdheim, M.: Die gesellschaftliche Produktion von Unbewußtheit, Frankfurt/M. 1982

Erikson, E.H.: Wachstum und Krisen der gesunden Persönlichkeit, Stuttgart 1953

ders.: Kindheit und Gesellschaft, Stuttgart 1957

ders.: Identität und Lebenszyklus, Frankfurt 1966

ders.: Jugend und Krise, Stuttgart 1974

ders.: Der vollständige Lebenszyklus, Frankfurt/M. 1988

Esser, E.: Ausländerinnen in der Bundesrepublik Deutschland. Eine soziologische Analyse des Eingliederungsverhaltens ausländischer Frauen, Frankfurt 1982

Esser, H. / Friedrichs, J. (Hg.): Generation und Identität, Opladen 1990

Esser, H.: Aspekte der Wanderungssoziologie – Assimilation und Integration von Wanderern, ethnischen Gruppen und Minderheiten: Eine handlungstheoretische Analyse, S.T.,

Bd. 119, Darmstadt 1980

ders.: Soziale Differenzierung als ungeplante Folge absichtsvollen Handelns: Der Fall ethnischer Segmentation, in: Zeitschrift für Soziologie H. 14/1985, S. 435-449

ders. / Friedrichs, J.: Einleitung, in: Esser, H. / Friedrichs, J. (Hg.): Generation und Identität, Opladen 1990

ders.: Prozesse der Eingliederung von Arbeitsmigranten, in: Höhn, Ch. / Rein, D.B. (Hg.): Ausländer in der Bundesrepublik Deutschland, Boppard/Rhein 1990, S. 33-53

Favaro, G. / Tognetti Bordogna, M.: Donne dal mondo. Strategie migratorie al femminile, Milano 1991

Ferraris, L.V. / Trautmann, G. / Ullrich, H. (Hg.): Italien auf dem Weg zur "zweiten Republik"? Frankfurt/M. 1995

Finley, M.I. / Mac Smith, D. / Duggan, Ch.: Geschichte Siziliens und der Sizilianer, München 1989

Fischer-Rosenthal, W.: Diesseits von Mikro und Makro. Phänomenologische Soziologie im Vorfeld einer forschungspolitischen Differenz, in: Österreichische Zeitschrift für Soziologie, 15 (3) 1990, S.21-34

Fischer-Rosenthal, W. / Alheit, P. (Hg.): Biographien in Deutschland. Soziologische Rekonstruktionen gelebter Gesellschaftsgeschichte, Opladen 1995

Fiume, G. (Hg.): Onore e storia nelle società mediterranee, Palermo 1989

Flader, D. / Giesecke, M.: Erzählen im psychoanalytischen Erstinterview – eine Fallstudie, in: Ehlich, K.: Erzählen im Alltag, Frankfurt/M. 1980

Flick, U.: Qualitative Forschung. Theorie, Methoden, Anwendung in Psychologie und Sozialwissenschaften, Reinbek 1995

Fofi, G.: L'immigrazione meridionale a Torino, Milano 1964

Forschungsinstitut für Arbeiterbildung (Hg.): Jahrbuch Arbeit Bildung Kultur, Bochum 1992

Frenz, W. / Kammler, J. / Krause-Vilmar, D. (Hg.): Volksgemeinschaft, Volksfeinde. Kassel 1933-1945, Bd. 2, Fuldabrück 1987

Friese, H.: La prassi dell'onore femminile, in: Fiume, G. (Hg.): Onore e storia nelle società mediterranee, Palermo 1989

Gaitanides, St.: Die multikulturelle Gesellschaft – Realität, Utopie und Ideologie, in: NGFH, 4/1992

Gather, C. u.a. (Hg.): Frauen-Alterssicherung. Lebensläufe von Frauen und ihre Benachteiligung im Alter, Berlin 1991

Geiger, G.: Postmoderner Feminismus: Über die blinden Flecke in Theoriebildung und Alltagshandeln, in: Zeitschrift für Frauenforschung H. 1/2, 1993, S. 133-160

Gerson, J. M.: Sex does not equal Gender: Issues of Conceptualization and Measurement (On the Variability of Gender). Vortrag an der Universität Bremen, 5.6.1990, abgedruckt in: Krüger, M. (Hg.): Was heißt hier eigentlich feministisch? Zur theoretischen Diskussion in den Geistes- und Sozialwissenschaften, Bremen 1993, S.121-138

Gesualdo, G.: Ove più impera il latifondio, Firenze 1940, zit. in Consolo, V.: Le pietre di Pantalica, Milano 1988

Giordano, Ch. / Greverus, I.M. (Hg.): Sizilien, die Menschen, das Land und die Stadt, Frankfurt/M.1986

Giordano, Ch.: Der Ehrkomplex im Mittelmeerraum: sozialanthropologische Konstruktion oder Grundstruktur mediterraner Lebensform? In: Vogt, L. / Zingerle, A. (Hg.): Ehre. Archaische Momente in der Moderne, Frankfurt/M. 1994 ders.: Die italienische Minderheit. In: Schmalz-Jacobsen, C. / Hansen, G.: Ethnische Minderheiten in der Bundesrepublik Deutschland, München 1995, S. 229-242

Glaser, B.G. / Strauss, A.L.: The Discovery of Grounded Theory, Chicago 1967

dies.: Die Entdeckung gegenstandsbezogener Theorie. Eine Grundstrategie qualitativer Sozialforschung, in: Hopf, Ch. / Weingarten, E. (Hg.): Qualitative Sozialforschung, Stuttgart 1979

Goffman, E.: Stigma. Über Techniken der Bewältigung beschädigter Identität, Frankfurt/ M. 1967

Gribaudi, G.: Mediatori. Antropologia del Potere Democristiano nel Mezzogiorno, Torino 1980

dies.: A Eboli. Il mondo meridionale in cent'anni di trasformazioni, Venezia 1990

Grinberg, L. / Grinberg, R.: Psychoanalyse der Migration und des Exils, Madrid 1984, Deutsch: München / Wien 1990

Grottian, G.: Gesundheit und Kranksein in der Migration. Sozialisations- und Lebensbedingungen bei Frauen aus der Türkei, Frankfurt/M. 1991

Haas-Rietschel, H.: Altwerden in der Fremde. Dokumente einer Entwurzelung, in: Mitbestimmung, Monatszeitschrift der Hans-Böckler-Stiftung H. 7/8, 1994, S. 66-69

Habermas, J.: Individuierung durch Vergesellschaftung, in: ders., Nachmetaphysisches Denken, Frankfurt 1992

Hauser-Schäublin, B. (Hg.): Ethnologische Frauenforschung, Berlin 1991

Heckmann, F.: Ethnische Minderheiten, Volk und Nation. Soziologie inter-ethnischer Beziehungen, Stuttgart 1992

Heitmeyer, W.: Gewalt. Schattenseiten der Individualisierung bei Jugendlichen aus unterschiedlichen Milieus, Weinheim / München 1995

Hellbrügge, Th. (Hg.): Die Kinder ausländischer Arbeitnehmer, München 1980

Helsper, W.: Selbstkrise und Individuationsprozeß, Opladen 1989

Herbert, U.: Geschichte der Ausländerbeschäftigung in Deutschland. 1880 bis 1980, Berlin / Bonn 1986

Herwartz-Emden, L.: Migrantinnen, Einwanderinnen und ihre Familien in Deutschland. Ein Frauenforschungsprojekt, in: Magazin Universität Osnabrück, Juli 1991, S. 17-19

Hettlage-Varjas, A. / Hettlage, R.: Auf der Suche nach der verlorenen Identität. Kulturelle Zwischenwelten – eine sozio-psychoanalytische Deutung des Wandelns bei Fremdarbeitern. Journal des Psychoanalytischen Seminars Zürich, 20/1989, S.26-48

Hettlage-Varjas, A. / Hettlage, R.: Kulturelle Zwischenwelten. Fremdarbeiter – eine Ethnie? In: Schweizerische Zeitschrift für Soziologie, 2/1984, S.357-404

Hoff, E. (Hg.): Die doppelte Sozialisation Erwachsener, München 1990

Hoffmann-Nowotny, H.J.: Zur Soziologie des Fremdarbeiterproblems. Eine theoretische und empirische Analyse am Beispiel der Schweiz. Stuttgart 1973

ders.: Gastarbeiterwanderungen und soziale Spannungen, in: Reimann, H. / Reimann, H. (Hg.): Gastarbeiter, Opladen 1987

ders.: Integration, Assimilation und "plurale Gesellschaft". Konzeptuelle, theoretische und praktische Überlegungen, in: Höhn, Ch. / Rein, D.B. (Hg.): Ausländer in der Bundesrepublik Deutschland, Boppard/Rhein 1990, S. 15-31

ders.: Chancen und Risiken multikultureller Einwanderungsgesellschaften, Schweizerischer Wissenschaftsrat, Forschungspolitische Früherkennung 119/1992

Hoffmann-Riem, Ch.: Elementare Phänomene der Lebenssituation. Ausschnitte aus einem Jahrzehnt soziologischen Arbeitens, Weinheim 1994

Höhn, Ch. / Rein, D.B. (Hg.): Ausländer in der Bundesrepublik Deutschland, Deutsche Gesellschaft für Bevölkerungswissenschaft, 24. Arbeitstagung, Boppard/Rhein 1990
Honer, A.: Einige Probleme lebensweltlicher Ethnographie. Zur Methodologie und Methodik einer interpretativen Sozialforschung, in: Schröer, N. (Hg.), Interpretative Sozialforschung. Auf dem Wege zu einer hermeneutischen Wissenssoziologie, Opladen 1994
Hughes, E.C. / Mac Gill Hughes, H.: Status and Identity, in: dies., Where Peoples Meet: Racial and Ethnic Frontiers, Reprint Westport, Connecticut 1981
Hughes, E.C.: Men and Their Work, Westport, Connecticut 1981 (1958)
ders.: French Canada in Transition, Midway reprint Chicago 1983
ders.: The sociological eye. Selected Papers, New Brunswick / London 1984 (1971)
Hurrelmann, K. (Hg.): Lebenslage, Lebensalter, Lebenszeit, Weinheim 1986
Istituto 'Alcide Cervi' (Hg.): Annali 12/1990, Società rurale e ruoli femminili in Italia tra Ottocento e Novecento, Roma 1992
Jaede, W. / Portera, A: Ausländerberatung. Kulturspezifische Zugänge in Diagnostik und Therapie, Freiburg/Br. 1988
Jedlowski, Paolo: Il tempo dell'esperienza, Milano 1986
Joas, H.: Praktische Intersubjektivität. Die Entwicklung des Werkes von G.H. Mead, Frankfurt/M. 1980
Kammerer, P.: Sviluppo del capitale ed emigrazione in Europa: La Germania Federale, Milano 1976
ders.: Politica migratoria e logica assistenzale, in: Inchiesta 62/1983
Karrer, M: Die Piazza. Frauen und Männer in einem süditalienischen Dorf, Frankfurt/M. / New York 1995
Klinkhammer, L.: Die italienische Gesellschaft 1943-1945 zwischen Widerstand und Kollaboration, in: Neue Politische Literatur, 39. Jg., 3/1994, S. 390-412
Klönne, A.: Bemerkungen zur Frage nach kollektiver Identität, in: Otto, K.A. (Hg.): Westwärts / Heimwärts? Bielefeld 1990
Kohli, M. (Hg.): Soziologie des Lebenslaufs, Neuwied 1978
ders.: Wie es zur biographischen Methode kam und was daraus geworden ist, in: Zeitschrift für Soziologie, 10. Jg., H. 3, 1981
ders.: Die Institutionalisierung des Lebenslaufes, in: Kölner Zeitschrift für Soziologie und Sozialpsychologie, 37, 1985
Krappmann, L.: Soziologische Dimensionen der Identität, Stuttgart 1971
Krasberg, U.: Ich mache die Nacht zum Tag. Emanzipation und Arbeitsmigration. Griechische Frauen in Deutschland und Griechenland, Frankfurt/M. 1979
Krüger, H. / Born, C.: Probleme der Integration von beruflicher und familialer Sozialisation in der Biographie von Frauen, in: Hoff, E.-H. (Hg.): Die doppelte Sozialisation Erwachsener, München 1990
Krüger, H.-H. / Marotzki, W. (Hg.): Erziehungswissenschaftliche Biographieforschung, Opladen 1995
Krüger, M. (Hg.): Zwischen politischer Ideologie und innovativer Analyse: Frauenforschung und feministische Wissenschaft, in: Eifler, Ch. (Hrsg.): Ein bißchen Männerhaß steht jeder Frau, Berlin 1991, S.151-170
dies.: Was heißt hier eigentlich feministisch? Zur theoretischen Diskussion in den Geistes- und Sozialwissenschaften, Bremen 1993
Kumpfmüller, M.: Die Welt am Faden: Von der Kunst des Ausbesserns, in: FAZ-Magazin

v. 25.3.1995, S.46-53

Kurz, U.: Partielle Anpassung und Kulturkonflikt. Gruppenstruktur und Anpassungsdispositionen in einem italienischen Gastarbeiterlager, in: Kölner Zeitschrift für Soziologie und Sozialpsychologie, 17, S.814-832

Lämmert, E.: Erzählforschung. Ein Symposion, Stuttgart 1982

Lamnek, S.: Qualitative Sozialforschung, Bd. 2 – Methoden und Techniken, München 1989

Lanfranchi, A.: Immigranten und Schule. Transformationsprozesse in traditionalen Familienwelten als Voraussetzung für schulisches Überleben von Immigrantenkindern, Opladen 1993

ders.: Die ethnobiographische Fallrekonstruktion in Diagnostik und Therapie bei "Fremden", in: BIOS-Zeitschrift für Biographieforschung und Oral History 2/1994, S. 206-222

Laudani, S.: Trasformazioni agricole e condizione femminile in Sicilia, in: Annali, Istituto A. Cervi, Roma 1992

Leggewie, C.: Multikulti. Spielregeln für die Vielvölkerrepublik, Berlin 1991

Leggewie, C. im Gespräch mit Elitz, E.: Szenario des Schreckens: Flüchtlingsströme und die multikulturelle Gesellschaft, in: Koexistenz oder Konfrontation? – Flüchtlinge in Europa. epd Dokumentation 14/1992, S. 12-24

Lenz, I.: Geschlecht, Herrschaft und internationale Ungleichheit, in: Becker-Schmidt, R./ Knapp, G. A. (Hg.): Das Geschlechterverhältnis als Gegenstand der Sozialwissenschaften, Frankfurt/M. / New York 1995

Ley, K.: Frauen in der Emigration, Frauenfeld 1979

Lo Cascio, G. / Gugino, C.: La famiglia, in: Mafai, S. et al.(Hg.): Essere donna in Sicilia, Roma 1980

Lorch-Göllner, S.: Lebensbedingungen und Entwicklungsmöglichkeiten junger türkischer Frauen in einem ländlich strukturierten Gebiet der BRD, Frankfurt/M. 1989

Lorenzer, A.: Die Analyse der subjektiven Struktur von Lebensläufen und das gesellschaftlich Objektive, in: Dahmer, H. (Hg.): Analytische Sozialpsychologie Bd. 2, Frankfurt 1980, S. 619-631

Luetkens, Ch.: Die unglückliche Rückkehr. Die Remigrationsproblematik am Beispiel griechischer Arbeitsemigranten aus dem Nomos Drama, Frankfurt/M. / New York 1981

Mafai, S.: Essere donna in Sicilia, Roma 1980

dies.: Le siciliane, in: Mafai, S. et al. (Hg.): Essere donna in Sicilia, Roma 1980

Maines, D.R. (Hg.): Social Organisation and Social Processes. Essays in Honor of Anselm Strauss, New York 1991

Mannheim, K.: Das Problem der Generationen, in: Kölner Vierteljahreshefte für Soziologie 7/1928, S.157-185

ders.: Wissenssoziologie, Hg.: Wolff, K.H., Berlin/Neuwied 1964

Marschalk, P.: 'Migration' – begriffliche Vorüberlegungen zu einem unübersichtlichen Forschungsfeld, in: Gesellschaft für Historische Migrationsforschung e.V., Osnabrück, Bulletin 1/1994

Matthes, J. et al. (Hg.): Biographie in handlungswissenschaftlicher Perspektive, Nürnberg 1981

De Martino, E.: Sud e Magia, Milano 1976

Maurenbrecher, Th.: Die Erfahrungen der externen Migration. Eine biographie- und interaktionsanalytische Untersuchung über Türken in der Bundesrepublik Deutschland,

Frankfurt/M., Bern, New York 1985

Mead, G.H.: Geist, Identität und Gesellschaft, Frankfurt/M. 1968 (1934)

ders.: Die objektive Realität der Perspektiven, in: G.H. Mead, Gesammelte Aufsätze, Bd. 2, Frankfurt / M. 1987

Meier-Braun, K.-H.: 40 Jahre "Gastarbeiter" und Ausländerpolitik in Deutschland, in: Aus Politik und Zeitgeschichte, B 35/95, v. 23.8.1995, S. 15

Memoria. Rivista di storia delle donne, 1/1981 – 33/1991, Roma / Torino

Mercer, R.T. / Nichols, E./ Caspers Doyle: Transition in a Woman's Life: Major Life Events in Developmental Context, New York 1989

Merton, R.K.: Contributions to the Theory of Reference Group Behaviour, in: ders., Social theory and Social Structure, Revised Edition, Glencoe 1957, S. 225-280

Metz-Göckel, S.: 'Es gibt keine Hierarchie von Unterdrückung'. Zur Konstruktion von Nationalität, Ethnie und Geschlecht am Beispiel der Entwicklung der französischen Staatsbürgerschaft. In: Nestvogel, R. (Hg.): 'Fremdes' oder 'Eigenes'? Rassismus, Antisemitismus, Kolonialismus, Rechtsextremismus aus Frauensicht. Frankfurt 1994, S.252 ff.

Meulemann, H. / Elting-Camus, A. (Hg.): 26. Deutscher Soziologentag.Lebensverhältnisse und soziale Konflikte im neuen Europa (1992), Opladen 1993

Milciyazgan, U.: Wir haben uns vergessen. Ein intrakultureller Vergleich türkischer Lebensgeschichten, Hamburg 1986

Milz, H.: Frauenbewußtsein und soziologische Empirie. Empirische Untersuchungen von 1910 bis 1990 in Deutschland, Opladen 1994

Mitscherlich, M.: Erinnerungsarbeit, Frankfurt/M. 1993

Modena, E.: Das Fremde verstehen – Erfahrungen mit südländischen Patienten in der analytisch orientierten psychotherapeutischen Praxis, in: Zeitschrift "einspruch", 17. Oktober 1989, S.19-26

Morokvasic, M.: Jugoslawische Frauen. Die Emigration – und danach, Basel 1987

Morokvasic, M. / Rudolph, H.: Wanderungsraum Europa. Menschen und Grenzen in Bewegung, Berlin 1994

Mühlmann, W.E. / Llaryora, R.J.: Klientschaft, Klientel und Klientelsystem in einer sizilianischen Agro-Stadt, Tübingen 1968

dies.: Strummula Siciliana. Ehre, Rang und soziale Schichtung in einer sizilianischen Agro-Stadt, Meisenheim / Glan 1973

Müller, S. et al. (Hg.): Fremde und Andere in Deutschland. Nachdenken über das Einverleiben, Einebnen, Ausgrenzen. Opladen 1995

Müller, U.: Soziologie: Wissenschaftstheorie und Methodologie. Dialog zwischen Ursula Müller und Hartmut Esser, in: Interdisziplinäre Forschungsgruppe Frauenforschung (Hg.): Zweierlei Welten, Feministische Wissenschaftlerinnen im Dialog mit der männlichen Wissenschaft, Frankfurt/M. / New York 1992, S.56 ff.

Nadig, M.: Die verborgene Kultur der Frau, Frankfurt/M. 1986

dies.: Zur ethnopsychoanalytischen Erarbeitung des kulturellen Raums der Frau, in: Psyche, 40. Jg., H. 3, 1986, S. 198-219

Nauck, B.: Sozialstrukturelle und individualistische Migrationstheorien, Kölner Zeitschrift für Soziologie und Sozialpsychologie, 1988, 40. Jg., S. 1-14

Niethammer, L. (Hg.): Lebenserfahrung und kollektives Gedächtnis. Die Praxis der Oral History, Frankfurt/M. 1980

Nittel, D.: Report: Biographieforschung, Frankfurt /M. 1991

Nordio, S. / Tellia, B.: Hauptaspekte der Mutter-Kind-Gesundheit bei der Emigration. In: Hellbrügge, Th. (Hg.): Die Kinder ausländischer Arbeitnehmer, München 1980

Nunner-Winkler, G. (Hg.): Gibt es eine weibliche Moral? In: dies.: Weibliche Moral. Die Kontroverse um eine geschlechtsspezifische Ethik, Frankfurt/M. 1991

Nunner-Winkler, G.: Das Ich im Lebenslauf, in: Psychologie heute, 15. Jg. , H. 12, 1988

Oevermann, U. / Allert, T. / Konau, E. / Krambeck, J.: Die Methodologie der objektiven Hermeneutik und ihre allgemeine forschungslogische Bedeutung in den Sozial- und Textwissenschaften, in: Soeffner, H.G. (Hg.): Interpretative Verfahren in den Sozial- und Textwissenschaften, Stuttgart 1979

Okely, J. / Callaway, H.: Anthropology and autobiography, London 1992

Ottaviano, C.: Il lavoro, in: Mafai, S. et al. (Hg.) Essere donna in Sicilia, Roma 1980

Otto, K.A. (Hg.): Westwärts / Heimwärts? Bielefeld 1990

Parin, P. / Morgenthaler, F. / Parin-Matthèy, G.: Die Weißen denken zuviel. Psychoanalytische Untersuchungen bei den Dogon in Westafrika, Zürich 1963

Parin, P.: Gesellschaftskritik im Deutungsprozeß, in: Dahmer, H. (Hg.): Analytische Sozialpsychologie, Bd. 2, Frankfurt/M. 1980, S. 511-533

Park, R.E.: Vorwort zu Edwards, L.: The Natural History of Revolution, Chicago 1927

ders.: Human migration and the marginal man, in: A.J.S. 33, 1928, S. 881-893

ders.: Introduction, in: Stonequist, E.V.: The Marginal Man, New York 1937, S. xiii-xviii

Park, R.E. / Miller, H.A.: Old World Traits Transplanted, New York 1969

Passerini, L.: Torino operaia e fascismo: una storia orale, Roma-Bari 1984

dies.: Documento autobiografico e tempo storico, in: Rivista di storia contemporanea, 3/1987, S.423-437

dies:: Storia delle donne, storia di genere: contributi di metodo e problemi aperti, in: Istituto 'Alcide Cervi' (Hg.): Annali 12/1990, Roma 1992

Petersen, J. (Hg.): L'emigrazione tra Italia e Germania, Manduria-Bari-Roma 1993

Philipper, I.: Italienischsprachige Rundfunksendungen in der Bundesrepublik – Funktionen, Inhalte, Rezeptionsbedingungen, unv. Diplomarbeit GH Kassel, 1984

Piccone Stella, S.. Ragazze del Sud, Roma 1979

Pichler, E.: Pizza alla tedesca. Ein Literaturbericht zur Geschichte der italienischen Migration nach Deutschland, in: Ethnizität und Migration (2), 6/1991, S. 5-25

dies.: Bekleidungs- und Textilindustrie in Italien und in der Bundesrepublik Deutschland, Berlin 1992

dies.: Geschichte der italienischen Gewerbemigration nach Deutschland, Berlin 1992

dies.: Italienische Migration und Kleingewerbe, Berlin 1992

Pirandello, L.: Novelle per un anno, Opere Vol. I, Milano 1978 (1956)

Piselli, F.: Parentela ed emigrazione, Torino 1981

Reimann, H. / Reimann, H. (Hg.): Gastarbeiter, Opladen 1987

Revelli, N. L'anello forte, Torino 1985

Reyneri, E. / Mughini, C.: Il reinserimento produttivo in forma cooperativa degli emigrati di ritorno, Catania 1980

Reyneri, E.: La catena migratoria. Il ruolo dell'emigrazione nel mercato del lavoro di arrivo e di esodo, Bologna 1979

Riemann, G. / Schütze, F.: "Trajectory" als a Basic Theoretical Concept für Analyzing Suffering and Disorderly Social Processes, in: Maines, D. R. (IIg.): Social Organisation and Social Processes. Essays in Honor of Anselm Strauss, New York 1991, S.333-357

Riemann, G. / Schütze, F.: Some Notes on a Student Research Workshop on 'Biography Analysis, Interaction Analysis, and Analysis of Social Worlds', in: Newsletter of the International Sociological Association Research Committee, 1987/38 (8), S.54-70

Riemann, G.: Einige Anmerkungen dazu, wie und unter welchen Bedingungen das Argumentationsschema in biographisch-narrativen Interviews dominant werden kann, in: Soeffner, H.G. (Hg.): Sozialstruktur und soziale Typik, Frankfurt/M. / New York 1986, S.112-157

ders.: Das Fremdwerden der eigenen Biographie. Narrative Interviews mit psychiatrischen Patienten, München 1987

ders.: Die Thematisierung der Biographie in neueren soziologischen Arbeiten, in: Soziologische Revue, 12/1989, S. 248-256

Riesner, S.: Junge türkische Frauen der zweiten Generation in der Bundesrepublik Deutschland. Eine Analyse von Sozialisationsbedingungen und Lebensentwürfen anhand lebensgeschichtlich orientierter Interviews, Frankfurt/M. 1990

Rödig, S.: Zur Lebenswelt türkischer Frauen in der Bundesrepublik Deutschland – Fallbeispiel Düsseldorf-Bilk, Giessen 1988

Rohde-Dachser, Chr.: Expedition in den dunklen Kontinent – Weiblichkeit im Diskurs der Psychoanalyse, Berlin/Heidelberg 1991

Romano, S.F.: Storia dei Fasci siciliani, Bari 1959

Romero, F.: L'emigrazione italiana negli anni '60 e il Mercato Comune Europeo, in: Petersen, J. (Hg.): L'emigrazione tra Italia e Germania, Manduria / Bari / Roma 1993

Rommelspacher, B.: (Hg.): Weibliche Beziehungsmuster, Frankfurt/M. / New York 1987

dies.: Der weibliche Masochismus – ein Mythos? In: Burgard, R. / Rommelspacher, B. (Hg.): Leideunlust, Berlin 1989

dies.: Mitmenschlichkeit und Unterwerfung. Zur Ambivalenz der weiblichen Moral, Frankfurt/M. 1992

Ronzani, S.: Arbeitskräftewanderung und gesellschaftliche Entwicklung. Erfahrungen in Italien, in der Schweiz und in der Bundesrepublik Deutschland, Königstein/Ts. 1980

Rosenbaum, H.: Formen der Familie, Frankfurt/M. 1982

Rosenmayr, L. / Rosenmayr, H. (Hg.): Der alte Mensch in der Gesellschaft, Reinbek 1978

Rosenmayr, L.: Arbeit – Freizeit – Lebenszeit. Neue Übergänge im Lebenszyklus, Opladen 1988

Rosenthal, G.: "...wenn alles in Scherben fällt". Von Leben und Sinnwelt der Kriegsgeneration, Opladen 1987

dies.: in: Meulemann, H. / Elting-Camus, A. (Hg.): 26. Deutscher Soziologentag. Lebensverhältnisse und soziale Konflikte im neuen Europa (1992), Opladen 1993

dies.: Die erzählte Lebensgeschichte als historisch-soziale Realität, in: Berliner Geschichtswerkstatt (Hg.): Alltagskultur, Subjektivität und Geschichte. Zur Theorie und Praxis von Alltagsgeschichte, Münster 1994

dies.: Erlebte und erzählte Lebensgeschichte. Gestalt und Struktur biographischer Selbstbeschreibungen, Frankfurt/M. 1995

Rosoli, G.F. (Hg.): Un secolo di emigrazione italiana: 1876-1976, Centro Studi Emigrazione, Roma 1978

Rossano-Niethammer, N.: Donne italiane a Berlino, in: Emigrazione, Speciale donne, Roma März 1992

Rothe, A.: (i.e. Bergs, A.): Altern in der Fremde – Neue Herausforderungen an die soziale Arbeit. Mit einem Nachwort von M. Bracker, Kassel 1992

Sackmann, R.: Westdeutsches Nationalbewußtsein im intergenerationellen Diskurs, in: Meulemann, H. / Elting-Camus, A. (Hg.): 26. Deutscher Soziologentag. Lebensverhältnisse und soziale Konflikte im neuen Europa (1992), Opladen 1993

Schaumann, L. et al.: Lebenssituation und Lebensentwürfe junger türkischer Frauen der zweiten Migrantengeneration. Forschungsbericht. Herausgegeben von der Bevollmächtigten der Hessischen Landesregierung für Frauenfragen, Wiesbaden 1988

Schiavo, M.: Italiane in Belgio, Roma 1986

Schimang, D.: Interkulturelles Lernen im Betrieb – Grundsätzliches am Fallbeispiel. Ms., Frankfurt/M. 1994

Schmalz-Jacobsen, C. / Hansen, G.: Ethnische Minderheiten in der Bundesrepublik Deutschland, München 1995

Schmidt-Koddenberg, A.: Akkulturation von Migrantinnen. Eine Studie zur Bedeutsamkeit sozialer Vergleichsprozesse zwischen Türkinnen und deutschen Frauen, Opladen 1989

dies.: Psychosomatische Reaktionen bei Migrantinnen, in: Sozialmagazin, H. 7/8, 1989, S. 55-62

Schneider, J.: La vigilanza delle vergini, Palermo 1987

Schreiber, G.: Die italienischen Militärinternierten im deutschen Machtbereich 1943 bis 1945, München 1990

Schröer, N. (Hg.): Interpretative Sozialforschung. Auf dem Wege zu einer hermeneutischen Wissenssoziologie, Opladen 1994

Schulte, A.: Produktive Rückkehr? Rückwanderung, Beschäftigungsproblematik und Kooperativen in einer abhängig entwickelten Region. Das Beispiel Süditalien, Berlin 1986

Schütz, A. / Luckmann, Th.: Strukturen der Lebenswelt, Bd. 1, 1979

Schütz, A.: Das Problem der Relevanz, Frankfurt/M. 1971

ders.: Wissenschaftliche Interpretation und Alltagsverständnis menschlichen Handelns, in: Gesammelte Aufsätze Bd. 1, Den Haag 1971

ders.: Der Fremde. Ein sozialpsychologischer Versuch, in: Gesammelte Aufsätze, Bd. 2, Den Haag 1972

Schütze, F.: Die Technik des narrativen Interviews, in: Arbeitsberichte und Forschungsmaterialien der Universität Bielefeld, Bielefeld 1977

ders.: Prozeßstrukturen des Lebensablaufs, in: Matthes, J. et al. (Hg): Biographie in handlungswissenschaftlicher Perspektive, Nürnberg 1981

ders.: Narrative Repräsentation kollektiver Schicksalsbetroffenheit, in: Lämmert, E.: Erzählforschung. Ein Symposion, Stuttgart 1982

ders.: Das narrative Interview in Interaktionsfeldstudien, Hagen 1987

ders: Kollektive Verlaufskurve oder kollektiver Wandlungsprozeß. Dimensionen des Vergleichs von Kriegserfahrungen amerikanischer und deutscher Soldaten im Zweiten Weltkrieg, in: BIOS 1/1989, S.31-109

Biographieanalyse eines Müllerlebens, in: Scholz, H.-D.(Hg.): Wasser- und Windmühlen in Kurhessen und Waldeck, Kaufungen 1991

ders.: Verlaufskurven des Erleidens als Forschungsgegenstand der interpretativen Soziologie, in: Krüger, H.-H. / Marotzki, W. (Hg.): Erziehungswissenschaftliche Biographieforschung, Opladen 1995

Schwalm G.: Die Relevanz der Lebensgeschichte für die Bearbeitung der Alterssituation, unv. Diplomarbeit, GH Kassel, Fachbereich Sozialwesen, 1983

Sciascia, L.: Nero su nero, Torino 1979

ders.: Die Tante aus Amerika, Antimon, in: ders., Sizilianische Verwandtschaft. Vier Erzählungen, München 1989

Siebert, R.: "E` femmina, però è bella...". Tre generazioni di donne al sud, Torino 1991

dies.: Le donne, la mafia, Milano 1994

Signorelli, A. et al.: Scelte senza potere: il rientro degli emigranti nelle zone dell'esodo, Roma 1977

Simmel, G.: Der Fremde, in: Das individuelle Gesetz, hg. von M. Landmann, Frankfurt/Main 1987

Soeffner, H.G. (Hg.): Interpretative Verfahren in den Sozial- und Textwissenschaften, Stuttgart 1979

ders.: Sozialstruktur und soziale Typik, Frankfurt/M. / New York 1986

Steinert, J.D.: L'accordo di emigrazione italo-tedesco e il reclutamento di manodopera italiana negli anni Cinquanta, in: Petersen, J. (Hg.): L'emigrazione tra Italia e Germania, Manduria / Bari / Roma 1993

Stierlin, H.: Ich und die anderen. Psychotherapie in einer sich wandelnden Gesellschaft, Stuttgart 1994

Straub, J. / Sichler, R.: Metaphorische Sprechweisen als Modi der interpretativen Repräsentation biographischer Erfahrungen, in: Alheit, P. / Hoerning, E.M.: Biographisches Wissen, Frankfurt/M. 1989

Strauss, A.L.: Spiegel und Masken: Die Suche nach Identität, Frankfurt/M. 1968 (1959)

Strauss, A.L. / Glaser, B.: Anguish. a Case History of a Dying Trajectory, San Francisco 1970

Strauss, A.L. /Corbin, J.: Basics of Qualitative Research. Grounded Theory Procedures and Techniques, Newbury Park, California, 1990

Strauss, A.L.: Grundlagen qualitativer Sozialforschung, München 1991

Südmersen, I.M.: Hilfe, ich ersticke in Texten! – Eine Anleitung zur Aufarbeitung narrativer Interviews, in: Neue Praxis, H. 13, S. 294-306

Tarrius, A.: Zirkulationsterritorien von Migranten und städtische Räume, in: Morokvasic, M. / Rudolph, H.: Wanderungsraum Europa. Menschen und Grenzen in Bewegung, Berlin 1994

Thadden, E. von: Auf vielen Füßen leben, in: Kursbuch 121, Sept. 1995, S. 32, unter Rückgriff auf Mannheim, K.: Kölner Vierteljahreshefte für Soziologie 7/1928

Thomae, H.: Altersstile und Altersschicksale. Ein Beitrag zur differentiellen Gerontologie, Bern 1983

Thomas, W.I. / Znaniecki, F.: The Polish Peasant in Europe and America, New York 1958 (1928)

Thompson, E. P.: Das Elend der Theorie. Zur Produktion geschichtlicher Erfahrung, Frankfurt/M. / New York 1980

Tichy, F.: Italien. Wissenschaftliche Länderkunden, Darmstadt 1992

Treibel, A.: Engagement und Distanzierung in der westdeutschen Ausländerforschung. Eine wissenssoziologische Untersuchung, Stuttgart 1988

dies.: Migration in modernen Gesellschaften. Soziale Folgen von Einwanderung und Gastarbeit, Weinheim/München 1990

dies.: Einführung in soziologische Theorien der Gegenwart, Opladen 1993

Uesseler, R.: Die regionalistischen >Leghe< und das Unbehagen an Italien, NGFH 4/1992

Ulivieri, S. (Hg.): : Educazione e ruolo femminile. La condizione delle donne in Italia dal dopoguerra a oggi, Firenze 1992

Unger, K.: Die Rückkehr der Arbeitsmigranten. Eine Studie zur Remigration nach Griechenland, Saarbrücken 1983

Verga, G.: Opere, Milano 1955

Vigetti-Finzi, S.: Mondkind. Psychologie von Frauenphantasien und Mutterträumen, Reinbek 1992

Vogt, L. / Zingerle, A. (Hg.): Ehre. Archaische Momente in der Moderne, Frankfurt/M. 1994

Weiss, F.: Frauen in der urban-ethnologischen Forschung. In: Hauser-Schäublin, B. (Hg.): Ethnologische Frauenforschung, Berlin 1991

Wennemann, A.: Die Italiener im Rheinland und Westfalen des späten 19. und frühen 20. Jahrhunderts, Osnabrück 1996

Wilbers, J. / Lehr, U.: Altwerden in der Fremde. In: Beauftragte der Bundesregierung für die Integration der ausländischen Arbeitnehmer und ihrer Familienangehörigen (Hg.): Bericht '99, 2. erg. Aufl., Bonn 1988, S. 77-83

Wohlrab-Sahr, M.: Biographische Unsicherheit. Formen weiblicher Identität in der "reflexiven Moderne": Das Beispiel der Zeitarbeiterinnen, Opladen 1993

Wolpert, B.: Migrationsbewältigung, Orientierungen und Strategien. Biographisch-interpretative Fallstudien über die "Heiratsmigration" dreier Türkinnen, Göttingen 1984

Wurmser, L.: Die Maske der Scham. Die Psychoanalyse von Schamaffekten und Schamkonflikten, Berlin / Heidelberg / New York 1993 (2., erw. Aufl.)

Zarbough, H.W.: The Goldcoast and the Slum, Chicago 1976 (1929)

Zentrum für Türkeistudien (Hg.): Ausländer in der Bundesrepublik Deutschland. Ein Handbuch, Opladen 1994

Zimmermann, E.: Emigrationsland Süditalien. Eine kulturanthropologische und sozialpsychologische Analyse, Tübingen 1982